।। श्रीमद्भगवद्गीता ।।

सरल व्याख्या सहित

पुनर्संस्करण: 2023

प्रथम संस्करण: 2014

FiNGERPRINT! BEL!EF

प्रकाश बुक्स इंडिया प्राइवेट लिमिटेड का एक प्रकाशन

113/A, दरियागंज, नई दिल्ली—110002

फोन नं.: (011) 2324 7062 – 65, फैक्स: (011) 2324 6975

Email: info@prakashbooks.com/sales@prakashbooks.com

facebook www.facebook.com/fingerprintpublishing

twitter www.twitter.com/FingerprintP

www.fingerprintpublishing.com

ISBN: 978 81 7234 545 7

भारत में प्रसंस्कृत और मुद्रित

।। श्रीमद्भगवद्गीता ।।

सरल व्याख्या सहित

लेखक

आर.आर. वर्मा

BEL!EF

समर्पण

स्व० पूज्य पिता जी एवं स्व० पूज्य माता जी
को सादर समर्पित।

आभार

पूर्ण श्रद्धा सहित मैं अपने गुरु अनन्त पद प्राप्त परम हंस योगानन्द जी को आत्मा की गहराई से शत–शत आभार प्रकट करता हूँ, जिनकी असीम कृपा से मुझ जैसे साधारण मनुष्य के मन में आध्यात्म के विषय में कुछ जिज्ञासा प्रकट हुई और इन्ही के सतत् आशीर्वाद के कारण "गीता" जैसे महान् शास्त्र के प्रति थोडी–बहुत जानकारी प्राप्त करने की लगन जन्मी। यदि इस गीता की व्याख्या के प्रयास में मैं कुछ टूटे–फूटे शब्द इक्कठ्ठे करके एक पुस्तक का रूप दे पाया हूँ तो यह गुरुदेव के आशीर्वाद के अतिरिक्त कुछ भी नहीं।

इस प्रयास के सम्बन्ध में जो सहायता तथा योगदान मुझे डॉ रामानन्द शर्मा दर्शनाचार्य, राज० संस्कृत कालेज, शिमला से विशेष कर गीता सम्बन्धी संस्कृत खण्ड के विवेचन में प्राप्त हुआ वह निश्चित रूप से अवस्मरणीय है अतः आभार व्यक्त करता हूँ श्री आशोक यादव का भी मैं आभार प्रकट करता हूँ जिन्होने इस पुण्य कार्य में टंकण क्रिया द्वारा अपना योगदान प्रदान किया।

मुझे यह लिखते हुए हर्ष हो रहा है कि श्री अश्विनी सबरवाल जी ने इस पावन पुस्तक के प्रकाशन दायित्व लेकर भगवान् के प्रति अपनी श्रद्धा प्रदर्शित की तथा इस पुस्तक के प्रकाशन से मेरा मनोबल बढ़ाया अतः मैं उनका तथा उनके पुत्र श्री गौरव सबरवाल का आभारी रहूँगा।

रति वर्मा

(मेरे माता पिता मुझे इसी नाम से पुकारते थे)

अनुक्रमणिका

भूमिका

गीता परम ज्ञान का गीत है अर्थात् आत्मा का गीत है। यह मुंह से गाया तो जाता है परन्तु मन तथा बुद्धि द्वारा आसानी से समझ नही आता क्योंकि यह अन्त:करण से ऊपर का विषय है। इसके तथ्य को आत्मसात करने के लिए लंबे अभ्यास की जरूरत है क्योंकि इस गीत के संगीत का रस ब्रह्मनाद के रस में छिपा रहता है। महापुरुषों के अनुसार गीता—गीत परमानन्द की गुप्त गंगा है, इसकी मीठी मस्ती में खोना ही सब कुछ पाना है।

योगीजन कहते हैं कि इसके सात सौ श्लोकों और अठारह अध्यायों में योग का सागर समाया है। इसके अमृत ज्ञान का अल्प अभ्यास भी दु:ख से मुक्त और सुख से युक्त करता है। इसका शब्द प्रवाह सरल है परन्तु रहस्य अति गम्भीर। सब युगों और सब जीवों के लिए इसका सत्य अटल है। गीता का सरल संदेश 'प्रभु प्रेम' है और प्राप्ति का माध्यम 'मोह का त्याग'। इसका बल निरन्तर कर्म (निष्काम कर्म) पर है और मोह गीता के लक्ष्यभेद पर है। कुछ लोगों का यह विचार कि गीता सन्यास और त्याग पर बल देने के कारण संसार से विमुक्त होने को प्रोत्साहित करती है यह धारणा अनुचित ही नहीं अपितु तथ्यहीन भी है। क्योंकि गीता का बल तो निरन्तर कर्म पर है। कर्म ही अर्थात् निष्काम कर्म गीता का सर्वोपरि प्रयास फल का त्याग है। अर्थात् कर्म तो अवश्य ही करना परन्तु मोह तथा लालच से रहित होकर करना है अर्थात् सेवा, सहायता और बलिदान के रूप में करना है।

कर्म करने में आलस्य अथवा अर्कमण्यता कभी नहीं होनी चाहिए। कर्म तो अधिक से अधिक निरन्तर करते रहना है जो कि सेवा एवं समर्पण की भावना से दूसरों के विकास अथवा भलाई के लिए या फिर भगवान् को समर्पित करने के लिए करना है। गीता के कर्म योग का आधार ही सेवा सहायता तथा बलिदान है, जो कर्म निष्काम भाव से रहित है जो मोह अथवा स्वार्थ से किया जाता है, वह तो बन्धन का कारण होता है, वह मनुष्य को सत्य शान्ति एवं ईश्वर से दूर रखता है। परन्तु गीता के अनुसार निष्काम कर्म का अर्थ यह बिलकुल नहीं है कि मनुष्य के कर्म करने से जो फल उत्पन्न होता है, मनुष्य उसका (उपयोग) न करे, क्योंकि मनुष्य जब कर्म करेगा, तो फल तो उत्पन्न होगा ही जैसे-- किसान खेत में बीज बोएगा तो उससे फसल तो तैयार होगी ही, व्यापारी क्रय-विक्रय का कार्य करेगा तो उससे धन उपार्जन तो होगा। उद्योगपति उद्योग लगायेगा तो बहुत वस्तुएं पैदा होगी। इस तरह यदि सब लोग इन कार्यों का फल स्वयं इस्तेमाल नहीं करेगे तो जीवित कैसे रहेंगे और विकास कैसे पनपेगा? अतः गीता का अभिप्राय है काम अवश्य करना है परन्तु वह लालच, मोह एवं स्वार्थ की भावना से प्रेरित होकर नहीं, अपितु सेवा, सहायता एवं बलिदान के रूप में करना है। इसी को कर्म योग कहते है।

कर्म या तो दूसरों की सेवा भाव से अथवा भगवान् के लिए ही श्रद्धा भाव से करना है। इसी से इस संसार और जीवन में सुख और सफलता की प्राप्ति होती है तथा आगामी जीवन का सुधार होता है तथा स्वर्ग आदि की प्राप्ति भी सत्कर्मो से होती है, परन्तु जो पुरुष कर्मयोग की चरम सीमा तक पहुंच जाते है, वे महान् पुरुष हो जाते हैं तथा अन्त में मोक्ष प्राप्त करते है। कहने का अभिप्राय यह है कि गीता साधारण मनुष्य को सन्यासी अथवा त्यागी नहीं बनाती अपितु उच्चकोटि का कर्मयोगी बनाती है, जिससे सफलता और स्वर्ग दोनों की प्राप्ति होती है, ऐसा भी नहीं है कि गीता सन्यास और त्याग पर बल नहीं देती। यह दोनों (सन्यास तथा त्याग) तो गीता ज्ञान के विशेष विषय हैं ही क्योंकि गीता में बताया गया सन्यास और त्याग तो उत्कृष्ट तथा सर्वश्रेष्ठ कोटि है, जिसका फल मोक्ष यानि ईश्वर साक्षात्कार ही है। परन्तु इस उत्कृष्ट

अवस्था का महान् पात्र बन पाना महापुरुषों और योगियों का ही प्रयास हो सकता है। इस उपलब्धि के लिए संसार छोड़ना नहीं अपितु जीतना पड़ता है। यह साहस और विजय का विषय है। इस आजीवन युद्ध को जीतने के लिए तो ईश्वर की सेना का विख्यात योद्धा होकर उभरना पड़ता है, और फिर ऐसे धुंरधर को मोक्ष का पदक प्रदान करने स्वयं प्रभु प्रत्यक्ष हो जाते है।

यह ध्यान में जरूरी रखना है कि गीता रहस्य परम पुरुष, परम पद, परम धाम की प्राप्ति का परम ज्ञान है। यही उत्तम ज्ञान है। इस ज्ञान को प्राप्त कर और कुछ भी जानने की आवश्यकता नहीं रहती। इसी को ब्रह्म विद्या कहते हैं। यही ज्ञान ईश्वर का मार्ग बताकर उनके साक्षात् दर्शन करवाता है। इसको जानकर मनुष्य की शान्ति के शत्रु अज्ञान, अहंकार, लोभ, मोह, भय, शोक, काम वासना आदि सब मिट जाते है। यही मात्र सर्वोत्तम पारस है। भगवान् ही पारमार्थिक सत्य है जो अनादि होने के कारण निरन्तर अटल है। सर्वशक्तिमान्, सर्वज्ञाता, सर्वव्यापक, सर्वदयालु, सबके जन्मदाता, भरता, पोषणकर्ता तथा संहारकर्ता भगवान् स्वयं ही है। गीता के उपदेश का उद्देश्य प्रतिदिन सच्चा अनुसरण करने वाला कर्मठ पुरुष भगवान् का साक्षात्कार कर लेता है। परन्तु ऐसी भी बात नहीं है कि गीता का उपदेश या ज्ञान, मोक्ष, सन्यास, त्याग अथवा ब्रह्म विद्या से ही सम्बन्धित है। गीता उपदेश का भगवान् सम्बन्धी ज्ञान तो है ही परन्तु सांसारिक सुख और सफलता के विषय में भी गीता का उपदेश अद्वितीय है। गीता कर्म पर विशेष बल देती है परन्तु निष्काम भाव से कर्म करना आवश्यक है, इसलिए निष्पक्षता और समबुद्धि की प्राप्ति पर जोर दिया गया है।

अहंकार को नष्ट करना जरूरी बताया गया है। केनोपनिषद् में भी अहंकार को ही देवताओं तथा मनुष्य दोनों का शत्रु बताया गया है क्योंकि देवताओं को भी असुरों को जीतने पर अहंकार में हो गया था। देवता अपने आप को ही विजेता समझ कर अहंकार करने लगे थे। अतः भगवान् ने उन्हें पतन से बचाने के लिए आलौकिक ढंग से समझाया कि उनकी विजय का कारण प्रभु प्रसाद था न कि देवताओं की अपनी शक्ति। इसलिए गीता का रहस्य और अनुसरण

साधारण प्रयास और समझ के स्तर से उपर है। गीता संसार को बरतते हुए अध्यात्म विकास तथा सांसारिक सफलता में उभरने का कारगर सूत्र और मन्त्र है।

निष्काम कर्म, निष्पक्षता, समता, प्रेम भाव, अहिंसा, ज्ञान, सत्य, अभय, संतोष, तप, दान, तथा मन का निग्रह सेवा स्वाध्याय आदि ऐसे तथ्य है, जिनको प्रतिदिन स्वभाविक कर्म में ढालना और अपनाना अनिवार्य है तभी साधक तत्वज्ञानी बन सकता है अर्थात् जीवन के संघर्ष तथा संग्राम में ही गीता उपदेश को अपनाना है। युद्ध से बढ़कर सांसारिक जीवन में संघर्ष का भयानक समय और कोई होता ही नहीं। याद रखें कि जब मनुष्य युद्ध जैसी आपातकालीन स्थिति में समदर्शी रहता है तभी वह मोक्ष का पात्र बन पाता है इसलिए भगवान् अर्जुन को इस महाभारत के धर्म—युद्ध में अहंकार रहित होकर तो लड़ने के लिए स्वयं ही प्रेरित करते हैं क्योंकि संसार में संघर्ष निष्पक्ष रूप से अपनाने पर जीवन मे श्रेष्ठ सफलता और बाद में स्वर्ग और मोक्ष प्राप्त होता है, अर्थात् संसार को बरतते हुए यह अग्नि परीक्षा जरूरी है। परन्तु यह श्रेष्ठ उपलब्धियाँ प्रत्येक व्यक्ति के अपने कर्म की श्रेष्ठता पर ही आधारित होती है।

संसार में कुछ लोग ऐसे प्रश्नों में भी उलझे रहते हैं कि भगवान् कौन है, कैसे हैं, कहां रहते हैं और क्यों नजर नहीं आते आदि। कइयों को और भी प्रश्न और शंकाएं रहती है जैसे भगवान् को शास्त्र और गीता अकर्ता बताते है परन्तु महाभारत युद्ध ही नहीं अपितु भगवान् कृष्ण ने तो स्वयं कई युद्ध करके अनेक योद्धाओं को मार गिराया तो फिर यह कैसा अकर्तापन है? कुछ यह भी कहते हैं कि भगवान् जो जगत् के जन्मदाता, पोषणकर्ता हैं तो स्वयं ही संहारकर्ता क्यों? दूसरे भगवान् को शास्त्र और गीता में सदा निष्पक्ष तथा समदर्शी बताते हैं परन्तु महाभारत युद्ध में तो भगवान् के अवतार श्री कृष्ण पाण्डवों के सारथी और सहायक बनें रहे, पाण्डवों की विजय के कारण भी भगवान् स्वयं ही थे फिर निष्पक्षता कैसी?

कुछ विद्वान द्यार्थी तो यह भी बताते है कि गीता और उपनिषद् दोनों ही भगवान् को निराकार, निगुर्ण, निर्मल, अव्यक्त, परम पुरुष कहते है इसके समानन्तर अनेक शास्त्र भगवान् को साकार, सगुण ही नहीं अपितु सब जीव वर्ग, जगत् तथा

ब्रह्माण्ड को भी उनका शरीर मानते है। इस प्रकार का परस्पर विरोधाभास कुछ लोगों को तृप्त (संतुष्ट) नहीं कर पाता है। कुछ लोगों का यह विचार है कि गीता का अठारह अध्यायों में विस्तृत संवाद युद्ध–भूमि की अति आपातकालीन स्थिति में सम्भव ही नहीं। इस संदर्भ में यह उल्लेखनीय है कि गीता का उदय भगवान् के आध्यात्मिक चेतना से है न कि साधरण जगत् की बुद्धि चेतना से। स्मरण रहे आध्यात्मिक चैतन्य की गति अति तीव्र है जिसके कारण मन–बुद्धि द्वारा सैकड़ों पृष्टो तथा वाक्यों में विस्तृत विषय कुछ एक भावमात्र मन्त्रों में प्रकट हो जाता है।

वास्तव में इन सव प्रश्नों और शंकाओं के उत्तर और स्पष्टीकरण गीता में ही पूर्ण रूप से मिलते है।

भगवान् कौन है? इस का उत्तर गीता में कई स्थानों पर दिया है परन्तु आठवें अध्याय में तो स्पष्ट और विस्तृत रूप में है। भगवान् अक्षरपरब्रह्म है, जिनका कभी क्षय हो ही नहीं सकता, वह सदा एक हैं जो अटल सत्य और अनादि हैं, सत् चित् आनन्द है, उनमें कोई विकार नहीं आता। युग बदलते है, ब्राह्मण्ड बदलता है परन्तु सदा सर्वज्ञाता, सर्वव्यापक अनादि–अनन्त प्रभु वैसे ही रहते है।

वही आत्मा रूप में हर जीव में है और वही अधियज्ञ है, वही पारमार्थिक सत्य है इनके अतिरिक्त अन्य सब जीव प्रकृति तथा सृष्टि सहित केवल व्यवहारिक सत्य है जो हमेशा बदलता रहता है। इस प्रश्न का उत्तर अथवा स्पष्टीकरण कि भगवान् कैसे हैं अर्थात् उनका आचरण कैसा है, का भी गीता में विस्तृत रूप से वर्णन है। भगवान् सत् चित् आनन्द है। प्रेम का सागर होने के कारण सबसे समान प्रेम करते हैं। सदा निष्पक्ष तथा सम रहते है।

भगवान् सर्वव्यापक होने के कारण हर दिल, जीव तथा कण – कण में व्याप्त है (गीता 10–20, 13–20, 18–61) हर जीवन और हर पदार्थ में भीतर बाहर वही है। क्योंकि वही इस सृष्टि, जीव तथा जगत् के निमित तथा उपादान कारण स्वयं ही है। वह नजर इसलिए नहीं आते है क्योंकि भगवान् ने गीता में (7. 25) स्वंय कहा है कि वह हमेशा अपनी योग माया से छिपे रहते है। अत: वह मनुष्य के अन्त:करण तथा इन्द्रियों से नजर आ ही नहीं सकते। माया का

परदा हटाने के लिए योग सिद्धी प्राप्त करनी पड़ती है अर्थात् मन और बुद्धि से उपर उठकर आत्मज्ञान प्राप्त करना पड़ता है, तभी भगवान् प्रत्येक पदार्थ तथा जीव में नजर आते है। यह संशय कि श्रीकृष्ण ने अर्जुन को युद्ध के लिये प्रेरित किया और महाभारत युद्ध भी करवाया तथ्यहीन है। वास्तव में भगवान् श्रीकृष्ण ने इस युद्ध को टालने के अनेक प्रयास किये जिसका उल्लेख पहले अध्याय की व्याख्या में है। अर्जुन का युद्ध में भाग लेना कर्तव्य परायणता पर आधारित धर्म तथा परारब्ध का अटल निर्णय है जिसके आधार पर यह संसार चलता है। वास्तव में युद्ध समभाव से करना धर्म और मोक्ष दोनों का आधार है। यह तथ्य गीता 18.17 में भगवान् ने स्वयं बताया है। भगवान् श्रीकृष्ण द्वारा स्वयं ही महाबलि पापियों का संहार करना अवतार रूप में भगवान् की स्वयं की कर्तव्य परायणता का उदाहरण है। यह तथ्य भी गीता 4/7,8 में स्पष्ट है।

पूर्व प्रश्न का उत्तर कि गीता में भगवान् को कर्ता तथा अकर्ता दोनो कैसे और क्यों बताया गया है का भी गीता में पर्याप्त रूप से वर्णन है। कर्ता और अकर्ता शब्दों का प्रयोग यहां व्यवहारिक और पारमार्थिक संदर्भ में किया गया है। कर्ता का अर्थ है जब कोई भी कर्म अथवा कार्य शरीर, मन, बुद्धि और इन्द्रियों से अपने लिए या दूसरों के लिए अथवा भगवान् के लिए भी स्वार्थ अथवा लाभ के ध्येय से किया जाय, जिसमें अहंकार तथा मोह का सम्बन्ध रहता है, वह कार्य कर्म चाहे अच्छा अथवा उच्च श्रेणी का भी हो, परन्तु भगवान् सारे कर्म स्वयं नहीं करते प्रकृति ही सारे कर्म करती है। वास्तव में प्रकृति भी भगवान् की सब कर्मो को करने वाली शक्ति है जो उन्हीं द्वारा नियुक्त है अत: वही कर्ता है (गीता 9.10)। भगवान् कर्ता तो है परन्तु उनके सारे कर्म निर्मल (शुद्ध) होते है। क्योंकि वह अपने लिए कभी कुछ करते ही नहीं उन्हें किसी वस्तु की आवश्यकता ही नहीं होती। क्योंकि भगवान् निर्मल कर्ता है (गीता 3.22, 4.14)। इसीलिए उनके किसी भी कार्य में बन्धन नहीं होता है। समस्त जगत् के जन्मदाता, पोषण कर्ता तथा संहार कर्ता के कर्म भी ब्रह्म, विष्णु, शिव रूप में प्रकृति ही करती है। जन्म, पोषण तथा संहार व्यक्त स्थूल जीवन के तीन पड़ाव है परन्तु अव्यक्त जीवन लम्बा होता है। गीता

के अनुसार संहार अथवा मृत्यु जीवन का अन्त नहीं यह तो नवीनता अर्थात् परिवर्तन है जो प्रकृति का अटल धर्म है। अतः भगवान् कर्ता होते हुए भी अकर्ता है तभी कर्ता तथा अकर्ता कहलाते हैं नहीं तो संसार नहीं चल सकता तथा अनर्थ हो जाएगा (गीता 3.23)। गीता में भगवान् के सगुण और निगुर्ण, साकार निराकार तथा व्यक्त अव्यक्त, प्रकरण का उल्लेख भी पूर्णतः विस्तृत है। गीता में भगवान् के तीन प्रकार के नाम ॐ, तत्, सत् बताये गये हैं और तीन प्रकार के पुरुष बताये गये है (गीता 17-23)। वास्तव में यह दोनों की एक ही बात है। ॐ का अर्थ है– भगवान् के विधान तथा संकल्प द्वारा जीव के शरीर का सृजन तथा आत्मा रूप में इसमें उपस्थिति। तत् का अर्थ है – समदृष्टि रूप में भगवान् के विधान तथा संकल्प द्वारा इस जगत् (ब्रह्माण्ड) का सृजन तथा इसमें कूटस्थ रूप (ईश्वर) की उपस्थिति। निर्मल, निराकार, निगुर्ण, परमब्रह्म जो पूर्णरूप से अकर्ता है वही अटल सत् है वही परम पुरुष, परम धाम, परमब्रह्म है।

जगत् मे तीन प्रकार के पुरुष का प्रसंग है (गीता 15/16-17) साधारण मनुष्य ही सगुण, साकार पुरुष है, क्योंकि इस शरीर में आत्मा वास करता है जो परम पुरुष परमात्मा का अपना अमर तथा निर्मल अंश है, परन्तु यह पुरुष मृत्यु वश होने के कारण नाशवान कहा गया है।

दूसरा पुरुष आत्मा तथा ईश्वर स्वरूप है जो अमर है परन्तु परम पुरुष नहीं है क्योंकि यह भी सृष्टि को चलाने के कर्म करता है। परम पुरुष तो तीसरा पुरुष परमब्रह्म ही है। वही परमधाम है। वही निर्मल तथा अकर्ता है। वही पुरुषोत्तम है– पहले दो पुरुष इन पुरुषोत्तम के प्रसाद से हैं।

वास्तव में परम ब्रह्म ही पारमार्थिक अटल सत्य होने के कारण परम सत्ता है। वही इस व्यक्त अव्यक्त जगत् सृष्टि के निमित तथा उपादान कारण है अर्थात् इस जगत् को ईश्वर अपने से ही बिना किसी बाहर की सामग्री लिए उत्पन्न करते है। जैसे– मकड़ी अपने अन्दर से ही अपना जाल बनाती है। यह तथ्य मुण्डकोपनिषद् प्रथम खण्ड मन्त्र 7 में विस्तार से बताया गया है।

धर्म

धर्म का सरल अर्थ है समभाव तथा निष्पक्षता से इस जीवन को कर्तव्य प्रायणता के माध्यम से बरतते हुए संसार और स्वर्ग को नहीं अपितु अन्ततः मोक्ष को भी प्राप्त करना। धर्म वह सत्ता तथा शक्ति है जो हर जीव अथवा पदार्थ को धारण करती है। अर्थात् जिसके बिना मनुष्य, जीव, तथा पदार्थ का अस्तित्व नहीं रहता क्योंकि यह धर्म शक्ति ही उसकी आंतरिक सत्ता तथा वास्तव में सबका आधार होता है। गीता तथा उपनिषदों के अनुसार मनुष्य अनादि और शाश्वत है क्योंकि वह आत्मा है। धर्म का उदय भी आत्मा से ही है जिसका अर्थ है कि धर्म भी (जीव) की भान्ति अजन्मा अनादि और शाश्वत है जो जीव की अपनी आंतरिक शक्ति है जिसके आधार पर वह अपनी जीविका तथा जीवन लक्ष्य प्राप्त करता है। जीविका का अर्थ रोटी, कपड़ा और मकान ही नहीं अपितु मनुष्य का सामाजिक, शैक्षणिक, आध्यात्मिक आदि का विकास होता है तथा उसका लक्ष्य मोक्ष अथवा प्रभु प्राप्ति। महापुरुषों का यही अनुभव है। तात्पर्य यह है कि मनुष्य की शारिरिक, मानसिक, तथा आध्यात्मिक समता (समभाव) ही मनुष्य का धर्म है। अर्थात् ऐसा पुरुषार्थ जो शरीर, मन, तथा आत्मा के विकास शान्ति और मोक्ष के लिए उचित तथा श्रेष्ठ है वही धर्म है। यह अनिवार्यता व्यक्तिगत ही नहीं अपितु सार्वजनिक है। इसका अर्थ है कि मनुष्य द्वारा दूसरों के साथ ऐसा व्यवहार न करना जो वह अपने साथ नही करता या दूसरे शब्दों मे अपने और दूसरों में कोई अन्तर न बरतते हुए निरन्तर तथा सर्वत्र उदासीन और निष्पक्ष रहना।

धर्म का क्षेत्र मनुष्य जाति तक ही सीमित नहीं है यह एक सर्वव्यपाक सत्य है। इसकी सत्ता समस्त जीव तथा जगत् में व्याप्त है क्योंकि सब जीव तथा पदार्थ का आधार उसका स्वधर्म ही होता है। इस संदर्भ में ब्रह्माण्ड के सारे अङ्गो, विभागों तथा जीवों की पारस्परिक निर्भरता की अनदेखी नहीं की जा सकती। कंकर से लेकर आकाश तक और कीट–पतंग से लेकर देवताओं तक यह सृष्टि परा प्रकृति में सूत में मणकों की भांति माला में गुथी हुई है क्योंकि इसका स्रोत, आधार, आश्रय तथा गंतव्य एक अर्थात् ब्रह्म ही है।

जीवन का आधार कर्म ही है कोई भी मनुष्य कर्म के बिना नहीं रह सकता वह चाहे स्थूल कर्म हो या विचार अत: महापुरुषों का निष्कर्ष है कि निष्पक्षता ही धर्म है। निष्पक्षता अथवा समबुद्धि में ही व्यक्तिगत तथा सामूहिक विकास छिपा है। "मुझ अधिष्ठाता के सकाश से प्रकृति चराचर सहित सब जगत् को रचती है।" गीता (9-10) अत: चराचर, जीव जगत् सब सगे तथा मसेरे भाई बहन है हमारी एक ही माता प्रकृति (अदृष्ट) है और पिता स्वयं परम ब्रह्म अत: हमारा आधार या माध्यम धर्म ही है, जिसका बीज मंत्र है जिओ और जीने दो। यही (धर्म) ब्रह्माण्ड के संतुलन का आधार है। न भूलें कि यह सृष्टि मनुष्य वर्ग के पास प्रकृति का धरोहर है। इस महान् दायित्व को सफल रूप से निभाने के लिए ही यह अनादि, शाश्वत धर्म है। जिसका प्रयोग मनुष्य को कर्तव्य परायणता के माध्यम से सेवा, सहायता तथा बलिदान के मार्ग को अपनाकर आवश्यक है। याद रखें कि यही शक्ति (धर्म) तथा इसकी मर्यादा ही इस जीव जगत् को संतुलित रूप से जीवित और स्वस्थ्य रखने में सशक्त है।

गीता के संदर्भ में धर्म का अर्थ केवल धर्म (रीलिजन) ही नही है। रीलिजन हिन्दूओं का अपना, ईसाइयों का अलग और मुसलमानों का अपना अलग है कई लोगों का होता भी नही जैसे कुछ साम्यवादी आदि। और मनुष्य धर्म बदल भी लेता है जैसे हिन्दू—ईसाई बन जाते है और इसाई हिन्दू परन्तु धर्म नही बदलता क्योंकि यह तो मनुष्य की आन्तरिक सत्ता और मानव की अलग पहचान है क्योंकि स्वधर्म सब जीव तथा पदार्थ का अपना ही होता है जैसे अग्नि का धर्म जलाना है, सूर्य का धर्म उर्जा प्रदान करना है, शस्त्र का धर्म काटना है और इस विशेषता तथा गुण की अनुपस्थिति मे अग्नि अग्नि नहीं रह सकती, सूर्य सूर्य नहीं रह सकता इसी प्रकार मानव मानव नहीं रह सकता। वास्तव में मनुष्य का धर्म स्वधर्म है और वह है श्रद्धा पर आधारित कर्तव्यपरायणता यही लोक तथा परलोक के सुधार का मार्ग है। वास्तव में सांख्ययोग (ज्ञानयोग) और भक्तियोग के अतिरिक्त साधारण संसारी को प्रभुप्राप्ति अथवा आत्मा को जानने और पाने का सच्चा और

पक्का मार्ग श्रद्धा पर आधारित निष्पक्ष कर्तव्यपरायणता भी है। धर्म के माध्यम से आत्मबोध को प्राप्त करने के लिए इस जीवन यात्रा को यज्ञ के रूप में बरतना और निभाना जरूरी है। यह भी याद रखना है कि गीता के अनुसार यज्ञ का मतलब निष्काम रूप से परसेवा, सहायता और त्याग है। इशावस्योपनिषद् के दूसरे मन्त्र में भी इसी प्रसंग का उल्लेख है। इस जगत् में शास्त्रनियत कर्मो को ईश्वरपूजनार्थ करते हुए सौ वर्षो तक जीने की इच्छा करो, त्याग भाव से जीवन को भोगते हुए भी लिप्त न हों। शास्त्रों में इसी ध्येय से पुरुषार्थ के चार आधार धर्म, काम, अर्थ और मोक्ष का प्रयोजन है। तात्पर्य यह है कि संसार में परिवार तथा समाज सेवा के लिए धन उपार्जन जरूरी है परन्तु ईश्वरीय विधान अनुसार अर्थात् लोभ–मोह से नहीं परन्तु सेवा भाव और त्याग भाव से। गीता का त्याग कर्म त्याग बिलकुल नहीं क्योंकि कर्तव्य कर्म पर तो गीता का विशेष बल है गीता शास्त्र का तो मोक्ष प्राप्ति के लिए कर्तव्य परायणता पर ही बल है अत: गीता मे त्याग का अर्थ है मोह का त्याग कर्म का नहीं, कर्म तो अवश्य ही करना है क्योंकि गीता के अनुसार निष्काम कर्म ही धर्म है।

गीता में राजधर्म की भी अनदेखी नहीं है क्योंकि गीता का उदय ही महाभारत के युद्धक्षेत्र में हुआ था जिस युद्ध का कारण राज्य द्वारा (महाराज धृतराष्ट्र तथा उनके बेटे राजा दुर्योधन) धर्म की असहनीय उपेक्षा ही नहीं अपितु अधर्म पर आधारित राजनीति थी। राजधर्म, धर्म तत्त्व का आवश्यक भाग है, विशेषकर इस प्रजातन्त्र युग में राज्य के कर्णधार तथा राजनीतिज्ञों तथा श्रेष्ठ लोगों पर धर्म की रक्षा का विशेष दायित्व है। जो वह निजी तेज, पराक्रम, बुद्धिबल, सेवा तथा त्याग भाव के प्रमाण स्थापित करके ही निभा सकते है। जैसा कि गीता 3–21 और 3–25 में भगवान् ने स्वयं बताया है कि श्रेष्ठ पुरुष निजी आचरण द्वारा उच्च प्रमाण स्थापित करते है। साधारण मनुष्य समुदाय उसी का अनुसरण करता है। इसलिए भगवान् ने कहा है कि श्रेष्ठ पुरुष समाज और राज्य में अनासक्त तथा सेवा एवं त्याग भाव से उच्च और प्रशंसनीय कार्य करके मनुष्य समुदाय को प्रेरित करें। अन्यथा धर्म, जो समाज संतुलन का सूत्र है गड़बड़ा जाएगा और बड़ी हानि होगी जिसके भयंकर परिणाम पैदा होंगे।

धर्म की उपेक्षा और अधर्म के पालन का परिणाम महाभारत युद्ध ही नहीं परन्तु अनेक विलक्षण त्रासदियां है जिनमें 20वीं सदीं के दो महायुद्ध भी हैं। न भूलें कि आज का स्वार्थ आधारित उपभोक्तावाद और लोभ पर आधारित भौतिकवाद भी धर्म की उपेक्षा के संकेत हैं।

हिन्दू धर्म और गीता

हिन्दू धर्म का परम ध्येय मोक्ष अथवा निर्वाण है। जिसका सरल अर्थ है भगवान् से साक्षात्कार। इस धर्म के विशेष आधार हैं भगवान् में विश्वास, आत्मा में विश्वास, कर्म सिद्धान्त तथा पुनर्जन्म में विश्वास, गुरु शिष्य प्रणाली की पावन परम्परा का पालन पाप—पुण्य, नरक—स्वर्ग सिद्धान्तों को मानना। वेद, उपनिषद, ब्रह्मसूत्र, गीता पुराण, रामायण महाभारत आदि धर्मग्रन्थ इसके स्रोत है। हिन्दू धर्म के अनुसार केवल परम ब्रह्म ही परम सत्ता तथा परम पुरुष परमात्मा है। वही एक परम सत्य है। जगत् व्यावहारिक सत्य है।

यह तथ्य मात्र सैद्धान्तिक विचार नहीं है परन्तु महापुरुषों तथा ऋषियों के आध्यात्मिक अनुभव पर आधारित है। गीता (2–16)। अत: इन तथ्यों का आधार सैद्धान्तिक ज्ञान नहीं यह अनुभवजनित तथा प्रमाणिक है। हिन्दूधर्म में स्वतन्त्र इच्छाशक्ति का भी प्रावधान है। इसी के आधार पर मनुष्य अपने भाग्य तथा व्यक्तित्व का स्वयं निर्माता है। अपने विचारों तथा कर्मो से वह देवता भी बन सकता है या राक्षस भी अर्थात् मनुष्य अपने प्रारब्ध का निर्माण स्वयं ही करता है।

यह परमब्रह्म अव्यक्त, सनातन, अनादि, सर्वव्यापक सर्वशक्तिमान निरन्तर अन्दर – बाहर सब जगह हमेशा जागृत तथा सतर्क रहते है। सब कुछ देखते और जानते हैं परन्तु परम निर्मलता के कारण पूर्ण रूपेण अकर्त्ता है। यही परम चैतन्य है बाकी सारा ब्रह्माण्ड जड़ है। इन्हीं परमब्रह्म को शास्त्र तथा महापुरुष सत् चित् आनन्द कहते हैं। क्योंकि यह सदा परम आनन्द मे रहते हैं और सर्वज्ञाता हैं, महाकाल होने के कारण काल प्रवाह (परिवर्तन) इन्हें नहीं छूपाता और महाप्राण होने के कारण सब शक्तियों के स्त्रोत (सर्वशक्तिमान्) है। यही चित् आकाश हैं क्योंकि वह स्वयं चैतन्य है और सर्वव्यापक है। परन्तु ध्यान

मे रखने की यह भी बात है कि शास्त्र और महापुरुष इन परमात्मा को जगत् के जन्मदाता, भरता (पोषणकर्त्ता) तथा संहारकर्त्ता भी कहते हैं यह अन्तर विरोध का विषय नहीं है क्योंकि समष्टि रूप में जगत् का आश्रय ईश्वर तथा व्यष्टि रूप में शरीर का आश्रय आत्मा है। ईश्वर और आत्मा भगवान् परब्रह्म के अपने स्वरूप के अभिन्न और अमर अंश हैं क्योंकि यह चैतन्य (परमात्मा) तो सर्वव्यापक सदा वही एक है। जीव के भीतर यह आत्मा कहलाता है और जगत् के अंदर ईश्वर। परन्तु ईश्वर और आत्मा की उपस्थिति ब्रह्म के सत् चित् आनन्द परमस्वरूप में कोई अन्तर नहीं डालती क्योकि परम चैतन्य तो सदा सर्वत्र वही एक है जैसे वायु सदा सर्वत्र है। वायु तथा श्वास में कोई अन्तर नहीं बाहर यह वायु है और जीव के अंदर श्वास।

ईश्वर और आत्मा परमब्रह्म के निर्मल अमर अंश होने के कारण दोनो ही अकर्ता है इनके सानिध्य मात्र से ही यह शरीर और जगत् चलता है (गीता 18-61, 9-10)

यह दोनो शक्तियां साक्षी रूप में जगत् तथा शरीर के अंदर रहती है। यह परमात्मा का विधान है कि भगवान् का निर्मल साक्षी स्वरूप ईश्वर और आत्मा की उपस्थिति मात्र में ही प्रकृति जगत् और शरीर को स्वयं चलाती है। यह प्रकृति भी ईश्वर और आत्मा से भिन्न भगवान् की ही शक्ति है यह प्रकृति ही कर्ता है इसीलिए भगवान् तथा आत्मा अकर्ता है इनका तो निर्मल सानिध्य मात्र ही प्रकृति की विशेषता तथा सामर्थ्य का रहस्य है। ब्रह्मा—विष्णु तथा शिव यह परम शक्तियां जो जगत् तथा जीव के जन्मदाता, पोषणकर्ता तथा संहारकर्ता का कर्म करते हैं यही अव्यक्त परमब्रह्म की शक्तियां प्रकृति की शक्तियां हैं। अव्यक्त प्रकृति ही माया है यह प्रकृति ही व्यक्तिगत रूप मे अविद्या और समष्टि रूप में माया है। इसके करण (प्रकरण) बुद्धि, मन, इन्द्रियां हैं जो मनुष्य को परम ज्ञान (प्रभु प्राप्ति) से अंधेरे में रखती है। वास्तव में इस प्रकृति की शक्ति अति सशक्त तथा प्रबल है। इसलिए भगवान् ने 7/14 में कहा है कि यह अद्भुत त्रिगुणमयी मेरी माया बड़ी दुस्तरा है। इस पर विजयी होना परम योद्धा का ही काम है इसके लिए इसी जीवन में दूसरा जन्म लेना पड़ता है, अर्थात् आत्मज्ञानी

बनना पड़ता है क्योंकि बुद्धि, मन, इन्द्रियां में ब्रह्म ज्ञान का सामर्थ्य नहीं। यह भौतिक ज्ञान ही प्रदान कर सकते है।

इस पर विजयी होने का मात्र मार्ग जो गीता में बार बार बताया गया है वह है प्रभुपरायणता (शरणागति), वैराग्य और अभ्यास है। पातंजली ऋषि ने भी योगशास्त्र में यही बताया है। इसी कारण हमारे धार्मिक समाज में सहनशीलता के प्रभाव का प्रभुत्व है। चित्तवृति निरोध तथा ईश्वर प्राणिधान के बिना प्रकृति पर विजय सम्भव नहीं है।

हिन्दू धर्म की एक बड़ी विशेषता यह है कि इस धर्म में आध्यात्मिक मार्ग को चुनने की स्वतन्त्रता है। क्योंकि मनुष्य का सर्वोतम कर्तव्य तथा अधिकार मोक्ष या प्रभु साक्षात्कार है। साधक इस परम ध्येय के लिए कोई भी मार्ग चुन सकता है परन्तु चित् शुद्धि के बिना प्रभु प्राप्ति के परम ध्येय में सफलता असम्भव है गीता में किसी भी धार्मिक संप्रदाय तथा संस्था के प्रति प्राथमिकता या पक्षपात का संकेत तक नहीं है और यह गीता ज्ञान समस्त मनुष्य वर्ग के लिए है।

गुरु शिष्य प्रणाली हिन्दू धर्म का एक विशेष तथा विशिष्ठ आधार है। इस पावन प्राचीन प्रणाली के आधार के अनुसार गुरु एक महापुरुष होता है जिसने प्रभु दर्शन कर लिए होते हैं। प्रभु प्राप्ति की अभिलाषा को साकार बनाने में ऐसा गुरु ही सहायक हो सकता है जिसने स्वयं भगवान् को न पाया हो वह शिष्य को प्रभु दर्शन नहीं करवा सकता क्योंकि अन्धा अन्धे को कैसे प्रकाश दिखा सकता है। इस गुरु शिष्य विशिष्ट परम्परा के कारण ही यह हिन्दू धर्म जीवित है, यही इसकी आत्मा है। ब्रह्मविद्या ही प्रभु दर्शन करवा पाती है। दूसरी कोई विद्या यह साम्थर्य नहीं रखती इस ब्रह्म विद्या के मुकाबले में बाकी विद्याएं मात्र शिक्षाएं ही है जो साधारण विद्याओं की भांति भौतिक ज्ञान ही करवा पाती तथा ब्रह्मविद्या का आधार तर्क नहीं न ही मन, इन्द्रियां तथा बुद्धि इसके माध्यम है तथा इसका मार्ग गुरु ही बता सकते है। गीता 4/34 में भी भगवान् ने यही उपदेश दिया है कि इस प्रक्रिया को महापुरुष के पांव पर पड़कर सीखा जाता है। विशेष ध्यान में रखने की यह

बात है कि बिना गुरु की कृपा के कोई साधक भगवान् से संपर्क नहीं कर सकता। गुरु ही भगवान् से साक्षात्कार करवा सकते है। गुरु ही भगवान् के भाव और स्वरूप को जानते है।

सनातन धर्म एक प्राचीन धर्म है, प्राचीन ही नहीं परन्तु यह तो हमेशा से ही चला आ रहा है जैसे इसके "सनातन" नाम मात्र से भी प्रकट है इसका उदय सृष्टि की उत्पति के साथ ही भगवान् ने स्वयं किया है। यह धर्म मनुष्य वर्ग के लिए ही नहीं यह समस्त प्रकृति सृष्टि, स्थावर तथा जङ्गम जगत् तथा प्रकृति पुरुष और पुरुष पुरुषोत्तम सभी से पूर्णरूपेण सम्बन्धित है। इसका ध्येय मानव धर्म और विश्व धर्म के स्वरूप तथा समस्त की रक्षा और विकास है। यह विधाता का अपना प्रयास और संकल्प है, जब से जीव और जगत् है और जब तक जीव और जगत् रहते हैं यह धर्म भी रहेगा। क्योंकि सनातन धर्म के अनुसार यह सृष्टि मनुष्य के पास भगवान् की ओर से ट्रस्ट (धरोहर) है। इस पावन धरोहर के सिद्धान्त को छेड़ने और छोड़ने से मनुष्य स्वयं को हानि पहुंचाएगा। अतः सृष्टि का संतुलन इस सनातन धर्म का ध्येय और ईश्वर का संकल्प इसका स्रोत है। वेदो तथा शास्त्रों का संबंध इस धर्म से इस सीमा तक ही मान सकते है कि इनमें इस धर्म के ज्ञान का वर्णन तथा उपदेश है परन्तु इसका उदय तो सृष्टि की उत्पति के साथ ही है और इसका प्रवाह सृष्टि से प्रलय तक और प्रलय से सृष्टि तक लगातार है। यह अन्वेषण का विषय नहीं खोज का ही कह सकते है यह जीव और जगत् का अनिवार्य आश्रय है जैसे श्वास जीव का। वेद पुराण, उपनिषद् गीता, ब्रह्मसूत्र आदि सब इस धर्म को मानते हैं। योग, मीमांसा, सांख्य, अद्वैतवाद, द्वैतवाद विशिष्टद्वैतवाद सभी इस धर्म को मानते है। इसका सार सूत्र है जगत् जीव कल्याण, दु:ख निवारण और सुख प्राप्ति। आत्मा को जानना मानना और इसी माध्यम से मोक्ष को पाना।

सनातन धर्म सभी का अपना धर्म है यही गीता 3-35 में बताया गया स्वधर्म है। क्योंकि आत्मा का धर्म ही स्वधर्म होता है। यह आत्मा ही परम सत्य है जो सबके अन्दर रहता है। जब तक मनुष्य आत्मज्ञानी नहीं बनता उसको तब तक मोक्ष नहीं प्राप्त हो सकता है। वास्तव में संसार मे दो प्रकार के धर्म हैं और इन

दोनो धर्मों के दो आश्रय है एक धर्म आत्मा का है और दूसरा धर्म मन का धर्म है। आत्मा का धर्म ही श्रेष्ठ है और यही सबका अपना धर्म है इसी को अपना कर साधक संसार में सुख और परलोक में स्वर्ग और मोक्ष भी प्राप्त कर सकता है। दूसरा जो मन का धर्म है वह मन की तरह परिवर्तनशील तथा भयावह होता है जैसे मन स्वयं है। मन के कई धर्म होते है और कई निष्ठाएं भी। धर्म विरोधी तत्व अशान्ति के कारण मन धर्मी (अधर्मी) ही होते है। क्योकि उन्हे पूर्ण ज्ञान न होने के कारण अशान्ति, शंका, भय, क्रोध, पक्षपात आदि द्वारा प्रभावित रहते है इसलिए इनकी निश्चयात्मिक बुद्धि नहीं होती।

सनातन धर्म सगुण–निर्गुण दोनो भक्तियों को मानता है। क्योंकि इन दोनों में मात्र आंशिक ही अन्तर है। यह धर्म कर्म, ज्ञान, भक्ति तथा कर्तव्यपरायणता सब साधनों का निष्ठापूर्वक पालन करते हुए आत्म–बुद्धि की प्राप्ति के माध्यम से प्रभु प्राप्ति अथवा मोक्ष का उचित उपदेश देता है। ज्ञान काण्ड, कर्मकाण्ड, उपासना तथा योग साधना आदि इन सब अध्यात्मिक प्रयासों का स्रोत यही महान् मानव धर्म है। गीता के चौथे अध्याय में भगवान् श्री कृष्ण के वचन कि युग युग में वह धर्म की अच्छी तरह स्थापना के लिए प्रकट होते है, इसी सनातन (मूल विश्व) धर्म का संकेत है। यही सनातन धर्म समस्त सृष्टि, चराचर, स्थावर, जगत्, जीव तथा जगत् का धर्म है। इस धर्म का स्रोत भगवान् ही स्वयं है क्योंकि वही मात्र पारमार्थिक सत्य है जीव तथा जगत् केवल व्यावहारिक परिवर्तनशील सत्य है।

बीस श्रेष्ठ अध्यात्मिक विचार, चार महापुरुष (सनक आदि) सप्त महार्षि, चौदह मनु, तैंतीस देवता, जिनका वर्णन गीता के दसवें अध्याय में हैं इस धर्म के ही अनुयायी तथा प्रवक्ता है।

धर्म युद्ध

धर्म की रक्षा के लिए किया गया युद्ध ही धर्म युद्ध होता है। वास्तव में युद्ध नहीं यह तो यज्ञ होता है, अर्थात् बलिदानों का यज्ञ, इसका सिंहनाद आत्मा करता है और इसकी विजय पताका श्रेष्ठ स्तर

का महापुरुष उठाता है। उसका नारा हिंसा नही बलिदान होता है। इन धर्म योद्धाओं के निशाने पर जनसाधारण नहीं अपितु धर्म नाशक दुर्मति सत्ताधारी होते है। सत्ता का खुमार ही इन्हें धर्मान्ध बनाता है। युद्ध संसार में सदा से होता रहा है। देवताओं और राक्षसों में युद्धों का कारण धर्म ही रहा है देवताओं का विश्वास और प्रयास आध्यात्म, ज्ञान, प्रेम भाव, सेवाभाव, तप, शौच, दया, सत्य तथा सात्विकता का सार होता है। राक्षसों के कर्म तथा आचरण का आधार मोह तथा लोभ होता है। उनके प्रेरक राजसिक तथा तामसिक भाव होते है, उनका विश्वास बल तथा अहङ्कार में अधिक होता है। उनका प्रयास उपभोक्ता तथा दूसरों के प्रति दम्भ, दमन, शोषण में रहता है। अपना और अपनों का लाभ और दूसरों की अनदेखी व हानि तथा प्रतिद्वन्द्वियों का दुष्प्रभाव से विनाश ही इनका पुरुषार्थ बना रहता है। राक्षसी भाव वाले लोग पराक्रमी, साहसी, उद्यमी तथा वैभवशाली होते हैं परन्तु इनका ध्येय सात्विक तथा आध्यात्मिक नहीं होता समाजिक आर्थिक तथा राजनीतिक आयाम ही इनके लक्ष्य बने रहते है और इन प्रकरणों में भी उनके प्रयासों का केन्द्रबिन्दु दम्भ और अत्याचार ही रहता है। वह ईश्वर से भी एक प्रकार की सौदाबाजी ही करते है। बड़े मन्दिर, विशाल तथा–कथित धार्मिक कार्यक्रम दम्भ दिखावा तथा अपनी शक्ति और सत्ता के विस्तार के लिए ही करते है। उनकी सोच होती है कि ऐसा करने पर ही लोग इनकी वाह–वाह करेगें और ईश्वर उनको दूसरों का दमन करने के लिए उनके यज्ञों के बदले आर्शिवाद देंगे। ये तत्व उग्रता के आवेश में धर्मान्ध हो जाते है। धर्म के आधार दूसरो के प्रति दया और निष्पक्षता उनकी बुद्धि से लुप्त ही हो जाते है। यह मनोवृति प्रतिद्वन्दियों के उचित जीवन मूल्यों, मूल अधिकारों तथा आध्यात्मिक आस्थाओं को निगलने लगती है तभी कोई शंकराचार्य अथवा महात्मा गांधी उत्पन्न हो जाते है। सच्चे धर्म योद्धाओं का प्रेरक सत्य और हथियार बलिदान होता है। वे धर्मान्ध नहीं सत्य के पुजारी होने के कारण विजयी हो जाते हैं। उनके अनुयायी भी सेवा, सत्य और अहिंसा के ही साधक होते है। जब यह धर्म युद्ध के योद्धा रणभूमि में उतरते है तो उनके निशाने पर निर्दोष, निहत्थे, असहाय

नही परन्तु धर्मान्ध उग्र शिरोमणि ही होते है जो वास्तव में अधर्मी ही होते है क्योकि निष्पक्षता, समभाव तथा सब के प्रति सदा प्रेम जिनके बिना कोई भी धर्म श्रेष्ठ नही हो सकता, उन्हें छूते तक नहीं।

गीता के सोलहवें अध्याय में भगवान् ने आसुरी सम्पदा और दैवी सम्पदा का विस्तार से वर्णन किया है क्योंकि देवी सम्पदा के मनुष्य ही धर्म के सच्चे अनुयायी तथा सेवक होने के कारण धर्म युद्ध के योद्धा बन सकते है, क्योंकि वह अभय, शुद्धचित, ज्ञाननिष्ठ, दान, दम, तप, तथा सत्य निष्ठ होते है। ऐसे पुरुषों के योगदान से ही धर्म पनपता है, जो जगत् के कल्याण का आधार है।

योग

योग का अर्थ सरल भाषा में जुड़ना है, अर्थात् ईश्वर से युक्त हो जाना क्योंकि ईश्वर स्र्वव्यापक परम अव्यक्त सत्ता है। मनुष्य का शरीर स्थूल है, शरीर से सूक्ष्म इन्द्रियां है, इन्द्रियों से सूक्ष्म मन, मन से सूक्ष्म बुद्धि है (महत्व) बुद्धि से भी सूक्ष्म प्रकृति है और प्रकृति से भी सूक्ष्म आत्मा को बताया गया है। आत्मा से भी सर्वव्यापक ईश्वर को सूक्ष्म कहा गया है। ये आत्मा और ईश्वर ही सजातीय है और एक दूसरे से अभिन्न दूसरी ओर शरीर (बुद्धि, इन्द्रियां, मन) तथा प्रकृति यह आत्मा से भिन्न है। यह प्रकृति बुद्धि, मन, इन्द्रियां शरीर भी सजातीय हैं। योगशास्त्र के अनुसार यह प्रकृति जड़ है और आत्मा चेतन जानकारों के अनुसार सच्चा मेल और जोड़ सजातीय का ही होता है अत: आत्मा का ईश्वर से जुड़ना ही योग है। शरीर और आत्मा का मिलाप कच्चा और विजातीय है जो पक्का हो ही नहीं सकता। शरीरी अर्थात् आत्मा का ईश्वर से जोड़ना इसलिए जरूरी है क्योंकि शरीर में दु:ख, दर्द, शोक, भय, अशान्ति, कमी का भाव आदि निरन्तर रहते है और शरीर का सुख अल्प, अधूरा परिवर्तनशील तथा अस्थायी होता है और बीमारी तथा मृत्यु का डर भी सताता ही रहता है। आत्मा चैतन्य में परम शांति, परमसुख, तथा मोक्ष और भगवान् का परम संग है परन्तु आत्मा को परमात्मा से जोड़ना एक अति सूक्ष्म प्रयास है। इसके लिये योग साधक को पहले अपने अंदर के सूक्ष्म शरीर का अनुभव करना पड़ता है अर्थात् सूक्ष्म शरीर को प्रकट करना पड़ता है। यह

सूक्ष्म शरीर पांच प्राण, मन, बुद्धि तथा दस इन्द्रियों का बना होता है। मनुष्य की मृत्यु पर यह शरीर मरता नहीं कर्मानुसार दोबारा जन्मता है। अत: हर योगी को पहले यह सूक्ष्म शरीर प्रकट करना होता है।

योग का उत्तम शास्त्र महर्षि पातञ्जलि कृत योग दर्शन माना गया है परन्तु योग (आत्मा को परमात्मा से जोड़ना तथा इस लक्ष्य प्रति यथेष्ट प्रयास) तो संसार में शुरु से ही अर्थात् आरम्भ से ही रहा है इसीलिए तो भगवान् श्रीकृष्ण जी ने गीता के चौथे अध्याय के पहले श्लोक में कहा है कि "मैने इस अविनाशी योग को सूर्य से कहा था, सूर्य ने अपने पुत्र वैवस्वत मनु से कहा और मनु ने अपने पुत्र ईक्ष्वाकु से कहा" यह योग अविनाशी इसलिए है क्योंकि मात्र यही परम ज्ञान ईश्वर तथा आत्मा में रहता है और इन्हीं से इसका उदय है, यही साधक को अविनाशी सर्वव्यापक ईश्वर से जोड़ता है और अविनाशी ईश्वर में ही इसका वास और उदय है तथा सच्चे साधक को इसका मार्ग/माध्यम भी आत्मा स्वयं ही अन्दर से बता देता है। अत: इसका कभी नाश हो ही नहीं सकता न प्रलय में और नहीं महाप्रलय में।

योग दर्शन के अनुसार योग के तीन प्रकार बताए गये है। सविकल्प, निर्विकल्प और निर्बीज। वास्तव मे यह तीन प्रकार की समाधियां हैं इन अवस्थाओं में ईश्वर का बोध प्राप्त हो जाता है निर्बीज समाधि सर्वोच्च समाधि मानी गई है जिसमें सब वृत्तियों का सर्वनाश हो जाता है सारे गुण कर्तव्य क्लेषों की समाप्ति और ईश्वर के प्रत्यक्ष दर्शन हो जाते है। यही कैवल्य है। इसमें पूर्ण विवेक जागृत होने के कारण पुनर्जन्म का चक्र कट जाता है। समाधि में सफलता प्राप्त करने के उपाय, अभ्यास, वैराग्य तथा ईश्वर की शरणागति बताये गये है।

योग दर्शन के सामधि पाद के दूसरे सूत्र में योग की परिभाषा है—"योगश्चिवृत्ति निरोध:" चित्त की वृतियों का निरोध योग है। वृत्तियां पांच प्रकार की है—प्रमाण, विपयर्य, विकल्प, निंद्रा तथा स्मृति। इन वृतियों का विस्तार और प्रसार इतना व्यापक है कि जीवन के अनुभव तथा जानकारी का शायद ही कोई भाग जाग्रत, निंद्रा, स्वप्न तथा स्मृति अवस्थाओं के दायरे से बाहर रहता हो। इससे

अनुमान लगा सकते हैं कि चित् की वृत्तियों का निरोध कितनी कठिन चुनौती है। जब तक चित् की सारी वृत्तियों का निरोध नहीं हो जाता योग द्वारा प्रभु प्राप्ति नहीं हो सकती। प्रकट है कि यह एक लम्बी यात्रा है परन्तु इससे बढ़कर और कोई लाभ अथवा उपलब्धि भी लोक तथा परलोक में नहीं है। तभी तो भगवान् कृष्ण ने गीता के छठे अध्याय के 45 वें श्लोक में कहा है – अर्जुन तुम योगी बनो क्योंकि योगी तपस्वी से श्रेष्ठ है, शास्त्रज्ञानियों से श्रेष्ठ है तथा सकाम कर्म करने वालों से भी श्रेष्ठ है।"

अष्टाङ्ग योग जिसको राजयोग भी कहते है का वर्णन योग शास्त्र में है। इसके साधनपाद के 28 वें सूत्र मे लिखा है – योग के अङ्ग का अनुष्ठान करने से अशुद्धि का नाश होने पर ज्ञान का प्रकाश पूर्ण विवेक को जागृत कर देता है, अर्थात् आत्मा का स्वरूप प्रत्यक्ष दिख जाता है।

यम, नियम, प्राणायाम, प्रत्याहार, धारणा, ध्यान् और समाधि ये आठ अङ्ग है।

(1) यम– अहिंसा, सत्य, अस्तेय (चोरी का अभाव) ब्रह्मचर्य, तथा अपरिग्रह (संग्रह का अभाव) ये पांच यम हैं।

(2) नियम– शौच, संतोष, तप, स्वाध्याय, और ईश्वर शरण्यगति ये पांच नियम हैं।

(3) आसन– शरीर को सीधा सुख पूर्वक स्थिर करके बैठने के पश्चात् शरीर सम्बन्धी सब चेष्टाओं का त्याग ही आसन है।

(4) प्राणायाम– श्वास–प्रश्वास की गति का रूक जाना प्राणायाम है। अर्थात् गुरुद्वारा प्रदत्त प्रशिक्षण अनुसार श्वास–प्रश्वास क्रिया का नियंत्रण अर्थात् रेचक तथा पूरक श्वास–प्रश्वास गति को नियंत्रित करके कुम्भक अवस्था प्राप्त करना।

(5) प्रत्याहार– इन्द्रियों द्वारा अपने विषयों से सम्बन्ध समाप्त कर चित् मे समाया जाना ही प्रत्याहार है। इसमें इन्द्रियों की वाहय वृति प्रणायाम करते करते समाप्त हो जाती है और साधक इन्द्रियों पर विजयी होता है।

(6) धारणा– किसी बाहर या भीतर एक बिन्दु तथा स्थान (उर्द्धव, मन,

आज्ञा चक्र, फूल, मूर्ति आदि) पर चित्त का काफी समय तक ठहराना धारणा है।

(7) ध्यान– एक ही ध्येय पर चित्त को एक ही वृति प्रवाह में (बीच में दूसरी वृत्ति का न उठना) एकाग्रता से अधिक समय तक रखना ध्यान है।

(8) समाधि– जब चित्त का निज स्वरूप शून्य हो जाता है और अटूट वृति के बीच में वृत्ति नहीं ध्यान लगाते–लगाते केवल ध्येय की ही प्रतीति होती है वही समाधि है। समाधि के तीन प्रकार पहले ही बता दिये है।

यह अष्टाङ्ग योग ही राजयोग कहलाता है और यह उसी अविनाशी योग का अटूट भाग है जिसका श्री कृष्ण भगवान् ने गीता 4/1 में संकेत दिया है। यह योग हर युग मे आध्यात्मिक विकास तथा आवश्यकता के आधार पर परिमार्जित (Modify) भले ही हो परन्तु इसका स्वरूप सदा यही है तभी यह अविनाशी कहा गया है। इस युग के लिए मैं यहां एक आवश्यक बात बताना जरूरी समझ रहा हूँ।

परम पुरुष महायोगी महावतार बाबा जी (जो हजारो सालों से जीवित है और समय समय पर महात्माओं का कई स्थानों पर हिमालय में अथवा कुम्भ आदि शुभ अवसरों पर प्रत्यक्ष दर्शन देते हैं।) ने युग अवतार लाहिड़ी महाशयजी को इस योग की दीक्षा स्वयं दी और अब यह योग क्रिया योग के नाम से संसार के कई देशों में प्रचलित है विशेष कर अमेरिका, इंगलैंड, यूरोप तथा भारत मे। भारत में इस क्रिया योग का मुख्य केन्द्र रांची में योगदा सत्संग सोसायटी के नाम से स्थापित है और इसका मुख्य केन्द्र संसार के लिए लासएंजलिस (अमेरिका) में स्थापित है इस क्रियायोग के प्रसार के लिए ब्रह्मलीन संसार विख्यात परमहंस योगानन्द जी महाराज ने अतुल्य योगदान दिया है। उनके अथक प्रयास से आज यह अविनाशी योग सारे संसार में फैल रहा है विशेषकर बुद्धिजीवी वर्ग संसार भर में इस योग में विशेष रूचि रखकर

लाभ उठा रहे है। इस क्रिया योग का विस्तारपूर्वक वर्णन परमहंस योगानन्द जी द्वारा कृत पुस्तक "योगी कथामृत" में भी दिया गया है। इस पुस्तक की लाखों प्रतियां संसार की 20 भाषाओं में हाथों हाथ बिक चुकी है। इस क्रिया योग की विशेष कुञ्जीका वर्णन श्री कृष्ण भगवान् ने गीता 4/29, 5/27-28 में स्वयं किया है।

अपाने जुह्वति प्राणं प्राणेऽपानं तथापरे।
प्राणापानगती रुद्ध्वा प्राणायामपरायणः।।

योगी अपान वायु को प्राण में तथा प्राण वायु को अपान वायु में हवन करके प्राण—अपान की गति को अवरुद्ध करके प्राणायमपरायण हो जाता है।

गीता का यह श्लोक और 5/27-28 क्रिया योग के ठोस आधार है। लाहिड़ी महाशय का क्रिया योग आज संसार भर मे आध्यात्मिक क्रांति ला रहा है। इस क्रिया योग के प्रसार में विश्वविख्यात महायोगी परमहंस योगानन्दजी का योगदान अद्वितीय रहा है। उन्होंने अपने समस्त जीवन को भारत, यूरोप, तथा विशेषकर अमेरिका में क्रियायोग की स्थापना और प्रसार के प्रति समर्पित करके मानव जीवन का बड़ा कल्याण किया है।

क्रियायोग मोक्ष अर्थात् प्रभु प्राप्ति का सरल तथा सुदृढ़ मार्ग होने के अतिरिक्त एक ऐसी कुञ्जी है जो साधक को छोटे से छोटे रास्ते से जल्दी ही भगवान् के पास पहुंचाकर उनका साक्षात्कार करवा देती है। साधरण तौर पर 84 लाख योनियां भोगने पर भी सब भगवान् को नहीं पा सकते परन्तु यह क्रियायोग जिसके स्रोत श्री कृष्ण भगवान् स्वयं है इस युग के लिए गृहस्थियों तथा संसारिकों के लिए भी परम आध्यात्म का सुगम और उचित (शोर्टकट) छोटा रास्ता है। इसमें कुण्डलिनी जागरण की विशेष विज्ञान पर आधारित विधि है। इसका माध्यम एक विशेष प्रकार का प्रणायाम है। इस विधि में प्राण उर्जा का नियंत्रण और प्रयोग है प्राण ही भगवान् द्वारा कृत सब शक्तियों की शक्ति मनुष्य को इस बाहरी जगत् से बांधे रखती है। क्योंकि इसका प्रवाह अंदर से बाहर की ओर है। क्रियायोग इस प्राण प्रवाह को जिस मार्ग से यह मनुष्य के अंदर से (सहस्रार से मेरुदण्ड के सातों चक्रों से होता

हुआ बुद्धि, मन, तथा इन्द्रियों को सर्वरूपेण कार्यान्वित तथा प्रभावित करता हुआ) बाहर आया है। उसी मार्ग से (इन्द्रिय, मन, बुद्धि तथा मेरुदण्ड के मूलधार चक्र से सहस्रार) अंदर ले जाकर सहस्रार में पहुंचा देता है। इसका माध्यम एक विशेष प्रकार का प्रणायाम है– प्राण जब सहस्रार में वापिस लौट जाता है तो मनुष्य आन्तरिक जीवन के सत्य को देख लेता है और शनैः शनैः आत्मा का साक्षात्कार कर लेता है।

क्रियायोग का वर्णन योगदर्शन के साधनापाद के प्रथम सूत्र में भी किया है "तपः स्वाध्यायेश्वरप्रणिधानानि क्रियायोगः" अर्थात् तप, स्वाध्याय तथा ईश्वर शरणागति क्रिया योग है। वास्तव में प्राणायाम से बढ़कर कोई तप नहीं है। स्वध्याय का अर्थ है योग तथा ईश्वर सम्बन्धी ग्रन्थों का अध्ययन तथा अपने आपका भी निष्पक्षता से अध्ययन तथा आंकलन करना और ईश्वर की शरणागति के बिना तो कोई आध्यात्मिक प्रयास सिद्ध हो नहीं सकता। शास्त्रों के अनुसार जीवन की सबसे बड़ी चुनौती तथा सबसे बड़ी उपलब्धि भगवान् के इस संसार में मनुष्य द्वारा साक्षात दर्शन है और इस उपलब्धि का माध्यम योग ही है। प्रधानतः गीता में तीन प्रकार के योग है कर्मयोग, भक्तियोग तथा ज्ञानयोग।

कर्मयोग

गीता के अनुसार मनुष्य के विचार, वचन तथा स्थूल कर्म तीनों हीं कर्म कहलाते है (गीता 18–15) अर्थात् जीवन में हम जो भी काम करते अथवा करवाते है वह सब कर्म हैं। गीता तथा हिन्दू धर्मशास्त्रों में कर्म का महान् महत्व है। कर्म ही मनुष्य के मोक्ष का कारण है और मनुष्य के बन्धन का कारण भी, इसीलिए गीता में भगवान् ने कर्म को तीन ढंग से बताया है– कर्म, अकर्म तथा विकर्म। (4–17) जितने भी मनुष्य सकाम कर्म करता है अर्थात् जो अपने मतलब अथवा लाभ के लिए करता है वह अच्छे हो या बुरे वे सब बन्धन का कारण बनते है। जितने सकाम कर्म अच्छे अथवा शुद्ध होगें उतना उनका बन्धन कम होगा। परन्तु बन्धन रहेगा जरूर और जितने कर्म अशुद्ध होगें उतना ही फल बुरा और बन्धन अधिक होगा। बन्धन का अर्थ मृत्यु जन्म के चक्करों

से मुक्ति न पाना तथा बार बार मृत्यु जन्म को अच्छी बुरी योनि में भोगना तथा स्वर्ग को भोगकर भी फिर इसी संसार में जन्म लेना है।

सारे कर्म संस्कार पैदा करते है। परन्तु महत्वपूर्ण कर्म महत्वपूर्ण संस्कार पैदा करते हैं। कोई श्रद्धा भाव से यज्ञ दान करता है लोक सेवा का काम करता है कोई अन्वेषण अथवा परोपकार करता है कोई कर्त्तव्यपरायणता में डटा रहता है यह सब उच्च तथा श्रेष्ठ संस्कार पैदा करते हैं, तथा अशुद्ध तथा पापकर्म बुरे संस्कार पैदा करते है यह संस्कार ही मनुष्य के व्यक्तित्व का निर्माण करते है, कर्म सिद्धान्त के अनुसार कर्म फल से मनुष्य का छुटकारा हो ही नहीं सकता। इस अथवा अगले जन्म में मनुष्य को अपने अच्छे अथवा बुरे कर्मों का फल जरूर भोगना पड़ेगा। मनुष्य के वर्तमान जीवन तथा व्यक्तित्व से अंदाजा लगाया जा सकता है कि पिछले कर्म उसके कैसे रहे होगें तथा इसी प्रकार मनुष्य के अगले जन्म का भी उसके वर्तमान कर्मो और मानसिकता से अंदाज लगाया जा सकता है। वास्तव में मोह, लोभ और श्रद्धा तथा सेवा भाव ही मनुष्य के कर्मो की कसौटी है। जिसकी जैसी श्रद्धा है मनुष्य का अन्तकरण तथा व्यक्तित्व वैसा ही होता है मनुष्य का स्वरूप उसकी श्रद्धा के अनुरूप ही होता है। (गीता 17/3) मनुष्य का प्रारब्ध उसके अपने कर्मो पर ही निर्भर है। यह कर्म तथा संस्कार ही भाग्य बनाते है। कर्म सिद्धान्त का सारांश यह है कि पिछले जीवनों के कर्मो से जनित संस्कारों को हमारे वर्तमान शुभ कर्म ही सुधार सकतें है तथा शुभ कर्म ही आगे के लिए अच्छे संस्कार पैदा कर सकते है।

अकर्म

अकर्म ही निष्काम कर्म है और निष्काम कर्म ही मनुष्य को मुक्ति प्रदान करवाते हैं। मनुष्य का संसार बन्धन अकर्म ही काट सकते हैं। अकर्म का अर्थ है कि सारे कर्म विचार वचन तथा स्थूल रूप में जो भी हैं वे हमेशा दूसरों के लाभ के लिए अथवा भगवान् के लिए ही करें। अपना न उसमें स्वार्थ हो न लाभ–हानि–लालच–मोह–आदि का भाव। यही कर्म योग है कर्मयोगी सारे कर्म दूसरों की सेवा–सहायता तथा बलिदान के रूप में ही करता है। उसकी रूचि ही दूसरों के सुख में रहती है। दूसरों की सेवा कर्म योगी का एक प्रकार

का नशा होता है। भगवान् ही सब कुछ है उन्हीं के लिए कर्म भी तथा फल भी उन्हीं के लिए है। यही कर्मयोगी का जीवन होता है। यही कर्मयोग है। इस प्रकार का कर्मयोग ही मोक्ष का माध्यम होता है। साधारण शुभ तथा अच्छे कर्म तो स्वर्ग ही प्रदान करवा सकते है मोक्ष नहीं कर्मयोग का सारांश गीता 3/9 में पर्याप्त रूपेण प्रत्यक्ष है। जो मनुष्य कर्म इस जीवन में यज्ञ रूप में करता है अर्थात् दूसरों की सेवा सहायता तथा बलिदान के रूप में करता है न कि किसी अपने लाभ अथवा स्वार्थ से, और ईश्वर के लिए श्रद्धा भाव से करता है, वही कर्मयोग है। यह कर्मयोग ही संसार बंधन काट पाता है क्योंकि इसका आधार निष्पक्षता और भक्तिभाव होता है।

विकर्म

विकर्म निषिद्ध कर्म हैं जिनको हमेशा त्यागना चाहिए। निषिद्ध कर्म ही नरक का द्वार होते है, सारे दुष्कर्म इसी में आते है जैसे मोह, लोभ, अहंकार, परनिन्दा, द्वेष–हिंसा आदि।

संसार में ऐसा भी देखने में आता है कि कभी–कभी पापी लोग धनी अथवा बलवान् हो जाते है तथा पुण्य कर्म करने वाले प्रतिकूल परिस्थितियों तथा दुःख में देखे जाते है। जो कुछ लोगों के मत में कर्म सिद्धान्त के प्रति शंका पैदा करते हैं इसीलिए तो भगवान् ने गीता में कहा है कि "गहना कर्मणो गतिः" (गीता 4.17) कर्मगतिबहुत गहन है, जो व्यक्तिगत कर्म संस्कार, श्रद्धा और विचार पर आधारित है– साधारण मनुष्य केवल वर्तमान को ही जानता है सो भी सीमित रूप में ही क्योंकि मनुष्य के ज्ञान साधन (करण) बुद्धि, मन तथा इन्द्रियां ही है इनकी परिधि सीमित है यह स्थूल वस्तु को तथा वर्तमान को ही (वह भी सीमित रूप से) जान पाते है। साधारण जन भूतकाल तथा पूर्व जीवनों के जन्मों तथा संस्कारों को नहीं जानते। संचित तथा पूर्व जन्मों के महत्वपूर्ण कर्म ही हमारा प्रारब्ध बनाते है। जबतक मनुष्य कर्म अकर्म रूप में (परोपकार तथा भगवानार्थ) नहीं करता (विशेष कर महत्वपूर्ण कर्म) तब तक व्यक्ति का आध्यात्मिक सुधार नहीं हो सकता। मनुष्य के क्रियामाण कर्म प्रतिदिन साधारण कर्म भी मोह तथा लोभ से प्रभावित नहीं होने चाहिए। परहित मनुष्य

के कर्मों का आधार हमेशा रहना जरूरी है। तब ही चित्त शुद्धि होती है। शुभ कर्म द्वारा जब तक चित् शुद्ध (निर्मल) नहीं होता संसार बंधन नहीं कटता।

भक्तियोग

सरल शब्दों में भक्ति योग का अर्थ है प्रभु—प्रेम परन्तु यह प्रभु—प्रेम चित्त शुद्धि बिना संभव ही नहीं। यह प्रभु—प्रेम कहना सरल है परन्तु इस पर खरा उतरना अति कठिन है। यह भी संस्कारों का ही विषय है। दूसरे भक्तियोग का अर्थ है भक्ति मार्ग से भगवान् को प्राप्त करना, योग तभी पूर्ण होता है जब भक्त को भगवान् के दर्शन हो जाये, इस साधना में पूर्ण श्रद्धा के साथ चित् को पूर्णरूपेण एकाग्र करके अनन्य प्रेम भाव से प्रभु के चरणों में अर्पित करना आवश्यक है अर्थात् पूर्ण ईश्वर प्रणिधान ही मार्ग है। परन्तु भक्ति को सिद्ध करने के लिए गुरु आवश्यक है वही चित शुद्धि का उचित उपाय बता सकते है। क्योंकि बिना चित् शुद्धि (बिना अन्तःकरण की शुद्धि) के भगवान् भक्त को लभ्य अथवा प्राप्य नहीं है। चित् शुद्धि की अनिवार्यता को गीता में बल देकर दो बार—बार कहा गया है। वास्तव में चित्त शुद्धि की आवश्यकता हर योग मार्ग में जरूरी है, वह चाहे कर्मयोग है, भक्तियोग हो अथवा ज्ञान योग चाहे कर्तव्य (परायणता) शुद्ध चित्त ही निश्चयात्मिका बुद्धि है, जिसका वर्णन (गीता 2/41 में किया गया है।) चित्त शुद्धि से ही साधक स्थितप्रज्ञ बनता है। तभी भक्त समाधि में स्थित होकर परमात्मा को पा सकता है, (गीता 2/55) चित्तशुद्धि का अर्थ है चित्त की चंचलता और अस्थिरता को नियन्त्रित करके स्थिर करना ताकि मन को एकाग्र करके भगवान् पर केन्द्रित कर सकें क्योंकि जबतक चित की वृत्तियों की (चंचलता) चित से मूलरूप से हटाया न जाय समाधि लाभ नहीं हो सकता। इस चित शुद्धि का सरल उपाय भगवान् ने गीता 6/12 में एकान्त मे बैठकर योगाभ्यास करके बताया है। भक्तवतसल होने के नाते भगवान् ने भक्त की सुविधा के लिए भक्ति योग द्वारा प्रभु दर्शन प्राप्ति के लिए गीता के सातवे अध्याय से 12वें अध्याय तक विशेष कर सरल सुगम और लाभप्रद संकेत दिये है। भक्तियोग द्वारा आध्यात्मिक लाभ के लिए भगवान् ने स्वयं गीता 12-6 से 12 तक विस्तृत संकेत दिये हैं।

भगवान् को संसार मे सबसे प्रिय प्रेमी भक्त ही है। गीता 7/16 में भगवान् ने स्पष्ट किया है कि जगत् में चार प्रकार के भगवान् के भक्त: अर्थार्थी, आर्त, जिज्ञासु, और ज्ञानी है। इन चारों प्रकार के भक्तों में से ज्ञानी अर्थात् सच्चा प्रेमी भक्त ही भगवान् को अति प्रिय है क्योंकि वही भगवान् को गहन प्रेम वश तत्व से जानना चाहता है। ऐसे सच्चे भक्त को भगवान् सहज ही प्राप्त हो जाते है क्योंकि ऐसा भक्त अनन्य चित होकर सदा ही निरन्तर भगवान् को स्मरण करता है। गीता 8-14, जो कोई ऐसा प्रेमी भक्त श्रद्धा से पत्र, पुष्प, फल, जल आदि अर्पण करता है उन्हें भगवान् प्रेमपूर्वक स्वीकारते हैं गीता 8/15-16 में भगवान ने ऐसा अनन्य भक्ति को ही मोक्ष का माध्यम बताया है। क्योंकि भगवान् तो भाव भोगतें हैं वस्तु नहीं। ऐसे प्रेमी भक्त को ही भगवान् तत्व ज्ञान रूप योग देते है जिससे वह भगवान् को प्राप्त हो जाते है (गीता 10/10) अब यह भी स्पष्ट है कि भगवान् की प्राप्ति के लिए साधना या भक्ति ही पर्याप्त नहीं है क्योंकि भगवान् उन्हीं को मिलते है जिन्हें वे स्वीकारते हैं। परन्तु वे पक्षपात कभी नहीं करते अन्तर्यामी होने के कारण वे सबके भाव तथा संस्कार जानते हैं। अत: जिसका चित्त शुद्ध है उसको स्वयं ही भगवान् अपने चित में नजर में आ जाते है। भगवान् ने विश्वरूप दर्शन योग के अन्तिम श्लोक (गीता 11/54) में स्वयं घोषणा की है कि किस प्रकार का भक्त उन्हें प्राप्त कर सकता है। "जो पुरुष मेरे ही लिए सम्पूर्ण कर्तव्य कर्मो को करने वाला है मेरे परायण है मेरा भक्त है अशान्तिरहित है और सम्पूर्ण प्राणियों में वैर भाव से रहित है वह अन्यन भक्तियुक्त पुरुष मुझको प्राप्त होता है।" प्रकट है कि भगवान् को प्राप्त करना अति कठिन भी है और सुगम भी प्रश्न विशेषकर श्रद्धा का है। श्रद्धावान् भक्त के लिए ही भगवान् निकट है अन्यथा अव्यक्त और अति दूर है। कहते है कि भक्त का प्रेम ही भगवान् की कमजोरी है क्योंकि समर्पण के आकर्षण को वे रोक ही नहीं पाते। गीता का बारहवां अध्याय भक्ति योग पर है। इसमें भगवान् ने साकार तथा सगुण भक्ति के उपासक को श्रेष्ठ बताया है क्योंकि भक्ति या पूजन तो सगुण अथवा साकार का ही किया जाता है। निराकार या निर्गुण परमब्रह्म का तो कोई गुण अथवा आकार है ही नहीं अत: यह निर्गुण

साधना कठिन होती है और उन पुरुषों अथवा भक्तों द्वारा ही विशेष परिश्रम से सम्भव है जो निराकार ब्रह्म में ही आसक्त है। इस भक्ति का उत्तमफल (प्रभु दर्शन) तभी मिलता है जब भक्ति सिद्ध हो जाय, यह एक आजीवन कठिन प्रयास है जिसमें अनन्य भक्तियोग से निरन्तर चिन्तन करते हुए भगवान् की साधना आवश्यक है। ऐसी भक्ति (निर्गुण निराकार) की तुलना में सगुण – साकार ईश्वर की भक्ति अधिक सरल है अत: भक्त वात्सल्य भगवान् भक्त की सुविधा के लिए सगुण भक्ति ही श्रेष्ठ बता रहे हैं। यहाँ दो प्रकार की भक्ति की श्रेष्ठता की तुलना का विषय नहीं है परन्तु भक्त की सुविधा तथा अध्यात्मिक लाभ की सुगमता का विषय है क्योंकि शरीरधारियों के लिए साकार भक्ति में सफलता पाना अपेक्षाकृत अधिक सुगम है।

भगवान् ने भक्त की सुगमता के लिए प्रभु प्राप्ति के विशेष साधन (गीता 12/7 से 12/10 में) वर्णन कियें हैं :–

(1) मुझमें चित स्थिर करो (साधना)

(2) अभ्यास योग (लगातार लम्बें समय तक) करो

(3) यदि यह भी न कर सको तो मेरे परायण होकर मेरे ही लिए कर्म करो।

(4) कर्म फल त्याग – कर्म फल त्याग से चित्त जल्दी स्थिर हो जाता है क्योंकि वासना नहीं रहती और नाद उदय हो जाता है तथा चित्त वृति लय हो जाती है। वृत्ति के लय होने पर चित्त शुद्ध हो जाता है।

ज्ञानयोग

ज्ञान योग का अर्थ है भगवान में तथा आत्मा में विश्वास और शास्त्रों के अध्ययन तथा विश्लेषण द्वारा आध्यात्मिक अनुभव के माध्यम से आत्मा तथा परमात्मा के दर्शन करना। अर्थात् साधक द्वारा यह सत्य तात्विक रूप से मानना, पहचानना तथा जानना कि वह आत्मा है मात्र शरीर अथवा बुद्धि ही नहीं। इस परम तथ्य को विज्ञान सहित ज्ञान रूप में जानना ही ज्ञान योग है। अर्थात

आत्मा का साक्षात्कार और अनुभव करना। इस ज्ञान का आधार गुणविभाग और कर्म विभाग है। प्रकृति (माया) के 24 तत्त्व कर्म विभाग है और इनकी चेष्टाएं गुण विभाग है। और आत्मा सदा अकर्त्ता और निर्मल है। सारांश यह है कि सारे कर्म तथा इच्छाएं प्रकृति (माया) अर्थात् शरीर में है यही सारे कर्म करते और करवाते हैं। आत्मा सदा निर्लिप्त है वह न कुछ कर्म करता न करवाता इस सत्य को तत्त्वत जानना ही ज्ञान योग है।

इसी ज्ञान को गीता में सांख्य योग तथा सन्यास योग की संज्ञा भी दी गई है। इस सांख्ययोग का प्रकरण गीता में दूसरे अध्याय से आरंभ होकर 18वें अध्याय (मोक्षयोग) तक निरन्तर है। वास्तव में गीता है ही आत्मबोध (आत्म ज्ञान) का गीत। यह आत्मा परमात्मा का अपना ही अमर अंश सभी जीवों में व्याप्त है अर्थात् भगवान् के विना कोई जीवन है न हो सकता है। क्योकि भगवान् सब के भीतर साक्षी आत्मा के रूप में सदा उपस्थित है। भगवान् ने गीता में इस तथ्य को 10-20, 13-22, 15-7, 18-61 आदि कई स्थानों पर स्पष्ट कहा है। वास्तव में यह आत्मा परमात्मा की तरह अप्रकट तथा अव्यक्त है, (गीता 7/25) केवल दिव्य दृष्टि से ही देखा जा सकता है। ज्ञान योग का अभिप्राय है शरीर तथा आत्मा के संयोग और वियोग को तत्त्व से जानना अर्थात् पुरुष और प्रकृति की भिन्नता और अभिन्नता का ज्ञान क्योंकि ब्रह्म जीव–जगत्, शरीर–आत्मा, चराचर दोनों ही है। वास्तव में तात्विक रूप से शरीर और आत्मा दो भिन्न तथा अलग–अलग तथ्य है। यह आत्मा शरीर में रहता हुआ भी न शरीर के साथ जन्मता न मरता, न सोता, न जागता, न बदलता, न मापा, न तोला जा सकता क्योंकि यह अप्रमेय, अचिन्तय, अनादि, सर्वव्यापक, सर्वज्ञ तथा सदा अवध्य है। न कुछ करता न कुछ करवाता परन्तु मनुष्य का अन्तकरण अथवा शरीर इस आत्मा की अनुपस्थिति में कुछ भी नहीं कर अथवा सोच सकता, क्योंकि इसके विना यह मात्र जड़ ही है। और यह शरीर आत्मा के सानिध्य मात्र से ही काम करता है। यह निर्मल आत्मा स्वयं अकर्त्ता ही है। परन्तु शरीर की प्राथमिकता तो अनिवार्य है क्योंकि अनादि तथा अव्यक्त आत्मा को तो मनुष्य इस व्यक्त तथा नाशवान् शरीर के कारण

ही जान सकता है क्योंकि आत्मा का अभिप्राय है निर्वाण और यह निर्वाण तो इस शरीर से मुक्त होकर ही प्राप्य है। अत: शरीर और बुद्धि के माध्यम से ही आत्मा को जाना जा सकता है और तभी इस शरीर से छुटकारा मिल सकता है। यह शरीर मन, इन्द्रियां और बुद्धि ही प्रकृति है जो लगातार परिवर्तनशील है आत्मा (पुरुष) अनादि अजर अमर है। इस प्रकृति पुरुष अर्थात् शरीर और आत्मा की भिन्नता तथा पृथक्ता को ही गुण विभाग तथा कर्म विभाग कहा गया है अर्थात् निर्मल आत्मा कुछ नहीं करता मात्र शरीर (प्रकृति) ही सारे कर्म स्वयं करता है और मनुष्य अज्ञान तथा अहंकारवश अपने आप को ही कर्ता मानता है। यह अज्ञान तथा अहंकार संसार में मनुष्य के बन्धन का कारण है। साधक जब आत्मा को जान लेता है तब वह मुक्त हो जाता है। परन्तु इस आत्मा और शरीर (पुरुष तथा प्रकृति) की पृथक्ता और समीपता भी एक रहस्य है। गीता में इनकी पृथकता तथा समीपता दोनों का वर्णन है। प्रकृति कार्य और कारण को उत्पन्न करने में हेतु है और जीव आत्मा सुख–दु:ख के भोक्तापन में हेतु है। (13/20)

अत: प्रकृति और पुरुष दोनों अनादि कहे गये है। (13/19) अन्तर इतना है कि प्रकति परिवर्तनशील है और पुरुष (आत्मा) निरन्तर है और सारी सृष्टि इन दोनों के संयोग से ही उत्पन्न होती है। परन्तु यह प्रकृति परमात्मा की ही कृति है और उन्हीं प्रभु अधिष्ठता के सहवास से चराचर सहित सारे जगत् को रचती है। (9/10)

इस संसार में ज्ञान के समान पवित्र करने वाला नि:संदेह कुछ भी नहीं है। उस ज्ञान को कितने ही काल से कर्मयोग के द्वारा शुद्ध अन्त:करण हुआ मनुष्य अपने आप ही आत्मा में पा लेता है। (4/38) सारांश यह है कि इस जगत् में तत्त्व ज्ञान ही ऐसा पावन पारस है जो मनरूपी लोहे को आत्मरूपी सोना बना देता है परन्तु यह मन भी एक अति कठिनता से साध्य शक्ति है। यह संसार के नशे में ऐसा डटा रहता है कि न संभाले संभलता न बताये सुनता अर्थात् आध्यात्म विकास एक लंबा प्रयास है अत: अतुलनीय ज्ञान रसायन भी अपना चमत्कार शनै: शनै: ही सिद्ध कर सकती है। तभी तो भगवान् कह रहे हैं कि

योग द्वारा (कर्मयोग अथवा अभ्यास योग) पहले अन्त:करण को शुद्ध करना आवश्यक है जब अन्त:करण को शुद्ध करना आवश्यक है तो साधक उस ज्ञान को स्वयं ही आत्मा में पा लेता है अर्थात् आत्मा स्वयं ही सर्वोच्च गुरु और ज्ञेय दोनों ही है। शास्त्र और महापुरुष कहते हैं जब यह आत्मा दिख जाता है (अनुभव) हो जाता है तो मनुष्य (ज्ञाता) परमानन्द हो जाता है, अजर–अमर हो जाता है अर्थात् ज्ञाता (साधक) ज्ञेय (आत्मा) हो जाता है।

कर्ता, कार्य, कर्म तथा करण ज्ञान प्राप्ति के माध्यम हैं कर्ता अर्थात् साधक मनुष्य है जब तक मनुष्य सिद्ध नहीं बन जाता प्रकृति पुरुष के भेद को तत्त्व से नहीं जान लेता वह प्रकृति ही होता है क्योंकि वह शरीर, मन, इन्द्रियां तथा बुद्धि पर ही आधारित होता है जिनसे भौतिक जगत का ही ज्ञान होता है। अर्थात् उसको आत्म–बोध नहीं होता है।

कार्य से अभिप्राय पांच भूत (पृथ्वी, जल, अग्नि, वायु तथा आकाश) और पांच तंमात्राएं (गंध, रस, रूप, र्स्पश तथा शब्द) है। करण शास्त्रों के अनुसार 13 हैं। बुद्धि, अहंकार, मन, पांच ज्ञानेइन्द्रियां तथा पांच कर्मेन्द्रियां। कर्म ज्ञान को प्राप्त करने का प्रयास एक अलग क्रिया है। यह सब प्रकृति अथवा सृष्टि है जब साधक को इस प्रकृति का भेद हो जाता है कि आत्मा प्रकृति नहीं परन्तु इससे ऊपर का विषय है तो वह आत्मा हो जाता है तो वह पूर्ण ज्ञानी हो जाता है। तब ही उसको पता चलता है कि वह यह नाशवान शरीर नहीं परन्तु अनादि, अमर आत्मा है। इसी को प्रकृत–ज्ञान कहते हैं। उसके सारे संशय, भय, अज्ञान, आदि मिट जाते है और वह परमानन्द को अनुभव करता है। ज्ञानयोग को जानने के लिए सिद्ध गुरु की आवश्यकता रहती है भगवान् ने गीता 4–34 में भी यह कहा है आत्मज्ञान मात्र शास्त्र अध्ययन तथा सत्संग से ही प्राप्य नहीं है, ऐसे गुरु का होना ही जिसने स्वयं प्रभु साक्षात्कार कर लिया है इस परम प्रयास में लाभदायक हो सकता है।

वास्तव में ज्ञान योग अपने द्वारा स्वयं में ही अपने वास्तविक स्वरूप (आत्मा) को खोजना तथा अनुभव करना है अर्थात् मैं कौन हूँ? मैं कहां से आया हूँ? क्यों आया हूँ? आदि इसीलिए तो सद्गुरु तथा स्वध्याय की आवश्यकता है।

इस आध्यात्मिक संदर्भ में ज्ञाता, ज्ञान, ज्ञेय, कार्य, कर्ता, कर्म, करण, इन मूल वास्तविकताओं का बोध जरूरी है। (गीता–13/18, 19–20)

वास्तविक ज्ञान पारमार्थिक सत्य है जो केवल परम प्रभु परमात्मा ही है आत्मा भी इन्हीं परमात्मा का अपना अमर अंश हर प्राणियों में होने के कारण पारमार्थिक सत्य है जिस ज्ञान द्वारा यह पारमार्थिक सत्य (आत्मा) का बोद्ध होता है वही प्रकृत ज्ञान है इस ज्ञान को ही महापुरुष विद्या कहते है शेष भौतिक ज्ञान है जिससे जगत् बोध होता है वह अविद्या है। इस विद्या को ही ब्रह्म विद्या कहते है। मुण्डक उपनिषद् के अनुसार पर तथा अपर ब्रह्म के दोनों स्वरूपों का ज्ञान इस ब्रह्मविद्या से ही होता है। यह ब्रह्मविद्या ही ब्रह्म को अनुभव करा सकती है। केनोननिषद् के अनुसार ईश्वर प्राप्ति के लिए उत्कट अभिलाषा जरूरी है और इसके लिए तप, दम—शम तथा कर्म साधना भी अति आवश्यक है। इस प्रकृत ज्ञान की प्राप्ति पर मनुष्य अपने तीनों प्रकार के शरीरों (स्थूल, सूक्ष्म तथा कारण शरीर) और इनकी तीनों अवस्थाओं (जागृत, स्वप्न तथा सुषुप्ति) के उपर उठकर तूर्या अवस्था में स्थित हो जाता है अर्थात् उसको आत्मा का साक्षातकार हो जाता है। माण्डूक्योपनिषद् में इन चारों अवस्थाओं का वर्णन किया गया है।

स्थूल शरीर जागृत अवस्था में कर्म करता है और सूक्ष्म शरीर स्वप्न अवस्था में तथा सुषुप्ति में भी जीवात्मा स्थूल तथा सूक्ष्म दोनों का अनुभव नहीं करता अपितु शरीर तथा संसार मानो जीवात्मा के लिए उस समय रहते ही नहीं, जीवात्मा सुषुप्ति में आनन्द का अनुभव करता है। जिसका बोध मनुष्य जागने पर आराम तथा ताजगी के कारण अनुभव करता है क्योंकि वह अनुभव सच्चा था और कोई विशेष भाग उसके व्यक्तित्व का जागृत होगा अन्यथा उसको यह आराम तथा ताजगी का अनुभव कैसे होता? क्योंकि साधारण बेहोशी से होश में आने पर तो मनुष्य को ऐसा अनुभव नहीं होता। यह सदा सचेत आत्मा का कुछ कुछ अनुभव मनुष्य कारण शरीर (सुषुप्ति अवस्था) में ही करता है। क्योंकि उस अवस्था में अन्त:करण और शरीर से गहरी निन्द्रा में जीव का सम्बन्ध कट जाता है अत: मानो उस समय जीव के लिए यह संसार नही रहता। यह मन

अथवा संसार ही तो बन्धन तथा अज्ञान का कारण है। मनुष्य का स्थूल शरीर तथा जीवन 24 तत्त्वों तथा उसमें आत्मा की उपस्थिति का बना हुआ है। इसी को सांख्यशास्त्र प्रकृति तथा पुरुष कहते है। प्रकृति 24 तत्त्वों की और 25वां (ज्ञेय) आत्मा है। यह 24 तत्त्व सांख्य के अनुसार महतत्त्व (बुद्धि) अहंकार, मन, अव्यक्त, 10 इन्द्रियां तथा पांच भूत और पांच तन्मात्राऐं है। 25 वां पुरुष (आत्मा) है। गीता में 13वें अध्याय में क्षेत्र (शरीर) को इन्हीं 24 तत्त्वों का बना हुआ बताया है। परन्तु भगवान् ने इसमं सात विकार जोड़े है। यह है इच्छा, द्वैष, सुख, दुःख, स्थूल देह का पिण्ड, चेतन और धृति। गीता के अनुसार यह शरीर उपर वर्णित 24 तत्त्वों तथा सात विकारों का बना हुआ है।

योगियों के अनुसार सूक्ष्म शरीर बुद्धि, मन, चित्त, अहंकार दस इन्द्रियों तथा पांच प्राणों (प्राण, व्यान, समान, उदान तथा अपान) का बना होता है। मनुष्य की मृत्यु पर यह सूक्ष्म शरीर नहीं मरता यह सूक्ष्म शरीर ही मनुष्य के कर्मानुसार नया जन्म लेता है तथा स्वार्गादि में जाता है। यह संसार अर्थात् जन्म तथा मृत्यु का तांता तथा परिवर्तन स्थूल शरीर से सूक्ष्म तथा कारण शरीर एक के बाद दूसरा लाखों सालों तक चलता रहता है अर्थात् जब तक मनुष्य आध्यात्मिक विकास द्वारा परम ज्ञान प्राप्त करके मोक्ष प्राप्त नहीं करता तब तक संसार, जन्म–मरण चलता रहेगा। सारांश कि आध्यात्मिक ज्ञान प्राप्ति द्वारा ही मोक्ष अथवा प्रभु प्राप्ति संभव है। इस परम ज्ञान की प्राप्ति का सर्वोत्तम माध्यम कर्मयोग द्वारा ज्ञानयोग की प्राप्ति है। कर्मयोग के द्वारा अन्तःकरण की शुद्धि सरल है क्योंकि अन्तःकरण शुद्ध होने पर स्थिर चित्त में आत्मा स्वयं ही दिखता है। यह तथ्य गीता 4-38 में भगवान् ने स्वयं स्पष्ट किया है।

सांख्य दर्शन

सांख्य दर्शन के संस्थापक कपिल मुनि एक महापुरुष हुए है। जिनका नाम सप्त ऋषियों में आता है। कहते है कि कपिल कृत सांख्य दर्शन अब उपलब्ध नहीं है। ईश्वर कृष्ण कृत सांख्यकारिका ही इस महान् शास्त्र की कई विशेष रचनाओं मे श्रेष्ठ मानी जाती है। सांख्य शास्त्र मनुष्य के तीन प्रकार के दुःखों के निवारण का एक अमिट प्रयास है। यह त्रिविध दुःख हैं– आध्यात्मिक,

अधिदैविक और अधिभौतिक सांख्य के अनुसार ब्रह्माण्ड तत्वों को दो वर्गो में रखा गया है पुरुष (आत्मा) और प्रकृति। दु:ख प्रकृति में ही होता है पुरुष में नहीं प्रकृति तीन गुणों (सतोगुण, रजोगुण तथा तमोगुण) की बनी हुई है और दु:ख रजोगुण का अमिट तथा जन्मजात भाग है। इसलिए दु:ख प्रकृति (शरीर) में रहेगा ही जब तक मनुष्य इस प्रकृति के स्वरूप को जो 24 तत्त्वों की बनी हुई है और पुरुष के निर्मल स्वरूप को भली–भांति ज़ान पहचान तथा मान नही लेता दु:ख का निवारण नहीं होगा। अत: प्रकृति और पुरुष के तत्त्व ज्ञान की प्राप्ति ही दु:ख का अन्त है इसी तथ्य को वेदान्त में आत्मबोध कहते है।

सांख्य के अनुसार समस्त ब्रह्माण्ड के दो वर्ग है प्रकृति और पुरुष। प्रकृति की दो अवस्थाएं बताते है। व्यक्त और अव्यक्त– सांख्य में पुरुष को "ज्ञ" कहा गया है (जानने वाला) अव्यक्त प्रकृति तथा ज्ञ पुरुष में कोई भेद नहीं परन्तु व्यक्त प्रकृति के 23 भेद है– महत्व (बुद्धि), अहंकार, मन, दस इन्द्रिया तथा पाचं तन्माएं और पांच महाभूत। यह व्यक्त प्रकृति के 23 भेद और अव्यक्त कुल 24 तत्व होते है। पच्चीसवां पुरुष है। अत: ब्रह्माण्ड इन पच्चीस तत्वों का बना हुआ है। मोटे तौर पर गीता में तेरहवें अध्याय में भी यही उल्लेख है और अतिरिक्त इतना है कि व्यक्त प्रकृति (क्षेत्र) के सात विकार: इच्छा, द्वेष, सुख, दु:ख, देह का पिण्ड, चेतना, और धृति भी बताये गये है।

महर्षि पातंजलि कृत योग दर्शन में भी प्रकृति तथा मूल प्रकृति का विवेचन तथा उल्लेख इसी प्रकार से साधनापाद के 19 वें सूत्र में किया है। इस मूल प्रकृति को गीता तथा कठोपनिषद् में अव्यक्त नाम से कहा गया है यह अव्यक्त अथवा मूल प्रकृति तीन गुणों (सात्विक, राजसिक, तामसिक) की साम्यावस्था मानी गई है। इसमें विकार आने पर (जब यह कार्य करती है) महत्व (बुद्धि) उत्पन्न होती है बुद्धि से अंहकार, अंहकार से मन तथा पांच ज्ञान इन्द्रियां (श्रोत, त्वचा, चक्षु तथा रसना और ध्राण, पांच कर्म इन्द्रियां वाक्, वाणी, पाद तथा पायु उपस्थ इनके अतिरिक्त गंध, रस, रूप, स्पर्श तथा शब्द यह पांच तन्मात्राएं होती है। ये सब अहंकार से उत्पन्न होते हैं। इन पांच तन्मात्राओं से पांच भूतों की उत्पति होती है। पृथ्वी, जल, वायु, तेज तथा आकाश। इस प्रकार निखिल

ब्रह्माण्ड की कुल संख्या अव्यक्त तथा पुरुष समेत पच्चीस होती है। सांख्य दर्शन के अनुसार प्रकृति जड़ है और पुरुष चेतन इस जड़ प्रकृति तथा चेतन पुरुष के स्वरूप के पूर्ण विवेक से मोक्ष की प्राप्ति होती है यह सैद्धान्तिक तथा काल्पनिक नही अपितु प्रमाण पुष्ट सत्य है। गीता के दूसरे अध्याय के 16 वें श्लोक का भी यही अर्थ है।

यह भी बताना जरूरी है कि सांख्य सिद्धान्त और गीता में एक विशेष अन्तर है। सांख्य के अनुसार प्रकृति और पुरुष दोनों अनादि है अर्थात् दोनों अजर अमर अर्थात् मृत्यु जन्म से रहित है गीता के अनुसार प्रकृति अनादि नहीं है अपितु पुरुष (आत्मा) अनादि है।

गीता के अनुसार प्रकृति भगवान् कृत उनकी शक्ति है – "मयाध्यक्षेण प्रकृतिः सूयेत सचराचरम" (9–10) अर्थात् प्रकृति मेरे (अधिष्ठाता) सकाश से चराचर सहित सारे जगत् को रचती है। स्पष्ट है कि प्रभुसता भगवान् की है और प्रकृति उन द्वारा कृत उनकी शक्ति। इस तर्क को इस तथ्य से भी बल मिलता है कि आत्मा जिसके अनादि होने में महापुरुषों की सर्वससम्मति है, सनातन और परमानन्द है न ही उसमें कोई परिवर्तन आता और यह गुणातीत है– परन्तु प्रकृति तो सदा परिवर्तनशील तथा सुख–दुःख का घर है। सांख्य के अनुसार भी प्रकृति जगत् रचना तथा नियंत्रण में स्वयं पुरुष के सानिध्य के कारण ही सशक्त है अकेले बिलकुल नहीं अतः शक्ति का स्रोत और कारण तो सांख्य स्वंय ही पुरुष सानिध्य को मानता है। तीसरे यह सिद्धान्त सर्व व्यापक है कि सर्वोच्च परमसत्ता एक ही होती है दो कभी नहीं जो परमात्मा ही स्वंय है अतः सांख्य का यह कहना है कि प्रकृति भी पुरुष की तरह अनादि है, तथ्यहीन लगती है।

वास्तव में सांख्य का निरूपण भी दो शाखाओं में प्राप्त है – सईश्वर तथा निरीश्वर। पुराण सम्बन्धित सांख्य सिद्धांत जो अल्पसंख्यक है, में ईश्वर का भी निरूपण मिलता है, परन्तु सांख्य कारिका सिद्धान्त निरीश्वर है। यह स्थिति इसलिए भी पनपी क्योंकि कपिल मुनि कृत मूल सांख्य शास्त्र उपलब्ध ही नहीं है। वास्तव में सईश्वर तथा निरीश्वर टीकाकारों का ही आपसी विवाद लगता

है। इस महान् मुनि के महान् व्यक्तित्व की भांति सांख्य शास्त्र की भी अतुल्य प्रतिष्ठा है। मात्र एक वाक्य के आधार पर "ईश्वर असिद्धे:" को निरीश्वर कहना उचित नहीं लगता। यदि मूल कपिल कृत सांख्य सिद्धान्त निरीश्वर होता तो व्यास ऋषि इस सिद्धान्त के तथ्यों का वर्णन गीता जैसे परम ईश्वरीय ग्रन्थ में श्रद्धा सहित कभी नहीं करते।

प्राण

प्राण ब्रह्म की विशेष श्रेष्ठ शक्ति है। श्रेष्ठ योगियों के अनुसार महासर्ग के आदि में (ब्रह्मा के एक सौ वर्षो के उपरान्त परमब्रह्म नये ब्रह्मा तथा नई सृष्टि की रचना करते) जब परम ब्रह्म प्रकृति को स्वीकारते है तब उनकी परम इच्छा शक्ति के स्फूर्ण से प्राण शक्ति का उदय होता है, यही परमब्रह्म की अनिच्छा इच्छा है क्योंकि इसमें परमात्मा का निजी कोई स्वार्थ अथवा लाभ नहीं यह एक महायज्ञ रूपी संकल्प होता है। यह प्राण शक्ति ही प्रकृति अथवा माया है। यह परम शक्ति समस्त जगत् शक्तियों तथा उर्जा का मूल स्रोत अथवा मूलशक्ति है। इसका अपना स्रोत ब्रह्म है। ब्रह्माण्ड अथवा विश्व स्तर पर इसका उदय परमब्रह्म की इच्छा अनुसार ईश्वर से होता है और व्यक्तिगत स्तर पर आत्मा से।

अत: प्राण ईश्वर तथा आत्मा की ही विशेष शक्ति है जो प्रणव अर्थात् ॐ से ही उत्पन्न होती है, इस प्राण ऊर्जा द्वारा ही जगत् का प्रवाह तथा कार्य सिद्ध होता है। शास्त्रों के अनुसार (उपनिषद्, गीता तथा पुराण) ईश्वर इच्छा जगत् का निमित्त कारण तथा प्राण उपादान कारण है। कठोपनिषद् अनुसार यह दृष्यमान जगत् ब्रह्म सत्ता की परम शक्ति से स्पन्दित होकर उत्पन्न हो रहा है। यह प्राण शक्ति या माया जब ब्रह्म में सुप्त रहती है तब इसकी क्रिया शक्ति नहीं होती। जब ब्रह्म माया (प्रकृति) को स्वीकारते हैं तब ही शक्ति का स्फूर्ण अर्थात् प्राण उदय होता है जिसका आधार प्रणव (ॐ) हैं।

ब्रह्म इच्छा अनुसार इस प्राणशक्ति का प्रवाह अंदर से बाहर की ओर होता है। अर्थात् सहस्रार अथवा मस्तिष्क से यह बाहर इन्द्रियों के द्वारों से तथा अन्त:करण से निकल कर जीव को विषयों से आकर्षित करता है, जीव को यह अंदर की ओर मन और बुद्धि को लगाने ही नहीं देता अत: जीव संसार

से बन्धा रहता है। जगत् का उपादान कारण होने के कारण प्राण शक्ति मनुष्य तथा जीव समुदाय को त्रिगुणमयी प्रकृति के शिकंजे में लगातार जकड़ा रखती है। कीट, पतंग, पशु, पक्षी मनुष्य तथा देवता प्राण सूत्र में माला में मणियों के समान गुँथे है। यह प्राण ही संसार अर्थात् जगत् का अदृश्यमान आधार है। वास्तव में मनुष्य का मन ही संसार है जो लगातार चंचल रहता है, जिसके कारण यह प्राण स्पन्दन है और इसी प्राण स्पंदन के कारण चंचल मन बाहरी जगत् से बंधा रहता है।

परन्तु ध्यान में रखने की विशेष बात यह है कि प्राण वह मूल शक्ति या सत्ता नहीं जो जीव है और जिसके कारण जीवन है वह परम सत्ता तो आत्मा ही है। परन्तु आत्मा अकर्त्ता होने के कारण कुछ कर्म नहीं करता और ईश्वरीय विधान के अनुसार आत्मा के सानिध्य के कारण ॐ (प्रणव) से उदय होने पर यह प्राण शक्ति स्पंदित करता है। इस स्पंदन के स्फुर्ण से ही विभिन्न ऊर्जा शक्ति उत्पन्न होकर इस शरीर और जगत् का कार्य चलता है। समस्त सृष्टि में जो भी हम घटित अथवा परिवर्तित होते देखते है यह प्राण शक्ति के ही कारण है। वह प्राण कर्म ही है अर्थात् प्राण द्वारा ही होता है। सारी शक्तियों के मूल में यही प्राण शक्ति है। योगियों के अनुसार यह दृष्यमान् जगत् ऊर्जा का ही घनीभूत आकार है जिसके मूल में प्राण शक्ति ही है जिसका मूल और प्रभुसत्ता प्रणव (ॐ) है, इसलिए कह सकते है कि प्रकृति अथवा माया ब्रह्म से भिन्न नही क्योंकि प्राण का उदय प्रणव रूपी ब्रह्म से ही है। ब्रह्म व्यक्त दृष्यमान् जगत् और अव्यक्त प्रकृति दोनों ही है, व्यक्त जगत् परिवर्तनशील अथवा नाशवान् होने के कारण ब्रह्म का कच्चा रूप है और अव्यक्त सत्ता ब्रह्म का पक्का रूप है। यह प्राण ही परा तथा अपरा प्रकृति के मध्य का सार सूत्र है। भगवान् का चैतन्य और इच्छा ही जगत् का निमित्त कारण है, प्राण जगत् का उपादान कारण है। परन्तु अव्यक्त ब्रह्म परमपराशक्ति होने के कारण इन्द्रियो, तर्क तथा बुद्धि द्वारा अज्ञेय है कोई दूसरा इसको नहीं बता सकता क्योंकि यह स्वयं–वेद्य है, गुड़ खाकर ही उसका स्वाद पता चलता है किसी के समझाने से नहीं। ब्रह्म से जीव को अपने बाहरी प्रवाह के कारण पृथक करने का कारण

यह प्राण ही है अत: इसी का प्रयोग मनुष्य (जीव) को भगवान् से जोड़ अथवा मिला सकता है क्योंकि यह प्राण शक्ति ही ब्रह्म के भेद का ज्ञाता है। यही प्राण उसी मार्ग से ब्रह्म के पास वापिस ले जा सकता है जिस रास्ते से जीव को ब्रह्म से जुदा किया है। बीसवीं सदीं के विश्वविख्यात परमयोगी परमहंस योगानंदजी के अनुभव तथा प्रचार के अनुसार यह प्राण ही मुनष्य और भगवान् अर्थात् शरीर और आत्मा के मध्य का प्रच्छन्न सूत्र है। अत: इस प्राण को प्रभु प्राप्ति के लिए सिद्ध करना आवश्यक है जिसके लिए योगाभ्यास उचित उपाय है।

लगभग सारे उपनिषदों में प्राण की महिमा और श्रेष्ठता का वर्णन है। बृहदारण्यकोपनिषद् के षष्ठ अध्याय के प्रथम ब्राह्मण में लिखा है कि प्राण ही ज्येष्ठ तथा श्रेष्ठ है।

छान्दोग्योपनिषद् के पञ्चम अध्याय के प्रथम खण्ड में लिखा है कि प्राण (शेष शक्तियों से) आयु के आधार पर ज्येष्ठ तथा गुणों के आधार पर श्रेष्ठ है। इसी उपनिषद् के एकादश खण्ड अध्याय एक में वर्णन है कि सभी भूत प्राण से उत्पन्न होते है। सूक्ष्म शरीर जो मृत्यु के बाद जीवित रहता है वह भी प्राण का ही बना होता है।

प्रश्नोपनिषद् में तो प्राणशक्ति का विस्तार से वर्णन है। महासर्ग के आदि में जगत् की रचना करते समय परमेश्वर ने अपनी सोलह कलाओं में सर्वश्रेष्ठ तत्त्व प्राण शक्ति ही बताई है। शेष पन्द्रह कलाएं (श्रद्धा, आकाश, वायु, अग्नि, जल, पृथ्वी, मन (अन्त:करण), इन्द्रियां, अन्न, वीर्य, तप, मन्त्र, कर्म, लोक—नाम) हैं।

प्राण की महिमा तथा श्रेष्ठता का वर्णन संक्षेप से इस प्रकार कर सकते है कि प्राण के पांच भाग, प्राण, व्यान, समान, उदान तथा अपान हैं जो समस्त जीव समूह के जीवन का आधार तथा आश्रय है। मनुष्य के मन, इन्द्रियां, शरीर तथा बुद्धि की शक्ति के पीछे मूल शक्ति प्राण शक्ति ही है। कीट, पतंग से लेकर मनुष्य तथा देवता तक प्राण ही सबका आधार है। जिस प्रकार रथ के पहिए की नाभी में लगे अरे नाभी पर ही आश्रित रहते है, उसी प्रकार जगत् के सारे वेद, यज्ञ, शुभ कर्म करने वाले ब्राह्मण, क्षत्रिय आदि सब प्राण पर आश्रित है। प्रश्नोपनिषद् समस्त सांसारिक पदार्थो को रयि और प्राण बताता

है। प्राण उत्तम पदार्थ है और रयि द्रव्य पदार्थ है अर्थात् प्राण शक्ति चेतना है और रयि शक्ति आकृति है। इन दोनों के संयोग से सृष्टि की रचना है। इसी प्रकरण का समानान्तर उल्लेख गीता 14/3-4 में भी भगवान् ने यह कह कर किया है कि मेरी महत् ब्रह्म रूपा मूल प्रकृति गर्भास्थान है उसमें मैं जगत् बीज (चेतन तत्त्व) निक्षेप करता हूँ उससे अर्थात् जड़ और चेतन के दोनो के संयोग से सारे भूतों चराचर जीव– जगत् की उत्पत्ति होती है। योगी लोग प्राणशक्ति की श्रेष्ठता तथा विशेषता को जानकर इसी शक्ति के प्रयोग से (विशेष युक्ति द्वारा) प्रभु प्राप्ति करते हैं।

आत्मा

भगवान् ने गीता 13/22 में आत्मा की मूलरूप से संक्षिप्त परिभाषा स्वयं की है कि इस देह में स्थित यह आत्मा वास्तव में परमात्मा है यही उपदष्टा है क्योंकि यह अकर्ता साक्षी मात्र है, यह आत्मा ही अनुमन्ता है अर्थात् इससे बढ़कर सम्मति देने वाला और कोई नहीं सच्चे साधक को यह स्वयं ही अंदर से उचित सम्मति देता है। यह आत्मा ही सबका पोषण करने वाला तथा जीवरूप में भोग करने वाला तथा सब देवों (ब्रह्मा का भी) परमदेव (ईश्वर) तथा परम प्रभु परमात्मा ही है। गीता 15-7 में भी भगवान् ने कहा है कि यह आत्मा मेरा ही अपना अमर अंश सब जीवों में है। गीता में कई स्थानों पर भगवान् ने इस प्रकार की घोषणा की है कि वह स्वयं आत्मा रूप मे सबके हृदय में वास करते है। गीता 9-4, 9-5, 10-20, 15-15 तथा 18-61 आदि श्लोकों में इस तथ्य का स्पष्ट वर्णन है। अत: प्रकट है कि आत्मा तथा परमात्मा दो विजातीय भिन्न तत्त्व नहीं परन्तु अनादि, सनातन एक ही सत् चित् आनन्द परम शक्ति है। यह आत्मा सर्वव्यापक होते हुए भी अति दुर्लभ है। यह अति सूक्ष्म परम शक्ति है। भगवान् ने गीता 7-25 में कहा है कि मैं अपनी योग माया से छिपा रहता हूँ प्रकट नहीं होता (साधारण इन्द्रियां नहीं जान पाती)।

कठोपनिषद् में भी नचिकेता को यमराज यही सत्य समझाते है कि आत्म–तत्त्व अति सूक्ष्म तथा दुर्लभ है यह तनिक भी समझ नही आता। तर्क, मन, बुद्धि के सार्मथ्य से यह बाहर का ज्ञान है।

मनुष्य की हृदय गुफा में स्थित यह अङ्गुष्ठमात्र पुरुष (आत्मा) स्वतंत्र शासक है। इस आत्मा को तत्त्ववेता ही जानता है क्योंकि यह अतिगूढ़ तथा गहन विषय है।

मुण्डक उपनिषद् में भी कहा गया है कि यह आत्मा (परमात्मा) ब्रह्मविद्या द्वारा ही बोध्य है जिसकी कुञ्जी अगाध प्रभु प्रेम है। शास्त्रवेता, तर्कशील अथवा बुद्धिमान अभिज्ञानी को आत्मबोध नहीं होता क्योंकि मुण्डक उपनिषद् के अनुसार भगवान् उसी को मिलते है जिसको वह स्वीकारते हैं।

गीता के सातवें अध्याय में भगवान् ने यह विषय (जगत्–जीव) अपनी दो प्रकार की परा तथा अपरा प्रकृति का बना हुआ बताया है। अपरा आठ विभागीय (पृथ्वी, जल, अग्नि, वायु, आकाश, मन, अहंकार तथा बुद्धि) है। यह जड़ प्रकृति है दूसरी पराजीव रूप प्रकृति है जो सारे जगत् को धारण करती है।

यह परा प्रकृति "अज" है अर्थात् इसका स्वरूप अजन्मा तथा अनादि है वास्तव में इस परा प्रकृति के भी दो स्तर है। एक वह जीव स्तर जो अपरा प्रकृति में आसक्त तथा बन्धा हुआ है और दूसरा वह स्वतंत्र स्तर उन महापुरुषों का है जिन्होंने इस संसार को भोगने पर नीरस पाकर साधना से निर्मलता प्राप्त कर प्रभुप्राप्ति कर ली है अर्थात् जो निर्लिप्त होकर तत्त्व ज्ञानी हो गये है। पहला जीवात्मा है और दूसरा निर्मल पावन आत्मा। इसी संदर्भ को श्वेता श्वतरोपनिषद् में एक ही वृक्ष पर बैठे दो पक्षियों की संज्ञा दी गयी है अर्थात् यह मनुष्य शरीर ही वृक्ष है इस में लिप्त (जीवात्मा) तथा निर्लिप्त (अङ्गुष्ठमात्रं साक्षी स्वरूप) निर्मल आत्मा दो पक्षी है। एक सांसारिक भोगों के कारण सुखी दुःखी है और दूसरा निर्मल होने के कारण आनन्द में है। अर्थात् यह मनुष्य की चेतना के दो स्तर है। एक आध्यात्मिक और दूसरा सांसारिक। जब तक आध्यात्मिक साधना द्वारा जीव (मनुष्य) आत्मबोध (परमज्ञान) प्राप्त नहीं करता वह बन्दी ही रहता है। वास्तव में हर जीव अर्थात् मनुष्य आत्मा ही है। आत्मा ही परम परमार्थिक सत्य है यह शरीर (अपना प्रकृति) केवल व्यावहारिक सत्य है और आत्मा भगवान् का अपना अंश होने के कारण अजन्मा, अनादि तथा अमर है। इसमें पीड़ा, शोक, थकावट, परिवर्तन आदि कुछ नहीं होता। यह सदा स्वतन्त्र तथा

परमानन्द स्थिति में है पवित्र होने के कारण न कुछ करता न करवाता, न मरता न ही किसी को मरवाता। शास्त्रों के अनुसार मनुष्य का परम धर्म इस आत्म ज्ञान की ही प्राप्ति है। क्योंकि यह आत्मा ईश्वर से अर्थात् आत्मा परमात्मा से ऐसा जुड़ा हुआ है जैसे छांव धूप से। इस आत्म ज्ञान को ही मोक्ष कहते है।

ध्यान मे रखने की बात यह है कि यह आत्मा अकर्ता तथा उपद्रष्टा जरूर है परन्तु हमारा शरीर इस आत्मा के सहवास के कारण ही काम करता है क्योकि स्वयं तो अपरा प्रकृति होने के कारण जड़ है। भगवान् ने गीता 9-10 में भी यही घोषणा की है।

"मयाध्यक्षेण प्रकृतिः सूयते सचराचरम"।

दूसरे उपद्रष्टा होने के उपरान्त भी भोग का अनुभव इस शरीर में जीव इस आत्मा के सानिध्य के कारण ही करता है क्योंकि चेतन शक्ति तो आत्मा के कारण ही है। सारांश यह है कि आत्मा ही सर्वज्ञ तथा सर्वोत्तम है परन्तु भगवान् का नियम ही ऐसा है कि यह शरीर और सृष्टि जड़ तथा चेतन दोनों के योग से बनी है। मनुष्य की चुनौती ही चेतन तत्व को इस जड़ तत्व से अलग करके निर्मल हो कर आत्मावान् बनाना है। यह एक सर्वोत्तम उपलब्धि है जिसका दूसरा नाम प्रभुदर्शन अथवा मोक्ष है।

गीता ज्ञान

गीता आध्यात्मिक ज्ञान का पवित्र शास्त्र है क्योंकि इसका उदय स्वयं भगवान् के श्री मुख से ही हुआ है। इससे बढ़कर संसार में और कोई ज्ञान नहीं है। गीता को मात्र दर्शन (शास्त्र) नही कहा जा सकता। यह तो यथार्थ सत्य है। गीता उपदेश का केन्द्र बिन्दू स्वयं भगवान् है जिनकी सत्ता अनादि, अनन्त तथा सर्वव्यापक होने के कारण तीनों लोको में हैं और वह सच्चे भक्त को अवश्य मिलते है। मुण्डक उपनिषद् की भी यही घोषणा है। परन्तु इस पावन प्रयास के लिए ब्रह्म विद्या ही मात्र माध्यम है। इसकी वर्णमाला तो दिल की दीवारों पर ब्रह्मनाद की लिपि में ही अंकित रहती है। इसकी कहीं कोई साधारण लिपि नहीं है जो पढ़ी या पढ़ाई जा सके। इसके लिए दिल के किवाड़ पर लगे ताले खोलने पड़ते है, जिसकी चाबी लंबे अभ्यास के बाद खुद ही हाथ मे

आ जाती है। इस ब्रह्मविद्या को कई सच्चे भक्त लोग विशेष सिद्धि मार्ग द्वारा गुरु कृपा से सीखते है। कोई खोज से कोई ज्ञान मार्ग से कोई भक्ति मार्ग से कोई सत्कर्म से, कोई तान्त्रिक माध्यम से एवं किसी अन्य मार्ग और माध्यम से सीखते है। ये ढंग संसार के विभिन्न धर्मो के महापुरुषों ने प्रभुकृपा के पात्र बन कर संसार की भलाई के लिए विभिन्न उच्चस्तरीय धर्म ग्रन्थों में बताए है।

गीता में इस ब्रह्म विद्या को जानने के तीन विशेष मार्ग :— कर्मयोग, भक्तियोग और ज्ञानयोग बताए है और चौथा मार्ग कर्म परायणता का भी कहा गया है। परन्तु जो भी मार्ग अथवा प्रयास सार्थक है उन सब में प्रभु प्रेम ही एक ऐसा आकर्षण है जो सर्वशक्तिमान भगवान् को जरुर आकर्षित करता है।

गीता कहती है कि ऐसे प्रेमी भक्त की तलाश में भगवान् स्वयं रहते है और उनके पास स्वयं चले आते है। परन्तु इस उपलब्धि के लिए साधक को शरीर, मन और बुद्धि से उपर उठकर आत्मा बनना पड़ता है। अर्थात् मनुष्य को (भक्त को) अपना वास्तविक स्वरूप जानना पड़ता है जो बुद्धि अथवा शरीर नहीं आत्मा है। मुण्डक उपनिषद्, कठोपनिषद्, वृहदारण्यकोपनिषद्, छोन्दोग्योपनिषद् आदि तथा वेदान्त दर्शन (ब्रह्म सूत्र) में भी यही सत्य बार—बार बताया गया है। वास्तव में इस जगत् में मनुष्य की चैतन्य शक्ति के दो स्तर हैं:— एक मन बुद्धि स्तर एवं दूसरा आत्मा स्तर, बुद्धि से मनुष्य को भौतिक जगत् का ज्ञान होता है तथा आत्मा से ईश्वर का ज्ञान होता है। मन, इन्द्रियों तथा बुद्धि का माध्यम तर्क है— मन, इन्द्रियों तथा बुद्धि से मनुष्य संसार, शरीर, जगत् सम्बन्धी चीजें जान सकता है अर्थात् कण से लेकर पूर्ण ब्राह्मण्ड तक के लगभग सारे लोकों का ज्ञान बुद्धि तथा मस्तिष्क से आदमी प्राप्त कर सकता है। संसार को जीत सकता है और स्वर्ग में उच्च स्थान ग्रहण कर सकता है यह चैतन्य स्तर है। आत्म बुद्धि जो दूसरा है वही सच्चे साधक से भगवान् के साक्षात् दर्शन करवा सकता है। आत्म ज्ञानी होने पर साधक को तर्क तथा बुद्धि की आवश्यकता नहीं रहती क्योंकि तब वह ब्रह्मज्ञानी बन जाता है। तब अणु के भीतर ब्रह्म अणु को देख लेता है और उस सर्वव्यापक परमात्मा को अपने भीतर बाहर तथा उसी एक को सबके भीतर देखकर सबको एक समान

बिलकुल अपनी तरह देखता और समझता है। इस अवस्था में ब्रह्म ज्ञानी को न दुःख–सुख, भय–क्रोध, मान–अपमान, अपना–पराया कुछ नहीं है। आत्मा में तो परमानन्द है वहां द्वन्द्व नहीं क्योंकि यह संसार तो प्रकृति और इसके तीन गुणों और द्वन्द्व भाव में है नैस्त्रिगुण ब्रह्मवस्था में नहीं वहां तो आनन्द ही आनन्द है। वहां मृत्यु जन्म कुछ नहीं वह तो अमृत है।

इस परम अवस्था को प्राप्त करने के लिए गीता में उपरोक्त वर्णित मार्ग बताए गये है, परन्तु यह ध्यान में रखना आवश्यक है कि गीता एक रहस्यमय शास्त्र है। इसके कई श्लोकों में गूढ़ रहस्य का सागर छिपा है जो संसार और भगवान् दोनों का ज्ञान तथा भण्डार है। ऐसा ही एक श्लोक (4 : 29) है। इसका सम्बन्ध कर्मयोग और राजयोग से है, वास्तव में यह श्लोक राजयोग की आत्मा है। इसी श्लोक पर राजयोग का अस्तित्व खड़ा है। यह प्राण और अपान क्रिया का सूत्र है। योगीराज परम पुरुष महान योगी स्वर्गीय श्री लाहिड़ी महाशय ही के संसार विख्यात क्रिया योग का आधार भी बहुत हद तक यही श्लोक तथा गीता (5/27–28) है। इस क्रिया योग का सम्बन्ध उसी प्राचीन अविनाशी योग से है, जिसका संकेत भगवान् ने गीता 4 : 1 मे किया है। अब यह क्रिया योग महान् योगी स्वर्गीय जगत् प्रसिद्ध योगानन्द जी महाराज की संस्था YSS 'योगदासतसंगसोसाइटी' द्वारा विश्व भर में किया जा रहा है।

इस क्रिया योग का वर्णन पतंजलि कृत योगशास्त्र में भी है। जहां इसके तीन आधार तप, स्वध्याय, और ईश्वर शरणागति है। परन्तु योगदा सत्संग सोसायटी (YSS) इस अविनाशी योग को सुचारू ढंग से सिखाने का महान् कार्य कृतसंकल्प होकर योग साधकों के हित के लिए भक्ति भाव से कर रही है।

यह उचित है कि गीता का ध्येय आध्यात्मिक ज्ञान अर्थात् प्रभु प्राप्ति है परन्तु जब यह शरीर और संसार है तभी तो स्वर्ग तथा मोक्ष है मोक्ष भी तो इस संसार से ही छूटकारा है जिसके लिए इस संसार को योग अथवा साधना द्वारा जीतना जरूरी है अर्थात् निष्पक्षता से संसार में व्यवहार हुए समबुद्धि प्राप्त करके मोक्ष की ओर अग्रसर होना है यही धर्म का मार्ग है। धर्म को बचाने के लिए ही भगवान्

योद्धा रूप में श्री कृष्ण बनकर अवतरित हुए थे। संसार को बरतते हुए धर्म को जीवित रखने के लिए उनकी घोषणा और संदेश ही साहस, सेवा, सहायता एवं बलिदान है। अत्याचारों को मिटानें के लिए पूरे शांति प्रयास जब असफल हो जाय तो चूको नहीं बल्कि भिड़ जाओ और बलिदान तक दे दो क्योंकि धर्म की रक्षा आवश्यक है। परन्तु जब तक मनुष्य पर सांसारिक मोह प्रभावी है, तब तक आध्यात्म ज्ञान कैसे हो सकता है? इसलिए अनुशासन आवश्यक है, संसार का बन्धन काटना और प्रभु प्राप्ति के लिए धर्म (निष्काम कर्म) और साधना दोनों जरूरी है।

परन्तु यह संसार में रहते हुए भी हो सकता है। ऋषि 'मुनियों के घर भी बच्चे होते थे। जनक और अर्जुन भी गृहस्थ थे, स्त्री बच्चों वाले थे। गीता का दूसरा उपदेश है कि भगवान् के दर्शन संसार में रहकर अर्थात् सांसारिक क्रिया कलापों का पालन करते हुए भी मनुष्य कर सकता है परन्तु इसके लिए जीवन में अनुशासन जरूरी है। इसीलिए गीता में समबुद्धि की प्राप्ति पर बल दिया है। समबुद्धि और निष्पक्षता ही गीता में कर्मयोग का आधार है। इसी से जीवन में शान्ति और सफलता मिलती है। इस सफलता के शत्रु तमोगुण से उत्पन्न अज्ञान तथा रजोगुण से उत्पन्न अहंकार बताए गये है। इनको ध्वंस करने के माध्यम वैराग्य और अभ्यास बताए गये है। गीता में वैराग्य का अर्थ संसार छोड़ना नहीं परन्तु मोह, लालच तथा लोभ का त्याग है। इसीलिए निष्काम कर्म पर बल दिया गया है। अभ्यास से तात्पर्य मन को नियंत्रित करना है और प्राण प्रवाह को बाहर से अन्दर की ओर मोड़ कर चंचल मन को स्थिर किया जा सकता है। प्राण ही शरीर की शक्ति है, इसको नियंत्रित करके इस पर पूरा आधिपत्य जमाकर बुद्धि और शरीर बल को बढ़ा सकते है।

शक्ति, बल, साहस, निष्पक्षता तथा बलिदान का प्रदर्शन जो भगवान् श्रीकृष्ण के अद्वितीय महान् कार्यो में अपनी अल्पबुद्धि के कारण नहीं देख पाते, उनका कहना है कि श्री कृष्ण भगवान् यदि चाहते तो महाभारत युद्ध को, जिसमें महासंहार हुआ अपनी दैव शक्ति से रोक सकते थे। परन्तु उन्होंने तो इसके विपरीत अर्जुन को इस युद्ध के लिए प्रेरित किया जो युद्ध करने के

लिए मना कर गये थे और भी कहते है कि भगवान् श्री कृष्ण द्वारा स्वयं ही राजा कंस, केशी, जरासंध, मधु आदि के साथ घमासान युद्ध करके उनका वध किया, क्या वह जरूरी था? जब भगवान् के पास असीम दिव्य शक्ति होती है, उस शक्ति के प्रयोग से उन्हें सद्‌बुद्धि देकर उचित मार्ग पर लाकर घोर हिंसा को टाल सकते थे। इन पंगु तथ्यों के आधार पर वे लोग गीता में हिंसा का प्रचार देखते हैं परन्तु यह धारणा वस्तु स्थिति के विपरीत है। इस युद्ध को टालने के सबसे अधिक प्रयास भगवान् श्रीकृष्ण ने ही किये थे परन्तु भगवान् किसी के कर्म–संस्कार उनकी इच्छा के विरूद्ध कभी नहीं बदलते, तब तो कर्म सिद्धान्त ही नहीं रहेगा साथ में यह धारणा धर्म और आध्यात्म दोनों के विरुद्ध है। एक बात निरंतर ध्यान में रखनी आवश्यक है कि कर्म और इच्छा की स्वतन्त्रता भगवान् ने सबको दी है। ज्ञानेद्रियां, बुद्धि तथा मन भी सभी को मिले है। कर्म मार्ग इस संसार में सबका आधार और आश्रय भी है। कर्म से ही भाग्य, संस्कार एवं प्रारब्ध बनते है। यह भगवान् द्वारा बनाए गये अटल नियम है। भगवान् किसी के कर्म कभी नहीं बदलते यह सबके अपनी समझ और प्रयास का फल है। भगवान् तो साक्षी होते है। गीता में कर्म की परिभाषा में तीन चीजें आती है। स्थूल कर्म, वचन और विचार। प्रत्येक मनुष्य को अपने वचन, विचार और कर्म स्वयं ही सुधारने है। इसके लिए पर्याप्त साधन तथा संस्थाएं समाज में रहती हैं।

महाभारत ग्रंथ इस तथ्य का साक्षी हैं कि श्री कृष्ण ने महाभारत युद्ध को टालने के अनेक प्रयास किये थे, परन्तु दुर्योधन के अंहकार तथा हठधर्मिता के सामने तथा जन्मान्ध महाराज धृतराष्ट्र की कमजोरी के कारण सारे प्रयास विफल हो गये। भगवान् श्री कृष्ण अन्तर्यामी थे वे पाण्डव तथा कौरवों के सारे विचार एवं संकल्प से अवगत थे। अत्याचारों के बारे में भी भली प्रकार जानते थे। जो कौरवों ने आरम्भ से लेकर पाण्डवों पर किये थे (लाक्षा गृह तथा उससे पहले एवं बाद के भी) तथा पाण्डवों के भी सारे कर्मो से वे अनभिज्ञ नहीं थे क्योंकि भगवान् कालातीत होते है। उनके लिए भूत भविष्य कुछ नहीं होता वह सदा वर्तमान में रहते है। अत: सदा सब

उनके सामने ही रहता है और होता है। वह हमेशा समदर्शी होते हैं। उनके लिए न पाण्डव अधिक प्यारे थे और न ही कौरवों से द्वेष था। उन्हें तो केवल कौरवों के धर्म विरुद्धकर्मो से नाराजगी थी अर्थात् उनके बुरे कर्मो से असन्तुष्ट थे। अत: वह उचित परामर्श देकर कौरवों के कर्म सुधार तथा युद्ध को टालने में लगे रहे परन्तु भगवान् किसी के कर्म नहीं बदलते, तब तो कर्मसिद्धान्त जिस पर संसार टिका है, उपहास बन जाएगा, अत: अन्त तक उन्होंने महाभारत के युद्ध को टालने के अनेक प्रयास तथा उपाय किये परन्तु दुर्योधन अपने धर्म विरोधी कर्मों तथा संस्कार के कारण किसी की एक भी नहीं सुनते थे। दुर्योधन का यह दृढ़ निश्चय और विश्वास था कि वह पाण्डवों को युद्ध मे हराकर उन्हे मारने में सफल होंगे और फिर पूरे राज्य पर अपना अधिकार करके उसको अकेले भोगेगे। वह पाण्डवों को सूई के बरावर भी भूमि देने को तैयार नहीं थे और केवल मात्र युद्ध की इच्छा रखते थे। कौरवों का उद्देश्य ही पाण्डवों को मारना था क्योंकि दुर्योधन उन्हें गदा युद्ध में कोई पराजित नहीं कर सकता क्यों कि उन्हें वरदान ऐसा था। अत: भीम को वह मुकाबले का नहीं समझते थे। महान् योद्धा जैसे– भीष्म, द्रोणाचार्य (जो उनके गुरु भी थे) कर्ण, अश्वथामा आदि अनेक महान् योद्धा उनकी तरफ थे जो कि अपराजेय समझे जाते थे। ऐसा प्रतीत होता था मानो मोह तथा अहंकार ने दुर्योधन को नैतिकता और न्याय के प्रति अन्धा कर रखा था।

यह मानना कि श्री कृष्ण ने ही अर्जुन को युद्ध के लिए प्रेरित किया वह भी निराधार है। वास्तव मे अर्जुन, दुर्योधन तथा कौरवों के अनेक अत्याचारों और युद्ध हठ के कारण इस युद्ध के लिए स्वयं इतने उतावले थे कि श्री कृष्ण की सहायता प्राप्त करने के लिए स्वयं ही द्वारिका गये थे और अर्जुन की अपनी तैयारी में भी इस युद्ध के लिए कोई कसर या कमी नहीं थी। इसलिए तो अर्जुन ने युद्ध मैदान में अपने युद्ध कौशल तथा आत्मविश्वास के खुमार मे सारथी श्री कृष्ण को जोश में बोले कि मेरा रथ दोनों सेनाओं के बीच खड़ा कर दे, जरा देखूं तो सही "शत्रु सेना में कौन महारथी मुझसे युद्ध करने का साहस कर रहे हैं।" अन्तर्यामी श्री कृष्ण शान्त मुद्रा में स्थिर थे वे जानते थे

कि अगले पल अर्जुन को क्या होने वाला है। क्योंकि वह जानते थे कि मन का आचरण चंचलता के कारण सहज और दुर्गम चुनौती के अनुसार बदलता रहता है। मन की प्रवृति ही ऐसी होती है। इसको स्थिर करना कठिन प्रयास है क्योंकि मन निरंतर परिवर्तनशील है। शत्रु सेना में निकट संबंन्धियों तथा पूज्यवरों को युद्ध के लिए दृढ़मुद्रा में तैनात देखकर अर्जुन तुरन्त इस सीमा तक बदल गये मानो वह अर्जुन रहे ही नहीं, वह वीरता, वह जोश नजर ही नहीं आया और शोकग्रस्त मुद्रा धारण कर बोले मैं युद्ध नहीं करूंगा।

अन्तर्यामी श्रीकृष्णभगवान् हंसते हुए इस समय जो वचन बोले वही गीता का सार तथा सारांश है। अत: इसका संक्षिप्त वर्णन जरूरी है।

भगवान् बोले, "हे अर्जुन! तुम्हें इस असमय में यह मोह किस कारण प्राप्त हुआ है? यह अनार्य, स्वर्ग अवरोधक और अपयशदायक है। (2-2)

नपुंसकता को मत प्राप्त हो तुझमें यह उचित नही लगता। हे पार्थ! हृदय की तुच्छ दुर्वलता को त्याग कर उठो और युद्ध करो (2-3), आगे जाकर अर्जुन बोले, "कृपणता रूप दोष से अपहृत हुए स्वभाव वाला तथा धर्म के बारे मोहचित हुआ मैं आपसे पूछता हूँ कि जो निश्चित कल्याण कारक है वह मुझसे कहिये– मैं आपका शिष्य हूँ। इसलिए आपकी शरणागत है मुझ को शिक्षा दीजिए। पृथ्वी में निष्कंटक समृद्ध राज्य को और (2-7) देवताओं के भी आधिपत्य को भी प्राप्त करके जो मेरी इन्द्रियों को सुखाने वाले शोक को समाप्त करें। ऐसा उपाय मैं नहीं देखता हूँ। (2-8) श्री भगवान् बोले, "तुम अशोच्य लोगों के लिए शोक करते हो और पण्डितों की तरह बातें करते हो। पण्डित तो मरे हुए तथा जीवित दोनो के लिए शोक नहीं करते। (2-11) और न तो ऐसा है कि मैं किसी काल में नहीं था, तुम नहीं अथवा यह महाराजा लोग नहीं थे और न ही ऐसा है कि इससे आगे हम सब नहीं रहेंगे (2-12) वास्तव में असत् का अस्तित्व नही है, सत् का नाश नहीं है। तत्व दर्शियों ने इन दोनों का ही स्वरूप देखा है (2-16)।

गीता में भगवान् ने अपने उपदेश का उद्घाटन मोह और शोक दोनों पर निशाना साध कर किया है। क्योकि अर्जुन इन दोनों से ग्रस्त है। अर्जुन ही क्या

सारा संसार ही इन दोनो की लपेट में रहता है। मोह ही माया है। माया से तात्पर्य जो मनुष्य को वास्तविकता का ज्ञान नहीं होने देती यही प्रकृति है जो 24 तत्वों, तीन गुणों और द्वन्द्व की बनी है। यह माया ही मनुष्य और ईश्वर के बीच हिमालय बनकर खड़ी है। यही अज्ञान का पर्दा है। यही हमें शोक ग्रस्त रखती है। वास्तव में मनुष्य का मन ही माया है। यह हमेशा चंचलता के कारण बदलता ही रहता है। अनुकूलता को न पाकर शोक करता है तथा प्रतिकूलता को पाकर भी दु:खी रहता है।

दूसरे अध्याय के छठें श्लोक में अर्जुन कहते है कि जिन धृतराष्ट्र के पुत्रों को मार कर हम जीवित भी नहीं रहना चाहेगें वही युद्ध कि लिए सामने खड़े हैं। (उनको मैं कैसे मार सकता हूँ) अर्थात् युद्ध नहीं करूंगा। अत: कृपणता के दोष से व्यथित होकर (इस चिन्ता से कि इनको मारकार कैसे जिऊंगा) अपने आपको भगवान् का शिष्य बनकर उनसे अपनी इस संकट की घड़ी में अपने लिए कल्याणकारी शिक्षा का निवेदन करते है। अत: सच्चे शिष्य को उचित शिक्षा देना जिससे उसका मोह और शोक नष्ट हो जाय गुरु का तात्विक कर्तव्य है।

परन्तु मोह और शोक तो मन में निरन्तर रहते है इनसे पूर्ण छुटकारे का माध्यम तो मनको 'अ मन' बनाना ही है। अर्थात् मन बुद्धि से उपर उठकर आत्मा चैतन्य में प्रवेश करना है अर्थात् आध्यात्मिक ज्ञान की प्राप्ति है, यह ध्यान में रखने की बात है कि मोह और शोक महापुरुषों (तत्ववेता) आध्यात्म ज्ञानी को कभी नहीं छू पाते वह सदा प्रसन्न तथा शान्त रहते हैं। तत्च ज्ञानी को संशय की कोई सम्भावना नहीं रहती क्योंकि यह सिद्धान्त की बात नहीं यह तो तत्व ज्ञानियों द्वारा देखा और पूर्ण रूप से परखा हुआ सत्य है। (2–16)

इसीलिए अब भगवान् अर्जुन को कह रहे है यह मोह जो संसार में कीर्ति तथा स्वर्ग का अवरोधक और श्रेष्ठता अर्थात् तत्ववेता के मार्ग में बड़ी रुकावट है, तुम में कहां से आ गया? अभी तक तो तुम में युद्ध का जोश था अब तुरन्त क्या हो गया? इसलिए हृदय की दुर्बलता को त्यागो और उठो। इसका आध्यात्मिक अर्थ है कि उपर उठो मन चैतन्य से अत्मावान् बन जाओ। ऐसी अवस्था में न शोक है न मोह। इस अवस्था (चैतन्य) में युद्ध करके पाप नहीं

लगता क्योकि योद्धा अहंकार के कारण नहीं अपितु कर्तव्य परायणता के लिए युद्ध करता है। (गीता-18-17)

अहंकार मुक्त पुरुष को कोई पाप नहीं छू पाता यह जीवन रूपी नदी बहुत लंबी है इसमे यह स्थूल शरीर तो मात्र एक छोटा पड़ाव है इससे पहले और बाद में भी जीवन का प्रवाह लगातार रहता है अर्थात् ज्ञान (आत्मबोध) ही इससे छुटकारा दिला पाता है। यहीं से गीता के इस महान् ज्ञान का उदय है कि मनुष्य आत्मा है जो सदा प्रसन्नचित अर्थात् सत् चित् आनंद है न यह जन्मता न मरता न कोई इसको मार सकता न यह किसी को मारता है। इसको मोह तथा शोक नहीं छू पाते यह सदा सुखी और शांत हैं सब जानता है और सर्वव्यापक हैं क्योंकि यह भगवान् का अपना अमर अंश है। अतः समभाव हो कर निष्पक्ष रूप से युद्ध करो क्योंकि योद्धा के लिए आत्मबोध कर्तव्य परायणता से प्राप्य है।

मनुष्य क्या है? यह जीवन क्या है? मन तथा आत्मा में किस प्रकार का अन्तर है? चैतन्य क्या है? मृत्यु के साथ क्या मन भी मर जाता है? कर्म क्या है? धर्म युद्ध तथा साधारण युद्ध में क्या अन्तर है? गीता अध्ययन से इन सब प्रश्नों के उतर ठीक ढंग से मिल जाते है।

क्या युद्ध मानव इतिहास और प्रारब्ध का अटल दुर्भाग्य है अथवा मानव प्रयास इस अभिशाप को टालने का सामर्थ्य रखता है यह प्रश्न आज के अणु युग में विशेष गंभीरता का विषय है।

गीता के अनुसार मनुष्य का स्वरूप आत्मा है और शरीर मात्र बाहरी ढांचा है परन्तु यह शरीर विशेष तथा अति आवश्यकता का कारण है। गीता के सातवें तथा तेरहवें अध्यायों में (7-4-6 तथा 13-5-7) भगवान् ने इसका स्वंय विशेष रूप से वर्णन किया है। सातवें अध्याय में भगवान् ने स्पष्ट कहा है कि "मेरी दो परा तथा अपरा प्रकृतियां है परा प्रकृति चेतन तत्त्व है यह अखण्ड तथा सदा सर्वत्र है। अपरा प्रकृति के आठ विभाग है:- पृथ्वी, जल, वायु, आकाश, मन, बुद्धि तथा अहङ्कार, इन पञ्च भूतों (पृथ्वी, जल, अग्नि, वायु तथा आकाश) से अभिप्राय इनके तत्त्व रूप (तन्मात्राओं से है) इसी अष्ट

विभागीय को भगवान् ने तेरहवें अध्याय में 24 तत्त्वों के रूप में वर्णन किया है। सांख्यशास्त्र में भी प्रकृति को 24 तत्वों के स्वरूप में माना है– भगवान् कहते हैं कि यह उनकी अष्टधा प्रकृति जड़तत्व हैं अर्थात् मन, बुद्धि, अंहङ्कार भी पञ्च भूतों की तरह जड़ तत्त्व है। चेतन तत्त्व तो भगवान् की परा प्रकृति है। यही भगवान् की चेतन शक्ति (परा प्रकृति) इस जगत् को धारण करती है अर्थात् इसके वगैर जगत् न टिक सकता न चल सकता है। स्पष्ट है कि भगवान् की दो प्रकृतियां (परा तथा अष्टधा अपरा) है। परा शक्ति चेतन है। अपरा प्रकृति जड़ है। सारी सृष्टि, दृश्यमान जगत् इन दोनों के मेल से ही बना है। चेतन तत्त्व बीज है जड़ तत्त्व योनि परन्तु सृष्टि के लिए दोनों जरूरी है। वास्तव मे चित् और जड़ की सम्मिलित अवस्था का नाम ही प्रकृति है। यह त्रिगुणात्मक प्रकृति साम्य अवस्था में अव्यक्त रहती है। तीन गुणों में विकार के कारण इसमें बुद्धि तत्त्व (महतत्त्व) का उदय होता है फिर अहंकार तथा मन फिर पांच तन्मात्राओं (पंञ्च भूत) इनके विकारों से ही कुल 24 तत्त्व बनते है। भगवान् ने स्पष्ट शब्दों में कहा है कि वह (परम पुरुष) स्वयं अपनी इन दोनों प्रकृतियों से उपर है वह सृष्टि तथा प्रकृति का स्वामी है। अब स्पष्ट है कि मनुष्य जीवन परा तथा अपरा दो प्रकृतियों का बना है। आत्मा भगवान् का अपना अमर अंश (15–7) सब जीवों के ह्रदय में वास करता है इस आत्मा की उपस्थिति मात्र से ही यह शरीर तथा जीवन रूपी यन्त्र चलता है इस आत्मा के कारण ही चेतन शक्ति है प्राण शक्ति इसी से उदय होकर इस शरीर को बनाती और चलाती है क्योंकि पावन आत्मा स्वयं अकर्ता है। परन्तु अष्टधा प्रकृति के भाग, बुद्धि और मन महाशक्तियां है मनुष्य इनके द्वारा बड़े से बड़ी उपलब्धियां, अन्वेषण, खोज, आदि करता है। और इनसे ही इस संसार और जगत् को जाना जाता है परन्तु बुद्धि और मन से ईश्वर और उनके स्वरूप को नहीं जाना जा सकता है।

मन और आत्मा दोनों ही चैतन्य है। मन में चैतन्य शरीर में आत्मा कि उपस्थिति के कारण है चैतन्य मन की अपनी विशेषता नहीं है और आत्मा स्वयं ही चेतन शक्ति है। मन और बुद्धि का चैतन्य शरीर तथा संसार को ही

जान सकता है आत्मा तो सर्वज्ञाता है तथा साक्षात् ज्ञान और कालातीत है इसमें कोई भूत तथा भविष्य का विभाजन नहीं क्योंकि आत्मा सदैव वर्तमान है।

दूसरा अन्तर यह है कि आत्मा अजर–अमर है यह न जन्मता न मरता परन्तु मन अन्तंकरण का भाग होने के कारण सूक्ष्म शरीर है स्थूल शरीर की मृत्यु के पश्चात आत्मा इस सूक्ष्म शरीर (मन) को अपने साथ ले जाता है (15.8)। और अपने कर्मानुसार सूक्ष्म शरीर नया जन्म लेता है। मन कर्म अधीन है, आत्मा अकर्त्ता है, मन पाप पुण्य का भागी है आत्मा सदा निर्मल है।

साधारण शब्दों में हम यह कह सकते है कि मन कच्चा और परिवर्त्तनशील तथा अधूरा चैतन्य है और इसका अस्तित्व आत्मा के ही कारण है। आत्मा पूर्ण चैतन्य, सनातन और नित्य है।

मन सहित सूक्ष्म शरीर जो बुद्धि अहंकार दस इन्द्रियों तथा पांच प्राणों (प्राण, व्यान, समान, उदान, अपान) का बना हुआ है तब तक स्थूल, कारण तथा सूक्ष्म अवस्था में रहता है जब तक मनुष्य मोक्ष प्राप्त नहीं कर लेता अर्थात् जब तक अपने अंदर आत्मा को जान तथा मान नहीं लेता अर्थात् जबतक उसका चैतन्य आत्माबोध प्राप्त कर आत्मा नहीं बन जाता है। सारांश यह है कि मन परिवर्त्तनशीलता और चंचलता तथा शोक, दुःख–सुख आदि का दास है। अत्मा सदा सनातन और पावन है। इसका कोई जन्म – मृत्यु नहीं हो सकती है। यह मन अथवा शरीर ही कर्म करते हैं –क्योंकि आत्मा को किसी वस्तु की जरूरत ही नहीं अत: आत्मा कोई कर्म नहीं करता। गीता के अनुसार कर्म में मनुष्य के विचार वचन तथा सारे स्थूल कर्म आते है। कर्म वास्तव में दोधारी तलवार है क्योंकि कर्म ही मनुष्य के बन्धन का कारण है और कर्म ही मनुष्य के मोक्ष का कारण। शुभ कर्म (निष्काम कर्म) मोक्ष की ओर ले जाते हैं और सकाम कर्म बन्धन की ओर। ज्ञानयोग, भक्तियोग, कर्मयोग तथा श्रेष्ठ कर्म प्रायणता ही मोक्ष के द्वार खोलते हैं।

वास्तव में धर्म का आचरण और व्यवहार ही इस जीवन में मोक्ष प्राप्ति का मार्ग है। सरल शब्दों में धर्म का अर्थ है ईश्वर और आत्मा में विश्वास (सब धर्मो के प्रति सम्मान भाव) और सारे कर्म इस जीवन में

पूर्ण निष्पक्षता तथा समभाव से करना तथा दूसरों के साथ ऐसा व्यवहार नहीं करना जो मनुष्य अपने साथ नही करता अर्थात् अपने और दूसरे में अन्तर न समझना और न ही बरतना। संसार में वास्तविक तथा श्रेष्ठ धर्म एक ही है और वह है आत्मा का धर्म यही धर्म दया, शौच, तप और सत्य पर आधारित है इसका उदय आत्मा से है तथा यह अटल है दूसरे धर्म का स्रोत तन होता है। ऐसे धर्म अस्थायी तथा अल्प ज्ञान और कच्चे फल ही प्रदान कर सकते है। आत्मा का धर्म सदा सब के लिए एक है। निष्पक्ष होकर सात्विक जीवन बिताना इसके लिए विचार, वचन तथा स्थूल कर्म सब शुभ होना जरूरी है। कोई भी भेदभाव रंग–रूप, जाति–पाति, ऊंच–नीच, अपना–पराया आदि के आधार पर नहीं होना चाहिए। मनुष्य के जीवन तथा व्यक्तित्व के तीन आयाम आत्मा, मन और शरीर है। मनुष्य अपनी बुद्धि और बल के अनुसार जीवन मे कर्म इन तीन आयामों की जरूरतों की पूर्ति के लिए करता रहता है। धर्म की कसौटी पर वही कर्म खरे उतर सकतें है जिनमें शरीर का सात्विक पोषण मन का सात्विक विकास तथा आत्मा के प्रति ज्ञान प्राप्त करने की जिज्ञासा तथा प्रयास झलके, इन प्रयासों में राजसिक तथा तामसिक अंश का मिश्रण कर्म में धर्म की पात्रता को क्षीण या नष्ट कर देता है। धर्म पर आधारित कर्म हमेशा अपनी और दूसरों की भलाई में अंतर नहीं देखता भक्ति भाव–सेवा भाव–निष्पक्षता–समता–परोपकार आदि कर्म ही धर्म की श्रेणी में आते है। दुष्टों को उचित दण्ड तथा अति नाशवान दुष्टों का संहार भी धर्म की रक्षा तथा निजी बचाव में धर्म कर्म है।

गीता ज्ञान का संक्षिप्त सारांश यह है कि मनुष्य शरीर कर्मबन्धन के कारण है अर्थात् मनुष्य का जन्म ही कर्मबन्धन के कारण होता है। इसलिए निर्वाण अर्थात् मोक्ष, कर्म को अकर्म रूप में करने से ही अर्थात् त्याग और श्रद्धा भाव से करने पर ही प्राप्त होगा। संसार, सृष्टि और सब नानात्व दर्शन प्रकृति के तीन गुणों के कारण ही है क्योंकि हमारी सारी इन्द्रियां अथवा मन प्रकृति के ही गुण है जो हमेशा शरीर और बाहरी पदार्थ को ही देखते हैं और आत्मा को नहीं जानते या देख पाते। इस बलवती प्रकृति इसके तीनों गुण मन,

इंद्रियां और द्वन्द्व भाव पर विजयी होने के लिये तथा प्रभु साक्षात्कार को पाने का पक्का रास्ता भगवान् ने स्वयं ही गीता 11–55 में बताया है। "जो पुरुष केवल मेरे लिए ही कर्त्तव्य कर्म करने वाला है, मेरे परायण है, मेरा ही भक्त है, आसक्तिरहित है और सारे भूतप्राणियों मे वैर भाव से रहित है वह अनन्य भक्ति युक्त पुरुष मुझको प्राप्त होता है"।

विषादयोगः

धृतराष्ट्र उवाच

धर्मक्षेत्रे कुरुक्षेत्रे समवेता युयुत्सवः।
मामकाः पाण्डवाश्चैव किमकुर्वत सञ्जय!।। 1 ।।

अर्थ– धृतराष्ट्र बोले – हे सञ्जय! धर्मक्षित्र कुरुक्षेत्र में युद्ध करने के लिये एकत्रित मेरे और पाण्डु पुत्रों ने क्या किया? ।। 1 ।।

व्याख्या– जन्मान्ध महाराज धृतराष्ट्र दिव्य चक्षुधारी सञ्जय से यह प्रश्न युद्ध के आरम्भ होने से पहले पूछ रहे हैं कि धर्मक्षेत्र कुरुक्षेत्र में क्या हुआ? कुरुक्षेत्र तो धर्मक्षेत्र नहीं वह तो युद्धक्षेत्र था, तो प्रश्न यह उठता है कि धृतराष्ट्र ने कुरुक्षेत्र (जो युद्ध क्षेत्र है) के साथ "धर्म" शब्द क्यों जोड़ दिया? अतः इसमें राजा धृतराष्ट्र के संशय तथा भयग्रस्त मन का संकेत हैं। क्योंकि वह शास्त्र के इस उल्लेख को जानते थे कि सत्य की ही विजय होती है। परन्तु वह निःसंदेह यह भी जानते थे कि इस युद्ध का कारण सत्य तथा धर्म नहीं परन्तु कौरवों (विशेष कर दुर्योधन) के पाण्डवों के प्रति धर्म विरोधी धारणा थी जिसकी एक लम्बी शृंखला थी और जिनका कारण दुर्योधन तथा कौरवों दल के महारथियों का लोभ, स्वार्थ, अन्याय, अहंकार तथा निराधार प्रतिशोध भाव थे जिनको दुर्योधन की स्वयं की इस घोषणा ने सिद्ध कर दिया था कि वह बिना युद्ध किये पाण्डवों को सूई की नोक के बराबर भूमि भी नहीं देंगे। दुर्योधन ने सन्धि के सारे प्रस्ताव और प्रयास भी ठुकरा दिये थे, स्वयं श्रीकृष्ण द्वारा सन्धि के अनेक

प्रयत्न तथा प्रयास भी दुर्योधन की युद्ध हठ के सामने पूरी तरह असफल रहे थे, वास्तव में दुर्योधन का युद्ध षड्यन्त्र का मन्तव्य पाण्डवों को युद्ध में हराना ही नहीं बल्कि मारना था। महाराजा युधिष्ठर इस पृष्ठभूमि के समक्ष अपने दल को धर्म के तराजु में हल्का पड़ने के कारण अपनी अन्तर आत्मा में व्यथित थे। वैसे भी युद्ध तो होता ही भयावह है। अब मानो अपने आपको सांत्वना देने के लिये तथा इतिहास और भविष्य के सन्मुख तथ्यों पर पर्दा डालने के लिये युद्ध क्षेत्र कुरुक्षेत्र को धर्म क्षेत्र की पावन संज्ञा से अलंकृत कर रहे हैं ताकि प्रजा और इतिहास महाभारत युद्ध का कारण कौरवों के दुष्ट भावों में न देख पाये अपितु महाराज धृतराष्ट्र द्वारा इस को धर्मरक्षा का उत्तम प्रयास माने। परन्तु यह एक पंगु प्रयास ही नहीं अपितु धर्म का मुखौटा ही सिद्ध हुआ।

वास्तव में महाभारत युद्ध ही क्या बहुत सारे युद्धों का इतिहास ऐसा ही होता है। अधिकांश युद्ध का कारण मोह, अज्ञान और पाप ही होते हैं। युद्ध आज का हो अथवा पुराना इसका कारण मानव अहंकार, लालच, मोह तथा प्रतिशोध ही होता है। सत्ताधारी, भय, संशय तथा मोह के कारण अपने विरोधियों को नष्ट करने पर तुल जाते हैं। लोगों को गुमराह करने के लिये आडंबर खड़े किये जाते हैं और तथ्य बदले जाते हैं। अपनी सफाई में नैतिकता और बलिदान का पाखण्ड खड़ा किया जाता है। सत्ता के मोह को मजबूरी, लालच को देश सेवा, द्वेष व प्रतिशोध को धर्म पालन और अन्याय को कुर्बानी दिखाते हैं। यह युद्धों के सरदार दुर्योधन हो, सिकन्दर अथवा हिटलर सब असुर तथा नाशक प्रवृत्ति के ही धुरन्धर होते हैं। आज इराक का युद्ध तो हमारे सामने का प्रमाण है सशक्त अमेरिका ने बेकसूर इराक को मात्र स्वार्थ और लालच के कारण झूठ के सहारे तथ्यों को मरोड़ कर उस पर आक्रमण कर डाला— यही अक्सर युद्धों का इतिहास है।

वास्तव में महाभारत युद्ध को धर्मयुद्ध का स्वरूप देने का औचित्य तथा श्रेय तो पाण्डवों तथा श्रीकृष्ण भगवान् को जाता है। पाण्डवों के बलिदान और श्रीकृष्ण भगवान् के निष्काम कर्म की शक्ति ने यह युद्ध लाचारी में धर्म की रक्षा के लिये सत्य के आधार पर लड़ा तथा धर्म को जीवित रखने के लिये जीता,

धर्म की रक्षा इसलिये जरूरी है क्योंकि धर्म ही संसार का आधार है। धर्म की हानि होने पर संसार चल नहीं सकता इसके आधार कर्तव्यपरायणता, निष्पक्षता तथा समदर्शिता है– अर्थात् मनुष्य दूसरों के साथ वह व्यवहार न करे जो वह अपने साथ नहीं करता। इसके अतिरिक्त संसार में श्रेष्ठजनों तथा सत्ताधारियों का धर्म के प्रति विशेष दायित्व है। शास्त्रों के अनुसार धर्म चतुष्पाद माना गया है; दया, तप, शौच तथा सत्य जो श्रेष्ठजन इनमें से एक को भी अपने जीवन का दृढ़ आधार नहीं बना पाता उसका इस लोक तथा परलोक दोनों में ही पतन होता है। क्योंकि कर्म फल तो भोगना ही पड़ेगा, धृतराष्ट्र ने भी भोगा था। कुरुक्षेत्र को धर्मक्षेत्र की संज्ञा देने से पाप का पलड़ा हल्का नहीं हुआ था।

वास्तव में ब्रह्मवेता वेद व्यास ने कुरुक्षेत्र को धर्मक्षेत्र कहने का आधार धृतराष्ट्र की कथनी में नहीं अपितु पाण्डवों और श्रीकृष्ण की करनी में पाया था, जिन्होंने निरन्तर और सर्वदा धर्म का पालन किया और धर्म की रक्षा के लिये कुरुक्षेत्र में युद्ध करने से भी नहीं चौंके धर्म की रक्षा और इसका पोषण केवल मात्र विशिष्ट वचनों से नहीं हो सकता और न ही पाखण्ड, निर्बलता और दुष्कर्म इसकी गरिमा को मिटा सकते हैं इसकी रक्षा और विकास के लिये निष्काम कर्म और बलिदान अनिवार्य है जो पाण्डवों ने कर दिखाया था। महाभारत इसी का साक्षी है और गीता इसका मन्त्र।

गीता ज्ञान एक गहन रहस्य है। इसके अध्ययन से यह स्पष्ट है कि अर्जुन एक ऐतिहासिक महाभारत योद्धा के अतिरिक्त ब्रह्म ज्ञान को संसार तक पहुंचाने का माध्यम भी है। समस्त गीता में परोक्ष रूप से और अनेक श्लोकों में प्रत्यक्ष में वर्णित है कि वास्तविक कुरुक्षेत्र जो उचित रूप में धर्म क्षेत्र है वह यही मनुष्य शरीर है "इदं शरीरं कौन्तेय क्षेत्रमित्यमिधीयते" (गीता 13-1) अर्जुन को सम्बोधित करते हुए श्रीकृष्ण कहते हें कि जो मनुष्य क्षेत्र (अपने शरीर) और इसमें अदृश्य आत्मा को उचित प्रकार से जानता है वहीं सच्चा ज्ञानी या योद्धा है। श्रीकृष्ण भगवान् गीता में बार बार कहते हैं कि आत्मा सर्वव्यापक है अर्थात् यह सब जीवों में है। यह आत्मा परम प्रभु परमब्रह्म का अमर अंश होने के कारण (गीता 15.7) समस्त जीवों में है और इसके बिना विश्व एवं

समस्त प्राणी जगत् की उत्पत्ति, स्थिति तथा पोषण सम्भव नहीं है यह आत्मा तत्व प्रलय में भी जीवों के कारण रूप में व्याप्त रहता है।

आश्चर्यजनक स्थिति यह है कि मनुष्य इस सर्वव्यापक आत्मा से अनभिज्ञ हैं अर्थात् मनुष्य अपने वास्तविक स्वरूप को नहीं जानता। क्योंकि गीता कहती है कि मनुष्य शरीर नहीं आत्मा है। दूसरा पहलू यह भी है कि आत्मा का ज्ञान या ब्रह्म ज्ञान पाना अंतरिक्ष में पैदल सफर करने से भी बड़ी चुनौती है। इस चुनौती के कारण ही तो भगवान् कहते हैं कि वही सच्चा ज्ञानी है जो इस क्षेत्र (शरीर) और (आत्मा) क्षेत्रज्ञ का ज्ञान रखता है। यह जो हमारा देह रूपी कुरुक्षेत्र (कर्मक्षेत्र) है यही वास्तव में धर्म क्षेत्र हैं। इस युद्ध क्षेत्र में दो युद्धाभिलाषी शत्रुदल लड़ते रहते हैं। ये सुर (प्रवृत्ति) और आसुरी वृत्ति दल कहलाते हें आसुरी दल का लक्ष्य और कार्य प्रणाली – मैं, मेरा, हम, हमारा अर्थात् केवल मात्र अपने पन का पुरुषार्थ हैं इसका प्रयास स्वार्थ की परिधि को पार नहीं करता। अतः यह असुर प्रवृत्ति मनुष्य को नाश की ओर ले जाती है सुर दल का ध्येय और कर्त्तव्य, सेवा, सहायता और बलिदान, है जो मोक्ष की ओर ले जाता है। इन दोनों वृत्तियों का वर्णन भगवान् ने सोलहवें अध्याय में विस्तार पूर्वक किया है।। 1 ।।

सञ्जय उवाच–

दृष्ट्वा तु पाण्डवानीकं व्यूढं दुर्योधनस्तदा।
आचार्यमुपसङ्गम्य राजा वचनमब्रवीत्।। 2 ।।

अर्थ– सञ्जय बोले व्यूहरचना रूप में (दृढ़ संकल्पित) पाण्डवों की सेना को देखकर राजा दुर्योधन (अपने) आचार्य द्रोण के समीप जाकर ऐसे वचन बोले।। 2 ।।

व्याख्या– युद्ध के लिये दोनों सेंनाएं दृढ़ संकल्प, व्यूह रचनाओं में खड़ी हैं केवल मात्र दुर्योधन ही पहले पुरुष है जो तुरन्त हरकत में आते हैं। मोह ग्रस्त व्यक्ति जब अनहोनी को घटित हुए देखता है तो भय जनित कोतूहल उसको डंस देता है। ठीक यही स्थिति राजा दुर्योधन की इस युद्ध क्षेत्र में है। 13 वर्षों के वनवास और अज्ञात वास के पश्चात दुर्योधन को यह आशा नहीं थी कि पाण्डव ऐसी विशाल दक्ष योधाओं की सेना भयानक वीरों के संचालन में जोड़

लेंगे। यह विकृत भय ही उनको द्रोणाचार्य की ओर अग्रसर करता है। द्रोणाचार्य दोनों (कौरव और पाण्डवों) के गुरु हैं। अत: उचित होता कि वह (दोनों दलों के सम्बन्धी होने कारण) बलराम के समान तटस्थ रहते परन्तु उन्होंने कौरवों का पक्ष चुना, जाहिर है कि राज दरबारी दबाव और परम्पराओं के कारण उन्होंने ऐसा कर दिया। यह भी अस्वीकारा नहीं जा सकता कि युद्ध क्षत्रिय के लिये स्वर्ग द्वारा होने के कारण उन्होंने इस अवसर को न खोने का निर्णय लिया और राज्य सेवा में होने के कारण कौरव सेना का संचालन स्वीकारा।

दूसरी और यदि हम ध्यान से देखें तो यह स्पष्ट होगा कि इस शारीरिक कुरुक्षेत्र के जीवन रूपी संग्राम में हर व्यक्ति लगभग दुर्योधन की भान्ति ही व्यवहार करता है। घबराहट में अपनी बुद्धि (गुरु) को टटोलता है, मोह–लाभ का फल खोजता और पूछता रहता है।। 2 ।।

पश्यैतां पाण्डुपुत्राणामाचार्य महतीं चमूम।
व्यूढां द्रुपदपुत्रेण तव शिष्येण धीमता।। 3 ।।

अर्थ– हे आचार्य! पाण्डवों की विशाल सेना को देखिए जिसकी संरचना आपके बुद्धिमान शिष्य द्रुपदपुत्र धृष्टद्युम्न ने की है।। 3 ।।

व्याख्या– यह एक व्यंग्य ही नहीं अपितु आक्षेप का तीर है जो दुर्योधन द्रोणाचार्य पर छोड़ रहे हैं। महाराज द्रुपद का पुत्र धृष्टद्युमन और उसकी बहन द्रोपदी के जन्म का विषय भी अपने आप में एक दैवी घटना है। राजा द्रुपद और द्रोण बचपन के मित्र थे। बाद में द्रुपद जब पांचाल नरेश बने और द्रोण ने उनसे बड़ी आशा से एक कार्य सिद्धि के लिये सम्पर्क साधा तो द्रुपद ने आचार्य द्रोण की मांग को ठुकरा दिया, परिणाम स्वरूप रुष्ट और क्रोधित द्रोणाचार्य ने इसको अपमान के रूप में लिया और पाण्डवों की सहायता लेकर द्रुपद पर आक्रमण कर बुरी तरह हराया। क्योंकि द्रोणाचार्य को राज्य से लगाव (मोह) नहीं था, अत: द्रुपद से जीता हुआ राज्य उन्हें लौटा दिया।

इस घटना से द्रुपद अति अपमानित हुए तथा तत्पश्चात घोर तप में लीन हो गये। इस तप पूजा–अर्चना के उपरान्त यज्ञ किया गया, यज्ञ के हवन कुण्ड से द्रोपदी और धृष्टद्युमन का उदय (जन्म) हुआ। धृष्टद्युमन को

आचार्य द्रोण की मृत्यु के कारण का ज्ञान थां यही द्रुपद पुत्र धृष्टद्युमन विशाल पाण्डव सेना के सेनापति हैं इन द्रुपद पुत्र को भी आचार्य द्रोण ने ही युद्ध विद्या सिखाई हैं। इसी सन्दर्भ की पृष्ठ भूमि में ही तो राजा दुर्योधन गुरु द्रोणाचार्य को सम्बोधित करके व्यंग्य कस रहे हैं मानो कह रहे हैं कि अपने किये का फल देख लो।। 3 ।।

अत्र शूरा महेष्वासा भीमार्जुनसमा युधि।
युयुधानो विराटश्च द्रुपदश्च महारथः।। 4 ।।
धृष्टकेतुश्चेकितानः काशिराजश्च वीर्यवान्।
पुरुजित्कुन्तिभोजश्च शैब्यश्च नर पुङ्गवः।। 5 ।।
युधामन्युश्च विक्रान्त उत्तमोजाश्च वीर्यवान्।
सौभद्रो द्रौपदेयाश्च सर्व एव महारथाः।। 6 ।।

अर्थ– यहां इस सेना में प्रचण्ड शूरवीर, विख्यात धनुर्धर अर्जुन, भीम आदि के समान अति प्रसिद्ध योद्धा हैं। उनके नाम वर्णन करता हूँ। युयुधन, विराट, महारथि द्रुपद, धृष्टकेतु, चेकितान वीर्यवान, पराक्रमी काशीराज, पुरूजित, कुन्तिभोज, नरश्रेष्ठ शैब्य, विक्रान्त युधामन्यु, पराक्रमी उत्तमौजा सुभद्रा पुत्र (अभिमन्यु) द्रौपदी के पुत्र (पांचों भाई पाण्डवों से पांच पुत्र) प्रचण्ड महारथी है।। 4–6 ।।

व्याख्या– दुर्योधन का भयजनित व्यंग्य आधार हीन नहीं हैं। ये बीस योद्धा जिनके नाम चार से छः श्लोकों के मध्य दुर्योधन ने द्रोणाचार्य को सम्बोधित कर एक–एक करके गिने हैं महान् योद्धा है। अतः दुर्योधन अपने समय के इन महान् योद्धाओं से आतंकित से लगे। इन योद्धाओं का बल, वीरता, पराक्रम युद्ध कौशल तथा शूरवीरता सर्व जगत् विख्यात हैं अगर दुर्योधन ने युधिष्ठर, नकुल और सहदेव के नाम पंक्ति में नहीं गिने तो यह भूल के कारण नहीं अपितु दुर्योधन को इन बीस गिने गये योधाओं के शौर्य और वीरता के भय के कारण है। स्वभाविक ही है कि दुर्योधन इसलिये भी सटपटा रहे हैं कि जिनको वनवास और अज्ञात वास भिखारी बनने के लिये भेजा था आज उन्होंने ऐसी विशाल सेना संगठित कर ली और ऐसे वीर योद्धा उनके संचालन में दत्तचित् है जो किसी के लिये भी नाश और भय का कारण हो सकते हैं। मन से भय

को भगाने के लिये दुर्योधन अब गुरु द्रोणाचार्य को अगले चार श्लोकों (7 से 10 तक) में अपने दल के महारथी और सुप्रसिद्ध योधाओं का और अपनी विशाल सेना का वर्णन करते हैं।

पहले अध्याय के 10 श्लोकों में आध्यात्मिक पहलू की झलक भी स्पष्ट है। हमारे शरीर रूपी धर्म क्षेत्र तथा युद्ध क्षेत्र में जो प्रवृत्ति–निवृत्ति (कौरव–पाण्डव) दल लड़ रहे हैं उनका भावार्थ इस प्रकार हैं, पांच पाण्डव पांच तत्त्वों या पञ्च देवों के प्रतीक हैं क्योंकि ये तप और शान्तिमय व्यवहारिक पुरुषार्थ के अनुयायी हैं। इस शरीर में दस इन्द्रियां है जो मन पर आधारित होने के कारण निरंतर चंचल मन की तरह चंचल हैं कभी स्थिर नहीं जो कुछ भी दिखाई दे, सुनाई दे, सूंघने को मिले, छूने, चखने को मिले उधर ही आकृष्ट होती हैं। अनेक विषयों के इधर–उधर होने से इन्द्रियां भी उनका अनुसरण करती हैं। ये पांच ज्ञानेन्द्रिय (चक्षु, जिह्वा, नासिका, त्वचा, स्रोत्र) पांच कमेन्द्रिय (हाथ, पांव, जिह्वा, मल–मूत्र द्वार) ये दस इन्द्रियां दसों दिशाओं (पूर्व, उत्तर, दक्षिण, आग्नेय, नैर्ऋत्य, वायव्य, ईशान, अन्तरिक्ष तथा धरती) में परिभ्रमण करती है। अत: 10 × 10 = 100 अर्थात्, दस गुणा दस सौ होता है। अत: कौरवों की लोभ, लालच, वासनात्मक प्रवृतियों के कारण इनकी संख्या की तुलना उक्त, दिशाओं एवं इन्द्रियो के गुणन खण्ड के समान की गई हैं जब तक श्रीकृष्ण रूपी आत्मा की आवाज हम नहीं सुनेंगे और उसपर अमल नहीं करेंगें तो सौ कौरवों रूपी चंचल मन पर आधारित इन्द्रियों के चंगुल से मोक्ष न पा सकेंगे।। 4-6।।

अस्माकं तु विशिष्टा ये तान्निबोध द्विजोत्तम।
नायका मम सैन्यस्य संज्ञार्थं तान्ब्रवीमि ते।। 7 ।।

अर्थ– हे ब्राह्मणों में श्रेष्ठ (गुरुवर)! हमारे जो विशिष्ट (योद्धा) हैं उन्हें जान लें। मेरी सेना के जो नायक हैं उनको आपकी जानकारी हेतु आपको कहता हूँ।। 7 ।।

व्याख्या– दुर्योधन जो राजा होने के अतिरिक्त अपने दल के शिरोमणि ही नहीं अपितु इस युद्ध के विशेष कारण और कर्णाधार भी हैं अब अपने उस रूप को प्रदर्शित कर रहे हैं। पूर्व वर्णित भय उनका क्षणिक अनुभव था, युद्ध की

तैयारी और अपनी विजय के बारे में उनको कोई शंका हो ही नहीं सकती थी। अभिमान के मद ने उन्हें पूरी लपेट में लिया हुआ था। इसी उन्माद में तो कह रहे हैं कि "मेरी" सेना के दक्ष सेनापतियों को भी देखो। ॥ 7॥

भवान्भीष्मश्च कर्णश्च कृपश्च समितिञ्जयः।
अश्वत्थामा विकर्णश्च सौमदत्तिस्तथैव च॥ 8 ॥
अन्ये च बहवः शूरा मदर्थे त्यक्त जीविताः॥
नानाशस्त्रप्रहरणाः सर्वे युद्धविशारदाः॥ 9 ॥

अर्थ– (पूज्यवर) आप (द्रोणाचार्य), भीष्म पितामह, कर्ण, कृपाचार्य, अश्वत्थामा, विकर्ण, सोमदत्त के पुत्र (भूरिश्रवा) है, अन्य वीरगण ऐसे भी हैं जो मेरे लिये जीवन तक अर्पण करने के लिये तत्पर हैं ये सब विभिन्न प्रकार के शस्त्र चलाने में निपुण हैं और युद्ध विद्या में पूर्ण रूप से दक्ष हैं। ॥ 8-9 ॥

व्याख्या– दुर्योधन की गुरु द्रोणाचार्य और भीष्म के सम्मुख यह घोषणा कि अनेक वीरगण मेरे लिये अपनी जान न्योछावर करने को तत्पर हैं अहंकार और अभिमान की झलक छुपा नहीं पाती। युद्ध में आत्म विश्वास की आवश्यकता होती है न कि अहंकार की। अहंकार में पतन के बीज निहीत रहते हैं जो संकट को प्रगाढ़ करते हैं। इसीलिये ऋषिवर ने केनोपनिषद् में कहा है कि अभिमान पतन का पक्का कारण है इसलिये अहंकार ही हर मनुष्य को कुमति के मार्ग पर ले जाता है और अभिमान उससे और आगे धकेलता है। अहंकार और अभिमान ही तो अधर्म की जडें हैं। तथा नैतिक ढंग से कार्यरत रहना ही धर्म हैं हर मनुष्य के जीवन रूपी कुरुक्षेत्र में वासना ही तो अन्तर्कलह का बीज है। इसमें ही दुर्मति का अंकुर फूटता हैं जो व्यक्तिगत महाभारत बन बैठता है॥ 8-9 ॥

अपार्यप्तं तदस्माकं बलं भीष्माभिरक्षितम्।
पर्याप्तं त्विदमेतेषां बलं भीमाभिरक्षितम्॥ 10 ॥
अयनेषु च सर्वेषु यथा भागमवस्थिताः।
भीष्ममेवाभिरक्षन्तु भवन्तः सर्व एव हि॥ 11 ॥

अर्थ– हमारी सेना जो भीष्म द्वारा रक्षित (संचालित) है असीम (अपरिमित) है और

पाण्डव सेना जो भीम द्वारा सुरक्षित है वह बहुत ही सीमित है। (अपरिमित का अर्थ केवल संख्या नहीं अपितु युद्ध कौशल और युद्ध दक्षता भी है।) (दुर्योधन और आगे कहते हैं) आप सब लोग अपने अपने विभागों की उत्तरदायित्वानुसार चतुरता पूर्वक भीष्म की ही चारों ओर से रक्षा करें। ।। 10–11 ।।

व्याख्या– दुर्योधन को अपनी ग्यारह अक्षौहिणी सेना पर बहुत अभिमान था क्योंकि उसने अनेक वर्षों से युद्ध के लिये तैयारियाँ की थी। इसको भी वह अपनी शक्ति का जोरदार आधार मानता था। अपने चुने हुए विशिष्ट और दक्ष सेना नायक तो उसके बल के अद्वितीय शक्ति स्तम्भ थें इस पृष्ठभूमि में उसको विजय अपनी मुट्ठी में ही रखी लगती थी। परन्तु अधर्म और कपट का भय उसे कभी–कभी अवश्यमेव क्षुब्ध करता था। भीम और दुर्योधन का परस्पर विरोध (टकराव) किसी से छुपा नहीं था, और द्यूत गृह में दुर्योधन द्वारा किया गया अपमान तथा द्रौपदी को अपनी जंघा पर अश्लील ढंग से ताना मारकर बिठाने की ललकार (दुष्कर्म) तो दोनों (भीम और दुर्योधन) के मध्य एक गहरी विष खाई का काम कर गई थी अब स्वभाविक ही था कि अभिमानी दुर्योधन को भीम द्वारा रक्षित पाण्डव सात अक्षौहिणी सेना परिमित एवं अव्यवस्थित प्रतीत हो रही थी। सुप्रसिद्ध योद्धा कर्ण, विकर्ण, अश्वत्थामा, जयद्रथ और युद्ध विद्या में निपुण महारथी गुरु द्रोणाचार्य को यह आदेश देना कि वह अपने–अपने विभागों को सतर्कता से संभाले जिससे भीष्म पितामह पूर्ण रूप से सुरक्षित रह सके और वह भी भीष्म के सामने जो अपने समय के अपराजिता स्तम्भ थे, दुर्योधन की बौखलाहट का ही संकेत है।। 11 ।।

तस्य संजनयन्हर्षं कुरुवृद्धः पितामहः।
सिंहनादं विनद्योच्चैः शंखं दध्मौ प्रतापवान्।। 12 ।।

अर्थ– परम प्रतापी भीष्मपितामह (जो कुरुवंश में वृद्ध–तम है) ने दुर्योधन को प्रसन्न करने के लिये भयंकर सिंह गर्जना के समान शंख बजाया ।। 12 ।।

व्याख्या– यदि शिरोमणि राजा की बौखलाहट रण के मैदान में सेना नायक तथा सेना भांप जाय तो मनोबल गिरेगा ही। इसी कारण तेजस्वी भीष्म ने राजा

दुर्योधन का भय भगाने और उसका साहस तथा तेज जगाने हेतु अन्तरिक्ष को चीरने वाली भयंकर शंख ध्वनि की।। 12 ।।

ततः शङ्खाश्च भेर्यश्च पणवानकगोमुखाः।
सहसैवाभ्यहन्यन्त स शब्दस्तुमुलोऽभवत्।। 13 ।।

अर्थ– बाद में उसी क्षण बहुत सारे शंख और नगारे, ढोल, मृदङ्ग और नरसिंधे (विभिन्न युद्ध बाजे) जोर से बजाये गये। इन का शब्द बड़ा भयंकर था। (वह वाद्य ध्वनि अन्तिरिक्ष में छा गई)।

व्याख्या– यही दृष्य संसार में प्रतिदिन लक्षित होता है। जब समाज वृद्ध तथा बुद्धि जीवी अहंकार वासना और लालच का वाद्य बजाता है तो सामान्य जनता तो उस नशे में चूर ही रहती है। वह हर मुहल्ले में कुरुक्षेत्र बना लेती है। साथ में हाहाकार की चीखे ही अनेक गुणा बढ़ी हुई सुनाई देती है आज भी इस देश के प्रमुख और बुद्धिजीवी वर्ग अपनी वृत्ति दुर्योधन की प्रवृत्ति के सांचे में ढ़ालने लगे हैं।। 13 ।।

ततः श्वेतैर्हयैर्युक्ते महति स्यन्दने स्थितौ।
माधवः पाण्डवश्चैव दिव्यौ शङ्खौ प्रदध्मतुः।। 14 ।।

अर्थ– उसके पश्चात सफेद घोड़ों से युक्त एक विशाल रथ पर बैठे हुए श्रीकृष्ण और अर्जुन ने अपने दिव्य (अलौकिक) शंख बजायें।। 14 ।।

व्याख्या– इस विकराल तथा विशाल संसार सभा में हर व्यक्ति अर्जुन और हर आत्मा कृष्ण हैं यह शरीर ही विशाल रथ है। इसके इन्द्रियरूपी घोड़ों को जबतक नियन्त्रित नहीं किया जायेगा जीवन समर जीतना कठिन है दिव्य शंख की ध्वनि जो अन्तर आत्मा में बजती है वह अन्तर्मुखी होकर सुननी होगी।

वेद व्यास ने गीता में श्रीकृष्ण और अर्जुन के शंखो को दिव्य शंखों की संज्ञा दी है। कौरव दल के युद्ध–वाद्य तथा शंखों ने भयंकर युद्ध नाद की गर्जना की परन्तु श्रीकृष्ण और अर्जुन के शंखो के नाद की ध्वनि दिव्य हैं जो शान्ति का प्रतीक है। इसमें न अहंकार की ललकार है न अभिमान का संकेत। यह धर्म नाद तो सबको आनन्दित करने वाला है यदि सुनने वाले का अन्तःकरण शुद्ध है।। 14 ।।

पाञ्चजन्यं हृषिकेशो देवदत्तं धनञ्जय:।

पौण्ड्रं दध्मौ महाशंखं भीमकर्मा वृकोदर:॥ 15 ॥

अनन्तविजयं राजा कुन्तीपुत्रो युधिष्ठिर:।

नकुल: सहदेवश्च सुघोषमणिपुष्पकौ॥ 16 ॥

अर्थ— (पाण्डव दल के नायकों ने जो अलग—अलग शंख बजाये उनका वर्णन इन दो श्लोकों में बड़े अनूठे ढंग से किया है।)

श्रीकृष्ण ने पांचजन्य (नामक) शंख बजाया, धनञ्जय (अर्जुन) ने देवदत्त नामक शंख, घोर कर्मा वृकोदर (भीम) ने पौण्ड्र नामक शंख बजाया। कुन्ती पुत्र युधिष्ठिर ने अनन्त विजय नामक शंख तथा नकुल और सहदेव ने सुघोष और मणि पुष्पक नामक शंख बजाये।। 15-16॥

व्याख्या— हृषिकेश श्रीकृष्ण भगवान् के अनेक नामों में से एक है। ज्ञानी और भक्त जन उनको विभिन्न नामों से श्रद्धा युक्त होकर पुकारते हैं। हृषिकेश का अर्थ = आज्ञा चक्र में अवस्थित अर्थात् कूटस्थ चैतन्य है। पाञ्चजन्य का अर्थ है पांचो से उत्पन्न अर्थात् जो ध्वनि पांचो प्राणों (प्राण—अपान—व्यान—उदान—समान) से उत्पन्न है। धनञ्जय अर्जुन को कहते हैं, क्योंकि वह धन के लालच से उपर था (लालच को जीता हुआ था।) अर्जुन को अग्नि का प्रतीक मानते हैं जो मणिपूरक चक्र से उत्पन्न होती है। वही देवदत्त का शंख है।

वायु तत्व को वृकोदर कहते हैं। भीम वायु का प्रतीक माना जाता है। अत: भीम (वृकोदर) द्वारा पौण्ड्र नामक शंख बजाया गया। युधिष्ठिर अर्थात् जो युद्ध में स्थिर है अर्थात् विजयी है उनके शंख का नाम अनन्तविजय इसीलिये है। युधिष्ठिर को पाण्डवों में विशुद्ध चक्र (आकाश तत्व) का प्रतीक माना जाता है। नकुल और सहदेव को क्रमश: जल तथा पृथ्वी तत्वो का प्रतीक मानते हैं इनके उत्पति स्थान भी स्वाधिष्ठान और मूलाधार चक्रों को मानते हैं। इन दोनों चक्रों से उत्पन्न ध्वनि सुघोष और मणि पुष्पक शंख से मिलती है जो नकुल और सहदेव ने बजाये।

शास्त्रों में पाञ्च पाण्डवों को पांच तत्त्वों का प्रतीक इस प्रकार से मानते हैं जैसे युधिष्ठिर-आकाश तत्त्व, भीम-वायु तत्त्व, अर्जुन-तेज (अग्नि) तत्त्व,

नकुल-जल तत्त्व, सहदेव-पृथ्वी तत्त्व (इन्द्रियों के प्रतिनिधि मेरूदण्ड के पांच चक्र विशुद्ध, अनाहत, मणिपुर, स्वधिष्ठान और मूलाधार इसी क्रम में माने जाते हैं।)।। 16 ।।

काश्यश्च परमेश्वासः शिखण्डी च महारथः।
धृष्टधुम्नो विराटश्च सात्यकिश्चापराजित:।। 17 ।।
द्रुपदो द्रौपदेयाश्च सर्वशः पृथिवीपते।
सौभद्रश्च महाबाहुः शंखन्दध्मुः पृथक् पृथक्।। 18 ।।

अर्थ– हे पृथ्वीपते! (हे राजन्) महाधनुर्धर काशी के राजा, महारथी, शिखण्डी, धृष्टधुम्न, विराट राजा, अजेय, सात्यकि, द्रुपद (राजा, द्रोपदी के पुत्र और महाबाहु सुभद्रा पुत्र अभिमन्यु सब ओर से पृथक्–पृथक् शंख बजाने लगे।) ।। 17–18 ।।

व्याख्या– राजा धृष्टराष्ट्र को इस ऐतिहासिक "पल" पर महाविवेकी संजय द्वारा "पृथ्वीपते" कहने का अभिप्राय उन्हें उनके अति संवेदनशील दायित्व की नैतिकता और धर्म के प्रति याद दिलाना भी हो सकता है। राजा का सर्वोत्तम धर्म प्रजा की रक्षा है, न कि परिवार में ही एक घोर युद्ध करना जिसके दोनों दलों में केवल मात्र अपनी ही प्रजा के लोग नहीं अपितु उनके अपने तीन पुश्तों (पीढियों) तक के पुत्र, पौत्र तथा अन्य सम्बन्धी जिन में से बहुत निकट सम्बन्धियों के नाम दोनों ओर से संजय ने गिन डाले हैं जो प्राणों की आहुती देने जा रहे हैं। ज्ञान चक्षु युक्त संजय सम्भवत: सोच रह हैं कि शायद राजा धृतराष्ट्र का एक शब्द इस नर संहार को बचा सकता है। परन्तु "पृथ्वीपते" के पुत्र मोह की यवनिका (पर्दा) अभेद्य रही हैं।। 17–18 ।।

स घोषो धार्तराष्ट्राणां हृदयानि व्यदारयत्।
नभश्च पृथ्वीं चैव तुमलो व्यनुनादयन्।। 19 ।।

अर्थ– वे भयंकर शंख तुमल गर्जना से पृथ्वी और आकाश को ध्वनित करके मानो धृतराष्ट्र (आप) के पुत्रों के दिलों को चीरने लगे। ।। 19 ।।

व्याख्या– इस भयंकरनाद की तुमुल गर्जना धृतराष्ट्र के पुत्रों के हृदयों को ही क्यों विदीर्ण कर रही है? इसीलिये क्योंकि उनमें अधर्म के किटाणु सट पटा

रहे हैं। उन्होंने धर्म को रोंधा है। धर्म में एक आंतरिक शक्ति वास करती है और अधर्म खोखला होता है।। 19 ।।

अथ व्यवस्थितान्दृष्ट्वा धार्तराष्ट्रान् कपिध्वज:।
प्रवृत्ते शस्त्रसम्पाते धनुरुद्यम्य पाण्डव:।। 20 ।।
हृषीकेशं तदा वाक्यमिदमाह महीपते।
अर्जुन उवाच–
सेनयोरुभयोर्मध्ये रथं स्थापय मेऽच्युत।। 21 ।।

अर्थ– तुमुल (महा) शब्द के पश्चात् धतराष्ट्र के पुत्रों को युद्ध करने के लिये व्यवस्थित देखकर कपि ध्वज अर्जुन ने धनुष उठाकर फिर श्रीकृष्ण को यह बात कही।

अर्जुन ने कहा– हे अच्युत मेरे रथ को दोनों सेनाओं के मध्य में खड़ा करो।। 21 ।।

व्याख्या– अच्युत का अर्थ है च्युति रहित (अचूक)। अर्थात् जो अपने अपने स्थान में या अपने आप में अटल है। श्रीकृष्ण भगवान् विष्णु के अवतार होने के कारण ही अच्युत कहलाते हैं।

हे अच्युत! मेरे रथ को दोनों सेनाओं के मध्य में स्थापित करो। ये शब्द अर्जुन ने धनुष उठाकर श्रीकृष्ण से कहे हैं। अर्थात् अभी तक उनके मन में युद्ध का संकल्प प्रचण्ड रूप में है दृढ है। जिस गंभीरता से अर्जुन ने धनुष उठाकर श्रीकृष्ण को कहा कि "मेरा रथ दोनों सेनाओं के बीच (जो युद्ध वाद्य तल्लीन है) स्थापित कर दो" उससे यह अंदाजा लग सकता था कि अगले पल यह वही अर्जुन रहने वाला नहीं है अर्थात् बदल जायेगा। कपि– ध्वज का अर्थ जिसके रथ की पताका पर हनुमान का चिन्ह (अथवा हनुमान) विराजमान है।। 21 ।।

यावदेतान्निरीक्षेऽहं योद्धकामानवस्थितान्।
कैर्मया सह योद्धव्यमस्मिन्रणसमुद्यमे।। 22 ।।
योत्सस्यमानानवेक्षेऽहं य एतेऽत्र समागता:।
धार्तराष्ट्रस्य दुर्बुद्धेर्युद्धे प्रियचिकीर्षव:।। 23 ।।

अर्थ– किन–किन के साथ मुझे युद्ध करना है। युद्ध के आरम्भ से पूर्व में युद्ध की कामना से व्यवस्थित इन वीरों को तब तक निरीक्षण करके देख लूं। जो युद्ध अभिलाषी राजा दुर्बुद्धि धृतराष्ट्र पुत्र (दुर्योधन) की सहायता के लिये यहां एकत्रित हुए हैं, उन सब योद्धाओं को अच्छी तरह देख लूं।। 22–23 ।।

व्याख्या– श्रीकृष्ण त्रिलोकी नाथ तो जानते थे कि कारण क्या है? अर्जुन तो योद्धा है दर्शक नहीं– फिर यह उत्सुकता कैसे? स्पष्ट है कि मन की चंचलता का अंकुर अचेतन मन की गहराई मे बाहर फूटने के लिये पनप रहा है। काम, क्रोध, मोह, लोभ, अहंकार और भय में बाहर फूटने के निषेधात्मक तत्व हैं जो हर मनुष्य के मन की व्यथाऐं हैं। यह विषैली शक्तियां मृत्यु पर भी नहीं छोड़ती और सूक्ष्म शरीर में वास कर साथ चिपकी रहती है। इस त्रिगुणात्मक संसार में इनका प्रबल असर हमेशा ही रहता है। अत: शास्त्र कहते हैं कि गुणातित होना आवश्यक है। यथा हम आगे चल कर देखेंगे कि अर्जुन की कमजोरी भय नहीं, अपितु उस का शत्रु तो उस का अपना मन है।। 22–23 ।।

संजय उवाच्–

एवमुक्तो हृषीकेशो गुडाकेशेन भारत।
सेनयोरुभयोर्मध्ये स्थापयित्वा रथोत्तमम्।। 24 ।।
भीष्मद्रोणप्रमुखत: सर्वेषां च महीक्षिताम्।
उवाच पार्थ पश्यैतानसमवतान्कुरूनिति।। 25 ।।

अर्थ– सञ्जय बोले – हे भारत! (राजा धृतराष्ट्र) गुड़ाकेश अर्जुन द्वारा (जिसने नींद पर पूर्ण विजय प्राप्त की हुई है) आग्रह करने पर श्रीकृष्ण ने उत्तम रथ को भीष्म और द्रोण तथा सब राजाओं के सामने दोनों सेनाओं के मध्य स्थापित कर ऐसा कहा। हे अर्जुन! इन एकत्रित कुरुजनों को देखो।। 24–25 ।।

व्याख्या– इस संदर्भ में कर्म सिद्धान्त को ध्यान में रखना आवश्यक है। ईश्वर प्रत्येक के ह्रदय में वास करते हैं परन्तु वह किसी के विचार या मन को नहीं बदलते वह सदा निष्क्रिय है और मात्र साक्षी हैं। यदि ईश्वर हर व्यक्ति की भलाई के लिये उसके मन को बदलते रहें तो कर्म सिद्धान्त, जो शास्त्रों का मूल आधार है और जिसके निर्माता भगवान् स्वयं है, एक खिलवाड़ या परिहास बन

कर रह जायेगा। कर्म फल से कैसे कोई बन्ध सकेगा। सबको ईश्वर ने अपनी इच्छा अनुसार स्वतन्त्रता दी है। सबको अपने कर्म स्वयं भोगने हैं।

श्रीकृष्ण युद्ध अवश्यमेव स्थागित (टालना) करना चाहते थे, परन्तु उनके सब अनथक प्रयास विफल रहे थे क्योंकि वह दुर्योधन और अन्य युद्धमदांध के विचार तथा कर्मों को नहीं बदल सकते थे। भगवान् किसी के कर्म नहीं बदलते, सबको ही अपने कर्म फल भोगने पड़ते हैं यह भगवान् का अपना बनाया नियम है। कर्म, कर्त्ता को स्वयं सुधारने होते हैं अज्ञान स्वयं दूर करना होता है। ईश्वर ऐसे प्रयास से प्रसन्न होते हैं। परन्तु उस में दखल नहीं देते। महाभारत युद्ध इसीलिये तो नहीं टला कि दुर्योधन और युद्ध अभिलाषी कौरव अधर्म पर अड़े रहे, कर्म सुधार नहीं किया।। 24–25 ।।

तत्रापश्यत्स्थितान् पार्थ पितृनथ पितामहान्।

आचार्यन्मातुलान्भ्रातृन्पुत्रापौत्रान्सखींतथा।। 26 ।।

श्वशुरान्सुहृदश्चैव सेन्योरुभयोरपि।

तान्समीक्ष्य स कौन्तेय: सर्वान्बन्धूनवस्थितान्।। 27 ।।

कृपया परयाविष्टो विषीदन्निदमब्रवीत्।।

अर्थ– इसके पश्चात् अर्जुन ने वहां युद्ध क्षेत्र में दोनों पक्षों की सेनाओं में खड़े हुए पिता समान पितृव्यों (चाचों आदि श्रेष्ठ जनों) को दादाओं, आचार्यों मामाओं, भाईयों, पुत्रों, पोतों, साथियों, श्वशुरों, तथा समस्त मित्रजनों को देखा। दोनों सेनाओं में उन सब भाई बन्धुओं को (युद्ध के लिये) खड़ा देखकर विषादमग्न अति द्रवित हृदय से अर्जुन ने ऐसा बोला। ।। 26–27½ ।।

व्याख्या– विषाद योग का जन्म गीता में इस श्लोक से शुरू होता है। कुछ लोगों का यह प्रश्न रहता है कि विषाद तो दु:ख होता है तथा योग आत्मा–परमात्मा का मेल तो विषाद कैसे योग बन गया वास्तव में वे लोग भूल जाते हैं कि विषाद ही जीवन की एक ऐसी स्थिति होती हैं जिसमें मनुष्य असहाय हो कर सच्चे मनसे प्रभु को पुकारता है। अर्जुन भी जो एक धुरन्धर वीर योद्धा है। आज अपने आप को जीवन के एक ऐसे ही पाश (फन्दे) में पा रहा है और यही विषाद उनके लिये मोक्षमार्ग ढूंढ कर योग

प्रदान कर रहा है। विषाद न होता तो अर्जुन श्रीकृष्ण में भगवान् को न खोज पाता। यही विषाद है जिसने उनको विषाद मुक्त कराया अत: इस प्रथम अध्याय का नाम विषाद योग है।

गीता का शुभारम्भ भी विषाद योग से होता है। "गीता—गीत सिंहनाद ही अठारह योग कड़ियें का आध्यात्मिक गीत है, जो विषाद से मुक्त और मोक्ष से युक्त करता है।

अर्जुन उवाच—

दृष्ट्वेमं स्वजनं कृष्ण युयुत्सुं समुपस्थितम्।। 28 ।।
सीदन्ति मम गात्राणि मुखं च परिशुष्यति।
वेपथुश्च शरीरे मे रोमहर्षश्च जायते।। 29 ।।
गाण्डीवं स्रंसते हस्तात्वक्चैव परिदह्यते।
न च शक्नोम्यवस्थातुं भ्रमतीव च मे मनः।। 30 ।।
निमित्तानि च पश्यामि विपरीतानि केशव।। 30½ ।।

अर्थ— अर्जुन बोले— हे भगवन्! युद्ध के लिये तत्पर इन सब भाई बन्धुओं को अवस्थित देख कर (मेरे हाथ—पांव) सारा शरीर शिथिल हो रहा है और मुंह सूख रहा है।

मेरा शरीर कम्पित हो रहा है, मेरे बाल खड़े हो गये हैं। गाण्डीव—धनुष मेरे हाथ से खिसक रहा है और मेरे समस्त त्वचा में जलन हो रही है।

हे केशव! मैं स्थिर रहने में असमर्थ हूँ, मेरा मन मानो भ्रमित हो रहा है, और अशुभ लक्षण दिख रहे हैं।। 28-30½ ।।

व्याख्या— उपरोक्त श्लोकों में अर्जुन अपने मन और शरीर की व्यथित, विषाद ग्रस्त दशा युद्ध में व्यवस्थि सम्बन्धियों को मरने—मारने के लिये कटि बद्ध रूप में देखकर श्रीकृष्ण से बोल रहे हैं।

हर व्यक्ति के व्यक्तित्व के दो रूप हैं एक वह जिससे मनुष्य स्वयं अनभिज्ञ हैं, और दूसरा वह जिससे परिचित है। मुण्डक उपनिषद् में इस तथ्य को शरीर रूपी वृक्ष पर बैठे दो पक्षियों की कहानी में कहा गया है। दोनों पक्षियों में एक भोक्ता है जो खट्टे—कड़वे—मीठे फल खाकर निरन्तर व्यथित और परेशान

है, दूसरा साक्षी मात्र है जो आनन्द में विभोर एक मनुष्य का स्वरूप आत्मा है जिससे वह अनभिज्ञ है और दूसरा मन है जो अच्छाई–बुराई–सुख–दुःख, दोनों का कारण हैं। अर्जुन जो परम योद्धा और वीरों को भयभीत करता है, और युद्ध जिसके लिये हमेशा उत्सव रहा है, और अभी पहले तक गाण्डीव जिसके लिए अजेय–वरदान था, उसे एकदम क्या हो गया? यही मन की चंचलता है। यही त्रिगुणात्मक माया जाल है जो कभी कुछ और कभी कुछ हो जाता है। अब अर्जुन अग्रिम 45 श्लोकों में अपने विषाद का वर्णन कर रहे हैं।

न च श्रेयोऽनुपश्यामि हत्वा स्वजनमाहवे॥ 31 ॥

न काङ्क्षे विजयं कृष्ण न च राज्यं सुखानि च॥

किं नो राज्येन गोविन्द किं भोगैर्जीवितेन वा॥ 32 ॥

येषामर्थे काङ्क्षितं नो राज्यं भोगा सुखानि च॥

त इमेऽवास्थिता युद्धे प्राणास्त्यक्त्वा धनानि च॥ 33 ॥

अर्थ– हे कृष्ण! युद्ध में भाई–बन्धु (आत्मीय) लोगों को मार कोई श्रेय (कल्याण) नहीं देख रह हूँ तथा विजय और राज्य सुख की भी मैं कामना नहीं करता।

हे गोविन्द! हमें राज्य से क्या अभिप्राय (प्रयोजन), और ऐसे भोगों से और जीवन से भी क्या लाभ? जिनके लिये राज्य–भोग और सुख की इच्छा की जाती है वे ही ये सब धन और जीवन की आशा को त्याग कर युद्ध में खड़े हैं॥ 31–33 ॥

आचार्याः पितरः पुत्रास्तथैव च पितामहाः।

मातुलाः श्वशुराः पौत्राः सम्बन्धिनस्तथा॥ 34 ॥

एतान्न हन्तुमिच्छामि घ्नतोऽपि मधुसूदन।

अपि त्रैलोक्यराज्यस्य हेतोः किं नु महीकृते॥ 35 ॥

वे सारे आचार्य, पितृव्य (चाचे) पुत्रगण, पितामहजन, मामें, श्वशुर, पोते, साले और सम्बन्धिगण, अपने निजीजन, जान (प्राण) और धन सम्पति को त्याग कर युद्ध के लिये तत्पर होकर खड़े हैं। हे मधुसूदन! मैं इनके द्वारा मारे जाने पर भी इन को मारना नहीं चाहता। यहां तक मैं तीन लोकों के राज्य

के लिये भी नहीं मारना चाहता, तो फिर इस धरती के राज्य के लिये तो क्या?।। 34-35 ।।

निहत्य धार्तराष्ट्रन्नः का प्रीतिः स्याज्जनार्दन।

पापमेवश्रयेदस्मान्हत्वैतानाततायिनः ।। 36 ।।

अर्थ– धृतराष्ट्र के (दुर्योधन आदि) पुत्रों को मारकर हमें क्या प्रसन्नता होगी? इन आततायियों को मार कर हमें पाप ही लगेगा। ।। 36 ।।

तस्मान्नार्हा वयं हन्तुं धार्तराष्ट्रन् स्वबान्धवान्।

स्वजनं हि कथं हत्वा सुखिनः स्याम माधव ।। 37 ।।

अर्थ– इसलिये हे माधव! भाई बन्धुओं सहित धृतराष्ट्र के पुत्रों को हमें मारना नहीं चाहिए। क्योंकि हे माधव! अपने आत्मीयजनों को मार कर हम सुखी कैसे हो सकते हैं।। 37 ।।

व्याख्या– अर्जुन को अब भय हो गया है कि भाई बन्धुओं तथा आत्मीयजनों, आचार्य, गुरु आदि का वध करने पर गहन पाप का आश्रय लेना पड़ता है और घोर पाप को भोगना पड़ेगा। पापी द्वारा मोक्ष प्राप्त करने का प्रश्न ही नहीं उठता। शास्त्रों (धर्मशास्त्र) के अनुसार आचार्य, गुरु, आत्मीयजनों आदि को मारने से पाप लगता है। परन्तु मनु–महाराज का मत है कि उन आतताईयों को मारना चाहिए जो घिनौने आपराधिक कर्म और निषिद्ध अनैतिक कर्म करते हैं। परन्तु यह अर्थशास्त्रों और नीतिशास्त्रो का मत है, न कि धर्म शास्त्रों का। अत: अर्जुन एक महान् धर्म संकट में पड़ गये हैं। पापी मोक्ष का पात्र नहीं इस विचार ने उन्हें चकित कर दिया।। 37 ।।

यद्यप्येते न पश्यन्ति लोभोपहतचेतसः।

कुलक्षयकृतं दोषं मित्रद्रोहे च पातकम्।। 38 ।।

अर्थ– यदि ये लोग लोभ वासना के उन्माद में कुल के नाश से पैदा हुए दोष को और मित्र के साथ द्रोह करने से उत्पन्न हुए पाप को नहीं देखते।। 38 ।।

कथं न ज्ञेयमस्माभिः पापादस्मान्निवर्तितुम्।

कुलक्षयकृतं दोषं प्रपश्यद्भिर्जनार्दन।। 39 ।।

अर्थ– परन्तु हे जनार्दन! कुल के नाश से पैदा हुए दोष को देख कर क्यों न हम सोचने का उचित उपाय करें।। 39 ।।

व्याख्या– इस समय विषाद ग्रस्त अर्जुन पाप और दोष की तलवार अपने सिर पर लटकी देख कर युद्ध न करने के निश्चय की ओर अग्रसर हैं परन्तु यह उन के भ्रमित मन की सोच है जो इस क्षण की वास्तविकता से तनिक भी मेल नहीं खाती। युद्ध वाद्य और शंख नाद बज चुके हैं, सेनाएं इसी पल एक दूसरे पर आक्रमण करने वाली है, तो फिर अर्जुन का ऐसा विचार पलायन के अतिरिक्त क्या हो सकता है, तथा पलायनवादी पर शत्रु दल के योद्धा जो अत्यधिक युद्ध के कामुक हैं क्यों आक्रमण में विलम्ब करेंगे? युद्ध में व्यवस्थित शत्रुओं का मनोबल (मनोवेग) तो ज्वलन्त रूप से उग्र और क्रुद्ध होता है।। 39 ।।

कुलक्षये प्रणश्यन्ति कुलधर्माः सनातनाः।
धर्मे नष्टे कुलं कृत्स्नमधर्मोऽभिभवत्युत।। 40 ।।

अर्थ– कुल का नाश होने पर सदा से चल रहे (परम्परागत) कुल धर्म नष्ट हो जाते हैं और कुल धर्म नष्ट होने पर शेष समस्त कुल में पाप भी अत्यधिक फैल जाता है।। 40 ।।

अधर्माभिभवात्कृष्ण प्रदुष्यन्ति कुलस्त्रियः।
स्त्रीषु दुष्टासु वार्ष्णेय जायते वर्णसंकरः।। 41 ।।

अर्थ– हे कृष्ण अधर्म (पाप) के अधिक बढ़ जाने पर कुल की नारियां (स्त्रियां) दूषित हो जाती हैं और हे वार्ष्णेय! स्त्रियों के दूषित हो जाने पर वर्ण संकर उत्पन्न होते हैं।। 41 ।।

व्याख्या– प्रशन उत्पन्न होता है कि वर्णसंकर उत्पन्न होने पर क्या हानि होती है? "अरस्तू" जो यूनान के महान् दार्शनिक हुए हैं "द रिपब्लिक" नामक अपने ग्रन्थ में सर्वोत्तम नस्ल (श्रेणी कोटि) के शिशुओं को उत्पन्न करने के लिये सर्वोत्तम पुरुषों और महिलाओं में मुक्त सम्भोग करने को कहते हैं और विज्ञान भी इसमें कोई दोष नहीं मानता। परन्तु विवाहित सुखी जीवन तथा समाज शान्ति के लिये यह उपाय नहीं है। यह विचार पृथक् ढंग से बताते हैं जो युनान में भी प्रयोग रूप में कभी नहीं लाया जा सका। हिन्दु समाज

में पवित्रता का आधार नारी मानी गई है, अर्थात् पवित्रता का नारी के साथ विशेष सम्बन्ध है अत: नारी को "देवी" की संज्ञा दी गई है। श्रीकृष्ण को यहां "वार्ष्णेय" कुल की महानता की स्मृति कराने से अभिप्रेत है।। 41 ।।

संकरो नरकायैव कुलघ्नानां कुलस्य च।

पतन्ति पितरो ह्येषां लुप्तपिण्डोदकक्रिया:।। 42 ।।

अर्थ– वर्ण संकर कुल नाशक और कुल को नरक में भेजने के लिये ही होता है। क्योंकि इनके पितरों को श्राद्ध और तर्पण न मिलने से इन्हें अधोगति प्राप्त होती है।। 42 ।।

व्याख्या– क्योंकि वर्ण संकर स्वयं भी बिना मर्यादा से व्यभिचार के कारण जन्म लेता है अत: वह कुल मर्यादा का आदर नहीं करता और पितरों को श्रद्धा पूर्वक पिण्ड दान, तर्पण आदि श्राद्ध क्रिया भी नहीं करता। अत: उसके पितरों का स्तर स्वर्ग से गिर जाता है और बाद में नरक भोगी बन सकते हैं।। 42 ।।

दोषैरेतै: कुलघ्नानां वर्णसंकरकारकै:।

उत्साद्यन्ते जातिधर्मा: कुलधर्माश्चशाश्वता:।। 43 ।।

अर्थ– वर्ण संकर कारक दोषो से कुल धर्म नष्ट करने वालों के सनातन कुल एवं जाति धर्म नष्ट हो जाते हैं।। 43 ।।

व्याख्या– शास्त्रों में जाति और वर्ण पृथक्–पृथक् वर्णित हैं, हर कुल और वंश के अपने–अपने धर्म हैं। इन्हीं के आधार पर कुल–धर्म–गुण कर्म के आधार पर ये सब उभरते हैं, जिन पर कुल की मार्यादा आधारित होती है। वर्ण संकर उत्पन्न होने पर, स्त्रियों के व्यभिचारिणी बनने पर, ये धर्म–मर्यादाएं नष्ट हो जाती हैं, और फिर कुल धर्म भी नष्ट हो जाते है।। 43 ।।

उत्सन्नकुलधर्माणां मनुष्याणां जनार्दन।

नरकेऽनियतं वासो भवतीत्यनुशुश्रुम।। 44 ।।

अर्थ– हे जनार्दन! हम ऐसा सुनते आये हैं कि जिनके कुल धर्म नष्ट हो जाते हैं उनका बहुत समय तक नरक में वास करना निश्चित होता है।। 44 ।।

व्याख्या– जो मनुष्य विवेक का प्रयोग न करते हुए संसार में अधर्म करता है, पाप करता है और प्रायश्चित भी नहीं करता वह नरक में जाता हैं परन्तु यह

विचार में रखना जरूरी है कि कर्म पितरों के प्रति हो अथवा सांसारिक, श्रद्धा हमेशा आवश्यक है, श्रद्धा युक्त कर्म ही धर्म है।। 44 ।।

अहो बत महत्पापं कर्तुं व्यवसिता वयम्।

यद्राज्यसुखलोभेन हन्तुं स्वजनमुद्यता:।। 45 ।।

अर्थ– यह अति आश्चर्य है कि हम घोर पाप करनने के लिये तत्पर हैं राज्य और सुख के लिये लोभ से अपने स्वजनों को मारने के लिये तैयार हो गये हैं।। 45 ।।

व्याख्या– आश्चर्य अर्जुन को इसलिये है कि शिक्षा, संस्कृति, शास्त्र, गुरु ज्ञान ये कोई स्वजनों को मारने का उपदेश नहीं देते और स्वजन भी ऐसे जिनमें आचार्य, गुरुजन, मां–बाप, भाई–बन्धु सम्मिलित हैं। ये घोर पाप भी राज्य और सांसारिक सुख के लिये, जो ऐसे भी क्षणिकवादी है। परन्तु देखने की बात तो यह है कि दोष या पाप वास्तव में है क्या? इनका आधार तो मोह–लोभ, अहंकार, कामुक–वासना ही होता है। जिस युद्ध का आधार मोह, अहंकार, लोभ आदि नहीं है और जो धर्म की रक्षा के लिये अनिवार्य है वहां तो क्षत्रिय को अपना धर्म करना ही पड़ेगा। अन्यथा धर्म कैसे बचेगा? यह भी देखने की बात है कि मन चंचल होने के कारण धर्म का विशेष परीक्षक नहीं है। इसे तो आत्मवान् ही जानता है।। 45 ।।

यदि मामप्रतीकारमशास्त्रं शस्त्रपाणय:।

धार्तराष्ट्रारणे हन्युस्तन्मे क्षेमतरं भवेत्।। 46 ।।

अर्थ– अगर ये शस्त्रधारी धृतराष्ट्र के दल के योद्धा शस्त्र रहित और लड़ाई न करने पर, मुझे मार भी डाले तो वे मेरे लिये अधिक हितकारक होगा ।। 46 ।।

व्याख्या– हर मनुष्य प्रकृति के तीन गुणों का शिकार है, चाहे वह अर्जुन हो अथवा युधिष्ठिर, भीष्म। जब तक मनुष्य मन पर आधारित है तब तक अज्ञान, भय, और मोह से पूर्णत: उपर नहीं उठ सकता। अर्जुन को भी पारिवारिक मोह और पाप, भयग्रस्त किये हुए हैं। अभी तक उनको इसका पूर्ण ज्ञान नहीं कि श्रद्धा जनित कर्त्तव्य परायणता के सेतु सीधा मोक्ष द्वार पर ले जाता है।। 46 ।।

सञ्जय उवाच —

एवमुक्त्वार्जुन: सङ्ख्ये रथोपस्थ उपाविशत्।
विसृज्य सशरं चापं शोकसंविग्नमानस:॥ 47 ॥

अर्थ— संजय बोले— ऐसा कह कर शोक में डूबे हुए चित्त वाले अर्जुन धनुष और बाण का त्याग करके युद्ध भूमि में रथ के पीछे वाले भाग में बैठ गये॥ 46 ॥

ॐ तत्सदिति श्री मद्भगवद्गीतासूपनिषत्सु ब्रह्मविद्यायां
योगशास्त्रे श्रीकृष्णार्जुनसंवादेऽर्जुनविषाद
योगो नाम प्रथमोऽध्याय:॥ 1 ॥

84

सांख्य योग: आत्मज्ञान

सञ्जय उवाच—

तं तथा कृपयाविष्टमश्रुपूर्णाकुलेक्षणम्।

विषीदन्तमिदं वाक्यमुवाच मधुसूदन:॥ 1 ॥

अर्थ— संजय बोले—इस प्रकार करुणा से व्याप्त और आसुओं से पूर्ण तथा व्याकुल आंखो वाले उस अर्जुन के प्रति मधु सूदन श्रीकृष्ण ने ये वचन कहे॥ 1 ॥

व्याख्या— सांख्ययोग ही ब्रह्म विद्या अर्थात् ब्रह्म ज्ञान है। भौतिक ज्ञान जगत् को बताता है, और ब्रह्म ज्ञान जगत् और ब्रह्म दोनों को क्योंकि जगत् और ब्रह्म दो नदियाँ हैं जो पारमार्थिक रूप से दोनों एक है। जगत् ब्रह्म का ही चञ्चल या अस्थाई रूप है, जैसे सूर्य और प्रकाश अनेक नहीं, वैसे ही जगत् तथा ब्रह्म भी दो नहीं एक है। क्योंकि ब्रह्म के बिना कुछ है ही नहीं। परन्तु इस तथ्य की वास्तविकता भौतिक ज्ञान से नहीं केवल ब्रह्म ज्ञान से विदित होती है। मुण्डक उपनिषद में यह तथ्य विस्तार से स्पष्ट किया गया है।

ब्रह्म ज्ञान ही विद्या है। भौतिक ज्ञान तो अविद्या है क्योंकि इससे जगत् ज्ञान प्राप्य है। प्रभु प्राप्य नहीं। यहां तो सांख्य—योग ही पहुंचाता है। इसका ही दूसरा नाम ज्ञान योग है। इसका ज्ञाता ही ब्रह्म ज्ञानी कहलाता है। परन्तु यह सर्वोच्च उपलब्धि स्थिर मन से ही प्राप्य है। स्थिर मन का अभिप्राय है मन का स्पंदन रुक जाना तभी मनुष्य आत्मा अथवा भगवान् को जान पाता है। फिर

कुछ और जानने की आवश्यकता नहीं रहती क्योंकि वह संसार के नकलीपन तथा आडंबर को जान लेता है।

अर्जुन का चैतन्य अभी मन के स्तर पर है। वीरता—कायरता सुख—दुःख, पाप—पुण्य ये सब मन की दशा अथवा स्थिति है। आत्मा तो पूर्ण आनन्द और पूर्ण पवित्रता है वहां कोई भेद—भय या परिवर्तन नहीं है। मन अर्थात् संसार ही चलायमान अथवा कभी तामस, राजस और कभी सात्विक है। देखिए अभी—अभी अर्जुन धनुष उठा कर श्रीकृष्ण को मानो आदेश दे रहे थे। "मेरा रथ दोनों सेनाओं के मध्य ले चलो। मैं देखना चाहता हूँ कि कौन—कौन वीर मेरे साथ युद्ध करने की इच्छा रखते, कौन अपनी मौत को ललकार रहा है", जो अर्जुन युद्ध के लिये इतना उत्साहित था दूसरे ही पल बदल गया। यहां तक कि धनुष ही हाथ से छोड़ दिया। यह सब अज्ञान मन का कारण है। मन ऐसे ही खेल खेलता रहता है। अतः श्रीकृष्ण भगवान् अर्जुन को ज्ञान दे रहे हैं। श्रीकृष्ण अर्जुन को युद्ध को लिये तैयार नहीं कर रहे, परन्तु उन्हें ज्ञान दे रहे हैं जिससे धर्म और अधर्म का विवेक हो जाये और मोक्ष का रास्ता मिले जो अर्जुन चाहते थे। क्योंकि पाप का कारण तो मोह है युद्ध नहीं है। मृत्यु और जन्म तो मन मे है आत्मा में थोड़े ही है, संसार में रहते हुए संसार के धर्म निभाने पड़ेंगे, जिसमें युद्ध और शान्ति दोनों है। परन्तु निष्पक्षता अर्थात् निष्काम भावना का आधार आवश्यक है, क्योंकि यह संसार द्वन्द्व का घर है निर्द्वन्द्व भाव ही आत्मा है। वहां अचल शान्ति है, जन्म—मृत्यु कुछ नहीं, परमानन्द है यह उपलब्धि ही सांख्य—योग है। अर्जुन के विषाद ग्रस्त होने का कारण सांख्य—योग (ज्ञान—योग) का अज्ञान और मन की चंचलता है।। 1 ।।

श्री भगवानुवाच—

कुतस्त्वा कश्मलमिदं विषमे समुपस्थितम्।
अनार्यजुष्टमस्वर्ग्यमकीर्तिकरमर्जुन।। 2 ।।

अर्थ— श्री भगवान् बोले— हे अर्जुन! इस असमय में यह मोह तुम्हे क्यों हुआ है? क्योकि न तो यह श्रेष्ठ पुरुषों द्वारा प्रशंसित अथवा आचारित है, न ही स्वर्ग एवं यश देनेवाला है।। 2 ।।

व्याख्या– भगवान् श्रीकृष्ण अर्जुन को कायर नहीं कह रहे हैं, मोह–ग्रस्त कह रह हैं। कायरता नहीं मोह अर्जुन का संकट है। अर्जुन का लक्ष्य (ध्येय) मोक्ष है। भगवान् अतएव कह रहे हैं कि मोह ही स्वर्ग की रुकावट है, और अनार्य भी है। मोह ही इस जन्म और अगले जन्म दोनों के लिये अभिशाप है क्योंकि मोह समदृष्टि का नाशक होता है, क्योंकि मोह स्थिर मन की स्थिति नहीं है। यह विषय वासना का घर है यही मलीनता, हीनता और भय का कारण तथा स्वर्ग और यश का नाशक है।। 2 ।।

क्लैब्यं मा स्म गमः पार्थ नैतत्त्वत्युपपद्यते।
क्षुद्रं हृदयदौर्बल्यं त्यक्त्वोत्तिष्ठ परन्तप।। 3 ।।

अर्थ– हे पार्थ! नपुंसकता को प्राप्त न करो। यह तुम्हें शोभा नहीं देता, हृदय की दुर्बलता (मोह) को त्याग कर (युद्ध के लिये) खड़े हो जाओ।। 3 ।।

व्याख्या– इस श्लोक में क्षत्रिय के कर्त्तव्य परायणता का अर्थ निहीत है। धैर्य और दृढ़ता क्षत्रिय के लिये आवश्यक है और कर्त्तव्य परायणता ही उसका मार्ग है। क्षत्रिय को अपनी तथा समाज दोनों की रक्षा करनी होती है, अन्यथा नपुंसकता उसकी अपना शत्रु बन जाती है। हवा में पड़े हुए पत्ते की भान्ति इधर–उधर डगमगाने से बात नहीं बनती है–वास्तव में श्रीकृष्ण जानते थे कि अर्जुन नपुंसक नहीं है जो युद्ध से पलायन करेगा। अत: वह अर्जुन को उसकी वास्तविकता स्मरण दिला रहे है और उसका कर्तव्य भी क्योंकि अर्जुन क्षणिक मोह वश में पड़ कर लाचारी का जैसा अनुभव कर रहा है। श्रीकृष्ण जानते थे कि यह मन की चंचलता स्थाई नहीं होती और अन्ततः व्यक्ति की वास्तविकता हमेशा उभर आती है। परन्तु मन की दृढ़ता के लिये निष्काम कर्म द्वारा सिद्ध पुरुष बनना आवश्यक है इसीलिये योग कौशल में श्रीकृष्ण अर्जुन को परिपूर्णता प्रदान कर रहे हैं, जो क्षत्रिय कर्म योग से ही प्राप्त कर सकता है। जैसे कि भगवान् ने कहा है कि इस संसार में ज्ञान योगियों के लिये सांख्ययोग तथा कर्म योगियों के लिये कर्म योग ही उचित मार्ग है।

अर्जुन उवाच—

कथं भीष्ममहं सङ्ख्ये द्रोणं च मधुसूदन।
इषुभिः प्रतियोत्स्यामि पूजार्हावरिसूदन॥ 4 ॥

अर्थ— अर्जुन बोले— हे मधु सूदन! मैं युद्ध भूमि में भीष्म पितामह और गुरु द्रोणाचार्य के साथ वाणों से युद्ध कैसे करूंगा क्योंकि ये दोनों, हे अरिसूदन! मेरे लिये परम पूजनीय हैं॥ 4 ॥

व्याख्या— अर्जुन, द्रोण और भीष्म ये तीन महाभारत के ऐसे महानायक हैं, जिनकी महानता अनेक कारणों से अद्वितीय हैं इन तीनों का पारस्परिक प्रेम और श्रद्धा अत्यन्त अगाध थे। जिनका कारण मोह नहीं अपितु कर्त्तव्य परायणता और गुण कौशल थे। अर्जुन द्रोण और भीष्म दोनों की आखों का केन्द्र बिन्दु थे। इसी प्रकार अर्जुन की श्रद्धा एवं प्रेम इन दोनों के लिये असीम थे। द्रोणाचार्य ने तो ब्रह्मास्त्र की विद्या अपने पुत्र अश्वत्थामा की अपेक्षा अर्जुन को और अधिक परिपूर्ण ढंग से सिखाई थी साथ में प्रसन्न होकर वरदान भी दिया कि तुम (अर्जुन) युद्ध विद्या में विश्वभर में अद्वितीय योद्धा होगें। द्रोण का अर्जुन के प्रति त्याग रूपी प्रेम का प्रदर्शन तो एकलव्य के बलिदान रूपी गुरुदक्षिणा के उदाहरण में सर्व विदित है।

अर्जुन अपने पितामह भीष्म की तो मानो जान थी। उसकी याद ही दादा को प्रसन्नता की आनन्द लहरी में निमग्न कर देती। अतः अर्जुन श्रीकृष्ण को कह रहे हैं कि वह (अर्जुन) युद्ध में इन दोनों पर कैसे शस्त्रों—अस्त्रों से प्रहार कर सकता है। यह अर्जुन के लिये धर्म संकट ही नहीं अपितु प्राण संकट बन गया है। अर्जुन मानो श्रीकृष्ण से कह रहे कि मैं (अर्जुन) कायर नहीं हूँ। कायर तो मरने से डरते है मैं तो मारने से घबरा रहा हूँ। साधारण मन सच्ची श्रद्धा और प्रेम के पात्रों को वाणों को निशाना नहीं बना सकता है। यह कर्त्तव्य आत्मवान् ही कर सकता है। क्योंकि वह तत्व ज्ञाता होता है। जो मनुष्य के रूप को नहीं स्वरूप को जानता है अतः उसका अपने तथा पराये में अन्तर नहीं रहता वह समदृष्ट होता है॥ 4 ॥

गुरूनहत्वा हि महानुभावा–ञ्छ्रेयो भोक्तुं भैक्ष्यमपीह लोके।
हत्वार्थकामांस्तु गुरूनिहैव, भुञ्जीय भोगान् रुधिरप्रदिग्धान्।। 5 ।।

अर्थ– (हे कृष्ण) इन महानुभाव गुरुजनों को न मारकर मैं इसलोक में भिक्षा के अन्न पर निर्वाह करना उचित समझता हूँ क्योंकि इन्हें मारकर इस लोक में इनके खून से सन्ने हुए अर्थ और कामों का ही तो भोग करूँगा।। 5 ।।

व्याख्या– यहाँ ध्यान में रखने की बात यह है कि कर्म योगी और योद्धा, दोनों में अन्तर होता है। अर्जुन जो कह रहे ये योद्धा के शब्द है कर्म योगी के नहीं है। योद्धा कर्मी और संसारी होता है। परन्तु कर्म योगी संसारी एवं कर्मी होता हुआ भी वास्तव में ब्रह्म निष्ठ होता हैं कर्म एक बाह्य प्रकृति है और ज्ञान आन्तरिक सत्य। अर्जुन शास्त्र और युद्ध विद्या में निगुण है, ब्रह्म विद्या में नहीं और कृष्ण उनको यही सिखाना चाह रहे हैं।

अर्जुन कह रहे हैं कि गुरुजनों को मारना पाप है इससे तो भिक्षा का अन्न खाना अच्छा है। परन्तु वह यह भी जानते हैं कि भिक्षा भी क्षत्रिय के लिये निषिद्ध है। शान्ति न इधर है न उधर। उनकी दुविधा की खाई गहराती जा रही है, क्योंकि यह त्रिगुणात्मक तथा द्वन्द्व रूपी संसार दुविधा का ही आवास है।। 5 ।।

न चैतद्विद्मः कतरन्नो गरीयो– यद्वा जयेम यदि वा नो जयेयुः।
यानेव हत्वा न जिजीविषाम–स्तेऽवास्थिताः प्रमुखे धार्तराष्ट्राः।। 6 ।।
कार्पण्यदोषोपहतस्वभावः पृच्छामि त्वां धर्मसम्मूढचेताः।
यच्छ्रेयः स्यान्निश्चितं ब्रूहि तन्मे शिष्यस्तेऽहं शाधि मां त्वां प्रपन्नम्।। 7 ।।

अर्थ– मैं यह भी नहीं जानता कि हमारा उनको जीतना अथवा उन द्वारा हमें जीतना, इन दोनों में से कौन सा हमारे लिये श्रेष्ठ हैं जिनको मारकर हम जीना भी नहीं चाहते वे धृतराष्ट्र के पुत्र तथा सम्बन्धी हमारे समक्ष खड़े हैं कायरता के दोष से अपहत स्वभाव वाला और धर्म के विषय मे भ्रमित (मोहित) चित्तवाला, मैं आपसे पूछता हूँ कि जो निश्चित रूप से श्रेय है, वह मुझे निश्चय करके बोलो। मैं आपकी शरण में हूँ। मैं आपका शिष्य हूँ मुझे शिक्षा देकर कृतार्थ करें।। 6–7 ।।

व्याख्या– दुविधा ने अर्जुन को कायर बना दिया है। न जीत में कल्याण दिख

रहा है, न मैदान छोड़ने में, न राजा बनने में, न ही भिक्षु बनने में, जीत हार और यश तथा अपयश तो अस्थिर मन में ही होता है। अत: संकट ग्रस्तविषादयुक्त अर्जुन अब शिष्य बन कर श्रीकृष्ण भगवान् से निश्चित उपाय की भीख मांग रहे हैं। द्रोणाचार्य अर्जुन के युद्ध–विद्या के गुरु थे, परन्तु आध्यात्मिक संकट की गहन–गुत्थी तो आध्यात्मिक गुरु ही सुलझा पाते हैं। शरणागत का संकट सुलझाना गुरु का कर्तव्य है।

यहां अर्जुन ने विशेष दो चीजें पूछी है, धर्म के बारे में ज्ञान और अपने लिये कल्याण। वास्तव में ये दोनों बातें एक ही हैं। क्योंकि जब मनुष्य धर्म जान लेता है तो अपना कल्याण उसको स्वयं ही उस में दिख जाता है। क्योंकि धर्म अपने और दूसरे के कल्याण में अन्तर नहीं देखता। अगामी दो श्लोकों में हम देखेंगे कि अर्जुन अति व्यथित होकर युद्ध करने से विरक्त हो जाते हैं जो अज्ञान वश ही है गीता में सांख्ययोग का उदय ग्यारहवें श्लोक से होता है। सांख्य योग का दिव्य–ज्ञान, भगवान् कृष्ण के श्री मुख से अमृत रूप में यहीं से आरम्भ हो जाता है। क्योंकि सातवें श्लोक में अर्जुन सच्चे शिष्य के रूप में भगवान् श्रीकृष्ण से दिव्य ज्ञान की याचना कर रहे हैं। यही दिव्य ज्ञान पूर्ण ज्ञान गंगा बन कर सहस्रार में अमृत सागर बनता है। धर्म विमूढ़ होने के कारण अर्जुन इसी ब्रह्मज्ञान की प्राप्ति का प्रार्थी और इच्छुक है।। 7 ।।

न हि प्रपश्यामि ममापनुद्या द्यच्छोकमुच्छोषणमिन्द्रियाणाम्।
अवाप्य भूमावसपत्नमृद्धं– राज्यं सुराणामपि चाधिपत्यम्।। 8 ।।

अर्थ– पृथ्वी का निष्कण्टक, धन–धान्य से समृद्ध राज्य को और देवताओं के स्वामीत्व को प्राप्त होकर भी, मैं ऐसे उपाय को नहीं देख रहा जो मेरी इन्द्रियों को सुखाने वाले शोक को दूर कर सके।। 8 ।।

व्याख्या– पृथ्वी और स्वर्ग के राज्य में अन्तर यह है कि पृथ्वी का निष्कण्टक राज्य है जिसमें प्रजा को पूर्ण सुख–शान्ति–सुरक्षा और उन्नति हो, परन्तु देवताओं का राज्य वह है, जहां दिव्य शक्तियों और दिव्य भोगों पर राज्य हो। अर्जुन का शोक अथवा विषाद ऐसा अथाह तक पहुंचा गया है कि इन राज्यों की प्राप्ति में भी उसको अतिशोक निवारण का साधन तक दृष्टिगोचर

नहीं हो रहा है। अर्जुन के मन की इस समय स्थिति ऐसी है कि आत्मीयजनों के मारने तक का विचार ही उससे इतना व्यथित कर रहा है तो अब उससे उन्हें युद्ध में मारने की क्या आशा रखी जा सकती है, परन्तु ध्यान में रखने की बात यह है कि संसार में बहुत लोगों के साथ ऐसा होता ही रहता है क्योंकि जब भी संकट आता है तो चंचल मन निश्चल नही रह पाता। श्रीकृष्ण भगवान्, जो आत्मावान् है वह यह भली–भांति जानते हैं कि मन का संयम कठिन है क्योंकि चार तर्क इधर से सुने चार उधर से तो इधर उधर ढल जाता है कि क्योंकि यह संसार जो अणुओं से निर्मित है वह वास्तव में चलायमान है। प्रकृति की वास्तविकता है ही परिवर्तनशीलता प्रति–पल प्रकृति में परिवर्तन है और मन तो है ही प्रकृति। यहां अर्जुन तो ऐसे समाधान की खोज में है जो इनको इन्द्रियों को सुखाने वाले शोक से मुक्त कर सके।। 8 ।।

संजय उवाच–

एवमुक्त्वा हृषीकेशं गुडाकेशः परन्तप।
न योत्स्य इति गोविन्दमुक्त्वा तूष्णीं वभूव ह।। 9 ।।

अर्थ– संजय बोले– हे राजन्! शत्रुओं को संतापित करने वाले तथा नींद पर विजय पाने वाले (अर्जुन) ने अन्तर्यामी श्रीकृष्ण को यह कह कर "मैं नहीं लड़ूंगा" मौन धारण कर लिया।। 9 ।।

व्याख्या– इस में सन्देह नहीं हो सकता कि अर्जुन ने भगवान् श्रीकृष्ण की बात ध्यान से न सुनी हो। परन्तु वह तो असहाय तथा विवशता अनुभव कर रहे हैं। युद्ध के लिये बल तथा शक्ति अनिवार्य है। परन्तु अर्जुन तो कह रह हैं "भगवन्! मेरी इन्द्रियां शिथिल हो रही हैं अतः मैं युद्ध कैसे करूंगा।" क्योंकि इन्द्रियों का राजा (नियन्ता) तो मन है जब मनोबल विषादग्रस्त है तो इन्द्रियाँ कैसे सबल हो सकती है इस दशा में अर्जुन ने भ्रमित और मोहित चित के कारण अपने आपको सातवें श्लोक में (श्रीकृष्ण) को सौंप दिया है और उनकी शिक्षा के अतिरिक्त और कुछ नहीं करने का निश्चय कर लिया है।। 9 ।।

तमुवाच हृषीकेशः प्रहसन्निव भारत।
सेनयोरुमयोर्मध्ये विषीदन्तमिदं वचः।। 10 ।।

अर्थ– हे भरत वंशी! धृतराष्ट्र (महाराज)! दोनों सेनाओं के मध्य में विषादग्रस्त अर्जुन के प्रति मुस्कारते हुए अन्तर्यामी श्रीकृष्ण ने ऐसे वचन बोले।। 10 ।।

व्याख्या– यहां "मुस्कराते–मुस्कराते" शब्द और सम्बोधन "हृषीकेश" सोचकर प्रयोग किये गये है। भगवान् अत एव हंस रहे हैं कि अर्जुन ने शिष्य बनकर उनसे ज्ञान प्राप्ति की विनती की है। अब वह सहर्ष उसे ज्ञानी (विवेकी) बना सकते हैं। अर्थात् आत्मा और शरीर के अन्तर को बता सकते हैं। हृषीकेश का अर्थ अन्तर्यामी है। जो प्राणियों के अन्दर के भाव को जानता हो। भगवान् अब अर्जुन के मन को आत्मा में परिवर्तित कर सकते हैं। मन का आत्मा बनना ही तीनों लेाकों में सर्वोच्च उपलब्धि है। ऐसी उपलब्धि सद्गुरु के आशीर्वाद तथा दृढ़ और सच्चे शिष्य के प्रण पर ही निर्भर होती है।। 10 ।।

श्री भगवानुवाच–

अशोच्यानन्वशोचस्त्वं प्रज्ञावादांश्च भाषसे।

गतासूनगतासूंश्च नानुशोचन्ति पण्डिता:।। 11 ।।

अर्थ– श्री भगवान् बोले– तुम (अर्जुन) शोक न करने के योग्य का शोक करते हो, और बुद्धिमानों के समान बातें करते हो, विद्वान् लोग प्राण निकले हुए प्राणियों मृत तथा जिनके प्राण नहीं निकले (जीवित) उन (दोनों प्रकार के) प्राणियों के लिए शोक नहीं करते।। 11 ।।

व्याख्या– शोक एक व्यर्थ का अनुभव है जिसका पण्डितों, विवेकी, ज्ञानियों से कोई सम्बन्ध नहीं। शोक तो मूर्खों का आभूषण है और संसार भी अधिकतर मूर्खों का घर है, परन्तु संसार और भगवान् जुड़े हुए हैं विवेकी ही संसार में भगवान् को पहचानता है और शोक नहीं करता, न मरे के लिये, न जीवितों के लिये वह स्थिति सुधारने के लिये प्रयास करता है शोक नहीं और तुम व्यर्थ दोनों (जीवित और मृत) के विषय में शोक करते हो जो मात्र मूर्खता है।

मरे हुए के लिये तुम पिण्डों की बात कर के दु:खी हो रहे हो और जीवितों के लिये वर्ण संकर और स्त्रियों के व्यभिचार तथा कुल धर्म के नाश के कारण दु:खी हो रहे हो जो नश्वर शरीर की बातें है जिसने नष्ट होना ही है संसार शरीर और शरीरी इन दोनों में से संसार तथा शरीर नश्वर है जबकि शरीरी

अमर, अत: पण्डित दोनों के लिये शोक नहीं करते क्योंकि नश्वर ने तो नष्ट ही होना है। शरीरी (आत्मा) भगवान् का अंश होने कारण अमर और शोक रहित है। अत: विवेकी बनो। वास्तव में सांख्ययोग (ज्ञान योग) का उदय गीता में इसी श्लोक से आरम्भ होता है इस अध्याय के तीसवें श्लोक तक इसी आत्मा के विषय में दिव्य प्रकरण चल रहा हे। इसके अन्तर्गत भगवान् विषाद की भी व्यर्थता बता रहे हैं।। 11 ।।

न त्वेवाहं जातु नासं न त्वं नेमे जनाधिपा:।
न चैव न भविष्याम: सर्वे वयमत: परम्।। 12 ।।

अर्थ– यह बात नहीं है कि इससे पहले मैं, तुम और ये राजा लोग न हुए हो और न ही ऐसा है कि इसके पश्चात् हम सब नहीं रहेंगे।। 12 ।।

व्याख्या– जन्म से पूर्व भी हम सब (मैं, तुम, ये समस्त राजागण) थे और मृत्यु के पश्चात् भी हम सब रहेंगे। मरता (बदलता) तो शरीर है शरीरी (जीव–आत्मा) नहीं। शरीर का धर्म ही बदलना है। यह अणुओं का बना हुआ है, अणु तो निरन्तर बदलते रहते है। हर पल शरीर बदलता रहता है। हमारी मोटी दृष्टि के कारण हमें मोटे परिवर्तन ही नजर आते हैं जैसे बचपन, युवावस्था–बुढ़ापा–मृत्यु आदि। भूत और भविष्य तो मन की दशा है। तभी तो भगवान् यहां वर्तमान की बात नहीं कर रहे हैं। कह रहे हैं कि जिसको संसार भूत और भविष्य की संज्ञा देता है वह भी शरीरी के लिये वर्तमान है। शरीरी के लिये कोई भूत और भविष्य नहीं है वह तो लगातार वर्तमान की स्थिति है शाश्वत हैं जब हमारी दृष्टि गहरा कर स्थिर हो जायेगी तभी हम सूक्ष्म तत्व निहार पायेंगे। हमारे इस रास्ते में चंचल मन सदा अड़ा रहता है।

यह मन ही है जो बदलता रहता है। यह शरीर ही है जो मरता है और मर कर फिर जन्मता है। (क्योंकि सूक्ष्म शरीर नहीं मरता) प्राणी स्थूल शरीर रूप में नजर आता है। सूक्ष्म रूप में नजर नहीं आता। परन्तु मरने से पहले और पश्चात् यही जीव सूक्ष्म शरीर में रहता है और मध्य में इस स्थूल शरीर में जो हमको दिखता है।

सारांश यह है कि जीवन (जीवात्मा–जीव) कभी नहीं मरता यह मोक्ष

प्राप्त करने तक जीवित ही रहता है इसके दो रूप हैं एक सूक्ष्म जो नहीं मरता दूसरा स्थूल जो मरता है और फिर दोबारा जन्मता है। इसी को संसार कहते हैं ।। 12 ।।

देहिनोऽस्मिन्यथा देहे कौमारं यौवनं जरा।
तथा देहान्तरप्राप्तिर्धीरस्तत्र न मुह्यति।। 13 ।।

अर्थ– शरीरी (देही) इस शरीर में जिस प्रकार बचपन, युवा, वृद्धावस्था प्राप्त करता है, वैसे ही अन्य शरीर की प्राप्ति होती है, उस विषय में धीर पुरुष मोहित नहीं होता।। 13 ।।

व्याख्या– जैसे शरीर का परिवर्तन बचपन, युवावस्था तथा वृद्धावस्था में शरीर के परिवर्तित होने पर "मैं" तत्व का बोध नहीं बदलता, उसी प्रकार इस देह के अन्त या त्याग पर भी विवेकी को मैं तत्व का बोध रहता है क्योंकि शरीरी अर्थात् देही नहीं बदलता। शरीर तीन प्रकार के हैं 1. स्थूल, 2. सूक्ष्म, 3. कारण। स्थूल शरीर की जागृत, सूक्ष्म की स्वप्न और कारण की सुषुप्ति अवस्था से तुलना की जाती है।

स्थूल शरीर के त्याग पर सूक्ष्म और कारण शरीर नष्ट नहीं होते। अत: देही को अपनी अखण्डता का बोध रहता है। वास्तव में विवेकी पुरुष सिद्धि प्राप्त करके प्रज्ञावान् अथवा आत्मवान् बन जाता है। परन्तु यह अवस्था साधना के वगैर नहीं आती। प्रज्ञावान अवस्था में विवेकी हमेशा वर्तमान में रहता है। उसके लिये देश–काल, भूत–भविष्य, कुछ नहीं होता। वह ब्राह्मी स्थिति में होता हैं जिसका वर्णन आगे 2/71 में किया गया है।। 13 ।।

मात्रास्पर्शास्तु कौन्तेय शीतोष्णसुखदुःखदाः।
आगमापायिनोऽनित्यास्तांस्तितिक्षस्व भारत।। 14 ।।

अर्थ– हे कुन्ती नन्दन! इन्द्रियों के जो विषय है (संसार के जड़ पदार्थ) वे शीत, उष्ण, सुख, दु:ख देनेवाले आने जाने वाले तथा अनित्य हैं। हे भारत! तुम इन्हें सहन करो।। 14 ।।

व्याख्या– शीत और उष्ण का अभिप्राय अनुकूल तथा प्रतिकूल से है। मात्र स्पर्श का अर्थ है संसार के समस्त पदार्थ और अनुभव जो इन्द्रियों द्वारा भोगे

जाते हैं। जो लोग विषय भोगों से प्रभावित होते हैं उनका अन्तकरण शुद्ध हो ही नहीं सकता और समत्व को भी प्राप्त नहीं होता। अत: तितिक्षा अत्यावश्यक है, इस आन्तरिक सहन शक्ति से ही समता का उदय होता है और तपस्या की सफलता तप रूपी लंबे अभ्यास से प्राप्य है।। 14 ।।

यं हि न व्यथयन्त्येते पुरुषं पुरुषर्षभ।
समदु:खसुखं धीरं सोऽमृतत्वाय कल्पते।। 15 ।।

अर्थ– सुख–दुख में सम रहने वाले जिस धीर पुरुष को इन्द्रिय तथा विषयों के संयोग दु:खी नहीं करते–वही मोक्ष के योग्य है।। 15 ।।

व्याख्या– शीत–उष्ण, सुख–दु:ख आदि में संयम से सहना अर्थात् अन्त: करण पर पूर्ण नियन्त्रण ही साधना है। जिसका महाफल समता की प्राप्ति है। समभाव तथा समदृष्टि ही मनुष्य को अमरता का पात्र बनाती है। विषय और वासना से सुखी दु:खी रहने वाला अर्थात् अनुकूल और प्रतिकूल सम्बन्धों से समभाव नहीं बनता सम–भाव के बिना प्रभु प्राप्ति नहीं। मन से चंचलता को नष्ट करना ही मार्ग है। उसी से मुक्ति प्राप्त होती है। अत: इस जीवन में लगातार तितिक्षा द्वारा समता का सामर्थ्य बनाना पड़ता है।। 15 ।।

नासतो विद्यते भावो नाभावो विद्यते सत:।
उभयोरपि दृष्टोऽन्तस्त्वनयोस्तत्वदर्शिभि:।। 16 ।।

अर्थ– असत् वस्तु की तो सत्ता नहीं है और सत् का अभाव नहीं है। इस प्रकार इन दोनों को तत्व ज्ञानी पुरुषों द्वारा देखा गया है।। 16 ।।

व्याख्या– ऐसा नहीं है कि असत् का अभाव और सत् की सत्ता मौखिक विषय है। महापुरुषों ने यह अनुभव करके अच्छी प्रकार से इसकी परीक्षा की है। सत् का अर्थ है "आत्मा" और असत् का देह (संसार) यह शरीर सृष्टि स्थूल अवस्था के मध्य में ही रहने वाला है इससे पूर्व पश्चात् नहीं परन्तु शरीरी (दैहिक) पहले भी था और बाद में भी रहेगा। परिवर्तन केवल असत् (देह) में ही रहता है। परन्तु सत् बुद्धि, मन, इन्द्रियों आदि प्रकरणों से नहीं जाना जाता। क्योंकि ये प्रकरण स्वयं भी असत् है। यह ठीक है कि सच्चे प्रयासों से कुछ भनक अवश्य लग जाती है। अधिक जानकारी के लिये महापुरुष बनना पड़ता

है। महापुरुष वही है जो मन–बुद्धि से उपर उठकर आत्म–बुद्धि में स्थिर रहता है। फिर वह देश–काल के प्रभाव से उपर होता है। शरीर का दु:ख दर्द उसे प्रभावित नहीं कर सकता। क्योंकि दु:ख दर्द तो मन में होता है आत्मा में नहीं। सारांश कि आत्मा की वास्तविकता और शरीर (संसार) की अनित्यता एक अनुभव आधारित सत्य है।। 16 ।।

अविनाशी तु तद्विद्धि येन सर्वमिदं ततम्।
विनाशमव्ययस्यास्य न कश्चित्कतुमर्हति।। 17 ।।

अर्थ– नाश रहित तो उसको जान जिससे यह सारा जगत् व्याप्त है इस अविनाशी के नाश करने में कोई भी समर्थ नहीं है।। 17 ।।

व्याख्या– भगवान् श्रीकृष्ण अर्जुन को "अविनाशी सत्" को समझाने का प्रयास कर रहे हैं। यह अविनाशी तत्व (आत्मा) ही सारे विश्व में व्याप्त है। अर्थात् सारा विश्व इसी के कारण है क्योंकि यह आत्मा अविनाशी आत्म तत्त्व ही सारे जगत् में व्याप्त है और सारा चल–अचल रूप इसी आत्मा के कारण है अर्थात् यह आत्म तत्व ही सब प्रकाशित कर रहा है। आत्मा की अनुपस्थिति में न जीव है न पदार्थ क्योंकि जीव को पदार्थ (संसार) आत्मा के कारण ही नजर आता है और यह आत्मा सनातन तथा अजर, अमर है इसको कोई भी नष्ट नहीं कर सकता।। 17 ।।

अन्तवन्त इमे देहा नित्यस्योक्ताः शरीरिणः।
अनाशिनोऽप्रमेयस्य तस्माद्युध्यस्व भारत।। 18 ।।

अर्थ– नित्य, अविनाशी, और अप्रमेय इस देही (शरीरी) आत्मा के ये समस्त शरीर अन्तवाले (मरणशील) है परन्तु यह आत्मा स्वयं अजर अमर है (अमर है) अत: हे भरतवंशी अर्जुन! तुम युद्ध करो।। 18 ।।

व्याख्या– तात्पर्य यह है कि आत्मा और शरीर पृथक्–पृथक् है। परन्तु यह भी सत्य है कि सारे शरीर आत्मा के ही कारण अस्तित्व में है। क्योंकि आत्मा के विना कुछ हो ही नहीं सकता। आत्मा नित्य है। परन्तु मनुष्य अपने आपको अज्ञान वश शरीर समझता है। मनुष्य का मन जहां लगता है उसे ही वह अपनाता है। जैसे धन कमाने पर अपने को धनी कहलाता है। विद्या पाने

पर विद्वान् अर्थात् जब मनुष्य अपने को शरीर में रखता है, तो अपनी नित्यता भूल जाता है और शरीर के पोषण से ही अपना संबंध जोड़ता है और इसी के बचाव का ख्याल करता है। जब वह अपनी नित्यता और शरीर की अनित्यता को पहचान लेगा तभी शरीर से लगाव हटेगा और सत् कर्म (कर्त्तव्य) करेगा। अतएव भगवान् श्रीकृष्ण अर्जुन को कह रहे हैं कि अपना कर्म जो युद्ध हैं वह करो। क्योंकि अपना कर्म (कर्त्तव्य–धर्म) पालन करने से सत् की पहचान आसानी से हो जाती है। यही तथ्य 3/19 में भी बताया हुआ है। गीता 18/45 में कर्तव्य परायणता का उल्लेख विस्तार में है।। 18 ।।

य एनं वेत्ति हन्तारं यश्चैनं मन्यते हतम्।
उभौ तौ न विजानीतो नायं हन्ति न हन्यते।। 19 ।।

अर्थ– जो इस आत्मा को मारने वाला अथवा मरा हुआ समझता है वे दोनों नहीं जानते, क्योंकि यह आत्मा वास्तव में न तो किसी को मारता है और न किसी के द्वारा मारा जाता है।। 19 ।।

व्याख्या– प्रकृति काम करती हैं ईश्वर निष्क्रिय है अर्थात् शरीर काम करता है, आत्मा नहीं। शरीर ही तो मन, बुद्धि इन्द्रियों सहित प्रकृति हैं यह प्रकृति ईश्वर के सानिध्य के कारण ही काम कर सकती है। (गीता 9–10) अन्यथा नहीं यानी मन–बुद्धि इन्द्रियों वाला, शरीर ही दूसरे शरीर को मारता है। देही (आत्मा) तो निष्क्रिय है। वह न मरता न मारता है, आत्मा बुद्धि या मन नहीं है परन्तु बुद्धि मन इन्द्रियाँ आत्मा के कारण है और उसी की उपस्थिति के कारण सब कार्य करते हें आत्मा जानता सब कुछ है परन्तु करता कुछ नहीं। क्योंकि वह निष्पक्ष साक्षी है जो कुछ करता नहीं और कभी मरता भी नहीं वह युद्ध में कैसे किसी को मारेगा और कैसे मरेगा। परन्तु यह प्रकृत ज्ञान केवल अध्ययन से नहीं आता नहीं सुनने से यह साधना का विषय है। अर्जुन को इस सत् और असत् (देह और देही) की पृथक्ता की सच्चाई समाझाने के लिये ही तो भगवान् बार–बार इस प्रसंग को दोहरा रहे हैं। इस सत्य को जानने के बाद ही तो साधक भय से उपर उठ सकता है। सत् (आत्मा) को जाने बिना भय और अज्ञान से उपर नहीं उठा जाता है।। 19 ।।

न जायते म्रियते वा कदाचि– न्नायं भूत्वा भविता वा न भूयः।
अजो नित्यः शाश्वतोऽयं पुराणो न हन्यते हन्यमाने शरीरे।। 20 ।।

अर्थ– यह शरीरी (देही/आत्मा) न किसी समय उत्पन्न होता न मरता है। न यह उत्पन्न होकर फिर होने वाला ही है क्योंकि यह अजन्म, नित्य, सनातन और पुरातन है, शरीर के मारे जाने पर भी यह नहीं मारा जाता।। 20 ।।

व्याख्या– यह आत्मा (शरीरी) जन्म नहीं लेता अर्थात् पैदा नहीं होता, बदलता नहीं, घटता–बढ़ता नहीं और नहीं मरता है अर्थात् आत्मा विकार रहित अजर–अमर है। इस सत्य को भगवान् ने अपने साफ शब्दों में (15–7) तथा 15/15 में कहा है कि "आत्मा मेरा ही न अलग होने वाला अंश है।"

यह (आत्मा) शाश्वत और पुराण परिणाम विहीन है। अर्थात् नित्य और निरन्तर है इसका कोई रंग, रूप, रस, आदि नहीं है इसी कारण इसमें कोई अन्तर नहीं आता क्योंकि यह इन सब से उपर और अलग है यह संसार की किसी भी सामग्री या भाव से सम्बन्धित नहीं है। जब यह नित्य है न मरता है न मारता है तो शोक का क्या अभिप्राय रह जाता है। शरीर का धर्म ही परिवर्तन है अर्थात् मरण है और इसीलिये लगातार हर श्वास के साथ यह शरीर तो मृत्यु की ओर बढ़ ही रहा है।। 20 ।।

वेदाविनाशिनं नित्यं य एनमजमव्ययम्।
कथं स पुरुषः पार्थ कं घातयति हन्ति कम्।। 21 ।।

अर्थ– हे पार्थ! जो मनुष्य इस आत्मा को अविनाशी, नित्य जन्म रहित और अव्यय जानता है। वह कैसे किस को मारेगा और कैसे किसको मरवायेगा।। 21 ।।

व्याख्या– भगवान् के वचन में "जो" शब्द का विशेष रूप से प्रयोग है। जिसका अर्थ है कि मनुष्य को पहले इस आत्मा तत्व को अविनाशी, अजर और अमर रूप में मानना और जानना आवश्यक है। अतः भगवान् बार–बार इस विषय पर जोर दे रहे हैं। अविनाशी या अजर–अमर शब्द बोलने अथवा सुनने आसान है परन्तु इस तत्व में अपने आपको पूरी तरह निष्ठावान् होकर इसको अपनाना साधना का विषय है क्योंकि आत्मा का मर्म समझने का नहीं, अनुभव का विषय है। अतः साधना ही एक मात्र मार्ग है।

प्रश्न उठता है कि अर्जुन ने तो कोई साधना नहीं की उन्हें तो भगवान् स्वयं ही यह दिव्य—ज्ञान क्यों दे रहे हैं समझने की बात यह है कि भगवान् को जानना और उनको पाना अति कठिन साधना का फल है यह अर्जुन के उच्च संस्कारों का ही फल हैं ऐसे संस्कारों के पीछे गहन तथा उच्च साधना का होना अनिवार्य है। इसी तथ्य का नाम प्रारब्ध है अर्थात् जिसमें फल तो दिखता है परन्तु कारण नहीं अर्थात् अर्जुन को बिना पिछले उच्च कर्मों के यह उच्च पल प्राप्त नहीं हो सकता था। क्योंकि इस संसार में हर कार्य के पीछे कारण होता है।। 21 ।।

वासांसि जीर्णानि यथा विहाय नवानि गृह्णाति नरोऽपराणि।

तथा शरीराणि विहाय जीर्णा— न्यन्यानि संयाति नवानि देही।। 22 ।।

अर्थ— जैसे मनुष्य पुराने वस्त्रों को त्यागकर दूसरे नये वस्त्रों को ग्रहण करता है वैसे ही जीवत्मा पुराने शरीर को त्यागकर नये शरीर को प्राप्त होता है।। 22 ।।

व्याख्या— जैसे पुराने कपड़े का उपयोग समाप्त हो जाने पर मनुष्य नया कपड़ा चाहता है वैसे ही पुराना शरीर भी अनुपयुक्त होने पर नये की आवश्यकता रहती है, परन्तु शंका हो सकती है कि आत्मा जो भगवान् के अनुसार सदा, सर्वत्र तथा शाश्वत और अच्छेद्य है तो फिर एक शरीर को छोड़ कर दूसरे शरीर तथा स्थान पर कैसे जायेगा, जबकी इस अविभक्त का न कोई स्थान, न कोई प्राणी, न कोई स्थिति और न कोई अवस्था है? इसका समाधान इस प्रकार है कि आत्मा का पुराने शरीर को छोड़ कर नये शरीर में प्रवेश केवल साधारण मनुष्य को समझाने के सन्दर्भ में किया गया है। वास्तव में पुराने शरीर में भी आत्मा होता है, और नये में भी वही अविभाज्य आत्मा विराजता है क्योंकि वह सदा और सर्वत्र है। यह केवल लोकाचार की बात और इस मर्म को सरलता से सब नहीं समझ पाते। लोग आत्मा को मानते तो है जानते नहीं, यह सूक्ष्म एवं गम्भीर विषय है। यह इसी प्रकार है जैसे मनुष्य बचपन से युवा होने पर कहता है कि मैं युवा हो गया। परन्तु युवा तो उसका शरीर ही होता है वह नहीं। उसी प्रकार पुराना शरीर मरता है मनुष्य (देही—जीव—आत्मा) नहीं मृत्यु होने पर पुराना स्थूल शरीर मरता है, सूक्ष्म नहीं, आत्मा सूक्ष्म में भी

रहता है। क्योंकि वह सर्वत्र है। यह हमारा सूक्ष्म शरीर अर्थात् अन्तकरण ही पुनः जन्म लेता है।। 22 ।।

नैनं छिन्दन्ति शस्त्राणि नैनं दहति पावकः।
न चैनं क्लेदयन्त्यापो न शोषयति मारुतः।। 23 ।।

अर्थ– इस शरीरी (आत्मा) को शस्त्र काट नहीं सकते, जल इसे गिला नहीं कर सकता, आग इसे जला नहीं पाती और वायु इसे सुखा नहीं सकता।। 23 ।।

व्याख्या– भगवान् श्रीकृष्ण यहां चार महाभूतों, पृथ्वी, जल, अग्नि और वायु की बात कर रहे हें समस्त शस्त्र पृथ्वी तत्व से बनते हैं। परन्तु नित्य आकाश पञ्चम महाभूत की बात नहीं कह रहे, क्योंकि इन चार महाभूतो में विकार आते हैं और विकृत होते हैं। आकाश तत्व में विकार नहीं होता न ही पूर्व चार तत्व इस (आकाश) में विकृति ला सकते हैं परन्तु आत्मा तो इससे भी कहीं अधिक सूक्ष्म है। वह तो चिदकाश है। इसको तो कोई कुछ नहीं कर सकता न इसको कुछ हो सकता, कोई अणु–परमाणु बम भी इसको विस्फोट द्वारा हानि नहीं पहुँचा सकता। क्योंकि कोई भी तत्त्व चाहे बम भी इसके बिना नहीं है।। 23 ।।

अच्छेद्योऽयमदाह्योऽयमक्लेद्योऽशोष्य एव च।
नित्यः सर्वगतः स्थाणुरचलोऽयं सनातनः।। 24 ।।

अर्थ– इस आत्मा को काटा नहीं जा सकता, न जलाया, न गीला किया जा सकता, न सुखाया जा सकता। यह नित्य है, सर्वत्र गमनशील अचल और सनातन है।। 24 ।।

व्याख्या– यह अमूर्त है अतः काटा जलाया भिगोया और सुखाया नहीं जाता। नित्य है अर्थात् यह न कभी घटता न बढ़ता। न बूढ़ा होता न नया। मरने का तो प्रश्न ही नहीं उठता। यह तो परिपूर्ण हैं यह किसी से कुछ नहीं लेता, क्योंकि अवशिष्ट कुछ भी इसके विना नहीं हो सकता।

यह आत्मा अजन्मा है, स्थिर है, अविचलित है, क्योंकि यह सर्वत्र है। कोई भी जीव इसके विना नहीं है परन्तु आश्चर्य यह है कि यह आत्मा सर्वव्यापी होते हुए भी तथा हर प्राणी में विराजमान होने पर भी बड़ा दुष्प्राप्य विषय है। बड़े से बड़ा विद्वान् भी इसको नहीं जानता। इस आत्मा के बिना कोई भूत

अथवा तत्व नहीं है न हो सकता है। परन्तु यह पृथ्वी में रहते हुए पृथ्वी से पृथक् है। इसी प्रकार जल, अग्नि, वायु, आकाश के साथ भी यही सम्बन्ध है, अर्थात् उनमें रहते हुए भी उन सब से भिन्न है।। 24 ।।

अव्यक्तोऽयमचिन्त्योऽयमविकार्योऽयमुच्यते।
तस्मादेवं विदित्वैनं नानुशोचितुमर्हसि।। 25 ।।

अर्थ— यह आत्मा व्यक्त न होनेवाला है, यह अचिन्त्य और विकार रहित है। अत: हे अर्जुन! इस आत्मा को उपर्युक्त प्रकार से जानकर तू शोक मत कर तुझे यह शोक करना उचित नहीं।

व्याख्या— इस आत्मा को न नेत्र आदि ज्ञानेन्द्रियाँ जान सकती, नहीं कर्मेन्द्रियाँ। यह अमूर्त और अप्रमेय है। अत: इन्द्रियों से अगोचर है अर्थात् कल्पना की पहुंच से बाहर है। यह आत्मा अविकारी, पवित्र और अपरिवर्तित है, अत: यह अचिन्त्य है। मन भी इसे मनन चिन्तन द्वारा जान नहीं सकता। क्योंकि यह चिन्तन का विषय ही नहीं है और फिर तो यह द्वैत् को प्राप्त हो जायेगा जबकि यह अद्वैत है। वास्तव में बुद्धि, मनु इन्द्रियों को प्रकाशित करने वाली शक्ति ही आत्मा है, तो यह इसको कैसे जान सकते हैं। तात्पर्य यह है कि ऐसे अमिट सत्य के लिये शोक करना मूर्खता के अतिरिक्त और कुछ भी नहीं है। यह आत्मा संसार मात्र (24 तत्त्वों) की समस्त शक्तियों से परे है बुद्धि, मन आदि इसे जान नहीं सकते। प्रत्येक जीव के जितने भी साधन और शक्तियां है यह महावली आत्मा उनसे उपर अथवा परे हैं। क्योंकि यह पावन चैतन्य (**Pure consciousness**) है। पूर्णत: अकर्ता है परन्तु आश्चर्य यह है कि यदि यह आत्मा न हो तो न कुछ हो सकता न कोई कुछ कर सकता।। 25 ।।

अथ चैनं नित्यजातं नित्यं वा मन्यसे मृतम्।
तथापि त्वं महाबाहो नैवं शोचितुमर्हसि।। 26 ।।

अर्थ— किन्तु यदि तू इस आत्मा को सदा जन्मनेवाला तथा मरने वाला समझता है तो भी महाबाहो! तू इस प्रकार शोक करने योग्य नहीं।। 26 ।।

व्याख्या— नास्तिक जन इस आत्मा को शरीर के साथ मरने व पैदा होनेवाला मानते है। विशेषत: चार्वाक विचारधारा वालों का यही मत है। भगवान् श्रीकृष्ण

ने 7-25, 9-11 में स्वयं कहा है कि लोग अज्ञानवश मुझे शरीरधारी समझते हैं। अनेक जनों को यह आत्मा का मर्म सरलता से समझ भी नहीं आ सकता परन्तु अर्जुन नास्तिक नहीं है। अत: भगवान् श्रीकृष्ण सरल शब्दों में एक विरुद्ध सिद्धान्त की बात पूर्ण विश्वास करने के लिये हर पक्ष के सामने रख रहे हैं। अगर आत्मा को शरीर की भांति मरने—जन्मने वाला समझे तो भी शोक का विषय नहीं होना चाहिए। इसका कारण आगे बता रहे हैं।। 26 ।।

जातस्य हि ध्रुवो मृत्युर्ध्रुवं जन्म मृतस्य च।
तस्मादपरिहार्येऽर्थे न त्वं शोचितुमर्हसि।। 27 ।।

अर्थ— क्योंकि मान्यता के अनुसार जन्में हुए की मृत्य निश्चित है और मरे हुए का पुनर्जन्म निश्चित है। इसलिए भी इस बिना उपायवाले विषय के तू शोक करने योग्य नहीं है।। 27 ।।

व्याख्या— शोक करना इसलिये व्यर्थ हैं क्योंकि यह कोई उपाय नहीं है अपितु अपने को दु:ख देना ही है। बुद्धिमान् मनुष्य उपाय की खोज या अविष्कार करता है। व्यर्थ में दु:ख नहीं करता। मृत्यु और जन्म तो कर्म बन्धन के कारण है, जिससे छुटकारा शोक द्वारा नहीं कर्म क्षय पर ही हो सकता है कर्म आसक्ति हमेशा तब तक रहेगी ही जब तक विवेक नहीं हो जाता। भगवान् श्रीकृष्ण ने पहले ही स्पष्ट कर दिया है कि मृत्यु नाम की कोई चीज नहीं है। यह तो केवल परिवर्तन है। परिवर्तन प्रकृति (शरीर) का अटल धर्म है। प्रकृति न स्थिर है न नित्य है इसकी नित्यता और निरन्तरता तो निरन्तर परिवर्तन में ही है। प्रकृति तो है ही वह जो हर पल बदल रही है। नित्य और अटल तो आत्मा ही है। तो प्रश्न यह है कि कर्म बन्धन कैसे टाले। कर्म बन्धन कर्म समाप्त होने पर ही टल सकता है, परन्तु कर्म को इसलिये टालना सरल नहीं क्योंकि यह शरीर ही कर्म है, मन, बुद्धि, इन्द्रिय ये सब तो कर्म के लिये ही तो हम को मिले है, यही तो आज तक की हमारी कमाई और परिश्रम है ये हम पर किसी ने बाहर से नहीं थोपें हैं ये हमारी अपनी ही जाने—अनजाने परिश्रम का फल है और यह भी बात सत्य है कि कर्म को या इसके बन्धन को कोई बाहर की शक्ति भी हमसे अलग नहीं कर सकती। इसके छुटकारे का ढंग भगवान्

श्रीकृष्ण ने गीता में 3/9 और कई अन्य श्लोकों में दिया है। कर्म बन्धन तब तक नहीं कटेगा, जब तक हम सारे कर्म निष्काम भाव से करे यानी सब कर्म दूसरे के लाभ के लिये सच्चे मन से न करें अथवा सारे कर्मो के फल सदा भगवान् को पूरी श्रद्धा से अर्पित करे, अर्थात् जबतक अहंकार रहेगा कि मैं कर्त्ता हूँ अथवा जब तक काम हम स्वार्थ अथवा लोभ से करेगें, अपने मान सम्मान के लिये करेंगे तो कर्म बन्धन कट नहीं सकता।। 27 ।।

अव्यक्तादीनि भूतानि व्यक्तमध्यानि भारत।
अव्यक्तनिधनान्येव तत्र का परिवेदना।। 28 ।।

अर्थ– हे भारत! सारे प्राणी (जीव–जन्तु) जन्म से पूर्व अव्यक्त (अप्रकट) थे और मरने के पश्चात् भी अप्रकट हो जायेंगे। केवल मात्र मध्य में (जीवन काल) में ही प्रकट (दीखते) होते हैं फिर इसमें शोक करने की क्या बात है? अर्थात् आत्मा अव्यक्त और व्यक्त दोनों शरीरों में व्याप्त है। स्थूल शरीर के जन्म से पूर्व भी और मृत्यु के पश्चात् भी।। 28 ।।

व्याख्या– सारांश यह है कि यह जीवन (जीव) मोक्ष की प्राप्ति तक ले जाता है। इसके स्थूल और सूक्ष्म दो रूप है स्थूल शरीर ही मरता तथा कर्मानुसार जन्मता है– यह तांता लगातार चलता है यही लाख चौरासी है– इसी को संसार कहते हैं इसी में नरक स्वर्ग आदि कार्मानुसार सब कुछ है। शरीर प्रकृति है, प्रकृति का सिद्धान्त है निरन्तर परिवर्तन शरीर के तीन रूप या भेद है। कारण–सूक्ष्म–स्थूल। आत्मा इन तीनों में व्याप्त है। क्योंकि हमारी दृष्टि स्थूल है अत: हम स्थूल रूप में ही इस जीवन को देख पाते है। जिनकी दृष्टि साधना के कारण सूक्ष्म हो गई है, इस सतत् परिवर्तन होने वाले शरीर को देख पाते हैं। तभी वह इसके लिये दु:ख या शोक नहीं करते वे जानते हैं कि उनका ध्येय तो अपने आप (आत्मा) को इस प्रकृति (शरीर) से अलग जानना अथवा समझना है अर्थात् आत्मावान् होना है तथा पूर्ण रूप से आत्माराम बनाना है जिसका समाधान शोक नहीं परन्तु साधना ही है।। 28 ।।

आश्चर्यवत्पश्यति कश्चिदेनमाचश्र्यवद्वदति तथैव चान्य:।
आश्चर्यवच्चैनमन्य: श्रृणोतिश्रुत्वाप्येनं वेद न चैव कश्चित्।। 29 ।।

अर्थ– कोई महापुरुष इस (आत्मा) को आश्चर्य युक्त होकर इसे देखता है, कोई (इस आत्मा के विषय में) आश्चर्य से बात करता है। कोई (महापुरुष) आश्चर्य की भांति सुनता है और कोई इसे सुनकर भी नहीं जानता।। 29 ।।

व्याख्या– कोई महापुरुष इस आत्मा को आश्चर्य चकित होकर देखता है, कोई आश्चर्य से वर्णन करता है, और कोई महापुरुष आश्चर्य से सुनता है। क्योंकि आत्मा का तत्व महापुरुषों के अनुभव के अनुसार एक महान् आश्चर्य है। परम–आनन्द का स्रोत है। परन्तु साधारण जन इसको नहीं जानता। वास्तव में यह विषय ही ऐसा है यह आत्मा बुद्धि, मन आदि इन्द्रियों से अगोचर है इनके सामर्थ्य से बाहर है। आदमी जो जानता–सुनता–बोलता–सूंघता तथा अनुभव करता है वह सब अन्तः करण पर आधारित है परन्तु आत्मा तो वह सत्य है जिसे आत्मवान् जान सकता है जैसे पहले कह दिया गया है कि यह शरीर तीन प्रकार का है स्थूल शरीर जो पांच महाभूतों का है। वह भूतों (नाम–रूपवाली सृष्टि) को ही जान–सुन–देख सकता है। सूक्ष्म शरीर जो सूक्ष्म तत्व से बना हुआ है (बुद्धि–मन–पांच ज्ञानेन्द्रियां, पांच कर्मेन्द्रियां तथा पांच प्राण) वह सूक्ष्म शरीर को देखता है। कारण शरीर का आधार इन्द्रियां नहीं अपितु बुद्धि अथवा स्वभाव है। अतः ये स्वभाव परिवर्तन शील होने से हर अवस्था में जाने जा सकते हैं परन्तु आत्मा तो अलग है। आत्मा के कारण यह सब प्रतीत होते हैं। आत्मा का अनुभव अथवा जानकारी समाधि अवस्था में ही हो सकती है। एक वाक्य है "पश्यति वाक्" अर्थात् इसका समाधि अवस्था में ही ज्ञान होता है। यहां वाक् और पश्य दोनों नहीं होते ये ब्रह्म–नाद की अवस्था है।

आत्मा के विषय में गुरुजन और शास्त्र परिचय अवश्यमेव दे सकते हैं परन्तु अनुभव केवल स्वयं का विषय है। इसे अनुभव के बिना पूर्णतया समझा नहीं जाता। मीठे का स्वाद खा कर पता लगता है। अतः महापुरुष आश्चर्य युक्त होकर बोलते और सुनते है, और साधारणलोग इसके आश्चर्य को नहीं जानते।। 29 ।।

देही नित्यमवध्योऽयं देहे सर्वस्य भारत।
तस्मात्सर्वाणि भूतानि न त्वं शोचितुमर्हसि।। 30 ।।

अर्थ– हे भारत! यह आत्मा सबके शरीर में नित्य और अबध्य है अत एव तुम्हे समस्त प्राणियों के लिये शोक नहीं करना चाहिए अर्थात् किसी शरीरधारी के लिये शोक नहीं करना।

व्याख्या– आत्मा नित्य अवध्य है, न मरता, न जन्मता, न मारता न ही बदलता, शरीर ही परिवर्तनशील है वास्तविकता तो यह है कि यह देह भी देही के बिना न है न हो सकती, न रहेगी। जब हम सोचते हैं कि यह देह अथवा शरीर मर गया तो वह मरता नहीं परन्तु परिवर्तनशील होने के कारण सूक्ष्म शरीर में परिवर्तित हो जाता है। देही (आत्मा) तो हर शरीर और स्थान में स्थित है ही, चाहे वह सूक्ष्म हो अथवा स्थूल। साधना के द्वारा जब हम ज्ञानी बन जाते हैं अर्थात् आत्मा हो जाते है तो इस शरीर की जरूरत नहीं रहती, यह तब रहे न रहे एक ही बात है क्योंकि तब हम शरीर नहीं आत्मा बन जाते हैं। जब हम अज्ञान अवस्था में है तब ही शोकग्रस्त रहते हैं।

देह और देही जगत् में पृथक्–पृथक् नहीं रह सकते क्योंकि संसार दोनों का बना हुआ है। पुरुष के बिना जगत् नहीं, तथा आत्मा के बिना शरीर भी नहीं। जब हम आत्मा को जान लेंगे तभी संसार (शरीर) दु:खों से छुटकारा पा सकेंगे। परन्तु जो अज्ञान में मरता है, उसका छुटकारा नहीं है, तभी तो भगवान् श्रीकृष्ण अर्जुन को बार–बार कह रहे हैं, आत्मा और शरीर के भेद को जानो। क्योंकि तुम भी कभी न मरनेवाले आत्मा हो। न कि हर पल परिवर्तनशील और अवश्यमेव मरने वाला शरीर। इस मरणशील के लिये शोक करना मूर्खता है। अर्थात् किसी के लिये भी शोक नहीं करना चाहिए। क्योंकि जीवन की मृत्यु तथा जन्म की ग्रन्थी को तो समझना चाहिए। इसके लिये शोक नहीं करना चाहिए।। 30 ।।

स्वधर्ममपि चावेक्ष्य न विकम्पतुमर्हसि।
धर्म्याद्धि युद्धाच्छ्रेयोऽन्यत्क्षत्रियस्य न विद्यते।। 31 ।।

अर्थ– और अपने धर्म की ओर भी देखो, इसे देख़ कर भी तुम्हें अपनी कर्तव्य पारायणता से विमुख नहीं होना चाहिए। क्योंकि धर्म युद्ध से बढ़कर क्षत्रिय के लिये और कोई अधिक कल्याणकारी कर्म नहीं है।। 31 ।।

व्याख्या– इस इक्कतीसवें श्लोक से अट्ठतीसवें श्लोक तक धर्म पर आधारित कर्त्तव्य का उल्लेख है। शास्त्रों में (गीता में) सब वर्णों के धर्मों का उल्लेख है। ब्राह्मण का धर्म भगवान् को पाना है। क्षत्रियों का धर्म अपनी और दूसरों की रक्षा करना तथा इस माध्यम से मोक्ष प्राप्त करना धर्म की रक्षा करने के लिये, क्षत्रिय को पहले अपने भीतर के शत्रुओं (काम, क्रोध, लोभ, मोह, अहंकार और भय आदि) को समाप्त करना चाहिए या इनका दमन करना चाहिए। इसके उपरान्त बाह्य शत्रुओं को इस धर्म का निष्काम रूप में (निर्भय होकर) पालन करने से ही क्षत्रिय ब्रह्म को प्राप्त होता है। वर्ण (ब्राह्मण क्षत्रिय–वैश्य–शूद्र) जन्म से ही नहीं कर्म से भी होते हैं। ऐसा गीता कहती है।

जो सबसे बड़ा छल–(धोखा) मनुष्य अपने आपसे करता है वह अपने कर्तव्य की अवहेलना करना है। उसके लिये शास्त्र कहते हैं कि, नरक ही प्राप्य है, तथा जो कर्तव्य पारायणाता में निपुण है उसका रास्ता स्वर्ग को ही नहीं जाता अपितु ब्रह्म तक पहुँचता है। धर्म का अर्थ है ईश्वरीय विधान जो समता और निष्पक्षता पर आधारित है– यही योद्वा के लिए लोक परलोक दोनों का आधार है। उसे तथावत् स्थिर रखने के लिये क्षत्रिय धर्म से पीछे नहीं हटना है और इस धर्म में कोई कामना नहीं होना ही श्रेयस्कर है। निष्काम बलिदान ही कर्मयोग का दूसरा नाम है। मोह तथा लोभ वश मरना–मारना नरक है। वास्तव में संसार का आधार ही धर्म है और मोक्ष का आधार भी धर्म है, अर्थात् क्षत्रिय के लिये क्षत्रिय धर्म (युद्ध करना) का पालन ही मोक्ष मार्ग है यह उल्लेख गीता में 3/19 और 18/45 में स्पष्ट शब्दों में वर्णित है। अतएव धर्म–युद्ध को भगवान् श्रीकृष्ण अर्जुन के लिये कल्याणकारी कह रहे है, क्योंकि यह युद्ध योद्धा को समदृष्ट तथा निष्पक्ष होकर लड़ना पड़ता है। इसका लक्ष्य विश्वकल्याण होता है व्यक्तिगत अथवा संप्रदाय लाभ नही क्योंकि संसार का आधार धर्म ही है।। 31 ।।

यदृच्छया चोपपन्नं स्वर्गद्वारमपावृतम्।
सुखिनः क्षत्रियः पार्थ लभन्ते युद्धमीपदृशम्।। 32 ।।

अर्थ– हे पार्थ– अनायास प्राप्त (अपने आप ही प्राप्त हुआ) खुले हुए स्वर्ग

द्वार के समान इस प्रकार का युद्ध सौभाग्यवान् क्षत्रिय ही प्राप्त करते हैं।। 32 ।।

व्याख्या– कौरवों ने पाण्डवों के समस्त सन्धि प्रस्ताव तथा युद्ध टालने के सभी प्रयास ठुकरा दिये थे। दुर्योधन ने भरी सभा में घोषणा कर दी थी कि पाण्डवों को बिना युद्ध किये सूई की नोक के समान भूमि भी नहीं दी जायेगी। अत: इस युद्ध में पाण्डवों का कोई हाथ एवं प्रयास नहीं था। युद्ध घोर पाप होता है उसमें निर्दोष भी नष्ट होते हैं। अत: पाण्डव इस युद्ध को टालना चाहते थे। परन्तु दुर्योधन का युद्ध करने का निश्चय अटल था। यह युद्ध पाण्डवों के लिये इसलिए अनायास था क्योंकि वह इसको नहीं चाहते थे अत: वे इसमें पाप के भागी नहीं थे। धर्म युद्ध करने में क्षत्रिय इसीलिये भाग्यवान् होते हैं, क्योंकि उन्हें निष्काम भाव से कर्तव्य परायणता का उत्कृष्ट अवसर मिलता है। कर्त्तव्य परायणता की विशेषता गीता में बार–बार बताई गई है। कर्त्तव्य जब निष्काम भाव से, अथवा पूर्ण श्रद्धा से या कर्म का फल ईश्वर को अर्पित कर के करें तो कर्ता अहंकार मुक्त होकर ब्रह्म–युक्त हो जाता है (गीता 3/9 2/48-50 तथा 18/45 आदि में श्रीकृष्ण भगवान् ने यही उपदेश दिया है।)

कर्म की गति टालने से नहीं टलती (कर्म गति टारी न टारे –रामचरितमानस)। यह तो निष्काम भाव से कर्म करने से ही टलती है। इस संसार के भाग्यवान् ही निष्काम कर्म कर सकते हैं। प्रारब्ध निष्काम कर्म से ही टल अथवा बदल सकता है।। 32 ।।

अथ चेत्त्वमिमं धर्म्यं संग्रामं न करिष्यसि।
तत: स्वधर्मं कीर्तिं च हित्वा पापमवाप्स्यसि।। 33 ।।

अर्थ– यदि अब तुम इस धर्म–युद्ध को नहीं करोगे तो अपने धर्म और कीर्ति को खो कर पाप को प्राप्त होंगें।। 33 ।।

व्याख्या– यदि आध्यात्मिक प्रसंग से देखें तो कर्त्तव्य की महिमा का उल्लेख शास्त्रों में विशेष रूप से है। गीता में तो विशेषत: कर्त्तव्य परायणता एक ऐसा मार्ग है कि यह किसी भक्ति, साधना और ज्ञान से कम नहीं। इस कर्त्तव्य परायणता को सच्चे रूप से निभाने वाले को सुख एवं स्वर्ग प्राप्त होते हैं। मान और यश तो स्वयं ही इसके साथ जुड़े हुए ही होते हैं। युद्ध न करने

से अर्जुन को पाप इस लिये लगेंगे क्योंकि वह अपने क्षत्रिय धर्म से च्युत हो रहा है अथवा अपने धर्म को मोहवश त्याग रहा है। मानव स्वधर्म को अज्ञान और अहंकार के कारण ही त्यागता है और अहंकार तथा अज्ञान तो है ही पाप के मार्ग।

महाभारत युद्ध तो धर्म युद्ध था जो धर्म की रक्षा के लिये आवश्यक हो गया था। धर्म–युद्ध में व्यक्ति की विशेषता नहीं, परन्तु धर्म की विशेषता रहती है। क्योंकि धर्म ही सत्य और संसार का आधार हैं अत: जो स्वधर्म को निभाने में चूकता है वह पाप को प्राप्त होता है। वास्तव में स्वधर्म आत्मा का ही धर्म है। अर्थात् इस धर्म का पालन करने पर आत्मा की प्राप्ति (अमरता) होती है। पाठक को यह नहीं समझना चाहिये कि गीता अथवा श्रीकृष्ण हिंसा का प्रचार कर रहे हैं गीता में भगवान् ने हिंसा का विरोध और अहिंसा का जोरदार समर्थन किया है विशेष कर सोलहवें अध्याय में। हिंसा का प्रयोग तो गीता केवल कर्तव्यपरायणता के संदर्भ में ही करती है। वह भी केवल धर्मयुद्ध योद्धा के लिये क्योंकि धर्म संसार का और मोक्ष दोनों का आधार है। धर्मयुद्ध का लक्ष्य संप्रदाय लाभ नहीं परन्तु विश्व कल्याण होता है इसीलिये तो भगवान् अर्जुन को यह युद्ध निष्पक्ष तथा समद्रष्टा होकर लड़ने को कह रहे हैं। अन्यथा हिंसा गीता के अनुसार पाप कर्म है।। 33 ।।

अकीर्तिं चापि भूतानि कथयिष्यन्ति तेऽव्ययाम्।

सम्भावितस्य चाकीर्तिर्मरणादतिरिच्यते।। 34 ।।

अर्थ— और देखो सभी लोग दीर्घ काल तक तुम्हारी अपकीर्ति और अपयशपूर्ण बातें करते रहेंगे। अपयश तथा अपकीर्ति प्रतिष्ठित व्यक्ति के लिये मृत्यु से भी बढ़कर दु:ख देनेवाली होती है।। 34 ।।

व्याख्या— भगवान् श्रीकृष्ण गीता के 3/21 में कहते हैं कि श्रेष्ठ पुरुष जो आचरण करता है अन्य साधारण जन भी उसका ही अनुसरण करते हैं। श्रेष्ठ मनुष्य की कीर्ति, यश और मान का सम्मान होता है, और यदि वह अपयश पूर्ण कार्य करें तो उसका अपना—अपमान तो होगा ही, समाज की हानि भी होती है।

मान—सम्मान, यश और कीर्ति प्राप्त पुरुष द्वारा प्राणन्यौछावर करने से समाज में श्रेष्ठ क्रांति आती है परन्तु दुष्कर्म तो उसके लिये सैकड़ों मौतों से भी अधिक मलीन होता है। इस तथ्य को हम समाज में हमेशा ही देखते हैं। कर्त्तव्य परायणता मात्र ही ऐसा माध्यम है जो इस जन्म में यश तथा कीर्ति प्रदान करते हैं और अगले जन्म का भी सुधार करती हैं अपयश तथा अपकीर्ति से व्यक्ति और समाज दोनों का पतन होता है।। 34 ।।

भयाद्रणादुपरतं मस्यन्ते त्वां महारथाः।
येषां च त्वं बहुमतो भूत्वा यास्यसि लाघवम्।। 35 ।।

अर्थ— जो महारथी तुम्हें आदर से बहुत श्रेष्ठ मानते हैं अर्थात् जिनकी दृष्टि में तुम बहुमान्य हो उनके सामने तुम लघुता (छोटेपन) को प्राप्त होगे। वे (महारथी) तुम्हें युद्ध से पीठ फेर कर पलायनकर्त्ता (भगौड़ा) मानेंगे।। 35 ।।

व्याख्या— स्थिति यह है यदि तुम इस समय युद्ध नहीं करते जब दोनों सेनाएं समर (युद्ध) शंखनाद करके आमने सामने युद्ध के लिये तत्पर हैं, जिस युद्ध के लिये तुम (अर्जुन) स्वयं सबसे अधिक इच्छुक एवं उत्सुक थे, तो वे महारथी जो तुम्हें महान् योद्धा समझते थे और मानते हैं तुम्हें कायर ही कहेंगें, तथा वह दशा तुम्हारे लिये असहनीय होगी। यही नहीं ये महारथी (कौरव) राज्य भी करेंगे और तुम्हें आजीवन उनके द्वार पर खड़ा रहना पड़ेगा जो कार्य एक तुच्छ श्रेणी का होगा, और तुम्हें स्वार्थी एवं भीरु की संज्ञा दी जायेगी।। 35 ।।

अवाच्यवादांश्च बहून्वदिष्यन्ति तवाहिताः।
निन्दन्तस्तव सामार्थ्यं ततो दुःखतरं नु किम्।। 36 ।।

अर्थ— तुम्हारे शत्रु तुम्हारे सामर्थ्य की निन्दा करते हुए तुम्हे बहुत से न कहने योग्य वचन कहेंगे, तो इससे अधिक दुःख और क्या होगा?।। 36 ।।

व्याख्या— भगवान् श्रीकृष्ण यह जानते हैं कि अर्जुन एक निपुण, दक्ष और वीर योद्धा होने के कारण इस युद्ध को लड़ने के बिना नही रह सकेंगे, क्योंकि मन के भाव तो उतरते चढ़ते रहते हैं। अत एव वे अर्जुन को कह रहे हैं कि जब ये महारथी लोग (दुर्योधन, कर्ण, दुश्शासन) तुम्हें नपुंसक और भीरु कह कर कोसेंगे, तो तुम युद्ध में वेग के साथ कूद पड़ोगे अर्थात् अपने अपमान उपरान्त

युद्ध करोगे क्योंकि स्वधर्म का विधान ही ऐसा है कि कोई भी मनुष्य अपने धर्म को (पूर्णरूपेण) त्याग नहीं पाता।। 36 ।।

हतो वा प्राप्यसि स्वर्गं जित्वा वा भोक्ष्यसे महीम्।
तस्मादुतिष्ठ कौन्तेय युद्धाय कृतनिश्चय:।। 37 ।।

अर्थ– हे कौन्तेय! यदि तुम इस युद्ध में कीर्ति शेष (शहीद) हो गये तो स्वर्ग प्राप्त करोगे यदि विजयी हुए तो इस (धरा–धाम) पृथ्वी के राज्य का सुख भोगेंगे, अत: पूर्ण निश्चय कर तुम युद्ध के लिये तत्पर हो जाओ।। 37 ।।

व्याख्या– कोई महान् अथवा भयावह कार्य मानव करता है तो उस सम्बन्ध में सन्देह का अंश अवश्य रहता है, अर्जुन भी सन्देह ग्रस्त है कि युद्ध करूं अथवा न करूं। क्योंकि इस युद्ध में मारना तो सम्बन्धियों को ही पड़ेगा, क्या उनको मार कर यदि पाप भी न लगे तो क्या सुख–शांति मिलेगी? भगवान् श्रीकृष्ण स्पष्ट शब्दों में अर्जुन को कह रहे हैं कि युद्ध में दो ही बाते हैं या मरना या जीतना। धर्म–युद्ध में मर कर योद्धा स्वर्ग में जाता है और जीत कर राज्य करता है। परन्तु यह फल तभी होता है यदि योद्धा युद्ध योगारूढ़ मन से करता है जिसका वर्णन अग्रिम श्लोक में किया जा रहा है।

इस श्लोक का आध्यात्मिक भावार्थ भी बहुत गूढ़ हैं जो संसार रूपी संग्राम में जूड़े हम सभी के लिये लाभदायक हैं। अर्थात् संसारी संग्राम में योद्धा वही है जो दूसरों के प्रति उनके सुख दु:ख के विषय में संघर्ष रहता है। दूसरों के कल्याण के कार्य करते हैं, जो परोपकारी है, वह कार्य चाहे व्यापार हो, युद्ध हो, प्रशासन का हो, अनुसंधान का हो। ऐसे कामों में यदि मनुष्य सफल होता है तो लाभ उठाता है तथा दूसरें को भी लाभ पहुचाता है, यदि असफल होता है तो भी उस उचित प्रयास का उसका फल उसके साथ सर्वदा रहता है और वह आगे पूर्ण रूप से फलदायी होता है।

यह भी ध्यान में रखने की बात है कि श्रीकृष्ण अर्जुन को युद्ध के लिये प्रेरित नही कर रहे हैं वह अर्जुन के सामने दोनों परिस्थितियां युद्ध में जीतने तथा मरने की रख रहे परन्तु दोनों परिस्थितियों मे लाभ तभी है यदि अर्जुन युद्ध निष्कामभाव से करेगा।। 37 ।।

सुखदु:खे समे कृत्वा लाभालाभौ जयाजयौ।
ततो युद्धाय युज्यस्व नैवं पापमवाप्स्यसि।। 38 ।।

अर्थ– जय पराजय, लाभ–हानि और दु:ख–सुख को समान समझकर उसके बाद युद्ध के लिये तैयार हो जाओ। इस प्रकार युद्ध करने से तुम पाप को प्राप्त नहीं होंगे।। 38 ।।

व्याख्या– पाप का भय जो अर्जुन को दु:खी कर रहा था कि कटुम्बियों को मारने से पाप लगेगा जो मोक्ष की प्राप्ति में बाधक बनेगा। इस सन्दर्भ में भगवान् साफ शब्दों में अर्जुन को कह रहे हैं कि पाप का कारण युद्ध नहीं है किन्तु पाप का कारण मोह और कामना है असली कारण तो वासना होती है युद्ध नहीं।

यदि साधारण संसारिक दृष्टि से भी देखा जाये तो भी सुख–दु:ख, लाभ हानि, जीत–हार बराबार ही होते हैं। सुख आते अच्छा लगता है और अपने से दूर होते बूरा लगता है तथा इसी प्रकार दु:ख आते बूरा और जाते समय अच्छा लगता है। इसी प्रकार लाभ–हानि हार–जीत भी होती है।

पाप–पुण्य भी सकाम कर्म का फल होता है। असली उपलब्धि तो समता होती है जो समता में स्थित होकर संसार के कठिन कार्य करता है उसको पाप कभी नहीं लग सकता क्योंकि वह "समत्व" को प्राप्त है अर्थात् कर्म योगी है– समता में स्थित होने पर युद्ध करने से पाप नहीं लग सकता है क्योंकि उसमें मोह नहीं होता। श्रीकृष्ण भगवान् अर्जुन को यही तथ्य कह रहे हैं।। 38 ।।

एषा तेऽभिहिता साङ्ख्ये बुद्धिर्योगे त्विमां श्रृणु।
बुद्धया युक्तो ययापार्थ कर्मबन्धं प्रहास्यसि।। 39 ।।

अर्थ– हे पार्थ! यह बुद्धि तेरे लिये ज्ञान योग के विषय में कही गई और अब तू योग के विषय में सुन जिस के द्वारा कर्म बन्धन को भली–भांति त्याग देगा अर्थात् सर्वथा नष्ट कर डालेगा।। 39 ।।

व्याख्या– भगवान् ने गीता में समबुद्धि और विषम बुद्धि का विशेष उल्लेख किया है। सम बुद्धि से मोक्ष और विषम बुद्धि से बन्धन होता है।

पहले सांख्य योग के सन्दर्भ में समबुद्धि का ज्ञान विस्तार से

कह दिया है अर्थात् आत्मा ही विशेष है, शरीर (संसार) नहीं जो इस आत्मा को पहचान लेता है वह समबुद्धि रखता है और मोक्ष को प्राप्त होता है। अब उसी समबुद्धि के विषय का कर्मयोग के सन्दर्भ अथवा माध्यम से बता रहे हैं वास्तव में कर्मयोग से ही चित शुद्धि होती है, निरन्तर अभ्यास ही इसका माध्यम है, अत: इसका पक्का इलाज अथवा उपाय कर्मयोग ही है। अतएव भगवान् श्रीकृष्ण ने 2-50, 5-2 में कर्मयोग की प्रशंसा की है क्योंकि वास्तव में समता (समबुद्धि) की कसौटी तो कर्म योग (निष्काम कर्म) ही है।। 39 ।।

नेहाभिक्रमनाशोऽस्ति प्रत्यवायो न विद्यते।

स्वल्पमप्यस्य धर्मस्य त्रायते महतो भयात्।। 40 ।।

अर्थ— इस कर्मयोग में आरम्भ का अर्थात् बीज का नाश नहीं है और उलटा फल रूप दोष भी नहीं है, बल्कि इस कर्म–योग रूप धर्म का थोड़ा सा भी साधन (सेवन) जन्म–मृत्यु रूप महान् भय से रक्षा कर लेता है।। 40 ।।

व्याख्या— यह समबुद्धि अथवा निष्काम कर्म एक विशेष विभूति या वरदान है। इसकी महिमा बहुत ऊँची है। इसके उपयोग से अथवा इसमें स्थित होकर कर्म करने से मोक्ष मिलता है, अर्थात् कर्म–बन्धन कट जाता हे। यह अविनाशी है और इसका विपरीत फल भी नहीं होता। अर्थात् इस निष्काम कर्म को सच्चे मन से करते हुए यदि कोई त्रुटि भी हो तो उसका दुष्फल नहीं मिलता। इसके बीज का नाश नहीं से अभिप्राय है कि यह थोड़े करने से भी फलता फूलता है। समता की प्राप्ति पर लाभ–हानि, सुख–दुख आदि द्वन्द्वों से कहीं उपर उठ जाता है। अत एव गीता में समता पर विशेष बल दिया है। क्योंकि समता की प्राप्ति से बन्धन भाव मन से मिट जाता है और सबके प्रति प्रेम भाव का उदय होता है।। 40 ।।

व्यवसायात्मिका बुद्धिरेकेह कुरुनन्दन।

बहुशाखा ह्यनन्ताश्च बुद्धयोऽव्यवसयिनाम्।। 41 ।।

अर्थ— हे कुरु नन्दन (अर्जुन)! इस कर्म योग में निश्चयात्मिका बुद्धि एक ही होती है; किन्तु अस्थिर विचार वाले अविवेकी सकाम मनुष्यों

की बुद्धियां निश्चित रूप से अनेक भेदों वाली और अनन्त हुआ करती है।। 41 ।।

व्याख्या– समबुद्धि या निष्काम भाव से प्राप्ति हेतु निश्चय और स्थिरता की आवश्यकता रहती है। यह समता विषय–वासना के त्याग के बिना नहीं आ सकती। मन से राग–द्वेष मिटाना आवश्यक है। मन से इस वासना को मिटाने और ईश्वर प्राप्ति के लिये किये निश्चय को ही व्यवसायात्मिक बुद्धि कहते हैं। क्योंकि इसे (बुद्धि को) विषयवासना आकर्षित नहीं कर सकती। संसारी जनों की बुद्धियां विषयों से लिप्त होने के कारण स्थिर नहीं होती। निश्चयात्मिक बुद्धि का सरल अर्थ है आन्तिरक एकाग्रतापूर्ण "ईश्वर भक्ति से बढ़कर मनुष्य के उद्धार का और कोई साधन नहीं यही मात्र उद्धार का पक्का मार्ग है। अनिश्चितात्मक बुद्धिवालों का वर्णन अग्रिम 42 से 44 श्लोकों में किया है।। 41 ।।

यामिमां पुष्पितां वाचं प्रवदन्त्यविपश्चितः।
वेदवादरताः पार्थ नान्यदस्तीति वादिनः।। 42 ।।
कामात्मानः स्वर्गपरा जन्मकर्मफलप्रदाम।
क्रियाविशेषबहुलां भोगैश्वर्यगतिं प्रति।। 43 ।।
भोगैश्वर्यप्रसक्तानां तयापहृतचेतसाम्।
व्यवसायात्मिका बुद्धिः समाधौ न विधीयते।। 44 ।।

अर्थ– हे पार्थ! जिनका कामनाओं में लगाव है जो ऐसे सकाम कर्मों में विश्वास करते हैं, जिनका वेदों मे वर्णन है, जो संसारिक भोगों को ही महत्व देते हैं, स्वर्ग को ही जो ध्येय (श्रेष्ठ) मानते हैं, ऐसी ही पुष्पिता वाणी बोलते हैं, जिसका सम्बन्ध ऐश्वर्य की प्राप्ति भोग तथा कर्मफल देनेवाली क्रियाओं से है और जिनका अन्तःकरण उस कृत्रिम (बनावटी) पुष्पिता वाणी द्वारा हर लिया गया है, अर्थात् जिनपर भोग जगत् प्रभावी (भारी) है तथा भोग विलास की परिधि के आकर्षण में डूबे हैं, उन मनुष्यो की ईश्वर में निश्चयात्मिका बुद्धि नहीं होती, अर्थात् ऐसे जन (साधक) संसारिक सुख भोग के फलों के इच्छुक ही होते हैं ईश्वर प्राप्ति के नहीं।। 42–44 ।।

ये श्लोक एक ओर सकाम कार्मकाण्ड और दूसरी ओर प्रभु प्रेम की

साधना का अन्तर बताते हैं। कर्मकाण्ड में सांसारिक सुख भोग का विस्तार से वर्णन है, क्योंकि सकाम कर्म–काण्ड का सम्बन्ध विशेषत: सांसारिक और स्वर्गीय भोग सुख आदि कर्म फल से सम्बन्धित है। प्रभु की साधना अर्चना से लोग सुख भोग या कर्मकाण्ड पर आधारित यज्ञ, हवन, तीर्थ–व्रत, दान–दक्षिणा आदि कर्मफल की आकांक्षा से करते हैं कि उन्हे अच्छे कर्मों के सत्फल इस एवं परलोक में प्राप्त होंगे, उनको केवल–मात्र स्वर्ग और सांसारिक ऐश्वर्य की प्राप्ति ही हो सकती है और वे इन विषयों तथा लाभों पर शास्त्र आधारित पुष्पित व्याख्या देने से भी नहीं थकते परन्तु उन्हें प्रभु दर्शन या भगवत्प्राप्ति कठिन है। क्योंकि वह तो साधना का ही मार्ग हैं कर्मकाण्ड पर आधारित सकाम कर्म मन और शरीर के सुख तथा लाभ के लिये है जो स्वर्ग में कई गुणा अधिक रूप में प्राप्य है परन्तु साधना तो आत्मा का विषय है कर्म फल प्रभु प्रेमी साधक की इच्छा नहीं होती। साधना का मार्ग तो सद्गुरु ही सिखा सकता है जिसने प्रभुदर्शन स्वयं कर लिये हैं। प्रभु प्राप्ति साधना योग, ज्ञान–भक्ति–तन्त्र किसी भी मार्ग द्वारा हो सकती है।। 42-44 ।।

त्रैगुण्यविषया वेदा निस्त्रैगुण्यो भवार्जुन।
निर्द्वन्द्वो नितयसत्वस्थो निर्योगक्षेम आत्मवान्।। 45 ।।

अर्थ– हे अर्जुन! वेद उपर्युक्त प्रकार से तीनों गुणों के कार्यरूप समस्त भोगों एवं उनके साधनों का प्रतिपादन करनेवाले हैं अत: तू उन भोगों एवं साधनों में आसक्तिहीन, हर्ष–शोकादि द्वन्द्वों से मुक्त नित्य वस्तु प्रभु में स्थित, योग–क्षेम को न चाहनेवाला और स्वतन्त्र अन्त:करण वाला हो।। 45 ।।

व्याख्या– यहां वेद के ज्ञान काण्ड से नहीं परन्तु उस भाग से अभिप्राय है जहां यज्ञ हवन (कर्मकाण्ड) कर्म–गुण–भोग–स्वर्ग आदि का वर्णन है। यहां सकाम भाव (भक्ति) और निष्काम भाव (भक्ति) की चर्चा हो रही है। भगवान् श्रीकृष्ण कह रहे हें कि संसार से उपर उठने के लिये द्वन्द्व (राग –द्वेष) से अलग होना अत्यावश्यक है। द्वन्द्व से उपर उठना अतएव आवश्यक है कि संसार के पकड़ की जड़ इसी में निहीत हैं यही राग–द्वेष ही पकड़ की कड़ी है, ये (राग–द्वेष) परस्पर श्वास–प्रश्वास की भांति जुड़े हुए हैं यह संसार का अटल नियम

है यदि एक वस्तु अथवा व्यक्ति से राग है तो दूसरी वस्तु अथवा व्यक्ति से द्वेष भी निश्चित है। इसी कारण साधना की उपेक्षा हो जाती है। (गी 3/34)। अत: नित्य वस्तु आत्मा में ही पहुंच जाओ वहां न द्वन्द्व है न योग क्षेम की व्याधि। प्रभू परायणता का लक्ष्य रख। अर्थात् साधना मार्ग में स्थिर अर्थात् प्रभु परायण होकर निष्काम भाव से युद्ध कर।। 45 ।।

यावानर्थ उदपाने सर्वत: सम्प्लुतोदके।

तावान्सर्वेषु वेदेषु ब्राह्मणस्य विजानत:।। 46 ।।

अर्थ– जैसे बहुत बड़े जलाशय के मिलने पर मनुष्य को छोटे जलाशय की जितनी आवश्यकता रहती है उतना ही ब्रह्म ज्ञानी को वेदों तथा शास्त्रों का प्रयोजन रहता है।। 46 ।।

व्याख्या– भगवान् की प्राप्ति के बाद अर्थात् तत्व पूर्ण ईश्वर के जानने के पश्चात् संसारी संकट जो द्वन्द्व जनित है और योग क्षेम (विषयों को जोड़ना और उनकी रक्षा करना) के भ्रमर से बचने के लिये साधना ही मार्ग है। साधना से प्रभु प्राप्ति होती है जो साधकों को गुणातीत बनाती है। ऐसा व्यक्ति यदि यज्ञ, हवन, तीर्थ, व्रत और दान आदि करता है तो केवल दूसरों को प्रेरित करने के लिये स्वयं को इनकी कोई आवश्यकता नहीं होती। ऐसी स्थिति में संसार तथा इसकी सफलता सिद्ध–पुरुष के लिये व्यर्थ होती है।। 46 ।।

कर्मण्येवाधिकारस्ते मा फलेषु कदाचन।

मा कर्मफलहेतुर्भूर्मा ते सङ्गोऽस्त्वकर्मणि।। 47 ।।

अर्थ– तुम्हारा कर्म करने में ही अधिकार है उसके फलों में कभी नहीं। अत: तू कर्मों के फल का हेतु मत बन तथा तेरी कर्म न करने में भी आसक्ति न हो।। 47 ।।

व्याख्या– 1. कर्त्तव्य कर्म करना ही तुम्हारा अधिकार है। अर्थात् कर्तव्य का पूर्ण निर्वाह करना। 2. फल पर अधिकार नहीं 3. और न ही फल की इच्छा रखो। यदि फल की इच्छा से कार्य अथवा कर्म करो तो वह बन्धन का कारण ही बनेगा। कर्त्तव्य परायणता ही बन्धन से मुक्ति का मार्ग है सकाम कर्म कभी नहीं। कर्म में निष्काम भाव आवश्यक है। 4. और यह भी नहीं कि तुम कर्म

न करो, कर्म करना अत्यावश्यक है, परन्तु निष्काम भाव से। अकर्मण्यता तो स्वयं में बन्धन से ही जकड़ा रखने का हेतु है क्योंकि मुक्ति (छुटकारा) तो निष्काम रूप कर्म योग से ही होगा। यह संसार कर्म भूमि है, और मनुष्य जीवन केवल कर्म करने के लिये। अर्थात् निष्काम कर्म करना प्रभु प्राप्ति के लिये उत्तम मार्ग है।

अन्य प्राणी नवीन कर्म नहीं करते चाहे वे स्वर्ग में अथवा नरक में। स्वर्गवासी और नरकवासी अपने अच्छे बूरे कर्मों को ही भोगते हैं। (अर्जितं पूर्वभवे सदसदादि यत्तस्य पंक्ति समभ्यनक्ति)। अर्थात् पूर्व जन्म में जो जैसे कर्म करता है वैसे ही इस जीवन में फल भोगाता है। मनुष्य प्रालब्ध और सञ्चित कर्मों से उपर उठकर निष्काम कर्मकर ही अपना उद्धार कर सकता है। इसलिये निष्काम भाव को समझना आवश्यक है। आत्मा नित्य है कर्म अनित्य है, क्योंकि इसका भी शरीर की भांति आदि (जन्म) और अन्त है। नित्य को अनित्य की आवश्यकता नहीं होती, अर्थात् आत्मा को कर्म की जरूरत नहीं जब तक मनुष्य कर्म को निष्काम भाव से नहीं करेगा तथा अकर्मण्यता में रहेगा तब तक आत्मावान् नहीं हो सकेगा। क्योंकि समता ही मुक्ति का मार्ग है। यह निष्काम कर्म करके ही प्राप्य है। कर्म त्याग गीता का सुझाव है ही नहीं गीता का विशेष बल श्रेष्ठ उच्च श्रेणी के कर्म करने पर ही है।। 47 ।।

योगस्थ: कुरु कर्माणि सङ्गं त्यक्त्वा धनञ्जय।

सिद्ध्यसिद्ध्यो: समो भूत्वा समत्वं योग उच्यते।। 48 ।।

अर्थ— हे धनञ्जय! तुम आसक्ति को छोड़कर तथा सिद्धि और असिद्धि में समान बुद्धि वाला होकर योग में स्थित होकर कर्तव्य कर्मों को करो "समत्व" ही योग कहलाता है।। 48 ।।

व्याख्या— बन्धन का कारण आसक्ति ही है। जब तक मनुष्य कर्म फल में अथवा संसार संबंधित लाभ, हानि, स्थिति, घटना, रूप, रंग, ऐश्वर्य विजय आदि में आसक्त रहेगा, तो निर्लिप्त नहीं हो सकता, क्योंकि अन्त:करण की शुद्धि अति आवश्यक है। अन्त: करण की शुद्धि भी आसक्ति या इच्छा से नहीं होगी, वह भी समता से ही प्राप्य है अर्थात् मनुष्य यह सोचे कि इस कर्म

से इस प्रकार करने से मेरा अन्त:करण शुद्ध होगा और मुझे लाभ होगा, यह समत्व नहीं है समत्व कठिन प्राप्ति है जो कर्तव्य परायणता द्वारा ही प्राप्त है, जिसमें अपना लाभ अथवा कल्याण इच्छित न हो। सिद्धि–असिद्धि में सम रहना ही और समता में कर्तव्य परायणता से कर्तव्य करना समता है। वास्तव में (निश्चयत्मिका बुद्धि ही मात्र मार्ग है, जैसा 4/44 में कहा गया है अर्थात् ईश्वर भक्ति ही उद्धार का मार्ग है इससे अपने कल्याण की बात नहीं होती। अन्त: करण की शुद्धि तभी होती है जब साधक इस भाव से निष्काम कर्म में लीन (प्रयत्नशील) होता है कि मुझे कर्तव्य परोपकार अथवा ईश्वर प्राप्ति के लिये अवश्य करना है चाहे कितनी बाधाऐं हो। त्याग और बलिदान की भावना भी आवश्यक है।। 48 ।।

दूरणे ह्यवरं कर्म बुद्धियोगाद्धनञ्जय।
बुद्धौ शरणमन्विच्छ कृपणाः फलहेतवः।। 49 ।।

अर्थ– हे धनञ्जय! बुद्धि–योग (समत्व) अर्थात् समता की अपेक्षा सकाम कर्म अत्यन्त तुच्छ है। अत: तुम समता (बुद्धि–योग) का आश्रय लो। क्योंकि (कर्मफल) की इच्छा वाले दीन होते हैं।। 49 ।।

व्याख्या– सभी कर्म बन्धन के कारण हैं जब तक कर्म को अकर्म न बना दिया जाये तब तक बन्धन ही बन्धन हैं समस्त कर्म अधिकतर बिना समता के ही संसार में होते हैं। क्योंकि समता (बुद्धि–योग) निश्चयात्मिका बुद्धि के बिना कठिन हैं।

समता एक नित्य स्थिति है, कर्म अनित्य है क्योंकि कर्म–फल का भी संयोग–वियोग होने के कारण ही अनित्य हैं इनमें कोई संगत नहीं है। अत: कर्म जबतक मनुष्य समता की स्थिति में नहीं करेगा तब तक बन्धन मुक्त नहीं हो सकता। क्योंकि समता के बिना किये कर्मों में अहम् और आसक्ति दोनों होते हैं जो बन्धन का कारण है। स्पष्ट है कि जब मनुष्य के सकाम कर्म इच्छित फल प्रदान नहीं करते तो वह दु:ख का कारण बनता है जिससे मनुष्य कृपण (दीन) हो जाता है।

समता (बुद्धि–योग) से ही प्रभु प्राप्ति हो सकती है। सकाम कर्म जन्म–

मरणदायक है, अर्थात्, संसार से मुक्ति का माध्यम नहीं है यह निर्वाण नही दिला सकता।। 49।।

बुद्धियुक्तो जहातीह उभे सुकृतदुष्कृते।
तस्माद्योगाय युज्यस्व योगः कर्मसु कौशलम्।। 50 ।।

अर्थ– बुद्धि योग (समता) से युक्त साधक इसीलोक में पाप और पुण्य दोनों को त्याग देता है (इन दोनों से उपर उठ जाता है) अतः तुम योग (समता) में लग जाओ। क्योंकि योग (समता) ही कर्मों में कुशलता है।

व्याख्या– पाप–पुण्य उसी को लगते हैं जो द्वन्द्व के भंवर में मग्न रहता है। अर्थात् जो व्यक्ति सकामी, फल का इच्छुक होकर कर्म करता है। जो समता में स्थित है उसको पाप–पुण्य नहीं छूते क्योंकि वह आसक्ति से उपर उठा होता है। ऐसा साधक अपने कल्याण के लिये कुछ नहीं करता। जैसे कि वह शरीर एवं शरीरी के भेद को जानता है, और जानता है कि प्रकृति अपना कर्म स्वयं ही करती है, अतः वह लिप्त नहीं होता। वह तो नित्य से सम्बन्धित रहता है। असत् (शरीर) से नहीं। समता का अर्थ ही सदा सत् के साथ जुड़ा रहना है। मोक्ष के लिये पाप–पुण्य दोनों का त्याग जरूरी है दोनों ही बन्धन का कारण है, पुण्य कर्म संसार में अच्छे पात्र से बान्धेंगे अर्थात् मनुष्य को अच्छे कर्म फल को भोगनें के लिए जन्म लेना पड़ता है और पाप रूप बूरे फल से अतः कर्मों में कुशलता का अर्थ है कि जो भी कर्तव्य है वह बुद्धि योग (समता) द्वारा ही करना है लोभ–मोह से नहीं वही सर्वोत्तम है तभी कर्म क्षय पाप पुण्य से साधक उपर उठता है समता में किया कर्म ही उत्तम कर्म है।। 50 ।।

कर्मजं बुद्धियुक्ता हि फलं त्यक्त्वा मनीषिणः।
जन्मबन्धविनिर्मुक्ताः पदं गच्छन्त्यनामयम्।। 51 ।।

अर्थ– समता में स्थित ज्ञानीजन कर्म जनित कर्म–फल को त्याग कर, जन्मरूपी बन्धन से मुक्त होकर परम पद को प्राप्त हो जाते हैं।

व्याख्या– अर्थात् बुद्धिमान वही है जो समता में स्थित होता है। समता का अर्थ है कर्म करना आवश्यक है, परन्तु अहंकार वासना, ममता, लोभ से उपर उठकर। क्योंकि हर कर्म का फल होता ही है। जैसे मनुष्य खाने का कर्म करता

है शरीर उसको पचाता है और उस शरीर में फलस्वरूप बल स्वयं आता है। ऐसे ही मनुष्य भूमि में बीज बोता है तो वह अवश्य उगता है। क्योंकि प्रकृति अपना काम स्वयं करती है अत: जब साधक का कर्म निष्काम हो तो उसकी समता मे निखार आता जायेगा।

कर्म—फल से जुड़ना ही नहीं है अत: जो पूर्णत: समता में स्थित है वह ज्ञानी साधक जन्मरूप बन्धन से मुक्त परमपद भगवान् को प्राप्त हो जाता है।। 51 ।।

यदा ते मोहकलिलं बुद्धिर्व्यतितरिष्यति।
तदा गन्तासि निर्वेदं श्रोतव्यस्य श्रुतस्य च।। 52 ।।

अर्थ— जिस समय तुम्हारी (अर्जुन की) बुद्धि मोहरूप दलदल को पूर्ण रूप से पार कर जायेगी, उस समय तुम सुने हुए और सुनने योग्य इस लोक और परलोक सम्बन्धी सभी मोहों से वैराग्य को प्राप्त हो जाओगे।। 52 ।।

व्याख्या— मोह ही संसार में बन्धन का कारण है। यही मोह समता का शत्रु है, मोह को जब मनुष्य वश में कर लेता है तो सम—भाव उत्पन्न हो जाता है। मोह से निकलना दलदल की भांति कठिन है और मोह ही भोग में बांधता है।

सुने हुए और सुनने वाले भोगों के मोह से तात्पर्य है कि सुनना ही मोह का विशेष कारण है, श्रवण से ही आकर्षण बढ़ता है। विशेषकर अपने बारे में प्रशंसनीय शब्द बहुत लोगों को अच्छे लगते हैं। मनुष्य स्वयं नजदीक विषय देख सकता हैं परन्तु दूर की विषय भोग सम्बन्धी बातें भी सुन लेता है जो साधना में रूकावट डाल देती हैं।

संसार के लोभ तथा मोह में श्रवन का विशेष योग दान रहता है। अत: भगवान् इस शब्द का प्रयोग किया है। समता में स्थित साधक फिर भोग सम्बन्धी बातों को सुनना ही नहीं चाहता।। 52 ।।

श्रुतिविप्रतिपन्ना ते यदा स्थास्यति निश्चला।
समाधावचला बुद्धिस्तदा योगमवाप्स्यसि।। 53 ।।

अर्थ— तुम्हारी बुद्धि जो अनेक प्रकार के शास्त्रीय भेदों के सुनने से विचलित है जब स्थिर हो जायेगी, फिर तुम योग को प्राप्त हो जाओगे अर्थात् तुम्हारा ईश्वर से नित्य संयोग हो जायेगा।। 53 ।।

व्याख्या– संसार में असंख्य संकट और शास्त्रों के भी प्रत्येक कथन मनुष्य की बुद्धि को अस्थिर तथा विचलित बना देते हैं। संसारी के मार्ग में दो विशेष बाधाऐं है एक संसार की और दूसरी शास्त्रीय पण्डितवाद। यह भी अनेक प्रकार का है, जिसमें यह निश्चय कर पाना कठिन है कि क्या करें और क्या न करें। इन बाधाओं अथवा संशयों से मुक्त हुए बिना स्थिर होना कठिन है। अतएव गुरु का प्राप्त करना अथवा होना परमावश्यक है जो बुद्धि को स्थिर करने का पक्का ढ़ंग बताते हैं यह नुख्शा है प्रणवध्वनि (ऊँ ध्वनि) कूटस्थ पर ध्यान केन्द्रित करके जब साधक इस ओंकार ध्वनि को सुन लेता है तब बाहर की ध्वनियों तथा भाषाओं से प्रभावित नहीं होता– यह प्रणव ध्वनि ही शब्द ब्रह्म है– यहाँ भगवान् इस ओंकार ध्वनि की ओर ही संकेत कर रहे हैं। ज्ञातव्य यह है कि हर मानव और जीव भी वास्तव में है ही आत्मा (भगवान्)। परन्तु उनका अज्ञान उनके मार्ग की बाधाएं है। (संसार–शरीर–शास्त्र आदि) जिससे वह (साधक) अपने आपको शरीर समझता है यह प्राण–प्रवाह के कारण है जो अन्दर से बाहर की ओर है। प्राण ही जीवन है। अत: प्रत्येक व्यक्ति अपने आप को आत्मा न जान कर शरीर ही समझता है। यही शरीर से संयोग आत्मा से वियोग है योग इस वियोग से मुक्त होने का नाम है। अर्थात् आत्मा से युक्त होना ही योग है।। 53 ।।

अर्जुन उवाच–

स्थितप्रज्ञस्य का भाषा समाधिस्थस्य केशव।
स्थितधी: किं प्रभाषेत किमासीत व्रजेत किम्।। 54 ।।

अर्थ– अर्जुन बोले– हे केशव! समाधि में स्थित परमात्मा को प्राप्त हुए स्थिर बुद्धि वाले पुरुष का क्या लक्षण है? वह स्थिर बुद्धि पुरुष कैसे बोलता है, कैसे बैठता है और कैसे चलता है?।। 54 ।।

व्याख्या– यहां समाधिस्थ और स्थित प्रज्ञ दोनों का प्रसंग है। अर्थात् साधक और सिद्ध। साधक का अर्थ है जब वह समाधी से उठता है तो उसका कैसा व्यवहार अथवा किस प्रवति का होता है? क्योंकि समाधि में साधक, शास्त्रों के अनुसार, शरीर से उपर उठा होता और संसार का व्यवहार शरीर

अर्थात् मन से ही होता है और सिद्ध पुरुष तो सर्वदा शरीर से उपर ही रहता है उसका माध्यम इन्द्रिय अथवा प्राण नहीं होता। अतः इन दोनों के लक्षणों के विषय में अर्जुन का प्रश्न तर्क संगत ही है क्योंकि वह तो योद्धा है, और युद्ध मैदान में खड़ा है। ऐसी स्थिति में समाधिस्थ अथवा स्थित प्रज्ञ के क्या लक्षण होते हैं, इन प्रश्नों के उत्तर भगवान् ने अगले श्लोकों में दिये हैं।। 54 ।।

श्री भगवानुवाच–

प्रजहाति यदा कामान्सर्वान्पार्थ मनोगतान्।
आत्मन्येवात्मना तुष्टः स्थितप्रज्ञस्तदोच्यते।। 55 ।।

अर्थ– श्रीकृष्ण भगवान् बोले हे अर्जुन! जिस काल में यह पुरुष (साधक) मन में स्थित सम्पूर्ण कामनाओं को अच्छी प्रकार त्याग देता है और आत्मा से आत्मा में सन्तुष्ट रहता है, उस काल में वह स्थितप्रज्ञ कहा जाता है।। 55 ।।

व्याख्या– जब अन्तःकरण में कोई वासना या इच्छा किसी (विषय–वासना की स्थिति अनुभव) की न हो, कर्म योगी पूरी तन्मयता से कर्तव्य से कर्तव्य में ही लीन है। संसारी कर्म उसको स्पर्श तक नहीं करता। किसी बाह्य वस्तु की परेशानी है ही नहीं। भक्त को यह स्थिति (स्थित–प्रज्ञ की) अपने इष्ट में मस्त रहने और अपने इष्ट को दूसरों में भी देखने से आती है। ज्ञानी अथवा ज्ञान–योगी अपने आप को गुणों (प्राकृतिगुण) से निर्लिप्त रखकर और अपनी ही आत्मा को दूसरों में देख कर स्थित–प्रज्ञ होता है।

कर्म योगी, समस्त कामनाओं को त्याग कर दूसरों के उपकार और सुख में लीन रहता है, और इस माध्यम से स्थितप्रज्ञ हो जाता है स्थित प्रज्ञ साधक नहीं रहता वह सिद्ध हो जाता है। क्योंकि उसमें इच्छा या वासना का कोई अंश नहीं होता।। 55 ।।

दुःखेष्वनुद्विग्नमनाः सुखेषु विगतस्पृह।
वीतरागभयक्रोधः स्थितधीर्मुनिरुच्यते।। 56 ।।

अर्थ– दुःखों की प्राप्ति पर जो दुःखी नही होता और सुखों की प्राप्ति पर जो उनमें लिप्त नहीं होता और जो राग भय तथा क्रोध से सर्वदा उपर रहता है वह मुनि (मननशील) मनुष्य स्थिर बुद्धि वाला होता है।। 56 ।।

व्याख्या– स्थिर बुद्धि मनुष्य की पहचान है, समत्व अर्थात् दुःख जब उसके जीवन में आते हैं तो वह उसके मन की प्रसन्नता को निरस्त नहीं कर सकते, क्योंकि वह कोई काम स्वार्थ वश नहीं करता। दुःख दूसरों के कल्याण करते समय भी आसकत है क्योंकि दुष्ट स्वभाव वाले लोग दूसरों के कल्याणकारी कर्मों से भी दुःखी रहते हैं। परन्तु स्थिर बुद्धि वाला उससे दुःखी नहीं होता।

सुखों की प्राप्ति स्थिर बुद्धि वाले को उन सुखों अथवा उनके कारणों से नहीं बान्ध पाती क्योंकि अपना सुख उसका विशेष लक्ष्य नहीं होता वह सुख और दुःख दोनों से उपर ही रहता है।

राग सांसारिक विषयों और सम्बन्धों के आकर्षण का नाम है। जब इन पर आंच आती है तो मनुष्य को भय अथवा क्रोध आता है। परन्तु स्थित प्रज्ञ (बुद्धि वाला) मनुष्य तो राग से उपर होता है। अतः उसको राग भय और क्रोध नहीं छूते। वही स्थिर बुद्धि (प्रज्ञ) वाला मननशील कर्म योगी कहलाता है। सारांश यह है कि जब साधक आत्म–तत्व का अनुभव कर लेता है तो उसको मन तथा शरीर सम्बन्धी विषय राग–भय, क्रोध आदि प्रभावित नहीं कर सकते।। 56 ।।

यः सर्वत्रानभिस्नेहस्तत्तत्प्राप्य शुभाशुभम्।
नाभिनन्दति न द्वेष्टि तस्य प्रज्ञा प्रतिष्ठिता।। 57 ।।

अर्थ– जो पुरुष सर्वत्र स्नेह रहित हुआ उस–उस शुभ अशुभ वस्तु को प्राप्त कर न प्रसन्न होता है न द्वेष करता है उसकी बुद्धि स्थिर है।। 57।।

व्याख्या– इस श्लोक में प्रतिष्ठित बुद्धि के स्वरूप की चर्चा कर रहे हैं। स्थिर बुद्धि वाले व्यक्ति के स्वरूप (स्वभाव) में आसक्ति और द्वेष का कोई अंश नहीं होता अतः जिस वस्तु का अंश स्वरूप में ही नहीं तो वह शुभ को प्राप्त कर प्रसन्न और अशुभ को पाकर द्वेष कर ही नहीं सकता क्योंकि वह स्नेह और द्वेष से उपर है। घर परिवार, स्त्री–पुत्र यह उसके मतलब के नहीं, यही नही, कि उसके घर–पुत्र–स्त्री नहीं परन्तु वह उनकी आसक्ति और बन्धन के मोह से हमेशा उपर है। अर्थात् वह इन्हें भूलता नहीं उनका ध्यान रखता हे परन्तु लिप्त नहीं होता है पुत्र बीमार है तो वह उसकी औषधि का प्रबन्ध आवश्य करेगा, परन्तु विचलित कभी नहीं होगा। स्थित या प्रतिष्ठित–बुद्धि वाले का

स्वरूप (आभ्यान्तरिक व्यक्ति) आसक्ति अथवा द्वेष की परिस्थिति के परिवर्तन से परिवर्तित नहीं होता।। 57 ।।

यदा संहरते चायं कूर्मोऽङ्गानीव सर्वशः।
इन्द्रियाणीन्द्रियार्थेभ्यस्तस्य प्रज्ञा प्रतिष्ठिता।। 58 ।।

अर्थ– जिस प्रकार कछुआ अपने अंगो को चारो ओर से समेट लेता है वैसे ही जब योगी (कर्मयोगी) इन्द्रियों के विषयों से इन्द्रियों को सब प्रकार से हटा लेता है तब उसकी बुद्धि स्थिर है।। 58 ।।

व्याख्या– गीता में भगवान् श्रीकृष्ण द्वारा बोला गया हर शब्द वेद वाक्य है। पूर्णसत्य तथा तथ्य पर आधारित है। यहां कछुए का उदाहरण ही लें। कछुए के छः अंग होते हैं चार टांगें, एक पूंछ और सिर। जब वह किसी कारण इन छः अंगो को छूपा लेता है तो केवल उसकी पीठ दिखायी देती है प्रत्येक भाव के भी छः ही अंग विषयों से सम्बन्ध रखते हैं। पांच ज्ञानेन्दियां और एक मन, स्थिर बुद्धिवाला भी मन तथा इन्द्रियों को विषयों से पूर्ण रूप से हटा लेता है। अर्थात् उनका चिन्तन तक नहीं करता और उस स्थिति में उसकी बुद्धि स्थिर होती है। क्योंकि उस स्थिति में मन विषयों के पीछे नहीं भागता।। 58 ।।

विषया विनिवर्तन्ते निराहारस्य देहिनः।
रसवर्जं रसोऽप्यस्य परं दृष्ट्वा निवर्तते।। 59 ।।

अर्थ– निराहारी (जो इन्द्रियों के विषयों का सेवन नहीं करता) मनुष्य के (भी) विषय निवृत्त हो जाते हैं। परन्तु रस (वासना) निवृत नहीं होता। स्थित प्रज्ञ मनुष्य का तो परमात्मा के तत्व को जानने पर रस भी निवृत्त हो जाता है।। 59 ।।

व्याख्या– विषयों के प्रति इच्छा का हटाना अथवा हटना सरल प्रयास नहीं है। बूढ़ा अथवा बीमार मनुष्य भी जब वह विषयों का प्रयोग नहीं कर सकता तब भी उसके मन से विषयों की इच्छा या वासना नहीं जाती। इन्दियों के विषय तो शारीरिक दुर्बलताके कारण निवृत हो जाते हैं, परन्तु वासना नहीं। परन्तु जो वीतराग है जिन्होंने भगवान् का अनुभव कर लिया है, उनकी विषय तथा वासना दोनों से आसक्ति मूल रूप से हट जाती है। सारांश यह है कि

जब साधक ईश्वर को जान लेता है (स्थित प्रज्ञ पुरुष) तो उसको भगवान् के अतिरिक्त और कुछ भाता ही नहीं।। 59 ।।

यततो ह्यपि कौन्तेय पुरुषस्य विपश्चितः।
इन्द्रयाणि प्रमाथानि हरन्ति प्रसभं मनः।। 60 ।।

अर्थ— हे कुन्तिपुत्र (अर्जुन)! आसक्ति नाश न होने के कारण ये प्रमथनस्वभाव वाली इन्द्रियां यत्न करते हुए विद्वान् (बुद्धिभाव) पुरुष के मन को भी बलात् हर लेती है।। 60 ।।

व्याख्या— इन्द्रियों का इन्द्रियों के विषयों से हटाना अति कठिन चुनौती है। क्योंकि इन्द्रियां अति बलशाली हैं, विद्वान् मनुष्य कई बार स्खलित हो जाते हैं। इसीलिये भगवान् श्रीकृष्ण सावधान कर रहे हैं, कि जब तक साधक सिद्ध न हो जाय यह भय सर्वदा समक्ष में रहता है अतः हर साधक को इन्द्रियों के आकर्षण से सावधान रह कर साधना में पूर्ण शक्ति लगानी है। क्योंकि जब साधक एकबार भगवान् का अनुभव कर लेता है तो इन्द्रियां लाचार हो जाती है।

तानि सर्वाणि संयम्य युक्त आसीत मत्परः।
वशे हि यस्येन्द्रियाणि तस्य प्रज्ञा प्रतिष्ठिता।। 61 ।।

अर्थ— अतः साधक को चाहिए कि वह उन सम्पूर्ण इन्द्रियों को वश में करके समाहित चित्त हुआ मेरे परायण होकर ध्यान में बैठे, क्योंकि जिस पुरुष की इन्द्रियाँ वश मे होती हैं, उसी की बुद्धि स्थिर हो जाती है।। 61 ।।

व्याख्या— यहाँ मत्परायण शब्द का विशेष प्रयोग है। इन्द्रियों को वश में करना सरल चुनौती नहीं है। अतः साधक इनको वश करने के प्रयास में मत्परायण होना चाहिए। ऐसा सोचे कि ईश्वर ही मुझे इन्द्रियों को वश में करने का बल अथवा सक्षमता प्रदान कर सकते हैं। क्योंकि यह चुनौती अहंकार से नियन्त्रित नहीं होती मत्पपरायणता ही एक मात्र साधन है नहीं तो इन्द्रियाँ मन को हर लेती है। मन बुद्धि को हर लेता है और बुद्धि फिर प्रतिष्ठित नहीं रह सकती। अतः इस प्रयास में ईश्वर की कृपा आवश्यक है। यही मत्परायणता का अर्थ है।। 61 ।।

ध्यायतो विषयान्पुंसः सङ्गस्तेषूपजायते।
सङ्गात्सञ्जायते कामः कामात्क्रोधोऽभिजायते।। 62 ।।

अर्थ– विषयों का चिन्तन करने वाले पुरुष की उन विषयों में आसक्ति हो जाती है, आसक्ति से उन विषयों की कामना उत्पन्न होती है और कामना में विघ्न पड़ने से क्रोध उत्पन्न होता है।। 62 ।।

व्याख्या– मन और इन्द्रियाँ मौन और निश्चल नहीं रह सकते। यदि साधक मन को ईश्वर परायण नही करेगा तो मन विषयों की ओर दौड़ेगा। जो मन को विषयों में आसक्त कर लेगा उसकी कामना बढ़ती जायेगी। कामनाऐं अनन्त होती हैं। वासनाऐं भी असीम ही होती हैं। जब वासनाऐं, कामनाऐं पूर्ण नहीं होती तो क्रोध उत्पन्न होता है, क्योंकि कामना का स्वरूप रजोगुणमय है, और क्रोध का तामसिक। ये दोनों गुण हानिकारक हैं। इन दोनों गुणों से वियुक्त होने के लिये सत्त्वगुण में प्रतिष्ठित होना आवश्यक है।। 62 ।।

क्रोधाद्भवति सम्मोहः सम्मोहात्स्मृतिविभ्रमः।
स्मृतिभ्रंशाद् बुद्धिनाशो बुद्धिनाशात्प्रणश्यति।। 63 ।।

अर्थ– क्रोध से अत्यधिक मूढ़भाव (सम्मोह) उत्पन्न हो जाता है, उस मूढ़ भाव से स्मृति भ्रम हो जाता है, स्मृति भ्रम हो जाने से बुद्धि अर्थात् ज्ञान शक्ति का नाश हो जाता और बुद्धि का नाश हो जाने से यह पुरुष अपनी स्थिति से पतित हो जाता है।। 63 ।।

व्याख्या– क्रोध से निश्चित रूप से सम्मोह हो जाता है। सम्मोह काम और अहंकार का घर होता है। यही वास्तव में बुद्धि विनाशक तत्व है। सम्मोह से ही विवेक नष्ट हो जाता है। भले बुरे तक की पहचान नहीं रहती। स्मृति अर्थात् गुरु अथवा शास्त्र जनित ज्ञान भी नष्ट हो जाता है। स्मृति से ही मनुष्य विवेक और ज्ञान का विकास करता है। इस स्मृति के नष्ट होने से सात्विक एवं दिव्य विचार ही पैदा नहीं हो पाते और विवेक नष्ट हो जाता है।। 63 ।।

रागद्वेषवियुक्तैस्तु विषयानिन्द्रियैश्चरन्।
आत्मवश्यैर्विधेयात्मा प्रसादमधिगच्छति।। 64 ।।

प्रसादे सर्व दुःखानां हानिरस्योपजायते।
प्रसन्नचेतसो ह्याशु बुद्धिः पर्यवतिष्ठते।। 65 ।।

अर्थ— परन्तु अपने अधीन किये हुए अन्तः करण वाला साधक अपने वश में की हुई, रागद्वेष से रहित इन्द्रियों द्वारा विषयों में विचरण करता हुआ अन्तःकरण की प्रसन्नता को प्राप्त होता है। अन्तःकरण की प्रसन्नता पाने पर साधक के सभी दुःखों का नाश हो जाता है। चित्तप्रसन्न कर्मयोगी की बुद्धि शीघ्र ही सब ओर से हट कर एक ईश्वर में स्थित होती है।। 64-65 ।।

व्याख्या— इन दो श्लोंको का केन्द्र बिन्दु अन्तःकरण है। जिसने अन्तःकरण को अपने वश में कर लिया है, उस साधक को विषय—वासनाऐं बन्धन में नहीं डाल सकती। क्योंकि शुद्ध एवं पवित्र अन्तकरण ही प्रसन्नता का स्रोत है जब एक बार अन्तःकरण पवित्र हो जाता है तो विषयों का संयम से सेवन करने पर भी बन्धन नहीं रहता। क्योंकि प्रसन्नता अन्तःकरण में है विषय भोग में नहीं। विषय भोग की प्रसन्नता नश्वर है और शुद्ध अन्तःकरण की स्थाई, और जब मन स्थाई रूप से प्रसन्न है जिसमें कोई विकार नहीं ऐसा मन ईश्वर में सरलता से लीन हो जाता है।

अन्तः करण को वश में करना योगी के लिये नितान्त आवश्यक है। क्योंकि उसका स्वभाव ही कर्म करना है इसलिए उसका सम्बन्ध सर्वदा विषयों से रहने के बावजूद लिप्त नहीं रहना चाहिए, तभी योगी निस्पृह हो सकता है। विषयों का प्रयोग करते हुए राग—द्वेष रहित होना आत्यावश्यक है। यही अन्तःकरण की शुद्धि की कसौटी है। ऐसी स्थिति में प्रतिष्ठित बुद्धि वाला साधक भगवान् में लीन रह कर आनन्दमय ही है।। 64-65 ।।

नास्ति बुद्धिरयुक्तस्य न चायुक्तस्य भावना।
न चाभावयतः शान्तिरशान्तस्य कुतः सुखम्।। 66 ।।

अर्थ— अजितेन्द्रीय साधक की बुद्धि स्थिर नहीं होती, अस्थिर बुद्धिवाला परमात्मा परायण नहीं हो सकता क्योंकि अयुक्त तथा भावनाहीन को शान्ति नहीं मिलती। ऐसे साधक को सुख (मोक्ष) कैसे मिल सकता है? ।। 66 ।।

व्याख्या— यहां मन और इन्द्रियों को पूर्ण रूप से नियन्त्रित करने की आवश्यकता

इसलिये साधक के लिये कही गई है कि इस नियन्त्रण के बिना साधक (कर्म–योगी) कुछ भी लाभ ईश्वर प्रसाद मार्ग पर ग्रहण नहीं कर सकता। क्योंकि असंयमी तो भोगों में फंसा रहता है जो अन्त: करण की शुद्धि के बिना विष समान है। शान्ति अन्त:करण की शुद्धि पर होती है तथा अशान्त साधक प्रभु को प्राप्त नहीं कर सकता। अत: ऐसा साधक अन्य प्राणियों के समान अशान्त रहेगा। इसीलिये साधक को प्राथमिकता इन्द्रियों को वश में करना आवश्यक है तभी साधक की भावना में निखार आ सकता है और तभी वह परम तत्त्व से युक्त हो सकता है।। 66 ।।

इन्द्रियाणां हि चरतां यन्मनोऽनुविधीयते।
तदस्य हरति प्रज्ञां वायुर्नावमिवाम्भसि।। 67 ।।

अर्थ– जैसे पानी में चलने वाली नाव को वायु हर लेती है वैसे ही विषयों में व्यस्त एक ही इन्द्रिय इस व्यस्त पुरुष की बुद्धि हर लेती है।। 67 ।।

व्याख्या– असंयमी की बुद्धि इसलिये अस्थिर होती है क्योंकि वह इन्द्रियों को संयत नहीं कर पाता। प्रत्येक मनुष्य का मन सामान्यत: किसी न किसी विषय अथवा वासना के अनुभव में आकृष्ट रहता है और इन्द्रिय मन को इसी विषय वासना मे लिप्त कर देती है। साधक का मन उस लाचार नौका के समान दें जिसके प्रवाह को वायु हर लेती है। एक विषय में लगा हुआ (मन) विषय भोगी बन जाता है। इसीलिये भगवान् श्रीकृष्ण ने, व्यवसायात्मिक बुद्धि पर जोर देकर साधक को सावधान किया है कि साधना में हमेशा स्थिर बुद्धि का प्रयोग करें जिससे उसे (साधक को) अपने इष्ट प्राप्ति में सफलता सरलता पूर्वक प्राप्त हो।। 67 ।।

तस्माद्यस्य महाबाहो निगृहीतानि सर्वश:।
इन्द्रियाणीनिद्रयार्थेभ्यस्तस्य प्रज्ञा प्रतिष्ठिता।। 68 ।।

अर्थ– हे महाबाहो! जिस साधक ने अपनी इन्द्रियों को विषयों से पूर्णरूप से वश कर ली है उसकी ही बुद्धि स्थिर है।। 68 ।।

व्याख्या– जितेन्द्रीय की ही बुद्धि स्थिर है और वही प्रभु प्रेम का तथा प्रसाद का पात्र हैं इन्द्रियों पर पूर्ण नियन्त्रण अत्यावश्यक है। क्योंकि इन्द्रियां बलवती

होती हैं ये इन्द्रियां आसानी से साध्य नहीं है। अतएव भगवान् ने इसी अध्याय के आरम्भ में सावधान कर दिया कि इन्हें कभी न्यूनानुमानित (under estimate) नहीं करना चाहिए।। 68 ।।

या निशा सर्वभूताानां तस्यां जागर्ति संयमी।
यस्यां जाग्रति भूतानि सा निशा पश्यतो मुनेः।। 69 ।।

अर्थ– सभी प्राणियों (ईश्वर विमुख) के लिये जो रात्रि के समान है उसमें (ज्ञानस्वरूप परमानन्द की प्राप्ति में) साधक जागता है। जिसमें साधारण मनुष्य (संसार बन्धन में) जागते हैं, वह तत्ववेतों के लिये रात्रि के समान है।। 69 ।।

व्याख्या– इस श्लोक का सारांश यह है कि जिस मनुष्य (साधक) की इन्द्रियां वश में है और जो इन्द्रियों के वश में उनमें क्या अन्तर है? संसारी लोग विशेष कर जो मेलजोल, योग–क्षेम, राग–द्वेष में तल्लीन है और जिन्हें स्वल्प ध्यान नहीं कि ईश्वर क्या है? हम क्या हैं? सत्–असत् क्या है? वे सर्वदा दिन होते हुए भी रात के अंधेरे में हैं, अर्थात् उस सत्प्रकाश से अनभिज्ञ है जो संसार को प्रकाशित करता है। अतः जो साधक इस से अनभिज्ञ है वह अज्ञान के अन्धकार से ग्रसित है। अर्थात् ऐसे जन पशु समान है उनका व्यवसाय उदरपूर्ति ही है।

संयमी साधक वही है जिसकी प्राथमिकता इन्द्रियों को संयमित कर प्रभु प्राप्ति है। अर्थात् संसारी बन्धन को पहचानना तथा इन्द्रियों को वश में करके संसार में व्यवहार करना स्वयं को संसार से उपर रखना ही संसारी रूपी रात में अनासक्त भाव से व्यवहार करते हुए साधक का जागना है। यह अनुभूति ज्ञान रूपी चक्षु होने पर ही सम्भव है।। 69 ।।

आपूर्यमाणमचलप्रतिष्ठंसमुद्रमापः प्रविशन्ति यद्वत्।
तद्वत्कामा यं प्रविशन्ति सर्वे स शान्तिमाप्नोति न कामकामी।। 70 ।।

अर्थ– जैसे अनेक नदियों के जल चारों ओर से परिपूर्ण समुद्र में उसे अशान्त किये बिना समा जाता है वैसे ही सब भोग जिस स्थित प्रज्ञ पुरुष में किसी प्रकार का विकार उत्पन्न किये बिना ही समा जाते हैं वही पुरुष परमशान्ति को प्राप्त होता है भोगों का इच्छुक नहीं।। 70 ।।

व्याख्या— समुद्र जैसे असंख्य बाढ़ वाली नदियों के उसमें गिरने से छलकता (**over flow**) नहीं। शान्त ही रहता है और जब नदियों का पानी कम होने के कारण सागर में कम आता है तो वह सागर खाली नहीं लगता अर्थात् सर्वदा एक जैसा रहता है। वैसे संयमी नाना प्रकार के सांसारिक विषयों के प्रयोग और सम्पर्क के होने पर भी संपन्न ही रहता है। क्योंकि उसका इन्द्रियों पर पूर्ण संयम है और अन्त: करण पवित्र होता है। वही मनुष्य परम सुख और शान्ति को प्राप्त होता है। कामना ग्रस्त लिप्त मनुष्य शान्ति और परम सुख का पात्र नहीं होता, क्योंकि चेतन स्वरूप की तृप्ति जड़ पदार्थों से नहीं होती।। 70 ।।

विहाय कामान्यः सर्वान्पुमांश्चरति निःस्पृह।
निर्ममो निरहङ्कारः स शान्तिमधिगच्छति।। 71 ।।

अर्थ— जो पुरुष (साधक) सभी इच्छाओं को त्याग कर ममता, अहंकार और स्पृहा (इच्छा) रहित विचरण करता है वही शान्ति को प्राप्त होता है।। 71 ।।

व्याख्या— कर्म योग मे कामना का पूर्ण त्याग किये बिना कोई स्थिर बुद्धि नही हो सकता। कामना का अर्थ वस्तु प्राप्ति की इच्छा होती हैं कर्म योगी का इन्द्रियों पर संयम होने के कारण वह निस्पृह होता है। अर्थात् यह नहीं कि वह संसार में नहीं रहता पर वह संसारी (लिप्त) बन कर नहीं रहता। उसको विषय भोग आकर्षित नहीं करते। वह निस्पृह होता है। अर्थात् उसको मोह तथा वासना छू नहीं पाते बेशक वह संसार में व्यवहार भी करता हो क्योंकि वह संसारी बन कर नहीं रहता। उसको विषय भोग आकर्षित नहीं करते। वह साधक निरहंकारी इसलिये होता है कि वह जानता है कि मैं शरीर नहीं शरीरी (आत्मा) हूँ। अहंकार तो उसे होता है जो अपने आपको आत्मा नहीं शरीर मानता है। कर्म तथा किसी वस्तु को अपना नहीं मानता। अतः उसे ममता नहीं होती। कामना, ममता, अहंकार से निस्पृह साधक ही शान्ति को प्राप्त होता है। कामना से ग्रस्त (जन) नहीं।। 71 ।।

एषा ब्राह्मी स्थिति पार्थ नैनां प्राप्य विमुह्यति।
स्थित्वास्यामन्त कालेऽपि ब्रह्म निर्वाणमृच्छति।। 72 ।।

अर्थ— हे अर्जुन! यह ब्रह्म को प्राप्त साधक की स्थिति है इसको प्राप्त कर

योगी कभी मोहित नहीं होता, और अन्तकाल में भी इस ब्राह्मी स्थिति में स्थिति में स्थित होकर ब्रह्म को ही प्राप्त होता है।। 72 ।।

व्याख्या— ब्राह्मी स्थिति उसको कहते हे जब साधक ब्रह्म को प्राप्त हो जाता है। भगवान् के दर्शन कर लेता है। शरीर के बन्धन, कटने पर और अपने आपको आत्मा अनुभव करने पर ही ब्राह्मी स्थिति प्राप्त होती है। (अध्याय—2/83) इसके लिये साधक (कर्म—योगी) के लिये कामना, ममता, अहंकार से उपर उठकर पूरे रूप से निस्पृह होना हैं इसका अर्थ यह नहीं कि शरीर या मन को परेशान अथवा दुःखी करें यह तो कच्चे आदमी की दशा होती है निस्पृह की स्थिति नहीं होती। सरल शब्दों में ब्राह्मी स्थिति समाधि अवस्था है— प्रभु दर्शन। "अन्तकाल में भी इस ब्राह्मी स्थिति को प्राप्त होने से अभिप्राय है कि किस प्रयास में ढ़ील नहीं देनी। अन्तकाल में भी यह प्राप्य है तभी संसार से मुक्त और भगवान् से युक्त हो सकते हैं। वासना पर और कामना पर पूर्ण नियन्त्रण करना ही आवश्यक है। जो स्वच्छ अन्तःकरण वाले साधक को ही प्राप्य है और यह भी नहीं सोचना चाहिए कि अन्त काल में अहंकार से मुक्त होना हर साधक (मनुष्य) के लिये सरल है अनुशासित तथा निस्पृह जीवन व्यतीत किये बिना ब्राह्मी स्थिति उपलब्ध नहीं होती यह भी ध्यान में रखना है कि इस स्थिति की प्राप्ति के लिये अभ्यास, साधना, स्वध्याय तथा सद्गुरु की आवश्यकता होती है।। 72 ।।

तत्सदिति श्रीमद्भगवद्गीतासूपनिषत्सु ब्रह्मविद्यायां
योगशास्त्रे श्रीकृष्णार्जुनसंवादे सांख्ययोगो नाम
द्वितीयोऽध्यायः।। 2 ।।

कर्म योगः यज्ञ रूप कर्म

अर्जुन उवाच

ज्यायसी चेत्कर्मणस्ते मता बुद्धिर्जनार्दन।
तत्किं कर्मणि घोरे मां नियोजयसि केशव।। 1 ।।

अर्थ— हे जनार्दन! यदि आप कर्म से (कर्म-योग) ज्ञान (सांख्य योग) को श्रेष्ठ मानते हैं तो मुझे इस घोर (हिंसात्मक) कर्म में क्यों प्रवृत करते हैं।। 1 ।।

व्याख्या— अर्जुन योद्धा ही नहीं क्षत्रिय भी है। उसका क्षत्रिय धर्म युद्ध करना है क्योंकि क्षत्रिय को धर्म की रक्षा करनी पड़ती है। जो इस लोक तथा संसार का आधार है—इस युद्ध के लिये अर्जुन स्वयं तत्पर तथा आवेशित था। इसी आवेश के कारण उसने श्री कृष्ण भगवान् (सार्थी) को कहा कि मेरा रथ दोनों सेनाओं के मध्य खड़ा करो मैं भी देखूं कि कौन—कौन मेरे साथ युद्ध करना चाहते हैं। सेनाओं में दोनों ओर सगे—सम्बन्धियों, भाईयों, भतीजों, चाचों तथा पूज्य गुरुजनों को देख कर अर्जुन का मन बदल जाता है। अर्जुन सोचते हैं कि इन समस्त भाई बन्धुओं को मार कर उन्हें पाप ही लगेगा। साथ में नरक भी भोगना पड़ेगा। युद्ध के विषय में अपने विचारों के लिये वह अपने आप को कोसता है तथा श्री कृष्ण से कहता है कि इन प्रतिपक्षी योद्धाओं की हत्या से श्रेष्ठ तो धरती पर भीख मांग कर निर्वाह करना है। अर्जुन अति विशाद ग्रस्त होकर रथ पर बैठ जाते हैं तथा धनुष को हाथ से छोड़ देते हैं। इसके पश्चात् भगवान् श्री कृष्ण अर्जुन को बोलते हैं गी० 2/11 (जो भगवान् श्री कृष्ण के

गीता में रहस्ययुक्त प्रथम वचन है) "हे अर्जुन! तुम ज्ञानी के समान बातें करते हो और मूर्ख जैसा व्यवहार। तत्पश्चात् ज्ञान और कर्म (ज्ञानयोग और कर्मयोग) दोनों सिद्धातों को अर्जुन के सामने निष्पक्ष रूप से रखते हैं और अर्जुन को स्वयं ही जैसा उचित समझे करने को कहते हैं। कर्म-योग और ज्ञानयोग (सांख्य योग) दोनों का वर्णन करते हुए ब्राह्मी-बुद्धि (निश्चयात्मिका) का वर्णन करते हैं। परन्तु इस मिश्रित वर्णन से अर्जुन यह समझ बैठे है कि ज्ञान योग कर्म योग से श्रेष्ठ हैं इसीलिये भगवान से प्रश्न करते हैं कि फिर आप (श्री कृष्ण) मुझे युद्ध करने को क्यों कहते हैं?।। 1 ।।

व्यामिश्रेणेव वाक्येन बुद्धिं मोहयसीव मे।
तदेकं वद निश्चित्य येन श्रेयोऽहमाप्नुयाम्।। 2 ।।

अर्थ– आप (अपने) मिले जुले (मिश्रित) वचनों से मेरी बुद्धि को (मानो) मोहित कर रहे हैं। अत: एक बात को निश्चित रूप में कहिए जिससे मैं कल्याण को प्राप्त कर सकूं।। 2 ।।

व्याख्या– अर्जुन का अपने कल्याण का लक्ष्य मोक्ष है उन्होंने संसार में पहले ही बहुत श्रेष्ठ तथा उत्तम कर्म करके विख्याति और सफलता प्राप्त कर ली है। वह अद्वितीय योद्धा है। अब उनका परम लक्ष्य मोक्ष है। इसीलिये अर्जुन ने इससे पूर्व भी दूसरे अध्याय के 7 वें श्लोक में भगवान् को कहा था कि आपका शिष्य हूँ आपका शरणागत हूँ मुझे ठीक–ठीक उपदेश दें। अब यहां भी यही कह रहे हैं कि मेरा कल्याण ज्ञान योग में है अथवा कर्म योग में। मुझे स्पष्ट रूप से कहिये।। 2 ।।

श्री भगवानुवाच

लोकेऽस्मिन्द्विविधा निष्ठा पुरा प्रोक्तामयानघ।
ज्ञानयोगेन सांख्यानां कर्म योगेन योगिनाम्।। 3 ।।

अर्थ– श्री भगवान् बोले– हे निष्पाप अर्जुन! इसलोक में दो प्रकार की आध्यात्मिक निष्ठाऐं हैं, जो मैं ने पहले कह दी है। उनमें ज्ञानियों की निष्ठा ज्ञान योग में और कर्म योगियों की निष्ठा कर्म योग में होती है।। 3 ।।

व्याख्या– संसार में ज्ञान और कर्म की निष्ठा वाले ही नहीं, परन्तु भक्ति की

निष्ठा वाले भी लोग हैं यहां ज्ञान और कर्म का प्रसंग है क्योंकि अर्जुन का प्रश्न ज्ञान-योग और कर्म-योग से सम्बन्धित है अत: भगवान् इन दोनों योगों की निष्ठा के बारे में बता रहे हैं। परन्तु भक्ति तथा श्रद्धा भाव के बिना कोई भी योग-कर्म अथवा ज्ञान सिद्ध नहीं होते, अत: सब योगों में भक्ति निष्ठा स्वयं ही वर्तमान है।

ज्ञान योग की निष्ठा से अभिप्राय है जब मनुष्य अपने आप को आत्मा जानकर (जो अकर्ता है) कर्त्तापन के अभिमान से उपर हो जाय अपने आपको कर्त्ता का श्रेय न ले, क्योंकि वह (साधक) जानता है कि प्रकृति के गुण ही कर्म करते हैं। गुण और इन्द्रियां ही कार्य में लीन रहते हैं आत्मा नहीं अर्थात् गुण—कर्म विभाग को जानता है और यह समझ कर स्वयं लिप्त नहीं होता। कर्म योग निष्ठा से अभिप्राय है जो भी कर्तव्य कर्म है उसको निष्काम भाव से करते हुए सिद्धि और असिद्धि की स्थिति सम रहना। परन्तु ईश्वर की सत्ता में विश्वास और श्रद्धा, ज्ञान योग तथा कर्म योग दोनों में ही आवश्यक हैं।। 3 ।।

न कर्मणामनारम्भान्नैष्कर्म्यं पुरुषोऽश्नुते।
न च सन्न्यसनादेव सिद्धिं समधिगच्छति।। 4 ।।

अर्थ— मनुष्य न तो कर्मों का आरम्भ किये बिना निष्कर्मता को अर्थात् योगनिष्ठा को प्राप्त होता और न कर्मों के केवल त्यागमात्र से सिद्धि यानी सांख्य निष्ठा को प्राप्त होता।। 4 ।।

व्याख्या— इस श्लोक में निष्काम कर्म की प्रधानता कही गई है। निष्कामता (सन्यास) वह स्थिति है जो साधक कर्म को करते हुए ही प्राप्त कर सकता है। अर्थात् कर्म को अकर्म बना कर कर्म करना अर्थात् निष्काम कर्म द्वारा। क्योंकि कर्म अकर्म बनने पर ही कर्म बन्धन नहीं रहता और सिद्धि भी (ज्ञान—प्राप्ति) निष्काम कर्म करके ही प्राप्त की जा सकती है। इसका अभिप्राय यह है कि कर्म हर मनुष्य को करना ही है, उसके बिना कोई रह नहीं सकता, ज्ञान हो भक्ति हो कर्म योग हो या सन्यास की प्राप्ति इन सबके लिये निष्काम कर्म आवश्यक है। क्योंकि कर्म ही बन्धन हैं और अकर्म (निष्काम कर्म) ही सिद्धि का और निष्क्रियता का मार्ग है। भगवान् यह कह रहे कि प्रभु प्राप्ति के लिये

कर्म ही (अकर्म रूप में) साधना और साधन है। निष्क्रियता, सन्यास, सिद्धि आदि सब निष्काम कर्म से ही प्राप्य है। सारांश कि कर्मयोग तथा ज्ञान योग दोनों निष्काम कर्म से प्राप्य हैं।। 4 ।।

न हि कश्चित्क्षणमपि जातु तिष्ठत्यकर्मकृत।
कार्यते ह्यवशः कर्म सर्वः प्रकृतिजैर्गुणैः।। 5 ।।

अर्थ– कोई भी मनुष्य क्षणभर भी किसी भी दशा में कर्म किये बिना नहीं रह सकता। क्योंकि प्रकृति के गुणों के द्वारा विवश होकर सब लोग कर्म में प्रवृत्त होते हैं।। 5 ।।

व्याख्या– हर मनुष्य प्रकृति का भाग है और प्रकृति हमेशा कर्म ही करती है। यह (प्रकृति) निरन्तर परिवर्तनशील है। अतः मनुष्य यह सोच नहीं सकता कि वह कर्म नहीं करता, अथवा किसी दशा में नहीं कर रहा। कर्म तो गीता के अनुसार विचार–वचन क्रिया आदि सबको ही कहते हैं इसीलिये जागृत, स्वप्न, सुषुप्ति सब दशाओं में प्रकृति कर्म में लगी है। परन्तु बन्धन उन्हीं कर्मों या क्रियाओं से होता है जिनको मनुष्य कर्तापन के अभिमान से करता है अर्थात् जब अपने आपको कर्ता मानता है। अहंकार और अज्ञान ही बंधन में डालते हैं। आत्मा हमेशा क्रियाहीन है प्रकृति ही कर्म करती है अर्थात् सर्वदा परिवर्तनशील है अतः मनुष्य को भी अहंता का भाव त्याग कर अक्रिय होना चाहिए अर्थात् अकर्म रूप में कर्म करना चाहिए अकर्म वह कर्म है जिसके करने से बंधन नहीं होता अर्थात् निष्काम कर्म।। 6 ।।

कर्मेन्द्रियाणि संयम्य य आस्ते मनसा स्मरन्।
इन्द्रियार्थान्विमूढ़ात्मा मिथ्याचारः स उच्यते।। 6 ।।

अर्थ– जो मूढ़ बुद्धि मनुष्य समस्त इन्द्रियों को हठ पूर्वक उपर से रोककर मन से उन इन्द्रियों के विषयों का चिन्तन करता रहता है, वह मिथ्याचारी अर्थात् दम्भी कहा जाता है।

व्याख्या– इन्द्रियों का नियंत्रण तभी होता है जब मन से उनके विषयों के प्रति चिंतन पूरी तरह हट जाय। मनुष्य विषय भोग छोड़ देता है परन्तु उनके विषय में आन्तरिक सोच में लिप्त रहता है। उससे अन्तः करण शुद्ध नहीं होता–

बुद्धि स्थिर नहीं होती। असली त्याग तो लालच का है कर्म का नही। इसलिए ऐसे आधे अधूरे आचरण को मिथ्या आचरण कहा गया है। अर्जुन भी अधूरे मन से कर्म (युद्ध) त्याग करना चाहते हैं। परन्तु कर्म त्याग का लाभ निश्चित रूप में निष्काम कर्म कर के ही होता है। कामना और आसक्ति त्याग करने से ही सच्चा लाभ होता है। तभी साधक कर्म योगी बन सकता है निष्काम कर्म भाव से कर्म करनेवाला ही कर्म त्यागी होता है न कि मात्र कर्म त्याग ऐसे तो सुस्त तथा बीमार लोग हमेशा ही करते हैं परन्तु जो मनुष्य अन्दर मन से विषय में लिप्त रहता है और त्याग का दिखावा करता है ऐसा मनुष्य तो दम्भी ही होता है।। 6 ।।

यस्त्विन्द्रियाणि मनसा नियम्यारभतेऽर्जुन।
कर्मेन्द्रियैः कर्मयोगमसक्तः स विशिष्यते।। 7 ।।

अर्थ– हे अर्जुन जो मनुष्य मन से इन्द्रियों पर नियन्त्रण करके आसक्ति रहित होकर समस्त इन्द्रियों के द्वारा कर्मयोग का आचरण करता है, वही श्रेष्ठ है।। 7 ।।

व्याख्या– कर्म त्याग गीता का सिद्धान्त नहीं है यह हमेशा ध्यान में रखने की बात है गीता का सिद्धान्त आसक्ति कामना और ममता का त्याग है–मतलब सम बुद्धि होकर पूरे परिश्रम से दूसरों की भलाई के लिए और बिना अहंता तथा आसक्ति के साथ कर्म करना ही श्रेष्ठ है। यह तभी हो सकता है जब मनुष्य का अपने मन और इन्द्रियों पर पूरा नियंत्रण हो। गीता का सिद्धान्त है अधिक काम करो परन्तु मोह रहित, कामना रहित होकर नहीं तो संसार से छूट नहीं सकोगे जन्म–मरण दुःख दर्द का मेला लगा ही रहेगा निष्काम कर्म से ही चित शुद्धि होती है बिना कर्म किये नहीं यही कर्मयोग है।। 7 ।।

नियतं कुरु कर्म त्वं कर्म ज्यायो ह्यकर्मणः।
शरीरयात्रापि च ते न प्रसिद्धयेदकर्मणः।। 8 ।।

अर्थ– शास्त्र विहित कर्तव्य कर्म कर; क्योंकि कर्म न करने की अपेक्षा कर्म करना श्रेष्ठ है तथा कर्म न करने से तेरा शरीर निर्वाह भी सिद्ध नहीं होगा।। 8 ।।

व्याख्या– नियत (नित्य) कर्म शास्त्र मे सबकी भलाई के लिए है। जैसे तीर्थ व्रत–पूजा, पाठ आदि नित्य कर्म में हर मनुष्य के वर्णाश्रम, जीवन परिस्थिति

के कार्य भी आते हैं, जैसे खानाकमाना, रोजगार व्यवहार, आचरण, अर्थात् सारे उचित कर्तव्य जो जीवन निर्वाह और समाज उद्धार विकास के लिये आवश्यक है (निषिद्ध कर्म नहीं करना चाहिए)।

अर्जुन के लिये क्षत्रिय तथा योद्धा होने के कारण युद्ध करना उसका नियत कर्तव्य है कर्तव्य का पालन करना सब मनुष्यो के लिए आवश्यक है चाहे वह कितना ही कठिन हो। सुख की खोज कर्म के बाहर करनी आलस्य ग्रस्त जन का काम है। सच्चा सुख निष्काम के अन्दर निहीत रहता है बिना कर्म किये तो जीव जीवित भी नहीं रह सकता, परन्तु कर्म आसक्ति रूप में बन्धन है और निष्काम रूप से मोक्ष का माध्यम।। 8 ।।

यज्ञार्थात्कर्मणोऽन्यत्र लोकोऽयं कर्मबन्धनः।
तदर्थं कर्म कौन्तेय मुक्तसङ्गः समाचर।। 9 ।।

अर्थ— यज्ञ के लिये किये गये कर्म के अतिरिक्त अन्य सभी कर्म इस लोक में बन्धन का कारण है। इसीलिये हे अर्जुन! तुम आसक्ति रहित हो कर यज्ञ के लिये ही कर्म करो।। 9 ।।

व्याख्या— यज्ञ का अर्थ त्याग (बलिदान), आसक्ति रहित होकर दूसरों के हित अथवा भगवान् स्वरूप सर्वसाधारण के लिये कर्म करना ही है। यही परिभाषा श्रीमद्भागवद्गीता में यज्ञ शब्द की है। दुसरों की सेवा, सहायता, त्याग तथा बलिदान भाव ही यज्ञ है।

साधक को केवल शारीरिक अथवा मानसिक भोग व ऐश्वर्य के लिये आसक्त मन से कोई काम नहीं करना चाहिए क्योंकि वही बन्धन का कारण बनता है। दूसरों के सुख तथा लाभ के लिये कर्म करना ही कर्मयोग का सिद्धान्त है। परन्तु देखने की विशेष बात यह है कि गीता दर्शन के अनुसार दूसरा कौन है और अपनी क्या (वस्तु) तथा कौन (व्यक्ति) है? श्रीमद्भगवद्गीता के अनुसार अपना तो केवल मात्र आत्मा है। अन्य सब तो प्रकृति है। संसार और प्रकृति अथवा संसार के कारण यह सब एक ही हैं। आत्मा तो अलग अर्थात् भिन्न है और देही (आत्मा) ही मनुष्य का अपना स्वरूप है, शरीर नहीं अतः इस शरीर-मन-बुद्धि के लिये कर्म करना भी दूसरों के लिये ही है। इसीलिये

मन को स्वच्छ रखने, बुद्धि को प्रखर बनाने और शरीर को स्वस्थ रखने के लिये उनके प्रति उचित कर्म बहुत आवश्यक है। कर्मयोगी तभी तो समाज सेवा और सुख के लिये इन प्रकरणो द्वारा कर्म कर सकता है। कुछ लोगों में यह धारणा है कि श्रीमद्भगवद्गीता मन और शरीर को निर्वाण में बाधक मानती है। ऐसी बात नहीं। शरीर और मन केवल मुक्ति के माध्यम है, लक्ष्य (ध्येय) तो आत्मा है, जिसकी प्राप्ति के लिये स्वस्थ शरीर और मन आवश्यक है। परन्तु इनको ध्येय मानना उचित नहीं। मन और शरीर को दूसरों की सेवा में लगाना ही उचित है। इसी को यज्ञ रूप निष्काम कर्म कहते हैं। गीता के अनुसार केवल दान, हवन आदि ही नहीं परन्तु सेवा, त्याग भाव तथा बलिदानरूप में सारे कर्म करना ही यज्ञ है। इसी से त्राण या निर्वाण है। मौखिक ज्ञान से कुछ होने का नहीं। कर्म ही एक मार्ग हैं इसी में इहलोक तथा परलोक सुधारने का रहस्य निहीत है।। 9 ।।

सहयज्ञाः प्रजाः सृष्ट्वा पुरोवाच प्रजापतिः।
अनेन प्रसविष्यध्वमेष वोऽस्त्विष्टकामधुक्।। 10 ।।

अर्थ– प्रजापति ब्रह्मा ने कल्प के आदि में यज्ञ सहित प्रजाओं की रचना कर उनसे कहा कि तुमलोग इस यज्ञ के द्वारा वृद्धि को प्राप्त होओ और यह यज्ञ तुम लोगों के लिये इच्छित फलदायक रहे।। 10 ।।

व्याख्या– इस तथा अगले श्लोक में यज्ञ और प्रजा (मनुष्य एवं अन्य समस्त जीव) के पारस्परिक निर्भरता और कल्याण की यथार्थता का विवेचन किया गया है। प्रजापति ब्रह्मा जी ने जीवों की सृष्टि और यज्ञ को एक साथ इसलिये उत्पन्न किया कि मनुष्य यज्ञ (निष्काम) कर्म करे। कर्म ही इहलोक एवं परलोक के सुधार का साधन है यही एक मात्र कल्याण कारी मार्ग है, कर्म फल त्याग ही उत्तम यज्ञ है। इस श्लोक में यह स्पष्ट है कि ब्रह्माजी ने सृष्टि और यज्ञ की नींव एक साथ ही रखी है। अर्थात् यज्ञ (निष्काम कर्म–त्याग भाव से सारे कर्म करना) में ही जीव के कल्याण का रहस्य निहित है, मोह और स्वार्थ व्यक्ति और समाज के शत्रु है ब्रह्माजी ने सर्ग के उदयपर महज जीव वर्ग ही नहीं परन्तु सारी सृष्टि (वनस्पति आदि) का सृजन किया है–अतः प्रजा

(मनुष्य वर्ग) पर यह दायित्व है कि वह इस सृष्टि के संतुलन, रख, रखाव, वचाव, पोषण आदि का पूर्ण कार्य करते हुए इसका प्रयोग अपने जीवन की तरह करे–जीव तथा सृष्टि की पारस्परिक निर्भरता तथा संरक्षण "यज्ञ" शब्द में निहित है। ।। 10 ।।

देवान्भावयतानेन ते देवा भावयन्तु वः।

परस्परं भावयन्तः श्रेयः परमवाप्स्यथ।। 11 ।।

अर्थ– तुमलोग इस यज्ञ के द्वारा देवताओं को उन्नत करो और वे देवता गण तुम लेगों को उन्नत करें। ऐसे निस्वार्थ भाव से एक दूसरे को उन्नत करते हुए तुमलोग परमकल्याण को प्राप्त हो जाओगे।। 11 ।।

व्याख्या– प्रजापति ने जब सृष्टि की रचना की, जिसमें देवता, मनुष्य, पशु पक्षी, वृक्ष वनस्पति तथा पंच भूत आदि सभी आते हैं, उनके साथ (ब्रह्मा ने) यज्ञ अनुष्ठानों की उत्पति भी की। यज्ञ का अर्थ निष्काम कर्म और धार्मिक अनुष्ठान (हवन–मन्त्र आदि कृत्य) भी है। ब्रह्मा की इच्छा है कि मनुष्य सभी कर्म यज्ञ के रूप में करें (निष्काम भाव से दूसरों के सुख एवं लाभ के लिये) और पक्षी लता वृक्ष आदि का पोषण करें। देवता गण के प्रति पूजा अर्चना आदि अनुष्ठान करें उसी प्रकार पशु, वृक्ष वनस्पति आदि भी मनुष्यों को कल्याणकारी फल और आशीर्वाद देंगे। अर्थात् यज्ञ सृष्टि की सामूहिक सफलता विकास और सुख शान्ति का स्रोत है।

वास्तव में सृष्टि में सब कुछ देव भावमय है हम जब देवताओं के प्रति श्रद्धा की भावना रखते हैं तो देवता भी हमारे कल्याण की भावना रखते है।। हम देवताओं के प्रति यज्ञ–अनुष्ठान करते हैं और अन्य संसारी जीवों के प्रति शुभ कर्म, सेवा, सहायता की कामनाऐं करते हैं तो इसी प्रकार उतरोत्तर संसार तथा सृष्टि चलती है। इसके लिये शुभ भावना, शुभ कर्म और त्याग आवश्यक हैं।। 11 ।।

इष्टान्भोगान्हि वो देवा दास्यन्ते यज्ञ भावितः।

तैर्दत्तानप्रादायैभ्यो यो भुङ्क्ते स्तेन एव सः।। 12 ।।

अर्थ– यज्ञ के द्वारा संवर्द्धित देवता तुम लोगों को बिना मांगे ही इच्छित भोग

अवश्यमेव देंगें, इस प्रकार उन देवताओं के द्वारा दिये हुए भोगों को जो पुरुष उनको बिना दान किये भोगता है वह चोर होता हैं।। 12 ।।

व्याख्या– देवतागण तो आध्यात्मिक स्तर पर ऊँचे होते हैं और वे दूसरों (मनुष्यों) का कल्याण करते ही रहते हैं। तभी तो वे देवत्व को प्राप्त करते हैं परन्तु मनुष्यों को चाहिए कि वे अपना अर्जित धन सिर्फ अपने प्रयोग में न लाये अपितु समाज सेवा धर्म कर्म यज्ञ आदि में भी लगायें, और ऐसे कर्म करते समय ममता अथवा आसक्ति की भावना से रहित रहे। परोपकार और निष्काम कर्म ही वास्तविक अकर्म है। इसीलिये तो पञ्च महायज्ञ का विधान है (ऋषियज्ञ = ज्ञान, देव यज्ञ = धार्मिक अनुष्ठान, भूतयज्ञ = समस्त जीवों की सेवा, पितृयज्ञ = पितरों को श्राद्धतर्पण, विश्वदेवबलि = समस्त जीवों की तृप्ति हेतु कर्म विशेष)। श्रीमद्भगवद्गीता का विधान है कि जगत् का सामग्री समूह सभी के हित के लिये है, जो मनुष्य इस विधान का उलंघन कर केवल मात्र स्वार्थ सिद्धि करता है वह चोरी करता है अत: वह चोर है।। 12 ।।

यज्ञशिष्टाशिन: सन्तो मुच्यन्ते सर्वकिल्बिषै:।
भुञ्जते ते त्वघं पापा ये पचन्त्यात्मकारणात्।। 13 ।।

अर्थ– यज्ञ शेष का प्रयोग करने वाले मनुष्य सारे पापों से मुक्त हो जाते हैं, और जो पापी लोग अपना शरीर पोषण करने के लिए ही अन्न पकाते हैं वे तो पाप को ही खाते हैं।। 13 ।।

व्याख्या– जो लोग इस जीवन को यज्ञ के रूप में लेते हैं; अर्थात् सारे जीवन को परोपकार दूसरों की सेवा और भगवान् भजन भक्ति में लगा देते हैं और जो कमाई भी करते हैं वे दूसरे लोगों के परोपकार देवगणों के अनुष्ठान और भगवान् भक्ति में लगा देते हैं वे समस्त पापों से मुक्त हो जाते हैं। उनका जीवन धन्य है। यही यश उनकी सम्पदा होती है। जो मनुष्य केवल मात्र स्वार्थी हो कर सब कुछ अपने ही लिये करते हैं, वे पापी होते हैं। संसार का सार परिश्रम, परोपकार और यज्ञ ही हैं जो इसके विपरीत चल कर केवल अपने लिये सब कुछ अर्जित करता है वह पापी कहलाता है क्योंकि ऐसे कर्मों से ही ईर्ष्या और हिंसा उत्पन्न होते हैं।

विशेष ध्यान में रखने की बात यह है कि श्री कृष्ण ने गत 12-13 वे श्लोंको में स्वार्थी लोगों के लिये चोर तथा पापी शब्दों का प्रयोग किया है। स्पष्ट है कि स्वार्थी जीवन से उपर उठना परमावश्यक है, जो यज्ञ रूप में सारे कर्म करके ही सम्भव है।। 13 ।।

अन्नाद्भवन्ति भूतानि पर्जन्यादन्नसम्भवः।
यज्ञाद्भवति पर्जन्यो यज्ञः कर्म समुद्भवः।। 14 ।।
कर्म ब्रह्मोद्भवं विद्धि ब्रह्माक्षरसमुद्भवम्।
तस्मात्सर्वगतं ब्रह्म नित्यं यज्ञे प्रतिष्ठितम्।। 15 ।।

अर्थ– सभी प्राणी अन्न से उत्पन्न होते हैं, अन्न की उत्पत्ति वर्षा से होती है। वर्षा यज्ञ से होती है, और यज्ञ विहित कर्मों से उत्पन्न होनेवाला है। कर्म समुदाय को तू वेद से और वेद को अविनाशी परमात्मा से उत्पन्न हुआ जान। इससे सिद्ध होता है कि सर्वव्यापी परम अक्षर परमात्मा सदा ही यज्ञ में प्रतिष्ठित है।। 14-15 ।।

व्याख्या– अक्षर ब्रह्म का वर्णन आठवें अध्याय में किया गया है। परम ब्रह्म हैं इन्हीं के संकल्प से ही यह संसार है। सृष्टि का उदय इन्हीं ब्रह्म की माया है। इन्हीं अक्षर ब्रह्म से वेदों की उत्पत्ति हुई है। वेद का अर्थ ज्ञान है, जिसमें तत्व ज्ञान की जानकारी है, और जिससे संसार–आत्मा– परमात्मा का बोध होता है।

वेद से कर्म उत्पन्न होते हैं अर्थात् कर्म करने की विधि वेदों में है कर्म का अर्थ है निष्काम कर्म तथा (कर्तव्य कर्म) है। यही निष्काम कर्म (कर्म–फल–त्याग) ही गीता में यज्ञ कहा गया है। कर्तव्य कर्म (यज्ञ) करने से देवता गण प्रसन्न होकर वर्षा करते हैं, वर्षा से अन्न (वनस्पतियां) उत्पन्न होता है, इसी प्रकार अन्न से प्राणी उत्पन्न एवं पलते हैं। अन्न का अर्थ उन समस्त पदार्थों से है जिससे जीव (मनुष्य–पशु–पक्षिगण) जीवन को पुष्ट करने की उर्जा प्राप्त करते हैं।

प्राणियों में मनुष्य ही यज्ञ (निष्काम कर्म) करता है यही सृष्टि का चक्र है। सारांश यह है कि यज्ञ कर्म आवश्यक कर्म है यज्ञ में ब्रह्म स्थित हैं। अतः निष्काम कर्म करने से ब्रह्म प्राप्ति होगी।। 14-15 ।।

एवं प्रवर्तितं चक्रं नानुवर्तयतीह यः।
अधायुरिन्द्रियारामो मोघं पार्थ स जीवति।। 16 ।।

अर्थ– हे पार्थ! जो पुरुष इस लोक में इस प्रकार परम्परा से प्रचलित सृष्टि चक्र के अनुकूल व्यवहार में नही करता वह इन्द्रियों के द्वारा भोगों में रमण करने वाला पापायु पुरुष व्यर्थ ही जीता है।। 16 ।।

व्याख्या– यह सृष्टि या संसार हर जीव, वनस्पति, मिट्टी–पत्थर, हवा, आकाश आदि के मिश्रित तथा पारस्परिक योगदान से चलने के विधान पर आधारित है। इस सृष्टि चक्र के अनुसार चलने में ही कल्याण है, अर्थात् निष्कामकर्म और कर्तव्य कर्म ही संसार का सार है और कर्तव्य कर्म भी त्याग भाव से ही करना आवश्यक है, जो मनुष्य इस विधान के विपरीत व्यवहार करता है उसका जीवन व्यर्थ है।। 16 ।।

यस्त्वात्मरतिरेव स्यादात्मतृप्तश्च मानव:।
आत्मन्येव च सन्तुष्टस्तस्य कार्यं न विद्यते।। 17 ।।

अर्थ– जो मनुष्य आत्मा में ही रमण करने वाला और आत्मा में ही तृप्त तथा आत्मा में ही सन्तुष्ट हो उसके लिये कोई कर्तव्य नहीं है।। 17 ।।

व्याख्या– इस श्लोक में ज्ञानीयोगी महापुरुषों की व्यवस्था का वर्णन है। सकाम मनुष्य संतुष्टि तृप्ति और सुख संसार में ढूंढता है और परेशान ही रहता हैं निष्काम पुरुष सत् को पाने पर आत्मा को जानने पर ब्रह्म ज्ञान में स्थित होने पर अपने आप में ही (आत्मा में ही) तृप्त और सन्तुष्ट रहता है। क्योंकि उसने "स्वयं" को प्राप्त कर लिया होता है, और सकामी मनुष्य शरीर और मन को प्रसन्न करने के चक्कर में लगा रहता है जो उसके है नहीं। क्योंकि वह नहीं जानता कि जड़ और चेतन दो है। जड़ पदार्थ चेतन को स्वयं संतुष्ट, कर ही नहीं सकते इसीलिये उसको "स्वयं" (आत्मा) को प्राप्त करना पड़ेगा, तभी निवृत्ति होगी। क्योंकि परम शान्ति आत्म बोध से ही प्राप्य है।

सारांश यह है कि आत्मावान् (महापुरुष) को कर्तव्य कर्म की भी आवश्यकता नहीं होती क्योंकि उसने आत्म तत्त्व की प्राप्ति कर ली होती है।। 17 ।।

नैव तस्य कृतेनार्थो नाकृतेनेह कश्चन।
न चास्य सर्वभूतेषु कश्चिदर्थव्यपाश्रय:।। 18 ।।

अर्थ– आत्मज्ञानी का इस विश्व में न तो कर्म करने से कोई प्रयोजन रहता है

और न कर्मों के न करने से ही कोई प्रयोजन रहता है। तथा सम्पूर्ण प्राणियों में भी इसका किञ्चिन्मात्र भी स्वार्थ का सम्बन्ध नहीं रहता।। 18 ।।

व्याख्या– आत्मज्ञानी जिसने आत्मा/परमात्मा को पा लिया है वही होता है जो कामना ममता, आसक्ति से पूर्ण रूप से निवृत्त हो गया होता है महापुरुष जो भी कर्म करते हैं वे स्वार्थ के लिये कभी नहीं करते और यदि कर्म नहीं करते तो उसका प्रमाद कारण नहीं होता। क्येांकि वह समृद्ध होते हैं। वह समष्टि का व्यष्टि के लिये कभी प्रयोग नहीं करता क्योंकि वह जानता है कि शरीर उसका नहीं संसार का है। अत: वह आजीवन उसको संसार (दूसरों की भलाई) में लगाकर संसार को समर्पित कर स्वयं को तृप्त करता है। अत: उसको संसार के साथ कोई लगाव या स्पृहा नहीं है।

महापुरुष (आत्माज्ञानी) निष्पृह: ही विचरता रहता है। कर्म उसको बान्धते नहीं और निष्काम कर्म के लाभ कर भी उसको आवश्यकता नहीं होती।। 18 ।।

तस्मादसक्त: सततं कार्यं कर्म समाचर।

असक्तो ह्याचरन्कर्म परमाप्नोति पूरुष:।। 19 ।।

अर्थ– इसलिये तुम (अर्जुन) लगातार (आसक्ति से रहित होकर सदा) कर्तव्य कर्म को अच्छी प्रकार करते रहो। क्योंकि आसक्ति से रहित होकर कर्म करता हुआ मनुष्य परमात्मा को प्राप्त हो जाता है।। 19 ।।

व्याख्या– यहां कर्म–योग का विशेष प्रसंग है, कर्म और योग दोनों ही कर्म योग को बनाते है। कर्म अपने आप में केवल बन्धन का ही कारण है, योग सत् का वाचक है, जब तक मनुष्य कर्म को योग से नहीं जोड़ता वह कर्म योगी नहीं हो सकता। कर्म योग का आधार अथवा सार आसक्ति रहित कर्म तथा कर्तव्य कर्म है ये सोच आवश्यक है कि कर्म करना ही मेरा कर्तव्य है इसके फल पर मेरा कोई अधिकार नहीं। अर्थात् लगाव व मोह नहीं। ऐसा कर्म कर्ता मानव ही योगी बन सकता है और भगवान् को प्राप्त कर सकता है। परन्तु इस स्थिति को प्राप्त करना सरल नहीं विशेष कर सांसारकि कार्यों में तल्लीन लोगों के लिए क्योंकि उनमें आसक्ति अधिक होती है। मनुष्य को चाहिये कि वह संसार में अपनी सोच मजदूर की तरह बनाये जैसे मजदूर की आसक्ति स्वामी के माल

से नहीं रहती। हमे भी ईश्वर का विश्वसनीय कर्मी बनकर इस संसार को पूरे परिश्रम सहित निष्काम भाव से बरतना चाहिए। क्योंकि मालिक तो एक वह भगवान् ही इस सारी सृष्टि और संसार का स्वयं ही है हम सब तो उस परम सता के केवल दैनिक वेतन भोगी हैं, अत: हमे धन, पद आदि के अहंकार से दूर रहना चाहिये। इसी लिये कर्मयोगी भी संसार को निष्काम भाव से बरतता है। कर्म योगी यह जानता है कि यह शरीर सदा नहीं रहता यह इस मिट्टी में ही मिल जायेगा। हमारे साथ केवल धर्म ही जायेगा जो निष्काम कर्म तथा कर्तव्य परायणता के द्वारा ही कमाया जा सकता है। भोग और संग्रह कर्मयोगी के ध्येय नहीं होते। सांसारिक सामग्री संसार की ही वह मानता है अपनी नहीं। इसके आकर्षण क्षण भंगुर है वह इससे पूर्ण परिचित होता है। जैसे नाटक में एक अभिनेता अपने अभिनय द्वारा अर्जुन--भीमादि पात्र का पूर्ण अभिनय करने का प्रयास करता है परन्तु अपनी वास्तविकता नहीं भूलता, वैसे ही कर्मयोगी इस संसार को अपना नहीं समझता और इसका प्रयोग कर्म फल त्याग कर दूसरों के हित के लिये करता है। वह अपने आपको आत्मा ही समझता है।। 19 ।।

कर्मणैव हि संसिद्धिमास्थिता जनकादय:।
लोकसंग्रहमेवापि सम्पश्यन्कर्तुमर्हसि।। 20 ।।

अर्थ-- जनकादि ज्ञानीजन भी आसक्ति रहित कर्म द्वारा ही परमसिद्धि को प्राप्त हुए हैं अत: लोक संग्रह को देखते हुए भी तू कर्म करने के योग्य है।। 20 ।।

व्याख्या-- इस श्लोक में जनक आदि का उदाहरण देकर भगवान् श्रीकृष्ण अर्जुन को निष्काम कर्म करने की प्रेरणा दे रहे हैं। भगवान् ने चतुर्थ अध्याय में भी कहा है कि कर्म योग बहुत पुराना सिद्ध मार्ग है। यहाँ भी कर्म योगी राजा जनक का उदाहरण देकर वही तथ्य समझा रहे हैं। विडम्बना यही है कि मनुष्य केवल इस शरीर को ही अपना समझता है अपना ही नहीं परन्तु इसके अतिरिकत अपने आप की वास्तविकता का उसको पता ही नहीं होता यह अज्ञान उसको अपने शरीर से बान्ध लेता है। कर्म-योग का ध्येय यही है कि मनुष्य को इस भ्रम से सावधान करना। अन्य साधनों द्वारा भी यह ध्येय प्राप्त किया जाता है। लोक संग्रह का अर्थ है कर्म योग द्वारा साधक लोगो को

कर्म योग की ओर प्रवृत करें। कर्म योग अपेक्षाकृत परमात्मा प्राप्ति का सरल साधन इसीलिये है कि उसमें किसी बाहर की सामग्री की आवश्यकता नहीं यह शरीर संसार का है उन्हीं चौबीस तत्वों का है जिसकी यह सृष्टि या संसार है मनुष्य का इसको बनाने अर्थात् उत्पन्न करने में कोई योग दान नहीं है। अत: वह इस संसारी वस्तु (शरीर) का ही प्रयोग करके साधना में लगा कर (सब की सेवा में) निष्काम भाव से अपना कर्म पूरा करके निवृत्त हो जाता है। दूसरी बात यह है कि शरीर का स्वभाव ही कर्म है अत: इस कारण भी मनुष्य को कर्म–मार्ग अपनाने में कम कठिनाई होती है। कहते हैं कि सीता जी जनक राजा को स्वयं कृषि करते (हल चलाते) हुए खेत से मिली थी अर्थात् कर्म योग करते हुए उन्होंने इस शरीर रूप क्षेत्र को सिद्ध करके ही सीता जी (परमज्ञान) की प्राप्ति की थी।। 20 ।।

यद्यदाचरति श्रेष्ठस्तत्तदेवेतरो जन:।
स यत्प्रमाणं कुरुते लोकस्तदनुवर्तते।। 21 ।।

अर्थ– श्रेष्ठ पुरुष जैसा आचरण करता है अन्य पुरुष भी वैसा ही आचरण करते है वह जो कुछ प्रमाण कर देता है समस्त मनुष्य समुदाय उसी के अनुसार व्यवहार करने लग जाता है।। 21 ।।

व्याख्या– आदान–प्रदान ये संसार में व्यवहार के दो भाव है। इनमें प्रदान (देना) सात्विक है और आदान (लेना) राजसी। प्रदान क्रिया में ही उद्धार है और इसमें सेवा, सहायता और त्याग बसा रहता है। ऐसे लोग ही समाज में उच्च श्रेणी अर्थात् श्रेष्ठ पुरुष माने जाते हैं। ये लोग दूसरों की सेवा सहायता त्याग भाव से करते हैं। उन्हीं श्रेष्ठ (महा) पुरुषों का समाज में अन्य साधारण लोग अनुसरण करते हैं और उन्हीं के अनुयायी बनने का प्रयास करते हैं। अत: श्रेष्ठ मार्ग पर चलने के लिये प्रेरणा बन जाते हैं। केवल, मात्र उपदेश असर नहीं करते। क्योंकि प्रभाव सर्वदा कामना तथा आसक्ति रहित लोगों के विचारों और कर्मों का ही पड़ता है न कि केवल भाषण और कोरे उपदेश का, परन्तु महापुरुषों के कर्मो और वचनों में त्याग का तेज होने के कारण उनके कर्म तथा उपदेश का गहरा और व्यापक प्रभाव पड़ता है।। 21 ।।

न मे पार्थास्ति कर्तव्यं त्रिषु लोकेषु किञ्चन।
नानवाप्तमवाप्तव्यं वर्त एव च कर्मणि।। 22 ।।

अर्थ– हे पार्थ! मुझे इन तीनों लोकों में न तो कुछ कर्तव्य है और न कोई अप्राप्त वस्तु प्राप्य है, फिर भी मैं कर्म में बर्ताव करता रहता हूँ।। 22 ।।

व्याख्या– भगवान् श्री कृष्ण एक नहीं तीनों लोकों की बात कर रहे हैं कि उनको किसी भी वस्तु, सेवा आदि की आवश्यकता नहीं है, जो संसार (ब्रह्माण्ड) के तीनों लोकों में प्रवृत्त है, फिर भी वह (ईश्वर) निरन्तर दूसरों के कल्याण कर्म में लीन रहते हैं अर्थात् कर्म के बिना संसार चल नहीं सकता तथा निष्काम कर्म के बिना परमपद अप्राप्य है निष्काम कर्म ही तो बन्धन रहित कर्म है, केवल भावना का ही अन्तर है, एक अपने लिये दूसरा दूसरों के लिये इनमें प्रथम भाव बन्धन में डालता है दूसरा निर्वाण में पहुँचता है अत: भगवान् का उदाहरण सामने रखते हुए साधक को भी कभी कर्म नहीं त्यागना चाहिए क्योंकि प्रभु प्राप्ति का और कोई मार्ग नहीं है। निष्काम कर्म योगी दोनों काम करता है एक तो स्वयं निर्वाण प्राप्त करता है दूसरा अन्यों को भी निष्काम कर्म (मोक्ष) के लिये प्रेरित करता है।। 22 ।।

यदि ह्यहं न वर्तेयं जातु कर्मण्यतन्द्रित:।
मम वर्त्मानुवर्तन्ते मनुष्या: पार्थ सर्वश:।। 23 ।।

अर्थ– हे पार्थ! यदि कदाचित् मैं सावधान होकर कर्मों में व्यवहार न करूं तो बड़ी हानि हो जाये क्योंकि मनुष्य सब प्रकार से मेरे ही मार्ग का अनुसरण करते हैं।। 23 ।।

व्याख्या– भगवान् श्री कृष्ण ने 7/24 और 9/11 में स्पष्ट शब्दों में कहा है कि मूर्ख तथा अज्ञानी लोग ही मुझ (परमात्मा—परब्रह्म) को शरीर धारी समझते हैं परन्तु महापुरुष (ज्ञानी) नहीं। इसीलिये जिस पर ब्रह्म परमेश्वर का शरीर है ही नहीं उनको कर्म अथवा कार्य की कोई आवश्यकता नहीं परन्तु लोगों को अपने प्रमाण द्वारा भगवान् कर्म योग को जीवित रखने के लिये ही कर्तव्य—कर्म (निष्काम कर्म) निरन्तर रातदिन करते रहते हैं, क्योंकि निष्काम कर्म करने से मानव मात्र का कल्याण एवं उद्धार हो सकता है।

कर्म की आवश्यकता जीवन निर्वाह के लिये निरन्तर रहती है। आत्मज्ञान तो अकर्म से ही प्राप्य है। भगवान् रात दिन निरन्तर बिना विश्राम किये कर्म करते रहते हैं, उनको आराम–विश्राम की कैसे आवश्यकता हो सकती है क्योंकि वह तो शरीर या मन है ही नहीं जिनको आराम की आवश्यकता रहती है। आत्मा तो सदा जागृत–सर्वव्यापक है। अब यदि भगवान् जिनको कर्म की आवश्यकता नहीं, कर्म न करें तो ससांर नष्ट हो जाएगा। क्यों नष्ट होगा? वह अग्रिम श्लोक में बता रहे हैं। यहाँ इतना बताना पर्याप्त है कि यह ईश्वरीय विधान के अनुसार सभी लोग उनका अनुसरण करते है यदि इस विधान के अनुसार भगवान् निरन्तर कर्म न करें तो संसार इसलिये नष्ट हो जायेगा क्योंकि कर्म से ही तो शरीर का पालन–पोषण होता है। अतः कर्म उलन्घन से संसार नष्ट होता है। सारांश यह है कि लोगों को भी भगवान् का अनुसरण करते हुए निष्काम कर्म करना चाहिए।। 23 ।।

उत्सीदेयुरिमे लोका न कुर्यां कर्म चेदहम्।
संकरस्य च कर्ता स्यामुपहन्यामिमाः प्रजाः।। 24 ।।

अर्थ– यदि मैं कर्तव्य कर्म न करूँ तो ये समस्त लोग नष्ट –भ्रष्ट हो जायेंगे, मैं वर्ण संकर का कर्ता बन जाऊंगा और समस्त प्रजा के नाश करने वाला बनूँगा।। 24 ।।

व्याख्या– इन दो श्लोकों में संसार तथा सृष्टि के श्रेष्ठ और सुचारु रूप से चलने और जीने का रहस्य निहीत है। सारांश यह कि भगवान् स्वयं कर्तव्य कर्म लोक (लोग) प्रेरणा, सुख तथा सेवा के लिये करते हैं इसी प्रकार संसार में महापुरुष (श्रेष्ठ–पुरुष) भगवान् का अनुसरण करके कर्तव्य कर्म (निष्काम कर्म) करके जन साधारण को सत्कर्म के लिये प्रेरित करते हैं। भगवान् श्री कृष्ण 3/21 में पहले ही कह गये हैं कि साधारण जन इस संसार में श्रेष्ठ लोगों का अनुसरण करते हैं इससे यह स्पष्ट हो जाता है कि ईश्वरेच्छा से यह संसार चलता है, जिसका आधार निष्काम कर्म अथवा कर्म योग है। इस वचन में स्पष्ट रूप में अर्जुन को संकेत करते है कि वह कर्तव्य कर्म (Duty) करें। क्योंकि कर्तव्य परायणता से ही वर्ण संकर उत्पन्न नहीं होते। इसी कर्तव्य

परायणता से स्त्री पुरुष परस्पर निष्ठावान् रहते है इसी कर्म निष्ठा में समाज की भलाई छिपी है क्योंकि जब कर्म योग निष्ठा लुप्त हो जाती है तो समाज अनुशासन का तन्त्र विखर जाता है और वर्णसङ्कररूपी व्यवहार पनपता है जो सर्व नाशक होता है। अर्थात् संसार तथा परमार्थ का रहस्य कर्म योग Duty में ही निहित है।। 24 ।।

सक्ता: कर्मण्यविद्वांसो यथा कुर्वन्ति भारत।
कुयाद्विद्वांस्तथासक्ताश्चिकीर्षुलोकसंग्रहम्।। 25 ।।
न बुद्धिभेदं जनयेदज्ञानां कर्मसङ्गिनाम्।
जोषयेत्सर्वकर्माणि विद्वान्युक्त: समाचरन्।। 26 ।।

अर्थ– हे भारत! जिस प्रकार अज्ञानी लोग कर्म में आसक्त होकर (लोभवश) कर्म करते हैं वैसे ही विद्वान् लोग अनासक्त भाव से कर्म करें। ज्ञानी जन उन अज्ञानियों की बुद्धि में भ्रम उत्पन्न न करें, अपितु स्वयं सत्कर्म करते हुए उन (अज्ञानियों) को प्रेरित करके उनसे भी वैसे ही कर्म करवाये।। 25–26 ।।

व्याख्या– समझने की बात यह है कि संसार ईश्वर का हैं इसमें अपना किसी का कुछ नहीं प्रत्येक जीव एक माध्यम है जिसके द्वारा यह ईश्वरीय लीला चलती है। अत: जो संसार की वस्तु को अपना नहीं समझता वही ज्ञानी है वही ईश्वर का उचित ढंग से अनुसरण कर्त्ता है। ऐसा करके वह दूसरों को कर्म योग पर चलने के लिये प्रेरित करता है।

भगवान् श्री कृष्ण यहां श्रेष्ठ (महा) पुरुषों का दायित्व समाज के प्रति बताते हैं। इन (श्रेष्ठ–पुरुषों) का यह पूर्ण दायित्व है कि जब तक वे इस संसार का अन्न–जल–वायु का सेवन कर रहे हैं तब तक अपने श्रेष्ठ कर्मों द्वारा जन साधारण को सत्कर्मों के लिये प्रेरित करते रहें। कोरी ज्ञान–गोष्ठियों और भाषणबाजी से साधारण जनों को भ्रमित करके संसार नहीं चलता परन्तु व्यक्तिगत मत सत्कार्यों के उदारहण से संसार की गति होती है। अर्थात् त्याग भाव से ही भगवान् की भांति निरन्तर परोपकार के लिये कर्म करना आवश्यक है। इसी से ही कल्याण तथा परम ज्ञान की प्राप्ति होती है।। 26 ।।

प्रकृतेः क्रियमाणानि गुणैः कर्माणि सर्वशः।
अहंकारविमूढात्मा कर्ताहमिति मन्यते।। 27 ।।

अर्थ– सभी कर्म हर प्रकार से प्रकृति के गुणों द्वारा ही किये जाते हैं परन्तु अज्ञानी जन अहंकार वश अपने आपको ही कर्ता मानता है।। 27 ।।

व्याख्या– प्रकृति के तीन गुण (सत्त्व, राजस, तामस) ही समस्त कर्म करते है। क्योंकि जिन करणों (साधनों) से मनुष्य काम (कर्म) करता है वह कर्म स्थूल हो अथवा सूक्ष्म वे सभी प्रकृति के अधीन ही आते हैं। जैसे मन, बुद्धि, इन्द्रियां, प्राण आदि मनुष्य तो इससे अलग निर्मल आत्मा है। समस्त अन्तःकरण और शरीर प्रकृति के तीन गुणों के अधीन है और ये तीन गुण ही कर्म करते हैं। परन्तु अज्ञानवश मनुष्य अपने आप को कर्ता मानता है अर्थात् अपने स्वरूप आत्मा को अकर्ता निर्मल आत्मा नहीं जानता।

यह एक स्पष्ट तथ्य और विवेक आधारित सत्य है कि संसार जिन चौबीस तत्वों से बना है यह शरीर भी उन्हीं चौबीस तत्वों से बना है। मनुष्य संसार को तो अपना नहीं समझता परन्तु शरीर को अविवेक वश अपना मानता है। इसी को माया जाल कहते हैं। यह भ्रम आसानी से नहीं टलता पण्डित लोग इसमें कुछ अधिक नहीं कर सकते। यह भ्रम तो अन्तःकरण शुद्ध होने पर ही मिटता है जो साधना से ही आता है।। 27 ।।

तत्त्ववित्तु महाबाहो गुणकर्मविभागयोः।
गुणा गुणेषु वर्तन्त इति मत्वा न सज्जते।। 28 ।।

अर्थ– हे महाबाहो! गुण और कर्म के विभाग को तत्व से जानने वाला ज्ञानी सारे गुण गुणों में ही बरत रहे है ऐसा जान कर उन (गुणों) में लिप्त नहीं होता।। 28 ।।

व्याख्या– गुण और कर्म, पदार्थ और अन्तःकरण में होते हैं, जो प्रकृति ही है। गुण और कर्म आत्मा में नहीं होते क्योंकि आत्मा पवित्र और अकर्ता हें प्रकृति के तीन गुणों के अन्तर्गत 24 तत्व (पांच महाभूत, पांच तन्मात्राऐं, दश इन्द्रियां तथा मन–बुद्धि–चित्त–अहंकार) प्रकृति के गुणो से भरपूर है और इनकी पारस्परिक चेष्टाएं कर्म कहलाती है आत्मा सदा अकर्ता है यही गुण–कर्म विभाग है अर्थात् प्रकृति कर्म करती है आत्मा नहीं।

प्रकृति के गुण की विशेषता अनुसार मनुष्य कर्म करता है। और जो करता है वह अन्तःकरण के कारण करता है। अन्तःकरण—मन—बुद्धि, चित्—अहंकार का नाम है, जो स्वयं जड़ पदार्थ है, और प्रकृति के तीन गुणों से बने हैं अतः ये तीन गुण ही सारे कर्म करते है मनुष्य नहीं जो वास्तव में आत्मा है। अज्ञानवश मनुष्य अपना सम्बन्ध गुण और कर्म से जोड़ने के कारण अपने आप को कर्ता मानता है। विवेक जागृत हाने पर ही यह भ्रम मिटता है गुण और कर्म विभाग का अभिप्राय है कि गुण और कर्म प्रकृति (शरीर) में है आत्मा में नहीं। मनुष्य आत्मा है शरीर नहीं। समझने की बात अर्थात् ज्ञातव्य यहां यह कि मनुष्य कर्म नहीं करता कर्म तो प्रकृति के तीन गुण करते हैं जो आत्मा की (निष्क्रिय) सर्व व्यापक उपस्थिति के कारण है। वस्तु या पदार्थ का गुण इन्द्रियां जानती है। इन इन्द्रियों को मन जानता है, मन को बुद्धि, बुद्धि को निर्मल चेतन एवं सर्वव्यापक तत्व अकर्त्ता आत्मा जानता हैं यही चक्र है संसार का और मूढ़ मनुष्य अज्ञान वश अपने को कर्ता मानता है। विवेक ही इस भ्रम का उपचार है। सांख्य दर्शन के अनुसार प्रकृति पुरुष के सानिध्य से समस्त कर्म करती है आत्मा (पुरुष) स्वयं अकर्ता है। आत्मा को गीता और वेदान्त भी अकर्ता मानते हैं।। 28 ।।

प्रकृतेर्गुणसम्मूढ़ाः सज्जन्ते गुणकर्मसु।
तानकृत्स्नविदो मन्दान्कृत्स्नविन्न विचालयेत्।। 29 ।।

अर्थ— प्रकृति के गुणों से अत्यन्त मोहित हुए मनुष्य गुणों में और कर्मों में आसक्त रहते हैं, उन पूर्णतया न समझने वाले मन्द बुद्धि अज्ञानियों को पूर्णतया जानने वाला ज्ञानी विचलित न करे।। 29 ।।

व्याख्या— प्रकृति के तीन गुणों को वही अच्छी प्रकार जान सकता है जिसने गुण—कर्म के विभाग को पूर्ण विवेक जागृत करके जान लिया है। वह ही ज्ञाता तथा महापुरुष है। साधारण मन्द बुद्धि जन इस रहस्य को नहीं जान सकते तथा ऐसा भी नहीं कि पूर्वोक्त साधक (मन्द मति साधक) सत्काम नहीं करते परन्तु वे फल प्राप्ति हेतु मान यश-कीर्ति-स्वर्ग-धन आदि के लिये करते हैं अतः उनके कर्म अकर्म नहीं बनते। ज्ञानी लोग

उन्हें विचलित न करें क्योंकि कर्मानुसार संसार में सब चले हुए हैं ज्ञानी साधकों के कर्म ही साधरण जन को प्रेरित करने को पर्याप्त है वास्तव में साधारण जन भी धीरे-धीरे कर्मानुसार ज्ञानी हो जाते है अधिक व्याख्यान साधारण जनता को विचलित ही करते हैं।। 29 ।।

मयि सर्वाणि कर्माणि सन्न्यस्याध्यात्मचेतसा।

निराशीनिर्ममो भूत्वा युद्धस्व विगतज्वरः।। 30 ।।

अर्थ– मुझ अन्तर्यामी परमात्मा में लगे हुए चित्तद्वारा सम्पूर्ण कर्मों को मुझ में अर्पण करके आशा रहित, ममता रहित और सन्ताप रहित होकर युद्ध कर।। 30 ।।

व्याख्या– अध्यात्म चेतन या विवेकयुक्त चित् का अर्थ है भगवान् पर पूर्ण विश्वास कि इस सत्य को तत्त्व पूर्वक जान लेना कि न तो बुद्धि, मन, इन्द्रियां–शरीर आदि अपने हैं, न ही संसार। जो कर्म संसार में होते हैं वे "गुण कर्म विभाग के आधार पर ही होते हैं अर्थात् गुण जो हर प्राणी, वस्तु या पदार्थ में हैं और कर्म जो मन-बुद्धि अथवा इन्द्रियों में हैं इनकी स्वयं की शक्ति (प्राण शक्ति) होती है यह प्राण शक्ति इनका संचालन करती है, वास्तव में प्राण शक्ति का स्रोत आत्मा ही है जो स्वयं अकर्त्ता है। आत्मा का सानिध्य मात्र ही प्रकृतिं को चलाता है।

अतः भगवान् श्री कृष्ण अर्जुनसे कहते हैं कि विवेक युक्त चित से सारे कर्म आसक्ति तथा ममता शून्य होकर मेरे अर्पण करो। तुम तब बन्धन मुक्त हो जाओगे। अर्जुन को जोर देकर भगवान् कहते हैं कि संताप छोड़ो और निष्काम रूप से कर्तव्य कर्म में लग जाओ। वास्तव में भगवान् ने विशेष बल समबुद्धि या निश्च्यात्मिका बुद्धि पर दिया है। यहां विशेष समझने की बात यह है कि जो मनुष्य इस संसार में योद्धा या क्षत्रिय नहीं है उसको भी संकट काल में अपना कर्तव्य कर्म भगवान पर आश्रित होकर निष्काम भाव से डटकर करना है। अर्थात् खतरे या कठिनाई से नहीं डरना है।। 30 ।।

ये मे मतमिदं नित्यमनुतिष्ठन्ति मानवाः।

श्रद्धावन्तोऽनसूयन्तो मुच्यते तेऽपि कर्ममिः।। 31 ।।

अर्थ– जो मनुष्य दोष दृष्टि से रहित और श्रद्धायुक्त होकर मेरे इस (पूर्व 30

वें श्लोक) मत का सदा अनुसरण करते हैं। वे सम्पूर्ण कर्मों से मुक्त हो जाते हैं।। 31 ।।

व्याख्या— पूर्व तीसवें श्लोक का सारांश यही है कि विवेक पूर्वक अपने आप (आत्मा) को शरीर से पृथक् समझकर युद्ध रूपी कर्तव्य कर्म मोह, आशा तथा सन्ताप रहित हो कर सच्चे अन्त:करण से सारे कर्म भगवान् के अर्पण करो। क्योंकि शरीर संसार का है और आत्मा ईश्वर है। ध्यान में रखने की बात यह है कि निष्काम कर्म तथा कर्तव्य कर्म समर्पित शुद्ध अन्त:करण से ही करना आवश्यक है। श्रद्धा और निष्ठा में स्वल्पता तथा न्यूनता नहीं होनी चाहिए। इस भाव से युद्ध करने से क्षत्रियों को पाप नहीं लगते है न ही कोई दोष लगते। भगवान् ने (गीता 18/17) में साफ कहा है कि पूर्ण रूप से अहंकार मुक्त हो कर युद्ध करना तथा युद्ध में योद्धाओं को मारना पाप नहीं क्योंकि अहंकार रहित योद्धा निर्लिप्त होता है। अत: जो इस निष्ठा युक्त, विवेक पूर्ण होकर पूर्वोक्त 30वें श्लोक में बताये गये मत का अनुसरण करेगा वह संसार रूपी बन्धन से मुक्त हो जायेगा। परन्तु विवेक युक्त (विवेक पूर्ण) शब्द का अर्थ ध्यान में रखने योग्य है, जिसका अर्थ है कि यह शरीर इन्द्रियां मन आदि जिन के द्वारा हम कर्म करते हैं संसार है और संसार के हैं। व्यक्ति के नहीं, क्योंकि वह व्यक्ति तो आत्मा है। साधक में अहंकार नहीं अपितु त्याग सेवा तथा प्रसन्नता की भावना होनी चाहिए।। 31 ।।

ये त्वेतदभ्यसूयन्तो नानुतिष्ठन्ति मे मतम्।
सर्वज्ञानविमूढांस्तान्विद्धि नष्टानचेतस:।। 32 ।।

अर्थ— परन्तु जो मनुष्य मुझमें दोषारोपण करते हुए मेरे इस मत के अनुसार नहीं चलते हैं, उन मूर्खों को तुम सम्पूर्ण ज्ञानों में मोहित और नष्ट हुए ही समझो।। 32 ।।

व्याख्या— ऐसी बात नहीं है कि जिन लोगों की भगवन्निष्ठा नहीं या भगवत्परायणता नहीं वे संसार में सफल नहीं होते अथवा सांसारिक यश अथवा कीर्ति-धन-अथवा सांसारिक सत्ता नहीं प्राप्त कर सकते क्योंकि संसार तो कर्म पर आधारित है। प्रतिभाशाली व्यक्ति संसार में उच्चपद तथा सफलता

जरूर प्राप्त करते है। परन्तु उन-लोगों को जन्म-मरण के चक्कर और द्वन्द्वों से मुक्ति नहीं मिल सकतीं उनको नष्ट समझने का अर्थ है कि वे संसार में ही मग्न रहेंगे, प्रभु प्राप्ति से वञ्चित रहेगें। इस प्रकार जो दिव्य ज्ञान से दूर रहता है और संसार में प्रवृत्त रहता है। वह व्यक्ति उत्थान की अपेक्षा पतन की और अग्रसर होता है। उत्थान का मार्ग तो परोपकार और निवृत्ति मार्ग ही है परन्तु जो दुष्टमति है ईश्वरीय विधान के विपरीत चलते हैं, पाप कर्म करते है जो उपर तीसवें श्लोक के विपरीत आचरण करते हैं उनका पतन निश्चित है उनका नाश इस लोक तथा परलोक दोनों में है।। 32 ।।

सदृशं चेष्टते स्वस्याः प्रकृतेर्ज्ञानवानपि।
प्रकृतिं यान्ति भूतानि निग्रहः किं करिष्यति।। 33 ।।

अर्थ— सभी प्राणी प्रकृति को प्राप्त होते हैं अर्थात् अपने स्वभाव के पर वश हुए कर्म करते हैं। ज्ञानी भी अपनी प्रकृति के अनुसार चेष्टा करता है फिर इसमें किसी की हठ क्या करेगी?।। 33 ।।

व्याख्या— यह श्लोक प्रकृति की शक्ति का द्योतक है। प्रकृति अति बलवती है। अर्थात् मनुष्य का मन और इन्द्रियाँ प्रकृति ही है। मन और इन्द्रियाँ अति बलवान हैं इन से भिड़ना मूर्खता है। यह गहन प्रयास तथा अनुशासन से नियंत्रित किये जाते हैं। शास्त्रों मे सद् विचार और ज्ञान वर्णित है, परन्तु जब तक यम-नियम साधनों के द्वारा साधक अपने आपको संयमित नहीं कर देता तब तक वह अपनी इन्दिंयों के वेग को अवरुद्ध कर उन्हें अपने वश में नहीं कर सकता।

(श्रेष्ठ) पुरुषों ने भी साधना से प्रकृति को नियन्त्रित किया है। शास्त्रों अथवा भगवान् ने उनके लिये अन्य कोई और मार्ग नहीं बताया। महापुरुष भी अपना प्रकृति का ही अनुसरण करते हैं। क्योंकि साधना द्वारा उन्होंने प्रकृति को निवृत्ति में परिवर्तित कर लिया होता है सारांश यह है कि कर्म प्रवृत्ति और प्रकृति बलवती है, कर्म से छुटकारा नहीं है—कर्म को सुधारे बिना सफलता लोक तथा परलोक दोनों में असंभव है।। 33 ।।

इन्द्रियस्येन्द्रियस्यार्थे रागद्वेषौ व्यवस्थितौ।
तयोर्न वशमागच्छेत्तौ ह्यस्य परिपन्थिनौ।। 34 ।।

अर्थ– प्रत्येक–इन्द्रिय के विषय में राग द्वेष छिपे हुए हैं मनुष्य को उन दोनों के वश में नहीं होना चाहिए क्योंकि वे दोनों ही इसके कल्याण मार्ग में विघ्न करने वाले महान् शत्रु हैं।। 34 ।।

व्याख्या– यह सर्व विदित है कि राग–द्वेष इन्द्रियों के विषय में हमेशा छिपे हुए हैं। मनुष्य को उन दोनों के वश में नहीं होना चाहिए क्योंकि वे दोनों ही इसके कल्याण मार्ग विघ्न करनेवाले शत्रु हैं।

यह सर्व विदित है कि राग और द्वेष इन्द्रियों (कान, त्वचा, चक्षु, रसना, नाक) के विषयों (शब्द, स्पर्श, रूप, रस तथा गन्ध) में छिपे रहते है। किसी का मन किसी वस्तु–सेवा क्रिया, स्थिति–स्थान आदि से राग करता है और किसी अन्य से द्वेष भी रहेगा यही मानव के शत्रु और उसके इन्द्रियों के भंवर में धकेलने वाले हैं। अत: साधक को साधना में अटल रहते हुए राग द्वेष से उपर उठना चाहिए। तभी भगवान् ने अर्जुन को दूसरे अध्याय में ही निर्द्वन्द्व का उपदेश दिया है क्येंकि द्वन्द्व भाव तो प्रकृति के तीनों गुणों में व्याप्त है इस सफलता के लिये साधक को अन्दर के प्रकाश तक पहुँचना जरूरी है।। 34 ।।

श्रेयान्स्वधर्मो विगुण: परधर्मात्स्वनुष्ठितात्।
स्वधर्मे निधनं श्रेय: परधर्मो भयावह:।। 35 ।।

अर्थ– अपना धर्म गुणों की न्यूनता (कमी) वाला होने पर भी दूसरे के धर्म से श्रेष्ठ, उत्तम है। अपने धर्म में मरना भी कल्याण कारक है और दूसरों का धर्म भयदायक होता है।। 35 ।।

व्याख्या– यहाँ देखने तथा सोचने की बात यह है कि अपने का अर्थ क्या है? अपना आत्मा ही है। अत: आत्मा का धर्म ही स्वधर्म है। शरीर और इन्द्रियों का धर्म पर धर्म है। वह महापुरुषों के मतानुसार भयदायक है। यह ठीक है कि आत्मा का धर्म जो स्वधर्म है उसका अनुसरण एवं अपनाने में कठनाई होती है। परन्तु वह कठिनाई ही तप है। पर धर्म जो शरीर इन्द्रियों का धर्म है वह भय से पूर्ण है क्योंकि उसका आरम्भ भले ही अच्छा लगे और अच्छा हो परन्तु उसका अन्त दु:ख दायी है। अपने धर्म (आत्मा–धर्म) के पालन में मृत्यु भी कल्याण कारक है, क्योंकि इस धर्म के पालन का फल अमिट है, अनेक जन्मों

तक रहता है। जन्म–मरण से मुक्ति का मार्ग भी यही है। यदि स्वधर्म तप करते कोई मृत्यु को भी प्राप्त हो जाता है तो भी उसका महान् फल अमिट हैं भगवान् श्री कृष्ण ने गीता 6/40 में स्वयं इस तथ्य की पुष्टि की है।। 35 ।।

अर्जुन उवाच

अथ केन प्रयुक्तोऽयं पापं चरति पूरुषः।
अनिच्छन्नपि वार्ष्णेय बलादिव नियोजितः।। 36।।

अर्थ– अर्जुन बोले – हे वृष्णिवंश में उद्भव श्री कृष्ण! फिर यह मनुष्य स्वयं न चाहते हुए भी पूर्ण बल लगाये हुए की भांति किस से प्रेरित होकर पाप करता है।। 36 ।।

व्याख्या– भगवान् श्री कृष्ण को वार्ष्णेय इसलिये कहते हैं कि उनका जन्म वृष्णिवंश में हुआ था। भगवान् श्री कृष्ण ने इसी अध्याय के 34वें श्लोक में पहले ही बताया है कि राग–द्वेष मनुष्य के शत्रु हैं। ये राग–द्वेष ही सूक्ष्म रूप में काम और क्रोध है। यही दो महान् कारण है जो मनुष्य को वासना द्वारा विवेक के प्रति अन्धा करके उसके न चाहने पर भी उसको (साधक को) पापाचार में धकेलते हैं वे राग और द्वेष से मुक्ति पाये बिना काम–क्रोध नहीं छूट सकते। क्योंकि संसार की जड़ है ही द्वन्द्व भाव में, द्वन्द्व भाव जो राजसिक तथा तामसिक भाव से पनपते है यही प्रकृति के गुण मनुष्य के न चाहते हुए भी उसको पाप आचरण में धकेलते हैं। परन्तु अर्जुन की जिज्ञासा तृप्त नहीं हुई उनका प्रश्न है कि ऐसी कौनसी शक्ति है कि जो मनुष्य के न चाहने पर भी उसको बलपूर्वक पापकर्म में धकेलती है?

श्री भगवानुवाच

काम– एष क्रोध एष रजोगुणसमुद्भवः।
महाशनो महापाप्मा विद्ध्येनमिह वेरिणम्।। 37 ।।

अर्थ– श्री भगवान् बोले रजोगुण से उत्पन्न हुआ यह काम ही है यह बहुत खानेवाला अर्थात् भोगों से कभी तृप्त नहीं होनेवाला, महान् पापी है इसको ही तू इस विषय में बैरी जान।। 37 ।।

व्याख्या– राग और द्वेष की जो कड़ी भगवान् श्री कृष्ण ने 34 वें श्लोक

में बताई है वही पापाचरण की जड़ हैं प्रकृति तीन गुणों की बनी है। इसकी विस्तार पूर्वक व्याख्या भगवान् ने 14वें अध्याय में की हैं इन तीन गुणों में रजोगुण विषय वासनाओं से कभी तृप्त न होता हुआ और अधिक से अधिक योग-क्षेम के विषयों में लीन रहता है। इस संयोग-वियोग (जोड़-तोड़) की अन्धी दौड़ में अनेक पाप कर डालता है संसार में वास्तविक रूप में कामनाओं और वासनाओं का कारण रजोगुण ही है। जिस समय काम-वासनाओं की प्राप्ति में बाधा के कारण क्रोध उत्पन्न होता है तो वह क्रोध अनेक पाप कर डालता है। जैसे किसी ने कहा है "जहाँ क्रोध तहाँ पाप है"।। 37 ।।

धूमेनाव्रियते वह्निर्यथादर्शो मलेन च।
यथोल्वेनावृतो गर्भस्तथा तेनेदमावृतम्।। 38 ।।

अर्थ– जैसे अग्नि धूएं से, मैल से दर्पण, और जेर से गर्भ ढका रहता है वैसे ही काम के द्वारा ज्ञान (विवेक) आच्छादित रहता है।। 38 ।।

व्याख्या– जो सदा अविद्या से घिरा रहता है वह अज्ञान का वास मनुष्य का मन है। यही ज्ञान (विवेक) को ढका रखता है। मन संयमित होने पर ज्ञान का उदय होता है काम वासना ही मनुष्य का शत्रु है। इस कामवासना पूर्ण कामना को अगर शीघ्र नियन्त्रित नहीं किया जाता तो मानव पापाचरण में बढ़ता जाता है। कर्म सुधार के लिये कर्मयोगी ही इस वासना को मिटाने का मार्ग है। कर्म योग में प्रवृत व्यक्ति दीर्घकालीन अभ्यास के बाद काम वासना का समूलोन्मूलन करता है। क्योंकि शुद्ध कर्म से अकर्म रूप ज्ञान उदय होता है। ज्ञान के उदय होते ही अज्ञान लुप्त हो जाता है। जैसे प्रकाश के आते ही अन्धकार समाप्त हो जाता है।। 38 ।।

आवृतं ज्ञानमेतेन ज्ञानिनो नित्यवेरिणा।
कामरूपेण कौन्तेय दुष्पूरेणानलेन च।। 39 ।।

अर्थ– हे कुन्ती पुत्र! इस अग्नि के समान कभी न पूर्ण होने वाले काम रूप ज्ञानियों के नित्य वैरी के द्वारा मनुष्य का ज्ञान ढका हुआ है।। 39 ।।

व्याख्या– यह काम–वासना अग्नि के समान सदा बढ़ती रहती है। आग यदि शीघ्र शान्त न की जाये तो सब कुछ नष्ट कर देती है। कामना भी

इसी प्रकार यदि आरम्भ में ही अनुशासित न की जाये तो मनुष्य का ध्वंस कर डालती है। क्योंकि कामना विवेक को आच्छादित कर (ढक) लेती है तथा मनुष्य पाप में निमग्न (डूब) होता जाता है। कामनाओं का अर्थ ही सांसारिक मोह तथा लोभ की ओर आकर्षण है, और यह वासना ही साधक का नित्य वैरी है। जबकि परमात्म तत्त्व की ओर आकृष्ट होना ही तप है जिसके साथ काम वासना का कोई सम्बन्ध नहीं।। 39 ।।

इन्द्रियाणि मनो बुद्धिरस्याधिष्ठानमुच्यते।
एतैर्विमोहयत्येष ज्ञानमावृत्य देहिनम्।। 40 ।।

अर्थ– इन्द्रियाँ, मन और बुद्धि ये सब इसके वास स्थान कहे जाते हैं। यह काम इन मन–बुद्धि और इन्द्रियों के द्वारा ही ज्ञान को आच्छादित करके जीवात्मा को मोहित करता है।। 40 ।।

व्याख्या– संसार में मनुष्य जो भी कर्म करता है वह इन्द्रियों, मन तथा बुद्धि द्वारा ही करता है। भगवान् श्री कृष्ण कहते हैं कि काम वासना इन तीनों स्थानों में रहती है। इससे यह सिद्ध हो गया कि काम वासना कितनी बलवती है। इस से मुक्त होना कठिन हैं इस को नियन्त्रित किए बिना ज्ञान अथवा विवेक की प्राप्ति नहीं हो सकती। यही नहीं तब तक पाप और क्रोध से भी मुक्ति नहीं मिलती। भगवान् श्री कृष्ण ने पहले 2/62 में भी कहा है कि कामना से ही क्रोध उत्पन्न होता है। कामना अतिशक्तिशाली है यह पहले इन्द्रियों को उत्तेजित करती है, फिर मन और बुद्धि को घेर लेती है। बुद्धि विनाश के बाद मानव मूर्ख ही हो जाता है और पाप तथा क्रोध का कर्त्ता बन जाता है।। 40 ।।

तस्मात्त्वमिन्द्रियाण्यादौ नियम्य भरतर्षभ।
पाप्मानं प्रजहि ह्येनं ज्ञानविज्ञाननाशनम्।। 41 ।।

अर्थ– इसलिये हे अर्जुन! तू पहले इन्द्रियों को वश में करके इस ज्ञान और विज्ञान का नाश करनेवाले महान् पापी काम को अवश्य ही बलपूर्वक मार डाल।। 41 ।।

व्याख्या– काम को नियन्त्रित करने के लिये भगवान् श्री कृष्ण कहते है कि इन्द्रियो को संयमित करके पूर्ण रूप से काबू करना है। ये इन्द्रियां बहुत बलवती

है। क्योंकि काम पहले इन्द्रियों में वास करता है। यदि यह पहला पड़ाव उड़ा दे तो मन तथा बुद्धि पर काम प्रभाव नहीं डाल सकेगा। नहीं तो यह ज्ञान और विज्ञान सिद्धान्त तथा अनुभव दोनों को ही नष्ट कर देगा। अर्थात् विवेक और ब्रह्म ज्ञान दानों को प्राप्त करना असंभव हो जायेगा। विज्ञान का अभिप्राय विशेष ज्ञान होता है, जो ज्ञान अनुभव पर आधारित हो। काम ऐसा प्रचण्ड नाशक है कि इन (ज्ञान-विज्ञान) को प्रभावित करता है। अत: इसका इन्द्रियों को नियन्त्रित करके नाश करना आवश्यक है। अभिप्राय है कि काम वासना का बीज नष्ट ही करना है इस (काम को) का लेश मात्र भी नहीं रखना है।। 41 ।।

इन्द्रियाणि पराण्याहुरिन्द्रियेभ्य: परं मन:।
मनसस्तु परा बुद्धिर्यो बुद्धे: परतस्तु स:।। 42 ।।

अर्थ– इन्द्रियां स्थूल शरीर से पर अर्थात् श्रेष्ठ बलवान् तथा सूक्ष्म है, इन इन्द्रियों से परे मन है, मन से भी बुद्धि पर है और बुद्धि से अत्यन्त पर वह आत्मा है।। 42 ।।

व्याख्या– इन्द्रियां शरीर से श्रेष्ठ इसलिये है क्योंकि हम इनके द्वारा ही शरीर को नियन्त्रित भी कर सकते हैं। परन्तु शरीर इन्द्रियों को नियंत्रित नहीं करता यह मन इन्द्रियों से श्रेष्ठ है क्योंकि मन इन्द्रियों को नियन्त्रित करता है। इसी प्रकार मन को नियन्त्रित करने वाली बुद्धि मन से भी (श्रेष्ठ) है। सदसद् विचार बुद्धि के द्वारा होते हैं। महर्षि पातञ्जलि कृत 'योग दर्शन' के अनुसार भी (साधना पाद—सूत्र 19-20) 23 तत्त्वों में (पांच भूत, पांच तनमात्रायें, दस इन्द्रियां, मन, अहंकार और बुद्धि) बुद्धि अधिक सूक्ष्म तथा बलवान् है। 24वां तत्त्व अव्यक्त मूल प्रकृति ही बुद्धि से अधिक सूक्ष्म है। सारांश कि बुद्धि इन्द्रियों तथा मन से अधिक बलवती तथा श्रेष्ठ है। अत: बुद्धि सूक्ष्म और सशक्त तत्व है। यही मन तथा इन्द्रियों को संयत कर सकती है। इस बुद्धि से भी परे अति सूक्ष्म और महान् आत्मा है जो समस्त शरीर रूपी संसार का कारण एवं स्वामी है। कठोपनिषद् में भी यह तथ्य वर्णित है कि अकर्त्ता आत्मा ही इन्द्रियों मन बुद्धि का स्वामी है।। 42 ।।

एवं बुद्धे: परं बुद्धवा संस्तभ्यात्मानमात्मना।
जहि शत्रुं महाबाहो कामरूपं दुरासदम्।। 43 ।।

अर्थ– इस प्रकार बुद्धि से पर अर्थात् सूक्ष्म, बलवान् और अत्यन्त श्रेष्ठ आत्मा को जानकर और बुद्धि के द्वारा मन को वश में करके हे महाबाहो! तू इस काम रूप दुर्जय शत्रु को मार डाल।। 43 ।।

व्याख्या– सारांश यह है कि काम अति बलवान् है और व्यक्ति नाशक है। इन्द्रियां मन और बुद्धि इसके वास स्थान है। इसको नष्ट किये बिना साधक का आध्यात्मिक विकास नहीं हो सकता। परन्तु भगवान् आश्वासन देते हैं कि चिन्ता की आवश्यकता नहीं, यदि इन्द्रियाँ, मन तथा बुद्धि काम के निवास स्थान है तो आत्मा इन सबसे श्रेष्ठ है जिसको काम छू भी नही पाता– अतः साधक आत्मावान् हो जाओ तथा इस शत्रु रूप काम वासना को मार डालो। अर्थात् इन इन्द्रियों, मन तथा बुद्धि का आकर्षण छोड़ो यह सब एक दूसरे के साथी है –परन्तु मात्रा (अनुपात) का अन्तर जरुर है। इनका साथ भयावह तथा अधूरा है– यह याद रखो कि मनुष्य आत्मा है और मन, इन्द्रियां तथा बुद्धि नहीं आत्मावान् बने बिना न यह लोक न परलोक इस ध्येय की प्राप्ति का साधन निष्काम कर्म अर्थात् कर्म योग ही है।। 43 ।।

ॐ तत्सदिति श्रीमद् भगवद्गीतासूपनिषत्सु ब्रह्मविद्यायां
योग शास्त्रे श्री कृष्णर्जुनसंवादे कर्मयोगो
नाम तृतीयोऽध्यायः।। 3 ।।

✤✤✤

कर्म विज्ञान सन्यासयोगः

दूसरे और तीसरे अध्यायों के अध्ययन से यह स्पष्ट होता है कि श्रीमद्‌भगवदगीता में भगवान् श्रीकृष्ण ने सांख्य तथा कर्मयोग द्वारा समबुद्धि की प्राप्ति और निष्काम कर्म पर विशेष बल दिया है, क्योंकि समबुद्धि की प्राप्ति के बिना न सांसारिक और न ही तत्त्वज्ञान की प्राप्ति होती है। दूसरे अध्याय में भगवान् श्रीकृष्ण ने समबुद्धि की प्राप्ति के लिए ग्यारहवें श्लोक से तीसवें श्लोक तक आत्म तत्त्व का ज्ञान (विवेक) कहकर अर्थात् सांख्य ज्ञान का मार्ग बता कर इक्कतीसवें श्लोक से कर्मयोग का प्रकरण आरम्भ किया जो तीसरे अध्याय में समबुद्धि को प्राप्त करने का मार्ग बताया है– कर्मयोग, (कर्त्तव्य कर्म अर्थात् निष्काम कर्म) भगवान् बल देकर कहते हैं कि निष्काम के बिना समबुद्धि प्राप्त नहीं होती। इस चतुर्थ अध्याय में भगवान् अविनाशी योग से सम्बन्धित तत्त्व ज्ञान की तात्विक विशेषताएं कहते हुए कर्मयोग द्वारा निष्काम कर्म करने को कहते हैं क्योंकि इस कर्मयोग से ही परम ज्ञान की प्राप्ति होती है और यही परम ज्ञान योग है। कर्मयोग के माध्यम से ज्ञान योग की प्राप्ति ही इस अध्याय का उद्देश्य है।

श्रीभगवानुवाच

इमं विवस्वते योगं प्रोक्तवानहमव्ययम्।
विवस्वान्मनवे प्राह मनुरिक्ष्वाकवेऽब्रवीत्॥ 1 ॥

अर्थ– श्री भगवान् बोले– मैंने इस अविनाशी योग को सूर्य से कहा, सूर्य

ने अपने पुत्र वैवस्वत मनु से कहा और मनु ने अपने पुत्र राजा इक्ष्वाकु से कहा।। 1 ।।

व्याख्या— श्रीभगवान् इस योग का इतिहास इसके अनादितत्व के विषय में कह रहे हैं, कि योग भी परम सत् की भान्ति अमर है और इसलिये अनादि है क्योंकि यह योग ईश्वर से उत्पन्न हुआ है। पुराणों के अनुसार सूर्य ब्रह्मा के प्रपौत्र (ब्रह्मा से मरिच, मरिच से कश्यप और कश्यप पत्नि अदिति से आदित्य = सूर्य हुए) थे और इसी क्षत्रिय वंश में भगवान् श्रीराम ने जन्म लिया था। शब्द "इस योग" का अभिप्राय कर्मयोग से है। कर्मयोग द्वारा समबुद्धि की प्राप्ति का उपाय तृतीय अध्याय में निष्काम कर्म द्वारा बताया है। वास्तव में यह प्रसंग 2/39 से आरम्भ होता है दूसरे अध्याय में आत्मा तत्त्व के ज्ञान की प्राप्ति के लिए निश्चयात्मिका बुद्धि की आवश्यकता पर बल दिया है जो कर्मयोग द्वारा ही प्राप्य है।। 1 ।।

एवं परम्पराप्राप्तमिमं राजर्षयो विदुः।
स कालेनेह महता योगो नष्टः परन्तप।। 2 ।।

अर्थ— हे परंतप अर्जुन! इस प्रकार परम्परा से प्राप्त इस योग को राजर्षियों ने जाना, किन्तु उसके बाद वह योग बहुत काल से इस धरा— धाम पर (पृथ्वीलोक में) लुप्त प्राय हो गया।। 2 ।।

व्याख्या— सूर्य, मनु, इक्ष्वाकु आदि राजाओं ने इस योग को जानकर स्वयं भी लाभ उठाया और प्रजा को लाभान्वित किया। धर्म को सुचारु रूप से निभाने में कर्मयोग की विशेष भूमिका है। इस (कर्मयोग) का बल कर्त्तव्य परायणता पर है। क्षत्रिय का धर्म है प्रजा का संरक्षण बाह्य तथा आन्तरिक शत्रुओं से करना परन्तु पहले क्षत्रिय को धर्म का पालन करने के लिये स्वयं सक्षम होना पड़ता है अर्थात् अपने अन्दर के काम, क्रोध, मोह, लोभ भय, अहंकार आदि शत्रुओं पर विजय प्राप्त करनी पड़ती है।

गीता में यह भी स्पष्ट उल्लेख है कि क्षत्रिय होना जन्म पर ही आधारित नहीं अपितु श्रेष्ठ गुण कर्म क्षत्रिय होने की विशेषताऐं हैं। भगवान् श्रीकृष्ण का आशय इन शब्दों से कि "दीर्घकाल के कारण यह योग लुप्त प्रायः हो गया

था" यह है कि यह योग लुप्त हो गया था न कि नष्ट यह योग नष्ट नहीं हो सकता क्योंकि इसका आधार सत् और स्रोत स्वयं भगवान् है।

मनुष्य कि स्मृति अथवा बुद्धि से सब वस्तु लुप्त हो सकती है क्योंकि मनुष्य की बुद्धि परिवर्तनशील है। योगशास्त्र के अनुसार कोई पदार्थ उर्जा अथवा विचार नष्ट होता ही नहीं है परन्तु उनमें परिवर्तन अवश्य होता रहता है। योग सर्वोत्तम होने के कारण कभी नष्ट नहीं होता क्योंकि योग स्वयं ईश्वर है। सृष्टि ही परिवर्तनशील है यह प्रकृति और सृष्टि पातञ्जलि (पातञ्जल योग) के अनुसार वृत्ति है जिसका विरोध करके ही प्रभु प्राप्त होते हैं।। 2 ।।

स एवायं मया तेऽद्य योग: प्रोक्त: पुरातन:।
भक्तोऽसि मे सखा चेति रहस्यं ह्येतदुत्तमम्।। 3 ।।

अर्थ— तुम मेरे भक्त और प्रिय सखा हो अत: यह पुरातन, उत्तम एवं रहस्य युक्त योग मैंने आज तुम्हें कहा है।। 3 ।।

व्याख्या— भगवान् ने श्रीकृष्ण अनादि, उत्तम तथा अतिरहस्य युक्त योग अर्जुन को इसलिये बताया क्योंकि वह अर्जुन भगवान् का परम भक्त तथा अति प्रिय सखा थे। ये दो सम्बन्ध इस संसार में विशेष महत्त्व रखते हैं। सांसारिक नियम है कि सच्चे एवं श्रद्धालु शिष्य को गुरु द्वारा ज्ञान देना आवश्यक है इसके साथ वह शिष्य साथ में यदि सखा भी हो तो वह और भी अधिक उपयुक्त अधिकारी बनता है। विद्या सदा श्रद्धालु भक्त को ही देनी चाहिए परन्तु योग तो विशेष अधिकृत शिष्य को सिखाना अनिवार्य है यह हर श्रेष्ठ गुरु का दायित्व है।

यह योग अत्यन्त रहस्यमय इसलिये है कि केवल इस योग से ही तत्त्व ज्ञान (विवेक) जागृत होता है। अर्थात् जिससे प्रकृति और पुरुष (शरीर और आत्मा) की भिन्नता तथा सम्बन्ध का बोध होता है और यह ज्ञान उसी को प्राप्त होता है जिसको भगवान् स्वीकारते हैं। यह तर्क तथा बुद्धि का विषय नहीं विवेक से ही आत्मा परमात्मा का बोध होता है मन—बुद्धि—इन्द्रियों से नहीं क्योंकि यह सब सांसारिक होने के कारण परिवर्तनशील हैं। परिवर्तनशील से परम सत् का बोध नहीं हो सकता क्योंकि अनित्य से नित्य का बोध नहीं हो सकता उपनिषद् में भी यही कहा गया है वास्तव में इस परम योग का

रहस्य तथा प्राप्ति का ढंग सद्गुरु ही बता पाते हैं। अतः यह रहस्यमय होने के कारण गुप्त रखने योग्य है यह केवल श्रद्धावान जिज्ञासुओं को ही बताना है, वही सच्चा अधिकारी है।। 3 ।।

अर्जुन उवाच

अपरं भवतो जन्म परं जन्म विवस्वतः।

कथमेतद्विजानीयां त्वमादौ प्रोक्तवानिति।। 4 ।।

अर्थ– अर्जुन बोले–आपका जन्म तो अभी का है। बाद में हुआ और सूर्य का जन्म पहले (कल्प के आरम्भ) का है अतः यह कैसे माने कि आपने यह (योग) सूर्य को पहले कहा था?।। 4 ।।

व्याख्या– अर्जुन के पूछने का अभिप्राय यह नहीं कि उन्हें श्रीकृष्ण पर विश्वास नहीं। अर्जुन का अभिप्राय है कि आप (भगवान्) मुझे समझाएं कि सूर्य तो बहुत पहले थे और आप अभी वर्तमान समय में है तो आपने उनको योग का ज्ञान पहले कैसे दे दिया। अर्जुन के कृष्ण भगवान् गुरु और सखा हैं, वह (अर्जुन) उन (कृष्ण) की बात पर सन्देह नहीं करते, परन्तु अपनी जिज्ञासा व्यक्त कर रहे हैं।। 4 ।।

श्रीभगवानुवाच

बहूनि मे व्यर्तातानि जन्मानि तव चार्जुन।

तान्यहं वेद सर्वाणि न त्वं वेत्थ परन्तप।। 5 ।।

अर्थ– श्रीभगवान् बोले–हे परंतप अर्जुन! मेरे और तुम्हारे पहले बहुत जन्म हो गये हैं। मैं उन सबको जानता हूँ तुम नहीं जान सकते।। 5 ।।

व्याख्या– भगवान् के लिए देश, काल, कुछ प्रभाव डालने वाले नहीं हैं। केवल मानव ही काल आदि के अधीन है। अतः मानव वर्तमान जन्म में अतीत जन्म को नहीं जान सकता क्योंकि मनुष्य कालाधीन है। ईश्वर महाकाल है अर्थात् काल उनके अधीन है। भूत भविष्यत् का उनके साथ कोई अभिप्राय विशेष नहीं क्योंकि ईश्वर सदा वर्तमान हैं, उनका जन्म सांसारियों की भान्ति नहीं वह ईश्वरीय योगमाया पर आधारित है। योगेश्वर होने के कारण उनको सब स्मरण है। इस सम्बन्ध में भगवान् ने पहले भी 2/12 में कहा है कि अर्जुन ऐसा नहीं

है कि मैं, तुम और ये राजा लोग पहले पैदा नहीं हुए और ऐसा भी नहीं है कि पुन: भी जन्म नहीं लेंगे आदि अर्थात् आत्मा नित्य है शरीर अनित्य और भगवान् सब जन्मों के विषय में सब कुछ जानते हैं।। 5 ।।

अजोऽपि सन्नव्ययात्मा भूतानामीश्वरोऽपि सन्।
प्रकृतिं स्वामधिष्ठाय सम्भवाम्यात्ममायया।। 6 ।।

अर्थ– मैं अजन्मा और अविनाशी स्वरूप होते हुए भी तथा समस्त प्राणियों का ईश्वर होते हुए भी अपनी प्रकृति को अधीन करके अपनी योगमाया से प्रकट होता हूँ।। 6 ।।

व्याख्या– भगवान् इस श्लोक में अपनी अलौकिक वास्तविकता बता रहें हैं कि उनका प्रकट होना और अर्न्तधान होना साधारण जन्म–मरण से बिल्कुल भिन्न है, अर्थात् भगवान् बिना जन्म लिये भी जब चाहे प्रकट हो जाते हैं, और जब चाहे अविनाशी होते हुए तभी अन्तर्धान हो जाते हैं अर्थात् ईश्वर प्रकृति और संसार के नियम से उपर हैं। परन्तु साधारण मनुष्य इस ईश्वरीय योग–माया को समझ ही नहीं पाते। वे भगवान् को साधारण मनुष्य से भिन्न समझ ही नहीं पाते। यही भगवान् की आविर्भाव और तिरोभाव की माया की क्रीड़ा है। क्योंकि भगवान् मायाधीश है। माया (प्रकृति) उनके (ईश्वर के) अधीन है। ईश्वर जिस रूप अथवा शरीर में प्रकट होना चाहे भक्तों, साधुगण का तथा धर्म का संरक्षण करने के लिए समय–समय पर अपनी योग–माया द्वारा प्रकट होते रहते हैं अर्थात् भगवान् पैदा नहीं होते प्रकट होते हैं। श्रीराम, कृष्ण, ईसा, बुद्ध, महावीर तथा मुहम्मद आदि उन्हीं ईश्वर के रूप हैं। इसी ईश्वरीय योग–माया को तिरोभाव तथा आविर्भाव कहते हैं। ईश्वर के कर्म तथा जन्म का ज्ञान महापुरुषों को ही पता लगता है साधारण लोगों को उनके जन्म तथा मृत्यु साधारण रूप में ही लगते हैं जो वास्तव में नहीं है। साधारण मनुष्य तो भगवान् की पहचान कर ही नहीं सकते। वे तो उन्हें (अवतारी को) साधारण शरीरधारी मनुष्य ही मानते हैं। यही कारण भगवान् ने गीता 7/25, 9/11 में बताया है। ऐसा ईश्वरीय विधान के अनुसार ही होता है क्योंकि भगवान् अपनी योग माया से अवतरित होने पर हमेशा छिपे रहते

हैं और कठिन तथा असम्भव कार्य मनुष्य रूप में ही करते रहते हैं—तभी तो साधारण मनुष्य प्रेरित होते हैं—यदि उन्हें अवतारों का पता लग जाय तो वह सारे कठिन कार्य उनपर ही छोड़ दे—यही तो ईश्वरीय योग—माया है, परन्तु योगनिष्ठ महापुरूष भगवान् के कार्यों तथा जन्म को जानते हैं।। 6 ।।

यदा यदा हि धर्मस्य ग्लानिर्भवति भारत।

अभ्युत्थानमधर्मस्य तदात्मानं सृजाम्यहम्।। 7 ।।

अर्थ— हे भारत! जब—जब धर्म की हानि और अधर्म की वृद्धि होती है, तब ही मैं अपने को रचता हूँ अर्थात् साकार रूप से लोगों के मध्य अथवा सम्मुख प्रकट होता हूँ।। 7 ।।

व्याख्या— भगवान् श्रीकृष्ण स्पष्ट शब्दों में कह रहे हैं कि वह तब ही साकार रूप में प्रकट होते हैं जब—जब धर्म की हानि और अधर्म की वृद्धि होती है। अतः धर्म ही संसार के संतुलन का आधार है। इस का सम्बन्ध चराचर स्थावर जङ्गम सब से ही निरंतर रहता है धर्म के चार चरण है—तप, शौच, दया और सत्य। युग भी चार हैं— सत्ययुग, त्रेतायुग, द्वापरयुग तथा कलियुग। सत्ययुग में धर्म चारो चरणों से विराजमान होता है। इसी प्रकार त्रेता में तीन, द्वापर में दो और कलियुग में एक चरण से ही धर्म विराजता है। परन्तु जिस युग में उसके धर्म की सीमा से अधिक हानि होती है उस समय ईश्वर अवतार लेकर उस धर्म की रक्षा करते हैं। धर्म की हानि तब होती है जब रजोगुण की वृद्धि होती है तथा उस के कारण कामना तथा कामवृत्ति में वृद्धि होती है। वास्तव में धर्म ही संसार की अच्छाई का उत्तम मार्ग है उस पर आचरण करना तथा स्थिर रखना मनुष्य वर्ग का ही दायित्व है, परन्तु जब यह धर्म डगमगाने लगता है और मनुष्य वर्ग के लिये चुनौती बन जाता है तभी ईश्वर उसकी रक्षा के लिये प्रकट होते हैं—वह दिव्य रूप से प्रकट योगमाया द्वारा होते हैं। अज्ञानी ही उनके दिव्य जन्म, कर्म तथा अन्तर्ध्यान को साधारण रूप में लेते हैं महापुरूष नहीं।

धर्म निष्ठा तथा समबुद्धि के माध्यम से प्रकृति का संतुलन सुरक्षित रहता है और व्यक्ति को अध्यात्मिक मार्ग के लिये प्रेरित होता है। सर्वसाधारण जनता को प्रेरित करने के लिये जब भगवान् अवतार लेते हैं तो वह श्रेष्ठ मनुष्य के

समान तथा महापुरुषों के समान श्रेष्ठ कर्म करते हैं। परन्तु यह ज्ञात नहीं होने देते कि वे अवतारी भगवान् हैं तब तो अवतार का रहस्य ही नहीं रहेगा सभी जन समझेंगे कि उन्हें श्रेष्ठ तथा कठिन काम करने की आवश्यकता नहीं रहेगी, उन कार्यों को भगवान् स्वयं करेंगे। यही महान्—संत और अवतारी में अन्तर है। संत सर्वदा सत्कार्य करते हैं और अवतारी मानव साधारसण जनता के समान सभी कार्य करते हैं जिससे उनके अवतार का भेद भी न खुले और लोगों को श्रेष्ठ तथा कठिन कर्म करने की प्रेरणा भी मिले।। 7 ।।

परित्राणाय साधूनां विनाशाय च दुष्कृताम्।

धर्म संस्थापनार्थाय सम्भवामि युगे युगे।। 8 ।।

अर्थ— सन्तजनों का उद्धार करने के लिये, पापकर्म करने वालों का विनाश करने के लिये और धर्म की अच्छी तरह से स्थापना करने के लिये मैं हर युग में प्रकट हुआ करता हूँ।। 8 ।।

व्याख्या— साधुजनों की रक्षा करने के लिये भगवान् इसलिये प्रकट होते हैं क्योंकि साधु लोगों के प्रयास से ही धर्म प्रसारित होता है और अधर्म कम होता है। साधुजन इतने पवित्र तथा दयावान् होते हैं कि दुष्टों को भी नहीं मारते। भगवान् अवतार रूप में साधारण मनुष्य की भान्ति जन्म लेकर साधुओं की रक्षा करते हैं और पापियों का नाश करते हैं, इस रहस्य को केवल महापुरूष ही जानते हैं।

धर्म की प्रतिष्ठा इसलिये आवश्यक है क्योंकि तीनों लोकों का आधार धर्म ही है। धर्म केवल मानव मात्र से ही सम्बन्धित नहीं परन्तु समस्त जगत् का नियन्त्रण और संतुलन धर्म पर ही आश्रित है।

भगवान् ने इस श्लोक में तीन बातें बताई है। प्रथम साधुओं की रक्षा के लिये, पापियों के नाश के लिये तथा धर्म की प्रतिष्ठा के लिये अवतार लेते हैं। विचार करने का विषय यह है कि साधु कौन है? पापी कौन है? धर्म की स्थापना कब और कैसे होनी है? समाज में चतुर और समृद्ध मनुष्य तथ्यों को छुपा तथा घुमा सकते हैं परन्तु सर्व विदित अथवा सर्वज्ञ भगवान् स्वयं जानते हैं क्योंकि तर्क के आधार पर मनुष्य हमेशा अपनी दलील देते रहते हैं। इस जीवन संग्राम में मनुष्य के विचार में कई विचित्र, असाह्य तथा भयंकर घटनाऐं

घट जाती है। कहीं निर्दोषों पर अत्याचार होते हैं कहीं कुकर्म भ्रष्टाचार और घिनौने अपराध होते हैं। भगवान् इन घटनाओं को देखते ही नहीं इन्हें जानते भी हैं। उनके प्रकट होने (अवतार लेने) के अपने ढंग हैं। उन अवतार लेने के ढंगों को वही (ईश्वर) जानते हैं या ब्रह्मनिष्ठ व्यक्ति। यह कूटस्थ रूपी कम्प्यूटर सर्ववस्तुएं विचार एवं घटनाएं संभाल कर रखता है। इसमें किसी प्रकार की त्रुटि का प्रश्न ही उत्पन्न नहीं होता। मनुष्य हमेशा अधैर्य रहता है, परन्तु भगवान् बड़े ही समद्रष्टा है क्योंकि वह स्वयं ही धर्म का केन्द्र है। धर्मचक्र का आवर्तन विवर्तन इन्हीं की शक्ति से होता है। यह सर्ग, विसर्ग, सृष्टि, लय इन्हीं की शक्ति का खेल है।। 8 ।।

जन्म कर्म च मे दिव्यमेवं यो वेत्ति तत्त्वतः।
त्यक्त्वा देहं पुनर्जन्म नैति मामेति सोऽर्जुन:।। 9 ।।

अर्थ– हे अर्जुन! मेरे जन्म और कर्म दिव्य अर्थात् निर्मल और अलौकिक हैं। इस प्रकार जो मनुष्य तत्त्व से जान लेता है, वह शरीर को त्याग कर फिर मुझे ही प्राप्त होता है उसे पुनर्जन्म नहीं लेना पड़ता।। 9 ।।

व्याख्या– वास्तव में भगवान् का न शरीर होता, न कर्म, न जन्म, न मृत्यु क्योंकि भगवान् तो अनादि है तभी तो वह धार्मिक और पापी को जानते हैं, जो इस दिव्य यथार्थ को जानता और दिव्य नेत्र से भगवान् को पहचानता है उसी का जन्म पुनः नहीं होता और वही प्रभु को प्राप्त होने का अधिकारी है। अर्थात् जो इस जन्म और इस शरीर का तत्त्व ज्ञानी हो गया वही यह जान पाता है कि भगवान् ने कब और कहाँ अवतार लिया? क्या कर्म करने आये हैं और कब उनका अन्तर्धान होना है। परन्तु ऐसी ज्ञान प्राप्ति के लिये साधक को आत्मवान् होना पड़ेगा। तब यह शरीर नहीं रहता। वह बुद्धि और मन का प्रयोग ही नहीं करता। वह स्वयं आत्मा हो गया होता है अर्थात् कर्म भक्ति या ज्ञान माध्यम से उसने योग प्राप्त कर लिया होता है। वह दिव्य जगत् का वासी हो गया होता है।। 9 ।।

वीतारागभयक्रोधा मन्मया मामुपाश्रिताः।
बहवो ज्ञानतपसा पूता मद्भावमागताः।। 10 ।।

अर्थ– पहले भी जिनके राग, भय, क्रोध सर्वथा नष्ट हो गये थे और जो मुझमें अनन्य प्रेम पूर्वक स्थित रहते थे, ऐसे मेरे आश्रित रहने वाले बहुत से भक्त उपर्युक्त ज्ञानरूप, तप से पवित्र होकर मेरे स्वरूप को प्राप्त हो चुके हैं।। 10 ।।

व्याख्या– वास्तव में आसक्ति ही संसार का मूल बन्धन है, जो मानव को संसार से बांधे रखती है। अत: जिन महापुरुषों ने पहले भगवान् को पाया है, उन्होंने भी साधना का मार्ग अपना कर इस आसक्ति के रोग रूपी बंधन को काटा है– क्योंकि विषय आसक्ति ही बंधन है। आसक्ति एक ऐसा रोग है जो राग के मध्य रहता है। राग और द्वेष एक स्थान में एकत्रभाव से रहते हैं। जब संसार में अथवा संसार से राग है तो ईश्वर में आसक्ति नहीं रह पाती। साथ में कामना का प्राबल्य बढ़ता जाता है। कामना का विस्तार भय के कारण होता है। मनुष्य अपने आपको भयग्रस्त इसलिये समझता है क्योंकि उसकी कामना नश्वर संसार से है। वह सोचता है कि मेरी अमुक–अमुक वस्तुएं न्यूनता को प्राप्त हो जायेगी। मुझे विमारी लगेगी, मुझे शत्रु सताएंगें, मेरे सगे–सम्बन्धी रुष्ट होंगे, मेरे स्वामी नाराज हो जायेंगें, मुझे कारोबार में हानि होगी आदि–आदि। परन्तु मनुष्य जब ईश्वर की शरण में जाता है तो उसे इन सब वस्तुओं से भय नहीं रहता। क्रोध तभी उत्पन्न होता है जब कामनाओं की पूर्ति नहीं होती।

आसक्ति, भय और क्रोध संसार के अनुभूत तत्त्व है, पहले संसार से सामंजस्य करना है, अर्थात् संसार को त्याग नहीं करना अपितु उससे राग नहीं रखना, क्योंकि वह हानिकारक है। जब संसार के प्रति राग हटेगा तभी ज्ञान और तप के द्वारा पवित्रता प्राप्त होगी और प्रभु–प्रेम का उदय होगा तथा साधक प्रभु प्राप्ति का अधिकरी बनेगा। भगवान् कह रहे हैं कि यह विद्या हमेशा से है पहले भी तप द्वारा ही राग, भय, क्रोध को नष्ट कर साधकों ने मोक्ष प्राप्त किया है। सारांश इच्छा भय तथा क्रोध की विजय इस परम ज्ञान के लिये जरुरी है। गीता 5/28।। 10 ।।

ये यथा मां प्रपद्यन्ते तांस्तथैव भजाम्यहम्।
मम वर्त्मानुवर्तन्ते मनुष्या: पार्थ सर्वश:।। 11 ।।

अर्थ– हे पृथापुत्र अर्जुन! जो भक्त मुझे जिस प्रकार भजते हैं मैं भी उनको उसी प्रकार से भजता हूँ, क्योंकि सभी मनुष्य सब प्रकार से मेरे ही मार्ग का अनुसरण करते हैं।। 11 ।।

व्याख्या– इस श्लोक का भावार्थ है कि भगवान् को पाना सरल है, जिस भाव से भक्त–भगवान् को भजता है वह साधक उसी भाव से उन्हें प्राप्त कर लेता है। परन्तु भक्ति या भजन सच्चे मन से होना आवश्यक है। भगवान् का बन्धन रहित बन्धन श्रद्धा, प्यार अथवा भक्ति में ही छिपा रहता है। अहंकार–स्वार्थ ही साधक को ईश्वर से दूर ले जाते हैं। जिस भक्त के मन में अहंकार और स्वार्थ नहीं ईश्वर उस के भाव और मनोवाञ्छित को उसके संकल्पानुसार पूर्ण कर देते हैं जिस भाव से वह ईश्वर को भजता है। जो साधक अथवा भक्त स्वार्थ और अहंकार से उपर उठ जाता है तो उसको या तो भगवान् की ही इच्छा रहती है या दूसरों के कल्याण की भावना रहती है अथवा उस साधक को अन्य लोगों को हानि न पहुँचाने की इच्छा पूर्वक अपनी कोई सात्विक भावना या कामना रहती है तो वह अहंकार या स्वार्थरहित होती है। इस में यह बात भी स्पष्ट है कि जो साधक भगवान् से अनुचित स्वार्थ या दुर्भाव रखता है तो उसे भी भगवान् से वैसा भाव मिलेगा। भगवान्–प्रेमी के प्रेमी हैं, भक्त के भक्त हैं और दुष्ट के दुष्ट भी। परन्तु भगवान् स्वयं कुछ नहीं करते, उनका स्वभाव ही ऐसा है जो जिस भाव से उन्हें भजता है या कामना करता है वह उनसे वैसा ही फल प्राप्त करता है। “सबलोग मेरा अनुसरण करते हैं” का अर्थ है कि ईश्वरीय विधान के अनुसार प्रेम–त्याग को महापुरूष भगवान् ही से सीखते हैं उनसे श्रेष्ठ लोग और उनसे सामान्य लोग, जैसा व्यवहार 3/21 में वर्णित है प्राप्त करते हैं क्योंकि सभी लोग ईश्वर के अंश हैं अत: उन जैसा ही व्यवहार करेंगे। यह जीवन अथवा चैतन्य तो प्रभु से ही उत्पन्न है इसका और कोई स्रोत नहीं अत: जैसा जिसका विचार अथवा श्रद्धा है वैसा ही व्यक्ति होता है उसको वैसा ही फल मिलेगा।

वास्तव में मनुष्य के विचार और भाव पृथक्–पृथक् उनके अपने मानसिक तथा आध्यात्मिक विकास के अनुसार ही होते हैं और इन्हीं के अनुसार मनुष्य

पूजन भजन आदि भी करता है कोई अद्वेतवादी कोई द्वैतभाव रखता है परन्तु जिस भाव में भी श्रद्धा है साधक उसी भाव से प्रभु को प्राप्त कर लेता है और जो फल की इच्छा से भगवान् को भजते हैं उन्हें भगवान् फल देते हैं। यहाँ भगवान् को भजने का अर्थ है शरणागति होकर समदर्शी होना क्योंकि भगवान् समदर्शी हैं—अत: महापुरुष को भी समदर्शी होकर संसार में व्यवहार करना है।। 11 ।।

काङ्क्षन्त: कर्मणां सिद्धिं यजन्त इह देवता:।
क्षिप्रं हि मानुषे लोके सिद्धिर्भवति कर्मजा।। 12 ।।

अर्थ– इस मनुष्य लोक में कर्मो के फल चाहने वाले लोग देवताओं का पूजन करते हैं क्योंकि उनको कर्मों से उत्पन्न होनेवाली सिद्धि शीघ्र मिल जाती है।। 12 ।।

व्याख्या– भगवान् और देवताओं में बहुत अन्तर है। भगवान् अनादि है देवतागण नहीं। ये देवतागण निष्काम कर्म, सेवा, बलिदान, भक्ति आदि क्रियाओं के द्वारा बनते हैं। जो मनुष्य कर्मों का फल चाहते हैं वही देवताओं का पूजन करते हैं और देव–गण उन्हें कर्म अनुसार फल देते हैं।

संसार में कर्म करने से सिद्धि होती है, अर्थात् कर्म से ही कर्म–फल मिलता है। अर्थात् पदार्थ और पदार्थ सम्बन्धी सेवा ही मिलती है। परन्तु भगवान् की प्राप्ति कर्म से नहीं होती चाहे वह तप है या ध्यान जबतक इन प्रयासों में दृढ़ संकल्प शक्ति भक्ति की अथवा उत्कट अभिलाषा नहीं जिसका ध्येय केवल भगवान् है तब तक भगवान् की प्राप्ति नहीं होती। अर्थात् कर्म जनित कर्मफल, कर्म या सकाम भक्ति से देवताओं से मिलते हैं, परन्तु भगवान् जो देते हैं वह अन्य कोई देवता नहीं दे सकते। वह (भगवान्) वही देते हैं जिसमें परमहित होता है, परमहित नाशवान् वस्तुओं में नहीं होता।। 12 ।।

चातुर्वर्ण्यं मया सृष्टं गुण कर्म विभागश:।
तस्य कर्तारमपि मां विद्धयकर्तामव्ययम्।। 13 ।।

अर्थ– ब्राह्मण, क्षत्रिय, वैश्य और शूद्र इन चार वर्णो का समूह मेरे द्वारा गुण और कर्मों के विभाग अनुसार रचा गया है। इस प्रकार सृष्टि–रचनादि कर्म

का कर्ता होने पर भी मुझ अविनाशी परमेश्वर को तू वास्तव में अकर्ता ही जान।। 13 ।।

व्याख्या– ईश्वर समस्त सृष्टि कर्ता और चारों वर्णों की रचना करने वाले होने पर अकर्ता कैसे हैं? यह प्रश्न उत्पन्न होता है। जब वह स्वयं कह रहे हैं कि इन चारों वर्णों को गुण और कर्म के आधार पर उन्होंने ही बनाया है। इसका उत्तर यह है कि वह स्वयं के लिये इस कर्म विभाग या कार्य से कोई फल नहीं चाहते। उनका यह निष्काम कर्म है। क्योंकि भगवान् ने चार वर्णों की रचना गुण और कर्म के आधार पर की है, अत: यह वर्ण जन्म पर ही आधारित नहीं अपितु विशेष रूप से गुण तथा कर्म पर आधारित है। ये गुण–कर्म की रचना भगवान् की लीला (खेल) है। जिसमें उनका कोई लाभ एवं स्वार्थ नहीं। यह तो मुनष्य मात्र के लिये है। मनुष्य का जीवन काल कलियुग में छोटा होने के कारण वर्ण–आश्रम परम्परा अत्यन्त लाभदायक है क्योंकि इसमें किसी भी क्षेत्र में निपुणता (Specialisation) प्राप्त की जा सकती है। विशेष ध्यान में रखने की बात यह है कि वर्ण विभाग केवल जन्म पर आधारित न होने के कारण लचीला है अर्थात् गुण तथा कर्म के अनुसार शूद्र की बेटी भी क्षत्रिय या ब्राह्मण हो सकती है।। 3 ।।

न मां कर्माणि लिम्पन्ति न मे कर्मफले स्पृहा।
इति मां योऽभिजानाति कर्मभिर्न स बध्यते।। 14 ।।

अर्थ– कर्मों के फल में मेरी स्पृहा नहीं है, इसलिये मुझे कर्म लिप्त नहीं करते–इस प्रकार जो मुझे तत्त्व से जान लेता है, वह भी कर्मों से नहीं बंधता।। 14 ।।

व्याख्या– भगवान् साफ कह रहे हैं कि कर्म मुझे नहीं बान्ध सकते क्योंकि मेरे में लेश भर भी फल की इच्छा नहीं है। भगवान् यहां बड़ी बात कह रहे हैं कि मनुष्य और मेरे में इस सम्बन्ध में कोई अन्तर नहीं है यदि मनुष्य निस्पृह है कर्मफल इच्छुक नहीं है तो वह भी मेरी तरह है वह बन्धन से मुक्त होकर मुझे प्राप्त करेगा।

प्रकृति के तीन गुण बहुत शक्तिशाली हैं, कोई वर्ण या कर्म इनके प्रभाव

से वञ्चित नहीं रह सकता जबतक मनुष्य भगवान् की भान्ति निस्पृह नहीं हो जाता। यही कर्म–योगी का मार्ग है परन्तु निस्पृह: तथा निर्लिप्त होना एक बहुत बड़ी चुनौती है इसमें सफलता कोई विरला महारथी ही पा सकता है, क्योंकि संसार में इस महती सफलता के लिये आजीवन साधना संसार को वरतते हुए जरूरी है।। 14 ।।

एवं ज्ञात्वा कृतं कर्म पूर्वैरपि मुमुक्षुभि:।
कुरु कर्मैव तस्मात्त्वं पूर्वै: पूर्वतरं कृतम्।। 15 ।।

अर्थ– पूर्वकाल में मुमुक्षुओं ने भी इस प्रकार जानकर ही कर्म किये हैं। इसलिये तू भी पूर्वजों द्वारा सदा से किये जाने वाले कर्मों को ही कर।। 15 ।।

व्याख्या– भगवान् आनन्द कन्द श्रीकृष्ण चन्द जी कह रहे हैं कि निष्काम कर्म करके पूर्व साधकों ने मोक्ष को प्राप्त किया है। इस सन्दर्भ में भगवान् ने तीसरे अध्याय में राजा जनक का फिर चौथे अध्याय में वैवस्त सूर्य पुत्र मनु और इक्ष्वाकु का उदाहरण दिये हैं जिन्होंने कर्मयोग के द्वारा भगवान् को प्राप्त किया है।

इस कर्मयोग की महिमा और आवश्यकता मनुष्य मात्र कल्याण के लिये इस संसार में विशेष होने के कारण ही भगवान् बार–बार इस पर बल देकर इसका अनुसरण करने को कह रहे हैं। परन्तु इस कर्म योग को बिना जाने नही अपनाया जा सकता इसको अभ्यास से ही सीखना है। वास्तव में यह है भी सरल सत्य–बुद्धि–मन इन्द्रियां तथा शरीर संसार के हैं मनुष्य अथवा प्राणी के नहीं वे शेष पदार्थों की भान्ति चौबीस तत्त्वों और तीन गुणों से ही बने हैं। यह जगत् को जानने, संसार की सेवा और कल्याण के लिये मनुष्य को मिले हैं। ईश्वरीय विधान यह है कि परोपकार करते–करते ही मनुष्य का अपना बन्धन भी कट जायेगा। अर्थात् संसारी बन्धन संसारी वस्तुएं (मन–बुद्धि–शरीर) संसार की ही सेवा में लगाकर संसार को अर्पित करके स्वयं को मुक्त करना है। क्योंकि कर्म संसार के लिये है और योग अपने लिये। जब कर्मफल त्याग होगा तो योग ही रहेगा, जो मनुष्य वास्तव में सदा से ही है, अर्थात् मनुष्य तो योग (आत्मा) है और शरीर संसार (कर्म) है। अत: अर्जुन को युद्ध करना

इसलिये आवश्यक है क्योंकि यह उसका कर्तव्य है। इस कर्म को निष्काम भाव से किये बिना बन्धन–मुक्त होना कठिन है और ऐसी स्थिति में अर्जुन को अपने लक्ष्य (मोक्ष) की प्राप्ति नितान्त कठिन है।। 15 ।।

किं कर्म किमकर्मेति कवयोऽप्यत्र मोहिता:।
तत्ते कर्म प्रवक्ष्यामि यज्ज्ञात्वा मोक्ष्यसेऽशुभात्।। 16 ।।

अर्थ– कर्म क्या है? अकर्म क्या है? इस निश्चय को करने में विद्वान् लोग भी मोह को प्राप्त हो जाते हैं, अत: मैं तुमको कर्म का रहस्य बताऊंगा जिसको जानकर तुम संसार बन्धन से मुक्त हो जाओगे।। 16 ।।

व्याख्या– भगवान् यहां कर्मयोग की वास्तविकता कह रहे हैं। कर्म बन्धन पैदा करता है और अकर्म मोक्ष प्रदान करता है। परन्तु सभी कर्म, बन्धन उत्पन्न नहीं करते और कुछ कर्म अकर्म प्रतीत होते हुए भी मोक्ष प्रदान नहीं कर सकते। वास्तव में कसौटी तो "भाव" है। मन का भाव यदि लिप्त है तो सब कर्म बन्धन है यदि मन का भाव अलिप्त है तो सब कर्म–अकर्म है। गीता के अनुसार विचार और वचन भी कर्म हैं केवल प्रत्यक्ष कर्म ही कर्म नहीं। अत: यदि मनुष्य कर्म भी नहीं कर रहा परन्तु उसका मन लिप्त है तो वह कर्म है। यदि साधक पवित्र मन से साधारण सांसारिक कर्म भी कर रहा हो जो साधारण मनुष्य के लिये बन्धन है तो फिर वह साधक के लिये अकर्म है, परन्तु पवित्र मन तो कठिन स्थिति है। वह संस्कार या साधना से ही प्राप्य है। असली बात "अकर्म" तत्त्व को समझने की है। जो कर्म करने और न करने दोनों स्थितियों में हो सकता है। स्वार्थ भाव कर्म बन्धन है और त्यागभाव कर्म अकर्म है। कर्म से बन्धन होता है और अकर्म से निर्वाण।। 16 ।।

कर्मणो ह्यपि बोद्धव्यं बोद्धव्यं च विकर्मण:।
अकर्मणश्च बोद्धव्यं गहना कर्मणो गति:।। 17 ।।

अर्थ– कर्म का स्वरूप भी जानना चाहिये और अकर्म का स्वरूप भी जानना चाहिए तथा विकर्म का स्वरूप भी जानना चाहिये, क्योंकि कर्म की गति गहन है।। 17 ।।

व्याख्या– सारे कर्म जो संसार में मनुष्य करता है चाहे वे कितने अच्छे हो।

जैसे यज्ञ, हवन, दान, पुण्य, तीर्थ, व्रत, सहायता, सेवा, अनुसंधान, बलिदान आदि–आदि यदि ये फल की इच्छा से किये जाते हैं तो वे कर्म है और मुक्ति के साधन नहीं। इन कर्मों से कर्ता संसारिक लाभ उठा सकता है, स्वर्ग भी प्राप्त कर सकता परन्तु मुक्ति अर्थात् निर्वाण नहीं।

अकर्म = जब मुनष्य सारे कर्म दूसरों के लाभ के लिये सच्चे मन से या भगवान् के लिये करता है और अपना उसमें स्वार्थ का अंश नहीं होता तो वह अकर्म है और मुक्ति का साधन है। अकर्म करना सरल नहीं होता, यहां अकर्म ही कर्मयोग है क्योंकि इच्छारहित कर्म (अकर्म) में बन्धन नहीं होता।

विकर्म जो शास्त्र निषिद्ध है वही विकर्म है। परन्तु जब ज्ञानी पुरुष कर्म अथवा विकर्म भी करता है तो वह अकर्म हो जाता है। क्योंकि उसका अन्त:करण शुद्ध होता है। वह लिप्त नहीं होता, वह ऐसा कर्मफल की आकांक्षा से नहीं करता वह निस्पृह होकर करता है। जैसे युद्ध पाप और घोर कर्म है क्योंकि उसमें घोर हिंसा है परन्तु जब युद्ध समबुद्धि से करता है निष्काम भव से तो वह अकर्म है। तभी तो कर्म विषय को भगवान् गहन कह रहे हैं। इसमें अन्तकरण की स्वच्छता की आवश्यकता है। स्वार्थ का त्याग है, परमार्थ का विधान है। तभी तो अर्जुन को अकर्म के रूप में युद्ध करने को कह रहे हैं, क्योंकि वह उसका कर्तव्य कर्म है। कर्म–अकर्म को तत्त्व से जानने का अर्थ है निरन्तर निर्लिप्त भाव चाहे कर्म करो अथवा न करो अर्थात् शुद्धचित् "गहना कर्मणो गति" का अर्थ प्रालब्ध है–अर्थात् संसार में कई बार पापी पनपते–फलते नजर आते हैं–धर्मी कई कष्ट सहते हैं–इसका समाधान तुरन्त नहीं न ही इस कर्मगति को साधारण मनुष्य समझ पाते इस कर्म गहनता को महापुरूष ही जानते हैं–परन्तु यह अटल सत्य है कि सत्कर्म कभी नष्ट नहीं होता।। 17 ।।

कर्मण्यकर्म य: पश्येदकर्मणि च कर्म य:।

स बुद्धिमान्मनुष्येषु स युक्त: कृत्स्नकर्मकृत्।। 18 ।।

अर्थ– जो मनुष्य कर्म में अकर्म देखता है और अकर्म में कर्म देखता है। वह मनुष्यों में बुद्धिमान् है और वह योगी सभी कार्मों को करने वाला है।। 18 ।।

व्याख्या– कर्म में अकर्म देखने का अर्थ है पूर्ण प्रकार से कर्म करते हुए फल

की इच्छा न करना अर्थात् कर्म करते हुए निर्लिप्त रहना। कर्म करते जाओ, स्वार्थ की कोई इच्छा न रखे परमार्थ (परोपकार) ही ध्येय है।

अकर्म में कर्म देखने का अर्थ है ज्ञान युक्त स्थिति निश्चयात्मिक (व्यावसायात्मिका) भाव से कर्म करना अर्थात् निर्लिप्तता प्राप्त होने पर कर्म करना। अर्थात् कर्म में अकर्म देखना है कर्म निर्लिप्त होकर करना (बिना फल की इच्छा से कर्म करना यह त्यागी की स्थिति है) और अकर्म में कर्म देखना है निर्लिप्तता की स्थिति में कर्म करना। यह दूसरी स्थिति अर्थात् अकर्म में कर्म देखना सिद्ध पुरुष ही कर सकते हैं, वे ही हमेशा निर्लिप्त होते हैं और कर्म भी करते रहते हैं, उन्हें कोई स्वार्थ होता ही नहीं क्योंकि वे संसार से उपर उठे होते हैं। उनके कर्म क्रिया ही होती है। उनके कर्मों में कोई अहम्—अहंकार या स्वार्थ नहीं होता। यह पूर्ण सन्यास की स्थिति होती है।

विशेष जानने की वस्तु कर्म की गहनता है, अर्थात् अकर्मता। जो कर्म करते हुए या न करते हुए दोनों स्थितियों में रहनी आवश्यक है। क्योंकि अकर्मता का अर्थ कर्म न करना नहीं परन्तु निष्काम कर्म है और यह भी नहीं कि कर्म बिल्कुल न करो, विशेष कर जब आदमी कर्तव्य—कर्म, भय, कामचोरी आदि के कारण नहीं करता वे भी बन्धन है। कर्मयोगी वही है जो अकर्मता में स्थित है तथा जिसमें त्याग तथा बलिदान भाव है। इस श्लोक में साधक और सिद्ध का वर्णन है। कर्म में अकर्म साधक का प्रयास है और अकर्म में कर्म सिद्ध पुरुष की स्थिति।। 8 ।।

यस्य सर्वे समारम्भा: कामसंकल्पवर्जिता:।

ज्ञानाग्निदग्धकर्माणं तमाहु: पण्डितं बुधा:।। 19 ।।

अर्थ— जिसके सभी कर्म शास्त्रसम्मत कामना और संकल्प के बिना होते हैं तथा जिसके सभी कर्म ज्ञानस्वरूप अग्नि से दग्ध हो गये हैं उस महापुरुष को ज्ञानी लोग पण्डित कहते हैं।। 19 ।।

व्याख्या— कामना और संकल्प दोनों बन्धन के कारण हैं इसलिये भगवान् ने बार—बार इनके त्याग की बात की है और निष्काम कर्म पर निरन्तर जोर दिया है। कामना और संकल्प में अन्तर इतना है कि कामना हर प्रत्येक संसारी

को ग्रस्त करके रखती है। मैं—मेरा ही उसका ध्येय रहता है। संकल्प और अधिक गहरी पकड़ रखता है। यह एक प्रकार दृढ़ मन्तव्य है जो संसारिक व्यक्ति हानि—लाभ को देखकर स्वार्थ सुखों के लिये करता है। अत: जब कर्मयोगी के सारे कार्मों में कामना और संकल्प का लेश न रहे वह स्थिति ब्रह्मज्ञान प्राप्त होने पर ही होती है। इसके लिये अनन्य प्रभु प्रेम पर आधारित साधना ही उपाय है। तभी कर्मयोग पूर्ण होता है।। 19 ।।

त्यक्त्वा कर्मफलासंगं नित्यतृप्तो निराश्रय:।
कर्मण्यभिप्रवृत्तोऽपि नैव किञ्चित्करोति स:।। 20 ।।

अर्थ— जो पुरुष समस्त कर्मों और उनके फल मे आसक्ति का सर्वथा त्याग करके संसार से आश्रय रहित हो गया है और परमात्मा में नित्य तृप्त है, वह कर्मों में भली भान्ति वर्तता हुआ भी वास्तव में कुछ भी नहीं करता।। 20 ।।

व्याख्या— यह कर्मयोगी की व्याख्या है क्योंकि कर्मयोगी तत्त्व से कर्म के बन्धन को जानने के कारण कर्म से लिप्त नहीं होता वह सर्वदा तृप्त रहता है, क्योंकि उसने निष्काम कर्म के मार्ग से यह अनुभव कर लिया होता है कि निष्क्रियता ही स्वर्ग है कर्म ही बन्धन है, अत: वह शरीर से ही काम करता है और वह भी दूसरों के सुख और लाभ के लिये स्वयं तो वह आत्मा बन गया होता है, अत: वह कर्म करता हुआ भी कभी बन्धन में नहीं पड़ता।। 20 ।।

निराशीर्यतचित्तात्मा त्यक्तसर्वपरिग्रह:।
शारीरं केवलं कर्म कुर्वन्नाप्नोति किल्विषम्।। 21 ।।

अर्थ— जिसका अन्त:करण और इन्द्रियों के सहित शरीर जीता हुआ है और जिसने समस्त भोगों की सामग्री का परित्याग कर दिया है, ऐसा आशारहित पुरुष केवल शरीर—सम्बन्धी कर्म करता हुआ भी पापों को नहीं प्राप्त करता।। 21 ।।

व्याख्या— यहाँ बल इस बात पर है कि शरीर (इन्द्रियां) और अन्त:करण (मन—बुद्धि—अहंकार—चित्) जिस कर्मयोगी ने पूरी तरह वश में कर लिये हैं उसको ही संसार की वस्तु, पदार्थ, सेवा से किञ्चित् भी लगाव नहीं रहता यही नहीं उसका लगाव अन्दर से ब्रह्म में ही होता है। वह अन्दर से ब्रह्म से जुड़ा होने के कारण निस्पृह होता है। वह कर्म केवल शरीर से ही करता है अर्थात्

निस्पृह: होकर करता है जैसे कोई मजदूर किसी का भार उठाकर रख देता है और यह परवाह नहीं करता कि सामान के अन्दर क्या है। कर्मयोगी पूरी तरह निस्पृह और निष्काम भाव में डूबा रहता है पाप या बन्धन का कारण तो कामना या संकल्प है, वह तो कर्मयोगी के पूरे वश में होते हैं कर्म वह दूसरों को प्रेरित करने को ही करता है। यही विवेकी पुरुष की पहचान है। ऐसा भी नहीं है कि कर्मयोगी अथवा विवेकी काम नहीं करते अपितु अन्यों से अधिक काम करते हैं (क्योंकि गीता का आधार कर्मयोग है) परन्तु वह सारे कर्म निर्लिप्त होकर करते हैं।। 21 ।।

यदृच्छालाभसन्तुष्टो द्वन्द्वातीतो विमत्सर:।
सम: सिद्धावसिद्धौ च कृत्वापि न निबध्यते।। 22 ।।

अर्थ— जो बिना इच्छा के अपने—आप प्राप्त हुए पदार्थ में सदा सन्तुष्ट रहता है, जिसमें ईर्ष्या का सर्वथा अभाव हो गया है, जो हर्ष—शोक आदि द्वन्द्वों से सर्वथा अतीत हो गया है। ऐसा सिद्धि और असिद्धि में सम रहने वाला कर्मयोगी कर्म करता हुआ भी उनसे नहीं बंधता।। 22 ।।

व्याख्या— कर्मयोगी जो भी आसानी से मिल जायें, अर्थात् बिना इच्छा से प्राप्त हो और उसी से सन्तुष्ट रहता है क्योंकि उसमें फल की इच्छा ही नहीं होती, उसके कामना और संकल्प दोनों ही नहीं होते। कुछ ऐसा भी सोच सकते हैं कि बिना इच्छा के और कर्म के किसको कैसे कुछ मिल सकता है। ऐसे लोग शायद योग की शक्ति नहीं जानते यहाँ कर्मयोगी का वर्णन हो रहा साधारण मनुष्य का नहीं, कर्मयोगी कर्म नहीं निष्काम कर्म करता है और संसारिक प्राणियों से कहीं अधिक। इसीलिये भगवान् ने कहा है कि सच्चे साधक के योग—क्षेम का प्रबन्ध स्वयं ही हो जाता है। यह एक उच्च आध्यात्मिक रहस्य है।

ईर्ष्या उसको (कर्म—योग को) इसलिये नहीं होती क्योंकि वह अपने आपको सब प्राणियों से जुड़ा हुआ जानता और मानता है क्योंकि उसका मार्ग ही परोपकार है। द्वन्द्व संसारिक तथ्य है जिसकी जड़ स्वार्थ में है। पर कर्मयोगी तो स्वार्थ रहित है अत: लाभ—हानि—द्वेष—राग उसको निस्पृह: होने के कारण नहीं छूते। सिद्धि और असिद्धि का तात्पर्य तो होता ही कर्मफल से है। कर्म—योगी

176

कर्मफल से रहित होने के कारण सम–बुद्धि होता है। अत: कर्म–योगी कर्म करता हुआ भी कर्म बन्धन में नहीं बन्धता।। 22 ।।

गतसङ्गस्य मुक्तस्य ज्ञानावस्थितचेतस:।
यज्ञायाचरत: कर्म समग्रं प्रविलीयते।। 23 ।।

अर्थ– जिसकी आसक्ति सर्वथा नष्ट हो गई है, जो देहाभिमान और ममता से रहित हो गया है, जिसका चित्त निरन्तर परमात्मा के ज्ञान में स्थित रहता है। ऐसा केवल यज्ञसम्पादन के लिये कर्म करने वाले मनुष्य के सम्पूर्ण कर्म भलीभाँति विलीन हो जाते हैं।। 23 ।।

व्याख्या– अनासक्त और मुक्त वही हो सकता है जिसकी बुद्धि तत्त्वज्ञान में स्थित है, जिसने प्रभु का ज्ञान प्राप्त कर लिया है। तत्त्वज्ञान, प्रकृत ज्ञान है जो आत्मस्वरूप पाने पर ही होता है। जबतक चेतना संसारी पदार्थों में लिप्त है बुद्धि ज्ञान में स्थित नहीं हो सकती। बुद्धि ज्ञान–समबुद्धि ही है। समबुद्धि ही कर्मयोगी की पहचान है।। 23 ।।

समझने की बात यह है कि जब कर्त्ता मुक्त है तो करण (बुद्धि–मन–इन्द्रियां–शरीर आदि) द्वारा किये गये कर्म बन्धन हो ही नहीं सकते क्योंकि कर्म विलीन होने का अर्थ ही कर्म चेष्टा ही न रहना है। स्वार्थ रहित कर्म ही यज्ञ होते हैं क्योंकि वे स्वत: ही भगवान् अर्पित है। सदा आसक्ति रहित ब्रह्म में विलीन यज्ञरूपी कर्म के कर्त्ता का प्रकरण अग्रिम श्लोक से आरम्भ होता है।। 23 ।।

ब्रह्मार्पणं ब्रह्म हविर्ब्रह्माग्नौ ब्रह्मणा हुतम्।
ब्रह्मैव तेन गन्तव्यं ब्रह्मकर्मसमाधिना।। 24 ।।

अर्थ– जिस यज्ञ में अर्पण यानि स्रुवा आदि भी ब्रह्म है और हवन किये जाने योग्य द्रव्य भी ब्रह्म तथा ब्रह्मरूप कर्त्ता के द्वारा ब्रह्मरूप अग्नि में आहुति देना रूप क्रिया भी ब्रह्म है–उस ब्रह्मकर्म में स्थित रहने वाले योगी द्वारा प्राप्त किये जाने योग्य फल भी ब्रह्म ही है।। 24 ।।

व्याख्या– श्रद्धा, भक्तिभाव और निष्ठा से जब यज्ञ किया जाता है तो ऐसा यज्ञ ब्रह्मवृत्त होता है। उस यज्ञ में सारी सामग्री, प्रकरण, में आहुति की क्रिया, अग्नि कर्त्ता तथा उसका फल सहित ही ब्रह्म स्वरूप हो जाते हैं, अर्थात् ऐसे

निष्ठावान् यज्ञ कर्त्ता ही ब्रह्म स्वरूप हो जाते हैं तथा भगवान् भी उससे प्रसन्न होते हैं। इस श्लोक से तीसवें श्लोक तक नाना प्रकार के वर्णित यज्ञों का स्वरूप ही वर्णित है जो कर्म योग ही है। अर्थात् निष्काम कर्म है। ऐसे यज्ञ कर्म फल के लिये नहीं परन्तु चित शुद्धि और मोक्ष के लिये परमब्रह्म को अर्पित होते हैं ऐसे ब्रह्म निष्ठ पुरुष को कर्म–फल से कोई लगाव नहीं होता, वह परम पद को ही प्राप्त होता है वही उसका परम फल है।। 24 ।।

दैवमेवापरे यज्ञं योगिनः पर्युपासते।
ब्रह्माग्नावपरे यज्ञं यज्ञेनैवोपजुह्वति।। 25 ।।

अर्थ– दूसरे योगीजन देवताओं के पूजनरूप यज्ञ का ही भलीभान्ति अनुष्ठान किया करते हैं और अन्य योगीजन पर ब्रह्म परमान्मारूप अग्नि में अभेददर्शन रूप यज्ञ के द्वारा ही आत्मरूप यज्ञ का हवन किया करते हैं।। 25 ।।

व्याख्या– यहाँ दो प्रकार के यज्ञों का वर्णन है। दैवयज्ञ और ब्रह्मार्पण रूप यज्ञ, दैवयज्ञ दूसरे यज्ञों से भिन्न है क्योंकि इसमें कोई सामग्री आदि का प्रयोग नहीं होता। यह उच्च कोटि का यज्ञ है, जिसे योगीगण ही जानते और करते हैं। ब्रह्मार्पण यज्ञ और भी उच्च कोटि का यज्ञ है जिसे भी योगीगण ही करते हैं इसमें आत्मा को परमात्मा में हवन (लय) किया जाता है यह महापुरूष ही करते हैं। यह यज्ञ किसी कर्मफल की इच्छा के लिये नहीं किये जाते हैं। योगी लोग ऐसे यज्ञों में अपने प्राण–मन आदि का ही प्रयोग प्रभु प्राप्ति के लिये करते हैं और आत्मा को परमात्मा में मिला देते हैं।। 25 ।।

श्रोत्रादीनीन्द्रियाण्यन्ये संयमाग्निषु जुह्वति।
शब्दादीन्विषयानन्य इन्द्रियाग्निषु जुह्वति।। 26 ।।

अर्थ– अन्य योगीजन श्रोत्र आदि समस्त इन्द्रियों को संयमरूप अग्नियों में हवन किया करते हैं और दूसरे योगी लोग शब्दादि समस्त विषयों को इन्द्रिय रूप अग्नियों में हवन किया करते हैं।। 26 ।।

व्याख्या– यहां दो प्रकार के यज्ञों का वर्णन है, पहले में इन्द्रियों को पूर्ण रूप से विजय करना है ताकि उनका प्रवाह अन्दर को ही जाये और दूसरे मे विषयों पर (महा भूतों) पर पूर्ण विजय, विषय की कोई इच्छा ही न हो। अनेक योगी

लोग श्रोत्र (सुनने वाली इन्द्रिय का) को यज्ञ साधना में ध्यान तीव्र करने के लिये सुनना ही बन्द कर देते हैं केवल ब्रह्मनाद ही सुनते हैं। इसी प्रकार कई साधक शब्दादि विषयों को इन्द्रिय रूपी अग्नि में हवन करते हैं अर्थात् बोलना मनन आदि तक सांसारिक विषयों के बारे में बन्द कर देते हैं क्योंकि इन्द्रियों का सम्बन्ध सांसारिक विषयों से ही है। एक प्रकार से इन प्रकरणों की ब्रह्मरूप अग्नि में आहुति देते हैं। सारांश यह है कुछ योगी लोग प्राण तथा सारी ज्ञान इन्द्रियों को विषयों से हटाकर साधना में लगाकर प्रभु प्राप्ति का प्रयास करते हैं यहाँ तक की बोलने सुनने आदि पर भी पूर्ण संयम बरतते हैं।। 26 ।।

सर्वाणीन्द्रियकर्माणि प्राणकर्माणि चापरे।
आत्मसंयमयोगाग्नौ जुह्वति ज्ञानदीपिते।। 27 ।।

अर्थ— दूसरे योगीजन इन्द्रियों की सम्पूर्ण क्रियाओं को और प्राणों की समस्त क्रियाओं को ज्ञान से प्रकाशित आत्म—संयमयोग रूप अग्नि में हवन किया करते हैं।। 27 ।।

व्याख्या— अनेक योगी समस्त इन्द्रियों की क्रियाओं को संयम करके तथा उन्हें नियमित और नियन्त्रित करके अपने अन्तरात्मा को जागृत करने के लिये समाधि लगाते हैं। पाँचों प्राणों की क्रिया भी संयत और नियन्त्रित करते हैं क्योंकि मन को नियन्त्रित करने के लिये प्राण क्रियाओं का नियन्त्रण आवश्यक है। योगी लोग मन, प्राण और इन्द्रियों को संयत करके गहन योगाभ्यास द्वारा प्रभु प्राप्ति करते हैं सारी इन्द्रियों तथा प्राणों के हवन का अर्थ है कि ईश्वर के अतिरिक्त किसी और वस्तु, शक्ति आदि का चिंतन तक न करना। पहले श्लोक में ज्ञान इन्द्रियों के हवन का विषय तथा इस श्लोक में कर्म इन्द्रियों का हवन।। 27 ।।

द्रव्ययज्ञास्तपोयज्ञा योग यज्ञास्तथापरे।
स्वाध्यायज्ञानयज्ञाश्च यतयः संशितव्रताः।। 28 ।।

अर्थ— कई पुरुष द्रव्यसम्बन्धी यज्ञ करने वाले हैं, कितने ही तपस्या रूप यज्ञ करने वाले हैं तथा दूसरे कितने ही योगरूप यज्ञ करने वाले हैं और कितने ही अहिंसादि तीक्ष्ण व्रतों से युक्त यत्नशील पुरुष स्वाध्याय रूप ज्ञान यज्ञ करने वाले हैं।। 28 ।।

व्याख्या— गहन व्रत वाले यज्ञ यम कहलाते हैं। अहिंसा, सत्य, अस्तेय (चोरी

नहीं करना) ब्रह्मश्चर्य और अपरिग्रह (दान न लेना) द्रव्यरूपी यज्ञ = भले काम, दान, पुण्य आदि हैं। तपोयज्ञ = स्वधर्म (duty) में कठिनाई को प्रसन्नतापूर्वक से सहना, लोकहित के लिये कर्म करना और अन्तःकरण की शुद्धि के लिये भगवान् परायण कई प्रकार के यज्ञ हैं। ये सब यज्ञ अच्छे हैं परन्तु क्रिया की परार्पणता सर्वश्रेष्ठ यज्ञ है। यह अवस्था अतितीक्ष्ण व्रत (असीम तप) तथा आध्यात्मिक प्रयास से ही प्राप्य है जिसका मार्ग सद्गुरु ही बता सकते हैं।। 28 ।।

अपाने जुह्वति प्राणं प्राणेऽपानं तथापरे।
प्राणापानगती रुद्ध्वा प्राणायामपरायणाः।। 29 ।।
अपरे नियताहाराः प्राणान्प्राणेषु जुह्वति।
सर्वेऽप्येते यज्ञविदो यज्ञक्षपितकल्मषाः।। 30 ।।

अर्थ– दूसरे कितने ही योगीजन अपान वायु में प्राणवायु का हवन करते हैं, वैसे ही अन्य योगीजन प्राणवायु में अपानवायु को हवन करते हैं अन्य कितने ही नियमित आहार करने वाले प्राणायामपरायण पुरुष प्राण और अपान की गति को रोककर प्राणों को प्राणों में ही हवन किया करते हैं। ये सभी साधक यज्ञों द्वारा पापों का नाश कर देने वाले और यज्ञों को जानने वाले हैं।। 29–30 ।।

व्याख्या– योगियों का मानना और जानना है कि हमारी श्वास–प्रश्वास की क्रिया ईड़ा और पिङ्गला नाड़ियों की क्रिया द्वारा संचालित अथवा नियन्त्रित है। यही संसार का बन्धन है। जबतक मानव ईड़ा पिङ्गला के नियन्त्रण से मुक्त नहीं हो जाता तबतक वह मुक्ति नहीं प्राप्त कर सकता।

श्वास–प्रश्वास की गतियां पूरक और रेचक हैं जबतक सांस अन्दर बाहर अपने आप चलता रहेगा मनुष्य शरीर से ऊपर नहीं उठ सकता, अर्थात् योग विधि द्वारा आत्मवान् नहीं हो सकता। इस बन्धन से मुक्ति का साधन प्राणायाम है। अर्थात् प्राण शक्ति का नियन्त्रण। प्राण ही शरीर, मन और सांस को चलाता है। प्राण ही सारे शरीर और सृष्टि का संचालन करता है। प्राण का स्रोत स्वयं ईश्वर (या आत्मा) है। प्राण ही मनुष्य को प्रकृति से जोड़ते हैं क्योंकि इसका प्रवाह अन्दर से बाहर की ओर है। अतएव जबतक योगी इस प्राण प्रवाह को प्राणायाम द्वारा बाहर से अन्दर की ओर नहीं करता, तो वह योगी नहीं बन

सकता, क्योंकि मन प्राण से सम्बन्धित है। जब प्राण स्थिर होंगे फिर ही मन भी स्थिर होगा स्थिर मन का नाम ही आत्मा है। अत: इन दो श्लोकों (29-30) में शुद्ध प्राणायाम का रहस्य निहीत है। इस रहस्य को कोई महान् योगी ही बता सकता है।

सरल शब्दों में 29, 30वें श्लोकों का अर्थ अथवा भावार्थ इस प्रकार है कि प्राण, अपान, व्यान, उदान, समान आदि पाँचों प्राण विशेष कर अपना और प्राण वायु मनुष्य को शरीर से बान्धा रखता है। (Spine) मेरुदंड के भीतर सुष्मना नाड़ी के सात चक्रों में)। श्वास–प्रश्वास गति को नियन्त्रित करके प्राणायाम द्वारा ही रेचक और पूरक की गति अवरुद्ध करके (जो प्राणायम द्वारा स्वयं अवरुद्ध हो जाती है, जोर जबर्दस्ती नहीं करनी पड़ती। सांस अन्दर या बाहर नहीं रोकना पड़ता। वही प्राणायाम करते अपने आप ही हो जाता है) कुम्भक की स्थिति आ जाती है जो निश्वास स्थिति है उसी स्थिति में कैवल्य प्राप्ति हो जाती है परन्तु इस कुम्भक स्थिति को प्राप्त करने की विधि सिद्ध योगी ही बता सकते हैं। इसमें साधक को सावधानी की आवश्यकता है। जब ठीक गुरु मिल जाये तो यह अति सरल अति सुगम और भगवान् प्राप्ति का अचूक मार्ग है, इस योग क्रिया को जानने के लिये तत्वज्ञानी गुरु की प्राप्ति आवश्यक है।। 29-30 ।।

यज्ञशिष्टामृतभुजो यान्ति ब्रह्म सनातनम्।
नायं लोकोऽस्त्ययज्ञस्य कुतोऽन्य: कुरुसत्तम।। 31 ।।

अर्थ– हे कुरूश्रेष्ठ अर्जुन! यज्ञ से बचे हुए अमृत का अनुभव करने वाले योगीजन सनातन परब्रह्म परमात्मा को प्राप्त होते हैं और यज्ञ न करने वाले मनुष्यों को यह लोक भी सुखदायक नहीं हो सकता फिर परलोक कैसे सुखदायक हो सकता है?।। 31 ।।

व्याख्या– जो ऊपर बताये गये विभिन्न प्रकार के यज्ञ हैं जो इनको श्रद्धा और निष्ठा से करते हैं वे परमात्मा को प्राप्त होते हैं अर्थात् यज्ञ का फल अमृत्व है। यज्ञ की महती महिमा वाले भगवान् स्वयं कह रहे हैं कि थोड़े द्रव्यों में ही निर्वाह करना भी यज्ञ है और जो यज्ञ नहीं करता अर्थात् जो मनुष्य केवल

स्वार्थ और मैं, मेरा, में रमा रहता है उसने इस लोक में भी व्यर्थ जीवन व्यतीत किया और भविष्य के लिये भी कोई प्रयत्न नहीं किया क्योंकि स्वार्थी का जीवन इस संसार में भी भय, इर्ष्या और आसक्ति से ग्रस्त रहता है और परलोक भी दूषित करता है।। 31 ।।

एवं बहुविधा यज्ञा वितता ब्रह्मणो मुखे।

कर्मजान्विद्धि तान्सर्वानेवं ज्ञात्वा विमोक्ष्यसे।। 32 ।।

अर्थ– इसी प्रकार और भी बहुत प्रकार के यज्ञ वेद की वाणी में विस्तार से कहे गये हैं। उन सबको तू मन, इन्द्रिय और शरीर की क्रिया द्वारा सम्पन्न होने वाले जान, इस प्रकार तत्त्व से जानकर उनके अनुष्ठान द्वारा तू कर्मबन्धन से सर्वथा मुक्त हो जायेगा।। 32 ।।

व्याख्या– ये जो यज्ञ पहले 24 श्लोक से 30 के मध्य कहे गये हैं ये सभी निष्काम रूप यज्ञ हैं अर्थात् इन यज्ञो को करने से मोक्ष प्राप्त होता है क्योंकि इनका आधार और माध्यम निष्काम कर्म है अर्थात् कर्त्तव्य कर्म (duty) भी इन्हीं में है तथा तप, स्वाध्याय, सीमित वस्तुओं से निर्वाह करना भी इन्हीं यज्ञों में आता है। इसके अतिरिक्त अनेक यज्ञ शास्त्रों, वेदों में वर्णित है वे सकाम यज्ञ हैं उनसे कर्मफल प्राप्त होता है, भगवान् नहीं।

भगवान् श्रीकृष्ण यहाँ अर्जुन को बड़ी रहस्यमयी बात बता रहे हैं जो एक विशेष तत्त्व ज्ञान है, कि कर्त्तव्य–कर्म न करके (क्योंकि अर्जुन पाप भय से युद्ध नहीं करना चाहते) जो तुम अन्य कर्म करोगे वे दोनों ओर से बन्धन होंगे। (i) क्योंकि जो कर्त्तव्य कर्म से पलायन करता है वह बन्धन रूपी कर्म ही कर रहा है अर्थात् (ii) (कर्त्तव्य परित्याग– **Dereliction of duty**) बन्धन में ही डाल रहा है। (**II**) दूसरा इसके अतिरिक्त जो अन्य कर्म करोगे वे तुम्हारा कर्त्तव्य कर्म नहीं होगा। अत: वह भी बन्धन का कारण होगा क्योंकि हर कर्म जो कर्त्तव्य कर्म नहीं और निष्काम भाव से नहीं किया जाता, वह बन्धन में डालता है।। 32।।

श्रेयान्द्रव्यमयाद्यज्ञाज्ज्ञानयज्ञ: परन्तप।

सर्वं कर्माखिलं पार्थ ज्ञाने परिसमाप्यते।। 33 ।।

अर्थ– हे परंतप! द्रव्यमय यज्ञ की अपेक्षा ज्ञान यज्ञ अत्यन्त श्रेष्ठ है तथा यावन्मात्र सम्पूर्ण कर्म ज्ञान में समाप्त हो जाते हैं।। 33 ।।

व्याख्या– द्रव्यमय यज्ञों में सांसारिक सामग्री का प्रयोग है, इन सभी यज्ञों को कर्म जन्य कहा गया है। (गीता 4/32) में वर्णित है, परन्तु ज्ञान यज्ञ कर्म जन्य नहीं परन्तु विवेक जन्य है। ज्ञान यज्ञ से तत्त्व ज्ञान की प्राप्ति होती है, अर्थात् आत्मज्ञान हो जाता है। संसार और आत्मा की भिन्नता और अभिन्नता के मर्म का ज्ञान हो जाता है। प्रभु सत्य जगत् मिथ्या का भेद खुल जाता है। संसार के सारे यावन्मात्र कर्म अर्थात् पूजा, अर्चना, यज्ञ, हवन आदि ज्ञान की ओर ही ले जाते हैं तो फिर सीधा ज्ञानरूपी यज्ञ करना ही श्रेष्ठ है।। 33 ।।

तद्विद्धि प्रणिपातेन परिप्रश्नेन सेवया।
उपदेक्ष्यन्ति ते ज्ञानं ज्ञानिनस्तत्त्वदर्शिनः।। 34 ।।

अर्थः– उस ज्ञान को तू तत्त्वदर्शी ज्ञानियों के पास जाकर समझ, उनको भलीभान्ति दण्डवत् प्रणाम करने से, उनकी सेवा करने से और कपट छोड़कर सरलता पूर्वक प्रश्न करने से वे परमात्मतत्त्व को भलीभान्ति जानने वाले ज्ञानी महात्मा तुझे उस तत्त्वज्ञान का उपदेश करेंगे।। 34 ।।

व्याख्या– तत्त्वज्ञान, तत्त्वज्ञानी से ही सीखा जा सकता है। तत्वज्ञानी वही होता है जिसने प्रभु को पा लिया है। यह किताबी विषय नहीं यह तो अनुभव का ही विषय है। तत्त्वज्ञानी के पाँव पर पड़कर उनका आदर सत्कार करके पूज्य रूप में मानकर उन्हें प्रसन्न करके ही उन्हें गुरु मानकर सीखा जा सकता है। तत्त्व ज्ञान को जानने के बाद और किसी ज्ञान को सीखने की आवश्यकता इस संसार में नहीं रहती। इस ज्ञान के लिये किसी प्रकार के द्रव्ययज्ञ की आवश्यकता नहीं रहती क्योंकि यह ज्ञान हवन–यज्ञ सामग्री से प्राप्य नहीं है। यह तो आत्म–बोध है जिसको आत्मज्ञानी ही बता सकता है। इसकी कुंञ्जी महज ध्यान और प्रभु प्रेम ही है जिसमें बाहर का कुछ नहीं लगता है।। 34।।

यज्ज्ञात्वा न पुनर्मोहमेवं यास्यसि पाण्डव।
येन भूतान्यशेषेण द्रक्ष्यस्यात्मन्यथो मयि।। 35 ।।

अर्थ– जिसको जानकर फिर तू इस प्रकार मोह को नहीं प्राप्त होगा तथा हे

अर्जुन! जिस ज्ञान के द्वारा तू सम्पूर्ण भूतों को नि:शेष भाव से पहले अपने में और पीछे मुझ सच्चिदानन्दघन परमात्मा में देखेगा।। 35 ।।

व्याख्या– अर्जुन मोह के कारण (सम्बन्धियों तथा गुरुजनों का मोह) युद्ध नहीं करना चाहते थे और यह विचार कि सम्बन्धियों को मार कर पाप लगेगा। भगवान् यही समझा रहे हैं कि पाप–पुण्य तो शरीर में ही होता है। आत्म में नहीं। आत्मज्ञान (तत्त्व ज्ञान) के बाद तत्त्वज्ञानी आत्म तत्त्व को जानता है जो सबमें एक ही है। भाई, बाप, शत्रु, मित्र अपने और पराये में फिर कैस कोई किसी को मार सकता है या मर सकता है। फिर आत्मदर्शन होने पर जगत् दर्शन समाप्त हो जाता है अपने और पराये में भी अन्तर नष्ट हो जाता है। शत्रु–मित्र का प्रश्न भी समाप्त हो जाता है। सब में वही एक आत्मा दिखता है। दूसरे होने का भ्रम तो शरीर के ही कारण है। ज्ञान उदय के पश्चात् वही अभिन्न, अछेदय परम आत्मा तत्त्व अपने और दूसरों में साक्षात दिखता है और फिर सबकुछ परमसत्य परमात्मा में साक्षात दिख जाता है, अर्थात् वही एक परम सत्य है दूसरा केवल व्यवसायिक दृष्य है पारमार्थिक सत्य परमात्मा ही हैं–यही धर्म है अर्थात् दूसरे को अपने समान समझकर उनसे भी अपना जैसा व्यवहार करना।। 35 ।।

अपि चेदसि पापेभ्यः सर्वेभ्यः पापकृत्तमः।
सर्वं ज्ञानप्लवेनैव वृजिनं सन्तरिष्यसि।। 36 ।।

अर्थ– यदि तू अन्य सब पापियों से भी अधिक पाप करने वाला है, तो भी तू ज्ञानरूप नौका द्वारा नि:संदेह सम्पूर्ण पाप–समुद्र से भलीभान्ति तर जायगा।। 36 ।।

व्याख्या– यहाँ ज्ञान (तत्त्व) की महिमा है। तत्त्वज्ञान हो जाने पर अतीत के सारे पाप समाप्त हो जाते हैं। ऐसा इसलिये होता है क्योंकि ज्ञान के प्रकाश में पाप का अंधेरा नहीं रह सकता, जैसे संसार में अंधेरा और प्रकाश एक साथ एक समय में नहीं रह सकते। इसी प्रकार पाप और ज्ञान भी एक साथ नहीं रह सकते। परन्तु वह तब है जब मनुष्य तत्त्व ज्ञानी बनने का अन्त:करण में पूर्ण विश्वास सहित दृढ़ निश्चय करके इस ज्ञान पथ का पुजारी बनकर सिद्ध

हो जाय। तत्त्व ज्ञान केवल पुस्तक ज्ञान अथवा सत्संग तक सीमित नहीं यह तो अनुभव करके प्राप्त करना पड़ता है।। 36 ।।

यथैधांसि समिद्धोऽग्निर्भस्मसात्कुरुतेऽर्जुन।

ज्ञानाग्नि: सर्वकर्माणि भस्मसात्कुरुते तथा।। 37 ।।

अर्थ— हे अर्जुन! जैसे प्रज्वलित अग्नि इन्धन (लकड़ियों) को जलाकर भस्म बना देता है, वैसे ही ज्ञानरूपी अग्नि सम्पूर्ण कर्मों को भस्मसात कर देता है।। 37 ।।

व्याख्या— पाप का कारण ही अज्ञान है। अज्ञान ही शरीर है। आत्मा ही ज्ञान है। ज्ञानी के कर्म अकर्म हो जाते हैं तथा अकर्म में कोई बन्धन नहीं होता। ज्ञानी न कर्त्ता होता न भोक्ता। अत: उसको किसी भी प्रकार की स्पृहा नहीं होती। उसके सारे संचित कर्म समाप्त हो जाते हैं। उसका प्रालब्ध बदल जाता है, क्योंकि वह आत्मज्ञानी हो जाता है और उसके क्रियमाण कर्म अकर्म हो जाते हैं।। 37 ।।

न हि ज्ञानेन सदृशं पवित्रमिह विद्यते।

तत्स्वयं योगसंसिद्ध: कालेनात्मनि विन्दति।। 38 ।।

अर्थ— इस संसार में ज्ञान के समान पवित्र करने वाला कोई (साधन) नहीं है। उस ज्ञान को कितने ही काल से कर्म योग के द्वारा शुद्ध अन्तकरण हुआ मनुष्य अपने आप ही आत्मा में प्राप्त कर लेता है।। 38 ।।

व्याख्या— इस संसार का अर्थ है यह मनुष्य शरीर। यह शरीर ही योग की कर्मशाला है। इसी में साधना करके आत्मज्ञानी बनते हैं। इस संसार में इस शरीर के द्वारा मानव साधना करके सिद्ध बन सकता है, सिद्ध योगी का अर्थ है योगरूढ़ होना, जो कर्मयोग की सर्वोच्च अवस्था है। अत: भगवान् कहते हैं कि कर्मयोगी (कर्त्तव्य कर्म करने वाल मनुष्य) कर्त्तव्य कर्म कार्य (duty) करते-करते स्वयं ही ज्ञान-योग को प्राप्त कर लेता है, अर्थात् उस कर्मयोगी को गुरु की प्राप्ति स्वयं ही अन्तर ज्ञान से हो जाती है। जैसे 34वें श्लोक में कहा गया है। उसका गहन अभ्यास ही गुरु बन जाता है अर्थात् उसके प्रकरण कुण्ठित बुद्धि, मन-इन्द्रियां शुद्ध हो जाते हैं और अभ्यास करते-करते स्वयं ही गुरु उपलब्ध हो जाते हैं।। 38 ।।

श्रद्धावाँल्लभते ज्ञानं तत्पर: संयतेन्द्रिय:।

ज्ञानं लब्ध्वा परां शान्तिमचिरेणाधिगच्छति।। 39 ।।

अर्थ— जितेन्द्रिय, साधनपरायण और श्रद्धावान् मनुष्य ज्ञान को प्राप्त होता है तथा ज्ञान को प्राप्त होकर वह बिना विलम्ब के —तत्काल ही भगवत् प्राप्तिरूप परम शान्ति को प्राप्त हो जाता है।। 39 ।।

व्याख्या— वास्तव में श्रद्धावान् वही हो सकता है जो गुरु और शास्त्रों में पूर्ण विश्वास रखता है और जिसका इन्द्रियों पर पूर्ण नियन्त्रण और काबू हो ऐसा साधक ही तत्त्व ज्ञान का अधिकारी होता है क्योंकि जबतक इन्द्रियां (मन भी) नियन्त्रण में नहीं होती तो ज्ञानपथ का पथिक अपने लक्ष्य से भ्रष्ट हो जायेगा इसीलिये पूर्ण श्रद्धा की अति आवश्यकता है क्योंकि मन बड़ा कमजोर है। संसार से जुड़ा रहता है। वह नहीं जानता कि संसार और व्यक्ति (जीव) दो हैं उनमें भिन्नता है। संसार का अपना अस्तित्व है ही नहीं वह नश्वर है, जीव अमर है तो दोनों में गहरा सम्बन्ध हो ही नहीं सकता। इसलिये जितेन्द्रीय होना साधक के लिये आवश्यक है ऐसी गहन साधना ही तुरन्त प्रभु दर्शन करवाती है।। 39 ।।

अज्ञश्चाश्रद्दधानश्च संशयात्मा विनश्यति।

नायं लोकोऽस्ति न परो न सुखं संशयात्मन:।। 40 ।।

अर्थ— विवेकहीन और श्रद्धारहित संशय युक्त मनुष्य परमार्थ से अवश्य भ्रष्ट हो जाता है। ऐसे संशय युक्त मनुष्य के लिये न यह लोक है, न परलोक है और न सुख ही है।। 40।।

व्याख्या— विवेक और श्रद्धाहीन एवं शंकालु मनुष्य का पतन होता है। ऐसे संशयात्मा मनुष्य के लिय न सुख है, न यह लोक, न परलोक। ये सब तथ्य जो उपर कहे गये हैं उनका आशय यह है कि यहाँ प्राकृत (शिक्षाहीन) की बात हो रही है। ज्ञानी साधक के लिये श्रद्धायुक्त, जितेन्द्रिय और साधन परायण होना आवश्यक है, परन्तु जिसमें विवेक ही जागृत नहीं हुआ और न श्रद्धा है तो ऐसा मनुष्य तो शंका और सन्देह का ही शिकार बना रहता है क्योंकि विवेक रहित मनुष्य सुनी सुनाई बातों में आ जाता है और ज्ञान मार्ग

के रहस्य को जान नहीं पाता। शंका और सन्देह उसको संसार में ही फंसाये रखते हैं। जहाँ वह दु:ख से ग्रस्त रहता है वहीं विवेकहीन होने के कारण वह नष्ट हो जाता है अर्थात् विवेक के लिये श्रद्धा अति आवश्यक है तभी संसार के जन्म, मरण से मुक्त होकर मोक्ष प्राप्त हो सकता है।। 40 ।।

योगसन्न्यस्तकर्माणं ज्ञानसञ्छिन्नसंशयम्।
आत्मवन्तं न कर्माणि निबध्नन्ति धनञ्जय।। 41 ।।

अर्थ-- हे धनञ्जय! जिसने कर्मयोग की विधि से समस्त कार्मों का परमात्मा में अर्पण कर दिया है और जिसने विवेक द्वारा समस्त संशयों का नाश कर दिया है, ऐसे वश में किये हुए अन्त:करण वाले पुरुष को कर्म बंधन नहीं बान्धते।। 41 ।।

व्याख्या-- कर्म बन्धन का कारण ही अज्ञान है। मनुष्य कर्म के तत्व को नहीं जानता। कर्म मनुष्य उसके फल के लिये करता है कर्म और फल दोनों संसार के हैं, क्योंकि वे संसार तत्त्व के हैं तथा नाशवान हैं। अर्थात् उन्हीं नश्वर तत्त्वों से बने हैं जिनसे संसार अथवा शरीर बने हैं। ये संसार के होने के कारण स्वयं (आत्मा) से भिन्न हैं, इन्हें दूसरों के परोपकार में लगाना चाहिए क्योंकि ईश्वरीय विधान ऐसा है कि वही निर्लिप्त रहेगा जो दूसरों की वस्तु में लालच नहीं करेगा। यह शरीर भी नश्वर होने के कारण पराया है इसकी सेवा भी निष्काम भाव से करनी है जैसे दूसरे के शरीर की करते हैं क्योंकि सभी शरीर और वस्तुएँ अपने लगते हुए भी वास्तव में पराये ही हैं। अपना केवल स्वयं (आत्मा) ही है। अत: दूसरों की वस्तुऐं दूसरों (संसार) की सेवा में परायणता से लगा कर ही अर्थात् सारे कर्मों को निष्काम भाव से भगवान् में अर्पण करके स्वयं बन्धन रहित होगा। सारांश यह है कि कर्मयोग से ही अन्त:करण को वश में करके विवेक जागृत होने पर ही बन्धन और संशय मिटते हैं। यह ज्ञान कर्त्तव्यपरायणता से आता है। तब ही संशय मिटता है और तभी विवेक जागृत होता है।। 41 ।।

तस्मादज्ञानसम्भूतं हृत्स्थं ज्ञानासिनात्मन:।
छित्त्वैनं संशयं योगमातिष्ठोत्तिष्ठ भारत।। 42 ।।

अर्थ– इसलिये हे भरतवंशी अर्जुन! तू हृदय में स्थित इस अज्ञानजनित अपने संशय को विवेकज्ञानरूप तलवार द्वारा काट करके समत्वरूप कर्मयोग में स्थित हो जा और युद्ध के लिये खड़ा हो जा।

व्याख्या– अर्जुन के अनेक संशय है कि वे जीतेंगे या हम? तथा युद्ध करने से पाप भी लगेगा आदि और दूसरे सारे संशय अज्ञानवश उत्पन्न होते हैं क्योंकि अज्ञान के कारण मनुष्य सुनी–सुनाई अथवा पुस्तकों की बातों पर विश्वास कर बैठता है। सन्देह कर्म के तत्त्व को न जानने के कारण होता है अर्थात् कर्म क्या है? अकर्म क्या है? और विकर्म क्या है? ज्ञान जागृत होने पर मनुष्य समबुद्धि हो जाता है और कर्त्तव्यपरायण हो जाता है, क्योंकि कर्त्तव्यपरायण में कर्म करने से पाप नहीं लगता परन्तु कल्याण ही कल्याण होता है क्योंकि कर्त्तव्यपरायणता में सारे कर्म भगवान् की उपस्थिति में होते हैं। अतः भगवान् अर्जुन को समबुद्धि प्राप्त समत्वरूप कर्मयोग में स्थित होकर संसार रूपी युद्ध के लिये प्रेरित कर रहे हैं जो उसका कर्त्तव्य कर्म है जिसके कारण ज्ञान प्राप्त होगा, संशय नष्ट होगा और लोक तथा परलोक दोनों सिद्ध होंगे। यहाँ ध्यान में रखने की विशेष बात यह है कि युद्धक्षेत्र के संग्राम में युद्ध योद्धा ही करता है क्योंकि यह उसका कर्त्तव्य कर्म है–साधारण लोगों के लिये गीता में हिंसा को निषिद्ध बताया है–वास्तव में साधारण मनुष्य का जीवन रूपी युद्ध सब के मन क्षेत्र में सुर तथा असुर सम्पदाओं के बीच निरंतर छिड़ा हुआ है–अतः इस युद्ध में वही अर्जुन बन सकता है जो सुर संपदा को चुनेगा अर्थात् दूसरों के साथ वह नहीं करेगा जो वह अपने साथ नहीं सह सकता–यही धर्म गीता सीखाती है।। 42 ।।

ॐ तत्सदिति श्रीमद्भगवद्गीतासूपनिषत्सु ब्रह्मविद्यायां योगशास्त्रे श्रीकृष्णार्जुनसंवादे ज्ञानकर्मसन्यास–योगो नाम चतुर्थोऽध्यायः।। 4 ।।

❖ ❖ ❖

कर्म द्वारा सन्यास प्राप्तिः

अर्जुन उवाच

सन्यासं कर्मणां कृष्ण पुनर्योगं च शंससि।
यच्छ्रेय एतयोरेकं तन्मे ब्रूहि सुनिश्चितम्।। 1 ।।

अर्थ– अर्जुन बोले– हे कृष्ण! आप कर्मों के सन्यास की और फिर कर्मयोग की प्रशंसा करते हैं। अत: इन दोनों में से एक जो मेरे लिये भलीभाँति निश्चित कल्याणकारक साधन हो, उसको कहिये।। 1 ।।

व्याख्या– अर्जुन कल्याणकारी मार्ग की खोज कर रहे हैं क्योंकि उनका ध्येय अपना परम कल्याण (मोक्ष) है। अतएव ये युद्ध भी नहीं करना चाहते। भगवान् श्रीकृष्ण ने यह स्पष्ट किया है कि कल्याण सम–बुद्धि और कर्त्तव्य परायणता पर आधारित है। उस समबुद्धि की प्राप्ति के लिये उन्होंने अनेक मार्ग बताये हैं। कर्मयोग, ज्ञानयोग आदि परन्तु चौथे अध्याय में भगवान् ने कई प्रकार के यज्ञों का वर्णन जिसमें त्याग आवश्यक है, सम–बुद्धि की प्राप्ति के लिये किया और संशय जो अज्ञान का कारण है उसको ज्ञानरूपी तलवार से काटने को कर्मयोग के माध्यम से कहा जिससे समबुद्धि की प्राप्ति हो अत: अर्जुन कर्म त्याग और कर्मयोग के विषय में निश्चित होना चाहते हैं कि उनके कल्याण के लिये क्या उचित है।। 1 ।।

श्रीभगवानुवाच

सन्न्यासः कर्मयोगश्च निःश्रेयसकरावुभौ।
तयोस्तु कर्मसन्न्यासात्कर्मयोगो विशिष्यते।। 2 ।।

अर्थ– श्रीभगवान् बोले–कर्म सन्यास और कर्मयोग–ये दोनों ही परम कल्याणकारी हैं, परन्तु उन दोनों में भी कर्मयोग कर्म सन्यास से साधन में सरल होने से श्रेष्ठ है।। 2 ।।

व्याख्या– यहाँ सन्यास का अर्थ सांख्ययोग है। जिसका अभिप्राय ज्ञानयोग है। परन्तु यहाँ भगवान् कर्म सन्यास (कर्मत्याग) की बात कर रहे हैं, सन्यास योग की नहीं। भगवान् ने स्पष्ट किया है कि योग का अभिप्राय समबुद्धि द्वारा प्रभु को प्राप्त करना है। जिसका माध्यम निष्काम भाव है। यह समबुद्धि कर्मयोग से अधिक सरलता से प्राप्य है। योगियों के अनुसार कर्मयोग के बिना सांख्ययोग की प्राप्ति कठिन है और कर्मयोग बिना सांख्ययोग भी सफल हो जाता है, इसीलिये कर्मयोग श्रेष्ठ है। कर्मयोग में तत्त्व ज्ञान स्वयं ही प्राप्त हो जाता है, यह भगवान् ने चतुर्थ अध्याय में कहा है, दूसरे स्वभाव रूप से भी मनुष्यों का लगाव जन्म से ही कर्म की ओर होता है, क्योंकि मनुष्य के जन्म का कारण ही कर्म–बन्धन है। अतः मनुष्य कर्मयोग की साधना अत्यधिक सरलता से कर सकता है, और कर्त्तव्य कर्मपरायणता द्वारा छुटकारा भी पाया जा सकता है अतः कर्मयोग में ज्ञान और मोक्ष दोनों प्राप्य हैं। परन्तु साधक यह न समझे कि कर्मयोग, ज्ञानयोग के मुकाबले में अधिक श्रेष्ठ है। ऐसी बात नहीं क्योंकि कर्मयोग साधन में अपेक्षाकृत सरल है। अतः सिद्धि प्राप्त करने में इसीलिये श्रेष्ठ है। दूसरी आवश्यक बात ध्यान में रखने की यह है कि यहाँ भगवान् कर्म सन्यास की बात कर रहे हैं सन्यास योग की नहीं अर्थात् भगवान् कह रहे हैं कि कर्म सन्यास अर्थात् सकाम कर्म से कर्मयोग (निष्काम) कर्म श्रेष्ठ है वास्तव में कर्मयोग ही उत्तम ज्ञानयोग प्राप्त करवाता है, अतः दोनों में अन्तर नहीं है।। 2 ।।

ज्ञेयः स नित्यसन्न्यासी यो न द्वेष्टि न काङ्क्षति।
निर्द्वन्द्वो हि महाबाहो सुखं बन्धनात्प्रमुच्यते।। 3 ।।

अर्थ– हे अर्जुन! जो पुरूष न किसी से द्वेष करता है और न किसी की आकांक्षा करता है, वह कर्मयोगी सदा सन्यासी ही समझने योग्य है क्योंकि रागद्वेषादि द्वन्द्वों से रहित पुरुष सुखपूर्वक संसार बन्धन से मुक्त हो जाता है।। 3 ।।

व्याख्या– राग और द्वेष यही द्वन्द्व है और यही संसार (जन्म–मरण) की गहरी जड़ है। कर्मयोगी वही है जो इस द्वन्द्व से रहित है। राग और द्वेष दोनों जुड़वां भाई है–यह दोनों इकट्ठे रहते हैं, जहाँ राग है वहाँ द्वेष जरुर रहता है अतः कर्मयोगी इन दोनों से उपर उठा रहता है। द्वेष न करना कर्मयोगी की पहली आवश्यकता है, कर्मयोगी, द्वेष ही नहीं करता क्योंकि उसका सिद्धान्त और कर्त्तव्य ही दूसरों की पूर्ण तत्परता से सेवा करना और उनको सुख पहुँचाना है। यदि कर्मयोगी से कोई बैर करता है तो कर्मयोगी उससे और भी अधिक दया, सुख और सहायता का व्यवहार करता है। कर्मयोगी को आकांक्षा तो होती ही नहीं क्योंकि उसका कर्मफल में विश्वास ही नहीं होता। वह कर्म फल के लिये नहीं, सेवा के लिए करता है और कर्म के सारे फल भगवान् को अर्पित करता है क्योंकि वह कर्म को तत्त्व से जानता है कि जबतक कर्म अकर्म न बन जाये तो वह बन्धन का कारण है।

अतएव भगवान् श्रीकृष्ण ने कहा है कि कर्मयोग कर्म सन्यास से श्रेष्ठ है क्योंकि जिसमें राग–द्वेष नहीं कर्मफल की इच्छा भी नहीं वही तो सच्चा सन्यासी है। अतः कर्मयोगी को सन्यास की आवश्यकता ही नहीं होती। वह द्वन्द्व रहित होने के कारण कर्त्तव्य कर्म के मार्ग से परमतत्त्व को पा लेता है जो सन्यास का भी ध्येय है।। 3 ।।

साङ्ख्ययोगौ पृथग्बालाः प्रवदन्ति न पण्डिताः।
एकमप्यास्थितः सम्यगुभयोर्विन्दते फलम्।। 4 ।।

अर्थ– उपर्युक्त संन्यास और कर्मयोग को मूर्ख लोग पृथक्–पृथक् फल देनेवाले कहते हैं न कि पण्डितजन क्योंकि दोनों में से एक में भी सम्यक् प्रकार से स्थित पुरुष दोनों के फलस्वरूप परमात्मा को प्राप्त होता है।। 4 ।।

व्याख्या– स्पष्ट तौर पर भगवान् यहाँ वही कह रहे हैं जो सांख्य योग और कर्मयोग के बारे में उन्होंने तीसरे अध्याय के तीसरे श्लोक में कहा है। सांख्य

योग और कर्मयोग पृथक् नहीं है यह केवल दो साधन है। साध्य एक ही है और फल भी दोनों का एक ही है। ये दो केवल निष्ठाऐं हैं, क्योंकि अधिक तौर पर जगत् में मनुष्यों की आध्यात्मिक निष्ठाएं दो होती है। फल दोनों का एक ही है। दोनों मार्गों से समबुद्धि प्राप्त कर मोक्ष प्राप्ति होती है इनकी पृथक्ता की बात महज मंदबुद्धि वाले अथवा हल्के लोग करते हैं जानकार कभी नहीं।। 4।।

यत्साङ्ख्यैः प्राप्यते स्थानं तद्योगैरपि गम्यते।
एकं साङ्ख्यं च योगं च यः पश्यति स पश्यति।। 5 ।।

अर्थ– ज्ञानयोगियों द्वारा जो परमधाम प्राप्त किया जाता है, कर्मयोगियों द्वारा भी वही प्राप्त किया जाता है। इसलिये जो पुरूष ज्ञानयोग और कर्मयोग को फलरूप में एक देखता है, वही यथार्थ देखता है ।। 5।।

व्याख्या– दोनों का गन्तव्य (ध्येय) मोक्ष है, कर्मयोगी निष्काम कर्म द्वारा और ज्ञानयोगी शरीर–शरीरी की पृथकता का विवेक द्वारा अर्थात् शरीर और आत्मा की भिन्नता जानकर मोक्ष प्राप्त करता है। इन दो साधनाओं द्वारा दोनों की ही संसार और कर्म से आसक्ति मिट जाती है। कर्मयोगी की क्योंकि वह स्वार्थ और अहंकार से रहित होता है, और केवल दूसरों की सेवा और सुख के लिये तथा भगवान् को प्रसन्न करने के लिये कार्य करता है और ज्ञानयोगी प्रकृति और पुरूष शरीर और शरीरी की पृथक्ता का अनुभव करके संसार और कर्म से मुक्त हो जाता है, क्योंकि कर्म की आवश्यकता तो शरीर की होती है आत्मा को नहीं–आत्मा तो अनादि और अकर्त्ता तथा सत्चित्–आनन्द है। न मोह न ममता। ज्ञानी जानता है कि कर्म प्रकृति करती है आत्मा नहीं आत्मा तो अकर्ता है अर्थात् वह गुण–कर्म विभाग को जानता है कि कर्म प्रकृति (शरीर–मन इन्द्रियां बुद्धि) करती है आत्मा नहीं अतः वह कर्म फल में लिप्त नहीं होता।। 5 ।।

सन्न्यासस्तु महाबाहो दुःखमाप्तुमयोगतः।
योगयुक्तो मुनिर्ब्रह्म नचिरेणाधिगच्छति।। 6 ।।

अर्थ– परन्तु हे अर्जुन! कर्मयोग के बिना संन्यास अर्थात् मन, इन्द्रिय और शरीर द्वारा होनेवाले सप्पूर्ण कर्मों से कर्त्तापन का त्याग प्राप्त होना कठिन है

और भगवत्स्वरूप को मनन करने वाला कर्मयोगी परब्रह्म परमात्मा को शीघ्र ही प्राप्त हो जाता है।। 6 ।।

व्याख्या– संसार की गहरी जड़ें राग और द्वेष–द्वन्द्व में है। राग मन का राजा है। अतः मन लिप्त हुए बिना रह नहीं सकता। सांख्य–योग या ज्ञानयोग अथवा सन्न्यास ज्ञान का मार्ग है। ज्ञान गहन विषय है अर्थात् मन–इन्द्रियों में कर्त्तापन का त्याग, यह प्रकृति से पुरूष को पृथक् जानना और समझने का विषय है। माया ईश्वर जनित है। ब्रह्म के बिना कुछ नहीं, न प्रकृति (माया), न मन, न शरीर। फिर शरीरी (आत्मा) को शरीर से अलग और भिन्न जानना और अनुभव करना कठिन प्रयास है। इसके लिये चित् शुद्धि आवश्यक है। चित् शुद्धि का सरल मार्ग कर्मयोग है और इससे दोनों ही ध्येय सिद्ध हो जाते हैं चित् शुद्धि भी और ब्रह्म प्राप्ति भी क्योंकि शुद्ध चित्त में ब्रह्म स्वयं ही नजर आ जाते हैं अर्थात् कर्मयोगी के लिये ब्रह्म को प्राप्त करना इसलिये सरल होता कि कर्मयोग के अभ्यास से चित् शुद्धि स्वयं ही हो जाती है और ज्ञान योग द्वारा चित् को शुद्ध करना कठिन प्रयास है अतः कर्मयोगी ब्रह्म को ज्यादा सरलता से प्राप्त कर लेता है।। 6 ।।

योगयुक्तो विशुद्धात्मा विजितात्मा जितेन्द्रियः।
सर्वभूतात्मभूतात्मा कुर्वन्नपि न लिप्यते।। 7 ।।

अर्थ– जिसका मन अपने वश में है, जो जितेन्द्रिय एवं विशुद्ध अन्तः करण वाला है और सम्पूर्ण प्राणियों का आत्मरूप परमात्मा ही जिसका आत्मा है, ऐसा कर्मयोगी कर्म करता हुआ भी लिप्त नहीं होता। ।। 7 ।।

व्याख्या– सब प्राणियों की आत्मा जिसकी अपनी आत्मा है इसका अर्थ है कि आत्मा कोई विभाजित या भिन्न नहीं यह सब प्राणियों में एक और वही है। जिसने इस सत्य को तत्व से जान लिया अर्थात् अनुभव कर लिया वह कर्म करके या करते हुए लिप्त हो ही नहीं सकता। परन्तु यह अवस्था या अवस्था रहित सत्य कर्मयोग द्वारा शरीर, इन्द्रियां और मन–बुद्धि आदि को पूरी तरह वश में करने से पहले प्राप्त नहीं होती। इसका उत्तम साधन कर्मयोग (निष्काम कर्म) ही है। कर्मयोग का ही आधार दृढ़ है। कर्म और वस्तु शाश्वत नहीं है

जीव शाश्वत है। अत: वे लगातार परिवर्तनशील होने के कारण हमारा आश्रय नहीं हो सकते। उनका त्याग ही हमारी मुक्ति है। परिवर्तनशील होने के कारण और हमसे भिन्न होने के कारण कर्म और वस्तु हमारा निरन्तर त्याग कर रहे हैं। अज्ञानवश हम ही उनसे चिपके रहते हैं। इसीलिये जितेन्द्रीय की सर्वात्मक दृष्टि खुल जाती है। अत: वह दूसरे और अपने में अन्तर नहीं समझता।। 7 ।।

नैव किञ्चित्करोमीति युक्तो मन्येत तत्त्ववित्।

पश्यञ्श्रृण्वन्स्पृशञ्जिघ्रन्नश्नन्गच्छन्स्वपञ्श्वसन्।। 8 ।।

प्रलपन्विसृजन्गृह्णन्नुन्मिषन्निमिषन्नपि ।

इन्द्रियाणीन्द्रिर्थेषु वर्तन्त इति धारयन्।। 9 ।।

अर्थ– तत्त्व को जननेवाला सांख्ययोगी तो देखता हुआ, सुनता हुआ, स्पर्श करता हुआ, सूंघता हुआ, भोजन करता हुआ, गमन करता हुआ, सोता हुआ, श्वास लेता हुआ, बोलता हुआ, त्यागता हुआ, ग्रहण करता हुआ तथा आँखों को खोलता और मूंदता हुआ भी सब इन्द्रियां अपने–अपने अर्थों में बरत रही हैं–इस प्रकार समझकर नि:सन्देह ऐसा माने कि मैं कुछ भी नहीं करता हूँ।। 8-9 ।।

व्याख्या– ये दोनों श्लोक सांख्य योग से सम्बन्धित है। सांख्य योग (ज्ञान–योग) का आधार प्रकृति और पुरुष (शरीर और आत्मा) ही नहीं परन्तु समष्टि और व्यष्टि सहित यह है प्रकृति और पुरुष शरीर और आत्मा (शरीर और शरीरी) ईश्वर तथा जगत् अभिन्न होने के बावजूद भी तत्त्व से अलग–अलग है। आत्मा कर्म या क्रिया रहित है और अटल, सर्वत्र सदा है अपरिवर्तनशील, न बदलता, न मरता, न मारता, प्रकृति या शरीर (मन–बुद्धि आदि) सब कर्म करते हैं। क्रियाशील है और निरन्तर परिवर्तनशील है। प्रकृति अथवा शरीर क्रिया अथवा कर्म के बिना रह ही नहीं सकते। निरन्तर बदलना, उनका धर्म है परन्तु यह भी देखना है कि ब्रह्म के बिना शरीर या प्रकृति भी नहीं है परन्तु अन्तर यह है कि आत्मा (भगवान्) स्वयं है और प्रकृति उसकी कृति (सृजन)। अत: ये ग्रन्थियां समझनी तथा सुलझानी आवश्यक है अर्थात् प्रकृति और पुरूष तत्त्व से भिन्न है परन्तु इकट्ठे भी है क्योंकि भगवान् का समग्र रूप ऐसा ही है, जो

इस रहस्य को तत्त्व से जानता है (लिप्त नही) वही तत्त्व ज्ञानी है या योग युक्त है, वही ब्रह्मज्ञानी है।

ऐसा तत्त्वज्ञानी ही अनुभव से जानता है कि उसके शरीर में जितने कर्म खाना, पीना, जागना, सोना, उठना, चलना—फिरना, पाचन, श्वास—प्रश्वास आदि हो रहे हैं वह स्वयं नहीं कर रहा परन्तु प्रकृति ही करती है इसी को प्रकृति और पुरुष विभाग कहते हैं तथा यही कर्म और गुण विभाग है। कर्म और गुण प्रकृति में ही होते हैं पुरुष में नहीं। पुरुष आत्मा है जो सदा निर्मल और अकर्ता है।। 8–9 ।।

ब्रह्मण्याधाय कर्माणि सङ्गं त्यक्त्वा करोति यः।

लिप्यते न स पापेन पद्मपत्रमिवाम्भसा।। 10 ।।

अर्थ— जो पुरुष सब कर्मों को परमात्मा में अर्पण करके और आसक्ति को त्यागकर कर्म करता है, वह पुरुष जल में स्थित कमल के पत्ते की भाँति पाप से लिप्त नहीं होता।। 10 ।।

व्याख्या— यह श्लोक भक्तियोग से सम्बन्धित है, भक्तयोगी अपने इष्ट को ही सब कुछ मानता है और अपने इष्ट (भगवान्) को सब में और सब वस्तुओं (पदार्थ) में देखता है। वे सारे कर्म भगवान् के लिये ही करते हैं। भगवान् को ही कर्त्ता, धर्त्ता, भर्त्ता मानता है। इस दशम श्लोक तक भगवान् ने कर्मयोगी, ज्ञानयोगी और भक्तयोगी तीनों की श्रद्धा और धारणा का वर्णन कर लिया है।

कर्मयोगी सारे कर्म (क्रिया) सेवा, वस्तु आदि संसार के जानकर भगवान् को या सच्चे मन से संसार (दूसरों) को अर्पण करता है। ज्ञानयोगी तत्त्वज्ञानी होने के कारण यह जानकर कि प्रकृति ही काम करती है पुरुष नहीं वह (पुरुष) शरीर, वस्तु, सेवा, कर्म फल आदि में लिप्त नहीं होता। भक्त योगी भगवान् को ही सब क्रिया (कर्म) वस्तु सेवा आदि का कर्त्ता भर्त्ता जान मान कर भगवान् को ही सब कुछ अर्पण करता है।। 10 ।।

कायेन मनसा बुद्ध्या केवलैरिन्द्रियैरपि।

योगिनः कर्म कुर्वन्ति सङ्गं त्यक्त्वात्मशुद्धये।। 11 ।।

अर्थ— कर्मयोगी आसक्ति रहित केवल इन्द्रिय, मन, बुद्धि और शरीर

द्वारा भी आसक्ति को त्यागकर अन्त:करण की शुद्धि के लिये कर्म करते हैं।। 11 ।।

व्याख्या– ब्रह्मज्ञान अर्थात् भगवान् को पाने के लिये चित् की शुद्धि (अन्त:करण) अति आवश्यक है। कर्मयोगी इस सम–बुद्धि को, शरीर, इन्द्रिय, मन और बुद्धि से सारे कर्म दूसरों के सुख और सेवा के लिये ही करते हुए प्राप्त करता है। वह जानता है कि शरीर और कर्म उसके नहीं संसार के होने के कारण संसार की सेवा में लगाने से बन्धन टूट, छूट जाता है। स्वार्थ और स्पृहा कर्मयोगी से सदा दूर रहते हैं। परमार्थ और पर सेवा उसका धर्म होता है। इसीसे अन्त:करण शुद्ध होता है क्योंकि अन्त:करण का शुद्धिके बिना मन कि स्थिरता नहीं हो सकती।। 11 ।।

युक्त: कर्मफलं त्यक्त्वा शान्तिमाप्नोति नैष्ठिकीम्।

अयुक्त: कामकारेण फले सक्तो निबध्यते।। 12 ।।

अर्थ– कर्मयोगी कर्मों के फल का त्याग करके भगवत्प्राप्ति रूप शान्ति को प्राप्त होता है। और सकाम पुरुष कामना की प्रेरणा से फल में आसक्त होकर बंधता है।। 12 ।।

व्याख्या– सारी बात अन्त:करण की शुद्धि की है, जिसका अन्त:करण शुद्ध है वह बन्धन में नहीं पड़ता क्योंकि वह कामना, ममता तथा आसक्ति रहित है। जो समबुद्धि नहीं अर्थात् जिसका अन्त:करण शुद्ध नहीं वह विषयों, इन्द्रियों और कर्मों को अपना समझ कर बन्धन में पड़ता है। क्योंकि वह पराई वस्तुओं को अपनी समझ रहा है, कर्म जबतक अकर्म न बन जाये तो बन्धन है। कर्मों तथा संस्कारों से संचित कर्म बनते हैं जो हमारा प्रारब्ध बनाता है और प्रारब्ध हमारा जन्म निर्धारित करता है। हर जन्म में मनुष्य स्वेच्छा से कर्म करता है **(Due to free will)** और आसक्ति के कारण मनुष्य का प्रारब्ध बिगड़ता जाता है। यह तारतम्य लगा ही रहता है। इसी प्रकार मनुष्य अज्ञानवश अपने बन्धन की बेड़िया स्वयं ही बनाता रहता है। सारांश यह है कि लोक तथा परलोक को सुधारने का माध्यम कर्मयोग ही है।। 12 ।।

सर्वकर्माणि मनसा सन्न्यस्यास्ते सुखं वशी।
नवद्वारे पुरे देही नैव कुर्वन्न कारयन्।। 13 ।।

अर्थ— अन्तःकरण जिसके वश में है, ऐसा सांख्ययोग का आचरण करने वाला पुरूष न करता हुआ और न करवाता हुआ ही नवद्वारों वाले शरीररूपी घर में सब कर्मों को मन से त्यागकर आनन्दपूर्वक सच्चिदानन्दघन परमात्मा के स्वरूप में स्थित रहता है।। 13 ।।

व्याख्या— सांख्ययोगी जानता है कि इन्द्रियां और उनके विषय ही काम करते है, वह स्वयं कुछ नहीं करता। वह इस शरीररूपी पुर (नगर) में आराम से स्थित रहता है। स्थित इसलिये रहता है कि वह इन्द्रियों और उनके विषयों का रहस्य जानता है। सांख्ययोगी जानता है कि दोनों इन्द्रियां और विषय सांसारिक होने के कारण आपसी ताल—मेल से काम करते हैं। जब वह जागता है तो स्थूल शरीर काम करता है। जब स्वप्न में है तो सूक्ष्म शरीर काम करता है और जब सुषुप्ति में तो कारण शरीर काम करता है। वह (आत्मा) स्वयं नौ द्वारों के पीछे आराम में है। नौ द्वार है—दो आंखें, दो कान, दो नाक के छिद्र, एक मुँह, दो मल—मूत्र छिद्र तथा लिङ्ग। गीता में इन नौ द्वारों का वर्णन है जबकि कठोपनिषद् में ग्यारह द्वार। नौ पूर्वोक्त, एक नाभी और दूसरा ब्रह्मरन्ध्र का वर्णन है परन्तु यह सूक्ष्म विचार सिद्ध पुरूष द्वारा ही व्यवहार में लाया जाता है। गीता में कहे गये सामान्य साधक के लिये समझाने के हेतु नौ द्वारों का वर्णन किया गया है।। 13 ।।

न कर्तृत्वं न कर्माणि लोकस्य सृजति प्रभुः।
न कर्मफलसंयोगं स्वभावस्तु प्रवर्तते।। 14 ।।

अर्थ— परमेश्वर मनुष्यों के न तो कर्तापन की, न कर्मों की और न कर्मफल के संयोग की ही संरचना करते हैं किन्तु स्वभाव ही व्यवहार कर रहा है।। 14 ।।

व्याख्या— भगवान् मनुष्य के न कर्तापन को न कर्मों को और न कर्मफल की रचना करता है परन्तु स्वभाव (माया—प्रकृति) ही वरत रही है। भगवान् ने प्रकृति तो बनाई है परन्तु जो प्रकृति कर्म करती है, उसमें भगवान् लिप्त नहीं है। भगवान् में न कर्तृत्व है न कर्म और न कर्म की इच्छा अर्थात् भगवान् इस प्रकृति की रचना करने पर भी इससे कहीं उपर है। यहां सिद्ध पुरूष का प्रसंग

है साधक का नहीं। कारण कि महापुरुष अपने लिये कुछ नहीं चाहते, करते, सोचते संसार प्रकृति में निवास करने वालों के लिये है, जो अज्ञानी है, संसारी है और कर्मफल में विश्वास रखते हैं। प्रकृति का स्वभाव ही आसक्ति है, इसलिए आसक्त मनुष्य के मन, बुद्धि, इन्द्रियां भी कर्म बन्धे रहते हैं, क्योंकि ममता और आसक्ति के कारण उनकी कर्म चेष्टा स्वभाव इसमें सर्वदा जुड़ा रहता है। यही प्रकृति अथवा माया का खेल है। भगवान् इससे उपर है। वह कर्म करते हुए भी अकर्ता है क्योंकि वह निस्पृह तथा अनासक्त है।। 14 ।।

नादत्ते कस्यचित्पापं न चैव सुकृतं विभुः।

अज्ञानेनावृतं ज्ञानं तेन मुह्यन्ति जन्तवः।। 15 ।।

अर्थ— सर्वव्यापी परमेश्वर न तो किसी के पापकर्म तथा पुण्य (सत्कर्म) कर्मों को ग्रहण करता। किन्तु अज्ञान द्वारा ज्ञान ढका हुआ है उससे ही सभी जन मोहित हो रहे हैं ।। 15।।

व्याख्या— पाप निषिद्ध कर्म है और पुण्य शुभकर्म (फलप्राप्ति के लिये है) परन्तु भगवान् दोनों को ग्रहण नहीं करते क्योंकि वह कर्मरूपी संसार सागर से उपर है उनका कर्म क्रिया आदि का स्वयं से कोई सम्बन्ध नहीं है। अर्थात् मनुष्य अपने स्वर्ग तथा नरक का निर्माता स्वयं ही है। भगवान् ने हर मनुष्य को कर्मानुसार, इच्छानुसार, इच्छाशक्ति प्रदान की है, इसका प्रयोग करके हर मनुष्य अज्ञान को नष्ट कर सकता है। अतः जो भक्त—भक्ति और श्रद्धा से सभी काम भगवान् के लिये करके भगवान् को ही अर्पित करते हैं उस अर्पण को ईश्वर अवश्य ग्रहण करते हैं, अर्थात् उसका उचित फल भक्त को प्रदान करते हैं।

अज्ञान द्वारा ज्ञान ढका है, इसका अर्थ है कि मनुष्य जब तक इन्द्रियों के वश (अज्ञान) में है वह न भक्त बन सकता, न ज्ञानी और न कर्मयोगी। अतः मनुष्य को अपनी इच्छा शक्ति का उचित प्रयोग करके शरीर और आत्मा की पृथक्ता को जान लेना तरुरी है। मनुष्य अज्ञानवश ही सभी कर्मों में लिप्त रहकर मोक्ष से दूरी रखे हुए हैं।। 15 ।।

ज्ञानेन तु तदज्ञानं येषां नाशितमात्मनः।

तेषामादित्यवज्ज्ञानं प्रकाशयति तत्परम्।। 16 ।।

अर्थ– परन्तु जिनका वह अज्ञान परमात्मा के तत्त्वज्ञान द्वारा नष्ट कर दिया गया है, उनका वह ज्ञान सूर्य के सदृश उस सच्चिदानन्दघन परमात्मा को प्रकाशित कर देता है ।। 16 ।।

व्याख्या– यहाँ पर पहले श्लोक का ही प्रसंग चल रहा है। पहले श्लोक में वर्णन है कि अज्ञान द्वारा ज्ञान ढका हुआ है।, अतः मनुष्य सम–दर्शी नहीं है। ज्ञानी होने के लिये अज्ञान को नष्ट करना आवश्यक है। अज्ञान नष्ट होने पर आत्म तत्त्व जो सदा और सर्वत्र है जो एक ही परमार्थिक सत्य है वह उदय हो जाता है। यह तत्व विवेक द्वारा ही प्राप्य है। अपना शारीरिक निरीक्षण करने पर स्वयं को भी अनुभव हो जाता है कि मैं (स्वयं–आत्मा) अपने शरीर से अलग हूँ। बचपन में शरीर और प्रकार का होता है, जवानी में और प्रकार का और बुढ़ापे में बिल्कुल भिन्न हो जाता है। परन्तु अनुभव करने वाला स्वयं (मैं) नहीं बदलता, वह वही रहता है। तभी तो उसको शरीर के परिवर्तनों का अनुभव होता है। इस ज्ञान को प्राप्त करने के माध्यम भक्ति, ज्ञान, योग और कर्मयोग ही है। इसके अन्तर्गत कर्तव्य कर्म भी आता है परन्तु साधना द्वारा जब ज्ञान (विवेक) का उदय होता है तो अज्ञान का अन्धकार स्वयं ही नष्ट हो जाता है।। 16 ।।

तद्बुद्धयस्तदात्मानस्तन्निष्ठास्तत्परायणाः।
गच्छन्त्यपुनरावृतिं ज्ञाननिर्धूतकल्मषाः।। 17 ।।

अर्थ– जिनका मन ब्रह्म में ही रहता है, जिनकी बुद्धि ब्रह्मनिष्ठ है और सच्चिदानन्दघन परमात्मा में ही जिनकी निरन्तर एकीभाव से स्थिति है, ऐसे ब्रह्मपरायण पुरुष पापरहित होकर अपुनरावृत्ति को अर्थात् परमगति को प्राप्त होते हैं।। 17 ।।

व्याख्या– यह पद भक्त–योगी के बारे में जिन भक्तों ने श्रद्धपूर्वक भक्ति एकाग्रचित् करके ऐसी स्थिति प्राप्त कर ली है कि उनका मन ही अमन हो गया जो ब्रह्मनिष्ठ हो गये हैं अर्थात् भगवान् में गहराई से टिका हुआ है। जिनकी बुद्धि भगवान् में स्थिर है, क्योंकि बुद्धि ही निश्चय करती है, और पूरी तरह भगवत् परायण है अर्थात् भगवान् से अपनी सत्ता अलग मानते ही नहीं।

सबकुछ जिनके लिये भगवान् है। ऐसे भक्तों के कर्म नहीं रहते, पाप भी नहीं रहते और वह भगवान् को प्राप्त करते हैं।। 17 ।।

विद्याविनयसम्पन्ने ब्राह्मणे गवि हस्तिनि।
शुनि चैव श्वपाके च पण्डिताः समदर्शिनः।। 18 ।।

अर्थ– वे ज्ञानीजन विद्या और विनम्रता से युक्त ब्राह्मण में तथा गौ, हाथी, कुत्ते और चण्डाल में भी समदर्शी ही होते हैं ।। 18।।

व्याख्या– ज्ञानी (ब्रह्मज्ञानी) वही है जो समदर्शी होता है। समदर्शी इसलिये होता है कि वह शरीर से उपर उठकर आत्मवान् होता है, जहां सत् के सिवाय और कुछ नहीं। यहां ब्राह्मण, चण्डाल, हाथी, गाय और कुत्ते के उदाहरण इसलिये दिये हैं कि यह बिल्कुल अलग–अलग स्वभाव वाले होते हैं और इनके काम भी अलग–अलग ही है परन्तु आत्म तत्त्व सब में एक ही है। अतः ब्रह्मज्ञानी में भी वही आत्मा है उसका अन्तःकरण शुद्ध होने के कारण ब्रह्म ज्ञानी विनम्र और शुद्धचित हो जाता है अतः उसको सबमें वही एक आत्मा नजर आता है जो अभिन्न और एक है।। 18 ।।

इहैव तैर्जितः सर्गो येषां साम्ये स्थितं मनः।
निर्दोषं हि समं ब्रह्म तस्माद् ब्रह्मणि ते स्थिताः।। 19 ।।

अर्थ– जिनका मन समभाव में स्थित है, उनके द्वारा इस जीवित अवस्था में ही सम्पूर्ण संसार जीत लिया गया है क्योंकि सच्चिदानन्दघन परमात्मा निर्दोष और सम है, इससे वे सच्चिदानन्दघन परमात्मा में ही स्थित है क्योंकि संसार का विजेता वही है जिसको ब्रह्मनिष्ठ होने पर और कुछ चाहिये ही नहीं।। 19 ।।

व्याख्या– सम–बुद्धि वाला वही होता है जिसका संसार से लगाव नहीं अर्थात् जो ममता, कामना और आसक्ति से उपर उठ गया है और आत्मा में स्थित है। जिसका मन स्थिर है, अर्थात् मन को कोई भी विषय वस्तु आदि विचलित या प्रभावित नहीं कर सकते। जब मनुष्य मन या इन्द्रियों पर आधारित रहता है तो उसमें समता और स्थिरता आ नहीं सकती, क्योंकि कामना जब मन में है तो वह विषय को प्राप्त कर और न प्राप्त किये वैसी ही रहती। यदि कोई इच्छित वस्तु प्राप्त कर ली तो कुछ समय के पश्चात् कामना और उभर जायेगी परन्तु

जितेन्द्रिय के साथ ऐसा नहीं होता है। ब्रह्म भी सदैव सम है। समदर्शी पुरूष संसार में रहते हुए भी संसारी नहीं होता परन्तु वह संसार का विजेता होता है, अर्थात् जीवनमुक्ति प्राप्त कर लेता है।। 19 ।।

न प्रहृष्येत्प्रियं प्राप्य नोद्विजेत्प्राप्य चाप्रियम्।
स्थिरबुद्धिरसम्मूढो ब्रह्मविद् ब्रह्मणि स्थितः।। 20 ।।

अर्थ– जो पुरुष प्रिय वस्तु प्राप्त कर हर्षित नहीं होता और अप्रिय को प्राप्त करके उद्विग्न न हो, वह समबुद्धि (स्थिर) संशय रहित ब्रह्म वेता परम ब्रह्म परमात्मा में एकी भाव से नित्यस्थित है।। 20 ।।

व्याख्या– इस श्लोक में प्रयोग किये गये इन शब्दों की ओर ध्यान देना आवश्यक है कि "वह ब्रह्मज्ञाता मानव" अर्थात् समबुद्धि वही मनुष्य है जो ब्रह्म को जानता है वह साधारण मनुष्य नहीं रहता महापुरुष होता है। क्योंकि ब्रह्मज्ञानी को संसार से कोई मोह नहीं होता अतः उसे संसारी पदार्थ प्रसन्न अथवा अप्रसन्न (दुःखी) कैसे कर सकते हैं। उसे न तो कर्म बान्धते, न क्रिया की आवश्यकता। वह (ब्रह्मज्ञानी) तो परावस्था में होता है और ब्रह्म में स्थित रहता है। वह संसार से पूर्णरूप से निस्पृह होता है।। 20 ।।

बाह्यस्पर्शेष्वसक्तात्मा विन्दत्यात्मनि यत्सुखम्।
स ब्रह्मयोगयुक्तात्मा सुखमक्षयमश्नुते।। 21 ।।

अर्थ– बाहर के विषयों में आसक्ति रहित अन्तःकरण वाला साधक आत्मा में स्थित जो ध्यानजनित सात्विक आनन्द है, उसको प्राप्त होता है, तदन्तर वह सच्चिदानन्दघन परब्रह्म परमात्मा के ध्यान रूप योग में अभिन्नभाव से स्थित पुरूष अक्षय आनन्द का अनुभव करता है।। 21 ।।

व्याख्या– 20वें श्लोक में वर्णन है कि समबुद्धि महापुरूष ब्रह्म में स्थित होता है। इस श्लोक में उस ब्रह्म स्थिति का कुछ वर्णन है। उस स्थिति में साधक को बाह्य स्पर्श–शब्द–गन्ध, द्रव्य आदि का अनुभव ही नहीं होता क्योंकि इन बाह्य स्पर्श से आन्तरिक स्पर्श अति सुन्दर है। वह आत्मा में अर्थात् आत्मबुद्धि होने पर आन्तरिक अति सुन्दर सुख को प्राप्त कर ब्रह्म में असीम सुख, शान्ति परम विश्राम को प्राप्त करता है जो न बदलता न घटता। इस संदर्भ का 5/24

में भी वर्णन है। अर्थात् ब्रह्मनिष्ठ के पहले बाहरी संपर्क और भोग कट जाते हैं, वह आन्तरिक सूक्ष्म--अति सुन्दर सुखों में गहरा जाता है और बाद में ब्रह्म में लीन होकर अक्षय सुख प्राप्त करता है।। 21 ।।

ये हि संस्पर्शजा भोगा दुःखयोनय एव ते।
आद्यन्तवन्तः कौन्तेय न तेषु रमते बुधः।। 22 ।।

अर्थ-- जो ये इन्द्रिय तथा विषयों के संयोग से उत्पन्न होनेवाले सब भोग हैं, यद्यपि विषयी पुरुषों को सुखरूप भासते हैं तो भी दुःख के ही हेतु हैं और आदि--अन्तवाले अर्थात् अनित्य हैं। इसलिये हे अर्जुन! बुद्धिमान् विवेकी पुरुष उनमें नहीं रमता।। 22 ।।

व्याख्या-- जिन सुखों और भोगों का आधार और माध्यम इन्द्रियाँ है उनमें सुख नहीं क्योंकि वह आने--जाने वाले है जिस अनुकूल परिस्थिति अथवा वस्तु के आने अथवा पाने से सुख होता है तो उनके जाने से दुःख होता है और वह सुख और दुःख निरन्तर परिवर्तनशील है और मन को विचलित ही करते रहते हैं।

विवेकी पुरुष सांसारिक सुख--दुःख के कारण को अच्छी प्रकार जानते हैं अतः सांसारिक बनावट और नाटक से दूर रहते हुए समबुद्धि होने का प्रयास करते रहते हैं। क्योंकि समबुद्धि (ब्रह्मबुद्धि) में ही सदा शान्ति और परमसुख है।। 22 ।।

शक्नोतीहैव यः सोढुं प्राक्शरीरविमोक्षणात्।
कामक्रोधोद्भवं वेगं स युक्तः स सुखी नरः।। 23 ।।

अर्थ-- जो साधक इस मनुष्य शरीर में शरीर का नाश होने से पहले--पहले ही काम--क्रोध से उत्पन्न होने वाले वेग को सहन करने में समर्थ हो जाता है, वही पुरूष योगी है और वही सुखी है।। 23 ।।

व्याख्या-- यह मनुष्य शरीर निर्वाण प्राप्ति अर्थात् मुक्ति के लिये मिलता है, परन्तु साधारण लोग इसको काम और क्रोध के विषय के वेग में व्यर्थ गंवा देते हैं। काम--क्रोध, मोह, लोभ, राग--द्वेष यह द्वन्द्व की जो संसार की पकड़ है वह ही मनुष्य की चुनौती है। गुरु और शास्त्र इसीलिये तो साधक को यम और नियम के प्रयोग पर बल देते हैं क्योंकि इन्द्रियां अति बलवान् है, इनको जीतना

साहसी बुद्धिमान् साधक का ही कार्य है। काम और क्रोध पर तभी काबू कर सकते हैं जब इनको उत्पन्न ही न होने दिया जाये। तभी तो भगवान् श्रीकृष्ण ने चतुर्थ अध्याय के अन्त में कहा कि अज्ञान जनित संशय से ही अनर्थ की जड़ है। अतः इस अज्ञान को ज्ञान रूपी तलवार से काट डालो।

काम और क्रोध को वश में किये बिना कोई योगी नहीं हो सकता क्योंकि समबुद्धि और विवेक के उदय के लिये इन्हें अन्तःकरण से मिटाना आवश्यक है। संशय और कामवासना जब तक मन से उखाड़ नहीं दिये जाते तब तक इस शरीर में रहते हुए, मृत्यु से पहले मोक्ष प्राप्त करना कठिन है परन्तु जिसने इसी जीवन में काम—क्रोध के वेग को जीत लिया वही महापुरुष तथा संसार विजेता है।। 23 ।।

योऽन्तःसुखोऽन्तरारामस्तथान्तर्ज्योतिरेव यः।
स योगी ब्रह्मनिर्वाणं ब्रह्मभूतोऽधिगच्छति।। 24 ।।

अर्थ— जो पुरुष अन्तरात्मा में ही सुखवाला है आत्मा में ही रमण करने वाला है तथा जिसने अन्तर ज्योति (आत्मा) को दृष्ट कर लिया है वह परब्रह्म परमात्मा के साथ एकीभाव को प्राप्त सांख्य योगी शान्त ब्रह्म को प्राप्त होता है।। 24 ।।

व्याख्या— जिस साधक अथवा महापुरुष को बाह्य स्पर्श, विषय इन्द्रियजनित भोग सुखी नहीं करते (जो इनसे उपर उठा होता है) और आत्मा तथा परमात्मा के अतिरिक्त सुख नहीं खोजता। आत्मा में ही स्थिर रहकर अनन्त सुख सागर में रहता है आत्मा ही जिसका आश्रय है और उस आश्रय को जिसने प्राप्त कर लिया, वही ब्रह्मी स्थिति को प्राप्त होता है। परन्तु इस ब्रह्मी स्थिति प्राप्ति हेतु साधक को इसी जीवन में आत्मदर्शी सम्पन्न होना पड़ता है। जो एक उत्कृष्ट परन्तु दीर्घ आध्यात्मिक प्रयास है। सारांश यह है कि मात्र बाहरी त्याग ही निर्वाण के लिये काफी नहीं है परन्तु आत्मा की अन्तर ज्योति को दृष्ट करना (अनुभव) मोक्ष (परमात्मा) के लिये जरुरी है।। 24 ।।

लभन्ते ब्रह्मनिर्वाणमृषयः क्षीणकल्मषाः।
छिन्नद्वैधा यतात्मानः सर्वभूत हिते रताः।। 25 ।।

अर्थ— जिनके सब पाप नष्ट हो गये हैं जिनके सब संशय ज्ञान के द्वारा निवृत्त

हो गये हैं, जो सम्पूर्ण प्राणियों के हित में लीन है और जिनका जीता हुआ मन निश्चल भाव से परमात्मा में स्थित है, वे ब्रह्मवेत्ता पुरूष शान्त ब्रह्म को प्राप्त होते हैं।। 25 ।।

व्याख्या– ब्रह्मपद प्राप्त करने से बढ़कर इस लोक तथा परलोक में कोई वस्तु नहीं। परन्तु इस पद की प्राप्ति विशेष साधक ही कर सकता है, जो जितेन्द्रिय, संयतमन तथा योग बुद्धि युक्त है। इन्द्रियों और गन को सांसारिक वस्तुओं से हटाना तथा उन्हें भगवान् में लगाना ज्ञानी साधक के लिये परमावश्यक है। मन और इन्द्रियां सदा विषयों के पीछे भागते हैं क्योंकि उनका सम्बन्ध ही उनसे है। ये सब प्रकृति के सहायक है। जबतक साधक चेतना को इनसे पृथक् नहीं करता उसका आध्यात्मिक विकास नहीं हो सकता क्योंकि मन कभी स्थिर नहीं रहता। अतः साधक मन को दूसरों की भलाई (परोपकार) में ही लगाये रखते हैं। अपने में लगाये रखने से वासना और बढ़ती है। परोपकार में लीन साधक के अहंकार और मोह समाप्त हो जाते हैं। परोपकार का अर्थ केवल मात्र मनुष्यों का ही नहीं अपितु समस्त जड़–चेतन पदार्थों के प्रति सद्भावना तथा उनकी सहायता करना है।

अहंकार–मोह और अज्ञान से छुटकारा पाने का मार्ग विवेक है, जिसके जागृत होने पर साधक अपने आत्मा और शरीर की पृथकता के तत्त्व एवं रहस्य को जान लेता है। इस ज्ञान के बाद उसके संशय और पाप स्वयं ही मिट जाते हैं। ब्रह्मज्ञान की प्राप्ति के बाद ऐसे ऋषि ब्रह्म में लीन हो जाते हैं।। 25 ।।

कामक्रोधवियुक्तानां यतीनां यतचेतसाम्।
अभितो ब्रह्मनिर्वाणं वर्तते विदितात्मनाम्।। 26 ।।

अर्थ– काम–क्रोध से रहित जीते हुए चित्तवाले पर ब्रह्म परमात्मा का साक्षात्कार किये हुए ज्ञानी पुरूषों के लिये दोनों लोकों में मुक्ति ब्रह्मनिर्वाण परब्रह्म परमात्मा ही परिपूर्ण है।। 26 ।।

व्याख्या– आत्मज्ञानी यति, जिसने आत्मदर्शन कर दिये है उसको ब्रह्म पद या ब्रह्मनिर्वाण इस लोक में और परलोक में दोनों में प्राप्त होता है। अर्थात् जब यहां आत्म–पद प्राप्त हो जाये तो वह आगे तो रहेगा ही क्योंकि यह तो शाश्वत

स्थिति है। इस प्रकार का आत्मज्ञानी योगी काम–क्रोध को जीतकर और मन को संयमित कर ही बन सकता है। काम–क्रोध तो संसारी को ही ग्रसित करते हैं क्योंकि ये सांसारिक स्थितियां अथवा भाव ही है परन्तु आत्म–ज्ञानी को ये भाव स्पर्श तक नहीं कर सकते क्योंकि जिस भाव या भाग में ये (काम–क्रोध) वास करते हैं जिसको शरीर या प्रकृति कहते हैं आत्मवान् तो उनसे कहीं उपर उठा होता है और वह तो परम प्रभु परिपूर्ण होता है।। 26 ।।

स्पर्शान्कृत्वा बहिर्बाह्यांश्चक्षुश्चैवान्तरे भ्रुवोः।
प्राणापानौ समौ कृत्वा नासाभ्यन्तर चारिणौ।। 27 ।।
यतेन्द्रियमनोबुद्धिर्मुनिर्मोक्षपरायणः।
विगतेच्छाभयक्रोधो यः सदा मुक्त एव सः।। 28 ।।

अर्थ– बाहरी विषय भोगो को चिन्तन न करता हुआ बाहर ही निकालकर और नेत्रों की दृष्टि को भृकुटी के मध्य स्थित करके तथा नासिका में विचरने वाले प्राण अपानवायु को सम करके, जिसकी इन्द्रियां मन–बुद्धि जीती हुई है, ऐसा जो मोक्षपरायण मुनि इच्छा, भय और क्रोध से रहित हो गया है, वह सदा मुक्त ही है।। 27–28 ।।

व्याख्या– सभी साधक, कर्मयोगी, सांख्ययोगी (ज्ञानयोगी) भक्ति योगी, बाहर के विषयों को बाहर ही रखते हैं। अर्थात् उनमें लिप्त नहीं होते। कर्मयोगी विषयों को दूसरों की सेवा में लगाता है। ज्ञानयोगी विवेक द्वारा (स्वयं और शरीर की भिन्नता) और भक्तियोगी सब कुछ भगवान् को अर्पण करके। योगी वस्तु और चाह से सम्बन्ध हटा लेते हैं क्योंकि बाधक वस्तु नहीं होती सम्बन्ध (वस्तु से लगाव) बाधक होता है।

दृष्टि को दोनों चक्षुओं के मध्य स्थापित करने की विशेष मुद्रा है। सफल योगी को यह स्थिति शाम्भवी मुद्रा में स्वयं ही आ जाती है। यह उनके लिये समस्थिति होती है।

प्राण और अपान वायु का नियन्त्रण भी विशेष यौगिक प्रक्रिया है। जो प्रणायाम का आवश्यक अंग है। यह सिद्ध योगी से सीखना आवश्यक है। राज–योग अथवा अष्टाङ्ग योग का यह आवश्यक भाग है।

इच्छा, मन, बुद्धि को संयमित किये बिना कोई साधक सिद्धि को प्राप्त कर ही नहीं सकता। सिद्ध का अर्थ है ब्रह्म, जो सदा स्थिर है—मन—इन्द्रियां शरीर तथा बुद्धि का अर्थ प्रकृति है जो सदा परिवर्तनशील है। अतः इनसे उपर उठना साधना का आवश्यक लक्ष्य है।

क्रोध और भय भी मन की व्यथाऐं हैं संयत मन को ये दशाऐं नहीं छूती। जो इन सब पदार्थों और अवस्थाओं को नियंत्रित करता है वही ब्रह्म परायण है। अर्थात् जिसको ब्रह्म के अतिरिक्त और कुछ भाता ही नहीं। भगवान् ही एक मात्र जिसका आश्रय है ऐसा योगी ही सदा मुक्त है। उसके लिये न संसार है, न मृत्यु, न जन्म। वह परमानन्दमय है तथा परमपद को प्राप्त होता है।। 27–28 ।।

भोक्तारं यज्ञतपसां सर्वलोकमहेश्वरम्।
सुहृदं सर्वभूतानां ज्ञात्वा मां शान्तिमृच्छति।। 29 ।।

अर्थ– मेरा भक्त मुझ को सब यज्ञ तथा तपों का भोगने वाला सम्पूर्ण लोकों के ईश्वरों का भी ईश्वर तथा सम्पूर्ण भूतप्राणियों का सुहृद और प्रेमी, ऐसा तत्त्व से जानकर शान्ति को प्राप्त होता है।। 29 ।।

व्याख्या– भगवान् कह रहे हैं कि सिर्फ ऐसा भक्त जो भगवान् को दिव्य दृष्टि से अनुभव करके तत्त्व ज्ञान के द्वारा यह जान लेता है कि भगवान् ही सब प्राणियों पर दयालु तथा सबके प्रेमी हैं और सारे लोकों के देवों तथा ईश्वरों के परम ईश्वर है तथा सारे यज्ञ और तपों का भोगने वाला स्वयं (भगवान्) है तथा अन्य कोई नहीं वही तत्त्ववेता मोक्ष प्राप्त करता है। सारांश यह है कि जो ज्ञानी भक्त यह रहस्य तत्त्व से जान लेता है कि भगवान् ही वास्तिविक सत्ता, अभिभूत, अधिदैव तथा अधियज्ञ है, वही परम शान्ति, मोक्ष का पात्र है।। 29।।

ॐ तत्सदिति श्रीमद्भगवद्गीतासूपनिषत्सु ब्रह्मविद्यायां
योगशास्त्रे श्रीकृष्णार्जुनसंवादे कर्मसन्यासयोगो नाम
पञ्चमोऽध्याय:।। 5 ।।

✤ ✤ ✤

अभ्यास योग द्वारा ब्रह्म प्राप्ति

श्रीभगवानुवाच

अनाश्रित: कर्मफलं कार्यं कर्म करोति य:।

स सन्न्यासी च योगी च न निरग्निर्न चाक्रिय:।। 1 ।।

अर्थ— श्रीभगवान् बोले—जो पुरुष कर्मफल का आश्रय न लेकर करने योग्य कर्म करता है, वह सन्न्यासी तथा योगी है और केवल मात्र अग्नि का त्याग करने वाल संन्यासी नहीं है तथा केवल क्रियाओं का त्याग करने वाला योगी नहीं है।। 1 ।।

व्याख्या— बन्धन का कारण आसक्ति तथा विषय वासना है और छुटकारा अर्थात् मोक्ष निष्काम मार्ग है। बहुत सारे संन्यासी बाहरी त्याग में विश्वास रखते हैं कि वह अग्नि तक का प्रयोग भी त्याग देते हैं परन्तु कामना अथवा आसक्ति से उपर नहीं उठ पाते और अनेक योगी अनेक प्रकार की क्रियाएं करते हैं। प्राणायाम करते हैं, घण्टों तक ध्यान करते हैं परन्तु विषय वासना अथवा शारीरिक इच्छाओं से मुक्त नहीं होते। वे वास्तव में न सही संन्यासी न योगी हैं। हमारा जन्म सांसारिक आसक्ति के कारण ही मिलता है क्योंकि संसार में जन्म, कर्म बन्धन के कारण होता है। यह शरीर लगातार कर्म करता रहता है। स्थूल, सूक्ष्म और कारण नामक, त्रिविध शरीर कर्म तथा कर्मफल में लगे रहते हैं। जबतक साधक गहन साधना द्वारा कर्मयोग, ज्ञानयोग, भक्तियोग अथवा अन्य साधनाओं द्वारा पूर्णत: ब्रह्मयुक्त और कर्ममुक्त नहीं हो जाता

तब तक वह सच्चे संन्यासी के प्रतिष्ठित पद को नहीं पा सकता। वास्तव में बन्धन कर्म नहीं अपितु सम्बन्ध होता है अर्थात् वासना अथवा मोह जब तक शरीर है आदमी को कर्म तो करना ही है, अन्यथा निर्वाह कैसे होगा। क्योंकि शरीर संसार है और वह (शरीर) संसारी पदार्थों, वस्तुओं पर आश्रित है। साधना द्वारा योगी ने शरीर के मार्ग से ही शरीर से मुक्ति भी प्राप्त करनी है, तो कर्मयोग का अनुभव है कि कर्म निष्काम भाव से करने पर ही कर्म से और शरीर से मुक्ति मिलेगी।

आत्मा और शरीर का दीर्घकालीन सम्बन्ध नहीं। शरीर (संसार) अनित्य है और आत्मा नित्य। शरीर घटता—बढ़ता, बदलता, जन्मता तथा मरता है परन्तु आत्मा पूर्ण अविकारी तथा अजर—अमर है। अज्ञान वश मानव अपने आपको शरीर समझ बैठता है और इस अज्ञान का पर्दा कर्मयोग ही उठा सकता है। निष्काम कर्म करने से मन स्थिर हो जाता है और आत्मा में टिक जाता है।। 1 ।।

यं सन्न्यासमिति प्राहुर्योगं तं विद्धि पाण्डव।
न ह्यसन्न्यस्तसङ्कल्पो योगी भवति कश्चन।। 2 ।।

अर्थ— हे अर्जुन! जिसको मनुष्य सन्यास कहते हैं, उसी को तू योग जान, क्योंकि संकल्पों का त्याग न करनेवाला कोई भी पुरुष योगी नहीं होता।। 2 ।।

व्याख्या— श्रीभगवान् ने पिछले (पाँचवें) अध्याय के तृतीय श्लोक में कहा कि राग—द्वेष को त्याग करने वाला योगी सन्यासी है। अत: सन्यासी (सांख्ययोगी—ज्ञानयोगी) और योगी (कर्मयोगी) कोई बिना संकल्प त्याग के नहीं बन सकता। सांख्ययोगी (ज्ञानी) इन्द्रियों और प्रकृति को ही कर्म करने वाला जानकर स्वयं नौ द्वार वाले पुर रूपी शरीर में सुरक्षित रहकर लिप्त नहीं होता तथा कर्मयोगी स्वयं परोपकार के लिये कर्म करते हुए लिप्त नहीं होता। उसका कोई स्वार्थ नहीं होता। कामना रहित होने के कारण दोनों के ही संकल्प छूट जाते हैं तथा दोनों एक ही परमपद को प्राप्त होते हैं, क्योंकि बन्धन काम इच्छा के संकल्प में है न कि कर्म मात्र में। यही कर्म निष्काम भाव से करने से मुक्ति का साधन है। सारांश यह है कि मोह तथा इच्छा का त्याग ज्ञानी तथा कर्म—योगी दोनों के लिये आवयक है।। 2 ।।

208

आरुरुक्षोर्मुनेर्योगं कर्म कारणमुच्यते।
योगारूढस्य तस्यैव शमः कारणमुच्यते।। 3 ।।

अर्थ– योग में आरुढ़ होने की इच्छा वाले मननशील पुरुष के लिये योग की प्राप्ति में निष्काम भाव से कर्म करना ही हेतु कहा जाता है और योगारूढ़ हो जाने पर उस योगारूढ़ पुरुष का जो सर्वसंकल्पों का अभाव है, वही कल्याण में हेतु कहा जाता है।। 3 ।।

व्याख्या– योग अरुरुक्ष (योगी होने का इच्छुक) कर्मयोग का सच्चा साधक है और योगारूढ़ पूर्ण कर्मयोगी अर्थात् पहला साधक है और दूसरा सिद्ध, निष्काम कर्म करके ही योगारुढ़ हो पाता है। योग साधक बिना किसी स्वार्थ के निरन्तर सारे कार्य दूसरों के हित और सुख के लिये ही करता है। वह ऐसा इसलिये भी करता है कि वह शरीर और कर्म के तत्त्व को जानता है कि शरीर यानी इन्द्रियां, मन, बुद्धि–अहंकार सब संसार के हैं जो स्वयं को दिये गये हैं। इसलिये बिना अहंकार और अभिमान के कर्मयोगी इनको दूसरों की सेवा में अर्पण करता है। यह कहना कि कर्मयोगी तो अपने शरीर की ही पूरी सेवा करता है (योगाभ्यास, आसन आदि द्वारा) और स्वस्थ होता है तो उसका उत्तर है कि कर्मयोगी का शरीर भी तो स्वयं (आत्मा) नहीं है वह भी तो पर (दूसरा) ही है। अतः उसकी सेवा करना भी दूसरों की ही सेवा करना जैसा है तथा कर्मयोगी के लिये अपने और दूसरों के शरीरों की सेवा इसलिये भी आवश्यक है कि इसी शरीर के माध्यम से तो इस शरीर के निष्काम कर्म करके मुक्ति प्राप्त करनी है।

इस प्रकार योगी (योगारूढ़) होकर परमशान्ति अर्थात् परमपद को प्राप्त होता है क्योंकि योगारूढ़ निष्काम योगाभ्यास करते–करते चंचल मन को पूरी तरह स्थिर कर लेता है जिसको परावस्था कहते है और इस अवस्था में कोई सांसारिक विषय वासना तथा संकल्प नहीं रहते।। 3 ।।

यदा हि नेन्द्रियार्थेषु न कर्मस्वनुषज्जते।
सर्वसङ्कल्पसन्न्यासी योगारूढस्तदोच्यते।। 4 ।।

अर्थ– जिस काल में न तो इन्द्रियों के भोगों और न कर्मों में ही आसक्त होता

है, उस काल में सर्वसंकल्पों का त्यागी पुरुष योगारूढ़ कहा जाता है।। 4 ।।

व्याख्या— ध्यान में रखने की बात यह है कि केवल कर्म त्याग से वासना अथवा कामना नहीं मिटती। संकल्पों का पूर्ण त्याग आवश्यक है। संकल्प एक गहरी पकड़ रखता है और मन और बुद्धि दोनों को ही आसक्त करके रखता है। अत: निष्काम कर्मयोग आवश्यक है क्योंकि यह संकल्प को मन और बुद्धि से मिटा सकता है। निष्काम कर्म या योगाभ्यास ही चंचल मन को स्थिर कर सकते हैं। इन्द्रियों के विषयों और कर्मों से निष्काम कर्म ही आसक्ति मिटा सकता है। अत: दोनों का नियन्त्रण और अभ्यास आवश्यक है। इन्द्रियों द्वारा विषयों के सेवन का और उन कर्मों का भी जिन द्वारा भोग या भोग वृत्तियां जन्मती हैं और पनपती है क्योंकि साधक का मन आरम्भ में कच्चा होने के कारण इनके स्वाद और सुख में खोने लग सकता है।। 4 ।।

उद्धरेदात्मनात्मनं नात्मानमवसादयेत्।
आत्मैव ह्यात्मनो बन्धुरात्मैव रिपुरात्मन:।। 5 ।।

अर्थ— अपने द्वारा अपना संसार सागर से उद्धार करे और अपने को अधोगति में न डाले, क्योंकि मनुष्य आप ही तो अपना मित्र है और आप ही अपना शत्रु है।। 5 ।।

व्याख्या— अपना उद्धार अपने द्वारा तभी हो सकता है जब मनुष्य शरीर से उपर उठे। मैं यह समझूँ कि मैं शरीर नहीं हूँ, क्योंकि मेरा शरीर के उपर वश नहीं है यदि होता तो मैं सदा बलवान् युवा और बुद्धिमान रहता। शरीर ने जरुरी बदलना है और बदलता रहता है। मैं (स्वयं) नहीं बदलता। मनुष्य का पतन इसीलिये होता है कि वह शरीर को आत्मा से अलग नहीं समझता जो समझता है वही मनुष्य स्वयं ही अपना मित्र है क्योंकि वास्तव में मनुष्य स्वयं (आत्मा) परिपूर्ण है। उसको किसी और की आवश्यकता है ही नहीं। यह शरीर तो पतन का कारण है जब इससे आसक्ति हट जाती है और माध्यम रूप में इसका प्रयोग होगा तो मनुष्य का विकास होगा।। 5 ।।

बन्धुरात्मात्मनस्तस्य येनात्मैवात्मना जितः।
अनात्मनस्तु शत्रुत्वे वर्तेतात्मैव शत्रुवत्॥ 6 ॥

अर्थ— जिस जीवात्मा द्वारा मन और इन्द्रियों सहित शरीर जीता हुआ है उस जीवात्मा का तो वह आप ही मित्र है और जिसके द्वारा मन तथा इन्द्रियों सहित शरीर नहीं जीता गया है, उसके लिये वह आप ही शत्रु के सदृश शत्रुता में व्यवहार करता है।। 6 ॥

व्याख्या— जो साधक मन को पूर्ण रूप से नियन्त्रित कर लेता है अर्थात् साधना द्वारा मन को संयत और स्थिर कर लेता है वही आत्मा को जीतकर अर्थात् स्वयं आत्मा चैतन्य होकर अपना बन्धु या रक्षक बनता है और जिसने मन नहीं जीता, जिसका मन संयमित नहीं है वह स्वयं ही अपना शत्रु है, अर्थात् वह शरीर, मन, इन्द्रियों के भरोसे रहने के कारण संसार में ही लिप्त रहेगा। वह भगवान् के दर्शन नहीं कर सकेगा। अतः आत्म बोध के बिना यह जीवन हानि का ही मार्ग है। "हीरा जन्म अमोल था कौड़ी बदले जाये"॥ 6 ॥

जितात्मनः प्रशान्तस्य परमात्मा समाहितः।
शीतोष्णसुखदुःखेषु तथा मानापमानयोः॥ 7 ॥

अर्थ— सर्दी–गर्मी और दुःख–सुखादि में तथा मान और अपमान में जिसके अन्तःकरण की वृत्तियाँ भलीभाँति शान्त हैं ऐसे स्वाधीन आत्मा वाले पुरुष के ज्ञान में परमात्मा सम्यक् प्रकार से स्थित है अर्थात् उसके ज्ञान में परमात्मा के अतिरिक्त अन्य कुछ है ही नहीं॥ 7 ॥

व्याख्या— जो साधक आत्मा में स्थित हो गया है जिसने इन्द्रियों और मन को जीत लिया है उस साधक को सर्दी–गर्मी, सुख–दुःख, प्रभावित नहीं करते अर्थात् यदि उस जितेन्द्रिय को सुख–दुःख भी हो तो भी वह भगवान् में रमा रहता है मान–अपमान उसके ध्येय ही नहीं होते क्योंकि वह संकल्प और कामना से रहित होता है। मान–अपमान, सुख–दुःख तो शरीर (मन–इन्द्रियों आदि) की अवस्थाएं होती है, जब शरीर से उपर उठकर साधक अन्दर में स्थित हो जाता है तो उसको आन्तरिक अनुभव जो अतिसुन्दर और सुखदायक हो जाता है फिर पारस त्यागकर वह लोह की प्राप्ति की इच्छा क्यों करेगा। परन्तु उस

211

पारस की प्राप्ति हेतु बड़ी साधना, परिश्रम की आवश्यकता है, जिसका मार्ग सद्गुरु बताते हैं।

इस प्रकार का जितेन्द्रिय साधक महापुरूष हो जाता है। वह तीनों शरीरों (स्थूल—सूक्ष्म—कारण) से उपर उठ जाता है।

वास्तव में स्थूल शरीर एक प्रकार का पञ्चभूतों का ढ़ांचा है, जिसका उपयोग सूक्ष्म शरीर (मन, बुद्धि, चित् अहंकार, दस इन्द्रियां और पांच प्राण) बाह्य तथा स्थूल कार्यों के लिये करता है। निश्चयात्मक तथा विचारात्मक कर्म सूक्ष्म शरीर के होते हैं। कारण शरीर भाव का अनुभव करता है जैसे सुषुप्ति में।। 7 ।।

ज्ञानविज्ञानतृप्तात्मा कूटस्थो विजितेन्द्रिय:।
युक्त इत्युच्यते योगी समलोष्टाश्मकाञ्चन:।। 8 ।।

अर्थ— जिसका अन्त:करण ज्ञान—विज्ञान द्वारा तृप्त है, जिसकी स्थिति विकार रहित है, जिसकी इन्द्रियां भलीभाँति जीति हुई है और जिस के लिये मिट्टी, पत्थर और सुवर्ण समान हैं वह योगी युक्त अर्थात् भगवत्प्राप्त है, ऐसे कहा जाता है।। 8 ।।

व्याख्या— ज्ञानयोग और कर्मयोग (यही ज्ञान—विज्ञान का यहां अर्थ है) द्वारा जिसने अपने अन्त:करण को पवित्र कर लिया है अर्थात् जब साधक अन्त:करण (मन, बुद्धि) पर निर्भर न रहकर आत्मबोध प्राप्त कर लेता है और कूट (कूटस्थ) की तरह अटल निर्विकार हो जाता है। कूट की तरह आत्मज्ञान भी अटल है कूट लोहे का होता है जिस पर लुहार—सुनार आदि स्वर्ण आदि को कूटते—पीटते है (जब उन्होंने किसी पुर्जा, आभूषण आदि का निर्माण करना होता है) उस कूट (अहरन) पर कोई विकार नहीं आता। कूटस्थ भी निर्विकार है क्योंकि उस उर्द्धव में आत्मा या भगवान् का स्थान है अथवा उपस्थिति है। इसके दर्शन होने पर योगी मस्त रहता है और कूटस्थ दर्शन में स्थित होना ही जितेन्द्रिय और समदृष्ट होना है तब समदृष्ट होने पर सांसारिक वैभव सामग्री तथा साधारण द्रव्यों से भी कोई लगाव नहीं रहता।। 8 ।।

सुहृन्मित्रार्युदासीनमध्यस्थद्वेष्य बन्धुषु।
साधुष्वपि च पापेषु समबुद्धिर्विशिष्यते।। 9 ।।

अर्थ– सुहृद्, मित्र, वैरी, उदासीन, मध्यस्थ, द्वेष्य और बन्धुगणों में, धर्मात्माओं में और पापियों में भी समान भाव रखने वाला अत्यन्त श्रेष्ठ है।। 9 ।।

व्याख्या– जिसका मन भाव एक सा ही रहता है सबके प्रति चाहे मित्र हो या वैरी, अपना हो या पराया साधु–असाधु दोनों पाप–पुण्य कर्मों को करने वाले को समदृष्टि से देखने वाला व्यक्ति ही श्रेष्ठ पुरुष होता है।

जो सुहृद् है उसका तो मन ही ऐसा होता है कि वह सबका ही सुख और लाभ सोचता है अपने पराये के साथ उस साधक का कोई सम्बन्ध नहीं होता। जैसे मां के लिये सारे बच्चे बराबर होते हैं, वैसे ही सुहृद् को सब बराबर होते हैं।

वास्तव में गीता का विशेष बल है ही समता (समबुद्धि) प्राप्त करने पर जिससे इस लोक और परलोक दोनों में ही लाभ होता है। समबुद्धि प्राप्ति के लिये तीन ही विशेष मार्ग बताएं हैं। कर्मयोग, ज्ञानयोग और भक्तियोग इन तीनों मार्गों से समबुद्धि (भगवान्) प्राप्य है इसी प्रकार कर्तव्य कर्म परायणता भी कर्मयोग में ही आ जाता है। आठवें श्लोक में समता का विवेचन पदार्थों के बारे में हैं और इस श्लोक में मनुष्यों के सम्बन्ध के बारे में है।। 9 ।।

योगी युञ्जीत सततमात्मानं रहसि स्थितः।
एकाकी यतिचित्तात्मा निराशीरपरिग्रहः।। 10 ।।

अर्थ– मन और इन्द्रियों सहित शरीर को वश में रखनेवाला, आशा रहित और संग्रहरहित योगी अकेला ही एकान्त स्थान में स्थित होकर आत्मा को निरन्तर परमात्मा में लगावें।। 10 ।।

व्याख्या– मन में स्फूरण और चित्त वृत्तियों को रोकना योग साधक के लिये आवश्यक है इस अभ्यास के लिये भगवान् परायणता और इच्छा रहित मन नितान्त आवश्यक है। इस योग साधना में संगहीन तथा संगरहित होना भी जरुरी है, न कोई संसारी साथी हो न ही और संग्रह का ध्यान रहे केवल पदार्थों का त्याग बाहर से नहीं परन्तु मन असंग और वासनारहित होना जरुरी है। एकाग्रता

न होने का विशेष कारण यह है कि साधक संसार से अपने आपको जोड़ कर अभ्यास करता है तोड़कर नहीं ध्यान में बैठने से पहले यह सोचना जरूरी है कि भगवान् सब कुछ जानते हैं। अत: अपने सब दु:ख उनपर छोड़कर ही एकाग्रता में लाभ हो सकता है क्योंकि बिना एकाग्रता के ध्यान में लाभ नहीं होता।। 10 ।।

शुचौ देशे प्रतिष्ठाप्य स्थिरमासनमात्मन:।
नात्युच्छ्रितं नातिनीचं चैलाजिनकुशोत्तरम्।। 11 ।।

अर्थ— शुद्ध भूमि में, जिसके ऊपर क्रमश: कुशा, मृगछाला अथवा वस्त्र बिछे हैं, जो न बहुत ऊँचा है और न बहुत नीचा ऐसे अपने आसन को स्थिर स्थापन करके उस पर बैठे।। 11 ।।

व्याख्या— इस प्रकार शुद्ध भूमि पर आसन स्थापित करने का अभिप्राय है कि जो उर्जा (विद्युत्‌रूपी) हममें है वह जमीन में प्रवाहित होकर व्यय न हो जाय। यह भी ध्यान रखना है कि आसन दूसरों का नहीं अपना ही होना चाहिए। शुद्ध भूमि से अर्थ है सफाई और पवित्रता दोनों ही नहीं तो बिमारी भी घेर सकती है।। 11 ।।

तत्रैकाग्रं मन: कृत्वा यतचित्तेन्द्रियक्रिय:।
उपविश्यासने युञ्‍ज्याद्योगमात्मविशुद्धये।। 12 ।।

अर्थ— उस आसन पर बैठकर चित्त और इन्द्रियों की क्रियाओं को वश में रखते हुए मन को एकाग्र करके अन्त:करण की शुद्धि के लिये योग का अभ्यास करें।। 12 ।।

व्याख्या— साधक को साधना में दो घण्टों से अधिक बैठना आवश्यक होता है अत: आसन शुद्ध और नर्म होना चाहिए परन्तु अधिक प्रशंसनीय नहीं। मन का संयम और चित्त की एकाग्रता योगाभ्यास से होती है अर्थात् श्वास—प्रश्वास क्रिया का विशेष नियंत्रण जो गुरु ही सिखाते हैं और मन से शरीर तथा संसार सम्बन्धित सारे विचार हटाने आवश्यक है। योगाभ्यास द्वारा मन को नियन्त्रित करने का उपाय पातञ्जल योग में प्राणवायु को नियन्त्रित करके बताया गया है। प्राणों के नियन्त्रित हो जाने पर मन स्वयं नियन्त्रित हो जाता है, क्योंकि प्राण—प्रवाह

ही मन को चंचल बनाता है। महर्षि पातञ्जली के सूत्र (योगश्चित्तवृत्ति: निरोध:) के अनुसार चित्तवृत्ति के निरोध को योग कहते हैं।। 12 ।।

समं कायशिरोग्रीवं धारयन्नचलं स्थिर:।

सम्प्रेक्ष्य नासिकाग्रं स्वं दिशश्चानवलोकयन्।। 13 ।।

अर्थ– शरीर, मस्तक और गले को समान एवं अचल धारण करके और स्थिर होकर अपनी नासिका के अग्रभाग पर दृष्टि जमाकर, अन्य दिशाओं को न देखता हुआ।। 13 ।।

व्याख्या– शरीर, ग्रीवा और सिर में कोई हिल जुल नहीं होनी चाहिए। स्थिर आसन आवश्यक है, ताकि शारीरिक उर्जा का क्षय न हो। नासिका के अग्रभाग को देखने का अर्थ है आंखे अधमुंदी रखना। जिससे न तो नींद आये और न ही खुली रहने से अन्य दृष्य दिखे जिससे ध्यान बिगड़ जाता है। शांभवी मुद्रा में यह स्थिति योगी की अपने आप हो जाती है क्योंकि उस स्थिति में साधक कूटस्थ में लीन हो जाता है। इस मुद्रा में ध्यान नासिकाग्र (दोनों भ्रूकुटियों के मध्य) में बिन्दु पर स्वयं ही केन्द्रित हो जाता है।। 13 ।।

प्रशान्तात्मा विगतभीर्ब्रह्मचारिव्रते स्थित:।

मन: संयम्य मच्चितो युक्त आसीत मत्पर:।। 14 ।।

अर्थ– ब्रह्मचारी के व्रत में स्थित, भयरहित तथा भलीभाँति शान्त अन्त: करणवाला ब्रह्मचर्य धारणकर सावधान योगी मन को रोककर मुझमें चित्तवाला और मेरे परायण होकर स्थित होवे।। 14 ।।

व्याख्या– जब चित्त शान्त होता है तो भय उदय नहीं होता, भय चंचल मन की अवस्था है, जब साधक मन को संयमित कर लेता है तो भय मिट जाता है। योगारूढ़ अथवा योगी साधक दृढ़ प्रणवाला व्यक्ति होता है, वह योग क्रिया में ऐसा हठी होता है कि वह भगवान् की प्राप्ति के बिना चुप नहीं रह सकता परन्तु इस दृढ़ प्रयास में ब्रह्मचर्य का आचरण तथा मन संयम जरुरी है। ऐसे योग निष्ठ पुरुष को कोई भय नहीं होता वह मृत्यु को तो परिवर्त्तन मात्र मानता है। यदि मृत्यु योगाभ्यास द्वारा अथवा इसके (योगाभ्यास) मध्य हो तो भी निष्ठावान् योगी को कुछ भी प्राप्त करने को नहीं रहता क्योंकि भगवान् परायण

साधक की मृत्यु साधना करते समय हो जाने पर सीधे प्रभु में लीन हो जाते हैं क्योंकि उसकी वृत्ति उस समय प्रभु परायण होती है। भगवान् ने इसी अध्याय के 40 से 45 श्लोकों में योगभ्रष्टों के विषय में विशद वर्णन किया है।। 14 ।।

युञ्जन्नेवं सदात्मानं योगी नियतमानसः।

शान्तिं निर्वाणपरमां मत्संस्थामधिगच्छति।। 15 ।।

अर्थ— वश में किये हुए मनवाला योगी इस प्रकार आत्मा को निरन्तर मुझ परमेश्वर के स्वरूप में लगाता हुआ मुझ में रहने वाली परमानन्द की पराकाष्ठारूप शान्ति को प्राप्त होता है।। 15 ।।

व्याख्या— मन को पूरी तरह नियंत्रित किये बिना योगी उच्चकोटि की साधना में सिद्धि प्राप्त नहीं कर सकता और मन का नियन्त्रण निरन्तर रहना आवश्यक है तभी आत्मा परमेश्वर में लीन हो सकता है। योग निष्ठा का गहन प्रयास मध्य में छूटने पर संसार (विषय वासना) हावी हो जाती है और मन भटक सकता है। इस परम शान्ति की प्राप्ति जिससे बढ़कर और है ही कुछ नहीं, एक स्वप्न बन जाता है। अतः मन का पूर्ण और निरन्तर नियन्त्रण भगवान् को पाने के लिए आवश्यक है, यह प्रयास तभी सफल होता है जब मन बाहर से हटकर आत्मा के भीतर के आनन्द में लीन हो जाता है जो भगवान की पराकाष्ठा, परमानन्द की नित्य रहनेवाली शान्ति है। यही प्रकरण 5/12 और 9/31 में वर्णित है। इस प्राप्ति के लिए विचार द्वारा विवेकाभ्यास और प्राणायाम द्वारा योगाभ्यास अथवा कोई भी अन्य विशिष्ट साधन साधक अपना सकता है।। 15 ।।

नात्यश्नतस्तु योगोऽस्ति न चैकान्तमनश्नतः।

न चाति स्वप्नशीलस्य जाग्रतो नैव चार्जुन।। 16 ।।

अर्थ— हे अर्जुन! यह योग (समाधि) न बहुत खाने वाले को, न बिल्कुल न खाने वाले को, न बहुत शयन करने के स्वभाव वाले का और न सदा जागने वाले को ही (सिद्ध) होती है।। 16 ।।

व्याख्या— भोजन और नींद दो ऐसी वस्तुएं हैं जो मानव के स्वास्थ्य, स्वाद और आराम से घनिष्ठता से जुड़ी हुई हैं। पहले मनुष्य फिर योगी अर्थात् मनुष्य ही योगी बन सकता है। योगी बनने के लिये एक कठिन, लम्बे और दृढ़ प्रयास

की आवश्यकता है। जिसके लिये पुष्ट (स्वस्थ) शरीर आवश्यक है और इसके लिये उचित तथा उपयुक्त मात्रा में भोजन आवश्यक है और इसी प्रकार उचित मात्रा में नींद भी। इनके बिना मन सर्वदा अस्थिर एवं अशान्त रहेगा। बीमारी और चिन्ता शरीर को ग्रस्त कर लेती है, परन्तु अधिक खाना और अधिक सोना भी योगी के अपने पाले हुए शत्रुओं के समान हैं। अत: भोजन और नीन्द भी केवल उचित मात्रा में ही आवश्यक है।। 16 ।।

युक्ताहारविहारस्य युक्तचेष्टस्य कर्मसु।
युक्तस्वप्नावबोधस्य योगो भवति दु:खहा।। 17 ।।

अर्थ– दु:खों का नाश करनेवाला योग तो यथा योग्य आहार–विहार करने से लेकर कर्मों में यथा योग्य चेष्टा करने वाला और यथायोग्य सोने तथा जागनेवाला ही सिद्ध होता है।। 17 ।।

व्याख्या– योगारूढ़ के लिये यह सावधानी आवश्यक नहीं परन्तु साधक के लिये आहार, विहार, सोना, जागना भी साधना का ही भाग मानकर चलना है इन अवस्थाओं में निहीत और विदित कार्य संयम और अनुशासन के साथ करना आवश्यक है अर्थात् इनका उपयुक्त मात्रा में सेवन योग के लिये सहायक है। इस प्रकार के संयम से योगी को दो लाभ है। एक तो वह बीमार नहीं होगा और दूसरा एकाग्रता में सहायता मिलेगी और इस प्रकार के अनुशासन से उसके सब दु:खों का नाश स्वयं ही होगा, चाहे दु:ख मानसिक हो या शरीरिक। योग साधना की महिमा ही ऐसी है।। 17 ।।

यदा विनियतं चित्तमात्मन्येवावतिष्ठते।
नि:स्पृह: सर्वकामेभ्यो युक्त इत्युच्यते तदा।। 18 ।।

अर्थ– अत्यन्त वश में किया हुआ चित्त जिस काल में परमात्मा में ही भलीभाँति स्थित हो जाता है, उस काल में सम्पूर्ण भोगों से स्पृहारहित पुरुष योगयुक्त है, ऐसा कहा जाता है।। 18 ।।

व्याख्या– योगी होना या बनना बहुत ऊँची और कठिन उपलब्धि है क्योंकि इससे उपर संसार में पाने के लिये कुछ और है ही नहीं परन्तु भगवान् कह रहे हैं कि योगी की सफलता की पहचान इन दो वस्तुओं पर है। एक तो जब

साधक का चित्त अपने आप (आत्मा) में पूर्ण रूप से स्थित हो गया है, अर्थात् मन भटकता नहीं है। कोई बीमारी, दुःख, विपरित परिस्थिति, उस पर असर नहीं करता क्योंकि उसने अन्दर अगाध सुख और शान्ति अनुभव कर लिये हैं। दूसरे उसको कोई पदार्थ, विषय, भोग आदि आकर्षित कर ही नहीं सकते, क्योंकि योगी जानता है कि विषय—वासना केवल एक मायाजाल है, जो तृप्ति का साधन है ही नहीं। यह अवस्था योगारूढ़ की है उसके अन्दर सुख का ऐसा अंकुर फूट जाता है कि वह अन्दर की मस्ती में ही मग्न रहता है।। 18 ।।

यथा दीपो निवातस्थो नेङ्गते सोपमा स्मृता।
योगिनो यतचित्तस्य युञ्जतो योगमात्मनः।। 19 ।।

अर्थ— जिस प्रकार वायुरहित स्थान में स्थित दीपक चलायमान नहीं होता, वैसी ही उपमा परमात्मा के ध्यान में लगे हुए योगी के जीते हुए चित्त की कही गई है।। 19 ।।

व्याख्या— उत्तम योगी या योगारूढ़ साधक को संसारिक आकर्षणों का वेग कम्पित नहीं कर सकता। उत्तमयोगी वह है जिसने प्रभु दर्शन कर लिये है, वही योगारूढ़ है। ऐसे सिद्ध साधक के अन्दर हृदयस्थ दिव्यप्रकाश प्रकट हो गया होता है, उसकी मीठी मादकता भीतर ही भीतर रहती है। बाह्य आकर्षण उस साधक के लिये आन्तरिक मस्ती की अपेक्षा हास्यस्पद लगते हैं। यह प्रकाशरूपी नशा न टूटता है और न हटता, परन्तु इसको एक बार अनुभव करना कठिन अवश्य है इसलिए वायुरहित स्थान में दीपक की उपमा दी गई है जिसकी स्थिरता में अन्तर आता ही नहीं।। 19 ।।

यत्रोपरमते चित्तं निरुद्धं योगसेवया।
यत्र चैवात्मनात्मानं पश्यन्नात्मनि तुष्यति।। 20 ।।

अर्थ— योग के अभ्यास में निरुद्ध चित्त जिस अवस्था में उपरत हो जाता है और जिस अवस्था में आत्मा का बोद्ध हो जाता है और आत्मा को परमात्मा में देखता हुआ आमा में ही सन्तुष्ट रहता है।। 20 ।।

व्याख्या— यह ध्यान योग का प्रकरण है। (ध्यान का अर्थ सरल शब्दों में अंग्रेजी शब्द **Meditation** से है दीर्घकाल तक भगवान् के ध्यान में लीन रहना है।)

ध्यान और धारणा का अर्थ है आध्यात्मिक देश में अपने आप को बान्धना। ध्यान और धारणा के बाद ही समाधि की उपलब्धि होती है जो एक सर्वोपरि उपलब्धि है। इस अवस्था में साधक अथवा योगी किसी न किसी रूप अथवा लक्षण में भगवान् अथवा उनकी विभूति का दर्शन, श्रवण आदि रूप अनुभव करता है। साधना या ध्यान में सफलता तब ही होती है जब शरीर आदि रूप में मन में भगवान् का अनुभव होने लगे। यह एक आंतरिक अनुभव है। इस अवस्था में मन रहता ही नहीं, चित्त ही मानो आत्मा बन जाता है और परमानन्द का अनुभव होता है। ध्यान हर प्रकार के योग में आवश्यक है वह ध्यान योग हो अथवा ज्ञानयोग अथवा भक्तियोग—कर्मयोग भी ध्यान के बिना नहीं होता कर्मयोग का ध्यान दूसरों की सेवा और सुख में लगा रहता है। कर्मयोगी के मन में स्वार्थ अथवा निजी कर्मफल का प्रश्न ही पैदा नहीं होता।। 20 ।।

सुखमान्यन्तिकं यत्तद्बुद्धिग्राह्यमतीन्द्रियम्।
वेत्ति यत्र न चैवायं स्थितश्चलति तत्त्वतः।। 21 ।।

अर्थ— इन्द्रियों से अतीत, केवल शुद्ध हुई सूक्ष्म बुद्धि—द्वारा ग्रहण करने योग्य जो अनन्त आनन्द है, उसको जिस अवस्था में अनुभव करता है और जिस अवस्था में स्थित यह योगी परमात्मा के स्वरूप से विचलित होता ही नहीं।। 21 ।।

व्याख्या— भगवान् कह रहे हैं कि ऐसा सुख और असीम शान्ति जो प्रभुदर्शन या अनुभव से प्राप्य है वह इस संसार या प्रकृति में नहीं है क्योंकि यह संसार और इसके तीनों गुण केवल बाह्य सुख प्रदान कर सकते है जो क्षण भंगुर है। अतएव भगवान् इस परमानन्द अथवा परम सुख को अत्यधिक, अद्वितीय और सूक्ष्म बुद्धि द्वारा ग्राह्य कह रहे हैं क्योंकि अन्तःकरण, इन्द्रियां और बुद्धि यह प्रदान नहीं कर सकती। इस परमानन्द की प्राप्ति मन—इन्द्रियों और बुद्धि से उपर उठने पर ध्यान, योग या अभ्यास (योगाभ्यास) से ही प्राप्त होती है फिर इस आत्मस्वरूप से योगी कभी विचलित नहीं होता। इस प्रकार के आनन्द का वर्णन गीता 2-55 और 5-24 में आया है। सारांश यह है कि योगी (समाधि) में अक्षय आनन्द का अनुभव करता है परन्तु इस उपलब्धि के लिए सूक्ष्म बुद्धि (दिव्य बुद्धि) जरूरी है।। 21 ।।

यं लब्ध्वा चापरं लाभं मन्यते नाधिकं ततः।
यस्मिन्स्थितो न दुःखेन गुरुणापि विचाल्यते।। 22 ।।

अर्थ– परमात्मा की प्राप्तिरूप जिस लाभ को प्राप्त होकर उससे अधिक दूसरा कुछ भी लाभ नहीं मानता और परमात्माप्राप्ति रूप जिस अवस्था में स्थित योगी बड़े भारी दुःख से भी चलायमान नहीं होता अर्थात् इसी अवस्था को योग कहते हैं।। 22 ।।

व्याख्या– इस योग प्राप्ति में अगाध सुख के बारे में पहले बता दिया गया है। यहाँ देखने की बात यह है कि इस समाधि या प्रभु प्राप्ति की स्थिति में भारी कष्ट या दुःख क्यों भक्त या योगी को बेचैन या दुःखी नहीं कर पाते? इसका उत्तर है कि इस अवस्था में भक्त या योगी आत्म तत्व में लीन रहता है। वह शरीर या मन से उपर उठा होता है। कष्ट और दुःख तथा बेचैनी तो प्रकृति में है। आत्मा में नहीं है। योग सिद्धी में योगी या सिद्ध प्रकृति और उसके गुणों को भली प्रकार जानने के कारण उसके परिवर्तनशील प्रभाव से कभी दुःखी नहीं होता क्योंकि वह गुणातीत होता है। गुणातीत का वर्णन भगवान् ने 14/22 से 14/26 तक स्वयं किया है, अतः परम चैतन्य युक्त महापुरुष को दुःख अथवा कष्ट इसलिये दुःखी नहीं कर सकता क्योंकि दुःख मन में होता है आत्मा में नहीं। आत्मा तो सत्–चित–आनन्द है।। 22 ।।

तं विद्याद् दुःखसंयोगवियोगं योगसञ्ज्ञितम्।
स निश्चयेन योक्तव्यो योगोऽनिर्विण्णचेतसा।। 23 ।।

अर्थ– इस प्रकार की योग अवस्था ही सांसारिक दुःखों की पूर्ण नाशक है, अर्थात् दुःख संयोग का पक्का वियोग ही योग है। इसी अनुभव का नाम योग है, अतः इसी योग को जानना चाहिये। उस योग को परेशानी रहित चित्त अर्थात् धैर्य और उत्साहयुक्त चित्त से निश्चयपूर्वक करना कर्त्तव्य है।। 23 ।।

व्याख्या– जैसे उपर कहा गया है कि दुःख संसार अर्थात् शरीर में ही होता है। शरीर–मन–प्रकृति है जो तीन गुणों की बनी है और द्वन्द्व से प्रभावित है। अतः दुःख–सुख इसका निरन्तर भाग है, योग का अर्थ ही इस संसार से वियोग और भगवान् से संयोग है। भगवान् से संयोग का सीधा अर्थ आत्म

स्वरूप होना। आत्मा में न दु:ख है न कष्ट वह तो गहन सुख और परमानन्द की स्थिति है। परन्तु यह स्थिति प्राप्त करना आसान नहीं है। इसलिये भगवान् कह रहे हैं कि इस योग का अभ्यास पूरी निष्ठा और निश्चय से होना चाहिए। इसमें पूर्ण एकाग्रता और दृढ़ निश्चय की आवश्यकता है। यह योग साधना कर्तव्य रूप में करनी आवश्यक है। इसमें यम–नियम प्रत्याहार आदि का प्रयोग अति आवश्यक है। इस स्थिति को प्राप्त करने के लिये तप, स्वाध्याय तथा ईश्वर प्रणिधान आवश्यक है।। यह समाधि (योग) का प्रकरण 20वें श्लोक से आरम्भ इस 23वें श्लोक तक है समाधि में ही दु:ख, दर्द, शोक आदि का नाश होता है।। 23 ।।

सङ्कल्पप्रभवान्कामांस्त्यक्त्वा सर्वानशेषत:।
मनसैवेन्द्रियग्रामं विनियम्य समन्तत:।। 24 ।।

अर्थ– संकल्प से उत्पन्न सारी कामनाओं को विशेष रूप से त्यागकर मन के द्वारा सारी इन्द्रियों को उनके विषयों से हटाकर (योगाभ्यास करना चाहिए।)।। 24 ।।

व्याख्या– प्रभु प्राप्ति के लिये गहन निष्ठा तथा वैराग्य की आवश्यकता है इसीलिये भगवान् सुझाव दे रहे हैं कि संकल्पों से उत्पन्न सारी कामनाओं का विशेष रूप से त्याग अति आवश्यक है–क्योंकि संकल्प से उत्पन्न कामनाऐं संसारिक वासनाओं से गहरे रूप से लिप्त होती है इस प्रयास में सफलता के लिये मन के द्वारा सारी इन्द्रियों को उनके विषयों से हटाना भी उतना ही जरुरी है–मन का प्रयास इस सम्बन्ध में इसलिये जरुरी है क्योंकि सारी इन्द्रियां मन के अधीन होती है। मन ही इन्द्रियों का राजा है। मन और बुद्धि ही सारे संकल्पों तथा कामनाओं का स्रोत है इसीलिये तो मन का नियंत्रण अत्यावश्यक है। चित की वृत्तियों तथा स्फूर्णताओं का विरोध किये बिना मन को स्थिर करना कठिन है–इसी समाधान के लिये भगवान् ने इसी अध्याय में आगे अभ्यास तथा वैराग्य के उपयोग का सुझाव दिया है।। 24 ।।

शनै: शनैरुपरमेद्बुद्ध्या धृतिगृहीतया।
आत्मसंस्थं मन: कृत्वा न किञ्चिदपि चिन्तयेत्।। 25 ।।

अर्थ– धारणा से बुद्धि को वश में करके धीरे–धीरे अभ्यास करते हुए मन को आत्मा में स्थित करके (लगाकर) और कुछ भी चिन्तन न करो।। 25 ।।

व्याख्या– यह साधारण अनुभव की बात है कि मन बड़ा चंचल है ऐसा इसलिये भी है कि इसमें संस्कारों का विशेष योगदान है जो कई पूर्व जन्मों का संग्रह है। पूर्व जन्मों के संस्कार मन को विचलित करते हैं इसीलिये कह रहे हैं कि इस प्रयास में बुद्धि के प्रयोग की विशेष आवश्यकता है। बुद्धि को पूर्ण धैर्य तथा निष्ठा के साथ मन को नियंत्रित करने में लगाना ऐसी स्थिति में जरुरी है–साथ ही साथ यह भी जरुरी है कि किसी और विषय का चिन्तन अथवा ध्यान मन में न आने पावे–इस प्रयास के लिये इन्द्रियों का दमन जरुरी है जैसा कि उपर 24वें श्लोक में बताया है। यदि कोई विचार मन में आता भी है तो उस विचार तथा विषय को भी भगवान् का ही रूप समझो–अर्थात् मन को बार–बार लगातार भगवान् में लगाना है, ऐसा करने से मन को स्थिर करने में सहायता मिल सकती है।। 25 ।।

यतो यतो निश्चरति मनश्चञ्चलमस्थिरम्।
ततस्ततो नियम्यैतदात्मन्येव वशं नयेत्।। 26 ।।

अर्थ– यह अस्थिर और चंचल मन जिस विषय (शाब्दादि) के कारण जहां भी विचरता है उस विषय से हटाकर इसे बार–बार आत्मा में निरुद्ध करें।। 26 ।।

व्याख्या– निरंतर परिवर्तनशील होनेवाली प्रकृति का भाग होने के कारण मन है ही अस्थिर तथा चंचल क्योंकि साधारणतया मनुष्य का मन रजोगुण आधारित है जो संकल्पों तथा कामनाओं का स्रोत है–यह चंचल मन ही साधक की चुनौती है। अत: भगवान् कह रहें है कि हथियार डालने की जरुरत नहीं है। धैर्य, प्रयास और अभ्यास से यह मन साध्य है। जब जब जिस जिस विषय के पीछे मन विचरता या भटकता है तब–तब बिना विलम्ब के, क्योंकि देर करने से हानि हो सकती है, क्योंकि जब मन कुछ अरसे के लिये किसी विषय में टिक जाय तो अभ्यस्त भी हो जाता है, उन विषयों तथा स्थितियों से हटाकर भगवान् (आत्मा) की तरफ लगायें–पातञ्जल योग में भी बताया है कि चित्तवृत्ति को स्थिर करने का उपाय अभ्यास और वैराग्य ही है।। 26 ।।

प्रशान्तमनसं ह्येनं योगिनं सुखमुत्तमम्।
उपैति शान्तरजसं ब्रह्मभूतमकल्मषम्।। 27 ।।

अर्थ– रजोगुण से मुक्त और शान्तचित से युक्त, पापरहित, योगी जिसने ब्रह्म पद प्राप्त कर लिया है ऐसे पुरुष को उत्तम सुख प्राप्त होता है।। 27 ।।

व्याख्या– इस श्लोक में दो शब्दों का प्रयोग "रजोगुण मुक्त तथा निष्पाप" विचारणीय है–संसार में व्यक्ति की शान्ति को भंग करने वाला विशेष रजोगुण ही है अर्थात् रजोगुण शान्तिनाशक है और तमोगुण पाप का स्रोत, भावार्थ यह है कि जबतक साधक का रजोगुण शांत नहीं होता अर्थात् निष्काम कर्म उसका एकमात्र जीवन सार नहीं बन जाता और जबतक तमोगुण पर जो पाप कर्मों का कारण है, साधक विजयी नहीं हो जाता तब तक उत्तम सुख या ब्रह्मभाव को प्राप्त नहीं कर सकता। ध्यान में रखने की बात यह है कि निष्काम कर्म ही तमोगुण का दमन और रजोगुण का नाश कर सकता है तत्पश्चात् ही उत्तम सुख (क्योंकि यहां साधारण सुख की बात नहीं उत्तम सुख की बात हो रही है जो कभी न समाप्त होता न कम) इसके पश्चात् साधक साधना की तीव्रता के मार्ग पर अग्रसर होता हुआ ब्रह्मभाव को प्राप्त कर लेता है अर्थात् भगवान् को प्राप्त कर लेता है इस प्रकार का सुख जिसको उत्तम सुख कहते हैं को सांसारिक उपलब्धि प्रदान नहीं कर सकती–विज्ञान का आविष्कार, काव्य रचना, दार्शनिक की कल्पना, कलाकार की रचना आदि भी बहुत बड़ी उपलब्धियाँ होती हैं जो रचनाकार को खुशी, सुख तथा मान्यता देती है, परन्तु यह अमर तथा अमिट नहीं होती–संसार सम्बन्धी होने के कारण मृत्यु तो इन उपलब्धियों का नाशक है ही परन्तु ब्रह्मभाव की प्राप्ति तो अलग ही विषय है–यह तो परमानन्द का अमिट स्रोत–अपने आप में अमरता है–इस परमानन्द को मन अनुभव नहीं कर सकता यह तो आत्मा का ही विषय है।। 27 ।।

युञ्जन्नेवं सदात्मानं योगी विगतकल्मषः।
सुखेन ब्रह्मसंस्पर्शमत्यन्तं सुखमश्नुते।। 28 ।।

अर्थ– इस प्रकार वह पापमुक्त योगी–सदा मन को परमात्मा में लगाता हुआ ब्रह्मस्पर्शमें (ब्रह्मसाक्षातकार रूप) अविच्छिन सुख को प्राप्त करता है।। 28 ।।

व्याख्या– ब्रह्म साक्षात् दर्शन करने के लिये मन को परमात्मा में निरंतर लगाना अत्यावश्यक है अर्थात् मन विषय (संसार की किसी वस्तु स्थिति आकर्षण) से पूरी तरह दूर रहे। संसार का विचार तक न टपके, मन में मन, नहीं रहना चाहिये–आत्मा हो जाना चाहिये क्योंकि मन तो अटलरूप से भगवान् से जुड़ा नहीं रह सकता–इसीलिये दृढ़ तथा निरंतर लम्बी साधना जरुरी है–परावस्था की प्राप्ति के बिना यह उत्तम सुख अथवा ब्रह्म- साक्षात् दर्शन सुलभ नहीं है। साधक को इसीलिये गुणातीत अवस्था प्राप्त करनी जरुरी है क्योंकि मन तथा बुद्धि चेतना तो प्रकृति है जो तीन गुणों से बनी है तीन गुणों से प्रभावित मनुष्य चाहे वह सतोगुण भी हो पापरहित नहीं रह सकता–सतोगुण भी प्रकृति का भाग होने के कारण परिवर्तनशील है। अत: गुणातीत अवस्था ही निष्पाप अवस्था है। अत: समाधि की प्राप्ति ही इस उत्तम सुख को प्रदान कर सकती है क्योंकि समाधि में मन नहीं रहता–आत्मा हो जाता है–इस अवस्था में श्वास मानो शरीर से लुप्त हो जाता है अर्थात रीढ़ की हड्डी में ही शनै: शनै: चलता है फेफड़े में नहीं। अनायास ही खो सा जाता है–(श्वास की जरुरत ही–इस अवस्था में इसीलिये नहीं रहती क्योंकि साधक शरीर नहीं आत्मा हो जाता है) अगाध परमसुख रोम–रोम में समा जाता है।। 28 ।।

सर्वभूतस्थमात्मानं सर्वभूतानि चात्मनि।
ईक्षते योगयुक्तात्मा सर्वत्र समदर्शन:।। 29 ।।

अर्थ– ऐसा योगयुक्त–ब्रह्मदर्शन करनेवाला योगी समदर्शी हो जाता है अर्थात् (वह) आत्मा को सब भूतों में और सब भूतों को आत्मा में स्थित देखता है।। 29 ।।

व्याख्या– ऐसा योग निष्ठ तथा योगयुक्त महापुरुष, जिसकी उपर के श्लोकों में चर्चा हुई है आत्मवान् हो जाता है अर्थात् वह शरीर मन अथवा बुद्धि नहीं रहता–क्योंकि बुद्धि और मन तो ज्ञान और कर्म इन्द्रियों का प्रयोग करते हैं–इनसे महज संसार ही जाना जाता है–यह आत्मा को नहीं देख अथवा प्राप्त कर पाते परन्तु योगयुक्त महापुरुष आत्म चैतन्य प्राप्त कर समदर्शी हो जाता

है। वह आत्मा को देख सकता है (अनुभव करता है)। अत: वह आत्मा को सब भूतों में और सब भूतों को आत्मा में स्थित देखता है–अर्थात् वह एक ही आत्मा को सब में देखता और सबका आधार इसी एक आत्मा को जानता और मानता है–इसलिये वह अपने में और दूसरे में अन्तर समझ ही नहीं सकता क्योंकि वही आत्मा उसमें स्वयं में और शेष सब प्राणियों में भी है–वह कोई अन्य अथवा दूसरा आत्मा नहीं है–महज शरीर दूसरा है आत्मा तो वही एक अविच्छिन्न ही सब में है–यही आत्मा वास्तविकता है–सारे भूत (प्राणी) का आधार, आश्रय तथा जीवन यही एक आत्मा है–इस परमज्ञान की प्राप्ति पर परमयोगी सबसे अपनी ही तरह प्यार करता है उसके लिये कोई पराया है ही नहीं–तभी वह समदर्शी होता है अर्थात् वह सबमें भगवान् को ही देखता है। अत: वह परमसुख और शान्ति को प्राप्त करता है–योगियों को शारीरिक तथा मानसिक दु:ख–दु:खी नहीं करते–क्योंकि दु:ख और दर्द मन तथा शरीर में होते है–जब योगी आत्म चैतन्य प्राप्त कर लेता है तो उस चैतन्य में दु:ख–दर्द कुछ नहीं लगता वही तो परम आनन्द होता है।। 29 ।।

यो मां पश्यति सर्वत्र सर्वं च मयि पश्यति।
तस्याहं न प्रणश्यामि स च मे न प्रणश्यति।। 30 ।।

अर्थ– जो (परमपुरुष) मुझ आत्मारूप परमेश्वर को सबमें देखता है और समस्त भूत समूह को मेरे भीतर देखता है वही मेरे को देख पाता है और मैं उसको देखता हूँ।। 30 ।।

व्याख्या– शास्त्रों के अनुसार परमात्मा के प्रत्यक्ष दर्शन सब उच्च योगियों या महापुरूषों को नहीं होते–उन्हीं को होते जिन्हें वह (भगवान्) परम भक्ति, परमयोग निष्ठा तथा परम ज्ञानप्राप्ति अभिलाषा के कारण स्वीकारते हैं–यह भगवान् की ही अपनी परम इच्छा पर निर्भर है, परन्तु भगवान् समदर्शी होने के कारण किसी से पक्षपात नहीं करते अत: यहाँ भगवान् स्वयं बता रहे हैं कि वह अपने परम भक्त की उचित पहचान और पूरा ध्यान रखते है। जब उनका भक्त समदर्शी हो जाता है अर्थात् जब वह भगवान् को सब प्राणियों में देखने की योग्यता प्राप्त कर लेता है तभी भगवान् उसको साक्षात दर्शन देते हैं और

दयामय तथा भक्त वत्सल होने के नाते निरन्तर उसको हर स्थान, हर भूत, जीव तथा वस्तु में दीखते हैं—जब भी वह देखता है परमात्मा ही नजर आते हैं—तभी तो परमयोगी परम आनन्द में डूबा रहता है।। 30 ।।

सर्वभूतस्थितं यो मां भजत्येकत्वमास्थित:।
सर्वथा वर्तमानोऽपि स योगी मयि वर्तते।। 31 ।।

अर्थ— जो (परमयोगी) सब भूतों गें स्थित अभिन्न भाव से मुक्त परमेश्वर को भजता है वह सारे कर्म करता हुआ (या न करता हुआ) मुझ में ही स्थित रहता है।। 31 ।।

व्याख्या— उपरोक्त श्लोक में भगवान् ने कहा है कि जो महापुरूष समदर्शी है अर्थात् भगवान् को सबमें देखता है और सब को भगवान् के अन्दर देखता है भगवान् उसके लिये कभी भी अदृष्य नहीं होते, यहाँ कह रहे है कि जो योगी सब भूतों में अथवा प्राणियों में भगवान् को भजता है वह भगवान् में बरतता है अर्थात् वह महापुरुष उनकी (भगवान्) की तरह है—भजने का अर्थ यहाँ है कि जो पुरुष सारे प्राणियों के दु:ख, दर्द, सुख को अपने ही दु:ख दर्द तथा सुख की तरह अनुभव करता है वही भगवान् की तरह है। परमयोगी ही समदर्शी होने के कारण दूसरे के दु:ख दर्द को अपने दु:ख दर्द की तरह समझ कर उनसे सहानुभूति ही नहीं करता परन्तु उनके कष्ट निवारण का पूरा प्रयास करता है और दूसरों की खुशी से उत्पन्न ईर्ष्या अथवा द्वेषभाव को भी नष्ट करता हुआ—उन्हीं की तरह खुश होता है परन्तु यह चैतन्य आत्म बोध प्रभु दर्शन के बिना असम्भव है।। 31 ।।

आत्मौपम्येन सर्वत्र समं पश्यति योऽर्जुन।
सुखं वा यदि वा दु:खं स योगी परमो मत:।। 32 ।।

अर्थ— हे अर्जुन! जो योगी समस्त भूतों में अपनी तुलना में दूसरों के सुख—दु:ख को अपने दु:ख, सुख के समान समझता है वह योगी (ही) श्रेष्ठ समझा जाता है।। 32 ।।

व्याख्या— उपरोक्त श्लोक में कहा गया है कि जो योगी दूसरों के सुख—दु:ख को अपने सुख—दु:ख की तरह अनुभव करता है (उसमें कोई भेदभाव नहीं रखता)

वह योगी भगवान् को प्राप्त होता है—इस श्लोक गें भगवान् कह रहे हैं कि ऐसा परमयोगी जो दूसरों के दुःख–सुख को अपने ही दुःख–सुख के समान समझता है क्योंकि योगी अपने और दूसरे के शरीर में अन्तर महसूस नहीं करता वही परम श्रेष्ठ योगी है अर्थात् परमश्रेष्ठ योगी ही भगवान् को इसी जन्म में साक्षात प्राप्त करने का अधिकारी होता है। श्रेष्ठ योगी बनना उच्च संस्कारों तथा गहन योग निष्ठा का मार्ग है—उच्चकोटि का योग युक्त निष्ठावान ही मन का अतिक्रमण करके समदर्शी होकर उस परमस्थिति को प्राप्त कर पाता है जिसमें वह दूसरों के सुख–दुःख को पूरी तरह अपने सुख–दुःख की तरह समझे और अनुभव करे। इसीलिये भगवान् ऐसे योगी को श्रेष्ठ योगी मानते हैं और योगी वर्ग में श्रेष्ठ योगी ही भगवान् को पा लेता है।। 32 ।।

अर्जुन उवाच

योऽयं योगस्त्वया प्रोक्तः साम्येन मधुसूदन।
एतस्याहं न पश्यामि चञ्चलत्वात्स्थितिं स्थिराम्।। 33 ।।

अर्थ– अर्जुन बोले–हे मधुसूदन! आपने यह जो समता (समदर्शिता) का योग बताया है मन की चंचलता के कारण मैं इसकी स्थिर स्थिति नहीं देख पाता हूँ।। 33 ।।

व्याख्या– भगवान् ने उपरोक्त श्लोकों में और इससे पहले गीता में निष्काम कर्म द्वारा तथा अन्य साधना द्वारा—समदर्शिता प्राप्त करने का जो योग बताया है उसको प्राप्त करने के लिये मन को पूरी तरह स्थिर करना तथा अन्तःकरण को पूरी तरह वश में करना अति आवश्यक है। मन बहुत चंचल है—यह तो हमेशा बदलता ही रहता है—क्योंकि इसका सम्बन्ध है ही विषयों (संसार–शरीर) से जो निरंतर परिवर्तनशील है—इसको स्थिर करना साधारण चुनौती नहीं इसीलिये अर्जुन को संदेह हो रहा है कि मन की स्थिरता कुछ देर के लिये तो प्रयास करके प्राप्त की जा सकती है परन्तु मन को पूर्ण रूपेण से स्थिर करना संभव नहीं लगता।। 33 ।।

चञ्चलं हि मनः कृष्ण प्रमाथि बलवद्दृढम्।
तस्याहं निग्रहं मन्ये वायोरिव सुदुष्करम्।। 34 ।।

अर्थ– हे कृष्ण! यह मन तो बड़ा ही चंचल है, प्रमादि (जिदि), अतिदृढ़ और बलवान् है इसका नियंत्रण करना (मेरे विचार में) वायु को नियन्त्रण करने की भाँति अति कठिन है।। 34 ।।

व्याख्या– वायु तत्त्व आकाश से उत्पन्न होता है और आकाश में ही विचरण करता है–इसको स्थिर करना या रोकना कठिन है। इसका आधार आकाश तत्त्व है जो अति सूक्ष्म है–अर्जुन इस उपमा का प्रयोग करके मन के निरोध को असंभव मान रहे हैं। उनका कहना है कि मन चंचल, दृढ़ और बलवान् ही नहीं परन्तु प्रमथन होने के नाते साधक के प्रयास को भंग कर देने वाला है। विषय वासनाओं का भोगी होने के कारण मन को समझाना तथा साधन कठिन प्रयास है।। 34 ।।

श्री भगवानुवाच

असंशयं महाबाहो मनो दुर्निग्रहं चलम्।
अभ्यासेन तु कौन्तेय वैराग्येण च गृह्यते।। 35 ।।

अर्थ– भगवान् बोले–हे महाबाहो! यह मन चंचल है अत: सहज नियंत्रित नहीं होता–परन्तु कौन्तेय अभ्यास के द्वारा और वैराग्य के द्वारा निरुद्ध किया जा सकता है।। 35 ।।

व्याख्या– भगवान् अर्जुन के तर्क को उचित मानते हुए कह रहे हैं कि मन चंचल जरुर है परन्तु इसको अभ्यास और वैराग्य से निरुद्ध (वश में) किया जा सकता है, परन्तु अभ्यास और वैराग्य को समझना भी जरुरी है–अभ्यास का साधारण अर्थ है किसी चीज को बार–बार करना, परन्तु यदि अभ्यास को चंचल तथा प्रमथन करने वाले मन को नियंत्रित करने के लिये प्रयोग करना है तो अभ्यास को पूरे उत्साह के साथ आरम्भ करना जरुरी है, उत्साह तभी आयेगा जब प्रभु प्राप्ति का ध्येय दृढ़ हो, दूसरे उपाय वैराग्य के प्रयोग में भी यह विचार जरुरी है कि मन विषयो में संकल्पों के कारण जुड़ा रहता है–इसलिये मन को समझाकर पहले अनावश्यक विषय सम्बन्धी संकल्पों से हटाना पड़ता है। वैराग्य अपने आप में ही विशेष साधना है। वैराग्य का अर्थ गीता में कर्म न करना ही नहीं है–कर्म निष्काम भाव से करना भी वैराग्य है।

गुरु के आदर्शों और शास्त्रों का अनुसरण करने की इसमें विशेष आवश्यकता रहती है। पातञ्जलिकृत योगदर्शन में भी—समाधि पाद के सूत्र 1/12 में चित्त को निरोध करने के उपाय अभ्यास और वैराग्य ही बताये गये हैं। अभ्यास तथा वैराग्य के लगातार प्रयोग से मन विषयों से हटकर भगवान् की ओर लग जाता है।। 35 ।।

असंयतात्मना योगो दुष्प्राप इति मे मतिः।
वश्यात्मना तु यतता शक्योऽवाप्तुमुपायतः।। 36 ।।

अर्थ– असंयत मन वाले साधक के लिये (जिसका मन पूरे वश में नहीं है) योग प्राप्त करना कठिन है, परन्तु ऐसे पुरुष को जिसने मनवश में कर लिया है योग प्राप्त हो सकता है ऐसा मेरा मत है।। 36 ।।

व्याख्या– अभ्यास और वैराग्य द्वारा जो साधक मन को वश में नहीं कर सका अथवा जबतक नहीं कर सकता उसको योग (भगवान्) प्राप्त नहीं हो सकते—भगवान् का ऐसा मत है—अर्थात् अन्तःकरण को पूरी तरह वश में करना प्रभु प्राप्ति के लिये सर्वप्रथम अनिवार्यता है। इसीलिये शास्त्रों में यम—नियम—दम—शम आदि के पूर्ण प्रयोग तथा अभ्यास पर बल दिया गया है। परन्तु भगवान् कह रहे हैं कि जिसने मन (अन्तःकरण) पूरी तरह वश में कर लिया है उसको मैं (भगवान्) स्वयं दिख जाता हूँ। भगवान् को एक बार देखना या पाना तो जरुर अति कठिन है, परन्तु जब यह योग या संयोग हो जाये तो यह जन्म—जन्म का योग हमेशा के लिये सिद्ध हो जाता है फिर भगवान् हमेशा ही नजर आते रहते हैं—परमानन्द की अवस्था हो जाती है।। 36 ।।

अर्जुन उवाच

अयतिः श्रद्धयोपेतो योगाच्चलितमानसः।
अप्राप्य योगसंसिद्धिं कां गतिं कृष्ण गच्छति।। 37 ।।

अर्थ– अर्जुन बोले—हे कृष्ण! जो योग में श्रद्धा रखने वाला है, परन्तु संयमी नहीं है—इस कारण जिसका मन अन्तकाल में योग से विचलित हो गया है ऐसा साधक योग की सिद्धि को न प्राप्त होकर किस गति को प्राप्त होता है।। 37 ।।

व्याख्या– यहाँ अर्जुन का प्रश्न ऐसे योगी या साधक के बारे में है जो

श्रद्धाभाव रखता है ध्यान, पूजा, अर्चना आदि भी करता है परन्तु संसारिक आकर्षणों तथा जीवन झंझटों और दायित्वों के या बीमारी आदि के कारण मृत्यु से पहले योग को सिद्ध नहीं कर पाता अर्थात् प्रभु दर्शन जिसकी किसी रूप अथवा अनुभव में प्राप्त नहीं होते तो उसकी क्या स्थिति होती है? संसार में इस प्रकार के मनुष्य बहुत है क्योंकि प्रभु प्राप्ति साधारण (संसारी) श्रद्धावानों के लिये एक जीवन में संसार को चलाते अथवा बरतते हुए संभव नहीं है। अतः अर्जुन का प्रश्न है कि कहीं ऐसे मनुष्यों का योग प्रयास मृत्यु के पश्चात् व्यर्थ तो नहीं हो जाता यदि उसका आध्यात्मिक प्रयास नष्ट नहीं होता तो वह किस गति को प्राप्त होता है?।। 37 ।।

कच्चिन्नोभयविभ्रष्टश्छिन्नाभ्रमिव नश्यति।
अप्रतिष्ठो महाबाहो विमूढो ब्रह्मणः पथि।। 38 ।।

अर्थ– हे महाबाहो! क्या वह भगवत् प्राप्ति के ध्येय से असफल तथा संसार में भी असफल, साधक (दोनों फलों से वंचित) छिन्न–भिन्न बादल की तरह भ्रष्ट होकर नष्ट तो नहीं हो जाता?।। 38 ।।

व्याख्या– जो साधक मोक्ष (भगवान्) और धर्म (संसार) दोनों को खो बैठा उसकी क्या दशा होगी? ध्येय प्राप्ति के लिये–विशेषकर ध्येय जब उच्चकोटि का हो–चाहे वह प्रभु प्राप्ति का है या सांसारिक चुनौती एकाग्रता तथा कटि बद्धता जरुरी है, परन्तु ऐसा साधक जो योग साधना द्वारा भगवान् को प्राप्त करना चाहता है परन्तु मृत्यु से पहले सांसारिक सम्बन्धों से भी पूरी तरह उपर नहीं उठ पाया, यह एक अलग स्थिति का विषय है राम मिले न माया। छिन्न–भिन्न बादल की दशा भी कुछ ऐसी होती है, जो प्रकट तो हुआ परन्तु बरसने से पहले ही हवा के वेग ने नष्ट कर डाला।। 38 ।।

एतन्मे संशयं कृष्ण छेत्तुमर्हस्यशेषतः।
त्वदन्यः संशयस्यास्य छेत्ता न ह्युपपद्यते।। 39 ।।

अर्थ– हे कृष्ण! मेरे इस संदेह को सर्वथा आप ही नष्ट कर सकते हैं, आपके सिवाय (मेरे) इस संशय को और कोई नष्ट नहीं कर सकता।। 39 ।।

व्याख्या– संसार तथा व्यक्ति के मन में संदेह एक ऐसा दबाव और तनाव है

जो किसी न किसी रूप में चिपका ही रहता है—यह एक प्रकार की मन की व्यथा है जो विशेष कर हर कठिन प्रयास में मन को तनाव तथा शंका में रखता है। कई लोगों को तो संसार के अत्याचार—दुरव्यवहार देख कर यह भी संदेह रहता है कि भगवान् है भी या नहीं, योग साधना में तो संदेह का कोई स्थान है ही नहीं क्योंकि संदेह का लेश मात्र भी योग सिद्धि को भ्रष्ट कर देता है। इसी कारण कठोपनिषद् में बल देकर कहा गया है कि ईश्वर अवश्य है और सच्चे भक्त को अवश्य मिलते हैं। संशय शून्य होने के लिये अर्जुन भगवान् से स्वयं इस संदेह को सर्वदा नष्ट करने के लिये आग्रह कर रहे हैं। अर्जुन का आग्रह कि आपके अतिरिक्त इस संदेह को कोई नष्ट नहीं कर सकता बहुत सार्थक है क्योंकि श्रीकृष्ण के वचन में ऐसी शक्ति है कि उनके वचन मात्र से ही गहरा असर होता है—क्योंकि सत्य की महिमा ही ऐसी होती है और भगवान् तो है ही सत्य के स्रोत।। 39 ।।

श्रीभगवानुवाच

पार्थ नैवेह नामुत्र विनाशस्तस्य विद्यते।

न हि कल्याणकृत्कश्चिद्दुर्गतिं तात गच्छति।। 40 ।।

अर्थ– श्री भगवान् बोले—हे पार्थ! उसका न इस लोक और न ही परलोक में विनाश है क्योंकि कोई भी कल्याणकारी कर्म करनेवाला दुर्गति को प्राप्त नहीं होता।। 40 ।।

व्याख्या– हे पार्थ! शुद्ध कर्म करनेवाला (आध्यात्मिक कर्म) कभी भी नाश को प्राप्त नहीं होता। उसको इस लोक तथा परलोक दोनों में लाभ होता है। इसलोक में इसलिये क्योंकि योग कर्म में प्रवृत होने के कारण वह निवृति मार्ग का पथिक बन जाता है और प्रवृति के प्रभाव से बच जाता है। परलोक में इसलिये वह लाभ प्राप्त करता है कि यह कल्याणकारी कर्म कभी नष्ट नहीं होता हमेशा इसका शुद्ध फल मिलता है जैसाकि अगले चार श्लोकों में बताया गया है। संसार में प्रवृति मार्ग मन—इन्द्रियों तथा शरीर का आराम तथा विषय भोगों का मजा लेना चाहता है—प्रवृति मार्ग के अनुसरण करनेवाले अच्छे कर्म भी संसार में उन्नति के लिये ही करते हैं। उनका ध्येय फल—इच्छा

होती है। निवृति मार्ग का पथिक जानता है कि प्रवृति मार्ग से दुर्गति नष्ट नहीं होती—इसका मर्म आध्यात्मिक मार्ग में ही है क्योंकि यही अटल कल्याणकारी कर्म है॥ 40 ॥

प्राप्य पुण्यकृतां लोकानुषित्वा शाश्वती: समा:।
शुचीनां श्रीमतां गेहे योगभ्रष्टोऽभिजायते॥ 41 ॥

अर्थ— योग भ्रष्ट पुरुष उच्च लोकों को प्राप्त होकर वहाँ बहुत समय तक रहकर फिर इस संसार में "शुचिनां श्रीमतां" शुद्ध श्रीमानों के घरों में जन्म लेता है॥ 41 ॥

व्याख्या— उच्च लोकों से मतलब स्वर्ग आदि है जहाँ जीवन में कल्याणकारी कर्म करने वाले भले लोग, मरने पर यज्ञ, हवन, दान—पुण्य, तीर्थ, व्रत, समाज—सेवा अन्य त्याग भाव से किये उच्च कर्मों के करने के फलस्वरूप पहुँचते हैं क्योंकि इस संसार में उन द्वारा अच्छे कर्मों के करने की इच्छा अच्छे फल पाने की थी, परन्तु भ्रष्ट योगी को उच्च लोक बिना फल इच्छा के प्राप्त हो जाता है, क्योंकि उसकी इच्छा तो योग सिद्ध करके भगवान् प्राप्ति की थी जो योग भ्रष्ट होने के कारण मृत्यु के कारण रह गई क्योंकि योग कर्म नष्ट नहीं होता इसलिये भगवान् कह रहे हैं कि उस पुरुष का दोबारा जन्म-स्वर्ग का भोग काटने के बाद, प्रभु परायण परिवार में होता है जहाँ उसको उचित आध्यात्मिक वातावरण प्रभु प्राप्ति के प्रयास के लिये उपलब्ध होता है॥ 41 ॥

अथवा योगिनामेव कुले भवति धीमताम्।
एतद्धि दुर्लभतरं लोके जन्म यदीदृशम्॥ 42 ॥

अर्थ— वैराग्यवान् पुरुष उच्च लोकों (स्वर्ग आदि) में न जाकर, ज्ञानी योगियों के कुल में जन्म लेता है, इस प्रकार का जन्म संसार में अत्यन्त दुर्लभ है॥ 42 ॥

व्याख्या— पहले श्लोक में साधारण भ्रष्ट योगी का वर्णन है जो मृत्यु के बाद स्वर्ग में प्रवेश करते हैं और स्वर्ग भोग कर पुन: संसार में उपयुक्त परिवार में जन्म लेकर योग सिद्धि के लिये प्रयास करते हैं इस श्लोक में विशेष वैराग्यवान भ्रष्ट योगी का वर्णन है जिसका ध्येय मृत्यु से पहले संसार में वैराग्य और योगसिद्धि द्वारा केवल प्रभु प्राप्ति था अर्थात् किसी अन्य फल स्वर्ग आदि का नहीं। ऐसे

विशेष भ्रष्ट योगी मृत्यु के बाद स्वर्ग आदि उच्च लोकों में भोग करने नहीं जाते क्योंकि भोग तो उनका ध्येय था ही नहीं, अपितु वह संसार में दोबारा ज्ञानवान् उच्च योगी कुल में जन्म लेते हैं, जहाँ वह अपने योग को पूर्ण करने के लिये उचित आध्यात्मिक वातावरण प्राप्त कर गहन योग क्रिया में लग जाते हैं और जल्दी ही उत्तम अवस्था पाकर प्रभु प्राप्ति कर लेते हैं क्योंकि ऐसा प्रयास स्वर्ग में नहीं हो सकता वह तो भोग का स्थान है। इसीलिये भगवान् कह रहे हैं कि इस प्रकार का जन्म अतिदुर्लभ है क्योंकि विशेष वैराग्यवान् भ्रष्ट योगी को स्वर्ग आदि में लंबे समय तक रहने के कारण अपना समय भोग में व्यर्थ व्यतीत नहीं करना पड़ता।। 42 ।।

तत्र तं बुद्धिसंयोगं लभते पौर्वदेहिकम्।
यतते च ततो भूयः संसिद्धौ कुरुनन्दन।। 43 ।।

अर्थ– हे कुरूनन्दन! वहाँ (उस योगी के कुल में) पहले शरीर में संग्रह किये हुए समबुद्धि योग के संस्कारों को प्राप्त करते हैं और परमात्मा की प्राप्ति के लिये पुन: प्रयत्न करता है।। 43 ।।

व्याख्या– हर मनुष्य के सारे संस्कार सूक्ष्म शरीर अर्थात् अन्त:करण में रहते हैं मृत्यु के कारण मनुष्य का स्थूल शरीर ही मरता है। सूक्ष्म शरीर नहीं मनुष्य के सारे संस्कार इस सूक्ष्म शरीर में ही रहते हैं जो चित्त, बुद्धि, अहंकार, मन, दस इन्द्रियों तथा पाँच प्राणों का बना होता है। यही संस्कार विषेश ज्ञानवान् भ्रष्ट योगी के नये जन्म के जीवन में पनपते हैं और उसकी योग साधना में दृढ़तापूर्वक अग्रसर होने के लिये सहायक होते हैं, यह प्रकरण गीता 15–8 में भी वर्णित है।। 43 ।।

पूर्वाभ्यासेन तेनैव ह्रियते ह्यवशोऽपि सः।
जिज्ञासुरपि योगस्य शब्दब्रह्मातिवर्तते।। 44 ।।

अर्थ– वह (योग भ्रष्ट पुरुष) उस योगी के कुल में मानो अवश होकर पहले जन्म के संस्कारों के कारण वेद अथवा शास्त्रों के चक्कर में न पड़ कर बुद्धियोग संयोग को प्राप्त करते हैं और पुन: योग सिद्धि के लिये प्रयास करते हैं।। 44 ।।

व्याख्या– इस श्लोक का सारांश यह है कि पहले जन्म के योग सम्बन्धि संस्कार

वैराग्यवान् योगी के नये जीवन में उसको योग साधना के लिये प्रेरित करते हैं, परन्तु वह संस्कार केवल अपने आप में पूर्ण योग प्राप्त करने के लिये पर्याप्त नहीं होते। साधक को पूर्ण योग प्राप्त करने के लिये दृढ़तापूर्वक अध्यात्मिक साधना को पूर्ण करना पड़ता है। स्पष्ट है कि पहले संस्कार व्यर्थ नहीं जाते, परन्तु उनके अपर्याप्त होने के कारण पूर्ण प्रयास जरुरी है जिसके लिये उसको पूर्व जन्म के संस्कार प्रेरित तथा विवश करते हैं और योगी शास्त्रों के चक्करों में न पड़ कर सीधा योग सिद्धि में लीन हो जाता है।। 44 ।।

प्रयत्नाद्यतमानस्तु योगी संशुद्धकिल्बिषः।
अनेकजन्मसंसिद्धस्ततो याति परां गतिम्।। 45 ।।

अर्थ– प्रयत्नशील योगी अपने पूर्व जन्मों के संस्कारों के कारण परमात्मा की ओर आकर्षित हो जाता है क्योंकि उच्च संस्कार (अविशेष) कर्मों से प्रभावित नहीं होते परन्तु प्रयत्नशील पूर्ण अभ्यास करनेवाला योगी तो पिछले संस्कारों के कारण पापरहित होकर तत्काल (इसी जन्म में) परम गति को प्राप्त हो जाता है अर्थात् उसका पुनर्जन्म नहीं होगा।। 45 ।।

व्याख्या– इस श्लोक का भावार्थ है कि जो योगी पूरी निष्ठा से पूर्व जन्मों से योग में लगे होते हैं तो भी उसका योग प्रयास तथा प्रवृति नष्ट नहीं होते क्योंकि योग की विशेषता और रहस्य ही ऐसा है। ऐसी स्थिति में भ्रष्ट योगी को पूर्ण योग प्राप्त करने में अधिक समय लग सकता है परन्तु उसका योग नष्ट नहीं हो सकता चालीसवें से चवालिसवें श्लोक तक दो प्रकार के भ्रष्ट योगियों के बारे में भगवान् ने स्पष्ट किया है कि उनका भी योग नष्ट नहीं होता तो ऐसे यत्नशील योगी का तो कहना ही क्या है जो कई जन्मों से धीरे–धीरे योग साधना में यत्नशील रहता है। ऐसे पापरहित यत्नशील योगी का योग तो अनन्य भक्ति के कारण जल्दी और जरुर सिद्ध हो जाता है। अर्थात् जिस योगी को एक ही जन्म में योग प्राप्त नहीं हुआ और धीरे–धीरे हर जन्म में योग प्रयास में लगा रहा और अन्त में पूर्ण परायणता प्राप्त कर लेता है क्योंकि योग कभी भी नष्ट नहीं होता यही परम सत्य है ऐसा योगी भगवान् को जरूर और जल्दी प्राप्त करता है फिर उसका दोबारा जन्म नहीं होता।। 45।।

तपस्विभ्योऽधिको योगी ज्ञानिभ्योऽपि मतोऽधिकः।
कर्मिभ्यश्चाधिको योगी तस्माद्योगी भवार्जुन।। 46 ।।

अर्थ– तपस्वियों से योगी अधिक श्रेष्ठ हैं, मेरे विचार से ज्ञानियों से भी (योगी) श्रेष्ठ हैं, यहाँ तक कर्म करने वालों से भी श्रेष्ठ है अतः हे अर्जुन! तुम योगी बनो।। 46 ।।

व्याख्या– तपस्वियों से भी योगी श्रेष्ठ है का अभिप्राय है कि तप और योग आध्यात्मिक साधना के पृथक्–पृथक् स्तर है एक कच्चा और दूसरा पक्का अर्थात् तप से योग उत्तम इसलिये है कि तप उच्च प्रयास है और योग सिद्ध प्रयास। इसी प्रकार ज्ञानी तथा कर्मी से योगी इसलिये श्रेष्ठ है क्योंकि यहाँ ज्ञानी से अभिप्राय सैद्धान्तिक ज्ञान अर्थात् पाण्डित्य से है न कि ज्ञान योगी से। कर्मी से भी यहां अभिप्राय सकाम कर्म योगी अथवा कर्म–काण्डी से है परन्तु निष्काम कर्म योगी से नहीं क्योंकि योगी तो वही है जो भगवान् से निष्काम योग, ज्ञान योग अथवा भक्ति योग से पूर्णतया जुड़ जाता है। इसलिये योगी उन सबसे उत्तम है क्योंकि उसका ध्येय केवल प्रभु प्राप्ति है जिसकी साधना वह वैराग्य और अभ्याय द्वारा जैसा बताया गया है, निरन्तर करता है।। 46 ।।

योगिनामपि सर्वेषां मद्गतेनान्तरात्मना।
श्रद्धावान्भजते यो मां स मे युक्ततमो मतः।। 47 ।।

अर्थ– संपूर्ण योगियों में भी जो श्रद्धावान योगी मुझ में लगे हुए अन्तरात्मा से मुझको निरन्तर भजता है, वह योगी मुझे परम श्रेष्ठ मान्य है।। 47 ।।

व्याख्या– भ्रष्ट योगियों तथ यत्नशील योगियों के योग के वर्णन के पश्चात् अब इस श्लोक में भगवान् ऐसे योगी का वर्णन कर रहे हैं जो अति श्रद्धावान् है और भगवान् को अपनी अन्तरात्मा से निरन्तर भजता है अर्थात् जिसकी श्रद्धा और भक्ति ऐसी गहन है कि वह भगवान् के बिना रह ही नहीं सकता मानो उसकी आत्मा ही भगवान् है। जागते–सोते–चलते सब कर्म करते परमात्मा ही जिसका आश्रय तथा सहारा बन जाता है। जिस श्रद्धावान योगी का भगवान् के प्रति ऐसा अगाध प्रेम है केवल वह योगी ही परम श्रेष्ठ योगी है ऐसे परमयोगी का स्थान भगवान् हृदय में सर्वोपरि है। ऐसा योगी ही भगवान्

को परम श्रेष्ठ मान्य है—अर्थात् ऐसे योगी को भगवान् को पाने के अतिरिक्त प्रयास की आवश्यकता ही नहीं। भगवान् ऐसे परमश्रेष्ठ योगी के मानो स्वयं ही भक्त बन जाते हैं। वह भी ऐसे योगी के बिना नहीं रह सकते अर्थात् ऐसा योगी तो भगवान् को साक्षात् रूप में पा लेता है। यही परम सिद्धि तथा परम योग है।। 47 ।।

ॐ तत्सदिति श्रीमद् गीतासूपनिषत्सु ब्रह्मविद्यायां योगशास्त्रे
श्री कृष्णार्जुनसंवादे आत्मसंयम योगो नाम
षष्ठोऽध्याय:।। 6 ।।

ज्ञान–विज्ञान योग द्वारा ब्रह्म प्राप्ति

श्री भगवानुवाच

मय्यासक्तमनाः पार्थ योगं युञ्जन्मदाश्रयः।
असंशयं समग्रं मां यथा ज्ञास्यसि तच्छृणु॥ 1 ॥

अर्थ— श्री भगवान् बोले–हे पार्थ! मुझमें मन को पूर्णतः आसक्त कर मुझ पर पूरी तरह आश्रित होकर योगाभ्यास करते हुए बिना सन्देह के जिस प्रकार तुम मेरे समग्र रूप को जानोगे, उसे कहता हूँ, सुनो।। 1 ॥

व्याख्या— अर्जुन ने छठे अध्याय के सैतीसवें श्लोक में भगवान् से योग भ्रष्ट पुरुष के बारे में प्रश्न किया था। भगवान् श्रीकृष्ण ने 46वें श्लोक तक दोनों प्रकार के योग–भ्रष्ट के बारे में अर्जुन को अवगत किया तथा अपने भक्तों की प्यार पूर्वक प्रशंसा करते हुए 47वें श्लोक में स्पष्ट किया कि सच्चा प्रेमी भक्त ही उन्हें अति प्रिय है ऐसे प्रेमी भक्त के प्रति प्रेम प्रवाह में भगवान् ने सप्तम अध्याय का प्रारम्भ करते हुए अपने भक्त अर्जुन को इस प्रकार समझाया। अर्जुन! तुम भी सच्चे प्रेमी भक्त बनो, क्योंकि प्रेमीभक्त ही भगवान् के समग्र रूप को निसन्देह प्राप्त करता है। समग्र रूप का तात्पर्य भगवान् के साकार एवं निराकर रूप तथा सत्ता और शक्ति को जानना एवं समझना है। अर्थात्—ब्रह्मा, विष्णु, शिव, शक्ति, गणेश आदि जो भी उनके रूप हैं। सभी प्रकार से उन्हें जानना तथा परब्रह्म में पूर्णतः आसक्त होना और उन्हीं को एकमात्र आश्रय समझना। यहाँ पर भगवान् ने आसक्ति एवं आश्रय दो शब्दों का प्रयोग किया है। भगवान्

में आसक्त होने का अर्थ मन की भगवान् में स्थिरता, मन भगवान् में ऐसा रमे, जैसे चुम्बक लोहे में, अर्थात् मन अमन हो जाए, सारी चञ्चलता खोकर भगवान् में स्थिरता प्राप्त करे, भगवान् के आश्रय से तात्पर्य किसी अन्य वस्तु, शक्ति, स्थिति, सामर्थ्य, धन आदि का सहारा न लेना इसके साथ ही बुद्धि, बल, तन, मन, ज्ञान, ध्यान का भी आश्रय न हो। बस प्रभु के नशे में मस्त रहना, मानो शेष न कुछ है और न ही परमात्मा साक्षात्कार के लिये सहायक हो सकते हैं, भगवान् ही एक मात्र सच्चा एवं पक्का आश्रय और सहारा है। जब भक्त की भावना इस तरह हो जाती है, तभी वह प्रेमी भक्त बनता है। ऐसा भक्त ही भगवान् के समग्र रूप को जानता है, उस स्थिति में न कुछ जानने को रहता है और न हीं चाहने को अर्थात् मोक्षप्राप्त हो जाता है।। 1 ।।

ज्ञानं तेऽहं सविज्ञानमिदं वक्ष्याम्यशेषतः।
यज्ज्ञात्वा नेह भूयोऽन्यज्ज्ञातव्यमवशिष्यते।। 2 ।।

अर्थ— भगवान् आगे कहते हैं हे अर्जुन! मैं तुम्हारे लिए विज्ञानयुक्त ज्ञान पूर्णरूप से कहूँगा, जिसको जानने के बाद कुछ भी जानने को शेष नहीं रहता।। 2 ।।

व्याख्या— विज्ञान सहित ज्ञान का तात्पर्य यहाँ पर ब्रह्मज्ञान से है, अर्थात् जब साधक को प्रभु प्राप्ति हो जाती है, उस परावस्था में कुछ जानने योग्य शेष रह ही नहीं जाता। दूसरा ऐसा कोई ज्ञान नहीं जिसको जानने पर सन्देह एवं भय नष्ट हो जाते है अर्थात् भय एवं सन्देह बना ही रहता है। केवल मात्र ब्रह्मज्ञान की प्राप्ति के बाद भय, सन्देह, मृत्यु, अज्ञान, नष्ट ही नहीं होते, अपितु परमानन्द की प्राप्ति भी हो जाती है।

साधारण ज्ञान किसी विशेष शास्त्र, विद्वान् आचार्य अथवा पुस्तक आदि के माध्यम से प्राप्त होता है तथा वह एक सैद्धान्तिक जानकारी है। दूसरी ओर भौतिक विज्ञान भी सर्वथा अनुभव पर आधारित है। किन्तु ब्रह्मज्ञान के ये मार्ग नहीं, यद्यपि ब्रह्मज्ञान के यदि सच्चे एवं पक्के मार्ग शास्त्र विहित हैं तथापि उन्हें सिद्ध करना नितान्त कठिन है। वास्तव में यह ज्ञान विश्वविद्यालयों के घेरे से बाहर का जगत् है सारांश भौतिक ज्ञान—विज्ञान मात्र शिक्षा है, ब्रह्मज्ञान ही वास्तविक ज्ञान है। मुण्डकोपनिषद के अनुसार ब्रह्म विद्या वहीं है जिससे पर तथा

अपर परमब्रह्म के दोनों स्वरूपों का ज्ञान हो। ज्ञानयोग, भक्तियोग, कर्मयोग ही इस विज्ञान युक्त ज्ञान की प्राप्ति की ओर ले जा सकते हैं क्योंकि योग में ही यह सामर्थ्य छूपा है। भगवान् को मानना ही काफी नहीं उन्हें जानना आवश्यक है। वह जानकारी पुस्तकीय अथवा सैद्धान्तिक ही नहीं होनी चाहिए, अपितु अनुभव पर आधारित होनी आवश्यक है। इसी प्रसंग में साकार एवं निराकार अनुभव होना जरुरी है। वही विज्ञान–सहित ज्ञान कहा जाता है। प्रभु प्राप्ति के बाद जानने को और कुछ रह ही नहीं जाता। उस स्थिति में साधक सिद्ध हो जाता है। वह शरीर से ऊपर ही नहीं उठता, अपितु शरीर को अणु में और अणु को शरीर में परिवर्तित कर देता है क्योंकि वह दिव्य दृष्ट होने के कारण अणु एवं ब्रह्म अणु की दिव्यता को जान जाता है। इनकी एकता तथा भिन्नता को पहचानता है। वह आत्मा हो जाता है; जो न मरता है और न ही मारता है। उसकी भाषा प्रेम और दया की भाषा होती है। वह इस तथ्य को जानता है कि मृत्यु एक अनिवार्य एवं लाभकारी परिवर्तन है।। 2 ।।

मनुष्याणां सहस्रेषु कश्चिद्यतति सिद्धये।
यततामपि सिद्धानां कश्चिन्मां वेत्ति तत्त्वतः।। 3 ।।

अर्थ– हजारों मनुष्यों में कोई एक ही मेरी प्राप्ति के लिए (ब्रह्मज्ञान, परमज्ञान प्राप्ति के लिए) प्रयत्नशील होता है तथा उन हजारों यत्न करने वालों में कोई एक सिद्ध पुरुष ही मेरे वास्तविक रूप को जानता है।। 3 ।।

व्याख्या– सिद्ध पुरुष वही हाते हैं जो मोक्ष प्राप्ति के लिए यत्न करते हैं, स्वर्ग प्राप्ति के लिए नहीं, अर्थात् भगवान् अर्जुन को (संसार को) स्पष्ट रूप से कह रहे हैं कि उन्हें जानना अर्थात् आत्मा को जानना एक कठिन अति दुर्लभ एवं सर्वोच्च उपलब्धि है। हजारों समझदार मनुष्यों में कोई एक ही पुण्य सञ्चित कर्मों के आधार पर आत्मा को जानने एवं पहचानने का सच्चा प्रयास करता है। आत्मा अर्थात् भगवान् को जानने का प्रयत्न, साधारण पूजा, अर्चना, तीर्थ, व्रत, जप, तप, दान और पुण्य से भिन्न है। इन दोनों में अन्तर है। पहला भगवान् के समीप ले जाता है तथा दूसरा स्वर्ग प्राप्ति करता है। आत्मबोध के लिए एक विशेष लग्न की आवश्यकता है। इसके साथ सच्चे गुरु एवं प्रभु

कृपा की आवश्यकता है। यह सब बिना पुण्य कर्म के प्राप्य नहीं। भगवान् के वास्तविक रूप को जानने का अभिप्राय उस प्रभु के दर्शन है। सगुण अथवा निर्गुण ब्रह्मा, विष्णु, शिव, क्राइस्ट, बुद्ध, गणेश, काली आदि के किसी भी रूप में प्राप्त करना, उन्हें किसी भी रूप में पाना है, इसीलिए भगवान् ने सिद्ध शब्द का प्रयोग किया है। सिद्ध पुरुष स्वर्ग या सत्ता नहीं चाहते, यह सब उनके लिए मिट्टि के ढेले के समान है, उन्हें तो मात्र भगवान् को जानना एवं पाना है। तभी तो वे सिद्ध कहलाते हैं।। 3 ।।

भूमिरापोऽनलो वायुः खं मनो बुद्धिरेव च।
अहंकार इतीयं मे भिन्ना प्रकृतिरष्टधा।। 4 ।।
अपरेयमितस्त्वन्यां प्रकृतिं विद्धि मे पराम्।
जीवभूतां महाबाहो ययेदं धार्यते जगत्।। 5 ।।

अर्थ– हे अर्जुन! भूमि, आप्, अग्नि, वायु, आकाश, मन, बुद्धि और अहङ्कार मेरी ये आठ विभागो में विभाजित प्रकृति हैं, हे महाबाहो! इस अपरा प्रकृति से परे मेरी दूसरी परा प्रकृति जीवरूपा को जानो, जो इस चराचर जगत् को धारण करती है।। 4-5 ।।

व्याख्या– इस प्रसंग में भगवान् अपनी दो प्रकार की प्रकृतियों की बात अर्जुन को बता रहे हैं। पहली आठ भेदों वाली अपरा प्रकृति, जो पृथ्वी, जल, अग्नि, वायु एवं आकाश तथा मन, बुद्धि और अहङ्कार के रूप में है–यहाँ पाँच महाभूतों (पृथ्वी, अप्, तेज, वायु, आकाश के पाँच तन्मात्राओं से अभिप्राय है) इन पांच तन्मात्राओं से पांच भूत बनते हैं। इन आठ प्रकार की प्रकृति को अपरा या निकृष्ट इसलिए कहा गया हैं क्योंकि ये जड़ तत्व हैं, अर्थात् पांच महाभूत तथा बुद्धि, मन और अहंकार जड़ है। इसके साथ चित् भी इन्हीं में आता है। क्योंकि चित् अन्तःकरण में आता है, जो जड़पदार्थ है। इस आठ भेदों वाली अपरा प्रकृति को सांख्य शास्त्र 24 तत्वों में विभाजित करता है। बुद्धि, मन, अहंकार तथा अव्यक्त, पांच ज्ञानेन्द्रियां, पांच कर्मेन्द्रियां एवं पांच तन्मात्रायें (इन्हें पांच महाभूत भी कहते हैं) ये पांच भूत (पृथ्वी, जल, अग्नि, वायु, आकाश) इन्हीं के कारण रूप, रस, तेज, गन्ध, स्पर्श पांच तन्मात्रायें हैं।

गीता में इनका वर्णन तेरहवें अध्याय में विस्तारपूर्वक किया गया है। भगवान् की परा प्रकृति जीव रूपी चेतनशक्ति है। यह चेतन शक्ति जीव के अन्दर का चैतन्य है। यह चेतनशक्ति जीव में आत्मा की उपस्थिति के कारण आत्मा के सानिध्य से उत्पन्न होती है। परन्तु इसे निर्मल आत्मा नहीं समझना है क्योंकि आत्मा तो सदैव निर्मल एवं निष्क्रिय है, कर्मरहित निर्मल प्रभु–परमात्मा का अपना अंश हर जीव में विद्यमान है। जैसा भगवान् ने स्वयं गीता के 15वें अध्याय के सप्तम श्लोक में कहा है। यह प्रभु की जीव रूपी शक्ति ही ब्रह्माण्ड को धारण कर रही है। वास्तव में ब्रह्माण्ड जड़ व चेतन इन्हीं शक्तियों से बना है। प्राणशक्ति के रूप में यह रचना होती है। जिसका आधार प्रणव (ॐ) है। प्राणशक्ति अथवा अव्यक्त प्रणव (ॐ) ही वास्तव में भगवान् का जगत् रचना में निमित्त और उपादान कारण है। निराकार भगवान् की परम–इच्छाशक्ति से ही प्राणशक्ति के माध्यम से इस जगत् की रचना होती है। जैसे सूत के धागे में मणियां पिरोई जाने के कारण सूत की माला का धागा, जो माला का आश्रय है, नहीं दिखता वैसे ही इस जगत् को धारण करने वाली भगवान् की जीवरूपा पराशक्ति नज़र नहीं आती। भगवान् की परा प्रकृति (ॐ) एवं आत्मा में मात्र इतना अन्तर है, साधारण मानव के लिए यह चेतन तत्व जीवात्मा शरीर है क्योंकि वह उसका विवेचन न करता हुआ अपने आप को शरीर समझता है और सिद्ध पुरुष इसको निर्मल आत्मा जानता है जो शरीर से भिन्न है।। 4-5 ।।

एतद्योनीनि भूतानि सर्वाणीत्युपधारय।

अहं कृत्स्नस्य जगतः प्रभवः प्रलयस्तथा।। 6 ।।

अर्थ— सारे भूतगण इन दो प्रकार की प्रकृतियों से उत्पन्न होते हैं, यह भलीभाँति जान लो कि मैं सम्पूर्ण जगत् की उत्पत्ति एवं प्रलय (प्रभव–प्रलय) का कारण हूँ।। 6 ।।

व्याख्या— इस संसार में सारे भूतगण अर्थात् दृश्यमान जगत् भगवान् की परा–अपरा प्रकृतियों अर्थात् जड़–चेतन शक्तियों से ही बना है। दोनों शक्तियों के विद्यमान होने पर यह ब्रह्माण्ड है। यह स्थावर और जङ्गम जगत् विश्व के हर अणु में है। चित् और जड़ हमेशा इकट्ठे हैं, एक के बिना दूसरा नहीं, किन्तु

परावस्था में ऐसा नहीं क्योंकि वहाँ प्रकृति नहीं होती, वह गुणातीत अवस्था है। वहाँ परमात्मा होते हैं, प्रकृति नहीं जो जड़ और चेतन की मिश्रित अवस्था का नाम है।

भगवान् कहते हैं "मैं ही इस जगत् के प्रभव एवं प्रलय का कारण हूँ" इसका तात्पर्य है कि भगवान् ही स्वयं इस जगत् का निर्माण, परिवर्तन, लय तथा प्रलय करते हैं। शास्त्रों के अनुसार यह नाद बिन्दु–लीला जिससे जगत् की उत्पत्ति होती है, वह सब भगवान् की क्रीड़ा है। स्वयं भगवान् ही इसके निमित्त तथा उपादान कारण हैं, मिमित्त कारण का तात्पर्य भगवान् की इच्छा, कल्पना तथा संकल्प के अनुरूप है। वही इसके प्रधान कर्त्ता हैं। उपादान से अभिप्राय है कि भगवान् ने इस स्थावर एवं जङ्गम जगत् का निर्माण अपने आप से ही किया है। जिस प्रकार मकड़ी जाल को अपने शरीर से बनाती है, बाहर का उसमें कुछ भी प्रयोग नहीं होता तथा अन्त में उसे अपने शरीर में ही समेट लेती है। मुण्डक उपनिषद् में इस तथ्य का वर्णन स्पष्ट तौर पर प्रथमखण्ड मन्त्र–7 में है।। 6 ।।

मत्तः परतरं नान्यत्किञ्चिदस्ति धनञ्जय।
मयि सर्वमिदं प्रोतं सूत्रे मणिगणा इव।। 7 ।।

अर्थ– हे धनञ्जय! मुझ से बढ़कर इस (संसार) ब्रह्माण्ड का अन्य कोई कारण नहीं है, सूत्र में जिस प्रकार मणियां गुंथि जाती हैं, उसी प्रकार यह ब्रह्माण्ड मुझ में गुंथित है।। 7 ।।

व्याख्या– भगवान् ने इसी अध्याय के दूसरे श्लोक में विज्ञान सहित ज्ञान की बात कही है। जिसको जानकर कुछ जानने को शेष नहीं रहता, उसी ज्ञान के बारे में अब भगवान् बता रहे हैं कि जब उनसे बढ़कर या उनके सिवाय और कोई इस जगत् के प्रभव एवं प्रलय का कारण है ही नहीं तो उनको जानने के पश्चात जानने को कुछ कैसे रह सकता है। वही प्रभु इस जगत् के निमित्त और उपादान कारण है। उनको समग्र रूप से जानने के बाद कुछ जानने को शेष नहीं रह जाता। परन्तु भगवान् सब कुछ हैं, वे सर्वत्र तथा सदा ही रहते हुए भी नजर नहीं आते, जिस प्रकार मणियों की माला में धागा नज़र नहीं

आता, जबकि धागे के बिना माला का अस्तित्व है ही नहीं, इसका कारण कि मनुष्य के पास मात्र मन–बुद्धि है, आत्म–बुद्धि नहीं, मन और बुद्धि से केवल जगत् नज़र आता है, परमात्मा दिव्य दृष्टि द्वारा ही देवीप्यमान होता है। जैसे माला का आश्रय धागा नहीं दिखता, केवल मणियां ही दिखाई देती है, उसी प्रकार इस जगत् का आधार एवं आश्रय भी ब्रह्म ही है। सारांश यह है कि भगवान् को जाने बिना यह विशाल–विराट जगत् नहीं जाना जा सकता जो इन्हीं (भगवान्) का रूप और यही स्वयं इसके अन्तर्यामी हैं।। 7 ।।

रसोऽहमप्सु कौन्तेय प्रभास्मि शशिसूर्ययोः।
प्रणवः सर्ववेदेषु शब्दः खे पौरुषं नृषु।। 8 ।।

अर्थ– हे कौन्तेय! मैं जल के अन्दर रस हूँ, सूर्य और चन्द्रमा के अन्दर प्रकाश हूँ। सभी वेदों में मैं ओंकार (प्रणव) हूँ। आकाश में शब्द और पुरूषों में पुरूषार्थ हूँ।। 8 ।।

व्याख्या– सारांश यह है कि इस जगत् की जो भी शक्तियां मन, बुद्धि, एवं इन्द्रियों से दृश्य हैं अथवा जानी जाती हैं, वे सभी ईश्वरीय शक्तियां हैं, क्योंकि पिछले श्लोक में जैसे भगवान् ने कहा है कि उनसे बढ़कर जगत् का और कोई कारण है ही नहीं। पांच भूतों में जिनके द्वारा जगत् बना है उनके मूल में अदृश्य पांच तन्मात्रायें हैं, इन तन्मात्राओं (गन्ध, रस, तेज, स्पर्श शब्द) को मन, बुद्धि तथा ज्ञानेन्द्रियां नहीं देख पाती, इन्हें सिद्ध पुरुष ही जानते हैं। अतः इनका वर्णन शास्त्रों में ही विद्यमान हैं। वास्तव में अदृश्य जगत् इस दृश्यमान् जगत् से शास्त्रों एवं सिद्धपुरुषों के अनुसार कई गुणा बड़ा है तथा कई गुणा सुन्दरतम भी है। सूक्ष्म होने के कारण स्थूल मन, इन्द्रियों द्वारा दृश्यमान् नहीं है। दृष्यमान् जगत् (सृष्टि) अदृश मूल प्रकृति से प्रकट होती है। सूर्य और चन्द्रमा की प्रभा (प्रकाश) भी भगवान् की इच्छा से उत्पन्न होती है। ये तन्मात्रायें (महाभूत) मूल प्रकृति (अव्यक्त) से उत्पन्न होते हैं। वेद ज्ञान के स्त्रोत हैं। शास्त्रानुसार वेद गायत्री से उत्पन्न हुए हैं, और गायत्री प्रणव (ओंकार) से, ओंकार ईश्वर का ही नाम है। माण्डूक्य उपनिषद् में ॐ की महिमा चारों पादसहित जागृत, स्वप्न सुपुष्पित और तूर्या अवस्थाओं में विस्तृत रूप से की

गई है अर्थात् ओंकार ईश्वर के अस्तित्व का सूचक है। अत: सम्पूर्ण ज्ञान का कारण भगवान् स्वयं ही हैं।

आकाश तत्व शब्द तन्मात्रा से उत्पन्न है, जो ब्रह्म अणु से ब्रह्मनाद में उत्पन्न हैं। आकाश का विस्तार जो सब जगह व्याप्त है, अतिसूक्ष्म है। अणुओं के बीच भी यही है। यही बाकि सब का आधार है। यह ब्रह्म अणु से उत्पन्न है। पुरूषार्थ के बिना मनुष्य जड़ है। यह पुरुषार्थ ईश्वरीय शक्ति है तथा यही शक्तिपुरूष को ईश्वर की ओर ले जाती है क्योंकि इसका मूल भगवान् की परा प्रकृति (चेतन) में है।। 8 ।।

पुण्यो गन्धः पृथिव्यां च तेजश्चास्मि विभावसौ।
जीवनं सर्वभूतेषु तपश्चास्मि तपस्विषु।। 9 ।।

अर्थ– मैं पृथ्वी में पवित्रगन्ध और अग्नि में तेज रूप से ही हूँ। सभी जीवों में जीवन एवं तपस्वियों में तपस्या मैं ही हूँ।। 9 ।।

व्याख्या– पाँचो तन्मात्रायें (गन्ध, रस, तेज, स्पर्श, शब्द) भगवान् की ही शक्तियाँ हैं। इसी कारण ये पवित्र हैं। यहां गंध शब्द पांचों तन्मात्राओं का सूचक है। पवित्र गन्ध का अर्थ है कि गन्ध भगवान् से उत्पन्न होने के कारण वह पवित्र है क्योंकि गन्ध भी शेष चार तन्मात्राओं की भाँति भगवान् की मूल शक्ति से उत्पन्न होती है। यह शक्ति प्रकृति के साथ सम्बन्ध होने से विकृत हो जाती है क्योंकि सभी पंचभूत पाँच तन्मात्राओं से उत्पन्न होते हैं और प्रलय काल में उन्हीं में विलीन हो जाते हैं, यही अव्यक्त मूल प्रकृति से उत्पन्न भगवान् की शक्तियां हैं जो पृथ्वी में गन्ध, अग्नि में तेज और सभी जीवों में प्राण रूप जीवन है। तभी सभी जीव प्राणी कहलाते हैं।

तपस्वियों में तप का सामर्थ्य भी भगवान् की ही शक्ति से उत्पन्न है क्योंकि भगवान् ही मात्र सब शक्तियों का स्रोत है। तप का अर्थ केवल प्रभु प्राप्ति की तितिक्षा, या इसके लिये मानसिक अथवा शारीरिक कष्टों को सहना ही नहीं अपितु सभी पवित्र पुण्य तथा लोकलाभ व भलाई के लिए किये गये पुण्य कार्य भी तप ही है। अन्वेषण, आविष्कार, नि:स्वार्थ एवं निष्काम सेवा ऐसे सभी कार्य भी तप ही हैं, इन सभी शक्तियों का स्रोत अन्ततः अव्यक्त प्रभु चित् शक्ति है।। 9 ।।

बीजं मां सर्वभूतानां विद्धि पार्थ सनातनम्।
बुद्धिर्बुद्धिमतामस्मि तेजस्तेजस्विनामहम्।। 10 ।।

अर्थ– हे पार्थ! मैं समस्त भूतों का सनातन बीज हूँ। मैं ही बुद्धिमानों की बुद्धि एवं तपस्वियों का तेज हूँ।। 10 ।।

व्याख्या– यहां बीज शब्द का अर्थ कारण है। अर्थात् जिसके बिना कुछ हो नहीं सकता, भगवान् के बिना किसी भूत (जीव) का होना कभी भी भूत, वर्तमान तथा भविष्य में संभव ही नहीं इसी संदर्भ में सनातन शब्द का यहां प्रयोग है। हर जीव के लिये जड़ और चेतन का होना सम्मिश्रण रूप में आवश्यक है और ये दोनों तत्व (जड़–चेतन) भगवान् की इच्छा के बिना सम्भव ही नहीं है। अत: जीव भी जड़ एवं चेतन दोनों का बना होने के कारण भगवान् के बगैर कैसे हो सकता है।

इसी प्रसंग में बुद्धि शब्द का प्रयोग साधारण रूप में नहीं आया अपितु आध्यात्मिक उपलक्ष्य में लक्षित है। इस संदर्भ में बुद्धिमान वही कहलाया जायेगा, जिसको भगवान् से अगाध प्रेम हो जाये, जो यह जान ले अथवा पहचान ले कि यह जगत् चलायमान होने के कारण मिथ्या है केवलमात्र भगवान् (प्रभु) सत्य हैं, उसकी खोज में उस परम सत्य की तलाश में डट जाना ही बुद्धिमता है। वास्तव में तप का सार दैवी तेज ही होता है जो सुर संपदा है। तेज का अर्थ है जो दूसरों तथा अपने को प्रभावित करे, तेजस्वी भी वही है जो बुद्धिबल से वास्तविकता को पहचानने में समय का उचित उपयोग करता है। इस प्रकार के तेजस्वी महापुरूष के सम्पर्क से साधारण जन भी लाभान्वित होते हैं क्योंकि तेजस्वियों के तेज के प्रभाव से साधारण जन शीघ्र प्रभावित होते हैं।। 10 ।।

बलं बलवतां चाहं कामरागविवर्जितम्।
धर्माविरुद्धो भूतेषु कामोऽस्मि भरतर्षभ।। 11 ।।

अर्थ– हे भरत श्रेष्ठ! (अर्जुन) बलवानों का कामना आसक्ति विवर्जित बल मैं हूँ और भूतों (मनुष्यों) में धर्मानुकूल काम मैं ही हूँ।। 11 ।।

व्याख्या– बल ऐसे पुरुषार्थ एवं उद्यम में आता है, जिसमें स्वार्थ एवं मोह न हो, जो वासना रहित हो, स्वार्थ के लिए बल का प्रयोग करना आध्यात्मिक

लाभ से रहित होता है। काम, राग से वर्जित बल का अभिप्राय है कि मनुष्य अपने बल का प्रयोग परमार्थ और आध्यात्मिक कर्म तथा सात्विक पुरुषार्थ के लिए ही करें, यह व्यवहारिक लाभ हानि का प्रकरण नहीं है।

भगवान् का यह कथन कि मनुष्यों के धर्मयुक्त काम में स्वयं वास करते हैं, इसका तात्पर्य स्त्री—पुरुष सम्भोग केवल सन्तान प्राप्ति के लिए है, वासना के रूप में सम्भोग पाप ही है। अर्थात् इस प्रकार की वासना में डूबे पुरुष स्वर्ग द्वार तक भी नहीं पहुँचते, मोक्ष का तो प्रश्न ही नहीं होता।। 11 ।।

ये चैव सात्त्विका भावा राजसास्तामसाश्च ये।
मत्त एवेति तान्विद्धि न त्वहं तेषु ते मयि।। 12 ।।

अर्थ— और भी जो सत्व, रज, तम से उत्पन्न होने वाले भाव हैं उन सब को तू "मुझसे ही होनेवाले हैं" ऐसा जान। उन सबमें "मैं" नहीं हूँ, वे मुझमें रहते हैं अर्थात् ये तीनों गुण भगवान् के अधीन हैं भगवान् इनके अधीन नहीं है।। 12 ।।

व्याख्या— हर प्राणी प्रकृति है, जब तक वह ब्रह्मज्ञानी नहीं हो जाता, तब तक वह प्रकृति से ऊपर नहीं उठ सकता, ये तीनों प्रकृति के गुण भगवान् के सामर्थ्य के कारण ही हैं, यह सभी भूतों (मनुष्यों तथा अन्य जीवों) को अपने अधीन रखते हैं। ये तीनों गुण भगवान् से उद्भूत हैं। जैसा कि भगवान् ने (गीता 9/10) में स्वयं कहा है कि प्रकृति उनके सानिध्य से जगत् रचती है। इसी कारण वह भगवान् में रहते हैं, क्योंकि भगवान् के बिना कोई अथवा कुछ न हो सकता है, न रह सकता है, उन सब में (इन तीनों गुणों में) भगवान् नहीं हैं, अर्थात् भगवान् प्रकृति नहीं है, मनुष्य अथवा प्राणी प्रकृति हैं, जो इन तीनों गुणों के अधीन हैं, यह तीनों गुण भगवान् से उत्पन्न होते हैं, इसी कारण भगवान् का कभी परिवर्तन होता ही नहीं है क्योंकि भगवान् गुणातीत है। अत: ये तीनों गुण भगवान् के अधीन होकर भगवान् में रहते हैं, किन्तु भगवान् को प्रभावित नहीं कर सकते। मनुष्य प्रकृति का भाग है अत: वह प्रकृति (तीनों गुण) के अधीन हैं, इसी कारण प्रकृति उसे प्रभावित करती है।। 12 ।।

त्रिभिर्गुणमयैर्भावैरेभि: सर्वमिदं जगत्।
मोहितं नाभिजानाति मामेभ्य: परमव्ययम्।। 13 ।।

अर्थ– इन तीन (सत्व, रजस, तामस) गुणमय भावों से यह समस्त प्राणिसमुदाय अथवा जगत् मोहित है इसी कारण इन गुणों के नियन्ता मुझ अविनाशी को नहीं जानता।। 13 ।।

व्याख्या– इस त्रिगुणमयी माया का जाल, जिसका वर्णन पिछले पांच श्लोकों में किया गया है, प्राणीमात्र एवं संसार को इस प्रकार पकड़ एवं जकड़ कर रखता है, कि प्राणी को इन तीन गुणों वाली प्रकृति के नियन्ता एवं स्वामी प्रभु का बोध ही नहीं होता क्योंकि परमात्मा इन तीनों गुणों से उपर है। वह माया–ग्रस्त जीव यह नहीं जानता कि माया भ्रम है। इस संसार के घेरे में तथा जन्म मरण के फेरों में मोहमाया के करिश्मों में लिप्त वह कभी यह फुरसत निकाल ही नहीं पाता कि वास्तव में वह भगवान् का ही शुद्ध अंश अविनाशी आत्मा है।। 13 ।।

दैवी ह्येषा गुणमयी मम माया दुरत्यया।
मामेव ये प्रपद्यन्ते मायामेतां तरन्ति ते।। 14 ।।

अर्थ– मेरी यह गुणमयी दैवी माया अत्यद्भुत और अत्यन्त दुःस्तर है, परन्तु जो प्राणी मेरा ही निरन्तर भजन करते हैं वे ही इस माया को लांघ लेते हैं अर्थात् संसार से तर जाते हैं।। 14 ।।

व्याख्या– भगवान् इस त्रिगुणमयी माया को अपनी ही माया अर्थात् दैवीमाया कह रहे हैं क्योंकि इसकी अपनी सत्ता अथवा वास्तविकता है ही नहीं। यहाँ यह कहना आवश्यक है कि सांख्य दर्शन के अनुसार प्रकृति (माया) की अपनी सत्ता एवं वास्तविकता है। अतः सांख्य शास्त्र प्रकृति को पुरुष (आत्मा अथवा ईश्वर) की तरह सतत् सनातन एवं अजन्मा मानता है। किन्तु सांख्य के अनुसार भी प्रकृति पुरुष (आत्मा) के सानिध्य में ही कार्य करती है। इस प्रकार गीता एवं वेदान्त प्रकृति (माया) को भगवान् की रचना मानते हैं। यह भी ध्यानगम्य है कि गीता में भगवान् स्वयं कहते हैं "हर जीव में आत्मा मेरा ही अंश है" अतः जब भगवान् प्रकृति (माया) के नियन्ता एवं स्वामी है तथा यह प्रकृति (माया) उन्हीं की क्रीड़ा है, तो मनुष्य क्यों इसका दास है? वह भी इससे मुक्त क्यों नही? वास्तव में शास्त्र कहते हैं कि मनुष्य भी माया मुक्त

है, परन्तु वह भी तभी हो सकता है जब वह आत्मावान् हो जायेगा। मनुष्य जबतक अपने वास्तविक स्वरूप आत्मा से अनभिज्ञ है, तब तक वह माया के अधीन ही रहेगा। यहाँ एक बात साफ नजर आती है कि प्रकृति (माया) जीवात्मा से भी कम बलवान् नहीं है क्योंकि यह प्रकृति ही इस (जीवात्मा) के बन्धन का कारण है।। 14 ।।

भगवान् इस श्लोक में इसीलिए कह रहे हैं कि उनकी माया बड़ी बलवती है, उसको केवल वही जीत सकता है, जो इससे ऊपर उठकर सीधा और मात्र सच्चेमन—अनन्य भाव से भगवान् का भजन करेगा।। 14 ।।

न मां दृष्कृतिनो मूढाः प्रपद्यन्ते नराधमाः।
माययापहृतज्ञाना आसुरं भावमाश्रिताः।। 15 ।।

अर्थ— पाप करने वाले मूर्ख लोग—जिनकी बुद्धि माया द्वारा ग्रस्त आवृत (अपहृत) है, वे नराधम आसुरी भाव का आश्रय लेकर मुझको नहीं भजते।। 15।।

व्याख्या— मूर्खता के कारण मनुष्य मात्र माया जाल से ऊपर नहीं उठ सकता अर्थात् अज्ञानी प्राणी माया के अनेक मोह से ग्रस्त, सांसारिक कामना, सांसारिक सम्बन्धों से ममता, वैभव एवं लोभ आदि में ही ग्रस्त रहते हैं। इन अज्ञानी मूर्ख प्राणियों का प्रयास (अन्तःकरण) मन—इन्द्रियों एवं प्राणों के भरण—पोषण (योग और क्षेम) का ही धन्धा होता है। धन की कामना एवं उस पर सांप की तरह लिपटे रहते हैं, अर्थात् उस कमाये हुए धन को ऐश्वर्य एवं भोग में नष्ट करते हुए जीवन व्यतीत कर देते हैं, ऐसी ममता, ऐसा लगाव और ऐसी कामना ही पशुवृत्ति कही जाती है, अथवा वे जन नराधम हैं, अज्ञान वश जबतक मनुष्य इस माया के जाल में संलिप्त है, तबतक उसका छुटकारा नहीं हो पाता क्योंकि दैवी शक्ति, स्वर्ग तथा मोक्ष की प्राप्ति के लिए माया के संसार से ऊपर उठकर ही प्राप्य हैं। इसी संसार में रहकर भी समभाव से (भावना) स्वर्ग अथवा मोक्ष प्राप्त किया जा सकता है, यदि मनुष्य निष्काम भाव से कार्य करता रहे। निष्काम भाव ही इसका सरल समाधान है। अर्थात् साधक को कर्म न छोड़ते हुए (कर्म करते हुए) संसार के प्रति लगाव अथवा मोह का त्याग करना जरुरी है।। 15 ।।

चतुर्विधा भजन्ते मां जनाः सुकृतिनोऽर्जुन।
आर्तो जिज्ञासुरर्थार्थी ज्ञानी च भरतर्षभ॥ 16 ॥

अर्थ— हे भरतश्रेष्ठ अर्जुन! चार प्रकार के शुद्ध कर्म करनेवाले लोग ही मेरा भजन करते हैं, वे चार प्रकार के लोग आर्त, जिज्ञासु, अर्थार्थी और ज्ञानी है॥ 16 ॥

व्याख्या— चार प्रकार के पवित्र कर्म करने वाले लोग अर्थात् जो ईश्वर पर विश्वास एवं भरोसा रखते हैं तथा सच्ची लग्न एवं सच्चे मन से ईश्वर का भजन करते हैं तथा जिनका आश्रय केवलमात्र ईश्वर ही है, ऐसे लोग वे ही हैं जो श्रद्धा, तन्मयता एवं एकाग्रचित से भगवान् का भजन, कीर्तन, पूजा, अर्चना तथा ध्यानादि करते हैं। उन लोगों की चार श्रेणियां भगवान् स्वयं बता रहे हैं, पहला "आर्त" अर्थात् "दुःखी", जो व्यक्ति संकट में हो, शारीरिक एवं मानसिक कष्ट की स्थिति में जब मनुष्य श्रद्धा, आस्था एवं विश्वास से भजन करते हैं तो प्रभु उन अपने भक्तों के कष्टों का निवारण कर उनकी सच्ची पुकार को जरुर सुनते हैं, दूसरे वे लोग हैं जो श्रद्धापूर्वक ईश्वर को जानने की इच्छा रखते हैं, परम सत्य की खोज में रहते हैं। "मैं कौन हूँ, आत्मा क्या है? आत्मा परमात्मा का परस्पर क्या सम्बन्ध है, स्वर्ग-मोक्ष आदि क्या है और यह किस तरह प्राप्य है। ब्रह्म और जगत् को जानने की इच्छा वाले लोग ही जिज्ञासु कहलाते हैं, भगवान् उन्हें सच्चे जिज्ञासु होने पर उनकी इच्छा पूर्ण करते हैं। तीसरे "अर्थार्थी" अर्थात् धन (संपदा) को चाहने वाले। ऐसे भक्त भगवान् की पूजा, अर्चना, ध्यान, भक्ति आदि सच्चे मन से सांसारिक कल्याण, सुख-ऐश्वर्य, सत्ता एवं स्वर्ग प्राप्ति के लिए करते हैं वे लोग कर्मफल पर विश्वास करते हैं, वे शुद्ध सकामी भक्त कहलाये जाते हैं। भगवान् उनकी इच्छा भी पूर्ण करते हैं। चौथे ज्ञानी अथवा प्रेमी भक्त हैं उन भक्तों को भगवान् भक्ति का नशा होता है, संसार के पदार्थों से उन्हें कोई भी सरोकार नहीं होता, उन्हें मात्र भगवान् से ही प्रेम है वे प्रभु के प्रेम पुजारी हैं, उनकी शान्ति एवं चैन भगवद्भजन में ही है, इसके सिवा उन्हें कुछ नहीं चाहिए। वे भगवान् से भी कुछ नहीं माँगते, उन्हें तो भगवान् का नाम लेने में ही आनन्द आता है इसके सिवा उन्हें और कुछ भाता ही नहीं, ऐसे लोग

इस संसार में विरले ही होते हैं तथा ऐसे लोग ही भगवान् के अतिप्रिय होते हैं।। 16 ।।

तेषां ज्ञानी नित्ययुक्त एकभक्तिर्विशिष्यते।

प्रियो हि ज्ञानिनोऽत्यर्थमहं स च मम प्रिय:।। 17 ।।

अर्थ— इन चार प्रकार के भक्तों में सदा अनन्य भाव से मुझ में निरन्तर (रत) लगा हुआ ज्ञानी प्रेमी भक्त श्रेष्ठ है, क्योंकि वह ज्ञानी (प्रेमी) भक्त को मैं अति प्रिय हूँ और मुझे भी वह अत्यन्त प्रिय है।। 17 ।।

व्याख्या— उपरोक्त चार प्रकार के भक्त भगवान् को प्रिय हैं और भगवान् उनकी शुद्ध इच्छायें पूर्ण भी करते हैं क्योंकि भगवान् ने चतुर्थ अध्याय के 11 श्लोक में स्वयं कहा है कि जो मुझे जिस प्रकार से भजता है, मैं भी उसे उसी प्रकार भजता हूँ किन्तु प्रेमीभक्त की तो बात ही अनूठी है। उसे तो भगवान् से कुछ नहीं चाहिए, उसे तो भगवद्भजन में ही आनन्द आता है (मस्ती आती है) भगवान् भी उस प्रेमी भक्त की भक्ति पर आनन्द विभोर होते हैं। वे भी उस प्रेमी भक्त के बिना नहीं रह सकते अर्थात् प्रेमी भक्त की भक्ति में अद्वैत का अनुभव होता है। उस स्थिति में भगवान् और भक्त दो नहीं, एक हो जाते हैं, ऐसे भक्त के अगाध प्रेम के कारण ही तो भगवान् ने इस अध्याय का स्वयं वर्णन कर अध्याय का प्रारम्भ किया है।। 17 ।।

उदारा: सर्व एवैते ज्ञानी त्वात्मैव मे मतम्।

आस्थित: स हि युक्तात्मा मामेवानुत्तमां गतिम्।। 18 ।।

अर्थ— उपर कहे गये चारों भक्त उत्कृष्ट है किन्तु ज्ञानी भक्त तो मेरी आत्मा ही है, मेरी ऐसी मान्यता है क्योंकि वह मुक्तात्मा है, मुझ में दृढ़ आस्था वाला है और यही सर्वोत्तम गति कही जाती है।। 18 ।।

व्याख्या— उपरोक्त चार प्रकार के भक्त "आर्त, जिज्ञासु, अर्थार्थी एवं ज्ञानी श्रेष्ठ एवं उत्कृष्ट हैं तथा वे सभी भगवान् को प्रिय हैं क्योंकि वे भगवान् के भक्त ही नहीं, अपितु शुद्ध, बुद्ध एवं निर्मल कर्म करने वाले हैं, लेकिन प्रेमी भक्त भगवान् को अति प्रिय ही नहीं, भगवान् की कमजोरी बन जाता है। भगवान् भी उसके बिना नहीं रह सकते क्योंकि ज्ञानी भक्त युक्तात्मा होता है। वह शरीर

नहीं रहता आत्मा हो जाता है। वह स्वयं भगवान् में लीन हो गया होता है। ऐसे प्रेमी भक्त की भगवदास्था और लग्न इतनी दृढ़ होती है कि उसमें कभी आंच ही नहीं आती, बीमारी, दुर्घटना, संकट से भी प्रेमी भक्त की प्रमतता दूर नहीं होती, यहाँ तक कि मृत्यु का भय भी उसे भयभीत नहीं कर सकता क्योंकि ज्ञानी भक्त सदैव युक्तात्मा होता है। उसको संसार तथा कर्मफल से कोई भी सरोकार नहीं, उसका नशा तो प्रभु प्रेम ही है।। 18 ।।

बहूनां जन्मनामन्ते ज्ञानवान्मां प्रपद्यते।

वासुदेव: सर्वमिति स महात्मा सुदुर्लभ:।। 19 ।।

अर्थ– अनेक जन्मों के अन्त में ज्ञान प्राप्त पुरुष मुझे प्राप्त होता है। सबकुछ वासुदेव (भगवान्) ही है, ऐसा मुझको भजने वाला (ज्ञानी) महात्मा दुर्लभ होता है।। 19 ।।

व्याख्या– यहाँ ज्ञानी भक्त के संदर्भ में भगवान् ने कहा है कि ज्ञान निष्ठा वाले भक्त को भी भगवान् को पाने के लिये कई जन्म लगते हैं अर्थात् प्रभु प्राप्ति अतिकठिन है। कई जन्मों की भक्ति एवं प्रभु प्रेम का उत्कृष्ट फल है। तभी यह अनुभव होता है कि परम सत्य वासुदेव अर्थात् भगवान् ही है क्योंकि सत्य एक भगवान् ही है, शेष सभी आडम्बर एवं मायावृत है। सर्ग (प्रभव) से प्रलयान्त एवं प्रलय से सर्ग तक का यह माया जाल ज्ञानी भक्त को समझ लग जाता है। तभी उसे दृढ़ अनुभव होता है कि संसार में "श्रीकृष्ण" ही सब कुछ है, ऐसा भक्त ही इसी जीवन में मोक्ष प्राप्त करता है। इस प्रकार के ज्ञानी (प्रेमीभक्त) को भगवान् के साक्षात् दर्शन हो जाते हैं। "बहुत जन्मों के अन्त के जन्म में" का तात्पर्य है कि ऐसे महान प्रेमी भक्त का फिर संसार में जन्म नहीं होता, वह मोक्ष प्राप्त करता है।। 19 ।।

कामैस्तैस्तैर्हृतज्ञानाः प्रपद्यन्तेऽन्यदेवताः।

तं तं नियममास्थाय प्रकृत्या नियता: स्वया।। 20 ।।

अर्थ– जिनका उन–उन भोगों की कामनाओं द्वारा विवेक नष्ट हो जाता है, वे लोग अपने स्वभाव से प्रेरित होकर उन नियमों का पालन करते हुए अन्य देवताओं को भजते हैं अर्थात् वासनाओं के वशीभूत होकर कर्मफल के लिए उन–उन देवताओं की पूजा अर्चना एवं भजन करते हैं।। 20 ।।

व्याख्या— संसार और भगवान् के मार्ग एक दूसरे से सर्वथा भिन्न हैं, जो प्राणी संसार में लिप्त है वह सांसारिक भोग, विलास ऐश्वर्य, स्त्री–पुत्र, धन, सत्ता एवं सम्मान तथा स्वर्ग आदि की इच्छा करता है। इन सभी सांसारिक कामनाओं से विवेक ढक जाता है और निवृति ओझल हो जाती है। प्रवृति छा जाती है। मनुष्य प्रकृति अथवा माया के बन्धन में पड़ जाता है। माया के वश में पड़ने से विभिन्न कामनाओं की पूर्ति के लिए अनेक उपाय और नियमों की तलाश करता है। सकामी प्रवृति के कारण जप, तप, यज्ञ, हवन, व्रत, तीर्थ, दान एवं पुण्य आदि द्वारा अनेक देवताओं की पूजा, अर्चना, आराधना करता है। परमात्मा की ओर विवेक ढकने के कारण उनके निकट नहीं जा पाता, तात्पर्य यह कि जब तक मनुष्य चार प्रकार के भक्तों (16–19 श्लोक) में बताये गये प्रभु प्राप्ति के साधनों तथा नियमों से नाता नहीं जोड़ता, तथा परम प्रभु परमेश्वर को ही सब कुछ मानकर नहीं चलता एवं उनका अनन्य भक्त नहीं बन जाता, तबतक उसे आध्यात्मिक लाभ नहीं हो सकता, सकाम भक्ति से कर्मफल की प्राप्ति होती है, जिसे अन्य देवता भी प्रदान करते हैं, किन्तु भगवान् मात्र भगवद्भक्ति से ही मिलते हैं। अन्य देवों की भक्ति एवं आराधना से संसार से मुक्ति नहीं मिलती अर्थात् संसार नहीं छूटता। जन्म–मरण के चक्र से सुख दुःख की जकड़ से मुक्ति नहीं मिलती, अतः मनुष्य को अपने जीवन को अमृतमय बनाने के लिए अपना स्वभाव एवं साधना सुधारनी आवश्यक है अर्थात् मनुष्य का लक्ष्य भगवत्प्राप्ति होना चाहिए।। 20 ।।

यो यो यां यां तनुं भक्तः श्रद्धयार्चितुमिच्छति।

तस्य तस्याचलां श्रद्धां तामेव विदधाम्यहम्।। 21 ।।

अर्थ— जो–जो सकाम भक्त जिस–जिस देवता (मूर्ति) के स्वरूप को श्रद्धा के साथ पूजना चाहता है, मैं उस भक्त की उसी देवता के प्रति पूर्ण श्रद्धा को दृढ़ करता हूँ।। 21 ।।

व्याख्या— भगवान् अत्यन्त दयालु एवं कृपालु हैं, इसी कारण वे हर भक्त का अत्यन्त ध्यान रखते हैं, भक्त चाहे भगवान् इन से उपर का अपना भक्त हो,

अशवा किसी अन्य देवता–गणेश, महेश, दिनेश, ब्रह्मा, विष्णु, इन्द्र, शक्ति आदि का भक्त हो, परन्तु भगवान् इनसे उपर केवल एक ही है। प्राय: सांसारिक मनुष्य विभिन्न देवों के पुजारी होते हैं, सगुण एवं साकार भक्ति सांसारिक प्राणियों (मनुष्यों) की समझ में सुगमता से आती है, अत: वे भक्त अधिकांश फल विशेष की इच्छा से ही अनेक देवताओं की पूजा, अर्चना करते हैं, अत: देवता भी उनकी इच्छाओं के अनुरूप उन्हें वाच्छित फल देकर उनकी इच्छाओं को पूरा करते हैं, वास्तव में यह सब केवल भगवान् की अनुकम्पा से ही सम्भव होता है क्योंकि वास्तविक सत्ता भगवान् की ही है। देवगण उन्हीं की अनुकम्पा एवं उन्हीं के विधान से ही अपने भक्तों को फल दे पाते हैं, वे देवगण भी भगवान् के ही पूरे भक्त होते हैं, क्योंकि भक्ति के बल से ही वे देवत्व को प्राप्त करते हैं। देवगण भक्तों की भलाई करते हैं, जिससे भक्तों का भक्ति में दृढ़ विश्वास होता है। भगवान् ही भक्तों के विश्वास को उनकी इच्छानुसार दृढ़ करते हैं, ध्यान रखने योग्य यह तथ्य है, कि हर भक्त की आस्था एवं श्रद्धा उसके कर्म के अनुसार ही होती है जिनके कर्म तथा संस्कार शुद्ध हैं तथा जो निष्काम भाव रखते हैं वह परमात्मा की ही भक्ति करते हैं अन्य देवताओं की नहीं।। 21 ।।

स तया श्रद्धया युक्तस्तस्याराधनमीहते।
लभते च तत: कामान्मयैव विहितान्हि तान्।। 22 ।।

अर्थ– वह भक्त अपनी श्रद्धा के कारण उस देवता की पूजा करता है और उन आराध्य देवताओं से मेरे द्वारा विहित सभी कामनाओं को प्राप्त करता है।। 22 ।।

व्याख्या– "श्रद्धा का कारण" तात्पर्य यह है कि जिस श्रद्धा से भक्त में अपने इष्टदेव के प्रति दृढ़ता आती है वह भगवान् के विधानानुसार विहित है, अर्थात् भक्तों की कामनाएं देवगण भगवान् के बनाये हुए विधान द्वारा पूरा करते हैं। श्रद्धा की विशेषता ही ऐसी है, परन्तु श्रद्धा सात्विक होनी चाहिये राजसिक तथा तामसिक नहीं। उस वाच्छित फल प्राप्ति के पीछे भगवान् ही वरद हस्त होते हैं, संसार में जो कुछ होता है, हो रहा है, वह सब भगवान् के विधानानुकूल है। इसीलिए साधक को यह जान लेना चाहिए कि देवगण की आराधना, अर्चना के बजाय सीधे भगवान् की पूजा, अर्चना ही सर्वोत्तम है क्योंकि देवतागण मात्र

सांसारिक सुखों एवं भोगों को ही दे सकते हैं, मोक्ष नहीं दे सकते। यह भी प्रकट ही है कि जब भगवान् आराध्य है तो वह फल तो प्रदान करते ही है जो देवतागण प्रदान करते हैं।। 22 ।।

अन्तवत्तु फलं तेषां तद्भवत्यल्पमेधसाम्।

देवान्देवयजो यान्ति मद्भक्ता यान्ति मामपि।। 23 ।।

अर्थ– परन्तु उन अल्प बुद्धि वाले उपासकों को देतवाओं की उपासना से जो फल मिलता है वह फल नश्वर (अन्तवाला) है, क्योंकि देवताओं के उपासक देवताओं को और मेरे भक्त मुझकों प्राप्त करते हैं।। 23 ।।

व्याख्या– इस प्रसंग में यह समझना आवश्यक है कि देवतागण अविनाशी नहीं हैं, उनका अन्त होता है, वे सभी देव अन्त युक्त हैं, जो शक्ति अन्त युक्त है, वह अविनाशी फल या वरदान प्रदान नहीं कर सकती है। अविनाशी केवल भगवान् ही हैं तथा वे ही मोक्ष प्रदान कर सकते हैं, अन्य सभी देवगण नश्वर, स्त्री–पुत्र, धन–सत्ता स्वर्ग ही प्रदान करते हैं, जो नाशवान् है। प्रभु प्राप्ति का परमानन्द देवगण नहीं दे सकते। भगवान् के भक्त सकाम हो या निष्काम वे भगवान् से वाच्छित फल भी पाते हैं तथा अधिक भक्ति एंव दृढ़ विश्वास से भगवान् को प्राप्त कर सकते हैं, इस सम्बन्ध में गीता में भगवान् ने नवें अध्याय के 20 से 22 श्लोक में यह तथ्य स्वयं कहा है।। 23 ।।

अव्यक्तं व्यक्तिमापन्नं मन्यन्ते मामबुद्धयः।

परं भावमजानन्तो ममाव्ययमनुत्तमम्।। 24 ।।

अर्थ– मन्दगति, अविवेकी, अव्यक्त, अविनाशी, परमस्वरूप को नहीं जान सकते, मुझको साधारण मनुष्य की भाँति शरीर धाराण करने वाला मानते हैं।। 24 ।।

व्याख्या– ध्यान में रखने की विशेष बात यह है कि भगवान् निराकार एवं साकार दोनों रूपों में विद्यमान है। परन्तु मनुष्य, देह अभिमान के कारण देह को ही देख पाते हैं, अव्यक्त को नहीं जिस प्रकार दूध में घी नजर नहीं आता। वह भगवान् सगुण भी है निर्गुण भी, इस श्लोक में भगवान् उन सकामी मनुष्यों की बात कर रहे हैं, जो निष्ठापूर्वक यह नहीं जानते कि परमप्रभु परमेश्वर ही सभी कामनायें पूरी करते हैं, देवतागण उनकी कृपा के कारण ही हैं, संसार की

सर्वोत्तम उपलब्धि प्रभु दर्शन अथवा प्रभु–प्राप्ति ही है। मोक्ष केवल भगवान् ही देते हैं, देवगण नहीं। अत: अविवेकी मनुष्य यह नहीं जानते। यहाँ जानने से तात्पर्य केवल यह है कि भगवान् को पूरी निष्ठा एवं श्रद्धा से जानना होता है, क्योंकि भगवान् का वास्तविक स्वरूप निर्मल निराकार ही है जो अविनाशी सनातन परम सत्य है क्योंकि साधारण मनुष्य स्वयं को भी देह ही मानते हैं। अत: वे अज्ञानवश देह अभिमान के कारण भगवान् को भी देहयुक्त मानते हैं।। 24 ।।

नाहं प्रकाशः सर्वस्य योगमायासमावृतः।
मूढोऽयं नाभिजानाति लोको मामजमव्ययम्।। 25 ।।

अर्थ– योगमाया से छिपा हुआ मैं सबके प्रत्यक्ष नहीं होता, इसी कारण मूर्ख लोग, (अज्ञानी) जनसमुदाय मुझ जन्मरहित, नाशरहित को ठीक प्रकार से नहीं जानते क्योंकि मैं योगमाया से आवृत हूँ (ढका हुआ हूँ)। मैं प्रकट नहीं होता।। 25 ।।

व्याख्या– भगवान् अजर–अमर दोनों ही हैं अत: यहाँ यह शंका हो सकती है कि जब भगवान् अवतार लेते हैं तो वह जन्मते हैं तथा जब शरीर त्याग करते हैं तो मरते भी हैं फिर यह कैसे? उत्तर भगवान् मरते नही, न जन्मते वह जन्म–मरणशील मनुष्यों को ही जन्मते–मरते प्रतीत होते हैं क्योंकि भगवान् के जन्म और कर्म दोनों दिव्य हैं यह महापुरुष ही जान पाते हैं, साधारण मनुष्य को भगवान् के जन्म–कर्म (मृत्यु आदि) साधारण ही नजर आते हैं। भगवान् अपने आप को अपनी योगमाया से आवृत्त (ढका) रखते हैं। योगमाया का अर्थ है कि ईश्वर द्वारा विहित प्रकृति के तीन गुण (सत्व, रजस, तमस) जो हर जीव को प्रकृति (माया) से बान्ध कर रखते हैं, परन्तु योगी (महापुरुष) को नहीं। अर्थात् माया के कारण मनुष्य ईश्वर गुणातीत को नहीं देख पाते परन्तु वही देख पाते हैं जिनकी दृष्टि आत्मा में है तथा जो परम भक्त हैं। वे भगवान् के स्वरूप को अजर और अविनाशी समझते हैं, उनकी दृष्टि साधारण मन्दमति के लोगों जैसी नहीं होती, वास्तव में भगवान् जन्मते या मरते नहीं अपितु प्रकट होते हैं और अन्तर्ध्यान होते हैं। वे साकार तथा निराकार दोनों रूप में

हैं। उनका स्वरूप आत्म बुद्धि से ही जाना जा सकता है, मन बुद्धि से नहीं। आत्मबुद्धि आत्मबोध के उपरान्त ही आती है। उस स्थिति में मन की चञ्चलता नष्ट हो जाती है। मन स्थिर हो जाता है, विवेक उदित होता है, उस स्थिति में विवेक देखता है, चर्म चक्षु नहीं।। 25 ।।

वेदाहं समतीतानि वर्तमानानि चार्जुन।

भविष्याणि च भूतानि मां तु वेद न कश्चन।। 26 ।।

अर्थ– हे अर्जुन! मैं भूतकाल, वर्तमान एवं भविष्य में उत्पन्न होने वाले सभी प्राणियों को जानता हूँ, किन्तु मुझे वे (मनुष्य) नहीं जानते।। 26 ।।

व्याख्या– अज्ञानी लोगों के विषय में भगवान् ने जो चर्चा 25वें श्लोक में की है, उसी सन्दर्भ में भगवान् आगे कहते हैं अर्थात् विस्तार से वर्णन करते हैं कि अज्ञानी मनुष्य उनको नहीं जान सकते, क्योंकि भगवान् अपनी योगमाया से ढके रहते हैं। "भगवान् की योगमाया" का तात्पर्य यह है कि ईश्वर माया अन्तर्निहित तीनों गुणों का योग है जो प्राणियों को प्रकृति से बान्धकर रखते हैं, भगवान् गुणातीत होने के कारण गुणाधीन मनुष्यों को नज़र नहीं आते हैं। केवल ज्ञानी जन ही उनको जानते हैं। सारा जगत् (स्थावर–जङ्गम) सदैव उनकी दृष्टि में लगातार विद्यमान रहता है। तभी तो भगवान् भूतकाल, वर्तमान एवं भविष्य में उत्पन्न होने वाले जीवों तथा घटनाओं को लगातार जानते हैं, कारण भगवान् काल के वश में नहीं रहते। काल भगवान् के वश में रहता है, क्योंकि भगवान् स्वयं महाकाल है। सांसारिक प्राणी कालाधीन हैं, भगवान् कालातीत हैं। काल परिवर्तनशील है। इसी कारण वह प्रकृति का अङ्ग है। प्रकृति निरन्तर परिवर्तित होती है और भगवान् सदा अविनाशी और सनातन है, जो स्मृति से ओझल नहीं होता, वह वर्तमान भगवान् के लिए सदैव है–भगवान् के लिये भूत और भविष्यत नहीं क्योंकि भगवान् तो काल से उपर है, वह सदैव स्थिर भाव महाकाल है।। 26 ।।

इच्छाद्वेषसमुत्थेन द्वन्द्वमोहेन भारत।

सर्वभूतानि सम्मोहं सर्गे यान्ति परन्तप।। 27 ।।

अर्थ– हे भरतवंशी अर्जुन! (सर्गे) सृष्टिकाल में स्थूल देह प्राप्त होने पर इच्छा

और द्वेष से उत्पन्न होने वाले द्वन्द्व जनित मोह के कारण सभी प्राणी सम्मोह मूढ़ता को प्राप्त होते हैं।। 27 ।।

व्याख्या– सम्पूर्ण जगत् की मूढ़ता का कारण भगवान् बताते हैं, कि संसार के सुख–दुःख का मूल कारण द्वन्द्वभाव ही है, जो सभी प्राणियों में जन्म से ही (स्थूल देह प्राप्त होने पर) उत्पन्न होता है। द्वन्द्वभाव जीवन का हिस्सा है, जो भी जीव जन्मता है, उसके अन्दर जन्म से ही द्वन्द्वभाव उत्पन्न हो जाता है। द्वन्द्व के कारण मानव जीवन में सुख–दुःख, शीत–उष्ण, रोग–स्वास्थ्य, हँसना–रोना, दिन–रात, अपना–पराया, मैं–तू आदि का अनुभव होता है। यह भाव विवेक के उदय होने पर मिट जाता है। उस अवस्था में मनुष्य कालातीत हो जाता है अर्थात् प्रकृति से ऊपर उठ जाता है। राग और द्वेष अर्थात् अनुकूलता और प्रतिकूलता जो द्वन्द्वभाव के अभिन्न अङ्ग हैं, वह (विवेकी को) छू नहीं पाते, द्वन्द्वभाव के कारण मनुष्य बचपन से ही अनुकूल प्रवृत्ति की ओर प्रवृत्त होता है। प्रतिकूल प्रवृत्ति से दूरी रखता है। यह कर्म संस्कार के कारण होता है। विवेक के उपरान्त समता आ जाती है और साधक समबुद्धि होने पर प्रभु प्रिय हो जाता है।। 27 ।।

येषां त्वन्तगतं पापं जनानां पुण्यकर्मणाम्।

ते द्वन्द्वमोहनिर्मुक्ता भजन्ते मां दृढव्रताः।। 28 ।।

अर्थ– परन्तु जिन पुण्यकर्मी लोगों का पाप नष्ट अथवा क्षीण हो जाता है, ऐसे पुण्य करने वाले लोग द्वन्द्व भाव से मुक्त होकर दृढ़ता से मेरी अर्चना करते हैं।। 28 ।।

व्याख्या– भगवान् सीधे शब्दों में कहते हैं कि पुण्य कर्म करने वालों का ही द्वन्द्वभाव मिटता है, अर्थात् द्वन्द्वभाव के मिटने पर अज्ञान मिट जाता है और उनका ध्यान मेरी ओर (भगवान् की ओर) दृढ़ हो जाता है। ध्यान में रखने की विशेष बात यह है कि द्वन्द्वभाव की जड़े हर मनुष्य के मन–इन्द्रियों तथा शरीर में बहुत गहरी होती हैं, क्योंकि द्वन्द्वभाव हर मनुष्य का जन्म से ही हिस्सा है। अतः इससे ऊपर उठना सहज कार्य नहीं, तभी तो भगवान् कह रहे हैं कि पुण्यकर्म अर्थात् निष्काम कर्म ही इस भाव से ऊपर उठा सकते हैं। यहाँ

यह ध्यान रखने योग्य है कि पुण्य कर्म का अर्थ केवल दान–धर्म, तीर्थ–व्रत, जप–तप या यज्ञ–हवन आदि ही नहीं है। द्वन्द्वभाव को दूर करने के लिए विवेक तथा ज्ञान की आवश्यकता होती है। जब मनुष्य को मन तथा बुद्धि से ऊपर उठना है तो ऐसा उपाय किसी क्रिया विशेष द्वारा ही किया जाता है, जिसे केवल सद्गुरु ही बता सकते हैं, ऐसा सद्गुरु जो भगवान् को जानता हो। अन्धा अन्धे का क्या मार्ग दर्शन करेगा? विवेक या ईश्वर के ज्ञान को सिद्ध आत्मा ही जानता है, तभी भगवान् ने चौथे अध्याय के 34वें श्लोक में कहा है कि विवेक या ज्ञान प्राप्ति के लिए महान् एवं सिद्ध पुरुषों के पाँव पड़ना तथा उनसे विवेक और ज्ञान प्राप्त करना पड़ता है।

यह लम्बा और गहन विषय है। मन केवल मात्र अभ्यास से निर्मल होता है तथा भगवान् निर्मल मन में ही विराजते हैं, अत: मन की शुद्धता आवश्यक है। यह शुद्धि पढ़ने लिखने बोलने मात्र से नहीं अपितु अभ्यास से मन की शुद्धि होती है। जबतक मन निर्मल नहीं तबतक आध्यात्मिक लाभ नहीं। भगवान् स्वच्छ मन में आते हैं, अत: मन की पवित्रता अत्यावश्यक है। मन की शुद्धि गहन अभ्यास तथा गुरु द्वारा दी गई क्रिया विशेष से ही आती है। सारांश यह कि पुण्यकर्म का अभिप्राय अनन्य प्रभु प्रेम ही सच्चा और सफल मार्ग है।। 28 ।।

जरामरणमोक्षाय मामाश्रित्य यतन्ति ये।
ते ब्रह्म तद्विदुः कृत्स्नमध्यात्मं कर्म चाखिलम्।। 29 ।।

अर्थ– इस संसार में जो लोग बुढ़ापा और मृत्यु से छुटकारा पाने के लिए मेरा आश्रय लेकर प्रयत्न करते हैं वे आत्मवान् हो जाते हैं तथा वही उस सनातन परब्रह्म आध्यात्म को एवं कर्म के रहस्य को भी जानते हैं।। 29 ।।

व्याख्या– बुढ़ापा और मृत्यु से छुटकारा पाने का तात्पर्य गुणातीत हो जाना है, अर्थात् शरीर भाव से ऊपर उठकर आत्मा चैतन्य को प्राप्त करना है। इसी कारण भगवान् ने "मेरा आश्रय" शब्द का प्रयोग किया है। इसका यह अर्थ नहीं कि बुढ़ापा या मृत्यु तत्वज्ञानी या आध्यात्म वेत्ता को नहीं आयेंगे। इस नश्वर शरीर का अन्त तो अवश्य ही है तथा बुढ़ापा भी सबको आयेगा, किन्तु सिद्ध पुरुष

को जरा—मरण का भय नहीं होता, क्योंकि जरा और मरण तो नश्वर शरीर की शाश्वत (सदा रहने वाली) क्रिया है। किन्तु सिद्ध पुरुष जो ब्रह्मज्ञानी है, आध्यात्म को जानने वाले हैं तथा कर्म के रहस्य को जानते है, वे पहले ही शरीर से ऊपर उठ जाते हैं तथा आत्मा बन गये होते हैं, वे शरीर के सभी क्रिया—कलापों—काम—क्रोध, लोभ—मोह, भय—अहंकार से ऊपर होते हैं। वे गुण कर्म विभाग को जानते हैं, शरीर से उनका सम्बन्ध नहीं होता। उनका कर्म अथवा शारीरिक सम्बन्ध तो मात्र दूसरों के लिए ही होता है। वे स्वयं को शरीर न समझते हुए आत्मा मानते हैं। ऐसे ही महापुरुष वास्तविक तत्ववेत्ता होते हैं। सृष्टि की लीला, प्रभव एवं प्रलय उन्हें चिन्तित नहीं करते, उनको जरा—रोग तथा मृत्यु का न भय होता है न ही दुःख होता है, क्योंकि वे तत्वज्ञानी गुणातीत होने के कारण ब्रह्म को, आत्मा को तथा कर्म के रहस्य को जानते हैं अर्थात् उस साधना को और उस अध्यात्म कर्म को जिसके द्वारा ब्रह्म और आत्मा का बोध होता है।। 29 ।।

साधिभूताधिदैवं मां साधियज्ञं च ये विदुः।
प्रयाणकालेऽपि च मां ते विदुर्युक्तचेतसः।। 30 ।।

अर्थ— जो पुरुष अधिभूत और अधिदेव सहित अधियज्ञ के साथ मुझको जानते हैं वे युक्त चेत्ता जन मृत्यु काल में भी मुझे जानते हैं।। 30 ।।

व्याख्या— उन्नतीसवें श्लोक में भगवान् ने कहा कि ब्रह्म को, आध्यात्म को तथा कर्म के रहस्य को जानने वाले महात्मा पुरुष जरा—मरण से ऊपर उठ जाते हैं, यहाँ भगवान् और भी जोर देकर कह रहे हैं कि जो महात्मा—जन अधिभूत, अधि—दैव और अधियज्ञ के साथ भगवान् को जीवनकाल में अर्थात् मृत्यु से पहले पहचान लेते हैं, वे मृत्यु के समय सीधे प्रभु परमात्मा में लीन हो जाते हैं। उन्हें शारीरिक पीड़ा का दुःख नहीं होता। यहाँ अधिभूत, अधिदैव तथा अधियज्ञ के साथ भगवान् को जानने का अर्थ है कि जिन लोगों ने जीवन में अधिभूत शरीर इन्द्रियों तथा मन को वश में कर भगवान् का भजन साधना आदि की हो, अधिदैव अहंकारमुक्त होकर बुद्धि को भगवान् से युक्त कर दिया हो। अधियज्ञ के साथ का तात्पर्य कि जिन्होंने भगवत् साधना से आत्मा का साक्षात्कार करके भगवान् में अटलभाव से अपने को जोड़ लिया है, ऐसे

सिद्ध जनों एवं महात्माओं का भगवान् से सीधा—सच्चा सम्बन्ध तथा मेल हो जाता है। मृत्युकाल का भय, पीड़ा, सांसारिक आसक्ति आदि भगवान् से उन्हें अलग नहीं कर सकते। कहने का तात्पर्य सच्चे भक्तों का योग भ्रष्ट नहीं होता, वे युक्तचित्त होते हैं। युक्तचित्त का अर्थ है कि जिनका चित्त (चेतन) परम प्रभु चेतना (सत्—चित्—आनन्द) से जुड़ गया है। यही अधियज्ञ है, अधियज्ञ का सरल अर्थ है शरीर त्याग तथा आत्मवास।। 30 ।।

ॐ तत्सदिति श्रीमद्भगवद्गीतासूपनिषत्सु ब्रह्मविद्यायां योगशास्त्रे श्रीकृष्णार्जुनसंवादे ज्ञानविज्ञानयोगो नाम सप्तमोऽध्याय:।। 7 ।।

अक्षर एवं अनादि परम ब्रह्म योगः

अर्जुन उवाच–

किं तद्ब्रह्म किमध्यात्मं किं कर्म पुरुषोत्तम।

अधिभूतं च किं प्रोक्तमधिदैवं किमुच्यते।। 1 ।।

अधियज्ञः कथं कोऽत्र देहेऽस्मिन्मधुसूदन।

प्रयाणकाले च कथं ज्ञेयोऽसि नियतात्मभिः।। 2 ।।

हे पुरुषोत्तम! वह ब्रह्म क्या है? अध्यात्म क्या है? कर्म क्या है? अधिभूत किसको कहते हैं? अधिदैव किसको कहते हैं? अधियज्ञ इस देह में कौन है? हे मधुसूदन! मरण समय पर नियतात्मा द्वारा इस देह में आप कैसे जाने जा सकते हैं?।। 1–2 ।।

व्याख्या– पिछले अध्याय के अन्त में भगवान् ने कहा कि जो मनुष्य अधिभूत, अधिदैव और अधियज्ञ के साथ मुझको जानते हैं, वे युक्त चेत्ता मृत्यु के समय भी मुझे जानते हैं, अर्थात् वे युक्तचेता होने के कारण ही भगवान् को इस प्रकार जानते हैं। युक्तचेत्ता का तात्पर्य भगवान् से जुड़े व्यक्ति से है। अर्थात् जो जन भगवान् से जुड़ गये हैं। जिनका चित्तशुद्ध हो गया है, विवेक जागृत हो गया है, परन्तु अर्जुन एक प्रेमी भक्त एवं सच्चे जिज्ञासु होने के कारण भगवान् से आध्यात्मिक विशेषणों तथा तथ्यों के बारे में पूरी व्याख्या चाहते हैं। अतः भगवान् से उपरोक्त सात प्रश्नों के उत्तर के लिए विनतिपूर्वक याचना करते हैं। "ब्रह्म क्या है?

अधिदैव क्या है? इस देह में अधियज्ञ कौन है? और मृत्युकाल में संयतचित वाले व्यक्ति द्वारा आप किस प्रकार से जाने जा सकते हैं?।। 1-2 ।।

श्री भगवानुवाच—

अक्षरं ब्रह्म परमं स्वभावोऽध्यात्ममुच्यते।
भूतभावोद्भवकरो विसर्गः कर्मसञ्ज्ञितः।। 3 ।।

श्रीभगवान् बोले— परम अक्षर ही ब्रह्म है। जीव का होना, अर्थात् आत्मा का शरीर में होना ही आध्यात्म है। जिससे सब भूतों की वृद्धि और कल्याण होता है उसको कर्म कहते हैं।

व्याख्या— परम अक्षर ब्रह्म का अर्थ है, जो इस जगत् का मूल कारण है। जो इस जगत् के स्थूल—जगत्, सूक्ष्म तथा कारण जगत् तीन रूप हैं, परम ब्रह्म ही इसका मूल कारण है। वह स्वयं निर्मल स्वरूप है। परमब्रह्म से ऊपर अथवा परे न कोई शक्ति है और न ही कोई सत्ता है। वह अक्षर, अजर, अमर है अर्थात् अजर, अमर, अनादि, कभी क्षय न होने वाले परमसत्य ही अक्षर ब्रह्म है।

आध्यात्म = परामात्मा का शुद्ध अंश आत्मा रूप में जो इस जीव की देह में है, जिसके कारण जीव है, उसे आध्यात्म कहते हैं।

कर्म = जो भी मनुष्य वचन, विचार अथवा स्थूल रूप में काम करता है वह सब कर्म है। परन्तु यहाँ कर्म शब्द का तात्पर्य "वह कार्य जो त्याग और श्रद्धा से किया जाता है" से है। गीता में कर्म का उल्लेख कर्म, अकर्म तथा विकर्म के रूप में किया गया है। गीता में चौथे अध्याय के बीसवें श्लोक में कहा गया है कि कर्म हमेशा मनुष्य को प्रकृति से बांधकर रखते हैं। कर्म, विचार, वचन और स्थूल रूप में जो भी मनुष्य इस जीवन में करता है वही कर्म है, किन्तु सभी सकाम कर्म बन्धन युक्त होते हैं, क्योंकि मनुष्य प्रायः कर्म अपनी सुरक्षा, लाभ आदि के लिए करता है। ऐसे कर्म करने से मनुष्य का सांसारिक (भौतिक) विकास तो होता है, किन्तु आध्यात्मिक विकास नहीं। आध्यात्मिक विकास या मोक्ष के लिए एक मात्र अकर्म ही है। अकर्म का अर्थ कर्म न करना नहीं है अपितु बन्धन मुक्त कर्म करना ही अकर्म है। गीता में भी भगवान् कर्म करने पर जोर दे रहें हैं, किन्तु यहाँ जिस कर्म को करने के लिए कहा गया

है, वह कर्म आध्यात्मिक, नैतिक तथा सामाजिक लाभ के लिए किया जाता है। जो कर्म सच्चे मन से नि:स्वार्थ एवं निष्काम भाव से दूसरों की सेवा एवं कल्याण के लिए किये जाते हैं, वही अकर्म हैं, विकर्म निषिद्ध है, निषिद्ध कर्म पाप कर्म है, गीता में उस कर्म की मनाही है।

कर्म तीन प्रकार के हैं–संचित, प्रारब्ध, तथा क्रियामाण कर्म। संचित कर्म कई जन्मों के पिछले कर्म हैं। उनका प्रभाव प्रत्येक व्यक्ति के जीवन में होता है, परन्तु संचित कर्म गहन अथवा महत्वपूर्ण कर्मों पर आधारित नहीं होते गंभीर संकल्पों वाले कर्म तो प्रारब्ध में आते है। हर व्यक्ति के जीवन मूल्य और व्यक्तित्व प्रारब्ध कर्म पर आधारित है जीवन में बहुत घटनाएँ ऐसी घटती है जिनका तर्क अथवा विश्लेषण पूर्ण उत्तर नहीं दे पाते। पापी फलते है, धर्मी दु:ख भी सहते हैं आदि, यही प्रारब्ध है इसका कारण पिछले विशेष कर्म ही होते हैं। किस व्यक्ति का जन्म कहाँ होता है, उसकी मनोवृत्ति कैसी है, शरीर स्वस्थ–अस्वस्थ कैसे है, आदि–आदि प्रारब्ध कर्म है। क्रियमाण कर्म वह है जो हम वर्तमान में करते हैं, यदि क्रियमाण कर्म निष्काम है तो हमें नैतिक एवं आध्यात्मिक लाभ जरुर मिलेगा। क्रियमाण कर्म यदि निष्काम तथा अकर्म रूप में है, तो मनुष्य अधिभूत से अधिदैव तथा अधिदैव से अधियज्ञ में प्रवेश कर सकता है अर्थात् प्रभु प्राप्ति कर सकता है। क्रियमाण तथा प्रारब्ध कर्म हमारे भाग्य तथा जीवन को बदल देते है।। 3 ।।

अधिभूतं क्षरो भाव: पुरुषश्चाधिदैवतम्।
अधियज्ञोऽहमेवात्र देहे देहभृतां वर।। 4 ।।

अर्थ– क्षर अर्थात् जो नष्ट होने वाला भाव है अर्थात् जो भी नश्वर है, वे सभी पदार्थ या प्राणी अधिभूत हैं, पुरुष ही (ब्रह्माजी) अधिदैव हैं और इस देह में, मैं ही (भगवान) अधियज्ञ रूप से विद्यमान हूँ।। 4 ।।

व्याख्या– संसार में जो भी पंच महाभूतों (पृथ्वी, जल, तेज, वायु और आकाश) से बनी सृष्टि, पदार्थ एवं प्राणी है वे अधिभूत हैं क्योंकि वे नश्वर हैं। उनकी अपनी कोई भी सत्ता नहीं, उनका जन्म तथा मरण निश्चित है। वे सतत् परिवर्तनशील हैं।

अधिदैव–इस श्लोक में अधिदैव से तात्पर्य ब्रह्माजी से है। अर्थात् कूटस्थ में भाव (चैतन्य) अधिदैव है, और शरीर में भाव (चैतन्य) अधिभूत है।

अधियज्ञ—इस मनुष्य शरीर में स्वयं प्रभु ही है, वही अधियज्ञ कहलाता है। वही अपने शुद्ध अंश आत्मा रूप में सब जीवों में विद्यमान है, उसके सानिध्य से यह शरीर यन्त्र प्राण शक्ति द्वारा चलता है। भगवान् ने स्वयं गीता में कई प्रसंगों में स्पष्ट रूप से कहा है। गीता के अनेक अध्यायों 10/13-17-20 तथा 15/7, 18/7 में स्पष्ट किया है कि भगवान् स्वयं मनुष्य देह में बसते हैं। जो साधक और भक्त इस सत्य को अनुभव कर लेता है, वह उस परमप्रभु परमात्मा को प्राप्त कर लेता है। अधियज्ञ का तात्पर्य है कि शरीर में आत्मा का होना मनुष्य को कर्म करने के लिए प्रेरित करता है। मनुष्य (अधिभूत) चैतन्य भाव को कूटस्थ में केन्द्रित करके आध्यात्मिक कर्म करके अधिदैव बनता है और उत्कृष्ट यज्ञरूपी कर्म करके आत्मावान् अधियज्ञ महापुरुष हो जाता है। तभी जरा और मृत्यु से नहीं घबराता, क्योंकि वह आत्मतत्व को जान लेता है। भगवान् अधियज्ञ इसलिये हैं कि वह महान् त्याग अथवा बलिदान रूप में इस सृष्टि को (महासर्ग के उदय पर) स्वयं ब्रह्माजी (हिरण्यगर्भ रूप) के द्वारा रचना करवाते हैं, उसके बाद विष्णु रूप में सब का भरण—पोषण आदि ही नहीं करते अपितु सभी प्राणियों की देह में वास करके उन्हें परोक्ष में मोक्ष के लिए प्रेरित करते हैं। भगवान् यह सब प्राणी मात्र की भलाई एवं कल्याण के लिए करते हैं। इससे बढ़कर और कोई त्याग हो ही नहीं सकता।। 4 ।।

अन्तकाले च मामेव स्मरन्मुक्त्वा कलेवरम्।

य: प्रयाति स मद्भावं याति नास्त्यत्र संशय:।। 5 ।।

अर्थ— और जो मनुष्य अन्तकाल में भी मेरे ही परायण होकर मुझे स्मरण करता हुआ शरीर को त्याग देता है, वह मुझे ही प्राप्त करता है, इसमें कोई सन्देह नहीं।। 5 ।।

व्याख्या— अर्जुन ने इस अध्याय के दूसरे श्लोक में सातवें प्रश्न में भगवान् से पूछा कि मरने के समय नियतात्मा द्वारा (सच्चे भक्त द्वारा) आप कैसे जाने जा सकते हैं। इस श्लोक में उसी प्रश्न का उत्तर दिया गया है। भगवान् कह रहे हैं कि मरते समय जो मेरा स्मरण करता है, वह मेरे पास आता है। अर्थात् वह भगवान् को प्राप्त करता है। उस जीवात्मा को मोक्ष प्राप्त हो जाता है,

परन्तु विशेष बात यह है कि जबतक मनुष्य का जीवन निष्काम कर्म, दूसरों की सेवा, सहायता, कल्याण तथा त्याग और बलिदान में नहीं बीतता, तबतक भगवान् को पाना कठिन कार्य है। सच्चे त्यागी अर्थात् कर्मयोगी को मृत्यु के समय भगवान् स्वयं याद करते हैं, क्योंकि भगवान् अन्तर्यामी हैं। कर्म–योगी, ज्ञानी एवं भक्त की उन्हें स्वयं याद रहती है तथा खोज रहती है। ऐसा महापुरुष अधियज्ञ, अधिकृत होते हैं, परन्तु ऐसा नहीं कि अन्तकाल में मनुष्य केवल भगवान् का नाममात्र लेकर मोक्ष पा लेता है। तब तो कई पापी मरते समय भगवान् का नाम लेकर मुक्त हो जाते। भगवान् का नाम तो वैज्ञानिक युग में "टेप" द्वारा "टेप रिकार्डर" के टेप चला लेने से भी हो सकता है, परन्तु यह सुगम प्रयास नहीं है। मन की पवित्रता बहुत आवश्यक है। पाखण्डी लोग माला जपने तथा नाम लेने मात्र से भक्त नहीं बन सकते, उसके लिए मन (चित्त) निर्मल चाहिए, क्योंकि निर्मल प्रभु मलिन मन में आ ही नहीं सकते, इसीलिए अधियज्ञ सर्वोत्तम उपलब्धि बताई गई है।। 5 ।।

यं यं वापि स्मरन्भावं त्यजत्यन्ते कलेवरम्।
तं तमेवैति कौन्तेय सदा तद्भावभावित:।। 6 ।।

अर्थ– हे कौन्तेय! अन्तकाल में जिस भाव को स्मरण करता हुआ इस भौतिक शरीर का त्याग करता है मनुष्य उसी भाव से प्रभावित होकर उसी भाव को प्राप्त होता है अर्थात् (उसी योनि में पुन: जन्म लेता है।। 6 ।।

व्याख्या– शास्त्रों के अनुसार मनुष्य मृत्यु के बाद अपने कर्मानुसार स्वर्ग या नरक में जाता है। यह अवधि मृत्यु लोक से बहुत अधिक होती है। मृत्यु लोक में मनुष्य की अनुमानित आयु 100 वर्ष कही जाती है किन्तु स्वर्ग में मनुष्य की आयु लगभग 500–700 वर्ष कही गई है। वास्तव में मनुष्य मरने पर स्थूल (भौतिक) शरीर का त्याग करता है, सूक्ष्म शरीर का नहीं, यही सूक्ष्म शरीर ही स्वर्ग–नरक में कर्मानुसार जाता है तथा मृत्यु के बाद जीवित रहता है। (अत: मनुष्य मरता नहीं, बल्कि शरीर ही बदलता है) और उसके बाद निर्धारित समय पर स्वकर्मानुसार नया जन्म लेकर स्थूल देह (भौतिक शरीर) में मृत्युलोक में आता है। इस श्लोक में भगवान् द्वारा कहे गये वचन यहाँ सार्थक होते हैं। मनुष्य का

सूक्ष्म शरीर ही उसका अन्तःकरण है। अर्थात् अन्तःकरण ही (मन, बुद्धि, अहङ्कार, चित्त, इन्द्रियां तथा पांच प्राण उसका सूक्ष्म शरीर होता है)। इस सूक्ष्म शरीर में ही मनुष्य के कर्म जमा रहते हैं तथा कर्मों के अनुसार ही उसका पुनर्जन्म भी होता है। मनुष्य का भाव या विचार महत्वपूर्ण है, शरीर तो मिट्टी का ढेला या लकड़ी का गट्ठा ही है। असली शरीर तो मनुष्य का अन्तःकरण ही है। अतः जैसे भावना या विचार मनुष्य के हो तद्तदनुरूप उसका पुनर्जन्म होता है।। 6 ।।

तस्मात्सर्वेषु कालेषु मामनुस्मर युध्य च।
मय्यर्पितमनोबुद्धिर्मामेवैष्यस्यसंशयम्।। 7 ।।

अर्थ— इसलिए हे अर्जुन! मुझे सदा अनुस्मरण कर और युद्ध कर, इस प्रकार मुझमें मन, बुद्धि को अर्पित कर, तू निःसन्देह मुझको ही प्राप्त होगा।। 7 ।।

व्याख्या— भगवान् अर्जुन से कह रहे हैं "जिसने पूछा था"—कि "अन्तकाल में आप को कैसे जाना जा सकता है।" भगवान् कहते हैं कि हे अर्जुन! तू मेरा अनुस्मरण कर, बार—बार (निरन्तर) मुझे याद कर, अर्थात् जो भी कर्म, क्रिया आदि करो, मुझको स्मरण कर मुझ में ही समर्पित करो, मन एवं बुद्धि को मुझ में अर्पित कर युद्ध करो, अर्थात् अपना धर्म निभाओ। यहां पर ध्यान में रखने योग्य है, कि मनुष्य ध्यान तो मन से करता है किन्तु निश्चय बुद्धि द्वारा करता है। इसी कारण भगवान् ने मन और बुद्धि दोनों का प्रयोग किया है। मन द्वारा भगवान् का निरन्तर स्मरण करना सम्भव नहीं क्योंकि मन चञ्चल है। अर्जुन ने भी कहा है "चञ्चलं हि मनः कृष्ण" मन क्षण—क्षण में बदलता रहता है। अतः मनुष्य जबतक बुद्धि द्वारा मन को पूर्णतः निश्चल न कर दे, तबतक मन को स्थिर करना कठिन है। इस श्लोक के प्रसंग में बुद्धि के द्वारा मन स्थिर करने के लिए यह जानना आवश्यक है कि इस संसार की सृष्टि, मन, बुद्धि आदि भगवान् के ही हैं। इन्हें अपना मानना मूर्खता है। यदि यह ईश्वर द्वारा प्रदत्त है तो उसे भगवान् को अर्पित करना उचित होगा तथा साथ ही भगवान् को प्राप्त करने का सीधा—सच्चा और सुगम मार्ग भी है क्योंकि बाधक मन ही है। जब मन भगवान् को अर्पित हो गया तो प्रभु दर्शन हो जाते हैं, उसी अवस्था में स्वधर्म का पालन उचित ढंग से हो सकता है, क्योंकि अर्जुन का धर्म क्षत्रिय

के नाते भगवान् में मन तथा बुद्धि लगाकर युद्ध करना है अर्थात् गन, बुद्धि को भगवान् में अर्पित कर युद्ध करते हुए यदि मृत्यु होती है तो मोक्ष मिलेगा और यदि विजय प्राप्त होती है तो अर्जुन को विवेक (ज्ञान) प्राप्त होगा क्योंकि जीवन रूपी संग्राम में निष्काम भाव से लड़कर विजयी होना विवेक जागृत करना है। मन और बुद्धि को भगवान् में अर्पित कर युद्ध करना सुगम कार्य नहीं। कठिन स्थिति है। ऐसी स्थिति में निष्पक्ष और प्रभु परायण होकर युद्ध करते हुए, "मरने पर मोक्ष और विजय प्राप्ति पर संसार सुख भोग अर्थात् विवेक प्राप्त होता है"। सारांश यह है कि अर्जुन को युद्ध इसलिए करना है कि यह उसका धर्म है। (क्षत्रियधर्म) स्वधर्म के बिना चित्त शुद्धि सम्भव नहीं चित्त शुद्धि का माध्यम शुद्ध संस्कार तथा शुद्ध कर्म ही है जिसके लिए स्वधर्म का निष्काम भाव से पालन करना आवश्यक है। अत: अर्जुन का मार्ग—मात्र युद्ध ही है क्योंकि यही उनका स्वधर्म है।। 7 ।।

अभ्यासयोगयुक्तेन चेतसा नान्यगामिना।

परमं पुरुषं दिव्यं यामि पार्थनुचिन्तियन्।। 8 ।।

अर्थ— हे पार्थ! पुन: पुन: स्मरण करनेवाला, अभ्यास परायण योगी, अनन्य भाव से परम दिव्य पुरुष का चिन्तन करता हुआ, उसी (भगवान्) को प्राप्त होता है।। 8 ।।

व्याख्या— इस श्लोक में प्रभु प्राप्ति के लिए "अभ्यास" शब्द पर बल दिया गया है। अभ्यास का तात्पर्य चिन्तन, पूजा, अर्चना अथवा ध्यान आदि भगवान् में निरन्तर लगाना है ऐसा किये बिना चञ्चल मन को स्थिर करना अत्यन्त कठिन है, क्योंकि अस्थिर या चञ्चल मन में भगवान् के दर्शन नहीं होते। अत: अन्तकाल में मन को स्थिर करना कठिन ही है, क्योंकि मरणासन्न पुरुष को जरा, रोग, शारीरिक शिथिलता एवं कष्ट आदि अनेक बाधायें होती है। अत: आजीवन भक्ति में अभ्यासरत होना अत्यावश्यक है। इस कठिन, किन्तु उत्कृष्ट कर्म के लिए सद्गुरु की शिक्षा एवं दीक्षा भी आवश्यक है, क्योंकि सद्गुरु ही उचित मार्ग, अभ्यास एवं क्रिया का निर्देश देते हैं। तभी अभ्यास युक्त योगी समबुद्धि प्राप्त कर सकता है, निरन्तर उचित अभ्यास करने से अच्छे संस्कार

उत्पन्न होते हैं, जिससे मन में स्थिरता आती है। स्थिर तथा एकाग्र मन से निरन्तर ध्यान करने वाला पुरुष ही परमेश्वर को प्राप्त कर सकता है।। 8 ।।

कविं पुराणमनुशासितारमणोरणीयांसमनुस्मरेद्यः।

सर्वस्य धातारमचिन्त्यरूपमादित्यवर्णं तमसः परस्तात्।। 9 ।।

अर्थ– जो कवि (सर्वज्ञ) अनादि सबके नियन्ता, सूक्ष्म से सूक्ष्म सबका पालन–पोषण करने वाला, अचिन्त्य रूप सूर्य के समान प्रकाश वाला, प्रकाश रूप, अन्धकार से पर–ऐसे महापुरुष का स्मरण करता है।। 9 ।।

व्याख्या– कवि जो, सब कुछ देश–काल, प्राणीवर्ग, परिस्थितियों तथा शुभ–अशुभ का जानने वाला होता है वही कवि कहलाया जाता है। भगवान् के लिए कवि शब्द का प्रयोग इसी कारण किया गया है क्योंकि कवि की सूक्ष्म और यथार्थ दृष्टि होती है। जो उच्च विद्या का आधार होती है। पुराण भी भगवान् को इसीलिए कहा गया है क्योंकि वह ही मात्र आदि, अनन्त और सनातन है। नियन्ता तथा अनुशासक भगवान् ही हैं। वहीं संसार के विधान का निर्माता है। भगवान् द्वारा विहित विधान अटल तथा सार्वभौम हैं, उसमें पक्षपात की कोई भी गुञ्जाईश नहीं होती।

भगवान् अत्यन्त सूक्ष्म होने के कारण उनमें कोई प्रवेश नहीं कर सकता अर्थात् सम्पूर्ण जगत् उनपर आश्रित (निर्भर) हैं, वह किसी पर आश्रित नहीं है। जिस प्रकार सूक्ष्म आकाश पर अन्य चार महाभूत निर्भर हैं, किन्तु आकाश उन पर नहीं। जगत् में अणु, काल तथा दिक् अति सूक्ष्म समझे जाते हैं, किन्तु भगवान् उनसे भी कहीं सूक्ष्म हैं, भगवान् सबके कर्ता–धर्ता, भरण–पोषण करने वाले होने के कारण "सर्वस्य धातारम्" कहे गये हैं, भगवान् अपरिमित–अचिन्त्य रूप हैं अर्थात् शुद्धचित्त ही उनका चिन्तन कर सकता है। कहने का अभिप्राय भगवान् ही सर्वज्ञ, नियन्ता, अनादि, अत्यन्त सूक्ष्म, अज्ञान से ऊपर मलिन मन के लिए अचिन्त्य सबके भरण–पोषण कर्त्ता हैं तथा दिव्य प्रकाश के पुञ्ज हैं जो पुरुष अन्त काल में ऐसे परमेश्वर का स्मरण करता है, उसे ईश्वर प्राप्ति हो जाती है।। 9 ।।

प्रयाणकाले मनसाचलेन भक्त्या युक्तो योगबलेन चैव।
भ्रुवोर्मध्ये प्राणमावेश्य सम्यक् स तं परं पुरुषमुपैति दिव्यम्।। 10 ।।

अर्थ– वह भक्ति युक्त पुरुष अन्तकाल में योग के बल पर स्थिर मन से प्राण को दोनों भृकुटियों के बीच धारण करके छोड़ता है, प्रभु स्मरण करता हुआ (भक्तयोगी) दिव्य परमपुरुष परमात्मा को प्राप्त करता है।। 10 ।।

व्याख्या– यहाँ पर भक्ति और योग दोनों क्रियाओं (निष्ठाओं) का प्रयोग अथवा उल्लेख किया गया है। इन आध्यात्मिक क्रियाओं का प्रयोग करके सच्चा भक्त अथवा योगी ही सर्वज्ञ, परम, पुरुष, दिव्य प्रभु, परमात्मा में अन्तकाल में अपने मन को स्थिरता से टिका सकता है। ऐसा योगी अथवा भक्त भगवान् को प्राप्त कर लेता है। पर ध्यान देने योग्य बात यह है कि अन्तकाल में मन पूर्णरूपेण अनुशासित हो। प्राण कूटस्थ में स्थिर कर लिए जायें। ध्यान पूरी तरह आज्ञा चक्र में दोनों भृकुटियों के बीच केन्द्रित हो, मन बुद्धि ईश्वर परायण हो, ऐसा पुरुष प्राणान्त में भगवान् के पास जाता है। उसे स्वर्ग आदि से कुछ भी लेना देना नहीं। परन्तु यह स्थिति पवित्र आध्यात्मिक जीवन में ही सम्भव है। जीवन पर्यन्त पावन भक्तियोग एवं दृढ़ राजयोग ही इस अवस्था तक पहुँचा सकते हैं। पावन भक्ति–योग का अभिप्राय है, जब भक्त पूर्णत: प्रभुपरायण हो जाय, भगवान् की भक्ति में रम जाय, वह अपने इष्ट भगवान् को ही सर्वत्र सब के अन्दर देखता है।

योग युक्त का तात्पर्य जब योगी योग साधना द्वारा संसार से ऊपर उठ जाता है। तब उसे प्राणायाम का सतत् अभ्यास करते सांसों की भी आवश्यकता नहीं रहती तथा प्राण शक्ति के प्रयोग की कला में निपुण हो जाता है। इच्छानुसार सूक्ष्म शरीर में प्रवेश करता है क्योंकि वायु अथवा सांस की आवश्यकता तो स्थूल शरीर को होती है, सूक्ष्म शरीर को नहीं।। 10 ।।

यदक्षरं वेदविदो वदन्ति विशन्ति यद्यतयो वीतरागा:।
यदिच्छन्तो ब्रह्मचर्यं चरन्ति तत्ते पदं सङ्ग्रहेण प्रवक्ष्ये।। 11 ।।

अर्थ– उस परम पद को मैं तुम्हें संक्षेप में कहता हूँ, जिसको वेदज्ञ अक्षर पुरुष कहते हैं तथा जिसमें वीतराग यति लोग प्रवेश करते हैं तथा जिसको जानने की इच्छा से ब्रह्मचारी–ब्रह्मचर्य व्रत करते हैं।। 11 ।।

व्याख्या– अक्षर–परम–पुरुष, परमब्रह्म ही हैं। भक्त और योगी जिस प्रकार परब्रह्म को प्राप्त करने में सफल होते हैं यह इस अध्याय के 10 श्लोक में कहा गया है। अब भगवान् कह रहे हैं, जिसको वेदों के ज्ञाता कूटस्थ कहते हैं, अक्षर (नित्य–सनातन–अनादि) कहते हैं तथा जिसको जानने के लिए साधक ब्रह्मचर्य व्रत को धारण करते हैं तथा राग–द्वेष आसक्ति से ऊपर उठते हैं, उस परम पद को तुम्हें संक्षेप में बताऊंगा अर्थात् सरल और उचित ढंग से बताऊंगा, जिससे तुम उस परमपद को आसानी से समझ कर प्राप्त कर लो।। 11 ।।

सर्वद्वाराणि संयम्य मनो हृदि निरुध्य च।
मूर्ध्न्याधयात्मनः प्राणमास्थितो योगधारणाम्।। 12 ।।
ओमित्योकक्षरं ब्रह्म व्याहरन्मामनुस्मरन्।
यः प्रयाति त्यजन्देहं स याति परमां गतिम्।। 13 ।।

अर्थ– जो सारे इन्द्रियों के द्वारों को संयत (रोक) करके, मन को हृदय में निरोध (रोक करके) अपने प्राणों को मस्तिष्क में स्थापित करके योगाभ्यास द्वारा समाधि लगाकर "ॐ" अक्षर रूप ब्रह्म को मन ही मन स्मरण करते हुए मुझ ईश्वर का चिन्तन करते हुए इस नश्वर देह का त्याग करता है, वह परम गति को प्राप्त करता है।। 12–13 ।।

व्याख्या– इन्द्रियों के सारे द्वार मस्तिष्क के अन्दर होते हैं, इन सब द्वारों को रोकने का साधन मन का नियन्त्रण ही होता है। योगियों के अनुसार मन की चञ्चलता प्राण के वेग पर निर्भर करती हैं, प्राण का प्रवाह अन्दर से बाहर की ओर होता है और मन बाह्य विषयों में रमा और लगा रहता है। मन को नियंत्रित करने के लिए प्राणायाम उचित साधन है। लगातार लम्बे समय तक प्राणायाम करते हुए मन स्थिर हो जाता है और प्राण प्रवाह रुक जाता है। मन इन्द्रियों का राजा है। अतः स्थिर होने पर मन का इन्द्रियों से सम्बन्ध विच्छेद हो जाता है। उस अवस्था में इन्द्रियां निष्क्रिय होकर विषयों से प्रभावित नहीं हो सकती, क्योंकि मस्तिष्क में स्थित उनके द्वार प्राण क्रिया (प्राणायाम) द्वारा बन्द हो जाते हैं, प्राण ही इस शरीर (मन–बुद्धि, इन्द्रियों) को चलाते हैं, जब प्राण का वेग तथा प्रवाह बाहर के बदले अन्दर को (अभ्यास द्वारा), प्राणायाम,

एकाग्रता, मनन, चिन्तन, भजन तथा पूजा आदि तो प्राण अथवा मन कूटस्थ में स्थित हो जाते हैं। साधक समाधि अवस्था में प्रवेश करता है और उसको "ॐ" इस एक अक्षर की नाद ध्वनि सुनाई देती है, अथवा ज्योति दर्शन होते हैं। नाद एवं ज्योति दर्शन के बाद महापुरुष उस परम प्रभु परमात्मा के दर्शन भी करता है। जो महापुरुष अन्तकाल में मन और प्राण को पूरी तरह नियन्त्रित कर स्थिर कर लेता है, वह भगवान् को प्राप्त कर लेता है। योगी प्राणायाम क्रिया के द्वारा सुषुम्ना नाड़ी को जागृत करते हैं। कठोपनिषद् में भी कहा गया है कि हृदय की 101 नाड़ियों में एक सुषम्ना नाड़ी मस्तिष्क में जुड़ी है जो जागृत दर्शन करवाती है। सतत् अभ्यास से दीर्घकाल में मन और प्राण अति सूक्ष्म हो जाते हैं और वे अतिसूक्ष्म सुषुम्ना नाड़ी में प्रवेश करते हैं। सुषुम्ना कोई रक्तवाहिका नाड़ी नहीं है, अपितु अति सूक्ष्म ज्ञान वाहिका नाड़ी मेरूदण्ड के भीतर मूलाधार से मस्तिष्क पर्यन्त है। इसी ज्ञान वाहिका नाड़ी के जागने को कुण्डलिनी जागरण कहते हैं, ब्रह्माण्ड के भी जैसे "भू, भुव, स्व, जन, मह, तप, सत्य" सात लोक है, उसी प्रकार मनुष्य के भीतर मेरुदण्ड के सात चक्रों में (मूलाधार, स्वधीष्ठान, मणिपुर, अनाद्य, विसुधा, आज्ञाचक्र तथा सहस्रार हैं) अष्टाङ्ग योग अर्थात् राजयोग के अभ्यास से (प्राणायाम द्वारा) मूलाधार में स्थित कुण्डलिनी शक्ति सातों चक्रों को भेदकर सहस्रार में शिव से मिलकर (लय होकर) साधक को परम ज्ञानी ब्रह्मज्ञानी बना देती है। परन्तु यह क्रिया विशेष गुरु द्वारा ही उपगम्य होती है। अर्थात् सद्गुरु से सीखाने पर ही इस क्रिया विशेष को किया जा सकता है।

योगी जन परम गति को इसी जीवन में अर्थात् जीते जी प्राप्त कर लेते हैं, योग सिद्धि विशेष गुरु की कृपा से प्राप्त की जा सकती है। योगियों के अनुसार मनुष्य के शरीर में हजारों नाड़ियां हैं, उनमें प्रधान तीन नाड़ियां होती है, ये इड़ा, पिङ्गला और सुषुम्ना हैं, उनमें से श्वास–प्रश्वास क्रिया अर्थात् सांस को लेना और छोड़ना इड़ा पिङ्गला नाड़ियों पर निर्भर करता है। पूरक (सांस का शरीर के अन्दर आना) सांस ग्रहण करना तथा रेचक सांस को शरीर से बाहर छोड़ना इन्हीं "ईड़ा पिङ्गला" नाड़ियों पर निर्भर करता है अर्थात् "ईड़ा

पिङ्गला" नाड़ियों का नियन्त्रण रहता है। पूरक और रेचक के अलावा सांस की तीसरी स्थिति होती है, जिसे कुम्भक कहते हैं पूरक और रेचक के बीच थोड़ी देर जो सांस रुकता है वही कुम्भक है। योगी प्राणायाम द्वारा कुम्भक द्वारा ही समाधि प्राप्त करते हैं। कुम्भक का तात्पर्य सांस को रोकना नहीं होता। सांस को बल पूर्वक रोकना खतरनाक होता है। ऐसा कभी नहीं करना चाहिए। कुम्भक का तात्पर्य सांस को रोकना नहीं सांस जब रुकता है वही कुम्भक है। अर्थात् विशेष प्राणायाम करते–करते योगी ऐसी स्थिति में पहुँचता है कि उसे संसार की आवश्यकता ही नहीं होती, उसकी श्वास–प्रश्वास प्रक्रिया स्वयं ही रुक जाती है। योगी समाधि में स्थित हो जाता है। उसका मन स्थिर हो जाता है। मन रहता ही नहीं, मन अमन हो जाता है, इस स्थिति में इड़ा पिङ्गला नाड़ियां निष्क्रिय हो जाती है तथा सुषुम्ना नाड़ी काम करतीहै। सुषुम्ना सांस की नहीं ज्ञान की नाड़ी है। वास्तव में इड़ा पिङ्गला नाड़ियां श्वास–प्रश्वास के माध्यम से मनुष्य को इस शरीर से बान्ध रखती हैं और सुषुम्ना नाड़ी ही शरीर को बन्धन से मुक्त करती हैं किन्तु यह कुम्भक स्थिति = विशेष प्रकार के प्राणायाम द्वारा, विशेष गुरु से इसकी विधि विधान प्राप्त कर ही प्राप्य है। कुम्भक में ही समाधि लगती है और इसी स्थिति में सुषुम्ना नाड़ी का जागरण होता है। कुण्डलिनी शक्ति कुम्भक में ही मूलाधार से सातों चक्रों को भेदकर सहस्रार में परम शिव में लीन हो जाती है। यही परम गति है और यही ब्रह्माजी के दिन और रात का ज्ञान है अर्थात् जो दिव्यज्ञान मनुष्य ब्रह्माजी के एक दिन में (हजार चतुर्युगी) ग्रहण कर पाता है। परम ज्ञानी (परमयोगी) उस ब्रह्मज्ञान को निर्वीज समाधि लगाकर एक जन्म में प्राप्त कर मोक्ष प्राप्त कर लेता है।। 12–13 ।।

अनन्यचेताः सततं यो मां स्मरति नित्यशः।
तस्याहं सुलभः पार्थ नित्ययुक्तस्य योगिनः।। 14 ।।

अर्थ– हे पार्थ! जो अनन्य चित्त होकर प्रतिदिन निरन्तर मुझे स्मरण करता है। उस नित्य युक्त योगी के लिए मैं सुलभ (सरलता) से प्राप्य हूँ।। 14 ।।

व्याख्या– अनन्य चित्त का अर्थ है; कि साधक का चित्त भगवान् में ऐसे चिपका होना चाहिए जिस प्रकार लोहा चुम्बक से चिपकता है। यहाँ भगवान् ने योगी

शब्द का प्रयोग किया है क्योंकि योगी योगाभ्यास द्वारा मन को पूर्णतः स्थिर कर लेता है। उसका मन भगवान् में पूरी तरह स्थिर हो जाता है। परन्तु ज्ञान और भक्ति द्वारा भी साधक भगवान् में मन को पूरी तरह से स्थिर कर लेते हैं। भगवान् में मन, बुद्धि तभी स्थिर होती है, जब साधक संसार से पूरी तरह विमुक्त हो जाये। जब साधक यह समझ और जान ले, कि संसार वास्तविकता नहीं। इस संसार के कारक–धारक एवं नियन्ता केवल भगवान् ही हैं, साधक में श्रद्धायुक्त निष्कामभाव आवश्यक है। इस प्रकार की भक्ति, प्रेम और त्याग की लग्न साधक में जब प्रतिदिन निरन्तर रहती है, तब ही भगवान् की खोज और तड़प–तलाश रहती है। उसे भगवान् सुगमता से प्राप्य हैं, सुलभता का तात्पर्य कि साधक को अनन्य भाव साधना में कष्ट नहीं, सुख का अनुभव होता है। इसी में प्रभु प्राप्ति सुलभ होती है। कठोपनिषद में इसका विस्तृत उल्लेख है कि ईश्वर अवश्य है और सच्चे साधक को अवश्य मिलते हैं परन्तु उसी को मिलते हैं जिसको वह स्वीकारते हैं अर्थात् जो उनके (भगवान्) के बिना रह नहीं सकता। ऐसे साधक तथा भक्त को भगवान् के दर्शन सरल और सुगम है।। 14 ।।

मामुपेत्य पुनर्जन्म दुःखालयमशाश्वतम्।
नप्नुवन्ति महात्मानः संसद्धिं परमां गताः।। 15 ।।

अर्थ– परमा (परम महात्मा) मुझे प्राप्त करने के पश्चात् दुःखालय तथा अशाश्वत् पुनर्जन्म को प्राप्त नहीं होते, क्योंकि वे सिद्ध पुरुष हो गये होते हैं।। 15 ।।

व्याख्या– यहाँ भगवान् पुनर्जन्म को दुःखालय और अशाश्वत कह रहे हैं। इसका कारण संसार में समानता नहीं है। इसका आधार द्वन्द्व है। इसमें हमेशा सुख और दुःख रहते हैं, धनी हो अथवा निर्धन अन्तर केवल इतना है; कि धनी एवं निर्धनों के दुःखों के कारण परस्पर विपरीत हैं; अर्थात् अलग–अलग कारण होते हैं, परन्तु कम नहीं। गरीब छोटी अनुकूल वस्तु से भी प्रसन्न हो जाता है; किन्तु धनी थोड़ी सी प्रतिकूल स्थिति में भी बहुत दुःखी होता है। संसार में दुःखों का तांता बचपन से बुढ़ापे तक लगातार लगा हुआ है। इसीलिए भगवान् ने संसार को दुःखालय कहा है। अशाश्वत इसलिए कह रहे हैं कि

जगत् तथा जीवन परिवर्तनशील है। यही नहीं पुनर्जन्म भी एक तांता है; एक मृत्यु के बाद जन्म तथा बार–बार जन्म मृत्यु तथा फिर वही संकट तथा सुख और दुःखों का ही सागर है, यहाँ सुख–दुःख चक्र के पहिए की तरह घूमते रहते हैं। क्योंकि वास्तव में ऐसा नहीं है कि संसार में सुख नहीं है, संसार में अनेक प्रकार के सुख तथा भोग हैं परन्तु यह उत्तम से उत्तम सांसारिक सुख अथवा भोग भी आध्यात्मिक सुख और आनन्द के सामने तुच्छ ही है–आध्यात्मिक आनन्द तो अक्षय तथा अतुल्य है–संसारिक सुख अल्प है। मनुष्य संसार में मन तथा इन्द्रियों पर आश्रित है, जिनका धर्म अस्थिरता परिवर्तन तथा अपूर्णता है। महात्मा, जो संसार से ऊपर उठ गये हैं, जो मन बुद्धि और इन्द्रियों पर आश्रित नहीं है और जिन्होंने आत्मा का अनूठा अनुभव ले लिया है वे ही जान सकते हैं कि परमानन्द का कैसा अतुलनीय अनुभव है। उसकी तुलना में संसार और पुनर्जन्म वास्तव में दुःखों का घर और अशाश्वत जाल है। परम गति ही इच्छा, कामना, ममता से दूर है। परमगति आत्मबोधक है; अर्थात् आत्मबोध हो जाता है। जिसमें समता, असीम प्यार और श्रद्धा का अपार अनुभव होता है।। 15 ।।

आब्रह्मभुवनाल्लोका पुनरावर्तिनोऽर्जुन।
मामुपेत्य तु कौन्तेय पुनर्जन्म न विद्यते।। 16 ।।

अर्थ– हे अर्जुन! ब्रह्म लोक तक सभी लोक पुनरावृत्ति वाले हैं, परन्तु हे कौन्तेय! मुझ को पा लेने पर पुनर्जन्म नहीं होता।। 16 ।।

व्याख्या– सभी लोकों में ब्रह्मलोक सर्वोच्च है, इस लोक में अगाध– अनन्त सुख तथा शान्ति है। यह सुख शान्ति इन्द्रादि लोकों से कहीं अधिक हैं, इन लोकों में कोई कमी नहीं और आनन्द का अनुभव होता है। इन सभी उच्च लोकों को महापुरुष पुण्य कर्मों, भक्ति, ज्ञान आदि को प्राप्त करते हैं, परन्तु हर लोक में रहने की अवधि भगवान् के विधान एवं कर्मानुसार समाप्त हो जाती है। मनुष्य को फिर इसी मृत्युलोक में जन्म लेना पड़ता है तथा संसार की अनेक चुनौतियों से जूझना पड़ता है, परन्तु जो महापुरुष उच्च ज्ञान, भक्ति, कर्मयोग एवं कर्त्तव्य–परायणता द्वारा भगवान् के साक्षात् दर्शन इसी जन्म में कर लेता है, वह परम पद को प्राप्त होता है तथा ईश्वर में लीन हो जाता है।

वह जन्म—मरण के आवागमन से छूट जाता है। परम—प्रभु परमात्मा का अंश होने के कारण अपने असली घर में हमेशा के लिए चला जाता है।। 16 ।।

सहस्रयुगपर्यन्तमहर्यद्ब्रह्मणो विदुः।

रात्रि युगसहस्रान्तां तेऽहोरात्रविदो जनाः।। 17 ।।

अर्थ– जो महापुरुष ब्रह्म के सहस्र युग पर्यन्त एक दिन को और (ब्रह्म) के सहस्त्र युग पर्यन्त एक रात को जानते हैं; वह ब्रह्मा के दिन—रात को जानते हैं।। 17 ।।

व्याख्या– "ब्रह्मलोक" भूलोक, भुवलोक, तपलोक आदि लोकों से ऊपर है, यह लोक परमानन्द का अनन्त स्रोत है, बाकि लोकों की अवधि इस लोक की अवधि से बहुत कम है, ब्रह्मलोक की अवधि सबसे अधिक होने के कारण इसका समय (अवधि) आंकना असंभव कार्य है।

देवताओं का एक दिन मनुष्यों के एक वर्ष के बराबर होता है। चार युगों की आयु के जोड़ को चतुर्युगी कहते है, मृत्युलोक की कालावधि के अनुसार एक चतुर्युगी को 360 से गुणा कर एक चतुर्युगी होती है। ऐसी सहस्र चतुर्युगियों का ब्रह्मा का एक दिन तथा सहस्र चतुर्युगियों की एक रात्री होती है। सहस्र चतुर्युगियों को 360 से गुणा करके ब्रह्म का एक वर्ष होता है। ब्रह्मा के एक दिन को कल्प कहा जाता है। एक कल्प में चौदह मनु आविर्भूत होते हैं, एक—एक कल्प एक इन्द्र का राजस्व काल होता है। एक मनु के आविर्भाव एवं तिरोभाव काल को मन्वन्तर कहते हैं। इस प्रकार की काल गणना के अनुसार ब्रह्मा की आयु एक सौ वर्ष है। ब्रह्मा की आयु अर्थात् सौ वर्षों के पश्चात् महा प्रलय होता है। महाप्रलय काल में चार उर्ध्व लोक, "जन, मह, तप, सत्य" लोक भी महाप्रलय में नहीं रहते। काल महाकाल में लीन हो जाता है। सृष्टि कारण अवस्था प्रकृति में, प्रकृति मूल प्रकृति ब्रह्म में समा जाती है। यह प्रलय अवस्था भी ब्रह्मा के सौ वर्षों की होती है। फिर भगवान् नूतन ब्रह्म का आविर्भाव करते हैं, महासर्ग का उदय होता है और फिर ब्रह्मा के एक सौ साल तक ब्रह्माण्ड चलता है। यह महासर्ग—महाप्रलय भगवान् की अपनी ही लीला है। सांसारिक काल गणना का आधार सूर्योदय और सूर्यास्त है। भगवान् कहते हैं कि जो

महापुरुष ब्रह्म के सहस्र वर्ष के दिन और रात को जानता है; वह ब्रह्मज्ञानी हो जाता है। ब्रह्मा के सहस्र पर्यन्त दिन और रात को ब्रह्मज्ञानी ही जान सकते हैं और कोई साधन ही नहीं, इस अवस्था में साधक सिद्ध हो जाता है। वह काल से ऊपर उठकर परमब्रह्मज्ञानी हो जाते हैं। इस परमावस्था को योग सिद्धि, परम भक्ति एवं विशिष्ट ज्ञान द्वारा ही प्राप्त किया जा सकता है।। 17 ।।

अव्यक्ताद्व्यक्तय: सर्वा: प्रभवन्त्यहरागमे।
रात्र्यागमे प्रलीयन्ते तत्रैवाव्यक्तसञ्ज्ञके।। 18 ।।

अर्थ— ब्रह्मा के एक दिन के आरम्भ में अव्यक्त से, सारे प्राणी उत्पन्न होते हैं और ब्रह्माजी की एक रात्री आने पर अव्यक्त में ही सारे प्राणियों का लय होता है।। 18 ।।

व्याख्या— ब्रह्माजी के जागने पर सभी प्राणी उत्पन्न होते हैं, यह सारी सृष्टि और प्राणी वर्ग ब्रह्मा से ही उत्पन्न होते है तथा ब्रह्मा के सोने पर अर्थात् रात्री होने पर यह जीववर्ग ब्रह्म में लीन हो जाता है।

ब्रह्माजी के रात्री और दिन भगवान् के विधान के अनुसार होते हैं, अर्थात् रात्री ब्रह्मा की अव्यक्त अवस्था है जो दृष्टिगोचर नहीं होती, यही शरीर की भी है, जैसे मानव शरीर नींद में कारण शरीर की अवस्था में जाता है, उसी प्रकार सृष्टि या व्यक्त प्रकृति भी अव्यक्त (कारण शरीर) की अवस्था में जाती है। यही अव्यक्त अवस्था मूल प्रकृति है। प्रलयकाल में सृष्टि मूल प्रकृति में विलीन हो जाती है। जो अव्यक्त है। सर्ग के समय जिसे ब्रह्मा का दिन कहते हैं यह सृष्टि उत्पन्न होती है अर्थात् अव्यक्त मूल प्रकृति से दिन उत्पन्न होता है और उसी अव्यक्त में प्रकृति लीन होती है, सर्ग ब्रह्मा के एक दिन को कहते हैं और प्रलय ब्रह्मा के एक रात को कहते हैं। महासर्ग ब्रह्मा के सौ वर्ष होने पर तथा महाप्रलय सौ वर्ष पूरे होने हैं। महाप्रलय में सारा ब्रह्माण्ड भगवान् में लीन हो जाता है और महासर्ग के उदय होने पर भगवान् नूतन ब्रह्मा और नई सृष्टि करते हैं।

इस मृत्युलोक में भी मृत्यु का यही क्रम है, जिसको हम मृत्यु समझते हैं, वह जीवन का अन्त नहीं, परिवर्तन है, मनुष्य स्थूल शरीर छोड़कर सूक्ष्म शरीर में प्रविष्ट होकर ईश्वरीय विधान से कर्मानुसार पुनर्जन्म लेता है।। 18 ।।

भूतग्रामः स एवायं भूत्वा भूत्वा प्रलीयते।
रात्र्यागमेऽवशः पार्थ प्रभवत्यहरागमे।। 19 ।।

अर्थ– हे पार्थ! वही भूत (प्राणी) पुनः पुनः उत्पन्न होकर कर्मवश ब्रह्मा के दिन आने पर उत्पन्न होते हैं और रात्री आने पर विलीन हो जाते हैं।। 19 ।।

व्याख्या– अव्यक्त (मूल प्रकृति) से ही व्यक्त सृष्टि का उदय होता है तथा इसी में लय भी हो जाता है। अव्यक्त कारण अवस्था है, यही लुप्त अवस्था है। यह अव्यक्त अवस्था व्यक्त के आगे पीछे दोनों ओर है। कल्प के अन्त में सारे स्थावर–जङ्गम प्राणी अव्यक्त में समा जाते है और कल्प के प्रारम्भ में उस अव्यक्त से पुनः उत्पन्न होते हैं। यह सारा प्राणी समूह स्व कर्मानुसार ही पुनः जन्म लेते हैं, कर्मगति अटल है। सारे कर्म उनके जीवन एवं जन्म–मरण को प्रभावित करते हैं।

देखने योग्य है कि वही भूत समूह कर्म के अधीन जन्म लेता है किन्तु जिन्होंने कर्म के बन्धन से मुक्ति पा ली है; वे जन्म–मरण के आवागमन से छूट जाते हैं, विशेष बात यह है कि लाखों सालों कल्प आते जाते रहते हैं और मनुष्य लाखों जन्मों तक कर्मानुसार इसी प्रकार जन्म–मरण के चक्र में पड़ा रहता है। केवल कर्मयोग, निर्मल भक्ति, ज्ञानयोग एवं कर्तव्य परायणता वाला पुरुष ही इस बन्धन से मुक्त होता है। स्पष्टतः स्वच्छ–और श्रेष्ट कर्म कभी नष्ट नहीं होते, क्योंकि यह मृत्युलोक कर्मभूमि है और इसी में प्रभु प्राप्ति होती है, माध्यम भक्ति, ज्ञान, योग तथा सत्कर्म है।। 19 ।।

परस्तस्मात्तु भवोऽन्योऽव्यक्तोऽव्यक्तात्सनातनः।
यः स सर्वेषु भूतेषु नश्यत्सु न विनश्यति।। 20 ।।

अर्थ– परन्तु उस अव्यक्त से परे (भिन्न) इन्द्रियों से अगोचर सनातन (अनादि अनन्त) सर्वश्रेष्ठ अव्यक्त है, उसका सारे भूतों के नष्ट होने पर नाश नहीं होता है।। 20 ।।

व्याख्या– सभी दिव्य लोक ब्रह्म लोक सहित अव्यक्त है, परन्तु महाप्रलय होने पर अव्यक्त लोकों का अन्त होता है, यहाँ तक कि ब्रह्मलोक का अस्तित्व भी नहीं रहता। यहाँ भगवान् ने ऐसे अव्यक्त (परम अव्यक्त भावरूप का वर्णन

किया है) जो अविनाश सनातन और सर्वश्रेष्ठ हैं, अर्थात् जिसमें ब्रह्मलोक आदि महाप्रलय काल में लीन हो जाते हैं, किन्तु उस सर्वश्रेष्ठ परमधाम में कोई परिवर्तन नहीं आता। यहाँ तक कि जब सारी सृष्टि सारे भूत भी जब नष्ट हो जाते हैं उस स्थिति में भी परमभाव रूप अव्यक्त को कोई भी परिवर्तन नहीं होता, ऐसा विलक्षण स्वरूप भगवान् का ही है, यह अनादि सनातन सर्वश्रेष्ठ अव्यक्त है।। 20 ।।

अव्यक्तोऽक्षर इत्युक्तस्तमाहुः परमां गतिम्।
यं प्राप्य न निवर्तन्ते तद्धाम परमं मम।। 21 ।।

अर्थ— जो अव्यक्त "अक्षर" कहा गया है, उसे प्राप्त करने पर लौटकर इस संसार में नहीं आना पड़ता, उसी अव्यक्तभाव को परमधाम कहते हैं और वही परमगति है, वही मेरा धाम है।। 21 ।।

व्याख्या— परम अव्यक्त, परम गति, परमधाम ये सब परमब्रह्म के वाचक हैं। परमब्रह्म सर्वश्रेष्ठ निराकार परम प्रभु हैं, जो महापुरुष या देवता अनन्य भक्ति द्वारा इनके दर्शन कर लेता है वह अमर हो जाता है। उसका जन्म पुनः नहीं होता, उसे पूर्ण मोक्ष प्राप्त हो जाता है। महाप्रलय और महासर्ग उसको प्रभावित नहीं कर सकते। इस परम पुरुष—परम सत्य को गीता के 15वें अध्याय में पुरुषोत्तम की संज्ञा दी गई है।। 21 ।।

पुरुषः स परः पार्थ भक्त्या लभ्यस्त्वनन्यया।
यस्यान्तःस्थानि भूतानि येन सर्वमिदं ततम्।। 22 ।।

अर्थ— हे पार्थ भूत समूह (सारे प्राणी) जिसके अन्दर अवस्थित है और जिसके द्वारा यह सारा जगत् व्याप्त है, वह परम पुरुष अनन्य भक्ति से ही प्राप्य है।। 22 ।।

व्याख्या— सारे प्राणी जिसके अन्दर अवस्थित हैं और जिसके द्वारा सारा जगत् व्याप्त है, तात्पर्य कि भगवान् सारे प्राणियों एवं जगत् के विहित और उपादान कारण स्वयं ही हैं, ब्रह्मा, विष्णु, महेश, देवगण तीनों लोक और ब्रह्माण्ड सब मात्र जिसके कारण और संकल्प से हैं, वही परम पुरुष तथा परम गति है।

यहाँ दयामय भगवान् स्वयं ही सच्चे श्रद्धालु, भक्तों तथा साधकों के लाभ

के लिए कह रहे हैं कि उनके परम अव्यक्त, परमधाम और परमगति प्राप्त करने का अनन्य भक्ति ही साधन व मार्ग है। अनन्य भक्ति का तात्पर्य है कि जब भक्त या साधक किसी अन्य शक्ति या सत्ता द्वारा आकर्षित न हो और न ही प्रभावित हो, जिसका एकाग्रित ध्यान, सोते, जागते, चलते, खाते, काम करते, आराम करते समय मात्र परम–प्रभु परमात्मा पर ही केन्द्रित होता है।। 22 ।।

यत्र काले त्वनावृत्तिमावृत्तिं चैव योगिन:।

प्रयाता यान्ति तं कालं वक्ष्यामि भरतर्षभ।। 23 ।।

अर्थ– हे भरत श्रेष्ठ! जिस काल में शरीर त्यागकर योगी जन वापिस नहीं लौटते और जिस काल में शरीर का त्याग कर वापिस लौटते हैं मैं उन दोनों मार्गों के बारे में तुमसे कहता हूँ।। 23 ।।

व्याख्या– भगवान् ने पहले वर्णन कर दिया है, कि परम अव्यक्त परमधाम को प्राप्त योगी अथवा महापुरुष ही पुनर्जन्म नहीं लेता, बाकि सबको देवलोकों का सुख भोगकर पुनर्जन्म प्राप्त करना हैं, इस श्लोक में भगवान् यह स्पष्ट कह रहे हैं, कि शरीर त्यागने के उपरान्त परमगति को प्राप्त योगी (जो पुन:जन्म नहीं लेता) किस मार्ग से जाता है और ऐसा योगी अथवा परमभक्त, जिसको दोबारा जन्म लेना पड़ता है, किस मार्ग से देव अथवा दिव्यलोक के लिए प्रयाण करता है। स्पष्ट है कि भगवान् द्वारा निर्मित विधान के अनुसार ऐसे दो पृथक्–पृथक् मार्ग हैं, जिनके द्वारा योगी महापुरुष मृत्यु के पश्चात् प्रयाण करते हैं, अर्थात् दिव्य लोकों में पहुँचने के लिए प्रस्थान करते हैं। मृत्यु के बाद वैसे योगी ही नहीं लौटते जिनकी साधना परम् कोटि की हुआ करती है, जो योगी पुरुष समाधि में (निर्विकल्प समाधि) में स्वेच्छानुसार प्रभुदर्शन करते हैं।

सविकल्प समाधि में साधक या योगी ध्यान लगाने के प्रयास में करता है और निर्विकल्प समाधि सिद्ध योगी जहाँ जिस समय चाहें समाधि लगा लेते हैं, अर्थात् निर्विकल्प समाधि तथा निर्वीज समाधि परम सिद्ध योगी की उपलब्धि होती है। वह संसार में रहते हुए संसारी नहीं होता। वह संसार यात्रा करते हुए भी भगवान् के पास रहता है। ऐसा महापुरुष अथवा योगी निरन्तर प्रभु सम्पर्क में रहता है। यही निर्वीज सर्वोच्च समाधि है।। 23 ।।

अग्निर्ज्योतिरहः शुक्लः षण्मासा उत्तरायणम्।
तत्र प्रयाता गच्छिन्ति ब्रह्म ब्रह्मविदो जनाः।। 24 ।।

अर्थ– जो महापुरुष (सिद्धयोगी) प्रकाशमय अग्नि देवता, दिन के देवता, शुक्लपक्ष के देवता तथा उत्तरायण देवता के मार्ग से (मकर–संक्रान्ति से आषाढ संक्रान्तिक उत्तरायण होता है) अर्थात् इन छः मासों में शरीर छोड़कर जाता है वह वापिस लौटकर नही आता है।। 24 ।।

व्याख्या– योगीजन शरीर छोड़ने के बाद जिस मार्ग से प्रयाण करते हैं, उनका वर्णन यहाँ पर किया गया है। इस मार्ग से जानेवाले महापुरुष ब्रह्मलोक में ब्रह्म के पास जाते हैं और लौटकर नहीं आते हैं, उनको परम मोक्ष ब्रह्म के सानिध्य में मिल जाता है। उनका पुनर्जन्म महासर्ग पर भी नहीं होता है। शास्त्रों के अनुसार जिस मार्ग में प्रकाशमय अग्नि अभिमानी देवता है, अर्थात् दिन का (तेज का) अभिमानी देवता हैं।, शुक्ल पक्ष के अभिमानी देवता एवं उत्तरायण के छः मासों के अभिमानी देव हैं, उस काल में प्रयाण करने वाले ब्रह्मज्ञानी, योगी वापिस नहीं लौटते, वे परमब्रह्म में लीन होते हैं, ब्रह्मज्ञानियों का उस महाप्रयाण में देवदूतों के द्वारा स्वागत होता है और क्रमानुसार चारों क्षेत्रों के अभिमानी देवता ऐसे परमयोगी का अपने अपने क्षेत्रों में अभिनंदन करते हैं और योगी परमब्रह्म में लीन होते हैं अर्थात् महाप्रलयकाल में वे ब्रह्माजी के साथ ही ब्रह्मा में लीन होते हैं।। 24 ।।

धूमो रात्रिस्तथा कृष्णः षण्मासा दक्षिणायनम्।
तत्र चान्द्रमसं ज्योतिर्योगी प्राप्य निवर्तते।। 25 ।।

अर्थ– जिस मार्ग में धूमाभिमानी देवता, रात्रि अभिमानी देव है, कृष्णपक्ष अभिमानी देवता है तथा छः महिने वाला दक्षिणायन अभिमानी देवता उस मार्ग से जाने वाला और चन्द्रमा की ज्योति प्राप्त करने वाला योगी अपने सत्कर्मों के फल को भोगकर पुनः स्वर्ग में लौटकर आता है।। 25 ।।

व्याख्या– शास्त्रों के अनुसार धूम, रात्री, कृष्णपक्ष तथा छः मास वाला दक्षिणायन के अपने अधिपति देवता हैं। इन देवताओं की भी शुक्ल पक्ष मार्ग के देवों की भाँति अपने–अपने क्षेत्र तथा सीमायें हैं। जो योगी पूर्णतः सिद्ध

नहीं हुए हैं और निर्विकल्प समाधि की प्राप्ति से पहले ही प्राण छोड़ते हैं। वे योगी इस कृष्णमार्ग (दक्षिणायन) से जाते हैं। वे चन्द्रलोक में दिव्य भोगों को भोगकर वापिस मृत्युलोक में आते हैं, और पुन: कर्मों के अनुसार उच्च स्थानों में जन्म लेते हैं।। 25 ।।

शुक्लकृष्णे गती ह्येते जगतः शाश्वते मते।
एकया यात्यनावृत्तिमन्ययावर्तते पुनः।। 26 ।।

अर्थ– जगत् के ये शुक्ल और कृष्णमार्ग अनादि और शाश्वत् हैं, इनमें से कृष्ण मार्ग से जाने वाले को लौटना पड़ता है और दूसरे मार्ग से जाने वाले को नहीं लौटना पड़ता।। 26 ।।

व्याख्या– ये दोनों मार्ग उत्तम योगी के या विमूढ़ योगी के हैं। साधारण लोगों का प्रस्थान इस मार्ग से नहीं होता। यह दोनों मार्ग अनादि और शाश्वत् हैं, हमेशा से हैं और हमेशा रहेंगे। उत्तम योगी वह है जिसने योग, भक्ति, ज्ञान और शुद्ध कर्म द्वारा प्रभु प्राप्ति कर ली है। जो स्वेच्छा से जब चाहे निर्विकल्प समाधि में प्रवेश करते हैं, ऐसे महापुरुष शुक्ल मार्ग से मृत्यु पर ब्रह्मलोक को प्राप्त हो जाते हैं और वहाँ बहुत समय तक रहने के पश्चात् ब्रह्मा के साथ महाप्रलय काल में परब्रह्म में लीन हो जाते हैं।

विमूढ़ योगी भी उच्च भक्त ज्ञानी तथा प्रभु–परायण महापुरुष होते हैं, परन्तु उनमें जगत् वासना का कुछ न कुछ अंश होता है तथा उसी अंश के कारण मृत्यु पर कृष्ण मार्ग से प्रस्थान करते हैं और चन्द्रलोक आदि दिव्यलोकों में देवताओं के साथ उच्च कोटि के भागों को लम्बे समय तक भोग कर स्वकर्मानुसार दोबारा संसार में ऊँचे कुल में जन्म लेते हैं।। 26 ।।

नैते सृती पार्थ जानन्योगी मुह्यति कश्चन।
तस्मात्सर्वेषु कालेषु योगयुक्तो भवार्जुन।। 27 ।।

अर्थ– हे अर्जुन! इन दोनों मार्गों को जानने वाले योगी मोह को प्राप्त नही होते हैं। अत: तुम भी योग को प्राप्त करो।। 27 ।।

व्याख्या– योग तो प्राप्त करने से तात्पर्य समता को प्राप्त करना है। समबुद्धि होना, मोह और अज्ञान से ऊपर उठना, आत्मा को जानना और इस आत्मा

के स्वरूप को जानकर, निष्काम कर्म परायण होना, संसार तथा कर्मों के लिए ऊपर उठने का साधन दृढ़ कर्त्तव्यपरायणता से बढ़कर और कुछ नहीं है। योग, ज्ञान, भक्ति आदि तो प्रभु प्राप्ति का साधन हैं ही, संसार में रहकर परिवार वाले मनुष्य के लिए कर्म को निष्काम भाव से तथा श्रद्धा से करने पर भी प्रभु प्राप्ति होती है। मोह, ममता, कामना, को छोड़कर ही कर्म करने से प्रभु प्राप्ति होती है। तभी तो भगवान् अर्जुन को (जो संसारी है) सम्बोधित करके कह रहे हैं कि हे अर्जुन! योद्धा होते हुए क्षत्रिय धर्म योग युक्त भाव से निभाओ, मोह रहित भाव से युद्ध करो अर्थात् मेरे परायण होकर मुझे प्राप्त करो।। 27 ।।

वेदेषु यज्ञेषु तपःसु चैव दानेषु यत्पुण्यफलं प्रदिष्टम्।
अत्येति तत्सर्वमिदं विदित्वा योगी परं स्थानमुपैति चाद्यम्।। 28 ।।

अर्थ– योगी इस तत्व को रहस्यपूर्वक जानकर (शुक्ल और कृष्ण मार्गों का तत्व) वेदाध्ययन, यज्ञ करने, दान देने, तप करने के फलों का अतिक्रमण करके परमात्मा को प्राप्त होता है।। 28 ।।

व्याख्या– वेदाध्ययन, यज्ञ, दान, तप आदि अनेक पुण्य कर्मों का फल मनुष्यों को अवश्य प्राप्त होते हैं, किन्तु इन शुभ कर्मों के करने से शुक्ल एंव कृष्ण मार्गों की प्राप्ति नहीं होती, परम प्रभु परमात्मा की प्राप्ति एवं मोक्ष तो योगियों को ही प्राप्त होता है, अब प्रश्न यह है कि योगी का अर्थ क्या है? योगी सिर्फ वह होता है, जिसका प्रयास या लगन मात्र प्रभु प्राप्ति होती है जिसका माध्यम उच्च कोटि की साधना ही होती है जो सदगुरु बताते हैं। स्वर्ग प्राप्ति, दिव्य भोग, उसके आकर्षण नहीं होते, उसका लक्ष्य तो प्रभु प्राप्ति होती है, मार्ग या साधन ज्ञान, भक्ति, कर्मयोग कर्त्तव्य परायणता कुछ भी हो सकता है। प्रश्न केवल लक्ष्य और लगन का है।। 28 ।।

ॐ तत्सदिति श्रीमद्भगवद्गीतासूपनिषत्सु
ब्रह्मविद्यायां श्रीकृष्णार्जुनसंवादे
अक्षरब्रह्मयोगो नामाष्टमोऽध्यायः।। 8 ।।

✤ ✤ ✤

राज–विद्या, परम रहस्य योग:

श्रीभगवानुवाच

इदं तु ते गुह्यतमं प्रवक्ष्याम्यनसूयवे।
ज्ञानं विज्ञानसहितं यज्ज्ञात्वा मोक्ष्यसेऽशुभात्।। 1 ।।

अर्थ– श्री भगवान् बोले – यह अत्यन्त गोपनीय विज्ञान सहित ज्ञान, 'तुम दोष दृष्टि रहित भक्त के लिए फिर भली भांति कहूंगा, जिसको जानकर, "इस अशुभ" दु:ख रूपी संसार से मुक्त हो जाओगे।। 1 ।।

व्याख्या– यह प्रकरण, विज्ञान सहित ज्ञान का है, जो अनन्य भक्ति (गहन प्रभु प्रेम) से भक्त–योगी को प्राप्त होता है। इसका उल्लेख भगवान् नें छठे अध्याय के अन्त में किया था और इसी प्रसंग में अर्जुन ने भगवान् से ब्रह्म, आध्यात्म, कर्म, अधिभूत, अधिदैव तथा अधियज्ञ के सम्बन्ध में सात प्रश्न भी किए तथा अर्जुन को भगवान् ने इस प्रकरण का विस्तार पूर्वक वर्णन भी किया। भगवान् यह जानते हैं कि अर्जुन एक जिज्ञासु दोष दृष्टि रहित भक्त हैं, जो निर्वाण का इच्छुक है। अत: इसे यह सर्वोच्च ज्ञान ("विज्ञान सहित ज्ञान") का विषय पूर्ण निश्चय से बताना आवश्यक है। क्योंकि यही मात्र राजविद्या और राजगुह्य विद्या है, तथा इससे ऊपर और कोई ज्ञान नहीं है और न हो सकता है। यह अत्यन्त गोपनीय इसलिए भी है, कि —

(1) इसको मन, बुद्धि तथा इन्द्रियां नहीं जान सकती। यह ज्ञान गुरु दीक्षा और साधना से ही प्राप्य हैं तथा गहन रहस्यों एवं गोपनीयताओं

का सार है, इसका उदय समाधि में ही होता है। इसके मुकाबले में साधारण विद्या (भौमिक ज्ञान) जिससे जगत् बोद्ध होता है मात्र अविद्या है– यह राजविद्या सर्वोपरि है इस विद्या से ही शिरनेत्र (ज्ञान चक्षु) खुलता है– यह राज विद्या ही ब्रह्म विद्या है, यही गुह्य योग है, यही अतिगुप्त परम ज्ञान है, इसको किसी भी श्रद्धाहीन तथा अनधिकृत भक्त को कभी नहीं बताना है।

(2) यह ज्ञान जिज्ञासा हीन, और रुचि रहित व्यक्ति को भी नहीं बताया जाता, केवल श्रद्धालु को ही बताना होता है।

(3) इस ज्ञान को केवल श्रेष्ठ गुरु से ही सीखा जा सकता है। यह मात्र पढ़ाई लिखाई अथवा मौखिक ज्ञान का विषय नहीं है। यह राजविद्या राज गुह्य योग लंबी निरंतर साधना तथा वैराग्य भाव से ही प्राप्य है।

यही गोपनीयता का कारण है, कि भगवान् स्वयं भी तत्व से अव्यक्त तथा गुप्त हैं। केवल सिद्ध योगी या ज्ञानी के समक्ष ही प्रकट होते हैं। अनन्य भक्त ही उन्हें जान सकता है। यह संसार एक विचित्र नाटक है। इसमें हर पात्र अपनी वास्तविकता स्वयं नहीं जानता। साधारण नाटक में दर्शक पात्र के वास्तविक रूप को नहीं जानते किन्तु संसार रूपी नाटक में पात्र हीं (मनुष्य ही) अपने वास्तविक रूप को नहीं जानता, वह अंहकार एवं अज्ञानवश स्वयं को जीवन पर्यन्त शरीर रूपी कर्ता मानता है जो वास्तव में नहीं, क्योंकि उसका स्वरूप अव्यक्त आत्मा है।। 1 ।।

राजविद्या राजगुह्यं पवित्रमिदमुत्तमम्।
प्रत्यक्षावगमं धर्म्यं सु सुखं कर्तुमव्ययम्।। 2 ।।

अर्थ– यह विज्ञान सहित ज्ञान सभी विद्याओं का राजा, गोपनीयताओं में श्रेष्ठ, अतिपवित्र, अत्युत्तम, प्रत्यक्ष फलवाला, धर्म युक्त और साधना के लिए सुगम तथा अविनाशी है। ।। 2 ।।

व्याख्या– सातवें अध्याय के पच्चीसवें श्लोक में भगवान् ने अपने गुप्त

(अव्यक्त) रूप का वर्णन किया है, यह रूप अपरा और परा प्रकृति से ऊपर और अव्यक्त है। इस रूप को जानना ही विज्ञान सहित ज्ञान है। राज विद्या का अर्थ सर्वोच्च विद्या "यह विज्ञान सहित ज्ञान ही राज विद्या है। यही ब्रह्म ज्ञान है क्योंकि भगवान् के दर्शन के वाद न कुछ जानने को रहता है, न ही कुछ करने को शेष रहता है। साधारण लोग तथ्य को नहीं जान पाते। यह ज्ञान व्यक्त होते हुए भी अव्यक्त है। क्योंकि यह अव्यक्त परमात्मा से ही सम्बन्धित है, जिनके बिना अन्य कुछ है ही नहीं, वही सर्वव्यापी, सर्वत्र है, किन्तु श्रद्धाहीन और अरुचिकर को प्राप्य भी नहीं है। यह अध्यात्मविद्या अति पवित्र है, इसे जानकर पापी भी तर जाते हैं क्योंकि पाप इस विद्या के पण्डित के सामने उदय ही नहीं होता, अति उत्तम यह ब्रह्म ज्ञान इसलिए है, कि इससे और कुछ भी उच्चतर नहीं हैं यह सर्वोत्तम है, क्योंकि इसको जानकर साधक सिद्ध हो जाता है, वह भगवान् तुल्य हो जाता है। इससे सभी संशय और भय मिट जाते हैं। तभी भगवान् ने कहा है कि ऐसा अनन्य भक्त ही मुझ में है और मैं उसमें हूँ। ये गोपनीयताओं में श्रेष्ठ होने का विषय किसी श्रद्धाहीन तथा अनधिकृत को कभी नहीं बताना है — क्योंकि ऐसे मनुष्य इससे समझ ही नहीं पाते यह गहन श्रद्धा तथा गहन साधना का विषय है।

प्रत्यक्ष फलवाला और धर्म—युक्त इसलिए कहा गया है कि इस ज्ञान के अनुयायी को अन्य किसी साधन की विशेष जरुरत ही नहीं होती, क्योंकि साधक को इसका फल जीवन में सुख और शान्ति के रूप में मिलता है। साधक द्वन्द्व के सार को जानता है वह दुःखी नहीं होता, अतः यह विद्या प्रत्यक्ष है, अर्थात् इसका अनुभव होता है और फल भी देखने में आता है परन्तु ऐसा अनुभव साधकों को ही प्राप्य है।

इसका साधन और सेवन सुगम है। अर्थात् इसमें किसी वाह्य साधन अथवा धन की आवश्यकता नहीं होती यह भक्ति तो बिना किसी सामग्री के मन द्वारा ही हो जाती है। इस राज विद्या और गुह्य ज्ञान की प्राप्ति होने पर यह विद्या न क्षीण होती है और न ही नष्ट होती है। इसे न चोर चुरा सकता है, और न अज्ञान नष्ट कर सकता है। यह भी अनुभव आधारित सत्य है कि

अव्यक्त भगवान् सच्चे भक्त को अवश्य मिलते हैं। इसके बाद किसी चीज की आवश्यकता रह नहीं जाती है।। 2 ।।

अश्रद्दधानाः पुरुषा धर्मस्यास्य परन्तप।

अप्राप्य मां निवर्तन्ते मृत्युसंसारवर्त्मनि।। 3 ।।

अर्थ– हे परंतप अर्जुन! इस उपर्युक्त धर्म में श्रद्धा रहित पुरुष मुझको न प्राप्त कर, मृत्युमय संसार चक्र में भ्रमण करते रहते हैं। ।। 3 ।।

व्याख्या– उपर्युक्त धर्म से तात्पर्य विज्ञान सहित ज्ञान तथा राज विद्या–राज गुह्य विद्या से ही है, जिसका विस्तृत विवरण पहले किया जा चुका है। इसके बिना परमात्मा की प्राप्ति हो ही नहीं सकती। क्योंकि असली धर्म सब का एक हीं है। वह आत्मा का धर्म है। इसे ही स्वधर्म कहते हैं। यह सब मनुष्यों का एक मात्र धर्म हैं यह न बदलता है न छूटता है, इसको विना जाने न कल्याण और न ही निर्वाण है। जब तक मनुष्य इस धर्म का ज्ञाता नहीं होता तब तक इस संसार से अर्थात् द्वन्द्व की जकड़ और पकड़ तथा जन्म–मरण से छुटकारा नहीं मिलता, आत्मा के अतिरिक्त अन्य जो धर्म है वे सभी पर धर्म हैं, क्योंकि उनका आधार मन, बुद्धि, इन्द्रियां तथा शरीर होते हैं, जो प्रकृति के अङ्ग हैं। इसी कारण वे न तो स्थाई हैं, और न हीं प्रभु प्राप्ति में सहायक हैं। इनके द्वारा संसार और स्वर्ग तो मिलता है; प्रभु नहीं मिलते।। 3 ।।

मया ततमिदं सर्वं जगदव्यक्तमूर्तिना।

मत्स्थानि सर्वभूतानि न चाहं तेष्ववस्थितः।। 4 ।।

न च मत्स्थानि भूतानि पश्य मे योगमैश्वरम्।

भूतभृन्न च भूतस्थो ममात्मा भूतभावनः।। 5 ।।

अर्थ– यह सब संसार मेरे अव्यक्त रूप से व्याप्त है, अर्थात् मुझ से बिना हो नहीं सकता है, सारे प्राणी मुझमें स्थित हैं, परन्तु मैं इनमें स्थित नहीं हूँ।

वे सब भूत मुझमें स्थित नहीं हैं किन्तु मेरे इस ईश्वरीय योग (शक्ति और सामर्थ्य) को देखो, मैं समस्त भूतों का धारण–पोषण करने वाला भी मेरा आत्मा वास्तव में भूतों में स्थित नहीं है।। 4–5 ।।

व्याख्या– यह सब संसार मेरे इस अव्यक्त रूप से व्याप्त है। अर्थात् यह

सम्पूर्ण संसार मुझसे बना हुआ है या मेरे द्वारा बनाया गया है। क्योंकि परमात्मा ही इसके निमित्त तथा उपादान कारण हैं। जिस प्रकार भाप (वायु) से जल, जल से वर्षा, उसी प्रकार प्रभु इच्छा से ही जगत्, अर्थात् भगवान् से जगत् बनता है जो स्वयं अव्यक्त हैं इसलिए सारे प्राणी भगवान् में स्थित हैं। क्योंकि प्राणी तथा जगत् का कारण ईश्वरीय विधान तथा संकल्प है। जैसे जल के बिना बर्फ नहीं उसी प्रकार भगवान् के बिना जगत् नहीं।

भगवान् का यह कथन कि मैं (आत्मा) उनमें स्थित नहीं हूँ; तथा प्राणी भी मेरे में स्थित नहीं हैं का तात्पर्य है कि प्राणी भगवान् के कारण हैं; भगवान् प्राणियों के कारण नहीं है, भगवान् संसार एवं प्राणियों की रचना प्रकृति के माध्यम से करते हैं। परन्तु प्राणी और प्रकृति भगवान् को नहीं रच सकते, जब प्रलय में संसार नहीं होता; तब भी भगवान् होते हैं। यदि प्राणियों में भगवान् होते तो प्रलय में उनका अस्तित्व मिट जाता।

प्राणी मुझ में स्थित नहीं है का अर्थ कि जब तक प्राणी (मनुष्य) ज्ञानी नहीं हो जाता तब तक वह भगवान् में स्थित नहीं हो सकता, प्राणी जन्मते और मरते हैं यदि वह भगवान् में स्थित होते, तो जन्म—मरण से रहित होते, किन्तु ऐसा नहीं है। अतः वह भगवान् में स्थित नहीं हैं। वह तभी भगवान् में स्थित कहलायेंगे जब वह आत्मावान् की तरह (आत्मा) हो जायेंगे, तथा जन्म—मरण से रहित हो जायेंगे। यही "ईश्वरीय सामर्थ्य" ईश्वरीय योग है वास्तव में भगवान अनन्त हैं उनको सीमित शरीर धारी कैसे जान सकता है। भगवान् सम्पूर्ण जगत् को पैदा करने वाले सारे प्राणियों को धारण—पोषण करने वाले होते हुए भी संसार में बिल्कुल भी लिप्त नहीं हैं। भावार्थ यह कि भगवान् सर्वदा प्रसन्न व आनन्द में ही नहीं अपितु परमानन्द में रहते हैं। परमात्मा का अर्थ हीं परमानन्द है। इसी प्रकार हर साधक एवं मनुष्य को कर्तव्यनिष्ठ होते हुए प्रसन्न रहना चाहिए। शुभ—अशुभ तों (अच्छा और बुरा) संसार का नियम है। यह संसार द्वन्द्व तथा प्रकृति के परिवर्तनशील तीन गुणों से बना है। तभी तो इसे संसार कहते हैं।। 4-5 ।।

यथाकाशस्थितो नित्यं वायुः सर्वत्रगो महान्।
तथा सर्वाणि भूतानि मत्स्थानीत्युपधारय।। 6 ।।

अर्थ– जैसे आकाश से उत्पन्न सर्वत्र विचरणे वाला वायु सदा आकाश में स्थित रहता है। उसी प्रकार मेरे संकल्प द्वारा उत्पन्न सारे भूत मुझमें स्थित जानो।। 16 ।।

व्याख्या– इस जगत् प्रकृति के पाँच भूत है: पृथ्वी, जल, अग्नि, वायु तथा आकाश, इनके योगदान से प्रकृति का कर्म चलता है–इन पाँचों भूतों में आकाश निर्मल अर्थात् अतिसूक्ष्म है–अतः यह दूसरे चार भूतों पर आश्रित नहीं रहता अपितु शेष चार भूत आकाश पर आश्रित रहते हैं; इन भूतों में सर्वत्र विचरणे वाला वायु आकाश से ही उत्पन्न है और आकाश ही इस का आधार है। अतः अव्यक्त (निर्मल) आकाश के बिना जैसे वायु का अस्तित्व नहीं उसी प्रकार सब भूतों का आधार तथा आश्रय भी अव्यक्त भगवान् ही है क्योंकि सब भूत (जगत्) भगवान् के संकल्प से ही उत्पन्न होता हैं, यही इसके रचिता, पोषणकर्त्ता तथा संहार (परिवर्तन) कर्त्ता है।। 6 ।।

सर्वभूतानि कौन्त्येय प्रकृतिं यान्ति मामिकाम्।
कल्पक्षये पुनस्तानि कल्पादौ विसृजाम्यहम्।। 7 ।।

अर्थ– हे कौन्तेय! कल्पों के अन्त में सब प्राणी मेरी प्रकृति को प्राप्त होते हैं अर्थात् प्रकृति में लीन होते हैं और कल्पों के आदि में उनको मैं फिर रचता हूँ।। 7 ।।

व्याख्या– ब्रह्मा का एक दिन इस पृथ्वी के एक हजार चतुर्युगी के बराबर है, इसी को कल्प कहते हैं। इसी कल्प की पूर्वावस्था को प्रलय कहते हैं, परन्तु यहां कल्पों के अन्त का तात्पर्य महाप्रलय से किया गया है, महा प्रलय जो ब्रह्मा के एक सौ वर्ष के बराबर है, अर्थात् सृष्टि के सारे प्राणी महाप्रलय में ब्रह्मलीन हो जाते हैं। महासर्ग के आदि में (ब्रह्मा के एक सौ वर्ष) भगवान् संसार की नई रचना करते हैं। उस समय संसार के सारे प्राणी अपने–अपने कर्मो के अनुसार प्रकृति के वश में पड़कर जन्म–मरण के चक्कर में दूसरे प्रलय तक लिप्त रहते हैं। कोई बिरला महापुरुष ही इस संसार से ऊपर उठकर ब्रह्मलीन होकर प्रलय और सर्ग के प्रभाव से निर्लिप्त होता है।

सारांश यह कि प्रलय और सृष्टि की रचना भगवान् का विधान और संकल्प है। वही प्रकृति के माध्यम से इसके रचिता, पोषणकर्त्ता तथा संहार (परिवर्तन) कर्त्ता है।। 7 ।।

प्रकृतिं स्वामवष्टभ्य विसृजामि पुन: पुन:।

भूतग्राममिमं कृत्स्नमवशं प्रकृतेर्वशात्।। 8 ।।

अर्थ— प्रकृति के वश में होने से अर्थात् उनके कर्मों के अनुसार परतन्त्र हुए इस प्राणी समुदाय को वश में करके बार–बार रचता हूँ।। 8 ।।

व्याख्या— प्रकृति के वश में होने के कारण प्राणी (मनुष्य) महाप्रलय और महासर्ग के अन्तर्गत आता हैं परन्तु यदि मनुष्य ब्रह्म ज्ञानी हो जाता है तो वह प्रकृति के सामर्थ्य से बाहर निकल जाता है। प्रकृति महासर्ग–और महाप्रलय के अरबों वर्ष के तारतम्य को निरन्तर चलाती रहती है। परन्तु यह सब परमात्मा की अव्यक्त और अदृश्य असीम शक्ति के कारण ही होता है। भगवान् के सानिध्य में ही प्रकृति कार्यशील होती है। इनकी अनिच्छा से नहीं; यही भगवान् की इच्छा और त्याग है। यही सातवें अध्याय में अधियज्ञ है। इसी परमात्मा की इच्छा "एकोऽहं बहुस्याम्" या संकल्प में कर्म योग द्वारा निर्वाण का मार्ग छिपा हुआ है। मात्र त्याग ही मुक्ति का मार्ग है। मनुष्य कर्म बन्धन के कारण प्रकृति के वश में रहता है। जो भगवान् की माया है, सत्य नहीं है मात्र सत्य भासित होता है। क्योंकि माया भगवान् का प्रतिबिम्ब हैं जब मनुष्य गुणातीत हो जाता है। तभी उसे माया का झूठ नजर आता है। वह मायाजालों से मुक्त हो जाता है। प्रकृति के वश में परतन्त्र हुए प्राणी समुदाय की रचना भगवान् इसलिए करते हैं, कि मनुष्य शुद्धसाधना द्वारा प्रयास करके प्रकृति की माया पर विजय प्राप्त कर प्रभु को प्राप्त करनें में सफल हो।। 8 ।।

न च मां तानि कर्माणि निबधन्ति धनञ्जय।

उदासीनवदासीनमसक्तं तेषु कर्मसु।। 9 ।।

अर्थ— हे धनञ्जय! उन कर्मों में आसक्तिरहित और उदासीन भाव से स्थित मुझ परमात्मा को वे कर्म नही बांधते।। 9 ।।

व्याख्या— जो कर्म प्राणियों को प्रकृति से आसक्तिवश बांधते है ईश्वर उस

आसक्ति से उपर है। निःसन्देह उन कर्मों में आसक्ति रहित का तात्पर्य है कि ईश्वर ही (माया) प्रकृति द्वारा संसार के प्राणियों को उत्पन्न करते हैं; उन प्राणियों का धारण—पोषण आदि भी ईश्वर के विधान के अनुसार है, यह सृष्टि प्रवाहसर्ग से महासर्ग तक अरबों वर्षों तक भी निरन्तर ईश्वर इच्छा से ही चला रहता है। किन्तु भगवान् हमेशा इस खेल से निर्लिप्त और निर्विकार रहते है। इस प्रकृति और संसार की भलाई में उनकी प्रसन्नता है। प्रकृति में प्रलय तक जितने परिवर्तन होते हैं भगवान् उन से निर्लिप्त है ऊपर हैं। उनकी उसमें कोई भी आसक्ति नहीं होती, वे सदा समभाव में रहते हैं, संसार का सुख दुःख सभी का अपने कर्मों के कारण है इससे उनकी समता और परमानन्द में कोई भी अन्तर नहीं आता। अर्थात् साधक को भी आसक्ति रहित उदासीन होना जरुरी है। ममता और इच्छा ही बन्धन का कारण है। तथा महापुरुष इस बन्धन से हमेशा मुक्त रहते है।। 9 ।।

मयाध्यक्षेण प्रकृति: सूयते सचराचरम्।
हेतुनानेन कोन्तेय जगद्विपरिवर्तते।। 10 ।।

अर्थ— हे अर्जुन! मुझ अधिष्ठाता के सकाश से प्रकृति, चराचर सहित सर्व जगत् की रचना करती है और इसी कारण यह संसार चक्र घूम रहा है।। 10 ।।

व्याख्या— संसार की रचना, धारण, पोषण प्रकृति ही करती है। परन्तु शक्ति परमात्मा की ही होती है। यह भगवान् का विधान ही ऐसा है। प्रकृति एक प्रकार की मशीन है। जो ईश्वरीय विधान रूपी ऊर्जा से चलती है जो महासर्ग के आदि से महाप्रलय तक अरबों वर्षों की असीमता है। प्रकृति उस परिवर्तन शील संसार को चलाती ही है। किन्तु प्रकृति भगवान् के सानिध्य के बिना कुछ भी नहीं कर पाती, अधिष्ठाता प्रभु ही एक मात्र परम दिव्य शक्ति है। भगवान् उदासीन रहते हैं। यह कैसे सम्भव है। और क्यों? इसका कारण है कि भगवान् इस शरीर तथा ब्रह्माण्ड में साक्षी रूप में, रहते हैं। उनकी निजी जरूरत, ममता, आसक्ति, इच्छा कुछ भी नहीं होती, उनका उदासीन सानिध्य ही प्रकृति को बल प्रदान करता है।। 10 ।।

अवजानन्ति मां मूढा मानुषीं तनुमाश्रितम्।
परं भावमाजानन्तो मम भूतमहेश्वरम्।। 11 ।।

अर्थ– मेरे परम भाव को न जानने वाले मूर्ख लोग; मनुष्य के कल्याण के लिए मनुष्य रूप में विचरण करने वाले, मुझ महान् ईश्वर को तुच्छ समझते हैं।। 11 ।।

व्याख्या– संसार में मूर्ख लोग तामसी तथा राजसीभाव वाले भगवान् को शरीरधारी समझते हैं। वे नहीं जानते की भगवान् का स्वरूप अव्यक्त और सर्वव्यापी है भगवान् यहां बता रहे हैं, कि उन्होंने शरीर योग माया से धारण किया होता है। तथा लोक प्रेरणा और भलाई के लिए वे शरीर धारण करते हैं। परन्तु वे जन साधारण की भान्ति तन पर आश्रित नहीं होते। अर्थात् शरीर के परिवर्तन, बिमारी–मृत्यु आदि से प्रभावित नहीं होते। अज्ञानी मूर्ख लेाग हीं उन्हें शरीर पर आश्रित समझते हैं, तथा उनके वास्तविक स्वरूप को नहीं जानते, जो अव्यक्त हैं, सर्वशक्तिमान् अनादि है तथा अविनाशी प्रकृति का अधिष्ठाता है, सबको उत्पन्न करने वाला भरण पोषण करनेवाला मात्र परम सत्य है। ये विचार भगवान् ने सातवें अध्याय के चौवींसवें श्लोक में भी प्रकट किए हैं। भावार्थ है कि भगवान् का शरीर होता ही नहीं, क्योंकि शरीर प्रकृति है और भगवान् परम ब्रह्म हैं, शरीर तो वे अपनी योग माया द्वारा अपने भक्तों को सुधारने के लिए तथा उनका उद्धार करने के लिए धारण करते हैं तथा श्रद्धालुओं को प्रेरित करने के लिए अवतार लेते हैं। भगवान् के अव्यक्त एवं सर्वव्यापी स्वरूप को मनुष्य देख नहीं पाते। जब दृष्टि कूटस्थ में स्थिर होगी, तभी भगवान् के दर्शन होते हैं।। 11 ।।

मोघाशा मोघकर्माणो मोघज्ञाना विचेतस:।
राक्षसीमासुरीं चैव प्रकृतिं मोहिनीं श्रिता:।। 12 ।।

अर्थ– वे व्यर्थ आशा, व्यर्थ कर्म और व्यर्थ ज्ञानवाले मूर्ख व अज्ञानी जन, राक्षसी, आसुरी और मोहिनी प्रकृति को ही धारण किये रहते है।। 12।।

व्याख्या– आत्मा ही ईश्वर है, प्राण ही प्रकृति है। मनुष्य के जन्म का एक मात्र लक्ष्य(आत्मा) अपने आप को जानना ही है, अर्थात् परमात्मा को जानना

और पाना है। क्योंकि स्वरूप से (तत्व से) परमात्मा और प्राणी (आत्मा) एक ही हैं। एक को जानने पर दूसरे का ज्ञान स्वतः ही हो जाता है। परन्तु मनुष्य अहंकार और अज्ञान वश मोहिनी प्रकृति में संलिप्त हो जाता है। कई प्रकार के सकाम कर्म, 'यज्ञ दान, तप आदि फलेच्छा से करता रहता है। इसमें सन्देह नहीं इन सकाम कर्मों का फल उन्हें अवश्य ही मिलता है। और कुछ श्रेष्ठ कर्म करने वाले स्वर्ग आदि भी प्राप्त कर लेते हैं, किन्तु घूम फिर कर पुनः इसी संसार में आकर सारा खेल प्रारम्भ करने के लिए विवश होना पड़ता है।

पुनः संसार में जन्म लेकर शरीर का दास बनकर रहना पड़ता है, अर्थात् जरा, रोग, और मृत्यु का दास बनना पड़ता है। इस द्वन्द्वमय संसार में अच्छे और बूरे अनुभव भी होते हैं, इसीलिए ऐसे सब सांसारिक लोग अज्ञानी कहलाते हैं, क्योंकि परमात्मा ही एकमात्र सत्य है, वे इस तथ्य को नहीं समझते हैं।

परमात्मा का मनुष्य (आत्मा) अभिन्न और अमर अंश है। तथा उसे जानने का तात्पर्य मोक्ष प्राप्ति हैं। क्योंकि संसार में आसक्ति वाले लोग आसुरी प्रकृति के होते हैं इसीलिये भगवान् ने सोलहवें अध्याय में सुर और आसुरी प्रकृति का वर्णन किया है। आसुरी प्रवृत्ति के लोग तामसिक प्रकृति के दास होते हैं। और वे कभी भी मोक्ष प्राप्त नहीं कर सकते।। 12 ।।

महात्मानस्तु मां पार्थ दैवीं प्रकृतिमाश्रिताः।
भजन्त्यनन्यमनसो ज्ञात्वा भूतादिमव्ययम्।। 13 ।।

अर्थ– परन्तु हे पार्थ! दैवी प्रकृति पर आश्रित महात्मा जन **'मुझे'** सब भूतों का सनातन कारण, नाश रहित अक्षर स्वरूप जानकर–अनन्य मन से मेरा भजन करते हैं।

व्याख्या– पहले श्लोक में आसुरी प्रवृति के लोगों का वर्णन किया गया। इस श्लोक में दैवी प्रवृति के मनुष्यों का वर्णन किया जा रहा है। आसुरी प्रवृति के लोग अपना आश्रय प्रकृति को समझते हैं और सकाम कर्मो को करते हें, किन्तु दैवी प्रवृत्ति के लोग भगवान् को ही पदार्थों और मनुष्यों का सनातन कारण मानते हैं। प्रकृत्ति उनकी केवल माया है; तथा परिवर्तनीय रचना है। वह (दैवी प्रकृति वाले) उस रचनाकार का भजन करते हैं; रचना का नहीं। वे भगवान् को

अविनाशी और नित्य जानते हैं। इसीकारण उनका चिन्तन, भजन, पूजन और मनन अनन्य भाव से करते हैं। दैवी प्रकृति के लोग जानते हैं कि मनुष्य मात्र उनका ही अंश है। अत: उसे प्राप्त करने से ही मोक्ष प्राप्त होता है।। 13।।

सततं कीर्तयन्तो मां यतन्तश्च दृढव्रता:।

नमस्यन्तश्च मां भक्त्या नित्ययुक्ता उपासते।। 14 ।।

अर्थ– वे दृढ़व्रत भक्त मेरी प्राप्ति के लिए सच्ची लगन से, निरन्तर भजन, कीर्तन करते हुए, मुझ में सदैव ध्यान युक्त होकर भक्ति भाव से प्रणाम कर अनन्य प्रेम से मेरी भक्ति करते हैं।। 14 ।।

व्याख्या– यहाँ ध्यान देने योग्य यह कथन है कि सदा और निरन्तर भगवान् की उपासना और भक्ति कौन कर सकता हैं। क्योंकि यह साधारण साधना नहीं है। किन्तु अनन्य भक्त ऐसा ही करते हैं। क्योंकि वे स्वयं को परम प्रभु का अमर अंश, मानते हैं। इस भाव के कारण ही उनकी उपासना में दृढ़ता और अटूट श्रद्धा होती है। उनकी उपासना एक गहरी खोज है जिसका प्रवाह भगवान् के दर्शन के बिना अथवा उनसे मिले विना टूट हीं नहीं सकता, इसी अटूट भक्ति को ही नित्य युक्त कहते हैं। ऐसे भक्त फलेच्छा न रखते हुए भगवान् की भक्ति और उपासना में ही प्रसन्न रहते हैं। भक्ति के अतिरिक्त उनका मन और कहीं भी नहीं लगता।। 14 ।।

ज्ञानयज्ञेन चाप्यन्ये यजन्तो मामुपासते।

एकत्वेन पृथकत्वेन बहुधा विश्वतोमुखम्।। 15 ।।

अर्थ– दूसरे ज्ञान योगी मुझ निर्गुण, निराकार, ब्रह्म का ज्ञान यज्ञ द्वारा एक भावना से अर्चना और उपासना करते हैं। और दूसरे मनुष्य अभेद भाव द्वारा, बहुत प्रकार से स्थित मुझ विराट् स्वरूप ईश्वर की अलग भाव से उपासना करते हैं।

व्याख्या– यहाँ विभिन्न साधकों का वर्णन है। ज्ञान योगी निर्गुण रूप से भगवान् की उपासना करते हैं। सगुण भक्त भगवान् की विभिन्न रूपों में भक्ति और उपासना करते हैं।

जिन भक्तों की अटूट श्रद्धा सात्विक लगन और अनन्य भाव है, वे ही भक्त भगवान् को प्राप्त कर सकते हैं। चाहे वे वेदान्ती हो, योगी हो, तान्त्रिक

हो, हिन्दू—मुसलमान, ईसाई **"किसी भी धर्म का हो"** अटूट श्रद्धा और सात्विक भाव एवं अनन्य प्रेम द्वारा ही भक्त भगवान् का होता है और भगवान् उसके होते हैं।। 15 ।।

अहं क्रतुरहं यज्ञः स्वधाहमहमौषधम्।
मन्त्रोऽहमहमेवाज्यमहमग्निरहं हुतम्।। 16 ।।
पिताहमस्य जगतो माता धाता पितामहः।
वेद्यं पवित्रमोङ्कार ऋक्साम् यजुरेव च।। 17 ।।
गतिर्भर्ता प्रभुः साक्षी निवासः शरणं सुहृत्।
प्रभवः प्रलयः स्थानं निधानं बीजमव्ययम्।। 18 ।।

अर्थ— भगवान् कहते हैं कि क्रतु मैं हूँ, यज्ञ मैं हूँ, औषधी मैं हूँ, मन्त्र मैं हूँ, घृत मैं हूँ, अग्नि मैं हूँ, हवन रूप क्रिया मैं हूँ। जानने योग्य पवित्र ओंकार, ऋग्वेद, सामवेद, भी मैं हूँ। इस सम्पूर्ण जगत् का पितामह धाता, माता, पिता, धारण, पोषण करने वाला, सब का स्वामी, सब का वासस्थान, आश्रय, सहृद्, उत्पत्ति, प्रलय स्थिति का आधार, निधान और अविनाशी कारण भी मैं हूँ। 16–18 ।।

व्याख्या— जो कुछ भी बुद्धि मन इन्द्रियां, देख सुन सके, तथा अनुभव कर सके, वह सब उस प्रभु की शक्ति का प्रताप है।। तथा भगवान् की ही कृपा हैं यह सारा जगत् निर्मित और उपादान कारणों से स्वयं भगवान् ही हैं।

क्रतु— जो वैदिक रीति से किया जाये।

यज्ञ— जो पौराणिक रीति से किया जाये।

स्वधा— पितरों के लिए किया गया पिण्डदान और तर्पण।

सभी जितनी भी क्रियायें, यज्ञ, हवन, तप, दान, औषध, मन्त्र, जप, तप, विधि विधान सांसरिक सम्बन्ध तथा उत्पत्ति से प्रलय तक की जड़ चेतन प्राणी के क्रिया कलाप हैं, उसके कर्त्ता, धर्ता, भर्ता, हर्ता स्वयं परमात्मा ही हैं। यह सब उस प्रभु की विभूतियां हैं, और वे ही इसके अविनाशी बीज हैं। तात्पर्य कि भगवान् की प्राप्ति के लिए जो भी प्रक्रिया अपनाई जाए उसमें स्वयं **"वे"** विद्यमान हैं, अतः उनकी अनन्य भक्ति, ध्यान, धारणा और सच्ची लगन होनी चाहिए। भगवान् जानते हैं कि उनके सिवा मनुष्य के कल्याण का और कोई

मार्ग हीं नहीं है। मनुष्य का और कोई आश्रय न संसार में न स्वर्ग में निधान में (प्रलय काल की कारण रूप अवस्था) अर्थात् साधक के लिए प्रभु प्राप्ति का साधन अनन्य भक्ति हीं है। किन्तु सात्विक अनन्य भक्ति सुगम कार्य नहीं, कयोंकि यह सारा संसार हर मनुष्य के अङ्ग प्रत्यङ्ग में बसा होने के कारण उससे मुक्त होना या छुटकारा पाना बड़ी चुनौती है। अत: भगवान् ने सभी साधनाओं में अपने को बताया है अर्थात् प्रभु सगुण निर्गुण, विराट्, सभी रूपों में जिसमें भी प्रभु भक्ति की प्रेरणा मिलती हो, उसी माध्यम से दत्त चित्त होकर, एकाग्रता से भगवान् की भक्ति में लीन हो जाये, इसी तल्लीनता से प्रभु प्राप्ति में साधक सफलता प्राप्त कर सकता है।। 16–17–18 ।।

तपाम्यहमहं वर्ष निगृह्णाम्युत्सृजामि च।
अमृतं चैव मृत्युश्च सदसच्चाहमर्जुन।। 19 ।।

अर्थ– मैं ही सूर्य रूप में तपता हूँ। वर्षा का आकर्षण करता हूँ, और उसे बरसाता हूँ। हे अर्जुन! मैं ही अमृत और मृत्यु हूँ, और सत् और असत् भी मैं हूँ।। 19 ।।

व्याख्या– सूर्य परमात्मा की विभूति है। इसी शक्ति के माध्यम से ही प्राणी और वनस्पति जगत् जीवित हैं, सूर्य के ताप के कारण ही **"जल"** भाप बनकर बरसता है। यही नहीं सूर्य के ताप से ही जगत् प्रवाह प्रवाहित हो रहा है। प्रकाश गर्मी, उर्जा, सभी सूर्य के कारण हैं। विना सूर्य के प्रकाश के जीव और वनस्पति जगत् की कल्पना भी नहीं हो सकती, अमृत और सत् भगवान् स्वयं को कहते हैं। वस्तुत: प्रभु तो अमर हैं ही, और अपरिवर्तनीय सत् भी हैं। यह कि भगवान् मृत्यु और असत् भी है। इसका अर्थ यह नहीं जो हम समझते है, जिसे हम मृत्यु कहते हैं वह तो मात्र परिवर्तन है। जो ईश्वरीय विधान की प्राकृतिक वास्तविकता है। प्राकृतिक परिवर्तन निरन्तर होता है। मृत्यु भी इसी श्रृंखला की कड़ी है। परन्तु बिना भगवान् के न कोई पदार्थ, नहीं स्थिति, और न कोई परिवर्तन ही है। अत: भगवान् सर्वत्र और सर्वदा होने के कारण मृत्यु में भी विद्यमान हैं। असत् में भी, क्योंकि असत् की कोई सत्ता नहीं, असत् का भान तो अज्ञानियों को ही होता है। गीता के दूसरे अध्याय के सोलहवें

श्लोक में इसका (असत्) का वर्णन आया है जिसकी कोई सत्ता नहीं होती। वास्तव में सारा जगत् भगवान् का रूप ही है, इसकी भिन्नता और परिवर्तन के पीछे वह कभी न बदलने वाला सत्य अज्ञानवश नजर नहीं आता है। सारांश यह है कि भासित असत् के पीछे इन्द्रिय अगोचर सत् ही परमात्मा है।। 19 ।।

त्रैविद्या मां सोमपाः पूतपापायज्ञैरिष्टवा स्वर्गतिं प्रार्थयन्ते।
ते पुण्यमासाद्य सुरेन्द्रलोकमश्नन्ति दिव्यान्दिवि देवभोगान्।। 20 ।।

अर्थ– तीनों वेदों मे बताये हुए सकाम कर्मों को करने वाले, सोम रस पीनेवाले, पापरहित मनुष्य मुझे यज्ञों के माध्यम से पूजकर स्वर्ग प्राप्ति चाहते हैं वे अपने पुण्य कर्मों के कारण स्वर्ग को प्राप्त करते हैं, और स्वर्ग में दिव्य देवताओं के भोगों का भोग करते हैं।। 20 ।।

व्याख्या– इस श्लोक में उन मनुष्यों के बारे में कहा गया है जो तीनो वेदों में वर्णित यज्ञों का अनुष्ठान पाप रहित होकर पुण्य कमाने के लिए श्रद्धा पूर्वक करते हैं, तथा उनके इन यज्ञों को करने का लक्ष्य उच्च तथा उचित फल प्राप्ति होता है।

ऐसे पुण्य कर्म करने वाले मनुष्य इस संसार में ऊँचे फल की इच्छा करते हैं, तथा मरने पर स्वर्ग की प्राप्ति करना चाहते हैं। वे पुण्य कर्मों के फलस्वरूप देवों जैसे दिव्य सुख भोगते हैं, जिनको जगत् में नहीं देखा जा सकता। स्वर्ग अति विशाल तथा बहुत बड़ा है। वहां कई प्रकार के दिव्य सुख एवं असंख्य भोग हैं सोमरस आदि भोग भी उन्हीं में से एक हैं ऐसा कहा जाता है कि स्वर्ग में सोमलता नाम का वृक्ष है जिसके रस को सोम रस कहते हैं। वह रस मस्ती और सुख देता है। तात्पर्य यह कि यज्ञ वेदों में अनेक प्रकार के यज्ञानुष्ठान निर्दिष्ट हैं जिनके करने से मनुष्य पुण्य प्राप्ति करके उक्त सभी प्रकार के स्वर्गीय सुखों को भोगता है। यह सभी यज्ञ, दान, हवन, पापरहित भाव करने से ही मनुष्य स्वर्ग के दिव्य भोगों को भोगता है।। 20 ।।

ते तं भुक्त्वा स्वर्गलोकं विशालं क्षीणे पुण्ये मर्त्यलोकं विशन्ति।
एवं त्रयीधर्ममनुप्रपन्नागतागतं कामकामा लभन्ते।। 21 ।।

अर्थ– वे उस विशाल स्वर्ग लोक के भोगों को भोगकर, पुण्य क्षीण होने पर

पुन: मृत्युलोक को प्राप्त करते हैं। इस प्रकार तीनों वेदों में वर्णित स्वर्ग प्राप्ति के साधनों को सकाम भाव से करने वाले तथा पुण्य प्राप्ति वाले जन्म–मरण को प्राप्त करते हैं।। 21 ।।

व्याख्या– सकाम पुण्य कर्मों के करने से जिसका विधान और वर्णन तीनों वेदों में और अन्य शास्त्रों में विहित है, स्वर्ग की प्राप्ति होती है। स्वर्ग विशाल है तथा वहां नाना प्रकार के भोग भी हैं। जिनको सकाम पुण्य कर्म करने वाले श्रेष्ठ लोग मरने के बाद स्वर्ग में देवताओं के साथ भोगते हैं। वे पुण्यात्मा और पाप रहित मनुष्य लम्बे समय तक स्वर्ग भोगते हैं। तथा पुण्य कर्मों के क्षीण होने पर पुन: संसार में जन्म लेते हैं। अर्थात् पुण्य कर्मों के कारण स्वर्ग प्राप्ति तो होती है मोक्ष नहीं। अर्थात् अधिकतर मनुष्यों का विश्वास वेदविहित पुण्य कर्मों में होता है। जिनके करने से धन, पुत्र, पद, मान आदि तो प्राप्त होते हैं किन्तु प्रभु प्राप्ति अर्थात् मोक्ष नहीं मिलता, जिसे अनन्य प्रभु भक्त सानन्द प्राप्त करता है।। 21 ।।

अनन्याश्चिन्तयन्तो मां ये जना: पर्युपासते।
तेषां नित्याभियुक्तानां योगक्षेमं वहाम्यहम्।। 22 ।।

अर्थ– जो अनन्य भक्त मुझ परमेश्वर को निरन्तर निष्काम भाव से भजते हैं, उन निरन्तर मुक्त उपासकों का योग–क्षेम मैं स्वयं कर देता हूँ।। 22 ।।

व्याख्या– संसार के प्रति मनुष्य का आकर्षण बहुत गहरा है। साधक भी जब तक सिद्ध न हो जाय तब तक इस संसार के खिंचाव से बचना कठिनाई का अनुभव है। सांसारिक आकर्षण की जड़े योग और क्षेम द्वारा पूरी गहराइ में फैली रहती हैं। योग का तात्पर्य अप्राप्य की प्राप्ति तथा क्षेम का तात्पर्य प्राप्त वस्तु की रक्षा है। सांसारिक प्राणियें की दौड़ संसार के सभी पदार्थों की, पदों की, तथा प्रतिष्ठा की प्राप्ति की होती है। जब ये प्राप्त हो जायें तो उनकी रक्षा की चिन्ता, जब तक साधक योगी नहीं हो जाता, तब तक सांसारिक मनुष्य को **"बहुत से ऐसे पदार्थ है"** जिनकी आवश्यकता रहती ही है। किन्तु रहस्य की बात यह है कि साधक को जरुरत की सभी वस्तुओं को स्वयं भगवान् उचित ढंग से दे देते हैं। ऐसे स्नेह के साथ जैसे मां अपने बच्चे की जरुरत की वस्तु

को प्यार और ममता के साथ देती है। भगवान् की यह प्रक्रिया अपने सभी अनन्य प्रेमी भक्तों के लिए हुआ करती है।

भगवान् को सभी अनन्य भक्त अति प्रिय होते हैं। उनका योग क्षेम भगवान् स्वयं वहन करते हैं। **"योग क्षेम वहम्यहम्"**। क्योंकि अनन्य भक्तों को शरीर और शरीर सम्बन्धी जरुरतों का ध्यान तक नहीं रहता। इस मस्ति का आलम निराला है अतः कहते हैं कि अनन्य साधना से जो सुख और शान्ति प्राप्त होती है वह वास्तव में उस अन्तर्यामी भगवान् को भी प्राप्त होती है क्योंकि वह पूजा करने वाले के अन्दर मौन रूप में वास करते हैं। सच्चे साधक की तल्लीनता अनन्य भक्ति के कारण भगवान् में अगाध होती है। अतः भगवान् उनके योग और क्षेम को स्वयं धारण करते हैं।। 22 ।।

येऽप्यन्यदेवता भक्ता यजन्ते श्रद्धयान्विताः।
तेऽपि मामेव कौन्तेय यजन्त्यविधिपूर्वकम्।। 23 ।।

अर्थ– हे अर्जुन! जो श्रद्धालु सकाम भक्त दूसरे दवेताओं की पूजा करते हैं। वे भी मुझे ही पूजते हैं। किन्तु उनकी वह पूजा अविधि पूर्वक होती है।। 23 ।।

व्याख्या– वास्तव में परमात्मा ही सर्वोपरि, सर्व शक्ति रूप और दीनदयाल हैं। अन्य सभी देवता उनकी कृपा और उनके आशीर्वाद से हैं। क्योंकि सभी देव और इष्ट भी भगवान् की ही पूजा करते हैं। वे भी भगवान् से पृथक नहीं, क्योंकि भगवान् सभी देवों और प्राणियों में वास करते हैं सभी देवता देवत्व को भगवान् कृपा से ही प्राप्त करते हैं।

अतः भगवान् पूजन करने वाले के अन्दर होने से जो सुख और शान्ति पूजन करने वाले को मिलती है, वह वास्तव में अन्तर्यामी भगवान् को ही प्राप्त होती है, क्योंकि वही पूजन करने वाले के अन्दर भोक्ता रूप से बैठे हैं, परन्तु पूजा में आस्था और श्रद्धा जरुरी है। जो देवता की पूजा करते हैं उन्हें देवता ही फल देता है, क्योंकि अज्ञान वश ऐसे श्रद्धालु देवताओं को ही फल प्रदान करने वाले मानते हैं। आत्मा या भगवान् से अलग किसी देवता की पूजा अविधि पूर्वक पूजा है। क्योंकि मोक्ष भगवान् के सिवा कोई देवी देवता नहीं दे सकते, इष्ट देवता आदि नहीं, निःसन्देह श्रद्धा पूर्वक किया गया तप पूजन

आदि भगवान् को ही प्राप्त होता है। चेतन वहीं से उत्पन्न होता है और उन्हीं में लीन होता है। जिस प्रकार वर्षा का जल नदी नाले का जल आखिर समुद्र में समा जाता है उसी प्रकार किसी देवता आदि की पूजा भी भगवान् को ही प्राप्त होती है। भगवान् को भाव से चाहनेवाला भगवान् को ही प्राप्त होता है, किन्तु सकामी भक्त कितना भी महान् क्यों न हो यदि उसका लक्ष्य फल की प्राप्ति हीं है, तो उसे स्वर्ग ही मिलेगा, मोक्ष नहीं।। 23 ।।

अहं हि सर्वयज्ञानां भोक्ता च प्रभुरेव च।

न तु मामभिजानन्ति तत्त्वेनातश्च्यवन्ति ते।। 24 ।।

अर्थ– क्योंकि सभी यज्ञों का भोक्ता और स्वामी मैं ही हूँ, परन्तु वे मुझ परमेश्वर को तत्व से नहीं जानते, इसी कारण वे पतन की ओर जाते हैं।। 24 ।।

व्याख्या– यहाँ पतन शब्द का तात्पर्य संसार के जन्म मरण से है। सारे यज्ञों का भोक्ता मैं ही हूँ का तात्पर्य है कि परमात्मा सभी यज्ञ करने वाले मनुष्यों के भीतर बसे हैं (गीता में सातवें अध्याय के नौवें श्लोक तथा दसवें श्लोक में भी वर्णित है) वही प्रभु उस यज्ञ का फल और सुख यज्ञ कर्ता के रूप में पाते हैं, क्योंकि चेतन रूप में भगवान् ही सभी जीवों तथा प्राणियों में हैं। उनके विना किसी प्राणी अथवा जीव का अस्तित्व ही नहीं, केवल अज्ञानवश मनुष्य अपने को कर्ता या भोक्ता समझता है। सकाम यज्ञ करने वाले अत: देवतों का सकाम पूजन करते हैं ईश्वर को तो नहीं जानते, जो वास्तविक परम भोक्ता है। अर्थात् वे यह नहीं जानते कि भगवान् शरीर नहीं, अव्यक्त परमात्मा है, जिसे किसी सांसारिक फल की आवश्यकता ही नहीं। वह भगवान् सर्वत्र सदैव एक मात्र आत्मारूप परमशक्ति तथा परमशान्ति रूप भर्ता और कर्ता है। यदि यह आत्मा नहीं, तो शरीर और यज्ञ तो कैसे सम्भव हैं। इसलिए जो अज्ञानवश उस अपार शक्ति प्रभु को नहीं जानते अर्थात् आत्मा को नहीं जानते, उनका पतन (जन्म–मरण) होता है। उनको मोक्ष नहीं मिलता, मूल तत्व की वास्तविकता को जानना गहन विषय है, जो लम्बे अभ्यास एवं लगन समाधि से ही जाना जा सकता है।। 24 ।।

यान्ति देवव्रता देवान्पितृन्यान्ति पितृव्रता:।
भूतानि यान्ति भूतेज्या यान्ति मद्याजिनोऽपि माम्।। 25 ।।

अर्थ— देवताओं का पूजन करनेवाले देवताओं को, पितरों का पूजन करने वाले पितरों को, भूतों का पूजन करने वाल भूतों को, तथा मेरी पूजा करने वाले मुझे प्राप्त करते हैं।। 25 ।।

व्याख्या— इस श्लोक का सम्बन्ध कर्म तत्व से है, इस संसार में हर व्यक्ति अपने संकल्प तथा कर्म के अनुरूप फल प्राप्त करता है। सारांश यह कि जिस मनुष्य का जितना ज्ञान, श्रद्धा एवं अनुभूति है। उसी के अनुसार वह अपने इष्ट को चुनेगा, तथा ऐसी भावना से उसकी पूजा अर्चना भी करेगा, यदि मनुष्य संस्कारवश सांसारिक फल प्राप्ति में संलिप्त है तो वह देवता की पूजा कर वैसा हीं फल मांगेगा, ऐसा नहीं कि फल केवल देवता हीं देते हैं भगवान् नहीं, भगवान् भी सकाम पूजा करने वाले श्रद्धालुओं को वैसा ही फल देते हैं। गीता के सातवें अध्याय के 16वें श्लोक में भगवान् ने स्वयं स्पष्ट किया है, कि चार प्रकार के भक्त मेरी पूजा करते हैं, पहला वह जो दु:खी है, दूसरा धन चाहने वाला, पद चाहने वाला तीसरा जिज्ञासु तथा चौथा पण्डित जो ज्ञानी प्रेमी भक्त मुझे ही चाहते हैं, मैं उन सब की इच्छा के अनुरूप उन्हें फल भी देता हूँ। परन्तु कर्म व संस्कार वश कुछ लोगों का बौद्धिक ज्ञान सीमित होने के कारण देवताओं, पितरों, तथा तामसिक भूत पिशाचादि की पूजा करके उसी प्रकार के फल पाते हैं। क्योंकि सभी सकामी भक्त तीन गुणों से प्रभावित होकर अपने अपने गुण की प्रधानता के अनुरूप ही फलेच्छा रखकर फल की प्राप्ति करते हैं।। 25 ।।

पत्रं पुष्पं फलं तोयं यो मे भक्त्या प्रयच्छति।
तदहं भक्त्युपहृतमश्नामि प्रयतात्मन:।। 26 ।।

अर्थ— जो कोई भक्त मुझे प्रेम से पत्र, पुष्प, फल, जल आदि अर्पण करता है। उस पावन बुद्धि और निष्काम प्रेमी भक्त का अर्पण किया हुआ उपहार मैं प्रेम पूर्वक ग्रहण कर लेता हूँ।। 26 ।।

व्याख्या− इस श्लोक में तीन विशेषतायें हैं, एक भक्त का प्रेमभाव, दूसरा भक्त का निष्काम भाव, तीसरा भगवान् का भक्त के प्रति प्रेम भाव −

भगवान् अपने प्रेमी भक्त से साधारण उपहार पत्र, फल, फूल, जल आदि सहर्ष स्वीकारते हैं, किन्तु भक्त का अनन्य प्रेम और भक्ति होनी चाहिए। अनन्य अर्थात् पूर्णरूप से भक्त प्रभु परायण होना चाहिए। उसमें किसी प्रकार की सकाम भावना नहीं चाहिए। वस्तुत: ऐसे प्रेमी भक्त में अर्थात् प्रभु परायण भक्त में सकाम भाव होता ही नहीं। ऐसे प्रेमी भक्त की साधारण भेंट भी प्रभु स्वीकारते ही नहीं उसके समक्ष ग्रहण कर लेते हैं। अर्थात् प्रभु के प्रति अगाध प्रेम ही उत्तम भक्ति हैं वास्तव में भगवान् की यदि कोई कमजोरी है तो वह महज भक्त के प्रति अगाध प्रेम।। 26 ।।

यत्करोषि यदश्नासि यज्जुहोषि ददासि यत्।
यत्तपस्यसि कौन्तेय तत्कुरुष्व मदर्पणम्।। 27 ।।

अर्थ− हे कुन्ती पुत्र! तुम जो कर्म करते हो, जो खाते हो, जो कुछ हवन करते हो, जो दान देते हो, जो तप करते हो, वे सब मेरे अर्पण करो।। 27 ।।

व्याख्या− यहाँ भगवान् ने त्याग और समर्पण की बात कही है, जिसका फल अपूर्व और अमूल्य है।

भगवान् कहते हैं कि मुझे पूर्णरूप से प्राप्ति करने के लिए मेरे भक्त को स्वयं को पूर्ण रूप से मुझ में अर्पण करना आवश्यक है। क्योंकि विधान ही ऐसा है, गीता में चौथे अध्याय के ग्यारहवें श्लोक में और पहले भी भगवान् ने कह दिया है कि जो भी मनुष्य जिस भाव से मेरी शरण में आता है, मैं उसका वही भाव उसी रूप में पूरा करता हूँ, अर्थात् जो मुझे जैसे भजता है मैं भी उसे वैसे ही भजता हूँ। भगवान् ने सबको स्वतन्त्रता प्रदान की है, जो स्वेच्छा से जो कोई भी कर्म करता है, उसका फल उसको उसी रूप में अवश्य ही मिलता है। किन्तु जिसका ध्येय प्रभु प्राप्ति है, उसे भी जो वह अपना समझता है उसे प्रभु के अर्पण ही करना होगा, क्योंकि यह लम्बी श्रृंखला है। सारे कर्म मन, वचन से भगवान् को अर्पण करना है, **"खाना"** भोजन भी जो शरीर को पालने के लिए किया जाता है जो भी यज्ञ, हवन पूजन, आदि किए

जायें, वे भी भगवान् के अर्पण करने है, जो दान आदि दिया जाता है, उसमें अहंकार नहीं होना चाहिए। तप भी कर्तव्य समझ कर करना चाहिए। भगवान् कहते हैं कि भक्त साधारण से लेकर शास्त्रीय, आध्यात्मिक कर्म करता है। वे सभी भगवान् को अर्पण कर देते हैं स्वयं को किसी भी कर्म का श्रेय लेने का प्रयास नहीं करना चाहिए। क्योंकि भक्त का अहंकार ही भक्त और भगवान् के बीच दीवार बन बैठता है।। 27 ।।

शुभाशुभफलैरेवं मोक्ष्यसे कर्मबन्धनैः।
सन्न्यासयोगयुक्तात्मा विमुक्तो मामुपैष्यसि।। 28 ।।

अर्थ– ऐसे सन्यास योग से युक्त चित्तवाला होकर–समस्त कर्मों को मेरे (भगवान्) अर्पण करके सारे शुभ–अशुभ फल स्वरूप कर्म बन्धन मुक्त हो जायेगा और मुक्त होकर परमेश्वर को प्राप्त होगा।। 28 ।।

व्याख्या– पहले श्लोक में सारे कर्मों के समर्पण की बात की गई है। ऐसा समर्पण करने पर और पूर्ण रूप से प्रभु परायण होकर मनुष्य सन्यासी बन जाता है। क्योंकि सन्यासी जब भी कर्म करता है। उसमें तनिक भी लालच ओर मोह नहीं होता। ऐसा समर्पण करने से सारे शुभ–अशुभ कर्मों के बन्धन से, अर्थात् कर्म फल के मोह से मुक्त होकर प्रभु प्राप्ति होती है। क्योंकि जब सारे कर्म सच्चे मन से प्रभु के अर्पण कर दिये तो कर्म और फल दोनों प्रभु के हो जाते हैं और साधक मुक्त हो जाता है। किन्तु कर्म त्याग से नहीं कर्म फल त्याग से ही मुक्ति होती है। सभी कर्म–विचार–वचन–कर्म ज्ञान ध्यान–यज्ञ शास्त्रीय विधि विधान आदि भगवान् के अर्पण करने को समर्पण कहते हैं। उसी स्थिति में साधक मुक्त हो सकता है। बन्धन अशुभ कर्मों का तो होता हैं किन्तु सकाम शुभ कर्मों का भी बन्धन रहता है। पूर्ण रूप से प्रभु समर्पण में ही प्रभु संयोग और बन्धन वियोग होता है।। 28 ।।

समोऽहं सर्वभूतेषु न मे द्वेष्योऽस्ति न प्रियः।
ये भजन्ति तु मां भक्त्या मयि ते तेषु चाप्यहम्।। 29 ।।

अर्थ– मैं सभी प्राणियों में एक बराबर सम भाव से व्याप्त हूँ। (किसी में ज्यादा और किसी में कम भी नहीं) मेरा न कोई प्रिय है न अप्रिय। परन्तु जो भक्त मुझे प्रेम से भजते हैं, वे मुझ में और मैं उनमें हूँ।। 29 ।।

व्याख्या– भगवान् सब प्राणियों में बराबर समभाव से व्याप्त हैं किसी में ज्यादा भी नहीं कम भी नहीं। उदाहरण के रूप में भगवान् द्वारा रचित पञ्च भूत– जल, अग्नि, वायु आदि किसी से उनके गुण अवगुण के आधार पर अन्तर नहीं करते। किसी को कम किसी को ज्यादा, जल किसी को कम, किसी को ज्यादा–धूप किसी को कम किसी को ज्यादा नहीं (जमीन वारि वायु का समान ही चरित्र है) अपितु बराबर ही सम भाव से उपलब्ध होते हैं। भगवान् भी सबके प्रति समभाव से सभी को बराबर प्यार करते हैं। प्रेमी भक्त तो उनके इतने निकट होते हैं कि उनमें भगवान् के गुण ही आ जाते हैं और भगवान् उनमें बस जाते हैं। यह विधान भगवान् चौथे अध्याय के ग्यारहवें श्लोक में कह चुके हैं जो भगवान् का भजन करते हैं भगवान् भी उनको भजते हैं।। 29 ।।

अपि चेत्सुदुराचारो भजते मामनन्यभाक्।
साधुरेव स मन्तव्य: सम्यग्व्यवसितो हि स:।। 30 ।।

अर्थ– अगर कोई दुराचारी भी अनन्यभाव से मेरा भजन करता है, तो वह भी साधु मानने योग्य है। क्योंकि वह यथार्थ निश्चय वाला है।। 30 ।।

व्याख्या– पापी अथवा दुराचारी भी जब भक्त हो जाते हैं; तो उनके सत्कर्म, पुण्यकर्म एवं शुद्ध भक्ति द्वारा उनके पाप नष्ट हो जाते हैं। उनके दुष्कर्म क्षीण हो जाते हैं। वे साधु बनते हैं अर्थात् जब वह यह निश्चय कर लेते हैं कि भगवान् के अतिरिक्त इस संसार रूपी सागर से पार निकालने वाली और कोई नाव नहीं, कोई चारा नहीं सच्ची उपासना में तन्मय हो जाने के बाद कर्म–वश पापी पाप करना छोड़ देते हैं और सत्संग से भी पापी की प्रवृत्ति बदल जाती है। क्योंकि देर सवेर आखिर उस मार्ग पर तो चलना पड़ेगा हीं, क्योंकि प्रेम और त्याग का मार्ग महापुरुष, ईश्वर से प्राप्त करते हैं और श्रेष्ठ पुरुष महापुरुषों से तथा साधारण जन श्रेष्ठ पुरुषों से सीखते हैं गीता में तीसरे अध्याय के इक्कीसवें श्लोक में भगवान् ने स्वयं कहा है।। 30 ।।

क्षिप्रं भवति धर्मात्मा शश्वच्छान्तिं निगच्छति।
कौन्तेय प्रतिजानीहि न मे भक्त: प्रणश्यति।। 31 ।।

अर्थ– वह शीघ्र ही धर्मात्मा हो जाता है और परम शान्ति प्राप्त करता है।

हे कुन्ती नन्दन! यह निश्चित रूप से जानो कि मेरे भक्त का नाश नहीं होता।। 31 ।।

व्याख्या— जब दुष्कर्मी भक्त बन जाता है तो उसके नष्ट होने का प्रश्न नहीं होता, भक्त होने का अभिप्राय है कि दुराचारी जब पूरे निश्चय से आत्म समर्पण से प्रभुपरायण हो जाता है, तो उसे प्रभु प्राप्ति हो जाती है। ऐसा भक्त कभी भी नष्ट नहीं होता, क्योंकि पहले दुराचारी होने पर भी वह निष्काम कर्म साधना द्वारा ही प्रभु प्राप्ति के लिये संसार से ऊपर उठकर साधना करता है, जिसमें पाप का लेश भी नहीं रहता। प्रतिज्ञा कर लो का तात्पर्य इस सत्य को प्राप्त कर लो आत्मवान् बन जाओ। प्रभु परायण पापी भी साधु बन जाता है। ऐसा निश्चय कर लो और इस सत्य को घोषणा करो।। 31 ।।

मां हि पार्थ व्यपाश्रित्य येऽपि स्यु: पापयोनय:।
स्त्रियो वैश्यास्तथा शूद्रास्तेऽपि यान्ति परां गतिम्।। 32 ।।

अर्थ— हे पार्थ! जो स्त्रियां, वैश्य, शूद्र पाप योनी वाले कहे जाते हैं वे भी मेरी शरण में आकर सर्वथा (निसन्देह) परम गति को प्राप्त हो जाते हैं।। 32 ।।

व्याख्या— उपरोक्त दो श्लोकों में इस जन्म के पापी अथवा दुराचारी को सम्बोधित किया गया है तथा इस श्लोक में पाप योनियों का, अर्थात् पिछले जन्म के पाप—परायण लोगों स्त्रियों वैश्य शूद्र का पाप योनियों में जन्म बताया गया है। यहाँ "स्त्रियां" शब्द विशेषकर नारी वर्ग का द्योतक नहीं परन्तु पापकर्म करने वाली स्त्रियों, वैश्यों आदि का वाचक है जो चरित्र हीन अथवा अध्ययन रहित हैं। स्त्री योनी में तो ब्राह्मण, क्षत्रिय, वैश्य तथा शूद्र सभी वर्ग होते हैं। यहां अभिप्राय उन स्त्रियों से हैं जो पाप कर्मों के कारण पाप योनियों में जन्म लेती हैं शेष से नहीं पापी घरों में पाप कर्मी अथवा व्यभिचारिणियां हुआ करती हैं। अपनी अनन्य भक्ति से वे भी प्रभु प्राप्ति करती हैं। वास्तव में अध्यात्म ही एक ऐसा मार्ग है जिसमें स्त्री पुरुष उच्च—नीच सब की समानता है। पुराणों अथवा शास्त्रों का मत हैं सभी भक्तिहीन पुरुष स्त्रियां वैश्य और शूद्र होते हैं। क्षत्रीय वही है जो निष्काम कर्म करता है और ब्राह्मण तो केवल वहीं होता है, जो ब्रह्मज्ञानी हो।। 32 ।।

किं पुनर्ब्राह्मणाः पुण्या भक्ता राजर्षयस्तथा।
अनित्यमसुखं लोकमिमं प्राप्य भजस्व माम्।। 33 ।।

अर्थ– जो पवित्र पुण्यशील, ब्राह्मण और राजर्षि भक्तजन मेरी शरण होकर परम गति को प्राप्त होते हैं। इसमें कहना ही क्या? इसलिए तुम इस अनित्य और सुख रहित शरीर को प्राप्त होकर मेरा भजन करो।। 33 ।।

व्याख्या– हे अर्जुन! जब इस जन्म के पापी एवं दुष्कर्मी मेरी अनन्य भक्ति के द्वारा मुझको पा लेते हैं जो पूर्व जन्म के पापों के कारण इस जन्म में पापी बनते है अर्थात् पापी स्त्रियां, वैश्य, शूद्र जो पापीं दुष्कर्मी हैं वे सभी भगवान् की अनन्य भक्ति से परम गति को प्राप्त हो जाते हैं। तो ब्राह्मण और श्रेष्ठ क्षत्रिय मेरा भजन करने से अवश्य हीं मुझको प्राप्त करेंगे इसमें कोई संदेह नहीं। हे अर्जुन! तुम तो श्रेष्ठ क्षत्रिय हो अथवा राजर्षि हो। अतः चञ्चलता पूर्ण सुख रहित शारीरिक भाव का त्याग कर शीघ्र ही मेरा भजन करो, अर्थात् कर्त्तव्य परायण होकर अपने धर्म को निभाओ।। 33 ।।

मन्मना भव मद्भक्तो मद्याजी मां नमस्कुरु।
मामेवैश्यसि युक्त्वैवमात्मानं मत्परायणः।। 34 ।।

अर्थ– तुम मेरे भक्त हो जाओ। मुझमें मन लगालो। मेरा पूजन करने वाले हो। मुझ को प्रणाम करो। इस प्रकार अपने आत्मा को मुझ से युक्त करके मेरे परायण होकर मुझे प्राप्त करोगे।। 34 ।।

व्याख्या– संसार में मनुष्य ही नहीं अपितु सभी प्राणी भगवान् का अंश ही है। गीता में भगवान् ने इसका स्वयं सातवें अध्याय के ग्यारहवें, दसवें के बीसवें, पन्द्रहवें के सातवें श्लोकों में स्पष्ट रूप से विस्तृत वर्णन किया है। परन्तु अहंकार वश तथा अज्ञान के कारण मनुष्य अपना सम्बन्ध प्रकृति एवं भौतिक शरीर से जोड़कर संसारी बन बैठता हैं वास्तव में इस संसार के संदर्भ में भगवान् का संकल्प ही ऐसा हैं मनुष्य के सामने यही तो चुनौति है कि वह अपने आप को पहचाने अर्थात् वह शरीर नहीं आत्मा है जो मनुष्य में भगवान् का अपना अमर अंश है।

सब को उस परम धाम में जाना है जो हमारा असली घर है, सांसारिक घर

या महल तो पड़ाव या सरांय हैं, जहां कुछ दिन बास करके जाना पड़ता है। उस परम धाम वास्तविक घर में पहुँचने के लिए अनेक चुनौतियों का सामना करना पड़ता है, क्योंकि यह संसार रूपी सागर अगाध अथाह हैं। उसमें मोह, माया, अहंकार, अज्ञान मनुष्य को बांधे रखते हैं इससे छुटकारा पाने के लिए भगवान् मार्ग दिखाते हैं कि इस चञ्चल मन को काबू करके मेरा ध्यान, धारणा पूजा अर्चना कर्त्तव्यपरायणता एवं भक्ति करके, प्रभु परायण हो जाओ। ऐसा निरन्तर ध्यान रखो कि मैं मनुष्य हूँ तथा उस प्रभु का अंश हूँ उनके सिवाय मेरा अपना कुछ भी नहीं, उस प्रभु का दिया यह शरीर उसको उसकी दी हुई वस्तु समर्पित करने में मेरा अपना कुछ नहीं जाता, साधना एवं भक्ति ही सांसारिक प्राणी का मेल प्रभु से करा सकती है। ऐसा विश्वास एवं अनन्य भक्ति ही मोक्ष का द्वार है अत: इसके प्रति सजग हो जाओ। जाग जाओ।। 34 ।।

ॐ तत्सदिति श्रीमद्भगवद्गीतासूपनिषत्सु ब्रह्मविद्यायां योग शास्त्रे श्री कृष्णार्जुनसंवादे राजविद्याराजगुह्मयोगो नाम नवमोऽध्याय:।। 9 ।।

✤ ✤ ✤

भगवत्शक्ति योगः

श्रीभगवानुवाच

भूय एव महाबाहो शृणु मे परमं वचः।
यत्तेऽहं प्रीयमाणाय वक्ष्यामि हितकाम्यया॥ 1 ॥

अर्थ– श्री भगवान् बोले– हे महाबाहो! मेरे परम वचन को फिर सुनो। मैं तुम्हारी भलाई की इच्छा से कहूँगा, क्योंकि तुम मुझसे अत्यन्त प्यार करते हो॥ 1 ॥

व्याख्या– इस अध्याय का प्रारम्भ भी भगवान् अपने अतिप्रिय भक्त अर्जुन के हित के लिए स्वयं ही कर रहे हैं– वे जानते हैं कि अर्जुन भगवान् से अत्यन्त प्यार करते हैं। भक्त के प्यार में भगवान् पिघल जाते हैं। भगवान् के परम प्रिय एवं हितकारी वचनों का इस अध्याय में भी वही– विज्ञान सहित ज्ञान और ब्रह्म विद्या, राज गुह्य विद्या, राज विद्या का प्रसंग है जो मोक्ष तथा परमात्मा प्राप्ति का मात्र साधन है। भगवान् उन भक्तों का कितना ध्यान रखते हैं, जो भगवान् को अत्यधिक प्यार करते हैं। यह बात इसी से सिद्ध होती है, कि भगवान् श्री कृष्ण ने सातवें आठवें नौवें और दसवें अध्याय में अनन्य भक्ति से प्राप्य ब्रह्म ज्ञान (मोक्ष) के प्रकरण को तत्व रूप तथा स्वरूप से सरल उदाहरणों तथा दिव्य विभक्तियों द्वारा सच्चे भक्त के हितार्थ बार–बार समझाया है। अष्टम अध्याय में तो भगवान् ने इस अनन्य भक्ति के प्रसंग को अर्जुन के प्रश्न के उत्तर देते हुए व्यक्त किया है। किन्तु सातवें नौवें और दसवें अध्याय में तो भगवान् स्वयं भक्त के प्यार बन्धन में आनन्द विभोर होकर अपने आप

इस ज्ञान गङ्गा का प्रवाह कर रहे हैं। अर्जुन (साधकों तथा भक्तों) को लाभान्वित करने के लिए वे कोई कसर ही नहीं रखना चाहते। वास्तव में राज–विद्या, राज–गुह्य विद्या ऐसी विद्या है जिसको सीखने या प्राप्त करने का पृथक् मार्ग (ढंग) है। क्योंकि इसे न साधारण आंखें देख सकती हैं, न कान सुन पाते हैं; न मन समझ पाता, न इन्द्रियां कुछ कर पाती हैं। इसकी न कोई भाषा है, और न ही लिपि (स्वर–व्यञ्जन) जिससे लिखा जा सके। यह तो विश्वास और श्रद्धा का ही अगाध विषय है, जिसका बोध गुरु दीक्षित साधना से ही होता है।। 1 ।।

न मे विदुः सुरगणाः प्रभवं न महर्षयः।
अहमादिर्हि देवानां महर्षीणां च सर्वशः।। 2 ।।

अर्थ– मेरे प्रकट होने को न देवता और न ही महर्षि जानते हैं क्योंकि देवताओं और महर्षियों का मैं ही आदि कारण हूँ।। 2 ।।

व्याख्या– यहां प्रकट होने का तात्पर्य भगवान् के अवतार और शरीर रूप में अवतरित होने से है। भगवान् कहते हैं कि इस परम गुह्य ज्ञान को न देवता जानते हैं और न हीं महर्षि जान पाते हैं। यह तो सत्य ही है कि देवता शरीर धारी नहीं होते, वे तो दिव्य होते हैं, तथा महर्षि–गण महाज्ञानी होते हैं किन्तु उन्हें भी जो ज्ञान होता है, वह प्रभु कृपा और उनके आशीर्वाद के कारण होता है। भगवान् ही तो एक मात्र–कर्ता–भर्ता और दाता हैं। इसलिए वे देवताओं और महर्षियों के आदि कारण हैं। देवता और महर्षि भी भगवान् द्वारा निर्दिष्ट मार्ग पर चलने से ही देवत्व और महर्षि पद को प्राप्त करते हैं।

भगवान् को तथा उनके प्रकट होने के रहस्य (कारण) को तो स्वयं भगवान् जानते हैं और कोई नहीं। वास्तव में जब भगवान् अवतार लेते हैं, तो जन साधारण उन्हें मनुष्य के रूप में जानते हैं, और देखते हैं भगवान् श्री कृष्ण को तो कौरव और अन्य बहुत से लोग भगवान् के रूप में नहीं जानते थे। अर्जुन को भी भगवान् ने विराट रूप के दर्शन यही सत्य जानने को दिए थे। भगवान् के अवतार "ईसा मसीह" को तो तात्कालीन शासकों ने शूली पर चढ़ाया था, यदि वे चाहते तो अवतार स्वरूप "ईसा मसीह" अपने विरोधियें को पराजित कर दण्ड दे सकते थे। किन्तु उन्होंने ऐसा नहीं किया, इसके विपरीत उनके पाप

निवारण के लिए परग प्रभु से प्रार्थना की। यह सब उन्होंने परमेश्वर पर लोगों का विश्वास दृढ़ करने के लिए किया, न कि निर्बलता के कारण "ईसा—मसीह" तो अवतार होने के कारण कुछ भी कर सकते थे, किन्तु उनके अवतरित होने का लक्ष्य ईश्वर पर आस्था जागृत करनी थी। क्योंकि उनकी इच्छा—अनिच्छा भलाई के लिए ही होती है।। 2 ।।

यो मामजमनादिं च वेत्ति लोकमहेश्वरम्।
असम्मूढः स मर्त्येषु सर्वपापैः प्रमुच्यते।। 3 ।।

अर्थ— जो मुझको अजन्मा, अनादि, तथा सभी लोगों का महान् (ईश्वर) तत्व से जानता है, वह ज्ञानवान् पुरुष सारे पापों से मुक्त हो जाता है।। 3 ।।

व्याख्या— भगवान् पहले श्लोक में बता रहे हैं कि भगवान् के अवतरित (मनुष्य रूप में प्रकट होने) का कारण कोई नहीं जानता। इस श्लोक में भगवान् कह रहे हैं कि भगवान् अजन्मा (जन्म रहित) अनादि, कालातीत हैं अर्थात् काल प्रवाह और काल तन्त्र से ऊपर हैं। भगवान् भूत और भविष्य में नहीं रहते, वे सदा वर्तमान में सदा—सर्वत्र विद्यमान हैं भगवान् तीनों लोकों के स्वामी कर्ता—धर्ता और भरण—पोषण करने वाले मनुष्यों में ज्ञानवान् एवं पाप मुक्त हैं। सारांश यह है कि भगवान् को तत्त्व से जानने के लिये दिव्य—दृष्टि प्राप्त करनी पड़ती है, तब ही ज्ञानवान् पुरुष मोक्ष प्राप्त करता है जिसका मार्ग योग ही है।

ऐसा इसलिए, कि परमात्मा सदा ही अव्यक्त और अदृश्य हैं, वे गुणातीत, कालातीत सदा और सर्वत्र हैं ऐसे प्रभु को सिद्ध महापुरुष, महात्मा तथा योगी ही लोकत्रयी का महान् ईश्वर समझ सकते हैं। ऐसे लोग ही दिव्य दृष्टि रखते हैं जिसके कारण ज्ञानवान् और पाप—रहित होते हैं। भगवान् ने अपने अवतरित होने का कारण गीता के चौथे अध्याय के सप्तम, अष्टम श्लोकों में स्पष्ट किया है।। 3 ।।

बुद्धिर्ज्ञानमसम्मोहः क्षमा सत्यं दमः शमः।
सुखं दुःखं भवोऽभावो भयं चाभयमेव च।। 4 ।।
अहिंसा समता तुष्टिस्तपो दानं यशोऽयशः।
भवन्ति भावा भूतानां मत्त एव पृथग्विधाः।। 5 ।।

अर्थ– बुद्धि, ज्ञान, असम्मोह, क्षमा, सत्य, दम, शम, सुख–दुःख, भाव–अभाव (उत्पत्ति–प्रलय) तथा भय–अभय, अहिंसा समता, सन्तोष, तप, दान, कीर्ति तथा अपकीर्ति, ऐसे सभी प्राणियों के अलग–अलग भाव मुझ से ही होते हैं।। 4-5 ।।

व्याख्या– ये नाना प्रकार के भाव बताये गये हैं इनका स्रोत भगवान् ही हैं ये उनके अपने भाव हैं (भगवान् के सामर्थ्य)। क्योंकि भगवान् के सिवाय और कुछ तत्व हैं ही नहीं। यह सब भगवान् की लीला और माया है। बुद्धि, ज्ञान, तप, दान, भय–अभय अहिंसा–समता, सुख–दुःख जन्म–मृत्यु अर्थात् उत्पत्ति से प्रलय तक जो भी रंग रूप रस भाव–अभाव, चल–अचल, स्थिरता–परिवर्तन, शुभ–अशुभ, ये सारी प्रक्रियायें (शक्तियां) भगवान् के सामर्थ्य से ही उत्पन्न हैं। जो इस संसार में विभिन्न व्यक्तियों, स्थितियों परिस्थितियों में पृथक् और विभिन्न रूप से प्रदर्शित होती है। जब मनुष्य आत्मा को जान लेता है तो सारे संसार के भाव तथा वृत्तियों की भिन्नता और पृथक्ता मिट जाती है और एक अद्वितीय, अखण्ड–आनन्द का अनुभव होता है। यह बोद्ध होता है कि भिन्नता तो मात्र भगवान् की लीला है और भगवान् स्वयं निर्मल हैं। आत्मा का अनुभव होने पर ही प्रवृत्तियों और भिन्न भावों की निवृत्ति होती है।। 4-5।।

महर्षयः सप्त पूर्वे चत्वारो मनवस्तथा।

मद्भावा मानसा जाता येषां लोक इमाः प्रजाः।। 6 ।।

अर्थ– सात महर्षि जन, चार उन से भी पूर्व होने वाले सनकादि, तथा स्वायंभुव आदि चौदह मनु मुझमें भाव वाले सब के सब मेरे संकल्प से उत्पन्न हुए हैं। जिनकी संसार में यह सारी प्रजा हैं।। 6 ।।

व्याख्या– पिछले श्लोकों में भगवान् ने विशेष बीस भाव बताये हैं जो उन्हीं से उत्पन्न हुए हैं उनके ही रूप हैं इस श्लोक में उनके द्वारा उत्पन्न (इच्छा शक्ति द्वारा) पचीस पुरुष रूप में उत्पन्न शक्तियों को बता रहे हैं। जिनसे अक्षर ब्रह्मज्ञान, ईश्वर स्तुति, भजन, अर्चना आदि का आरम्भ, प्रसार और प्रचार हुआ। प्रकृति प्रवाह तथा संसार सृष्टि, काल प्रवाह हर सर्ग तथा महासर्ग पर होता आया हैं। चार कुमार सनक, सनन्दन, सनातन और सनत्कुमार सर्व प्रथम

ब्रह्मा से उत्पन्न होने वाले शक्तिरूपी चार पुत्र ही यह ब्रह्मा के मन से उत्पन्न हुए हैं– इन्हीं से सृष्टि का आरम्भ है।

सप्तर्षि– भृगु, अत्रि, कृत, वसिष्ठ, पुलह, पुलहस्त्य, अङ्गिरा।

मनु– स्वायम्भू, उत्तम, तामस, रैवत, चाक्षुष, वैवस्वत (वर्तमान) सावर्णि, दशसावर्णि, ब्रह्म सावर्णि, धर्म सावर्णि देव सावर्णि इन्द्र सावर्णि ये सब ब्रह्मा के मन से उत्पन्न हुए हैं इसलिए इन्हें मनु कहते हैं अर्थात् ये ईश्वर की इच्छा शक्ति द्वारा ही जगत् में महासर्ग के समय आते हैं। परम ज्ञान विभूतियां होने के कारण ये ही जगत् में ब्रह्म ज्ञान का प्रचार और प्रसार करते हैं।। 6 ।।

एतां विभूतिं योगं च मम यो वेत्ति तत्त्वत:।
सोऽविकम्पेन योगेन युज्यते नात्र संशय:।। 7 ।।

अर्थ– जो व्यक्ति मेरी इन विभूतियों को (परमेश्वर रूपी विभूतियों) और योग शक्ति को तत्व से जानता है, वह निश्चल भक्ति योग से युक्त हो जाता है। इसमें कोई सन्देह नहीं है।। 7 ।।

व्याख्या– जो ज्ञान पहले श्लोक में बताया गया है, इस श्लोक में भगवान् उसका फल बता रहे हैं। योग भगवान् की परम शक्ति और सामर्थ्य का हीं नाम है। इस परम शक्ति अर्थात् सामर्थ्य से ही भगवान् विलक्षण से विलक्षण क्रियायें, कृतियां और चमत्कार आदि करते हैं। इन्हीं विलक्षण और अद्भुत विशेषताओं को भगवान् की विभूतियां कहते हैं। इन्हीं शक्तियों को भगवान् की विभूतियां कहते हैं। इन्हीं विभूतियों का उल्लेख भगवान् सातवें, नौवें और अब दसवें अध्याय में कर रहे हैं। ये सारी ईश्वरीय विभूतियां भगवान् अपनी योग शक्ति द्वारा रचते हैं। इन्हीं शक्तियों के द्योतक भगवान् द्वारा बताये गये चार कुमार, 20 भाव और 25 महापुरुष हैं।

जो पुरुष भगवान् की विभूतियों और योग को तत्व से जानता है वह निश्चल भक्ति योग युक्त होता है। अर्थात् परम योगी हो जाता है। इसका अर्थ है कि जब भक्त या साधक में साधना द्वारा तनिक भी संशय न रहे और दृढ़ विश्वास हो जाये कि भगवान् ही योगेश्वर हैं; तथा परम योग से उत्पन्न उनकी ही विभूतियां इस संसार को चला रही हैं उस स्थिति में पुरुष भक्ति

योगी हो जाता है। अर्थात् आत्मवान् हो जाता है। यह विज्ञान रूपी–फल विवेक और उच्च साधना से ही प्राप्त किया जा सकता है तब ही पता लगता है कि भगवान् जगत के निमित तथा उपादान कारण हैं।। 7 ।।

अहं सर्वस्य प्रभवो मत्तः सर्वं प्रवर्तते।

इति मत्त्वा भजन्ते मां बुधा भावसमन्विता।। 8 ।।

अर्थ– मैं (वासुदेव) सारे जगत् का प्रभव हूँ। (उत्पत्ति का कारण) मुझसे ही सारा जगत् प्रवृत्त हो रहा है। इस प्रकार समझकर श्रद्धा और भक्ति से युक्त बुद्धिमान् मुझको निरन्तर भजते हैं।। 8 ।।

व्याख्या– भगवान् यह सरल रूप में समझा रहे हैं कि जो पुरुष या व्यक्ति तत्व से अर्थात् विभूति और योग ज्ञान से यह देख और जान लेता है कि मैं वासुदेव परमेश्वर ही इस सम्पूर्ण जगत् का निमित्त और उपादान कारण हूँ वह ही भगवान् को निरन्तर पूजने तथा भजने का सामर्थ्य प्राप्त कर पाते हैं जो परमानन्द का स्रोत है। वह जानते हैं कि यह जगत् भगवान् से ही बनता है और वही इसका संचालन करते हैं अर्थात् सर्ग से प्रलय तक जो कुछ भी हम देखते सुनते और अनुभव करते हैं वह ईश्वर के प्रतिबिम्ब कारण उन्हीं का रूप ही हैं वही बुद्धिमान् मुझ (भगवान्) के भक्ति योगी और अनन्य भक्त हैं वे हीं ईश्वर प्राप्ति का पूर्ण प्रयास करते हैं। क्योंकि वे जानते हैं कि भगवान् को पाने का अन्य कोई मार्ग नहीं है।। 8 ।।

मच्चित्ता मद्गतप्राणा बोधयन्तः परस्यरम्।

कथयन्तश्च मां नित्यं तुष्यन्ति च रमन्ति च।। 9 ।।

अर्थ– हमेशा मेरे में मन लगाने वाले, तथा "मद्गत प्राणा" मुझ में प्राण अर्पण करने वाले, आपस में मेरी भक्ति के गुण और प्रभाव की चर्चा करने वाले निरन्तर संतुष्ट होते हैं तथा मुझमें निरन्तर रमण करते हैं।। 9 ।।

व्याख्या– इस श्लोक में भक्तों द्वारा निरन्तर भगवान् भाव में रमे रहने का प्रकरण हैं भगवद्भक्तों का मन निरन्तर भगवान् में रमा और जमा रहता है और उनके प्राण प्रभु में ही न्यौछावर होते है। भक्त ऐसा त्याग भाव से नहीं अपितु प्रेमभाव से करते हैं। उनका मनोरञ्जन तो क्या आनन्द प्रभु भक्ति एवं

परायणता में होता है। भक्ति और भक्ति का आनन्द ही उनके पारस्परिक सत्सङ्ग में चर्चा का विषय होता है। "भगवत्प्राणा" भक्तों का चित्त चैतन्य तथा चेतना प्रभु में ही निरन्तर केन्द्रित हैं। उनका मन दस इन्द्रियां, पांच प्राण प्रभु प्रेम में ही लीन रहते हैं तभी प्रेमी भक्त प्रभु के स्वरूप के आनन्द को अपनी देह में जागृत करता है।। 9 ।।

तेषां सततयुक्तानां भजतां प्रीतिपूर्वकम्।
ददामि बुद्धियोगं तं येन मामुपयान्ति ते।। 10 ।।

अर्थ– उन निरन्तर मेरे ध्यान में लगे हुए अनन्य भक्तों को मैं वह तत्व ज्ञान रूपी योग (बुद्धियोग) देता हूँ। जिससे वे मुझको ही प्राप्त होते हैं।। 10 ।।

व्याख्या– बुद्धि बहुत से लेागों में होती है। परन्तु बुद्धियोग परम पुरुष का विषय हैं यह संसार और मन से ऊपर की उपलब्धि हैं इसे प्राप्त कर भक्त भगवान् को पा लेता है। यह उपलब्धि परिश्रम या पुरुषार्थ से प्राप्य नहीं है। यह प्रभु की कृपा के बिना सम्भव नहीं, यह प्रभु प्रेम का अमृतमय प्रभाव हैं जिसका पात्र केवल उनका अनन्य भक्त ही है, अर्थात् भगवान् अपने अनन्य भक्त का पूरा ध्यान रखते हैं, तभी तो भगवान् कह रहे हैं, कि "मैं उन अनन्य भक्तों को बुद्धि योग देता हूँ," इसका वर्णन नौवें श्लोक में किया गया है। बुद्धि योग से प्रभु प्राप्ति होती है तथा मन आत्मा हो जाता है। क्योंकि यह आत्म चैतन्य का विषय हैं मन का आत्मा होना आवश्यक हैं।। 10 ।।

तेषामेवानुकम्पार्थमहमज्ञानजं तमः।
नाशयाम्यात्मभावस्थो ज्ञानदीपेन भास्वता।। 11 ।।

अर्थ– हे अर्जुन! "उनके ऊपर अनुग्रह करने के लिए उनके अन्तः करण में स्थित हुआ, मैं स्वयं ही उनके अज्ञान मय अन्धकार को प्रकाशमय तत्व ज्ञान रूपी दीपक के द्वारा नष्ट कर देता हूँ।। 11 ।।

व्याख्या– भगवान् अपने भक्तों के अज्ञान रूपी अन्धकार को स्वयं ही नष्ट कर देते है अर्थात् भगवान् अपने भक्तों के प्रति कितने सजग और कृपालु हैं भगवान् सब जीवों के अन्तकरण मैं बैठे रहते हैं। भगवान् यह बात गीता में अनेक स्थलें एवं प्रसंगों में स्वयं कह चुके हैं गीता के सप्तम, दशम्, त्रयोदश,

पञ्चदश, अष्टादश अध्यायों के क्रमशः नौवें, बीसवें, बाइसवें सातवें और इकासठवें श्लोकों में स्वयं बताते हैं। परन्तु भगवान् को प्रभु—परायण अनन्य भक्त, अपना सर्वस्व अर्पण करनेवाला भक्त ही प्रिय होता है। स्वयं उन पर कृपा करके भगवान् बुद्धि योग द्वारा उन्हें मुक्त कर देते हैं और वे भक्त भगवान् को पा लेते हैं परन्तु यह ध्यान में रखना है कि प्रभु दर्शन उनकी स्वीकृति के बिना असम्भव है। जब तक ऐसे साधकों की भक्ति सिद्ध नहीं होती तब तक भगवान् उनको अन्दर से ही प्रभु—परायणता की प्रेरणा देते हैं। जिसके कारण उनके अन्तः करण में ज्ञान रूपी प्रकाश उदय हो जाता है जिससे अनन्य भक्त का अज्ञान रूपी अन्धकार शारीरिक—सांसारिक मोह हमेशा के लिये नष्ट हो जाता है।। 11 ।।

अजुर्न उवाच

परं ब्रह्म परं धाम पवित्रं परमं भवान्।
पुरुषं शाश्वतं दिव्यमादिदेवमजं विभुम्।। 12 ।।
आहुस्त्वामृषयः सर्वे देवार्षिर्नारदस्तया।
असितो देवलो व्यासः स्वयं चैव ब्रवीषि मे।। 13 ।।

अर्थ— अर्जुन बोले—"आप परम ब्रह्म, परमधाम, और परम पवित्र हैं, क्येंकि सभी ऋषि—गण आपको सनातन दिव्य पुरुष देवों का आदिदेव, अजन्मा और सर्वव्यापी कहते हैं। वैसे हीं देवर्षि—नारद, असित, देवल ऋषि तथा महर्षि व्यास भी कहते हैं। आप भी मुझे कह रहे हैं।। 12–13 ।।

व्याख्या— अर्जुन श्री कृष्ण जी से कह रहे हैं कि भगवान् वासुदेव आप हीं परम ब्रह्म और परम धाम हैं आठवें अध्याय में परम ब्रह्म का प्रसंग आया है। भगवान् परम पवित्र है, क्योंकि वह तो निर्मल चैतन्य हैं वह सनातन, नित्य, परम सत् हैं वे ही कालातीत हैं। देवों के आदि, अजन्मा, अनादि और सर्वव्यापी हैं क्योंकि उनके विना संसार में कोई भी पदार्थ, वस्तु स्थान, काल भाव स्थिति नहीं हैं देवर्षि नारद, असित और उनके पुत्र देवल हीं नहीं अपितु महर्षि व्यास भी आपको परम सत् सर्वव्यापी कहते हैं। हे प्रभु यह बात आप मुझे आठवें और नौवें अध्याय में पहले भी कह चुके हैं।। 12–13 ।।

सर्वमेतदृतं मन्ये यन्मां वदसि केशव।
न हि ते भगवन्व्यक्तिं विदुर्देवा न दानवा:।। 14 ।।

अर्थ– हे केशव! मुझसे आप जो कुछ कह रहे हैं वह मैं सब सत्य मानता हूँ। हे भगवान् आपके लीलामय (प्रकट होने को) स्वरूपों को न देवता जानते हैं ओर न ही दानव।। 14 ।।

व्याख्या– भगवान् की योगमाया अर्थात् लीला कोई नहीं जान सकता, भगवान् कब कहां और कैसे प्रकट होते हैं यह रहस्य देवताओं ऋषियों से भी छुपा हुआ हैं इस तथ्य को भगवान् ने दसवें अध्याय के दूसरे श्लोक में स्पष्ट कर दिया है। उनके प्रकट होने के रहस्य को न महर्षि और न ही देवता जानते हैं यहां पर अर्जुन स्वयं भगवान् के वही शब्द उनकी स्तुति में बोल रहे हैं। भगवान् ने गीता के चौथे अध्याय के छठे श्लोक में स्पष्ट शब्दों में कहा है कि "मैं अजन्मा और अविनाशी होते हुए भी प्रकृति को अपने अधीन करके अपनी योग माया से प्रकट होता हूँ। अत: इस रहस्यमय विषय को कोई नहीं जानता। अर्जुन इसलिए कह रहे हैं कि भगवान् आप अपार है आपके प्रकट होने के रहस्य को कोई नहीं जानता, इस रहस्य को न देवता, न दानव ही जानते हैं। क्योंकि दानव फलेच्छा से भक्ति करते हैं। भगवान् के स्वरूप को जानना दानवों के सामर्थ्य में नहीं।। 14 ।।

स्वयमेवात्मनात्मानं वेत्थ त्वं पुरुषोत्तम।
भूतभावन भूतेश देवदेव जगत्पते।। 15 ।।

अर्थ– हे भूत भावन! (हे भूतेश) हे देवों के देव! हे जगत् के स्वामी! हे पुरुषोत्तम! आप स्वयं ही अपने से अपने को जानते हो!।। 15 ।।

व्याख्या– हे भूत भावन! (भूतों को जन्म देनेवाले) पञ्चभूत भगवान् की माया है। भूतेश से तात्पर्य सभी भूतों के ईश्वर, देवों के देव, जगत्स्वामी और पुरुषोत्तम अर्थात् सर्वोत्तम और सर्वोपरि परमेश्वर आपको कोई और देव या दानव नहीं जान सकता। आप हीं अपने को अपने आप द्वारा जानते हैं क्योंकि शेष प्रकृति, देवता, ऋषि आदि सभी आपकी कृपा से हैं। अजन्मा, अनादि और परमेश्वर होने के कारण आपको कोई अन्य कैसे जान सकता है। क्योंकि

अन्य सब देव हो या दानव वह सब जन्म—मरण तथा प्रकृति के अधीन है। (जो फल की इच्छा से भक्ति करते हैं) आपकी अनुकम्पा के कारण ही होते हैं।। 15 ।।

वक्तुमर्हस्यशेषेण दिव्या ह्यात्मविभूतयः।
याभिर्विभूतिभिर्लोकानिमांस्त्वं व्याप्य तिष्ठसि।। 16 ।।

अर्थ– आप ही उन अपनी दिव्य विभूतियों को पूर्ण रूप से कहने में समर्थ हैं। जिन विभूतियों के द्वारा आप इन सब लोगों को व्याप्त कर स्थित हैं।। 16 ।।

व्याख्या– भगवान् ने सातवें अध्याय से लेकर जो अपनी विभिन्न विभूतियां भक्तों के कल्याण के लिये बताई हैं, और जो विभूतियां वास्तव में प्रभु के हीं रूप तथा शक्तियाँ हैं उनको ठीक प्रकार से समझने के लिए दिव्य ज्ञान की आवश्यकता है क्योंकि इन्हीं विभूतियों द्वारा भगवान् सब लोगों को व्याप्त कर स्थित है। इन सभी भावों या विभूतियों को (20 भाव जो स्वयं भगवान् ने इस अध्याय के (4-5) श्लोंको में स्पष्ट किया है) लोग सांसारिक भोग के माध्यम ही समझते हैं। इनके पीछे जो भगवान् की दिव्य शक्ति है उससे अनभिज्ञ रहते हैं। वास्तव में इनको भोग नहीं विभूति जानना ही वास्तविक ज्ञान हैं। क्योंकि भगवान् को इनमें देखना ही बुद्धिमत्ता हैं अर्जुन इसलिए भगवान् से आग्रह पूर्वक कह रहे हैं कि भगवान् उनकी सभी विभूतियों का उचित ज्ञान देकर उसका कल्याण करो। क्योंकि भगवान् से ज्यादा उनकी विभूतियों को और कोई भी नहीं जान सकता। ऐसा सामर्थ्य और में नहीं हैं।। 16 ।।

कथं विद्यामहं योगिस्त्वां सदा परिचिन्तयन्।
केषु केषु च भावेषु चिन्त्योऽसि भगवन्मया।। 17 ।।

अर्थ– हे योगिन! मैं आपको (आपका) चिन्तन करके निरन्तर किस प्रकार जान सकूंगा। और किन किन भावों में आप मेरे द्वारा चिन्तन करने योग्य हैं।। 17 ।।

व्याख्या– इस अध्याय में भगवान् की विभिन्न विभूतियों और शक्तियों का वर्णन है। अत: अर्जुन भगवान् से प्रार्थना कर रहे हैं कि ऐसी कौन—कौन सी विभूतियां और भाव विशेष हैं क्योंकि भगवान् साकार और निराकार दोनो हैं जिनका चिन्तन—मनन करके भगवान् की आराधना उचित रूप से की जा

सकती है। ताकि आध्यात्म मार्ग में निष्काम भाव से उन्नति हो सके। भगवान् की विभिन्न शक्तियों तथा विभूतियों का उल्लेख सातवें और नौवें अध्याय में भी हुआ है। इस अध्याय में उसी प्रकरण को विस्तार पूर्वक कहा गया है तथा भगवान् अर्जुन के आग्रह पर सविस्तार उन विशेष विभूतियों का वर्णन करने जा रहे हैं; जिनका चिन्तन और मनन करने से साधक को आध्यात्मिक साधना में लाभ और उन्नति हो सकती है।। 17 ।।

विस्तरेणात्मनो योगं विभूतिं च जनार्दन।
भूयः कथय तृप्तिर्हि शृण्वतो नास्ति मेऽमृतम्।। 18 ।।

अर्थ– हे जनार्दन! अपनी योग शक्ति को और विभूति को फिर विस्तार पूर्वक कहिए। क्योंकि आपके अमृतमय वचनों को सुनते हुए मुझे तृप्ति नहीं होती। सुनने की उत्कण्ठा बनी ही रहती है।। 18 ।।

व्याख्या– सच्चे भक्त के लिए भगवान् की सत्ता, शक्ति तथा विभूतियों का वर्णन सुन–सुन कर मन भरता ही नहीं, अर्जुन की तृप्ति ही नहीं हो रही। जिज्ञासा बढ़ती जाती है। हर भक्त भगवान् के परम वचनों का अधिक लाभ तथा आनन्द लेना चाहता है। प्राणों के अनुसार इसी कारण भगवत् कथा को सारे ऋषिगण भगवान् वेद व्यास से सुनने के लिए उत्सुकता प्रकट करते हैं।

जैसे पहले भी कहा गया है, कि योग भगवान् की परम शक्ति और सामर्थ्य का ही नाम है। तथा विभूतियाँ उसी शक्ति या सामर्थ्य का वर्णन है। सातवें से दसवें अध्याय पर्यन्त भगवान् ने अनेक विभूतियों उसी शक्ति या सामर्थ्य का वर्णन किया है जिनको भक्त यदि तत्व से देखें तो आध्यात्मिक लाभ उठा सकते हैं। विभूतियां भोग का ही विषय नहीं, उनमें भगवान् को देखने का प्रयास आवश्यक है। सारी विभूतियां भगवान् की शक्ति के सिवा और कुछ नहीं है। अर्जुन अब इन विभूतियों को जानने के इच्छुक इसलिए हैं कि उनका इन विभूतियों के सामर्थ्य में दृढ़ विश्वास हो गया है क्योंकि यह भगवान् के वचन है। अतः स्वाभाविक है कि अर्जुन का मन इन अमृतमय वचनों से तृप्त नहीं हो रहा। असीम ब्रह्माण्ड असंख्य विभूतियों से भरपूर है जो भगवान् के ही प्रतिविम्ब रूप हैं जिस प्रकार सूर्य की किरणें सूर्य से अभिन्न हैं। अतः भक्त

जब तक दिव्यता तक नहीं पहुंचता, तब तक उसकी तृप्ति नहीं होती—अपितु जिज्ञासा बढ़ती जाती है।। 18 ।।

श्रीभगवानुवाच

हन्त ते कथायिष्यामि दिव्या ह्यात्मविभूतयः।
प्राधान्यतः कुरुश्रेष्ठ नास्त्यन्तो विस्तरस्य मे।। 19 ।।

अर्थ— श्रीकृष्ण भगवान् बोले— हे कुरुश्रेष्ठ! अब मैं अपनी दिव्य विभूतियों का वर्णन संक्षेप में तुमसे कहूँगा क्योंकि मेरी विभूतियां अनन्त है।। 19 ।।

व्याख्या— अर्जुन भगवान् की विभूतियों को जानने का आग्रह अपने मन को तृप्त करने और उन विभूतियों की दिव्यता में दृढ़ विश्वास करने के अत्यधिक इच्छुक हैं। अतः भगवान् अर्जुन की इस प्रार्थना को सुन कर उसे उचित उत्तर देते हैं, कि उन विभूतियों को संक्षेप में इसलिए कहेंगे, कि वे विभूतियां अनन्त ही नहीं दिव्य भी हैं। जिन्हें पूर्णतः जानने के लिए दिव्य शक्ति जरुरी है। इसी कारण भगवान् ने ग्यारहवें अध्याय में अर्जुन को दिव्य चक्षु दिए। यह समस्त असीम ब्रह्माण्ड असंख्य विभूतियों से भरपूर है जो भगवान् के प्रतिबिम्ब है जैसे सूर्य की असंख्य किरणें उससे अभिन्न हैं अतः जबतक साधक दिव्यता तक नहीं पहुंचता उसकी तृप्ति नहीं होती अपितु जिज्ञासा बढ़ती जाती है।। 19 ।।

अहमात्मा गुडाकेश सर्वभूताशयस्थितः।
अहमादिश्च मध्यं च भूतानामन्त एव च।। 20 ।।

अर्थ— हे गुड़ाकेश अर्जुन! मैं सब भूतों के हृदय में स्थित सबका आत्मा हूँ। तथा सम्पूर्ण भूतों का आदि, मध्य और अन्त भी मैं ही हूँ।। 20 ।।

व्याख्या— भगवान् यहां अर्जुन को गुड़ाकोश अर्थात् (नींद को जीतने वाला) कहकर सम्बोधित कर रहे हैं। कि अर्जुन सावधान हो जाओ और मेरी दिव्य विभूतियों को संक्षेप में सुनो। क्योंकि ये विभूतियां दिव्य हैं, साधारण नहीं। विशेषतः भगवान् इस बीसवें श्लोक में अपनी सम्पूर्ण विभूतियों का सार बता रहे हैं। वह (भगवान्) सम्पूर्ण भूतों के अन्तःकरण में आत्मा रूप से स्थित हैं। क्योंकि सभी प्राणियों का वास्तिविक स्वरूप आत्मा ही है। प्राणी की आत्मा भगवान् का अटल और अमर अंश है। गीता के 15 अध्याय के 7 श्लोक में

वर्णित है इस तथ्य का वर्णन भगवान् ने 13-13, 13-22, तथा 18-61 में भी किया है। भगवान् दूसरी विशेष बात कह हैं कि "मैं ही सम्पूर्ण प्राणियों के आदि, मध्य और अन्त में विद्यमान हूँ। आदि और अन्त मृत्यु के पहले तथा पश्चात है। क्योंकि साधारण मनुष्यों को जिन्हें दिव्यज्ञान नहीं यह तथ्य ज्ञात ही नहीं, मध्य तो शरीर के रूप में सभी जानते हैं। परन्तु भगवान् अर्जुन को दिव्य ज्ञान देते हुए कह रहे हैं कि मध्य जिसे तुम शरीर समझते हो वह मनुष्य का स्वरूप या वास्तविकता नहीं है। वास्तविकता तो मैं ही हूँ जो जन्म से पूर्व, मध्य और अन्त में हमेशा रहता हूँ। अर्थात् मनुष्य जिसे जन्म और मृत्यु समझते हैं वह सब अज्ञानवश ही समझते हैं। वास्तव में मेरा अंश आत्मा, न मरता है और न जन्मता है, और न ही शरीर है (मध्य) वह तो सनातन, निरन्तर मेरा ही अव्यक्त रूप है जिसे आत्मा कहते हैं। सारांश यह है कि मृत्यु सत्य नहीं मात्र परिवर्तन है क्योंकि जब भगवान् स्वयं जीव के आदि, मध्य तथा अन्त में हैं तो अन्त तथा मृत्यु कैसे हो सकती है।। 20 ।।

आदित्यानामहं विष्णुर्ज्योतिषां रविरंशुमान्।
मरीचिर्मरुतामस्मि नक्षत्राणामहं शशी।। 21 ।।

अर्थ– मैं अदिति के बारह पुत्रों में विष्णु और ज्योतियो में किरणों वाला सूर्य हूँ तथा मैं मरुतों में मरीचि और नक्षत्रों का अधिपति चन्द्रमा हूँ।। 21 ।।

व्याख्या– अदिति देवताओं की मां, और दिति राक्षसों की माता हैं विष्णु भी वामन अवतार में अदिति के पुत्र हुए। जिन्होंने दैत्यों से देवताओं की सम्पत्ति (धन वैभव) को दान में लेकर उन्हें सौंप दिया था। भगवान् कह रहे हैं कि जितनी भी प्रकाशमय ज्योति देने वाली शक्तियाँ अग्नि, चन्द्रमा, नक्षत्र तारे आदि हैं उनमें मैं सूर्य हूँ।

भगवान् कहते हैं कि मरुतों का तेज भी मैं ही हूँ। उन्चास मरुत (वायु) हैं। शास्त्रों के अनुसार इन्द्र ने दिति के गर्भ के सात टुकड़े किए और हर एक टुकड़े के सात–सात अर्थात् उन्चास टूकड़े किए जो नष्ट नहीं हुए न ही उनका तेज नष्ट हुआ।

नक्षत्रों के अधिपति भी भगवान् ही हैं अर्थात् सताइस नक्षत्र भी चन्द्रमा के आधिपत्य में है।। 21 ।।

वेदानां सामवेदोऽस्मि देवानामस्मि वासवः।
इन्द्रियाणां मनश्चास्मि भूतानामस्मि चेतना।। 22 ।।

अर्थ– मैं वेदों में साम वेद हूँ। देवों में इन्द्र हूँ। इन्द्रियों में मन हूँ और प्राणियों की मैं जीवन शक्ति हूँ जिसे चेतना कहते हैं।। 22 ।।

व्याख्या– वेदों का वह भाग (ऋचायें) जो लय तथा स्वर ताल के साथ मस्त होकर भक्ति–भाव के साथ गाई जाती हैं सामवेद में हैं अतः वह भी भगवान् की विभूति हैं। आध्यात्मिक दृष्टि से पश्चिम दिशा (पीछे मेरूदण्ड में) प्राणायाम द्वारा श्वास लेने पर गुरु द्वारा दीक्षित ढ़ंग से इस सामवेद का मन्त्र ॐ ध्वनि जागृत करते हैं। उसी से योग सिद्धि प्राप्त होती है। इद्र देवताओं के प्रधान होने के कारण भगवान् की विभूति हैं मन इन्द्रियों के प्रधान हैं इसलिए मन के विना इन्द्रियां निष्क्रिय हो जाती है। अतः इन्द्रियों में मन भी प्रभु की विभूति हैं सारे प्राणियों की शक्तियों की प्रधान शक्ति चेतना शक्ति हैं यही जीवन रूपी शक्ति अर्थात् परा शक्ति है इसी का वर्णन भगवान् ने गीता के सातवें अध्याय के चौथे और पांचवे श्लोकों में किया है।। 22 ।।

रुद्राणां शङ्करश्चास्मि वित्तेशो यक्षरक्षसाम्।
वसूनां पावकश्चास्मि मेरुः शिखरिणामहम्।। 23 ।।

अर्थ– मैं रुद्रों में शंकर हूँ। यक्षों और राक्षसों में कुवेर हूँ, वसुओं में अग्नि हूँ, और शिखर वाले पर्वतों में सुमेरु पर्वत हूँ।। 23 ।।

व्याख्या– शास्त्रों में ग्यारह रूद्रों का वर्णन आता है भगवान् उनमें शंकर हैं क्योंकि वही एकादश रूद्रों के स्वामी हैं। कुबेर (यक्ष तथा राक्षस जो धन एकत्रित करते हैं तथा उसकी रक्षा करते हैं।) के राजा है। अतः कुबेर भी भगवान् की विभूति है।

वसु– आठ हैं उनमें अग्नि प्रधान है, अग्नि के द्वारा ही सब यज्ञों की हवि भगवान् को पहुंचती है।

सुमेरु रूप में भगवान् पर्वत शिखरों में विभूति हैं सुमेरु दण्ड रीढ़ की हड्डी को भी कहते हैं। जिसमें सात चक्र हैं जिन्हें जागृत करना योग सिद्धि और प्रभु प्राप्ति के लिए अनिवार्य हैं अर्थात् कुण्डलिनी जागरण के लिए इन

चक्रों को जागृत करने से ही प्रभु प्राप्ति होती है। अष्टाङ्ग योग में भी इसी मेरुदण्ड की सिद्धि सात चक्रों सहित अनिवार्य हैं मूलाधार से सहस्रार (मेरु) पर पहुंचना होता है।। 23 ।।

पुरोधसां च मुख्यं मां विद्धि पार्थ बृहस्पतिम्।
सेनानीनामहं स्कन्द: सरसामस्मि सागर:।। 24 ।।

अर्थ– मैं पुरोहितों में मुख्य पुरोहित बृहस्पति हूँ। मैं सेनापतियों में स्कन्द हूं। हे पार्थ! मैं जलाशय में समुद्र हूँ।। 24 ।।

व्याख्या– शास्त्रों के अनुसार वृहस्पति देवताओं के कुल पुरोहित और इन्द्र के गुरु हैं। अत: भगवान् कह रहे हैं कि वे पुरोहितों में श्रेष्ठ है। स्कन्द शंकर भगवान् के पुत्र अद्वितीय योद्धा थे उनके छ: मुंह और बारह हाथ थे।

सागर– संसार के सारे जलाशयों में सागर महान् और विशाल है, सारे संसार की वर्षाओं के जलों का स्रोत सागर ही है। जिससे जल भाप बनकर सारे संसार को वर्षा द्वारा जल प्रदान करता है। पुन: सारे संसार के नदी नाले इसी महान् विशाल सागर में समा जाते हैं किन्तु अगाध सागर सदा एक समान गम्भीर ही रहता है। भाप उठने से कम नहीं होता तथा सारी नदियों के पानी ग्रहण करने से जल को बाहर नहीं उगलता हैं। ये सारी भगवान् की विभूतियां है।। 24 ।।

महर्षीणां भृगुरहं गिरामस्म्येकमक्षरम्।
यज्ञानां जपयज्ञोऽस्मि स्थावराणां हिमालय:।। 25 ।।

अर्थ– मैं महर्षियों में भृगु हूँ, शब्दों में ओंकार हूँ, सब प्रकार के यज्ञों में जप यज्ञ और स्थिर रहने वालों में हिमालय पर्वत हूँ।। 25 ।।

व्याख्या– भृगु महर्षि हैं उनकी गणना मरीचि अभी आदि सप्तर्षियों में आती है। शास्त्रों के अनुसार इन्होंने ब्रह्मा, विष्णु और शिव की परीक्षा ली थी, और विष्णु को जगत् कर्ता होने के कारण श्रेष्ठ बताया था। अत एव भगवान् विष्णु भृगु जी के चरण चिन्ह को वक्षस्थल पर धारण किए रहते हैं। ओंकार प्रणव हैं, ॐ से गायत्री की उत्पत्ति हुई है अत: इसको वेद माता कहते हैं। ॐ ही जगत् या संसार की शक्ति हैं ॐ ही ब्रह्माण्ड का समष्टि रूप में और

321

जगत् का व्यष्टि रूप में बीज रूप है। जप यज्ञ पवित्र और श्रेष्ठ यज्ञ माना जाता है, क्योंकि इसमें अन्य यज्ञों की तरह सांसारिक सामग्री का प्रयोग नहीं होता। साधना में ईश्वर के नाम का जप करके ही साधक को प्रभु दर्शन होते हैं दूसरा श्रेष्ठ यज्ञ अजपा यज्ञ है जिसमें मौन रहकर श्वास–प्रश्वास पर प्रभु का ध्यान लगाकर लम्बे काल के बाद प्रभु दर्शन हो जाते हैं। यहां जप यज्ञ से अभिप्राय अजपा रूप यज्ञ है। क्योंकि अजपा यज्ञ भगवान् प्राप्ति के लिए किया जाता है। इसमें मन का आत्मा में लय करते हैं अन्य यज्ञ वाच्छित फल प्राप्ति के लिए होते है। किन्तु अजपा रूपी यज्ञ की शक्ति साधक को संसार से मुक्त करके भगवान् से युक्त कर देती है। हिमालय संसार में सबसे ऊंचा पर्वत है, जो नहीं हिलता, अचल है, आंधी तूफान इसको हिला नहीं पाते पवित्रता की दृष्टि से भी यह महान है क्योंकि यह भगवान् शंकर का घर है। जिसे कैलाश पर्वत भी कहते हैं। यह पर्वत भारतवर्ष की पवित्र नदियों का (गंगा यमुना आदि) उद्गम स्थल है। हमारे देश की संस्कृति में हिमालय का श्रेष्ठ स्थान कहा गया है। कहते हैं कि श्रेष्ठ योगी भी वही है जो हिमालय की तरह मन को स्थिर तथा अचल कर लेता है।। 25।।

अश्वत्थ: सर्ववृक्षाणां देवर्षीणां च नारद:।
गन्धर्वाणां चित्ररथ: सिद्धानां कपिलो मुनि:।। 26 ।।

अर्थ– मैं सारे वृक्षों में पीपल, देवर्षियों में नारद, गन्धर्वों में चित्ररथ और सिद्धों में कपिल मुनि हूँ।। 26 ।।

व्याख्या– वनस्पति जगत् में पीपल की पवित्रता सर्व विदित है। यह वायु मण्डल को स्वच्छ करता है। इसी कारण भारतीय संस्कृति में इस वृक्ष की पूजा की जाती है। यह कठोर जगह में भी उग जाता है और इसके नीचे छोटे छोटे वृक्ष भी पैदा हो जाते है। नारद–देवर्षि एक ही है परन्तु नारद ऋषि और नारद महर्षि अन्य कई हैं शास्त्रों के अनुसार कूटस्थ देश के बिना अर्थात् कूटस्थ चेतना प्राप्त किये बिना देवर्षि नारद के दर्शन भी नहीं हो पाते। चित्ररथ गन्धर्वों में श्रेष्ठ (विख्यात) गायक हैं गन्धर्व स्वर्ग के गायकों को कहते हैं। अज्ञात वास के समय अर्जुन ने भी संगीत विद्या चित्ररथ से सीखी थी।

कपिल मुनि महान् ऋषि कहे जाते हैं उन्होंने ही सांख्य शास्त्र की रचना की, कपिल सिद्धों में सर्वश्रेष्ठ माने गये हैं भागवत् पुराण में भगवान् के अवतार कहे गये हैं इन सब विभूतियों की महनता का कारण स्वयं भगवान् वासुदेव हैं, जो इस तथ्य को दृढ़ता से जानते हैं वे ही तत्व ज्ञानी कहलाते हैं। तत्व ज्ञान का अर्थ साक्षात्कार है। इन्द्रियों तथा बुद्धि से परम सत्य को नहीं जाना जाता।। 26 ।।

उच्चै: श्रवसमश्वानां विद्धि माममृतोद्भवम्।
ऐरावतं गजेन्द्राणां नराणां च नराधिपम्।। 27 ।।

अर्थ— घोड़ो में समुद्र मन्थन के समय अमृत के साथ उत्पन्न होने वाला उच्चै: श्रवानामक घोड़ा, हाथियों में ऐरावत नामक हाथी और मनुष्य में मुझ को राजामान।। 27 ।।

व्याख्या— समुद्र मन्थन के समय चौदह रत्नों में से प्रकट हुए रत्नों में उच्चै: श्रव नामक घोड़ा भी था। जो घोड़ों का का राजा माना जाता है तथा वह इन्द्र का वाहन है और ऐरावत हाथी भी इन रत्नों में से एक हैं वह भी इन्द्र का वाहन है मनुष्य जाति में राजा श्रेष्ठ माना जाता है क्योंकि वह प्रजा का पालन—पोषण सुरक्षा तथा न्याय के लिए उत्तरदायी होता है। उसे बल तथा बुद्धि ये दोनों योग्यतायें रखनी होती हैं। ये सारी विभूतियां ईश्वर की विभूतियां (शक्तियां) हैं।। 27 ।।

आयुधानामहं वज्रं धेनूनामस्मि कामधुक्।
प्रजनश्चास्मि कन्दर्प: सर्पाणामस्मि वासुकि:।। 28 ।।

अर्थ— मैं शस्त्रों में वज्र हूँ। धेनुओं में कामधेनु, शास्त्रोक्त विधि से सन्तान की उत्पत्ति हेतु कामदेव हूँ और सर्पों का सर्प वासुकी हूँ।

व्याख्या— जितने भी युद्ध में प्रयोग किए जाने वाले "अस्त्र—शस्त्र" हैं, उनमें से वज्र सर्वश्रेष्ठ और मुख्य हैं इन्द्र इसी वज्र के धारक हैं।

कामधेनु समुद्र मन्थन के समय चौदह रत्नो में प्रकट हुई थी, वह कामधेनु मनुष्यों तथा देवताओं की सभी उचित कामनाओं को पूरा करती है। अत: भगवान् की विभूति कामधेनु भी है। प्राणियों की उत्पत्ति हेतु कंदर्प हूँ से अभिप्राय कि

भगवान् प्राणियों के उत्पत्ति के हेतु स्वयं ही है अर्थात् नर–नारी सम्भोग में काम–वासना रूप में नहीं, अपितु उत्पत्ति रूप में है। वासुकी विषैले सर्पों में सबसे अधिक विषैला नाग है। अत: उसे सर्पों का राजा कहते हैं समुद्र मन्थन के समय उसी नाग को मथनी की रज्जू बनाया गया था।। 28 ।।

अनन्तश्चास्मि नागानां वरुणो यादसामहम्।
पितॄणामर्यमा चास्मि यमः संयमतामहम्।। 29 ।।

अर्थ– मैं नागों में शेष नाग हूँ और जल–जीवों अर्थात् जल देवताओं में वरुण हूँ। पितरों में अर्यमा और शासकों में यमराज हूँ।। 29 ।।

व्याख्या– शेषनाग विना विष वाले सर्पों के राजा हैं शास्त्रों के वर्णन के अनुसार इस नाग के एक हजार फण हैं भगवान् शेष शय्या पर सोते हैं इस कारण वे भगवान् के श्रेष्ठ भक्तों में गिने जाते हैं। वरुण देव सभी जल जन्तुओं और जलों के राजा है। अत: ये भी भगवान् की विभूति हैं पितरों में मुख्य अर्यमा हैं जो पितृलोक में रहते हैं। क्योंकि बहुत से लोग स्वकर्मानुसार पितृलोक में मरने के बाद जाते हैं। जहाँ अर्यमा पितर ही मुख्य हैं। यमराज सभी शासकों में मुख्य हैं क्योंकि इनका शासन धर्माश्रित हैं इसी कारण ये धर्मराज कहलाते हैं। धर्मराज सभी प्राणियों के पाप–पुण्य कर्मों का लेखा–जोखा रखते हैं और वे मरने के बाद बिना पक्षपात के न्याय करते हैं, ये महान् ईश्वर भक्त हैं।। 29 ।।

प्रह्लादश्चास्मि दैत्यानां कालः कलयतामहम्।
मृगाणां च मृगेन्द्रोऽहं वैनतेयश्च पक्षिणाम्।। 30 ।।

अर्थ– मैं दैत्यों में प्रह्लाद और गणना करने वालों में काल हूँ। पशुओं में सिंह और पक्षियों में मैं गरुड़ हूँ।। 30 ।।

व्याख्या– महान् भक्त प्रह्लाद दैत्यवंशी हैं। कश्यप दिति के गर्भ से उत्पन्न सभी दैत्य हैं परन्तु दैत्यों में प्रह्लाद उच्च कोटि के भगवान् भक्तों की श्रेणी में आते हैं। अत: वे भगवद्विभूति हैं।

भगवान् अपने आप को काल कहते हैं। "कलयतामहं काल:" अर्थात् ग्रास करने वालों में "मैं" काल हूँ। काल का अर्थ समय है, काल का अपना ही

अस्तित्व है। इसलिए काल भी ईश्वर की विभूति है काल तत्व की (गणना करने की विधि–समय तत्व के संदर्भ में) संसार में विशेष आवश्यकता रहती है, यह सर्व विदित है। परन्तु अहो–रात्रि सिद्धान्त में गीता 8/17 काल तत्व से साधारण लोग परिचित नहीं हैं श्रेष्ठ योगी इसी काल तत्व को जीत लेते हैं किन्तु काल का निशाना अचूक है। इससे कोई नहीं बच सकता, काल ही प्रकृति का सार है। क्योंकि यह हर पल बदलता रहता है, और सभी जीवों को जन्म लेने के बाद अपने उदर की ओर ग्रसित करता है (निगलता) रहता है। गणना करने वालों की श्रृंखला में काल भगवान् स्वयं हैं। गणना शक्ति का स्थान आज के भौतिक प्रधान या वाणिज्य प्रधान समाज में ही नहीं अपितु तीनों लोकों में भी महत्व पूर्ण है, तभी तो भगवान् काल को जो गणना में प्रधान है अपनी विभूति कह रहे हैं। परन्तु भगवान् स्वयं कालातीत हैं तभी महाकाल है अर्थात् काल उनके अधीन है अत: काल मात्र व्यावहारिक आवश्यकता है जो प्रकृति से ही सम्बन्धित है।

गरुड़ भगवान् विष्णु के वाहन और पक्षियों के राजा हैं। शास्त्रों में गरुड़ के उड़ते समय पंखो से सामवेद की ऋचाओं वाली संगीत मय ध्वनि के उत्पन्न होने का वर्णन है। अत: भगवान् गरुड़ को अपनी विभूति मानते हैं।। 30 ।।

पवनः पवतामस्मि रामः शस्त्रभृतामहम्।
झषाणां मकरश्चास्मि स्त्रोतसामस्मि जाह्नवी।। 31 ।।

अर्थ– मैं पवित्र करने वाले में वायु और शास्त्रधारियों में श्रीराम, मछलियों में मगरमच्छ हूँ। नदियों में श्रीगङ्गाजी हूँ।। 31 ।।

व्याख्या– पञ्चभूतों में वायु पवित्र हैं क्योंकि प्राणी वायु के विना एक क्षण भी जीवित नहीं रह सकता और कई प्रकार की विमारियों का उपचार करता है तथा गन्दगियों को शुद्ध करता है। भगवान् शस्त्रधारियों में परशुराम हैं जिन्होंने युद्ध में सभी क्षत्रियों को हरा दिया था। यहां श्रीराम से परशुराम से तात्पर्य है क्योंकि राम भगवान् तो पुरुषोत्तम नाम से प्रसिद्ध है। सारे जल जन्तुओं तथा जल प्राणियों में “मैं” मगरमच्छ हूँ। मगरमच्छ भी भगवान् की विभूति हैं। प्रवाह में वहने वाले सभी नदी नालों में गङ्गा नदी सबसे पावन और श्रेष्ठ हैं अत:

गङ्गा भी भगवान् की विभूति है। भगवान् शंकर की जटाओं से भक्त भगीरथ गंगाजी को कठिन तपस्या से संसार में लाये थे।। 31 ।।

सर्गाणामादिरन्तश्च मध्यं चैवाहमर्जुन।
अध्यात्मविद्या विद्यानां वादः प्रवदतामहम्।। 32 ।।

अर्थ– हे अर्जुन! सम्पूर्ण सर्गों का आदि–मध्य और अन्त में "मैं" ही हूँ। मैं विद्याओं में ब्रह्म विद्या हूँ। अर्थात् अध्यात्म विद्या हूँ। तथा "प्रवदत्ता" बाद–विवाद करने वालों में वाद हूँ।। 32 ।।

व्याख्या– सर्ग ब्रह्मा के एक दिन के उदय को तथा महासर्ग ब्रह्मा के सौ साल के उदय को कहते हैं। यह अरबों वर्षों की गणना से भी बाहर हैं हर सर्ग पर नई सृष्टि और हर महासर्ग के आदि में ब्रह्मा जी नये रूप में प्रकट होते हैं। अर्थात् जन्म–मृत्यु जो भी जगत् में होता है उसमें भगवान् स्वयं हैं इस विषय में भगवान् ने पहले ही इस अध्याय के बीसवें श्लोक में वर्णन कर लिया है कि वह ही स्वयं सब भूतों के आदि–मध्य–अन्त हैं विद्याओं में भगवान् अध्यात्म और ब्रह्म विद्या हैं ब्रह्म विद्या से उपर अन्य कोई ज्ञान नहीं है क्योंकि ब्रह्म विद्या से ही प्रभु प्राप्ति होती है वाकी सब भौतिक विद्या हैं जिनसे मात्र जगत् बोद्ध होता है। ब्रह्म विद्या के उदय पर मनुष्य के सारे भय शोक और अज्ञानता दूर हो जाते हैं और वह भगवान् में लीन हो जाता है। वाद में निष्पक्ष तर्क होता है जो शास्त्रर्थ में तत्व बोध के लिए निर्णायक रूप में सिद्ध होता है।। 32 ।।

अक्षराणामकारोऽस्मि द्वन्द्वः सामासिकस्य च।
अहमेवाक्षयः कालो धाताहं विश्वतोमुखः।। 33 ।।

अर्थ– मैं अक्षरों में "अकार" अर्थात् "अ" हूँ। समासों में "द्वन्द्व" समास हूँ। अक्षय काल अर्थात् काल का भी काल सब ओर मुख वाला, सबका धारण–पोषण करने वाला मैं ही हूँ।। 33 ।।

व्याख्या– वर्णमाला में सबसे पहले अकार (अ) आता है। क्योंकि "अकार" के विना व्यञ्जनों का उच्चारण नहीं हो सकता। अतः अकार भगवान् की विभूति है।

समास दो अथवा दो से अधिक शब्दों के मेल को कहते हैं। समास के कई भेद हैं छन्द समास में उभय पदों की प्रधानता होती है। उन शब्दों का अर्थ

प्रधान होता है जो अन्य समासों में नहीं होता है। अत: भगवान् द्वन्द्व समास को अपनी विभूति कह रहे हैं काल तो निरन्तर बदलने वाला होता है, वह हर क्षण बदलता रहता है। परन्तु भगवान् अक्षय कभी क्षय न होने वाला अर्थात् महाकाल है। भगवान् से कोई भी चीज छूपी नहीं रह सकती और न कोई रहस्य, भगवान् चारों ओर मुख वाले होने के कारण सब का ध्यान–पालन–पोषण बराबर निरपेक्ष रूप से करते हैं।। 33 ।।

मृत्युः सर्वहरश्चाहमुद्भवश्च भविष्यताम्।
कीर्तिः श्रीर्वाक्च नारीणां स्मृतिर्मेधा धृतिः क्षमा।। 34 ।।

अर्थ– मैं सब का नाश करने वाला मृत्यु और पैदा (उत्पन्न) होने वालों का उद्भव हूँ। (उत्पत्ति हेतु) तथा स्त्री जाति में कीर्ति, श्री, वाक्, स्मृति, मेघा, धृति, और क्षमा मैं हूँ।। 34 ।।

व्याख्या– पहले श्लोक में भगवान् ने बताया है कि वे सब का पालन पोषण करने वाले हैं अब भगवान् कहते हैं कि वे सबके जन्म व मृत्यु के कारण हैं। इसका तात्पर्य है कि भगवान् ही सबके सारे प्राणियों के जन्मदाता पालन कर्ता–भर्ता और हरण करने वाले भी हैं। मृत्यु संसार के सभी झंझटों से एक प्रकार का छुटकारा ही है। भले ही नये जन्म पर यह संसार दोबारा भोगना पड़ता है। परन्तु यदि मृत्यु न हो तो जीवन एक असह्य पीड़ा है। परिवर्तन रूप मे मृत्यु भी संसार रूपी श्रृंखला की पहली कड़ी है। कीर्ति श्री वाक्, स्मृति, मेधा, धृति और क्षमा यह स्त्री जाति के शुभ गुणों के वाचक हैं या द्योतक हैं। शास्त्रों में इन गुणों की महानता बताई गयी है। ये सात नाम सात ऋषि कन्याओं के भी सूचक हैं। संसार की ऊँची नारियों में ये गुण सदा रहते हैं।। 34 ।।

बृहत्साम तथा साम्नां गायत्री छन्दसामहम्।
मासानां मार्गशीर्षोऽहमृतूनां कुसुमाकरः।। 35 ।।

अर्थ– गायन करने योग्य श्रुतियों में मैं बृहत्साम हूँ। और छन्दों में गायत्री छन्द हूँ। तथा महीनों में मार्गशीर्ष, ऋतुओं में बसंत ऋतु हूँ।। 35 ।।

व्याख्या– सामवेद में बृहत्साम नाम की श्रुति हूँ। जिनके द्वारा गाकर भगवान् की स्तुति होती है। अत: यह भगवान् की विभूति हैं। गायत्री ॐ से उत्पन्न हुई

है और वेद गायत्री से उत्पन्न हुए हैं। अतः गायत्री वेद जननी हैं तथा गायत्री भगवान् की विभूति है। मार्गशीर्ष मास की बड़ी महिमा है। शास्त्र कहते हैं कि अन्न की उत्पत्ति (बीज रूप में) इसी महीने में होती है। महाभारत काल में नया वर्ष इसी महीने से प्रारम्भ होता था। एक मतानुसार महाभारत का युद्ध भी इसी मास में हुआ था और सन् ईस्वी पूर्व 18-11-3600 है। बसन्त ऋतु सारे ऋतुओं का राजा है मानो सारी सृष्टि इस खुशी से खिल उठती है। अतः यह भगवान् की विभूति है।। 35 ।।

द्यूतं छलयतामस्मि तेजस्तेजस्विनामहम्।
जयोऽस्मि व्यवसायोऽस्मिसत्त्वं सत्त्ववतामहम्।। 36 ।।

अर्थ– मैं छल करने वालों में जूआ (द्यूत) और तेजस्वियों में तेज हूँ। मैं जीतने वालों की विजय हूँ। निश्चय करनेवालों का निश्चय हूँ। और सात्विक पुरुषों का सात्विक भाव हूँ।। 36 ।।

व्याख्या– यहां ध्यान देने योग्य बात है कि भगवान् के विना इस संसार में न कोई अच्छाई और न कोई बुराई है। क्योंकि वह सारे संसार में व्याप्त हैं जूआ हो या साधु–कर्म हो या साधारण कर्म, अथवा दैवी कर्म किसी चीज स्थिति को अच्छा या बुरा समझना सांसारिक भाव हैं यहां जुआ शब्द का अर्थ वञ्चना–छलना है। अर्थात् भगवान् जुआरी नहीं जुआ है जो अति चतुराई के कारण चतुर साधक सबको भांपता है। स्वयं भांपा नहीं जा सकता, चतुरता ही जीवन में अकस्मात् होनी को भांपता है। जो उचित है चतुर वही करता है। क्योंकि छल भी चतुर साधक को अपने जाल में नहीं फंसा सकता।

संसार तीन गुणों का ताना–वाना है। जुआ (चतुरता) भी प्रकृति के तीन गुणों (सात्विक राजस–तामस) से बाहर नहीं है अतः यह भी भगवान् की विभूतियों की गणना में आता है। इन तीन गुण से उपर उठने के लिए प्रारम्भ में चतुरता भी आवश्यक है। सांसारिक मूल्यों की मनुष्यों के अनुभव के अनुसार अच्छी या बुरी श्रेणियां हैं संसार में अच्छा और बूरा दोनों है एक ही उत्तम है निष्पक्षता ताकि सभी स्थितियों और अवस्थाओं में भगवान् को देखा जाए। एक अन्य ध्यान देने योग्य बात यहां पर है कि सातवें से दसवें अध्याय तक भगवान्

की विभूतियों का प्रकरण है न कि सांसारिक अच्छाइयों या बुराईयों का अर्थात् भगवान् यह नहीं कह रहे कि यह करो यह न करो अपितु यह कह रहे हैं कि मैं सब जगह हूँ कि जुआरी जुए में भगवान् को तभी देख पायेगा जब उसके अन्दर दिव्य दृष्टि होगी। जैसे वाल्मीकि डाके में पाप तभी देख पाये जब उनके अन्दर दिव्य दृष्टि हो गई। यह दिव्य दृष्टि ही जुआरी में भगवान् की विभूति हैं तेजस्वी वही हो सकता है जिसके व्यक्तितत्व में प्रभाव हो, जो प्रभावित कर सके। अत: वह प्रभाव ही भगवान् की विभूति है। विजय दिव्य दृष्टि होने पर ही होती है। यहां विजय काम क्रोध लोभ और अहंकार पर बताई गई है। निश्चयात्मक बुद्धि भी दिव्य दृष्टि से प्राप्त होती है। दृढ़ निश्चय वाला पुरुष ही श्रेष्ठ कर्म और सब की भलाई कर सकता है।। 36 ।।

वृष्णीनां वासुदेवोऽस्मि पाण्डवानां धनञ्जय:।
मुनीनामप्यहं व्यास: कवीनामुशना कवि:।। 37 ।।

अर्थ– वृष्णिवंशियों में वासुदेव मैं ही हूँ। पाण्डवों में धनञ्जय, मुनियों में व्यास देव और कवियों में शुक्रचार्य मैं हूँ।। 37 ।।

व्याख्या– यहां भगवान् ने स्पष्ट किया है कि किसी वंश या व्यक्ति विशेष में जो विशेषता होती है वह उनकी विभूति है। अत: वृष्णी वंश तथा अर्जुन की विशेषता भगवान् की विभूतियों के सूचक है। व्यास मुनि अठारह पुराणों, ब्रह्म सूत्र, गीता तथा महाभारत के दिव्य–विद्या जगत् में एक अद्वितीय रचयिता की महानता रखते हैं। शुक्राचार्य "शुक्रनीति" की नींव डालने वाले सुप्रसिद्ध कवि माने जाते हैं। ऐसी जनश्रुति है कि शुक्राचार्यों ने देवतों और दानवों के युद्ध में दानवों की सहायता करके मृत को जीवित करने की विधि बता कर देवताओं के लिए चुनौती दी थी, ऐसी प्रतिभा ही भगवान् की विभूति है।। 37 ।।

दण्डो दमयतामस्मि नीतिरस्मि जिगीषताम्।
मौनं चैवास्मि गुह्यानां ज्ञानं ज्ञानवतामहम्।। 38 ।।

अर्थ– दमन करने वालों में दण्ड देने की शक्ति मुझ में है। जीतने वालों की इच्छा शक्ति में नीति भी "मैं" हूँ। गोपनीयता की शक्ति में मैं मौन हूँ और ज्ञानवानों में तत्वज्ञान "मैं" ही हूँ।। 38 ।।

व्याख्या– दण्ड का प्रभाव तभी होता है जब दण्ड उचित ढंग से दण्डनीय व्यक्ति को ही मिले इस नीति में प्राज्ञ व्यक्ति ही भगवान् की विभूति है। विजय की इच्छा शक्ति भी भगवान् की विभूति है। क्योंकि जीत हमेशा सच्चाई की ही होती है। कहते है–"सत्यमेव जयते"। गोपनीय विषय का सार मौन ही है मौन भंग होने पर कुछ भी गुप्त नहीं रहता जब गोपनीय विषय का भेद खुल जाए तो वह गुप्त कैसे रह सकता है। अत: गोपनीयता के संदर्भ में मौन भी भगवान् की विभूति है। संसार के संदर्भ में कला कौशल और आध्यात्मिक संदर्भ में ब्रह्म विद्या तत्व ज्ञान है। वह तत्व ज्ञान ईश्वरीय विभूति है तत्व ज्ञान से अभिप्राय किसी वस्तु अथवा भाव के स्वरूप को जानना, मात्र रूप को ही नहीं अपितु उसके आन्तरिक वास्तविकता को जानना तत्व ज्ञान है।। 38 ।।

यच्चापि सर्वभूतानां बीजं तदहमर्जुन।
न तदस्ति विना यत्स्यान्मया भूतं चराचरम्।। 39 ।।

अर्थ– हे अर्जुन! जो सभी भूतों की उत्पत्ति का कारण है, वह मैं हूँ। क्योंकि संसार में ऐसा कोई (चर–अचर) जड़ चेतन प्राणी नहीं है जो मुझसे रहित हो।

व्याख्या– इस श्लोक में भगवान् उन सारी विभूतियों का सार– संक्षेप में बता रहे हैं जो इस अध्याय में बताई गई हैं अर्थात् स्थावर और जङ्गम जो भी प्राणी है उनका बीज स्वयं भगवान् है। क्योंकि भगवान् की विभूतियाँ इस संसार में मनुष्य को प्रेरित करने के लिए हैं। अर्थात् उसके अन्दर भक्ति भाव अथवा निष्काम कर्म की चेतना जागे। सारे चर–अचर प्राणियों की उत्पत्ति का कारण स्वयं भगवान् हैं। तात्पर्य कि प्रभु ही निमित्त और उपादान कारण हैं और इन्हीं दो रूपों से वे संसार का संकल्प स्वयं करते है और निर्माण तथा कर्म प्रकृति द्वारा करते हैं।। 39 ।।

नान्तोऽस्ति मम दिव्यानां विभूतीनां परन्तप।
एष तूद्देशतः प्रोक्तो विभूतेर्विस्तरो मया।। 40 ।।

अर्थ– हे परंतप! मेरी दिव्य विभूतियों का अन्त नहीं है मैने अपनी विभूतियों का यह वर्णन संक्षेप में कहा है। अर्थात् तेरे लिए अपनी दिव्य विभूतियों को संक्षिप्त रूप में कहा है।। 40 ।।

व्याख्या– भगवान् कह रहे हैं कि उनकी दिव्य विभूतियों का अन्त नहीं। उनकी गणना करना तो दूर रहा, उनका अनुमान भी नहीं लग सकता। वे असंख्य ही नहीं अपितु दिव्य भी हैं उन्हें कोई अगर देख भी लेता है, तो समझ तो सकता ही नहीं।

श्रीमद्‌भागवत के ग्यारहवें स्कन्द के सोलहवें अध्याय में उन्नसवाँ श्लोक इसका स्पष्ट उदाहरण है। भगवान् कहते हैं कि मेरी दिव्य विभूतियों की अनन्तता के अनुमान कैसे हो सकता हैं, मैं कुछ समय में परमाणुओं की संख्या जो असंख्य हैं को गिन सकता हूँ किन्तु करोड़ों ब्रह्माण्डों की रचना करने वाली विभूतियां अनन्त हैं। अमेरिका के विख्यात सांइसदान श्री "**Hubble**" ने अगर श्रीमद्‌भागवत का यह भाग पढ़ा होता तो उनकी खुशी का अन्त न होता। उसे आश्चर्य जनित प्रसन्नता होती।। 40 ।।

यद्यद्विभूतिमत्सत्त्वं श्रीमदूर्जितमेव वा।
तत्तदेवावगच्छ त्वं मम तेजोंऽशसम्भवम्।। 41 ।।

अर्थ– जो भी वस्तु ऐश्वर्य श्री सम्पन्न कान्ति और तेज तथा शक्ति युक्त हैं उस–उस को तुम मेरे तेज के अंश की ही अभिव्यक्ति जानो।। 41 ।।

व्याख्या– संसार में अद्भुत, असंख्य, चमत्कारिक कीर्तिमय लीलायें और विलक्षण विभूतियाँ हैं भगवान् ही उन सब के हेतु हैं। क्योंकि सारी शक्तियां, ऐश्वर्य, तेज, बल कान्ति प्रतिभा, मेधा आदि उन्हीं से उत्पन्न हैं अत: जहां भी कोई आकर्षण, शक्ति, पदार्थ, परिस्थिति, गुण–भाव आदि दिखाई दें उससे भगवान् के प्रति प्रेरित होना चाहिए।। 41 ।।

अथवा बहुनैतेन किं ज्ञातेन तवार्जुन।
विष्टभ्याहमिदं कृत्स्नमेकांशेन स्थितो जगत्।। 42 ।।

अर्थ– अथवा हे अर्जुन! इससे अधिक जानने से तुम्हें क्या प्रयोजन? मैं (अनन्त) सम्पूर्ण जगत् को अपनी योग शक्ति के अंश मात्र से धारण करके स्थित हूँ।। 42 ।।

व्याख्या– योग शक्ति ही भगवान् का दिव्य और असीम सामर्थ्य हैं इस दिव्य शक्ति का अंशमात्र सम्पूर्ण जगत् को धारण किए हुए हैं। अर्थात् सारे चर–अचर,

जीव–जन्तु, परिस्थितियां स्थूल–सूक्ष्म, दिव्य–विचार, ज्ञान आदि जो भी देश काल तथा निमिति के सन्दर्भ में इस लोक में ही नहीं, अपितु तीनों लोकों में हो रहा है वह उनकी ही लीला–विभूतियों और शक्तियों के फलस्वरूप हैं वास्तव में भगवान् शरीर नहीं, अपितु अतिदिव्य महानशक्ति हैं। जो सभी जीव तथा कण–कण में सम्पूर्ण ब्रंह्माण्ड में व्याप्त हैं, फिर भी उनकी दिव्य चेतना और दिव्य शक्ति का इस प्रयास में केवल अंश ही लगा है। शेष वे अनन्त भगवान् तो ऐसे के ऐसे ही हैं अर्थात् ज्यों के त्यों ही हैं उनमें कोइ परिवर्तन आदि नहीं है। वह सत्त् चित्त् आनन्द है।। 42 ।।

ॐ तत्सदिति श्रीमद् भगवद्गीतासूपानिषत्सु ब्रह्मविद्यायां योगशास्त्रे श्रीकृष्णार्जुनसंवादे विभूतियोगो नाम दशमोऽध्याय:।। 10 ।।

✤ ✤ ✤

विराट रूप दर्शन योग:

अर्जुन उवाच

मदनुग्रहाय परमं गुह्यमध्यात्मसञ्ज्ञितम्।
यत्त्वयोक्तं वचस्तेन मोहोऽयं विगतो मम॥ 1 ॥

अर्थ– अर्जुन बोले – मुझ पर कृपा करने के लिए आपने जो परम गोपनीय अध्यात्म–विषयक वचन अर्थात् उपदेश दिया; उससे मेरा अज्ञान नष्ट हो गया है॥ 1 ॥

व्याख्या– भगवान् ने जो "अध्यात्म विषयक ज्ञान" जिसे अर्जुन परम गोपनीय कह रहे हैं वह भगवान् की परम विभूतियों और शक्तियों के (आत्म–तत्व) बारे में हैं "वह ज्ञान दूसरे अध्याय से प्रारम्भ करके विशेषत: सातवें, नौवें और दसवें अध्यायों में वर्णित है।" यह प्रवचन भगवान् ने अर्जुन का अज्ञान तथा मोह नष्ट करने के लिए किया था। दसवें अध्याय के अन्तिम श्लोक में भगवान् ने जब यह कहा कि "इससे अधिक जानने से तुम्हें क्या प्रयोजन? मैं इस जगत् (अर्थात् सारी सृष्टि को) अपनी योग शक्ति द्वारा अंश मात्र से धारण करके स्थित हूँ तो अर्जुन भाव विभोर होकर प्रसन्नता से कह रहे हैं कि आपके परम गोपनीय उपदेश से मेरा मोह नष्ट हो गया। "यह सारी सृष्टि–" ब्रह्माण्ड भगवान् से ही उत्पन्न, उन्हीं में स्थित तथा उन्हीं में लीन होती है" भगवान् के ये वचन अत्यन्त रहस्यमय तथा प्रेरणात्मक है। यह स्वाभाविक ही हैं कि इन वचनों से अर्जुन का मोह और अज्ञान नष्ट हो गया। क्योंकि जो

वचन भगवान् के मुखारविन्द से निकलते हैं वे परम सत्य तथा जन कल्याण के अतिरिक्त कुछ नहीं होते।। 1 ।।

भवाप्ययौ हि भूतानां श्रुतौ विस्तरशो मया।
त्वत्तः कमलपत्राक्ष माहात्म्यमपि चाव्ययम्।। 2 ।।

अर्थ– क्योंकि हे कमलनेत्र! मैंने आपसे भूतों की उत्पत्ति और प्रलय के बारे में सविस्तार से सुना है तथा आपकी अविनाशी महिमा भी सुनी है।। 2 ।।

व्याख्या– इस श्लोक में भी अर्जुन अपने मोह और अज्ञान के नष्ट होने के कारण ही बता रहे भगवान् ने कई स्थानों पर नाशवान् क्षण भंगुर प्रकृति तथा अपने अविनाशी स्वरूप के विषय में पिछले अध्यायों में अर्जुन को विस्तार पूर्वक ज्ञान प्रदान करने के लिए चर्चा की; और कहा कि वह भगवान् ईश्वर रूप में सब भूतों के उत्पत्ति कारण हैं पालन–पोषण और भरण तथा नाश करने वाले हैं अर्थात् प्रकृति यह जो सारा कार्य करती है वह भगवान् की योग माया द्वारा होता है सृष्टि अथवा महासर्ग से महाप्रलय तक और महाप्रलय से महासर्ग तक जो कुछ जन्म, पालन पोषण–भरण और मरण (परिवर्तन) आदि इन तीनों लोको में ही नहीं अपितु सारे ब्रह्माण्ड में होता है वह भगवान् की लीला है और भगवान् ही एक ऐसी परम शक्ति है, जो अविनाशी हैं क्योंकि वे अविनाशी होने के कारण ही सब कुछ जानते हैं और करते हैं। अर्थात् वह ही भक्तों का मोह और अज्ञान भी दूर करते हैं। गुरु कृपा भी उनके आशीर्वाद से ही प्राप्त होती है।। 2 ।।

एवमेतद्यथात्थ त्वमात्मानं परमेश्वर।
द्रष्टुमिच्छामि ते रूपमैश्वरं पुरुषोत्तम।। 3 ।।

अर्थ– हे परमेश्वर! आप अपने को जैसा कहते हैं वह ठीक वैसा ही है। हे परमेश्वर मैं आपके ईश्वर सम्बन्धी पुरुषोत्तम रूप को देखना चाहता हूँ।। 3 ।।

व्याख्या– यहां परमेश्वर पुरुषोत्तम सम्बोधन से तात्पर्य है कि भगवान् के विना अज्ञान और मोह को कोई अन्य नष्ट हीं नहीं कर सकता। वहीं अकेले इस परिवर्तनशील जगत् में परम अविनाशी शक्ति है।

भगवान् ने दसवें अध्याय के वयालीसवें श्लोक में कहा है कि "मैं इस

सारे ब्रह्माण्ड को अपने अंश मात्र से धारण करके स्थित हूँ।"। इस कथन से अर्जुन की जिज्ञासा ने तीव्र रूप धारण कर लिया और मन में वेग उमड़ा कि क्या अच्छा होता कि वह भगवान् का दैविक एवं ईश्वरीय रूप देख पाते। ईश्वर सम्बन्धी रूप से अर्जुन का तात्पर्य भगवान् के ज्ञान, ऐश्वर्य, शक्ति, बल, वीर्य, तेज प्रताप, कीर्ति, आदि दिव्य विभूतियों को साक्षात् रूप में देखने से है।। 3 ।।

मन्यसे यदि तच्छक्यं मया द्रष्टुमिति प्रभो।

योगेश्वर ततो मे त्वं दर्शयात्मानमव्ययम्।। 4 ।।

अर्थ— हे प्रभु! यदि मेरे द्वारा आपका वह रूप देखा जा सकता है— हे योगेश्वर! यदि आप ऐसा उचित समझते हैं, तो आप अपने अविनाशी स्वरूप को मुझे दिखा दीजिए।। 4 ।।

व्याख्या— अर्जुन यहां प्रार्थना कर रहे हैं। यह प्रार्थना अर्जुन भक्ति–भाव तथा जिज्ञासा वश कर रहे हैं। अर्जुन को विश्वास भी है कि भगवान्–कृपा के सागर है। क्योंकि अर्जुन ने द्वितीय अध्याय में पूर्ण शिष्यत्व स्वीकार किया है और अपने को पूर्ण रूप से भगवान् के कमल चरणों में अर्पण कर दिया है। भगवान् के अविनाशी स्वरूप को देखने की अभिलाषा किसके मन में न होगी जिससे अनन्त सृष्टियों की रचना, भरण–पोषण और अन्त में उसमें ही लीन होना भी है। ऐसा दिव्य दृश्य कोई स्वप्न में भी नहीं देख सकता और न हीं उसकी कल्पना कर सकता है।। 4 ।।

श्रीभगवानुवाच

पश्य मे पार्थ रूपाणि शतशोऽथ सहस्रशः।

नानाविधानि दिव्यानि नानावर्णाकृतीनि च।। 5 ।।

अर्थ— श्रीकृष्ण भगवान् बोले — हे पार्थ! अब तुम मेरे सैकड़ों हजारों (असंख्य) नाना प्रकार के वर्ण, तथा अनेक आकृतियों वाले आलौकिक रूपों को देखो।। 5 ।।

व्याख्या— अर्जुन ने केवल भगवान् के अविनाशी रूप को देखने की प्रार्थना की थी किन्तु भगवान् की भक्त के प्रति अपार कृपा देखें, तो वे इतने

दयालु हैं कि अर्जुन को अपने अनेकों वर्णों, रूपों, हजारों, आकृतियों वाले आलौकिक रूपों को दिखाने के लिए कह रहे हैं। वास्तव में सारा संसार ही भगवान् का रूप है। यह साधारण रूप है जिसको सारे लोग देख सकते हैं किन्तु इस रूप को भी जन साधारण नहीं समझ पाते। परन्तु यहां भगवान् अर्जुन को अपने अनेकों दिव्य रूप दिखाने जा रहे हैं दिव्य रूपों को साधारण ज्ञान इन्द्रियां देख, सुन और जान नहीं पाती।। 5 ।।

पश्यादित्यान्वसून्रुद्रानश्विनौ मरुतस्तथा।
बहून्यदृष्टपूर्वाणि पश्याश्चर्याणि भारत।। 6 ।।

अर्थ– हे भरत वंशी अर्जुन! तुम मुझमें (बारह) आदित्यों, (ग्यारह) रूद्रों, (आठ) वसुओं (दो) अश्विनी कुमारों तथा (उन्चास) मरुद्गणों को देखों तथा और भी पहले कभी न देखे गये आश्चर्य जनक रूपों को देखो।

व्याख्या– बारह आदित्य, ग्यारह रुद्र, आठ वसु, दो अश्विनी कुमार शास्त्रों में वर्णित तैंतीस देवता हैं, ये अदिति के पुत्र हैं। उन्चास "मरुत्" भी देवता हैं ये दैत्यों से देवता बने इस कारण इनकी गणना तैतींस देवताओं में नहीं। इन देव देवों के ऐसे रूप हैं जिन्हें देखने वाले भी दंग रह जाते हैं। महाभारत के अनुसार द्वादश आदित्य ये बताये हैं विष्णु, धाता, मित्र, वरुण, अर्यमा, शुक्र, अंश, भग, विवस्वान्, पूषा, सविता और त्वष्टा। आठ वसु–धर, ध्रुव, सोम, अह, अनिल, अनल, प्रत्युष और प्रभास ये आठ भी महाभारत में वर्णित हैं। भगवान् इन सभी को अपने स्वरूप में अर्जुन को दिखा रहे हैं।। 6 ।।

इहैकस्थं जगत्कृत्स्नं पश्याद्य सचराचरम्।
मम देहे गुडाकेश यच्चान्यद्द्रष्टुमिच्छसि।। 7 ।।

अर्थ– हे गुड़ाकेश! तुम मेरे विश्वरूपी शरीर में एक ही स्थान में स्थित यहाँ चराचर सहित सारे संसार को देखो तथा इसके अतिरिक्त और भी कुछ देखना चाहो तो वह भी देखो।। 7 ।।

व्याख्या– गुड़ाकेश से तात्पर्य अर्जुन को सावधान करने से है। इस विश्व रूपी श्लोक में दो विशेष बातें ध्यान योग्य बताई हैं। पहली यह कि इस शरीर में (भगवान् के स्वरूप में) एक स्थान पर सम्पूर्ण चराचर जगत् को देखो। अर्थात्

इसी स्थित शरीर में असीम, अनन्त, स्थिर– अस्थिर, चर–अचर, विभिन्न रस रूप रङ्ग, वर्ण, वाले संसार को एक ही स्थान में देखो अर्थात् सम्पूर्ण जगत् के अनेक वर्ण रूप एक दूसरे से करोड़ों मील की दूरी पर होने से भी एक ही स्थान में देखो। दूसरे यह है कि "जो कुछ भी देखना चाहो वह देखो" से संकेत मिलता है कि जिन भयंकर और सर्वोपरि योद्धाओं के साथ युद्ध करने के लिए तुम शोक और संकोच कर रहे हो "जैसे द्वितीय अध्याय में निष्पाप अर्जुन ने कहा है" उन सब योद्धाओं को मेरे इसी शरीर में मेरे द्वारा मारे हुए जब देखोगे तो पाप के भय से उभर जाओगे। इस असम्भव को सम्भव करने के लिए भगवान् अर्जुन की आंखो से माया का पर्दा उठाकर अपने दिव्य रूप अर्जुन को दिखा रहे हैं, कि यह दिव्य जगत् सर्वदा है किन्तु मोहवश अज्ञानी जन इस दिव्य जगत् को नहीं देख सकते।। 7 ।।

न तु मां शक्यसे द्रष्टुमनेनैव स्वचक्षुषा।
दिव्यं ददामि ते चक्षुः पश्य मे योगमैश्वरम्।। 8 ।।

अर्थ– तुम इन साधारण चक्षुओं से मेरे इस दिव्य रूप को नहीं देख सकते। इसलिए मैं तुम्हें दिव्य चक्षु देता हूँ जिससे तुम मेरी ईश्वरीय योग शक्ति को देखो।। 8 ।।

व्याख्या– दिव्य चक्षु अर्थात् अलौकिक नेत्र जिसके बिना दिव्य जगत् अर्थात् ईश्वरीय योगशक्ति दिख नहीं सकती, दिव्य चक्षु से तात्पर्य केवल दृष्टि ही नहीं, अपितु दिव्य समझ और सामर्थ्य भी है। क्योंकि दिव्य जगत् और ईश्वर का दिव्य रूप केवल दृष्टि से ही नहीं अपितु दिव्य सामर्थ्य से ही देखा जा सकता है। यह शक्ति और सामर्थ्य आसानी से भी प्राप्य नहीं। इसके लिए गहन तथा लम्बी भक्ति की आवश्यकता है। अर्जुन जैसे भक्त, कर्म योगी को भी भगवान् ने पहले दस अध्यायों में तो आध्यात्मिक वचनों से समझाया, इसके अतिरिक्त अब दिव्य चक्षु प्रदान करते हैं क्योंकि यह दिव्य दर्शन सब प्रभु की कृपा के बिना सम्भव हीं नहीं है। प्रभु कृपा से ही भक्ति और समर्पण द्वारा यह उत्कृष्ट पात्रता सम्भव है।। 8 ।।

सञ्जय उवाच

एवमुक्त्वा ततो राजन्महायोगेश्वरो हरिः।

दर्शयामास पार्थाय परमं रूपमैश्वरम्।। 9 ।।

अर्थ– सञ्जय बोले हे महाराज! ऐसा कहकर महायोगेश्वर सब पापों को हरने वाले हरि (भगवान् श्रीकृष्ण) ने अर्जुन को परम ऐश्वर्य युक्त दिव्य रूप दिखलाया।। 9 ।।

व्याख्या– अग्रिम छः श्लोकों में सञ्जय उस दिव्य अलौकिक, विलक्षण तथा अद्भुत नाना रूपों का वर्णन करने जा रहे हैं जिनके द्वारा अर्जुन अगाध प्रसन्नता के साथ विस्मय तथा भय का शिकार भी बनता है। वास्तव में भगवान् के कोई रूप नहीं वह अव्यक्त परम सत्ता है परन्तु ईश्वर रूप में अपनी योग माया से वह कोई भी रूप धारण कर लेते हैं क्योंकि भगवान् केवल सुन्दरता और पवित्रता के सागर ही नहीं, और न ही केवल जगत् पालक और रक्षक हैं अपितु वे जगत् के अनुशासक और हर्ता भी हैं।। 9 ।।

अनेकवक्त्रनयनमनेकाद्भुतदर्शनम् ।

अनेकदिव्याभरणं दिव्यानेकोद्यतायुधम्।। 10 ।।

दिव्यमाल्याम्बरधरं दिव्यगन्धानुलेपनम्।

सर्वाश्चर्यमयं देवमनन्तं विश्वतोमुखम्।। 11 ।।

अर्थ– अर्जुन अब क्या देखते हैं अर्थात् भगवान् के अलौकिक रूपों को अनेक मुखों, नेत्रों से युक्त अनेक अद्भुत दर्शनों वाले अनगनित दिव्याभाषूणों से युक्त, अनेक दिव्य शस्त्रों को भिन्न–भिन्न हाथों में उठाये, दिव्य वस्त्रों और मालाओं से सुशोभित, दिव्य गन्ध का (चन्दनादि) शरीर में लेप किए हुए, सारे आश्चर्यों से युक्त, असीम और चारों ओर मुख किए परमदेव परमेश्वर के विराट् स्वरूप को अर्जुन ने देखा।। 10–11 ।।

व्याख्या– यह दिव्य दृश्य असीम आश्चर्यों का आश्चर्य एवं स्वर्गों का स्वर्ग है। इस दिव्य विराट् में देश तथा काल की असीम सीमायें धूमिल हैं सुन्दरता की देवी मानो स्वयं लज्जित हैं क्या अद्भुत अलौकिकता हैं क्या दिव्य विलक्षणता है। दिव्य स्वरूप के अनेक एक अङ्ग, अनेक कान्तिमय मुख अनगिनत

दिव्यनेत्र आकर्षण के केन्द्र बिन्दु हैं। क्या आभूषण है? क्या दिव्य गन्ध मानो कस्तूरि और चन्दन भी मात्र गोबर ही लग रहे हैं। क्या ही शस्त्र अनेक हाथों में चमक रहे हैं। ये सभी दिव्य हैं अर्थात् सांसारिक भौतिक मानदण्डों से हजारों गुणा अधिक हैं कितने मुंह हैं कितने सुन्दर हाथ–पांव हैं मानो हर पहलु से कान्ति, कीर्ति तथा यश का सागर उमड़ पड़ा है। ऐसा अलौकिक दृश्य न स्वप्न में आ सकता है न कल्पना में ही।। 10–11 ।।

दिवि सूर्यसहस्रस्य भवेद्युगपदुत्थिता।

यदि भाः सदृशी सा स्याद्भासस्तस्य महात्मनः।। 12 ।।

अर्थ– यदि आकाश में हजार सूर्य एक साथ उदय हो जाय, तो भी उनसे उत्पन्न होने वाले प्रकाश मिलकर उस महात्मा (विराट् रूप) के सदृश कदाचित् ही हो। 12 ।।

व्याख्या– देखने योग्य बात यह है कि भौतिक जगत् में हजार सूर्य एक स्थान पर हैं ही नहीं, तो फिर यह तुलना कैसे हो सकती है। यह प्रकाश तो परम दिव्य ज्योति है जो अति विलक्षण हैं जिसका मात्र अंश कोई सिद्ध पुरुष समाधि में देखकर सदा के लिए तर जाता है। इस अलौकिक प्रकाश को तो अलौकिक नेत्र ही देख सकते हैं। सारांश यह है कि भगवान् के अलौकिक विराट रूप का हर अंश हजारों सूर्यों के प्रकाश से अति अधिक चमकता है।। 12 ।।

तत्रैकस्थं जगत्कृत्स्नं प्रविभक्तमनेकधा।

अपश्यद्देवदेवस्य शरीरे पाण्डवस्तदा।। 13 ।।

ततः स विस्मयाविष्टो हृष्टरोमा धनञ्जयः।

प्रणम्य शिरसा देवं कृताञ्जलिरभाषत।। 14 ।।

अर्थ– अर्जुन इस समय देवों के देव भगवान् के इस शरीर में एक ही स्थान पर स्थित; अनेकों प्रकार से विभक्त समस्त जगत् को देखा फिर वह अर्जुन रोमाञ्चित तथा हैरान होकर भगवान् को हाथ जोड़ कर बोला।। 14 ।।

व्याख्या– दिव्य शरीर (विराट् रूप) भगवान् का एक ही जगह है परन्तु आश्चर्य एवं विलक्षणता ऐसी है, कि इसके अन्दर इस महान् जगत् के अनेकों असंख्यविभाग और भिन्नतायें विभक्त रूपों और श्रेणियों में देख रहे हैं। अणु के

अंश से लेकर कोटि सूर्यों तक, कीट किटाणुओं से लेकर सिद्धों, देव ऋषियों तक उस शरीर में देख रहे हैं। हर प्रकार की दिव्य वनस्पतियों, जीव–जन्तु, तारे, नक्षत्र सूर्य आदि तीन लोक और सारी विभूतियां भी यहीं इसमें देख रहे हैं यह वास्तविकता ही भिन्नता में एकता है।। 13–14 ।।

अर्जुन उवाच

पश्यामि देवांस्तव देव देहे सर्वास्तथा भूतविशेषसङ्घान्।
ब्रह्माणमीशं कमलासनस्थमृषींश्च सर्वानुरगांश्च दिव्यान्।। 15 ।।

अर्थ– अर्जुन बोले– हे देव मैं आपके शरीर पर कमल के आसन पर विराज मान ब्रह्मा को तथा महादेव को सम्पूर्ण ऋषियों और अनेक भूत समुदायों को तथा दिव्य सर्पों को देखता हूँ।। 15 ।।

व्याख्या– ऊपर ग्यारह से तेरह श्लोंको में भू–लोक का वर्णन है जहाँ अर्जुन इस लोक को कई भागों में विभक्त भगवान् के स्वरूप में देख रहे हैं। परन्तु इस श्लोक में स्वर्ग, देव लोक तथा उच्चतम लोकों का वर्णन हैं जिसमें देवों, ऋषियों, ब्रह्मा, शिव, अनेक दिव्य सर्पों को अर्जुन भगवान् के विराट स्वरूप में अनेक प्रकार के भूत समूहों को देख रहे हैं क्योंकि भगवान् की योग शक्ति अलौकिक ही नहीं, अपितु अकाल्पनिक भी है।। 15 ।।

अनेकबाहूदरवक्त्रनेत्रं पश्यामि त्वं सर्वतोऽनन्तरूपम्।
नान्तं न मध्यं न पुनस्तवादिंपश्यामि विश्वेश्वर विश्वरूप।। 16 ।।

अर्थ– हे विश्वरूप! हे विश्वेश्वर! मैं आपको अनेक हाथों, भुजाओं, पेट, मुख, नेत्रों वाला तथा असंख्य रूपों वाला देखता हूँ। हे विश्वेश्वर! मैं आपके न अन्त को, न मध्य को, और न ही आदि को देखता हूँ।। 16 ।।

व्याख्या– यह भगवान् का अनन्त, विराट विश्व स्वरूप दिव्य तथा परमचेतन युक्त है। इसके हर अङ्ग तथा रूप में दिव्य चेतनायें हैं। जो सांसारिक (भौतिक) शरीर से सर्वथा भिन्न तथा पृथक् है।

इस विश्व रूप के प्रत्यक्ष अनन्त है। अर्जुन जब आखों को देखते हैं, तो आंखे अनन्त दिखाई देती हैं, सिर भी वैसे ही असंख्य, भुजायें भी अनन्त, पेट भी वैसे ही असंख्य दिखते हैं। पावों की ओर देखने पर अनन्त पांव दिखाई

देते हैं इस आश्चर्य चकित दृश्य का न आदि है, न मध्य और न ही अन्त नजर आता है। जिस भी अङ्ग पर अर्जुन की दृष्टि जाती हैं वही अङ्ग अथवा भाग असंख्य तथा अनन्त है क्योंकि भगवान् स्वयं देश–काल, निमिति से बाहर की असीम दिव्य महाशक्ति है जिसका आदि तथा अन्त है ही नहीं।। 16 ।।

किरीटिनं गदिनं चक्रिणं च तेजोराशिं सर्वतो दीप्तिमन्तम्।
पश्यामि त्वां दुर्निरीक्ष्यं समन्ताद्दीप्तानलार्कद्युतिमप्रमेयम्।। 17 ।।

अर्थ– मैं आपको किरीट गदा और चक्र धारण किए देख रहा हूँ और सब ओर से प्रकाशमान तेज प्रज्वलित अग्नि और सूर्य के तेज के समान ज्योति वाले कठिनाई से देखे जाने योग्य तथा सब ओर से अप्रमेय देखता हूँ।। 17 ।।

व्याख्या– किरीट, गदा, चक्र और पद्म से स्पष्ट प्रतीत होता है कि अर्जुन इस समय भगवान् को चतुर्भुज रूप में देख रहे हैं। शास्त्रों में बताया गया है कि भगवान् के इस रूप के तुल्य सौन्दर्य वाला तीनों लोकों में और कोई पवित्र रूप नहीं है। इस पवित्र रूप को ऋषि अथवा देवर्षि भी देखने में असमर्थ हैं इस विश्वरूप की दिव्य कान्ति, दिव्य शक्ति, तथा तेज के पुञ्ज ऐसे विलक्षण हैं कि इनके दिव्य तथा प्रचण्ड प्रकाश पुञ्ज के कारण अर्जुन को दिव्य चक्षु के उपरान्त भी इस विलक्षणता का अनुमान ही नहीं लग रहा है।। 17 ।।

त्वमक्षरं परमं वेदितव्यं त्वमस्य विश्वस्य परं निधानम्।
त्वमव्ययः शाश्वतधर्मगोप्ता सनातनस्त्वं पुरुषो मतो मे।। 18 ।।

अर्थ– आप ही जानने योग्य परम अक्षर परब्रह्म परमात्मा हैं। आप हीं इस जगत् के परम आश्रय हैं आप हीं अनादि धर्म रक्षक हैं। आप ही अविनाशी सनातन पुरुष है। ऐसा मेरा मत है।। 18 ।।

व्याख्या– भगवान् परम–अक्षर अर्थात् परं ब्रह्म इसलिए हैं क्योंकि सारी सृष्टियां महासर्ग पर उन्हीं से उद्भूत या उत्पन्न होती हैं। तथा महा प्रलय पर उन्हीं में लीन हो जाती है। परन्तु भगवान् स्वयं जन्म–मरण रहित हैं। तथा भगवान् इस जगत् से निर्लिप्त हैं यह सारा कार्य प्रकृति उनके सानिध्य मात्र से करती है। सनातन धर्म के रक्षक भी स्वयं परब्रह्म है। क्योंकि सनातन धर्म अनादि है और वह आत्मा का धर्म है, जो भगवान् से ही उत्पन्न होता है।

परम ब्रह्म के अतिरिक्त और कोई सत्ता तथा शक्ति सनातन तथा अविनाशी नहीं है।। 18 ।।

अनादिमध्यान्तमनन्तवीर्यमनन्तबाहुं शशिसूर्यनेत्रम्।
पश्यामि त्वां दीप्तहुताशवक्त्रं स्वतेजसा विश्वमिदं तपन्तम्।। 19 ।।

अर्थ– आपको मैं आदि, अन्त, और मध्य से रहित, अनन्त, सामर्थ्यवान् अनन्त भुजावाले, सूर्यचन्द्र रूप नेत्रों वाले, प्रज्वलित अग्निरूप मुखवाले और अपने तेज से इस जगत् को सन्तप्त करने वाले देखता हूँ।। 19 ।।

व्याख्या– सूर्य, चन्द्रमा, अग्नि, उर्जा, पांचो–तत्व और समस्त ब्रह्माण्ड सभी भगवान् की ही कृति है। अर्थात् भगवान् स्वयं इस जगत् के निमित्त तथा उपादान कारण है। इसलिए भगवान् का आदि–मध्य और अन्त न देश और न ही काल के संदर्भ मैं है, क्योंकि वह हर प्रकार से अनादि और अनन्त हैं अत: यहाँ भौतिक प्रमाण लागू ही नहीं होते। अर्जुन भगवान् के असीम तेज, दिव्य सामर्थ्य और प्रज्वलित अग्नि रूपी मुखों से जगत् को सन्तप्त करते इसलिये देख रहे है क्योंकि यह विराट् दृश्य भयानक भी है।। 19 ।।

द्यावापृथिव्योरिदमन्तरं हि व्याप्तं त्वयैकेन दिशश्च सर्वा:।
दृष्टवाद्भुतं रूपमुग्रं तवेदं लोकत्रयं प्रव्यथितं महात्मन्।। 20 ।।

अर्थ– हे महात्मन्! यह स्वर्ग और पृथ्वी के बीच का सम्पूर्ण अन्तराल तथा सभी दिशायें आप से परिपूर्ण हैं तथा आपके इस अलौकिक एवं भयंकर रूप को देखकर तीनों लोक अत्यन्त व्याकुल हो रहे हैं।। 20 ।।

व्याख्या– उन्नीसवें श्लोक से भगवान् के उग्र रूप का वर्णन आरम्भ होकर आगे वाइसवें श्लोक तक हैं अब अर्जुन को यह भयंकर विराट दृश्य सारे अन्तरिक्ष और चारों दिशाओं में पूर्ण रूप से फैला हुआ नजर आ रहा है जिसको देखकर तीनों लोक भयभीत हो रहे हैं। यह सब अर्जुन भगवान् के विराट रूप में ही देख रहे हैं जिसमें देव–दानव आदि समूह भी दीख रहे हैं। इससे बाहर की वास्तविक त्रिलोकी इस दृश्य को नहीं देख पा रही क्योंकि उनके पास ज्ञान चक्षु नहीं है।। 20 ।।

अमी हि त्वां सुरसङ्घा विशन्ति केचिद्धीता:
प्राञ्जलयो गृणन्ति।
स्वस्तीत्युक्त्वा महर्षिसिद्धसङ्घा:
स्तुवन्ति त्वां स्तुतिभि: पुष्कलाभि:।। 21 ।।

अर्थ– ये देव समुदाय आप में प्रवेश करते हैं और कुछ भयभीत होकर, हाथ जोड़कर, आपके नाम एवं गुणों का संकीर्तन करते हैं तथा महर्षि और सिद्धों के समुदाय "कल्याण" ऐसा कहकर उत्तम–उत्तम स्तोत्रों से आपकी स्तुति करते हैं।। 21 ।।

व्याख्या– भगवान् के इस विराट, दिव्य, विश्वरूप में अर्जुन अनेक महर्षियों को देख रहे हैं। भगवान् के विराट् रूप में कुछ भगवान् की स्तुति कर रहे हैं तो कुछ भयभीत हो रहे हैं कुछ विराट् रूप देखकर स्तब्ध से नजर आते हैं, तो कुछ प्रसन्न हैं, कुछ शान्ति मुद्रा में हैं तो कुछ जय–जय की पुकार कर रहे हैं। कुछ भगवान् के इस विराट रूप को एक–टक दृष्टि से देख रहे हैं और कुछ पुकार रहे हैं कि भगवान् शान्त हो जाओ। शान्त हो जाओ। यह भय, क्रान्ति, उल्लास तथा शान्ति का अपूर्व अचम्भा है। परन्तु यह दिव्य दृश्य अन्य तीन लोक नहीं देख रहे हैं, क्योंकि यह तो मात्र अर्जुन ही दिव्य दृष्टि (दिव्य चक्षुओं) के कारण देख रहे हैं।। 21 ।।

रुद्रादित्या वसवो ये च साध्याविश्वेऽश्विनौ मरुतश्चोष्मपाश्च।
गन्धर्वयक्षासुरसिद्धसङ्घा वीक्षन्ते त्वां विस्मिताश्चैव सर्वे।। 22 ।।

अर्थ– रुद्र गण, आदित्य गण, वसुगण, साध्यगण, विश्वदेव गण, अश्विनी कुमार, मरुद् गण, तथा पितृगण, गन्धर्व, यक्ष, राक्षस, और सिद्धों के समुदाय ये सभी चकित होकर आपको देख रहे हैं।। 22 ।।

व्याख्या– ग्यारह रुद्र, बारह आदित्य, आठ वसु, बारह साध्यगण, दस विश्वदेव, उनपचास मरुद्गण, दो अश्विनी कुमार, सात पितृगण, इस सब का सविस्तार वर्णन, श्रीमद्भागवत पुराण, शिवपुराण, हरिवंशपुराण, वायुपुराण, आदि में है।

ये सभी देवगण तथा उच्च लोकों में रहने वाले भक्त विशिष्ट और महान् विभूतियाँ हैं। सात पितृ गण पितृ लोक में वास करते हैं। गन्धर्व भी उच्च कोटि

के गायक हैं। जो स्वर्ग में रहते हैं। यक्ष तथा राक्षस भी उस श्रेणी में आते हैं। जो स्वर्ग में अपने पुण्य कर्मों के कारण हैं। सभी यक्ष तथा राक्षस तुच्छ नहीं होते क्योंकि उनमें से शुभ कर्म करने वाले स्वर्ग लोक तथा उच्च लोकों में जाते हैं। ध्यान देने योग्य यह बात है कि प्रह्लाद राक्षस वंशी था, किन्तु प्रभु भक्त होने के कारण उसे भी मोक्ष प्राप्त हुआ। बहुत सारे सिद्धों के समूह भी उच्च लोकों में प्रभु परायण होने के कारण वास करते हैं। अर्जुन इन सब को भगवान् के विराट् रूप में देख रहे हैं। ये भी अर्जुन को भगवान् के उग्ररूप देखकर चकित दिखाई दे रहे हैं।। 22 ।।

रूपं महत्ते बहुवक्त्रनेत्रं महाबाहो बहुबाहूरुपादम्।

बहूदरं बहुदंष्ट्राकरालं दृष्ट्वा लोकाः प्रव्यथितास्तथाहम्।। 23 ।।

अर्थ– हे महाबाहो! आपके बहुत मुख तथा असंख्य हाथ, पैर, तथा अनन्त पेट वाले, असंख्य विकराल दाढ़वाले अति विकराल रूप को देखकर सभी व्याकुल हो रहे हैं, और मैं भी दुःखी हो रहा हूँ।

व्याख्या– यहाँ से तीन श्लोकों में भगवान् के उग्र तथा विकराल रूप का वर्णन किया गया है। स्वाभाविक है कि अर्जुन इस रूप को देखकर भयभीत हो रहे हैं तथा देवगण, सिद्धगण, आदि अर्जुन को जो भगवान् के विराट् रूप में नजर आ रहे हैं वे भी व्यथित और व्याकुल दिखाई देते हैं। इस भयानक दृश्य को गीता में बार–बार इसलिए कहा या दिखाया जा रहा है कि भगवान् के इस रूप की वास्तविकता अर्जुन को तथा उसके माध्यम से संसार को दिखाई जाए अर्थात् संसार जन्म, जीवन, तथा मृत्यु सभी हैं। इसका विधान ही ऐसा है।। 23 ।।

नभः स्पृशं दीप्तमनेक वर्णं– व्यापाननं दीप्तविशालनेत्रम्।

दृष्ट्वा हि त्वां प्रव्यथितान्तरात्मा।

धृतिं न विन्दामि शमं च विष्णो।। 24 ।।

अर्थ– हे विष्णो! आकाश स्पर्श करनेवाले देदीप्यमान अनेक वर्णों से युक्त भयंकर फैलाए हुए मुख वाले, प्रदीप्त एवं विशाल नेत्रों वाले, आपको देखकर मेरा अन्तःकरण भयभीत हो गया है तथा मैं धैर्य और शान्ति खो चुका हूँ।। 24 ।।

व्याख्या– यहां विष्णो! सम्बोधन का प्रयोग अर्जुन की भयपूर्ण और व्यथित दशा का सूचक है। क्योंकि विष्णु रूप जो अर्जुन ने पहले देखा था वह सौन्दर्य और सोहार्द तथा सुख का सागर रूप था। किन्तु यह उग्ररूप भय और अशान्ति की (Tsumane) बाढ़ है। स्वाभाविक है कि अर्जुन भगवान् से विराट और उग्र रूप को हटाने की इच्छा कर रहा हैं। यह भयंकर विराट रूप विशाल आकाश को स्पर्श करता हैं तथा आकाश की तरह असीम है। इसका अन्त नहीं। इस रूप के विभिन्न वर्ण हैं आंखे भयंकर आग की लपटें लग रहीं हं। अनेक मुख भयंकर एवं विकराल रूप में ऐसे खुले हैं की सारी सृष्टि को एक ग्रास में ही निगल जाए। इस विकराल दृश्य को देखकर अर्जुन अन्त: करण का धीरज तथा शान्ति खो कर भयभीत हो रहे हैं।। 24 ।।

दंष्ट्राकरालानि च ते मुखानि दृष्ट्वैव कालानलसन्निभानि।
दिशो न जाने न लभे च शर्म प्रसीद देवेश जगन्निवास।। 25 ।।

अर्थ– भयङ्कर दाढ़ों के कारण विकराल प्रलय काल की अग्नि सदृश प्रज्ज्वलित आपके मुखों को देखकर दिशाओं का ज्ञान खो चुका हूँ तथा सुख भी खो चुका हूँ। अत: हे जगदाधार! आप प्रसन्न हों।

व्याख्या– विकराल और भयङ्कर रूप को देखकर अर्जुन को भगवान् के अति क्रोधित होने का आभास हो रहा है क्योंकि भयंकरदाढ़े ऐसी विकराल है मानो सारे जगत् को चबा देंगी। इसलिए वह प्रार्थना कर रहे हैं, किन्तु यह तो भगवान् के स्वभाविक विराट रूप का भाग है। भगवान् तो न कभी क्रोधित होते हैं न ही प्रसन्न होते हैं। प्रभु तो सनातन–सुख–सागर, सच्चिदानन्द हैं। उनमें कभी कोई परिवर्तन आता ही नहीं, यह विकराल रूप तो उनके रूप अर्थात् तत्व का ही अटल रूप है या भाग है क्योंकि जगत् भी ब्रह्म का व्यावहारिक रूप है। तथा इसमें जन्म और मृत्यु दोनों ही हैं।। 25 ।।

अमी च त्वा धृतराष्ट्रस्य पुत्राः सर्वे सहैवावनिपालसङ्घैः।
भीष्मो द्रोणः सूतपुत्रस्तथासौ सहास्मदीयैरपि योधमुख्यैः।। 26 ।।
वक्त्राणि ते त्वरमाणा विशन्ति दंष्ट्राकरालानि भयानकानि।
केचिद्विलग्ना दशनान्तरेषु सन्दृश्यन्ते चूर्णितैरुत्तमाङ्गैः।। 27 ।।

अर्थ– वे सभी धृतराष्ट्र के पुत्र राजाओं के समूह सहित आपके मुख में प्रवेश कर रहे हैं। भीष्म पितामह, द्रोणाचार्य, कर्ण तथा हमारे पक्ष के भी प्रधान योद्धाओं सहित सभी आपके विकराल दाढ़ों वाले भयानक मुखों में वेग से दौड़ते हुए प्रवेश कर रहे हैं और कई चूर्ण हुए सिरों सहित आपके दाँतों के बीच लटके दिख रहे हैं।। 26-27 ।।

व्याख्या– इस कर्म भूमि पर सब अपने कर्म तथा संस्कारों के अनुसार आते हैं और अपना समय पूरा होने पर अपना "अच्छा या बुरा" योगदान देकर चले जाते हैं अर्थात् इस संसार से सबको जाना पड़ता है। काल विकराल है वह किसी को नहीं छोड़ता। हम सब प्रतिदिन मौत की ओर दौड़ रहे हैं। अज्ञानवश हमसब की यही दौड़ है। भगवान् इस में दखल नहीं देते। भीष्म हो या द्रोण, कर्ण हो या पाण्डवों के श्रेष्ठ योद्धागण सभी के लिए मौत का विकराल विशाल मुंह पूरी तरह खुला है सभी इसमें जाते हैं।

भगवान् दिखा रहे हैं कि अर्जुन जिन श्रद्धेय द्रोण, भीष्म आदि महारथियों को मारने से तुम डर रहे हो उन्हें काल रूपी शक्ति ने अपना ग्रास पहले ही बना लिया है। अर्थात् उनके मरने का समय तो पहले ही आ चुका है। अर्जुन तुम अज्ञान और अहंकार वश स्वयं को इसका कारण क्यों समझ बैठे हो। इन्होंने तो इसी युद्ध में इसी प्रकार देह त्याग करना है। तुम तो बहाना मात्र ही हो।

यदि तुम अपने को मारने वाला समझोगे, तो पाप के भागी बनोगे। क्योंकि पाप अज्ञान और अहंकार में बास करता है। वास्तविक युद्ध तो अहंकार और अज्ञान को जीतने का है।। 26-27 ।।

यथा नदीनां बहवोऽम्बुवेगाः समुद्रमेवाभिमुखा द्रवन्ति।
तथा तवामी नरलोकवीराविशन्ति वक्त्राण्यभिविज्वलन्ति।। 28 ।।

अर्थ– जैसे नदियों के बहुत से जल के प्रवाह स्वाभाविक रूप से समुद्र में प्रविष्ट होते हैं वैसे ही इस नर लोक के वीर भी आपके प्रज्वलित मुख में प्रवेश कर रहे हैं।। 28 ।।

व्याख्या– यहां मृत्यु को स्वभाविक परिवर्तन मात्र कहा है। हर मनुष्य की उत्पत्ति भगवान् से है– उन्हीं से सभी उत्पन्न होते हैं। पर अन्त में देर से ही

सही जाना सबको होता है अर्थात् उसी असली घर में ही जाना है। जल का उद्‌गम स्थान सागर और जल अन्त में सागर में ही समाता है। जल सागर से वाष्प रूप में वर्षा करता है और वर्षा का जल नदियों के द्वारा सागर में ही जाता है। जिस प्रकार नदियों के लिए सागर के सिवा और कोई मार्ग या स्थान नहीं वैसे ही मनुष्य का भी भगवान् के सिवा और कोई आश्रय नहीं है। मरना निश्चित है और उसका कारण और कर्ता भी निश्चित है।। 28 ।।

यथा प्रदीप्तं ज्वलनं पतङ्गाविशन्ति नाशाय समृद्धवेगाः।
तथैव नाशय विशन्ति लोकास्तवापि वक्त्राणि समृद्धवेगाः।। 29 ।।

अर्थ– जिस प्रकार पतङ्गे मोहवश अपना नाश करने के लिए वेग से दौड़ते हुए अग्नि में प्रविष्ट होते हैं उसी प्रकार मोह वश ये सभी लोग अपना नाश करने के लिए बड़े वेग से आपके मुख में प्रविष्ट हो रहे हैं।। 29 ।।

व्याख्या– यहां पर मोह माया का प्रसङ्ग है। महाभारत के युद्ध का कारण मोह और अहङ्कार था। मोह ने हीं दुर्योधन को अन्धा बना दिया था। पतङ्गे भी नहीं जानते कि आग में वे भस्म हो जायेंगे। उसी प्रकार पतङ्गे की भांति मनुष्य भी मोह माया और अहङ्कार के कारण उस लोभ रूपी अहङ्कार की अग्नि को नहीं देख पाता, काल हमेशा अपना मुंह बाये खड़ा है। प्रतिदिन हमारी आयु कम (क्षीण) हो रही है। किन्तु मायावश हम सत्य की ओर ध्यान ही नहीं देते बस इतना है कि हम ऐसे उदाहरण देकर दूसरों की चर्चा करने से नहीं चूकते।। 29 ।।

लेलिह्यसे ग्रसमानः समन्ताल्लोकान्समग्रान्वदनैर्ज्वलद्भिः।
तेजोभिरापूर्य जगत्समग्रंभासस्तवोग्राः प्रतपन्ति विष्णोः।। 30 ।।

अर्थ– आप प्रज्वलित मुखों द्वारा सम्पूर्ण लेकों को ग्रास करते हुए चारों ओर से बार–बार चाट रहे हैं। हे विष्णो! आपका उग्र प्रकाश सम्पूर्ण जगत् को तेज द्वारा परिपूर्ण कर तपा रहा है।। 30 ।।

व्याख्या– भगवान् का यह नाश करनेवाला रूप भी उनके दो अन्य रूपों (जन्मदाता और भरण–पोषण कर्ता) की भांति निरन्तर रहता है। इस विकराल रूप में प्राणी प्रवेश करते हैं और यही रूप प्रलय की झलक हैं इस काल चक्र के घेरे से कोई छूट ही नहीं सकता। भगवान् के विराट रूप मुखों की जीभें

(जिह्वायें) लोको तथा प्राणियों को लपेटे में ले जा रही हैं भयभीत अर्जुन को लग रहा है कि भगवान् का यह भीषण विकराल रूप उग्र तेज से सारे जगत् को तपा रहा है।

आख्याहि मे को भवानुग्ररूपोनमोऽस्तु ते देववर प्रसीद।

विज्ञातुमिच्छामि भवन्तमाद्यंन हि प्रजानामि तव प्रवृत्तिम्।। 31 ।।

अर्थ– मुझे बताइये कि आप उग्र रूप वाले कौन हैं? हे देवों के श्रेष्ठ देव आपको शतशः नमस्कार हो। आप प्रसन्न होवें आप आदि पुरुष हैं मैं आपको विशेष रूप से जानना चाहता हूँ। क्योंकि मैं आपकी प्रवृत्ति को नहीं जानता।। 31 ।।

व्याख्या– अर्जुन पूरी तरह से असमञ्जस में और व्याकुल व व्यथित भी हैं। क्योंकि अर्जुन भगवान् के इस दिव्य और विराट रूप में केवल संसार ही नहीं अपितु तीन लोकों को भी देख रहे हैं पहले उन्होंने विष्णु रूप जो दिव्य और आकर्षक था, उसे देखा। अब वे अति उग्र और भयानक रूप देख रहे है। अर्जुन लाचार इसी कारण पूछ रहे हैं कि प्रभो! आप कौन हैं? आप प्रसन्न हों, शान्त हों, मेरी जिज्ञासा और भय को दूर करो। वास्तव में भगवान् का विराट रूप ऐसा भयानक और विकराल है जिससे अर्जुन अपना संयम खो चुका हैं पहले वह भगवान् के मनोहर विष्णु रूप को देख रहा था और अब भयानक रूप यह अकस्मात् क्यों और कैसे? तभी तो भयभीत अर्जुन पूछ रहा है "आप कौन हैं?" अर्थात् क्या वही परम प्रभु महान् परमात्मा हैं, तो अब यह डरावना और विकराल रूप क्यों इसका कारण मैं समझ नहीं पा रहा हूँ। शास्त्रों के अनुसार भगवान् कभी नहीं बदलते वह सदा सत्–चित्–आनन्द है परन्तु यहां तो अर्जुन कुछ और हीं देख रहे हैं पहले अति आकर्षण मय सुन्दर स्वरूप और अब अति विकराल भयानक उग्ररूप यही गहन दृष्य अर्जुन को भयभीत कर रहा है अतः अर्जुन भगवान् से विशेष रूप से यह अचम्भा जानना चाहते हैं।। 30–31 ।।

श्रीभगवानुवाच

कालोस्मि लोकक्षयकृत्प्रवृद्धोलोकान्समाहर्तुमिह प्रवृत्तः।

ऋतेऽपि त्वां न भविष्यन्ति सर्वे येऽवस्थिताः प्रत्यनीकेषु योधाः।। 32 ।।

अर्थ– श्रीकृष्ण भगवान् बोले– मैं सम्पूर्ण लोकों का नाश करने वाला बढ़ा हुआ काल हूँ। इस समय में इन सब लोगों का संहार करने के लिए प्रवृत्त हुआ हूँ। तुम्हारे विपक्ष (प्रतिपक्ष) में जो लोग खड़े हैं वे तुम्हारे युद्ध से विमुख होने पर भी नहीं रहेंगे।। 32 ।।

व्याख्या– यहां भगवान् अर्जुन के प्रश्नों के उत्तर में अपना परिचय दे रहे हैं और अपनी प्रवृत्ति (उग्ररूप का कारण) भी बता रहे हैं कि उनके इस उग्र रूप धारण करने का कारण दोनों सेनाओं के योद्धाओं को नष्ट करना कर्त्तव्य मात्र हैं यदि तुम लड़ो भी न, तो भी तुम्हारे विपक्ष के योद्धा मारे जायेंगे। अर्थात् अर्जुन उनकी मृत्यु का कारण है ही नहीं। वह तो मात्र माध्यम हैं इन योद्धाओं की मृत्यु का समय तो आ गया है। अत: इनकी मृत्यु इस युद्ध में अनिवार्य है। क्योंकि यह सारा वृतान्त तो अर्जुन ने स्वयं ही भगवान् के विकराल मुखों में भरे हुए देख लिया हैं अर्जुन के युद्ध करने न करने से तो कोई फर्क नहीं पड़ता अर्थात् अर्जुन भी युद्ध से पीछे नहीं हट सकता। क्योंकि उसका क्षत्रिय धर्म उसके अङ्ग–अङ्ग में बसा होने के कारण उससे युद्ध अवश्य करवायेगा। भगवान् ने उन योद्धाओं को मरा हुआ दिखाकर अर्जुन को अहंकार मुक्त कर दिया था। क्योंकि अहंकार ही मोक्ष में सबसे बड़ा बाधक है।। 32 ।।

तस्मात्त्वमुतिष्ठ यशो लभस्व जित्वा शत्रून्भुङ्क्ष्व राज्यं समृद्धम्।
मयैवैते निहता: पूर्वमेव निमित्तमात्रं भव सव्यसाचिन्।। 33 ।।

अर्थ– अत: तुम उठो युद्ध करो। यश प्राप्त कर शत्रुओं को जीतकर धन–धान्य से सम्पन्न राज्य को भोगो। ये सब शूरवीर पहले ही मेरे द्वारा मारे हुए हैं। हे सव्यसाचिन्! तुम केवल निमित्तमात्र बन जाओ।। 33 ।।

व्याख्या– अर्जुन अद्वितीय और विख्यात योद्धा थे और इस युद्ध के बहुत इच्छुक भी थे। परन्तु श्रद्धेय भीष्म, द्रोण, तथा भाइयों और निकट सम्बन्धियों का संहार करने से वह अन्तिम समय डगमगा गये। मन की प्रवृत्ति ही ऐसी होती है; कभी कुछ, कभी कुछ मन हमेशा चञ्चल होता है। मन की चञ्चलता के कारण अर्जुन विषाद ग्रस्त हो गये। किन्तु वे क्षत्रिय धर्म के सच्चे पक्के कर्मठ योद्धा थे। चञ्चल मन उनके संस्कारों को पूरी तरह नहीं बदल सकता था। नि:सन्देह क्षत्रिय धर्म ने

अर्जुन को विवश करना ही था और वे सभी योद्धा अर्जुन द्वारा ही मारे जाने थे। इन परिस्थितियों में अर्जुन स्वयं को योद्धा मानकर अहंकार का शिकार होना था। इसलिए भगवान् ने उसके उच्च संस्कारों के कारण कर्मफल के बन्धन से मुक्त किया और अर्जुन पर विशेष कृपा करके उन योद्धाओं को पहले ही मरा हुआ दिखा दिया जिससे अर्जुन मोह और अहंकार मुक्त हो गया और अर्जुन संसार की नजर में यश को प्राप्त हो गये और कर्म फल के बन्धन से मुक्त हो गये। आध्यात्मिक दृष्टि में भगवान् अर्जुन के माध्यम से सांसारिक प्राणियों को बता रहे हैं कि अपने मन में स्थित काम–क्रोध– लोभ मोह, लालच–भय आदि शत्रुओं को मारो। उठो और इनका संहार करो। क्योंकि इनका आधार सत् में नहीं यह पहले ही अधमरे हैं। तुम केवल प्रयास करो। अर्थात् सात्विक बनो। वे स्वयं ही ध्वस्त हो जायेंगें। उठो! इसका अभिप्राय है कि शरीर (चक्र) से ऊपर उठकर उर्ध्व में प्रवेश करो। मोह मुक्त होकर सत्य युक्त हो जाओ।। 33 ।।

द्रोणं च भीष्मं च जयद्रथं च कर्णं तथान्यानपि योधवीरान्।
मया हतांस्त्वं जहि मा व्यथिष्ठायुध्यस्व जेतासि रणे सपत्नान्।। 34 ।।

अर्थ– द्रोणाचार्य, भीष्मपितामह, जयद्रथ, कर्ण मेरे द्वारा मारे हुए बहुत से योद्धा शूरवीरों को तुम मारो। भय मत करो। निःसन्देह तुम युद्ध में शत्रुओं को जीतोगे। अतः युद्ध करो।। 34 ।।

व्याख्या– यहां भगवान् स्पष्ट शब्दों में कह रहे हैं कि विजय तुम्हारी ही होगी। युद्ध करो। यहां अर्जुन के वे शब्द (वाक्य) स्पष्ट करते हैं, जो उन्होंने दूसरे अध्याय के छठे श्लोक में विषाद वश कहे थे। "कि यह भी ज्ञात नहीं कि विजय हमारी होगी या विपक्ष की।"

अर्जुन कि चिन्ता और शंका का उत्तर स्पष्ट रूप में मिल गया। भगवान् के ये शब्द "कि वे मेरे द्वारा मारे जा चुके हैं" का अर्थ यह नहीं कि उन्हें भगवान् श्री कृष्ण ने स्वयं मारा है, अपितु स्मरणीय यह है कि, शास्त्र भगवान् को ही महाकाल मानते हैं। महाकाल, महामाया, महाशक्ति ये सभी भगवान् के ही नाम हैं अर्थात् काल (माया) रूप में भगवान् सबको मारते हैं। सब की आयु जब पूरी होती है तो सभी काल के ग्रास हो जाते हैं। काल ही भगवान् की

संहारक शक्ति है, काल का धर्म ही मृत्यु है, और धर्म हमेशा अचल, अटल और स्थिर है, परन्तु जगत् में पैदा करना, भरण–पोषण करना और नाश करना भगवान् का कार्य नहीं, प्रकृति का कार्य है। भगवान् ने नौवें अध्याय के दसवें श्लोक में यह प्रसंग पहले ही स्पष्ट किया है, कि मेरे सानिध्य मे प्रकृति ही सब कुछ करती हैं।। 34 ।।

सञ्जय उवाच

एतच्छ्रुत्वा वचनं केशवस्य कृताञ्जलिर्वेपमानः किरीटी।
नमस्कृत्वा भूय एवाह कृष्णंसगद्गदं भीतभीतः प्रणम्य।। 35 ।।

अर्थ– सञ्जय बोले– भगवान् केशव के यह वचन सुनकर भय से कम्पित हुए "किरीटी" अर्जुन फिर से भयभीत होकर और पुनः नमस्कार करके भगवान् कृष्ण के प्रति गद्गद वाणी से ये बचन बोले।। 35 ।।

व्याख्या– "किरीटी" शब्द का अर्थ यहां ताज नहीं, अपितु किरीटी शब्द का अर्थ एक विशिष्ट ताज से है। जब अर्जुन ने युद्ध में इन्द्र की सहायता कर राक्षसों का बध किया था तभी इन्द्र ने प्रसन्न होकर उसे एक विलक्षण मुकुट दिया था। अतः यहां "किरीटी" सम्बोधन से तात्पर्य है कि इन्द्र की सहायता करनेवाला योद्धा भी भगवान् के उग्र रूप से भयभीत हैं क्योंकि भगवान् के ये शब्द कि "मैं काल हूँ। सब को खा जाऊँगा" अति भयानक हैं। अर्जुन का भयभीत होना स्वाभाकि ही है। क्योंकि काल रूपी भगवान् की संहारक शक्ति को महर्षि भी नहीं जान पाते, यही काल रूपी परम संहारक शक्ति मृत्यु, संहार और प्रलय में सदा प्रवृत्त है।। 35 ।।

अर्जुन उवाच

स्थाने हृषीकेष तव प्रकीर्त्या जगत्प्रहृष्यत्यनुरज्यते च।
रक्षांसि भीतानि दिशो द्रवन्ति सर्वे नमस्यन्ति च सिद्धसङ्घा।। 36 ।।

अर्थ– अर्जुन बोले– हे ऋषिकेश! आपके नाम गुण लीला का कीर्तन करने से सम्पूर्ण जगत् प्रसन्न हो रहा है तथा प्रेम अनुभव कर रहा है तथा डर कर राक्षस सभी दिशाओं में भागते दिखाई दे रहे हैं और सारे सिद्ध गण प्रणाम कर रहे हैं। भगवान् यह उचित है।। 36 ।।

व्याख्या– अर्जुन भगवान् के विराट रूप में सारे जगत् को उनके भजन कीर्तन करते हुए देख रहे हैं तथा भगवान् उनके गुणगान् से प्रसन्न हो रहे हैं। सिद्धगण भगवान् को प्रणाम कर रहे हैं। परन्तु राक्षस भयभीत होकर दशों दिशाओं में भाग रहे हैं। अर्जुन का कहना कि 'यह सब उचित है' का तात्पर्य है कि सिद्धगण और श्रद्धालु जगत् में भगवान् का भजन कीर्तन करने से प्रसन्न रहते है। राक्षसों के भयभीत होने का तात्पर्य उनके कुकर्म हैं जिनके कारण वे सभी दिशाओं में पलायन कर रहे हैं। अर्थात् उन्हें भगवान् का उग्र रूप भयभीत करके उनको चारों दिशाओं में भगा रहा है। सारांश यह है कि जगत् में मनुष्य के अपने कर्म ही उन्हें अनुराग प्रेमी देव तथा भयभीत राक्षस बनाते हैं।। 36 ।।

कस्माच्च ते न मनेरन्महात्मन् गरीयसे ब्रह्मणोऽप्यादिकर्त्रे।
अनन्त देवेश जगन्निवास त्वमक्षरं सदसत्तत्परं यत्।। 37 ।।

अर्थ– हे महात्मन! ब्रह्मा के भी आदिकर्ता तथा सबसे ही बड़े आपको वे कैसे नमस्कार न करें। हे अनन्त! हे देवेश! हे जगन्निवास! जो सत असत् तथा उससे भी परे अक्षर (पर ब्रह्म) आप ही हैं।। 37 ।।

व्याख्या– ब्रह्मा जो सृष्टि की रचना करते हैं किन्तु ब्रह्मा जी के रचयिता भी तो भगवान् ही है मुण्डक उपनिषद में भी यही वर्णन है। सभी देवों के देव! अर्थात् ब्रह्मा, विष्णु, महेश गणेश दुर्गा इन्द्र आदि सब परम ब्रह्म परं देव भगवान् के कारण ही हैं। दसवें अध्याय में भगवान् ने सारी सृष्टियों को अंश मात्र में व्याप्त और धारण बताया है। अतः भगवान् जगन्निवास हैं भगवान् सत्–असत् अक्षर परम ब्रह्म हैं। भगवान् के सिवा किसी अन्य शक्ति की स्वतः सिद्ध स्वतन्त्र सत्ता नहीं। गीता में दूसरे अध्याय के सोलहवें श्लोक में ("न सतो विद्यते भाव") जगत् के व्यावहारिक संदर्भ में असत् भी भगवान् है और सत् भी भगवान् ही है मुण्डकोपनिषद के अनुसार परम ब्रह्म ही जगत् के निमित्त और उपादान कारण है। क्योंकि यदि भगवान् उसका आधार न हो तो वह प्रतीत ही न हो। वास्तव में सत् और असत् से परे ही अक्षर पर ब्रह्म हैं क्योंकि सत् और असत् से अभिप्राय व्यावहारिक जगत् से है। असत् व्यक्त जगत् और सत् अव्यक्त प्रकृति है। क्योंकि अव्यक्त प्रकृति तो तीनों गुणों की

समता हैं इसमें विकार आने से यह व्यक्त, प्रकृति कहलाती है और अव्यक्त तथा व्यक्त जगत् दोनों परमब्रह्म के कारण हैं। गीता के नौवें अध्याय के दसवें श्लोक में कहा गया है कि प्रकृति मेरे सानिध्य से सभी कर्म करती है, यही अक्षर परमब्रह्म है।। 37 ।।

त्वमादिदेव पुरुष: पुराणस्त्वमस्य विश्वस्य परं निधानम्।
वेत्तासि वेद्यं च परं च धाम त्वया ततं विश्वमनन्तरूप।। 38 ।।

अर्थ— आप ही आदि तथा पुराण हैं, और आप ही संसार के परमाश्रय हैं आप हीं सबके जानने वाले, जानने योग्य, और परम धाम हैं हे अनन्तरूप! आप में ही सम्पूर्ण जगत् व्याप्त है।। 38 ।।

व्याख्या— भगवान् आदि देव इस कारण हैं कि उनसे पहले न कोई जन्मा और न कुछ हुआ। पुराण पुरुष इसलिए कि केवल वे ही सदा सनातन हैं। संसार के परम आश्रय भगवान् ही हैं। क्योंकि महासर्ग से महाप्रलय तक जो भी जगत् में होता है वह भगवान् के सामर्थ्य से ही है गीता के "अध्याय नवम श्लोक दस" में भगवान् ने कहा है कि प्रकृति मेरे सानिध्य से सभी कर्म करती है। भगवान् भूत, भविष्य, और आदि सभी के बारे में सब जानते हैं केवल भगवान् ही जानने योग्य इसलिए हैं कि संसार की शक्तियां, ज्ञान, तथा लीलाएं इन्हीं के आशीर्वाद से हैं। अत: भगवान् ज्ञाता और ज्ञेय अर्थात् जीव आत्मा परमात्मा दोनों हैं। भगवान् ही सर्व व्यापी परम शक्तिमान हैं, क्योंकि कोई कण तथा अंश ब्रह्माण्ड का ऐसा नहीं जिसमें भगवान् व्याप्त न हो। वे मात्र इनके स्रोत हैं यह वर्णन भगवान् ने गीता 4/9 में पहले ही किया है।। 38 ।।

वायुर्यमोऽग्निर्वरुण: शशाङ्क: प्रजापतिस्त्वं प्रपितामहश्च।
नमो नमस्तेऽस्तु सहस्रकृत्व: पुनश्च भूयोऽपि नमो नमस्ते।। 39 ।।

अर्थ— आप ही वायु, यमराज, अग्नि, वरुण, चन्द्रमा, दक्षप्रजापति, तथा पितामह। आपको हजारों बार नमस्कार हो— नमस्कार हो। फिर नमस्कार हो।। 39 ।।

व्याख्या— वायु, शुद्धि का कारण तथा प्राण का वाहन है वायु के कारण प्राणी जीवित हैं यमराज सारे संसार के अतुल शासक हैं। चन्द्रमा वनस्पति जगत् के पोषक हैं। प्रजा के उत्पादक दक्ष आदि प्रजापति आप ही हैं तथा हे भगवान्!

आप पितामह हैं क्योंकि आपने जगत् स्रष्टा ब्रह्मा को पैदा किया। जो जगत् पिता हैं। आपसे बड़ा त्रिलोकी में और कोई भी नहीं। आप सभी देवों के देव हैं। आपको नमस्कार–नमस्कार और हजार बार नमस्कार हो।। 39 ।।

नमः पुरस्तादथ पृष्ठतस्ते नमोऽस्तु ते सर्वत एव सर्व।
अनन्तवीर्यामितविक्रमस्त्वं सर्व समाप्नोषि ततोऽसि सर्वः।। 40 ।।

अर्थ– हे सर्व! आपको आगे से पीछे से सब ओर से नमस्कार हो। हे अनन्तवीर्य। अमितविक्रमवाले–आपने सबको समाहित किया हुआ है। अतः आप ही सब कुछ हैं।। 40 ।।

व्याख्या– अर्जुन कुछ समझ नहीं पा रहे। वे एक अद्भुत स्थिति में है जो एक प्रकार की बौखलाहट प्रतीत होती है। भय ग्रस्त भी है और प्रसन्नता से आनन्द विभोर भी हैं सामने अति दिव्य और विलक्षण दृश्य हैं जगत् का जो भी भाग दिखाई देता है वह भगवद्व्याप्य ही है, प्रभु से व्याप्त है। हर अंश, प्रत्येक कण, (संसार का) दिव्य शक्ति से व्याप्त है। भगवान् के आदि अन्त का प्रश्न ही नहीं। यह ऐसा असीम अनन्त है जिसका पार हो ही नहीं सकता। क्योंकि यह ब्रह्म तो अनन्त ही है।। 40 ।।

सखेति मत्वा प्रसभं यदुक्तं हे कृष्ण हे यादव हे सखेति।
अजानता महिमानं तवेदं मया प्रमादात्प्रणयेन वापि।। 41 ।।
यच्चावहासार्थमसत्कृतोऽसि विहारशय्यासनभोजनेषु।
एकोऽथवाप्यच्युत तत्समक्षंतत्क्षामये त्वामहमप्रमेयम्।। 42 ।।

अर्थ– आपकी महिमा और स्वरूप को न जानते हुए मैंने प्रेम अथवा प्रमाद से कह दिया था कि आप मेरे सखा हैं मैंने विना समझे हे कृष्ण! हे यादव! हे सखा! आदि शब्द कहे। हे अच्युत! हंसी मजाक में चलते फिरते, उठते –बैठते, सोते–जागते, खाते–पीते, अकेले या कुटुम्बियों के बीच मेरे द्वारा जो आपके प्रति अपमान जनक शब्द कहे गये हैं या आपका इन शब्दों से तिरस्कार आदि किया गया, वह अपराध अप्रमेय स्वरूप वाले आपसे क्षमा मांगता हूँ।। 41-42 ।।

व्याख्या– भगवान् के विराट रूप दर्शन से उत्पन्न बौखलाहट और भय से अर्जुन सहमने और संभलने का प्रयास करते हुए भगवान् से क्षमा याचना करते हैं। क्योंकि अर्जुन को श्रीकृष्ण जी के भगवान् होने का ज्ञान ही नहीं था। अर्जुन उन्हें अति चतुर, ज्ञानवान् और प्राज्ञ सखा मानते थे वास्तव में भगवान् की योग–माया ही ऐसी है कि महान् भक्त योग सम्पन्न होने पर भी उनका पार ही नहीं पा सकते। तभी तो यहां पर अप्रमेय शब्द का प्रयोग किया गया है। क्योंकि प्रभु की अलौकिता, विलक्षणता और महानता साधारण संसारी प्राणी कैसे समझ सकता है। अब अर्जुन को दु:ख (अफसोस) इसलिए हो रहा है कि भगवान् जो परम श्रद्धेय और केवल ज्ञेय परम शक्ति हैं उनको अर्जुन साधारण सखा ही समझते रहे और वैसा ही व्यवहार करते रहे यही भाव अर्जुन को सता रहा है। अत: अपनी त्रुटि और अपराध के लिए क्षमा याचना करते हैं।। 41–42 ।।

पितासि लोकस्य चराचरस्य त्वमस्य पूज्यश्च गुरुर्गरीयान्।
न त्वत्समोऽस्त्यभ्यधिक: कुतोऽन्योलोकत्रयेऽप्यप्रतिमप्रभाव।। 43 ।।

अर्थ– आप ही इस चराचर जगत् के पिता हैं। आप पूजनीय हैं, तथा गुरुओं के गुरु हैं, हे अनन्त प्रभावशाली! तीनों लोकों में भी आपके समान कोई नहीं है। तो आपसे बढ़कर कैसे हो सकता है।। 43 ।।

व्याख्या– आप हीं चराचर जगत् के पिता तथा गुरुओं के भी गुरु से तात्पर्य है कि भगवान् इस संसार में समस्त चराचर अर्थात पशु–पक्षी, कीट–पतङ्ग मनुष्य देवगण यहां तक कि वनस्पति जगत् के उत्पादक तथा भरण पोषण करने वाले हैं आपसे हीं सारा जगत् का ज्ञान उदित होता है। अत: आप गुरुओं के भी गुरु तथा प्रभावशाली हैं।। 43 ।।

तस्मात्प्रणम्य प्रणिधाय कायं प्रसादये त्वामहभीशमीड्यम्।
पितेव पुत्रस्य सुख्वेव सख्यु: प्रिय: प्रियायार्हसि देव सोढुम्।। 44 ।।

अर्थ– इसलिए श्रद्धा भाव से पूजने योग्य आप भगवान् को मैं प्रणाम करके प्रसन्न करने का प्रयास करता हूँ। हे देव! जैसे पिता पुत्र के, सखा–सखा के, पति पत्नी के अपराध को सहन करता है वैसे ही आप भी मेरे द्वारा किए गये अपराध को सहन करने में समर्थ हैं।। 44 ।।

व्याख्या– संसार के सम्बन्धों में ये तीन बहुत गहरे सम्बन्ध हैं। पिता–पुत्र, पति–पत्नी, तथा मित्र–मित्र का। अनजाने में इनके द्वारा किए हुए अपराध परस्पर सम्बन्धों में हमेशा सहन किए जाते हैं। तभी तो गीता में भगवान् श्रीकृष्ण जीने इस प्रसंग में इन तीन ही रिश्तो का वर्णन किया है यों तो मां बेटे का रिश्ता इससे भी बड़ा है किन्तु मां बेटे द्वारा जान बूझकर कर की गई गलतियों को ही नहीं अपितु अत्याचारों को भी सहन करलेती है। यहां अनजाने में होने वाले भूल से हुए अपराधों का प्रसंग है।

वास्तव में जब भक्त को पता चल जाता है, कि उसको भगवान् मिल गये हैं; तो उसे परमानन्द का एक ऐसा अनुभव होता है जिसे भाषा में व्यक्त नहीं किया जा सकता। वह गूंगे के गुड़ के स्वाद की तरह होता है परन्तु यहां स्थिति भिन्न है। भगवान् हमेशा वचपन से ही अर्जुन के सम्पर्क में थे। खाते –पीते, सोते–जागते, उठते–बैठते, खेलते तथा सांसारिक सभी क्रिया कलापों को करते किन्तु अर्जुन को कभी भी ऐसा आभास नहीं हुआ कि भगवान् ही उसके सखा ही नहीं सारथी भी हैं। "कहां राजा भोज कहां गंगू तेली" कहां भगवान् श्री कृष्ण कहां विषादग्रस्त अर्जुन" अर्जुन अपने को बौना समझ कर क्षमा याचना करता है। वास्तविकता तो यह है कि अर्जुन के उच्च संस्कारों ने ही उसे भगवान् का सखा बनाया था। अर्जुन से ही तो भगवान् को विशेषप्रेम था। वैसा शेष भाईयों से नहीं था। परन्तु इस रहस्य को भगवान् ही जानते थे अर्जुन नहीं।। 44 ।।

अदृष्टपूर्व हृषितोऽस्मि दृष्ट्वा भयेन च प्रव्यथितं मनो मे।
तदेव मे दर्शय देवरूपंप्रसीद देवेश जगन्निवास।। 45 ।।

अर्थ– मैंने ऐसा रूप पहले कभी नहीं देखा, इस रूप को देखकर मैं प्रसन्न हो रहा हूँ दूसरी ओर भय से भी मेरा मन व्याकुल हो रहा हूँ। अत: आप मुझे अपने योग्य रूप (विष्णु रूप) को दिखाइये। हे देवों के देव! हे जगन्निवास! आप प्रसन्न हो जाइये।। 45 ।।

व्याख्या– यह रूप विराट तो है ही, साथ ही इसका अति विलक्षण आकार अति भयंकर–भयभीत करने वाला भी है और इसका विलक्षण वर्ण अति

हर्षित करने वाला भी है। परन्तु अर्जुन इतने दु:खी और भयभीत हैं कि वह उनके विष्णु रूप "जो सौन्दर्य और शान्ति का असीम सागर है" को देखने का विनम्र निवेदन कर रहे हैं।

अर्जुन ने ऐसा रूप पहले देखा तो क्या ऐसे रूप की कल्पना भी नहीं की थी। इस रूप में असंख्य ब्रह्माण्ड (**Galaxies**) उदित हो रहे हैं तथा लीन भी करोड़ों सूर्य हैं वर्णों, जीवों, सागरों, वनस्पतियों का अन्त नहीं, परन्तु यह दिव्य ब्रह्माण्ड हैं स्थूल नहीं, परन्तु देखने में अन्तर नहीं भगवान् के असीम विश्व रूप में ही यह सब एक शरीर और स्थान पर दिखाई दे रहे हैं।। 45 ।।

किरीटिनं गदिनं चक्रहस्तमिच्छामि त्वां द्रष्टुमहं तथैव।
तेनेव रूपेण चतुर्भुजेन सहस्राबाहो भव विश्वमूर्ते।। 46 ।।

अर्थ– परन्तु मैं आपको वैसे ही किरीटधारी, गदाधारी, चतुर्भुज रूप में देखना चाहता हूँ। अत: हे विश्वरूप! हे सहस्रबाहो! आप उसी चार भुजाओं वाले रूप में प्रकट होवें।। 46 ।।

व्याख्या– भगवान् का चतुर्भुज (शंख, चक्र, गदा, पद्म) रूप संसार में ही नहीं अपितु सातों स्वर्गों में भी सौन्दर्य, सौहार्द्र और सौम्यता का उत्तुंग शिखर है। शान्ति और सुख का सागर है। अर्जुन मानों अपनी सबसे बड़ी इच्छा पूरी करने के लिए भगवान् से उनके उस अमृतमय रूप को देखने की लालसा व्यक्त कर रहे हैं। जिसको देखकर मन में अनोखी सी असीम मस्ती आती है। मन तृप्त ही नहीं होता और इस रूप को बार–बार देखना चाहते हैं।। 46 ।।

श्रीभगवानुवाच

मया प्रसन्नेन तवार्जुनेदं रूपं परं दर्शितमात्मयोगात्।
तेजोमयं विश्वमनन्तमाद्य यन्मे त्वदन्येन न दृष्टपूर्वम्।। 47 ।।

अर्थ– श्रीकृष्ण भगवान् बोले– हे अर्जुन! मैंने अपनी प्रसन्नता से (योग सामर्थ्य से) अपना अति श्रेष्ठ तेजोमय और जो सब का आदि तथा अनन्त विश्वरूप तुझे दिखाया है। जिसको तुम्हारे सिवा पहले किसी ने नहीं देखा है।। 47 ।।

व्याख्या– भगवान् अब अर्जुन को प्यार से कह रहे हैं कि मैंने यह विश्वरूप, जिसको पहले किसी ने नहीं देखा तुम्हें वह रूप प्रसन्नता से दिखाया है तुम्हें

भय की आवश्यकता नहीं है। जैसे सौम्य चतुर्भुज रूप मेरा है वैसे ही उग्र रूप भी मेरे विश्वरूप का भाग है। मैं सदा वहीं एक अजन्मा अमर सत्चित् आनन्द हूँ। सबका आदि अर्थात् मुझसे पहले कोई और कुछ नहीं था। सब इसी (भगवान्) से पैदा होते हैं और यह अनन्त है सदा है इसमे कोई परिवर्तन नहीं, विकार नहीं, यह विश्वरूप तेज युक्त हैं अर्थात् इसको तुम बिना ज्ञान चक्षु के देख ही नहीं सकते। जब साधक ब्रह्मज्ञानी हो जाता है तो भगवान् के रूप को किसी न किसी रूप, विभूतियों आदि में स्वयं ही देख लेता है। क्योंकि साधक आत्मा हो जाता है। आत्मा ही परमात्मा को देख पाता है। भगवान् का यह कहना कि ऐसे उनके विश्व रूप को पहले किसी ने नहीं देखा का तात्पर्य है कि इस प्रकार का विराट् तथा समग्र रूप महापुरुष, महातपस्वी और महान योगी भगवान् के किसी न किसी रूप अथवा अनुभव में तो दर्शन करते ही हैं।। 47 ।।

न वेदयज्ञाध्ययनैर्न दानैर्न च क्रियाभिर्न तपोभिरुग्रै:।

एवंरूप: शक्य अहं नृलोके द्रष्टुं त्वदन्येन कुरुप्रवीर।। 48 ।।

अर्थ— हे कुरुप्रवीर! (अर्जुन) मर्त्यलोक मे मुझे इस प्रकार के विश्वरूप में न कोई वेदों के ज्ञाता, न यज्ञों के करनेवाले न हीं तप—दान करने से और न ही अग्निहोत्र वाला तेरे अतिरिक्त देख सकता है।। 48 ।।

व्याख्या— ऐसा विश्वरूप, सुन्दर, सौहार्द, भयंकर और उग्र, जिसे भगवान् ने प्रसन्नता और प्रसाद से अर्जुन को दिखाकर उसे कृतार्थ किया मनुष्य लोक में और किसी ने देखा ही नहीं। क्योंकि भगवान् की कृपा को किस प्रकार आकर्षित किय जाए उसे भगवान् स्वयं जानते है भगवान् ने स्पष्ट रूप से कहा है कि वे न वेदों के अध्ययन से, न ही यज्ञों के अनुष्ठान से नही तपस्या और दान से और न ही अग्नि होत्र आदि क्रियाओं से लभ्य है। मुण्डकोपनिषद में भी यही वर्णित है कि भगवान् उसी को मिलते हैं जिसको वह स्वीकारते हैं अर्थात् यज्ञ, आदि इस रूप देखने के लिए पात्र नहीं बना सकते हैं प्रभुदर्शन नहीं करा सकते तथा यह भी नहीं कि भगवान् अनायास विना कुछ किए किसी को पात्र बना लें यह तो महानृ प्रभु ही जानते हैं। क्योंकि यह विराट् रूप विश्वरूप हैं

जिसमें जन्म–मरण, सुख–दु:ख, पाप–पुण्य, युद्ध–विग्रह, सौन्दर्य, त्रिलोकी की विभिन्न घटनाऐं, स्थितियां, क्रियायें, विभिन्न विभूतियां और शक्तियां जड़ से चेतन देवताओं तक निहित है। कोई भी प्रभु भक्त ज्ञान अथवा कर्म अनुष्ठान से भी इसको नहीं देख पाता। ऋषियों के लिये भी यह कल्पनातीत है। किन्तु अर्जुन को विराट रूप दिखाने से तात्पर्य यह था कि उस माध्यम से जगत् जिज्ञासु इस अचिन्तय परम वास्तविकता से भी अनभिज्ञ न रहे वह निर्लिप्त होकर मोह के रहस्य को जान ले। अन्यथा शरणागति और परमपुरुषत्व के बिना यह उपलब्धि असम्भव ही है।। 48 ।।

मा ते व्यथा मा च विमूढभावो दृष्ट्वा रूपं घोरमीदृङ्ममेदम्।
व्यपेतभी: प्रीतमना: पुनस्त्वंतदेव मे रूपमिदं प्रपश्य।। 49 ।।

अर्थ– इस प्रकार मेरे इस भयंकर रूप को देखकर मत डरो तथा मूढ़ता को प्राप्त न हो। अब प्रसन्न होकर निर्भयता पूर्वक तुम मेरे इस उपर्युक्त चतुर्भुज रूप को देखो।। 49 ।।

व्याख्या– अर्जुन भगवान् के भयंकर विश्व रूप देखकर डर गये। जो अभी विश्वरूप की केवल मात्र झलक थी, भगवान् का विश्वरूप तो अनन्त हैं अपार हैं यह सारा निरन्तर फैलता हुआ ब्रह्माण्ड स्थावर जङ्गम समेत ही तो ब्रह्म हैं इसका अन्त है ही नहीं। महाप्रलय में भी इसका अन्त नहीं होता। उस समय भी यह कारण रूप में विद्यमान रहता है इसी अवस्था को निधान कहते हैं। जैसे 18/9 में वर्णित है। इससे पहले भी जब अर्जुन ने भगवान् का अतिसुन्दर चतुर्भुज रूप देखा था तब वह बहुत प्रसन्न थे। अब देखकर अर्जुन भयग्रस्त होकर संतुलन खो बैठे है इसलिए अर्जुन को भगवान् कह रहे हैं कि डरो मत, मूढ़ता को प्राप्त न हो, अर्जुन की दशा को देखकर अब भगवान् उन्हें अपने सौम्य चतुर्भुज रूप को दिखा रहे हैं जिसको देखकर न मन भरता है और नहीं फिर इसके सिवा और कुछ देखना चाहता है।। 49 ।।

सञ्जय उवाच

इत्यर्जुनं वासुदेवस्तथोक्त्वा स्वकं रूपं दर्शयामास भूय:।
आश्वासयामास च भीतमेनंभूत्वा पुन: सौम्यवपुर्महात्मा।। 50 ।।

अर्थ– सञ्जय बोले– श्रीकृष्ण भगवान् ने ऐसा कहकर अपने उसी चतुर्भुज रूप को दिखाया तदनन्तर अपना सौम्य दो भुजाओं वाला रूप दिखाया तथा अर्जुन को सान्त्वना भी दी।। 50 ।।

व्याख्या– यहां स्पष्ट है कि भगवान् ने अर्जुन को "अपना भयंकर विश्वरूप, तथा विष्णु चतुर्भुज रूप एवं मर्त्यलोक का मनुष्य रूप" तीनों रूप के दर्शन कराये। चतुर्भुज रूप में अति सौम्य, सुन्दर हाथों में "शङ्ख, चक्र, गदा, पद्म धारण किए असीम सौन्दर्य, आकर्षण और सुख का अथाह सागर है फिर उग्ररूप' इतना विशाल तथा अनन्त है कि उसका आदि और अन्त नहीं हजारों सूर्य, अनेक सृष्टियां स्वर्ग नरक लोक–परलोक, सम्पूर्ण प्राणी, सभी पदार्थ, सारे भाव, काल, महाकाल प्राण–महाप्राण, सर्ग–प्रलय, महान योद्धाओं के भयंकर बध–मृत्यु आदि आदि उसमें है। किन्तु यह तो विश्व रूप की केवल झलक मात्र है जिसने अर्जुन के प्राण तक सुखा दिए। तीसरा दो भुजाओं वाला मुरली–मनोहर रूप। जिस रूप को देखकर व्रज बालायें भक्त बनीं। आध्यात्मिक रूप में व्रज बालायें सांसारिक बासनायें हैं जिनकों मुरलीधर रूप आत्म–भाव की ओर आकर्षित करता है। भगवान् के केवल ये तीन ही रूप नहीं उनके तो असंख्य रूप हैं जो हर लोक देश काल के अनुकूल हैं वास्तव में भगवान् तो निराकार है। पर ब्रह्म निर्मल है उसका नाम रूप नहीं वह देश काल स्थिति से परे हैं। हर प्राणी और कण–कण में विद्यमान हैं यही तो उनकी विलक्षण स्थिति हैं श्रद्धालु के लिए निकट है मूर्ख के लिए दूर। अर्जुन श्रद्धालु और प्रेमी भक्त है इसलिए भगवान् ने उसे अपने तीनों रूप के दर्शन करा लिए।। 50।।

अर्जुन उवाच

दृष्ट्वेदं मानुषं रूपं तव सौम्यं जनार्दन।

इदानीमस्मि संवृत्त: सचेता प्रकृतिं गत:।। 51 ।।

अर्थ– अर्जुन बोले– हे जनार्दन! आपके इस सौम्य मनुष्य रूप को देखकर अब मैं स्थिर चित्त हूँ तथा अपनी सचेत स्थिति को प्राप्त हो गया हूँ।

व्याख्या– अर्जुन भगवान् के दो भुजाओं वाले मनुष्य रुप को देखकर शान्त एवं प्रसन्न चित्त हो गये। अब अर्जुन की अज्ञानता का पर्दा हट गया और उसकी

आंखे खुल गई, कि श्री कृष्ण उनकी पत्नी सुभद्रा के भाई, तथा माता कुन्ती के भतीजे ही नहीं, अपितु साक्षात् ब्रह्म अवतार विष्णु स्वरूप है। अर्जुन को अब यह ज्ञान पूर्ण रूप से हो गया है कि वह स्वयं कुछ नहीं हैं भगवान् के प्रसाद तथा अनुकम्पा से वह प्रभु दर्शन कर पाये हैं इन्हीं के प्रसाद से संतुलन तथा शान्ति अनुभव कर रहे हैं।। 51 ।।

श्रीभगवानुवाच

सुदुर्दर्शमिदं रूपं दृष्टवानसि यन्मम।

देवा अप्यस्य रूपस्य नित्यं दर्शनकाङ्क्षिणः।। 52 ।।

अर्थ– श्रीकृष्ण भगवान् बोले– मेरा जो यह दुर्लभ दर्शनीय रूप तुमने देखा है। इसके दर्शन अति दुर्लभ हैं इसको देखने की देवता भी नित्य आकांक्षा करते हैं।। 52 ।।

व्याख्या– सुदुर्लभ दर्शनीय रूप से तात्पर्य भगवान् के चतुर्भुज रूप से हैं क्योंकि शास्त्रों के अनुसार यह भगवान् का रूप असीम सुख और शान्ति ही प्रदान नहीं करता अपितु भक्ति भाव की पूर्ण प्रेरणा तथा मोक्ष भी प्रदान करता है। भगवान् के इस चतुर्भुज रूप के अतिरिक्त दूसरा सौम्य सुन्दर और आकर्षक कोई रूप नहीं। विश्वरूप तो भगवान् के रूप की एक असीम विलक्षणता है जिसमें अच्छा बुरा सब कुछ है। जन्म जीवन मृत्यु के प्रत्येक दृश्य सभी पहलु इसके अन्दर तीन लोक, स्वर्ग, विशाल दिव्यलोक आदि, देवलोक, ऐसा दृश्य देखने के लिए देवता भी लालायित रहते हैं। पर प्रश्न पैदा होता है कि जब देव लोक के देवता इस रूप को देखने के लिए लालायित होते हैं तो दर्शन क्यों नहीं पा सकते। इसका उत्तर है कि साधारण देवगण स्वर्ग तथा दिव्य लोक वासी होते हैं। वहां वे अपनी सकाम भक्ति द्वारा पहुंचते हैं किन्तु प्रभु प्राप्ति केवल उन अनन्य भक्तों को होती है जो केवल प्रभु दर्शन चाहते हैं उनकी इच्छा–चाह और कुछ भी नहीं होती। हजारों वर्षों के उपरान्त दिव्य स्वर्गों का भोग भोगने पर जब देवगण इस मृत्युलोक में जन्म लेते हैं तब यदि उनकी भक्ति प्रभु प्राप्ति के लिए होगी, जो लम्बी और कठिन प्रक्रिया है तभी उन्हें भी चतुर्भुज भगवान् के स्वरूप के दर्शन हो सकेंगे अन्यथा नहीं।। 52 ।।

नाहं वेदैर्न तपसा न दानेन न चेज्यया।
शक्य एवंविधो द्रष्टुं दृष्टवानसि मां यथा।। 53 ।।

अर्थ– जिस प्रकार तुमने मुझे देखा है उस प्रकार मैं (चतुर्भुज) न वेदों के अध्ययन द्वारा, न तप–दान द्वारा और न ही यज्ञ के अनुष्ठान द्वारा देखा जा सकता हूँ।। 53 ।।

व्याख्या– यहां भगवान् अपने चतुर्भुज रूप का वर्णन कर रहे हैं इसी रूप को देखकर और कुछ देखने की लालसा नहीं रहती और न ही आवश्यकता होती। क्योंकि साधु इस रूप को देखकर मोक्ष प्राप्त करता है। वेद पढ़ने से यज्ञ करने से, तप–दान करने से वाञ्छित फलों की प्राप्ति अथवा स्वर्ग या दिव्य लोकों में भोगों की प्राप्ति होती है। भगवत् प्राप्ति नहीं होती। भगवत्–प्राप्ति के लिए तो उत्तम गुरु द्वारा निर्दिष्ट साधना युक्ति को सिद्ध करना पड़ता है। सभी देव गण भी ऐसी अगाध भक्ति नहीं कर पाते। जो अगाध भक्ति करते हैं वे देवता नहीं बनते अपितु मोक्ष प्राप्त करते हैं तभी तो यह सुगम प्रयास नहीं। इसके लिए प्रभु कृपा चाहिए। जो केवल अनन्य भक्तों को ही प्राप्य है यह तथ्य मुण्डक उपनिषद् में भी ऋषिवर ने स्पष्ट किया है कि भगवान् उसी को मिलते हैं जिसको वह स्वीकारते है।। 53 ।।

भक्त्या त्वनन्यया शक्य अहमेवंविधोऽर्जुन।
ज्ञातुं द्रष्टुं च तत्त्वेन प्रवेष्टुं च परन्तप।। 54 ।।

अर्थ– हे परं तप अर्जुन। अनन्य भक्ति के द्वारा ही मुझे तत्त्व से जाना जा सकता है। स्वरूप में देखा और प्राप्त किया जा सकता है।। 54।।

व्याख्या– अब भगवान् उनके (प्रभु) पाने का एक मात्र अचूक साधन (अनन्य भक्ति) कहते हैं। जो अनन्य भक्ति है क्योंकि अनन्य भक्ति तो वह पूर्ण प्रभु प्रेम या भक्ति है जिसका नशा साधक या भक्त से कभी उतरता ही नहीं। भगवान् के इस चतुर्भुज रूप को योगी योग बल द्वारा गुरु दीक्षा से दीक्षित होकर सालों तक प्राणायाम करते हुए कुम्भक अवस्था की उपलब्धि देख पाते हैं जिसमें योगी को सांस लेने की आवश्यकता हीं नहीं होती वह निश्वास अवस्था होती है। ज्ञान योग में यह स्थिति तब प्राप्य हैं जब ज्ञानी आत्मा का अनुभव करके

सभी प्राणियों के अन्दर इस एक आत्मा को देखता है और भक्त इस महान् उपलब्धि सबके अन्दर अपने इष्ट परम प्रभु को देखकर पाता है। सारांश यह है कि आत्मा का साक्षात् करने पर ही प्रभु दर्शन होते हैं। वास्तव में यह प्राप्ति दुर्लभ है। भगवान् ने इस तथ्य को गीता 6/32 में भी स्पष्ट किया है।। 54 ।।

मत्कर्मकृन्मत्परमो मद्भक्तः सङ्गवर्जितः।

निर्वैरः सर्वभूतेषु यः स मामेति पाण्डव।। 55 ।।

अर्थ– हे पाण्डव! जो मेरे लिए ही कर्म करता है। मत् परायण है मेरा ही भक्त है। आसक्ति रहित है सब भूतों के प्रति निर्वैर हैं वह मुझे प्राप्त होता है।। 55 ।।

व्याख्या– इस श्लोक को एक प्रकार से गीता का सार ही मानना चाहिए। इस श्लोक में भगवान् ने पांच अवस्थाओं का वर्णन किया है जिनका अनुसरण करने से भक्त को भगवान् स्वयं प्राप्त हो जाते हैं।

(1) **जो मेरे लिए ही कर्म करे–** ऐसा कर्म करने से पहले जानना जरुरी है ऐसे कर्म को सद्गुरु ही बता सकते हैं मार्ग कोई भी हो सकता है जैसे– योग, भक्ति, ज्ञान, अथवा कर्तव्य परायणता उचित कर्म, जिससे प्रभु प्राप्ति हो श्रेष्ठ गुरु ही बता सकते हैं तथा वे हीं उसे करने का तरीका और अनुष्ठान भी निर्दिष्ट करते हैं।

(2) **मत् परायण हो–** अर्थात् जिस भक्त या साधक का ध्येय लक्ष्य प्रयास श्रद्धा या आश्रय केवल भगवान् की प्राप्ति है।

(3) **मेरा ही भक्त हो–** अर्थात् भगवान् के सिवाय जिसको कुछ और आकर्षित कर ही नहीं सकता न सत्ता न धन, न स्वर्ग। जिसका ऐसा मानना हो कि न मेरा कोई और है और न मैं ही किसी का हूँ केवल उस परम प्रभु का ही हूँ।

(4) **आसक्ति शून्य हो–** ऐसा भक्त जो त्रिगुणमयी प्रकृति से उपर है। कामना, इच्छा वासना ममता जिसको छूती ही नहीं।

(5) **जो सब भूतों के प्रति विर्वैर हो–** पूरी तरह जो समदर्शी है। हिंसा भाव से अछूत सभी जीवों से प्यार करनेवाला, अपना पन अहङ्कार आदि भाव जिसमें लेश मात्र भी नहीं जो अपनी आत्मा को ही

सब में देखता है। सबमें सुख तथा दु:ख को अपने सुख दु:ख की भाँति समझता तथा देखता है। ऐसा योगी भक्त तथा साधक भगवान् को प्राप्त करता है। यहीं तथ्य भगवान् ने गीता 6/32 में पहले भी बताया है।। 55 ।।

ॐ तत्सदिति श्रीमद्भगवद्गीतासूपनिषत्सु ब्रह्मविद्यायां योग शास्त्रे श्रीकृष्णार्जुनसंवादे विश्वरूपदर्शनयोगो नाम नामैकादशोऽध्याय:।। 11 ।।

अथ द्वादशोऽध्याय:

भक्ति योग द्वारा प्रभु प्राप्ति:

अर्जुन उवाच

एवं सततयुक्ता ये भक्तास्त्वां पर्युपासते।

ये चाप्यक्षरमव्यक्तं तेषां के योगवित्तमा: ॥ 1 ॥

अर्थ— अर्जुन बोले इस प्रकार लगातार अनन्यशरण होकर जो भक्त आपकी भक्ति करते हैं, और जो भक्त अव्यक्त—अक्षर ब्रह्म की भक्ति करते हैं। उनमें से कौन श्रेष्ठ योग वेत्ता है?॥ 1 ॥

व्याख्या— भगवान् ने ग्यारहवें अध्याय के उन्चासवें श्लोक में विश्वरूप—दर्शन में भयभीत अर्जुन को अति सुन्दर और—आकर्षक चतुर्भुज रूप दिखाकर सान्त्वना देते हुए कहा कि "डरो मत—मूढ़ भाव को प्राप्त मत हो", तत्पश्चात् वावनवें— और त्रेपनवें श्लोकों में कहा कि "इस दुर्लभ चतुर्भुज रूप को न देवता देख पाते, नही यज्ञ, तप, दान, वेद ज्ञान आदि से देखा जाता। चौवनवें और पचपनवें श्लोकों में पुन: यह कहा कि "केवल अनन्य भक्त मत् परायण आसक्ति रहित पुरुष मेरा ही भक्त सब भूतों के प्रति निर्वैर भाव वाला श्रेष्ठ पुरुष ही मुझे प्राप्त कर सकता है। इस तथा अगले श्लोकों में भी उसी साकार—सगुण रूप युक्त भगवान् और सगुण—साकार भक्ति का ही प्रसंग है। परन्तु चौथे—पांचवें—छठे, आठवें और नौवे अध्याय में भगवान् के निराकार—निर्गुण भक्ति और भक्त के बारे में बार—बार वर्णन करते हुए कहा कि इन के द्वारा भगवान् प्राप्य हैं। अब अर्जुन भगवान् से प्रश्न करते हैं कि सगुण और निर्गुण भक्तों में

अधिक श्रेष्ठ कौन सा भक्त है? अर्थात् जो श्रेष्ठ योग वेत्ता भगवान् को जानता है। क्योंकि ग्यारहवें अध्याय के इकानवें श्लोक के पश्चात अब अर्जुन शान्त अव्याकुल चित्त स्थित है और श्रेष्ठ योगवेता बनना चाहते है। भगवान् को आजीवन जानना, आत्मा का पूर्णत: अनुभव करना एक उत्कृष्ट कर्म और गहरा प्रयास है। श्रेष्ठ योगियों के अनुसार यह शरीर (मन, बुद्धि, अहंकार तथा स्थूल शरीर) प्राण शक्ति का बना हुआ है। यह प्राण—शक्ति आत्मा से ही उत्पन्न है। यह शक्ति, बुद्धि और चेतना युक्त है। पांच प्राणों के रूप में (प्राण, व्यान, समान, उदान, अपान) ये सम्पूर्ण शरीर का सृजन—संचार और पोषण करते है। श्वास—प्रश्वास का शरीर में खेंचना—छोड़ना भी इसी प्राण शक्ति की क्रिया है, इस प्राण शक्ति का प्रवाह भीतर से बाहर की ओर रहता है। जिसके कारण मनुष्य की चेतना, ध्यान और बन्धन मन और इन्द्रियों के द्वारा सांसारिक विषयों में हो जाता है, जब तक साधक इस प्राण प्रवाह को बाहर से भीतर की ओर नहीं करता, तब तक मन स्थिर और शान्त नहीं हो सकता, अस्थिर मन में प्रभु दर्शन नहीं हो सकते, इस प्राण शक्ति को भीतर ले जाने का मार्ग मूलाधार से सहस्रार पर्यन्त सुषुम्ना नाड़ी द्वारा ही हो सकता है। इस प्रक्रिया का माध्यम प्राणायाम है, जो सद्गुरु के द्वारा ही सीखा जा सकता है। परन्तु ऐसा भी नही कि इस राजयोग के सिवाय अन्य—ज्ञान, भक्ति, तन्त्र, शैव आदि मार्ग भक्त को भगवान् से नहीं मिला सकते, सगुण अथवा निर्गुण का कोई भी मार्ग हो, अनिवार्यता केवल अनन्य प्रभु प्रेम की है। प्रभुप्राप्ति मन की शुद्धि पर ही निर्भर है, मन की शुद्धि सगुण और निर्गुण दोनों मार्गों द्वारा सम्भव है। वास्तव में अर्जुन की जिज्ञासा है कि इन दोनों मार्गों में कौन सा सुगम मार्ग है?।। 1 ।।

श्री भगवानुवाच

मय्यावेश्य मनो ये मां नित्ययुक्ता उपासते।

श्रद्धया परयोपेतास्ते मे युक्ततमा मता:।। 2 ।।

अर्थ— श्रीकृष्ण जी बोले— मेरे में मन बिठाकर, नित्य और निरन्तर परम श्रद्धा से युक्त होकर जो मेरी (सगुण) उपासना करते हैं वे मेरे मत में युक्ततम और श्रेष्ठ योगी हैं।। 2 ।।

व्याख्या– सगुण–निर्गुण, साकार–निराकार, यह एक प्रकार का पण्डितवाद, या आध्यात्मिक नीरस गोष्ठि का मिर्चमसाला है। सच्चे भक्त और साधक का इससे कोई भी सरोकार नहीं, वह तो–भगवान् का उपासक होता है। उसको अपने लक्ष्य प्रति ही लगन होती है। वह लक्ष्य प्रभु प्राप्ति या दर्शन ही होता है। इसलिए यहाँ भगवान् मत् परायणता–अनन्य भक्ति और श्रद्धा पर भक्त की सुविधा के लिए जोर दे रहे हैं। भगवान् ने विस्तार पूर्वक ग्यारहवें अध्याय के अन्तिम, श्लोकों में इसका वर्णन किया है। तन–मन तथा चित्त और श्रद्धा से भगवान् की उपासना करना ही श्रेष्ठ योग हैं योग का अर्थ मिलन है, अर्थात् प्रभुमिलन। यह अधूरे या विखरे मन से नहीं हो सकता। यह शरीर प्रकृति है और आत्मा भगवान् का अपना अंश है, प्रकृति भी (माया) भगवान् की ही है। फिर इन्हें भगवान् के अर्पण करने में क्या लगता है अर्थात् कुछ भी नहीं। स्वयं कोई कुछ भी नहीं जब शरीर और आत्मा दोनों भगवान् के हैं। इन्हें अपना कहना तो केवल अज्ञान और मूर्खता है योगी के "दीर्घकाल तक प्राण कर्म प्राणायाम आदि करते–करते जब प्राण स्थिर हो जाय और मन स्थिर हो जाए", तभी अनुभव होता है, कि यह व्यवहारिक और भौतिक जगत् सत्य नहीं। यह निरन्तर परिवर्तन शील है–इसका क्या भरोसा, ऐसा योगी ही साधना मार्ग पर अग्रसर होकर अव्यवहार्य स्थिति और तुर्यावस्था में पहुँच जाता है। सब प्रकार की अनन्य तथा श्रद्धा युक्त भक्ति ही उसे तुर्यावस्था में ले जाती है। उपासना सगुण की ही होती है निर्गुण अथवा निराकार की, कोई क्या उपासना या पूजा करेगा। वास्तव में यहाँ उपासना या पूजा का प्रसंग है इसलिये भगवान् अर्जुन को कह रहे हैं कि सगुण उपासना श्रेष्ठ है–निर्गुण उपासना तो वास्तव में सगुण के पश्चात् की ही उच्च उपलब्धि है। वह बाद का आध्यात्मिक उच्च प्रयास है।। 2 ।।

ये त्वक्षरमनिर्देश्यमव्यक्तं पर्युपासते।
सर्वत्रगमचिप्त्यं च कूटस्थमचलं ध्रुवम्।। 3 ।।
संनियम्येन्द्रियग्रामं सर्वत्र समबुद्धयः।
ते प्राप्नुवन्ति मामेव सर्वभूतहिते रताः।। 4 ।।

अर्थ– परन्तु जो अनिर्देश्य है। अक्षर अथवा निर्गुण अव्यक्त है। इन्द्रियों से अगोचर है। सर्वत्र अचिन्त्य हैं। कूटस्थ अचल तथा ध्रुव है इन्द्रियों को संयत करके सदा सर्वत्र सम–बुद्धि हैं तथा सब जीवों के कल्याण में नियुक्त है, (वे मुझे ही प्राप्त होते हैं।)।। 3-4 ।।

व्याख्या– दूसरे श्लोक में भगवान् ने सगुण भक्त तथा निरन्तर उनकी उपासना में रत भक्तों को श्रेष्ठ कहा है अब इस श्लोक में भगवान् निराकार (निर्गुण उपासक) प्रभु भक्त की व्याख्या कर रहे हैं। निर्गुण प्रभु के उपासक भी उन्हें ही प्राप्त करते हैं। वास्तव में निराकार या निगुर्ण भगवान् से अभिप्राय परब्रह्म या निराकार ब्रह्म से है जो सदा निर्मल और अकर्ता है। साकार अथवा सगुण से अभिप्राय भगवान् के ईश्वर रूप से है। जो इस संसार के कर्ता भरण–पोषण करने वाले तथा संचालक हैं। ब्रह्मा, विष्णु, महेश भी ईश्वरीय शक्ति के रूप हैं।

जो उपासक निराकार निर्गुण या अव्यक्त प्रभु की उपासना करते हैं, अर्थात् परब्रह्म की उपासना करते हैं उनकी उपासना और भी कठिन होती है। क्योंकि मन तथा इन्द्रियों को सगुण उपासना में नियन्त्रित करना किसी सीमा तक सरल है, उसमें साधक का लक्ष्य साकार इष्ट होता है, जिसमें वह मन तथा इन्द्रियों को सरलता से नियन्त्रित कर सकता है परन्तु निराकार उपासना में "सगुण रूप न होने के कारण" मन व इन्द्रियों का नियन्त्रण कठिन होता है। निर्गुण उपासक मन शुद्धि के कारण अगोचर के उपासक होते है। क्योंकि परमब्रह्म मन के चिन्तन से परे और इन्द्रियों से भी अगोचर है। वह कूटस्थ और अचल है अर्थात् न वहता है, न हिलता है, सदा सर्वत्र एक है, सनातन है। वह ध्रुव, सत्य, नित्य और स्थिर अक्षर अर्थात् अविनाशी हैं अर्थात् वह ब्रह्म सदा सर्वत्र रहते हुए भी बुद्धि मन इन्द्रियों से अगोचर है। "निर्गुण उपासक नित्य निरन्तर दृढ़ भाव से ऐसी उपासना करने वाले, भगवान् को अवश्य प्राप्त करते हैं, तात्पर्य यह कि निर्गुण उपासक तो भगवान् को प्राप्त होते ही हैं, सगुण उपासकों को भी भगवान् प्राप्त होते हैं।। 3-4 ।।

क्लेशोऽधिकतरस्तेषामव्यक्तासक्तचेतसाम्।
अव्यक्ता हि गतिर्दुःखं देहवद्भिरवाप्यते।। 5 ।।

अर्थ– अव्यक्त निराकार ब्रह्म में आसक्त चित्त वाले साधकों के साधन में अधिक परिश्रम है, क्योंकि देह आसक्ति वाले अभिमानियों को अव्यक्त ब्रह्म की निष्ठा कठिनता से प्राप्त होती है।। 5 ।।

व्याख्या– यह प्रसंग उन अव्यक्त निराकार एवं निर्गुण उपासकों का है जो पूर्ण रूपेण देह अभिमान या सांसारिक आसक्ति के कारण शरीर भाव से ऊपर नहीं उठ पाये तथा जिनकी साधना का मार्ग सगुण नहीं है, निगुर्ण उपासना है। देह अभिमान या सांसारिक बन्धनों से छूटना बहुत बड़ी चुनौती है। अतः उन्हें साधना में अधिक कष्ट होता है। इस शरीर से प्राणी का लगाव जन्म जन्मान्तरों से है, जो अन्तः करण को अत्यधिक प्रभावित करता है दूसरी ओर सगुण उपासना के लिए साधक को प्रभु के रूप, लीला आदि शक्तियों का एकग्रता और प्रेरणा के लिए आश्रय प्राप्त होता है। निर्गुण उपासना में न कथा–कहानियों का और न ही नाम रूप का सहारा होता है। इसी कारण यह साधना कठिन है वास्तव में मनुष्य स्वयं को देहधारी मानता और जानता है। इसी कारण अव्यक्त उपासना में चित्त लगाना कठिन है। यदि साधक स्वयं को शरीर नहीं आत्मा मानकर चले, तो निर्गुण साधना में कठिनाई कम हो सकती है। इसी कारण "पूज्य गुरुवर" साधक को पहले सगुण उपासना का निर्देश देते हैं, और पात्रता प्राप्त होने पर निर्गुण उपासना के लिए प्रेरित करते हैं। क्योंकि निर्गुण साधना में विवेक और वैराग्य इन दोनों का होना जरुरी है। इस पात्रता में दीर्घकालीन अभ्यास चाहिए। सगुण साधना–'मुक्तावलम्बन' इसलिए सुगम है, कि इसमें शास्त्रों द्वारा ईश्वर के स्वरूप का तथा शक्तियों का वर्णन किया गया है जिससे उन स्वरूपों द्वारा प्रभु को साकार मानकर उसकी उपासना में सुगमता होती है तथा सांसारिक पदार्थों का उस उपासना में श्रद्धा सहित प्रयोग किया जाता है।। 5 ।।

ये तु सर्वाणि कर्माणि मयि संन्यस्य मत्पराः।
अनन्येनैव योगेन मां ध्यायन्त उपासते।। 6 ।।

अर्थ– परन्तु जो व्यक्ति मत्परायण होकर सारे कर्म मेरे में अर्पण करते हुए अनन्य योग द्वारा मुझ सगुण का ही ध्यान करते हुए मेरी उपासना करते हैं।। 6 ।।

व्याख्या– पांचवें श्लोक में भगवान् ने निर्गुण उपासना को अधिक कठिन बताया है, इस श्लोक में संकेत दिया है, कि सगुण उपासक को ब्रह्म ज्ञानी (निर्गुण) बनने पर लाभ भी अधिक ही होता है अर्थात् उसे भगवान् कठिन तप का अधिक फल देते हैं, इन दो श्लोकों में भगवान् कहते हैं, कि सगुण उपासना का फल निर्गुण अवस्था (भाव) प्राप्त कर भी वैसा ही है। परन्तु साधक को उपासना इन दो श्लोकों में बताई श्रद्धा भाव से करनी चाहिए। जो भी प्राणी कर्म करता है वह भगवान् के अर्पण करना चाहिए। उसमें अहंकार या "मैं" कर्ता हूँ ऐसी भावना नहीं होनी चाहिए। सभी कर्म प्रभु को अर्पण करने से तात्पर्य है कि कर्म मनुष्य स्वार्थ, इच्छा या संकल्प से न करे, फलाकांक्षा न हो, ममता न पदार्थ में न विषय में और न ही भोग में हो। इसका तात्पर्य यह नहीं कि मनुष्य कर्म में ढील दे। कर्म पूरे प्रयत्नयुक्ति युक्त करते हुए प्रभुपरायणता से करे। ईश्वर की भक्ति व उपासना के साथ दूसरा कोई भी भजनीय नहीं। संसार विषयों और पदार्थों का घर है, मनुष्य कर्मों द्वारा इनका प्रयोग स्वार्थ के लिए करता है। यही बन्धन का कारण है इसी कारण भगवान् कहते हैं कि वासना का छुटकारा अनन्य भक्ति, मत्परायणता तथा भक्ति एवं ज्ञान योग में निहित है। सांसारिक बन्धन तभी छुट सकता है।

(1) भक्त अनन्य भक्ति भगवत्प्राप्ति के लिए करता है सारे विषयों को भगवान् को अर्पित करता है, उसका लक्ष्य प्रभु की प्राप्ति और दर्शन ही होता है।

(2) कर्म योगी श्रद्धा तथा त्याग भाव से कर्म दूसरों के लिए ही करता है, विषयों और पदार्थों को कर्म द्वारा प्राप्त कर दूसरों की सेवा–सहायता और–परार्थ में लगादेता है। उसे कर्म और फल से ममता नहीं होती। वह कर्म और फल दूसरों के हितार्थ ही समझता है।

(3) ज्ञानयोगी जानता है कि मन, बुद्धि इन्द्रियाँ सब प्रकृति है। तथा प्रकृति की ही है। सभी विषय, पदार्थ और सांसारिक कर्म प्रकृति ही हैं इसलिए वह इनसे निर्लिप्त रहता है। मन बुद्धि शरीर को वह

आत्मा से भिन्न मानता है, अतः वह सांसारिक विषयों कर्म और पदार्थ में लिप्त नहीं होता इसलिए भगवान् कहते हैं कि ऐसा सगुण भक्त मेरा है। ज्ञान योगी गुण–कर्म के विभाग को जानता है अर्थात् स्वयं को आत्मा या ईश्वर का अंश मानता है न कि प्रकृति का भाग तथा आत्मा के अस्तित्व से अवगत होता है। अतः प्रकृति को अपने से भिन्न मानता है।। 6 ।।

तेषामहं समुद्धर्ता मृत्युसंसारसागरात् ।
भवामि नाचिरात्पार्थ मय्यावेशितचेतसाम्।। 7 ।।

अर्थ– हे अर्जुन! उन मुझ में स्थित चित्त भक्तों का मैं शीघ्र ही मृत्यु रूप संसार सागर से उद्धार करता हूँ।। 7 ।।

व्याख्या– जिन अनन्य भक्तों का ऊपर वर्णन है, जो प्रभु परायण हैं, जिनके सभी कर्म भगवान् को अर्पित हैं, जो महान् भक्त हैं, उनका भगवान्, स्वयं ही इस दुःखों के घर संसार रूपी सागर से उद्धार करते है। भगवान् को अनन्य और मत्परायण भक्तों का "स्वयं" से भी अधिक ध्यान होता है। भगवान् ने चौथे अध्याय के ग्यारहवें श्लोक में स्पष्ट कहा है कि जो उन्हें जैसे भजते हैं वे भी उन्हें उसी रूप में भजते हैं। यही बात नौंवे अध्याय के उनत्तीसवें श्लोक में भी दोहराई गई है अर्थात् भगवान् अपने में और ऐसे भक्तों में कोई अन्तर ही नहीं समझते क्योंकि ऐसे भक्त आत्मवान् हो जाते हैं अतः भगवान् अविलम्ब उनका उद्धार करते हैं। अर्थात् वे मोक्ष प्राप्त करते हैं।। 7 ।।

मय्येव मन आधत्स्व मयि बुद्धिं निवेशय।
निवसिष्यसि मय्येव अत उर्ध्वं न संशय।। 8 ।।

अर्थ– मुझ में ही मन स्थिर करो, मुझ में ही बुद्धि निविष्ट करो। इसके उपरान्त संसार छोड़ने पर मुझ में ही वास करोगे, इसमें कोई सन्देह नहीं।। 8 ।।

व्याख्या– मुझ में ही मन और बुद्धि लगाने की आवश्यकता इसलिए है, कि अनन्य भक्ति में एकग्रता अपेक्षित है। जब तक मन और बुद्धि एकाग्र करके प्रभुपरायण न हो, भक्ति का लाभ तब तक सम्भव नहीं।

इन्द्रियाँ, मन और बुद्धि ही तो संसार है। जब ये प्रकरण पूरी तरह भगवान् में लग जायें तभी अनन्य भक्ति सम्भव है जिसके द्वारा प्रभु प्राप्ति होगी। क्योंकि बुद्धि द्वारा साधक विषय तथा संसार की निरर्थकता जान पाता है। बुद्धि से ही उचित निश्चय करके नित्य सत्–चित्–आनन्द मन भगवान् की ओर लगा सकता है।

परमात्मा और आत्मा एक है। परन्तु मनुष्य शरीर को ही अपना मानता है, वह ऐसा अज्ञान वश ही मानता है। वास्तव में मनुष्य यह आत्मा है, जो नित्य और शाश्वत है, मात्र शरीर नहीं, शरीर नित्य परिर्वतन शील है तथा नाशवान् है मन और बुद्धि भी शरीर के अङ्ग हैं आत्मा के नहीं। अतः मनुष्य को अपना स्वरूप जानना आवश्यक है। जब मनुष्य अपने शरीर या अपने स्वरूप की भिन्नता को पहचान लेगा, तो उसे शरीर से लगाव नहीं रहेगा। क्योंकि वह जान लेगा कि शरीर आत्मा से भिन्न ही नहीं, अपितु बन्धन का कारण भी है। फिर उसका सम्बन्ध शरीर से स्वयं ही हट जायेगा। अपने स्वरूप में स्थित होने के बाद मनुष्य स्वयं ही ईश्वर से युक्त हो जाएगा। क्योंकि वह ही एक सत्य (गीता 2–16) है। शारीरिक भ्रम मिटने पर, वास्तविकता का उदय होने पर निर्मल स्वरूप स्वतः ही उभरता है। दूसरे, यदि साधक आत्मा को नहीं शरीर अथवा प्रकृति का स्वरूप भी जान ले, जो परिवर्तनशील और अनित्य है तो भी उसको निश्चय हो जाएगा, कि यह शरीर न वास्तविकता है, और न नित्य, तत् पश्चात् वह अपने असली स्वरूप आत्मा पर ही पहुँचेगा, जो मात्र सनातन तथा पुरातन है। इसलिए तो भगवान् कह रहे हैं, कि मत्परायण हो कर ही मुझ में वास करो। शरीर केवल स्थूल शरीर ही नहीं सूक्ष्म शरीर भी है तथा उसके अन्दर कारण शरीर है। इन शरीरों की सता नहीं, इसी का नाम संसार है, इससे छूटने का उपाय प्रभु–परायणता तथा अनन्य भक्ति तथा सभी कर्म भगवान् के अर्पण करना है।। 8 ।।

अथ चित्तं समाधातुं न शक्नोषि मय स्थिरम्।
अभ्यासयोगेन ततो मामिच्छाप्तुं धनंजय।। 9 ।।

अर्थ– हे धनञ्जय! अगर तुम मुझ में चित स्थिर करने में समर्थ नहीं, हो, तो अभ्यास योग द्वारा मुझको पाने की इच्छा करो।। 9 ।।

व्याख्या– चित्त का नियन्त्रण तथा इसको भगवान् में स्थित करना कठिन कार्य है। क्योंकि चित्त तो वृत्तियों का बास है ही, इसको स्थिर करके धारण करना आसान कहां है? अर्जुन ने छठे अध्याय के तैंतीसवें और चौंतीसवें श्लोक में मन की चञ्चलता को स्थिर करने के वारे में किठनाई प्रकट की हैं भगवान् ने उसी अध्याय के पैंतीसवें श्लोक में अभ्यास और वैराग्य द्वारा मन को नियन्त्रित करने का उपाय बताया है। पातञ्जल योग शास्त्र में साधना से सिद्धि प्राप्त करने के लिए अभ्यास तथा वैराग्य पर बल दिया हैं यहां भी अर्जुन को पुनः बता रहे हैं, कि अभ्यास योग से साधक को इसमें सफलता मिल सकती है। परन्तु यहाँ भगवान् ने अभ्यासयोग शब्द का प्रयोग किया हैं इसमें ध्यान देने योग्य यह आवश्यक है, कि अभ्यास और योग दो क्रियायें हैं। अभ्यास निरन्तर प्रयास होता है, और योग भगवान् से जुड़ना, युक्त होना अथवा अनन्य भाव से भगवान् की अर्चना, पूजा, ध्यान आदि करना है। भगवान् कह रहें हैं, कि यदि मन और बुद्धि को मेरे में धारण (स्थिर–अचल) नहीं कर सकते तो दूसरा तरीका अभ्यास योग अपनाओं जो भी साधन या क्रिया गुरु या शास्त्र ने भगवान् को पाने की बताई है उसके बिखरे आधे या अधूरे मन से नहीं करना। पूरा ध्यान और एकाग्रता से उसको प्रयास करना है नहीं तो मन नहीं टिकेगा, चञ्चल जो है। फिर लगातार अभ्यास करते रहना है। ध्येय भगवान् हो–स्थान शुद्धि और एकाग्रता पर बल जरुरी है। अभ्यास दीर्घ काल तक निरन्तर श्रद्धा युक्त होने पर ही लाभ प्रद होता है। इस प्रकार के अभ्यास से ही मन की शुद्धि होती है।। 9 ।।

अभ्यासेऽप्यसमर्थोऽसि मत्कर्मपरमो भव।
मदर्थमपि कर्माणि कुर्वन्सिद्धिमवाप्स्यसि।। 10 ।।

अर्थ– यदि अभ्यास योग में भी असमर्थ हो, तो मेरे लिये कर्म करने के परायण हो जाओ। मेरे लिए कर्मों को करते हुए भी तुम सिद्धि को प्राप्त हो जाओगे।। 10 ।।

व्याख्या– अभ्यास योग सब लोगों के लिए इसलिए जरुरी है, कि उसमें गुरु द्वारा या शास्त्र अनुसार क्रिया अथवा प्रक्रिया का अनुसरण आवश्यक है।

इसके साथ समय, स्थान, विधि आदि का ध्यान भी रखना होता है। इसलिए भगवान् यह बताने की कृपा कर रहे हैं, कि उससे भी सरल प्रभुप्राप्ति का मार्ग मत्परायणता है। नितयकर्म—पूजा, प्रार्थना, तीर्थ, व्रत, अनुष्ठान आदि कुछ भी करो, यह मेरे में प्रेम भक्ति भाव से ही करो कर्मफल की इच्छा न करो अर्थात् कर्म का लक्ष्य भगवान् होना चाहिए उसका फल नहीं। ऐसे कर्म ही सत्कर्म कहलाते हैं। कर्म की प्रेरणा और लक्ष्य प्रभुप्यार हो, स्वार्थ अथवा कर्म फल न हो। अपना सम्बन्ध भी भगवान् से और कर्म भी भगवान् के लिए। भगवान् ने नौंवे अध्याय के सताइसवें श्लोक में भी यही कहा है, कि जो भी कर्म, यज्ञ, हवन, दान, तप करो यहाँ तक कि जो खाते भी हो मेरे अर्पण करो। उसी गहन लगन से मेरी प्राप्ति शीघ्र होगी। ऐसे कर्म परायण होकर ही कर्म बन्धन टूटता है और कर्म अकर्म में परिवर्तित हो जाता है क्योंकि बन्धन कर्म में नहीं कर्म फल की चेष्टा में होता है। परन्तु इसका तात्पर्य यह नहीं कि कर्म करने से कर्म का फल नहीं होगा जब कर्म होगा तो फल भी अच्छा या बुरा अवश्य होगा, किन्तु उस फल से मत्कर्मपरायण साधक को कोई प्रयोजन नहीं। वह कर्म फल प्राप्ति के लिए नहीं करता उसका ध्येय मात्र शरीर निर्वाह अथवा परार्थ है। समाज सेवा अथवा विशेष शुद्ध, शुभ और स्वार्थ रहित जन कल्याण और प्रभु परायणता से ही प्रभु प्राप्ति की प्रबल इच्छा से ही प्रभु मिलते हैं। साधक के मन में एक प्रकार का नशा सा हो जाता है। मत्परायणता का अर्थ है कर्म करते समय मन, बचन, कर्म सब प्रभु अर्पण हो।। 10 ।।

अथैतदप्यशक्तोऽसि कर्तुं मद्योगमाश्रितः।
सर्वकर्मफलत्यागं ततः कुरु यतात्मवान्।। 11 ।।

अर्थ— अगर यह भी करने में अक्षम हो, या असमर्थ हो, तो मेरी शरण में आश्रय लेकर मन इन्द्रियों को संयत करके सारे कर्मों के फल का त्याग करो।। 11 ।।

व्याख्या— आठवें श्लोक में भगवान् ने प्रभु प्राप्ति का साधन मन और बुद्धि को भगवान् में लगाना ही कहा है, नवें श्लोक में अभ्यास योग, दसवें श्लोक में कर्म मत्परायणता (भगवान् के लिए ही सारे कर्म करना) अब भगवान् कहते हैं, कि यह सब भी न कर सको तो मन और इन्द्रियों को वश में करके जो

भी कर्म करते हो फलेच्छा रहित करों अर्थात् पूर्ण कर्म फल त्याग प्रभु प्राप्ति के लिये जरूरी है।

कर्मों के फल का त्याग तभी हो सकता है जब मन और इन्द्रियाँ वश में हों। क्योंकि जो भी मनुष्य कर्म करता है, वह मन बुद्धि और इन्द्रियों के माध्यम से करता है। कर्म के प्रति संकल्प मन या बुद्धि से ही होता है। उस कर्म का करना कर्म इन्द्रियों के माध्यम से और प्रयोग से पूरा होता है। सभी कर्मों के पीछे आकांक्षा फल की होती है। वह फल की आकांक्षा ही कर्म बन्धन का कारण होता है। भगवान् कहते हैं, कि उस फलेच्छा को मन से त्याग दो, वही बन्धन है। वह तभी सम्भव है जब कर्म फल से लगाव हट जायेगा कर्म अवश्य करो, पर वह मेरे अर्पण करो। कर्म फल का त्याग करने पर संसार से मन हट जायेगा।

यह ध्यान में रखना जरुरी है, कि गीता में कर्म छोड़ने की मनाही नहीं हैं गीता में तो भगवान् ने स्वयं कहा है, कि "कर्मण्येवाधिकारस्ते" अर्थात् कर्म करना (ही अधिकार है) आवश्यक है, तथा निष्काम कर्म करना "कर्म योग" का सार है। जितना कर्मयोगी श्रद्धा पूर्वक कर्मफल का त्याग करता है, अर्थात् कर्म परार्थ और प्रभु परायण करते हुए उतनी ही उसकी भगवान् पर आस्था और दृढ़ता हो जाती है। तथा वे कर्म मन की निर्मलता में सहायक सिद्ध होते हैं। किन्तु मन को वश में करना कठिन कार्य है। उसको वश में करने के लिए योगिक क्रिया (प्राणायाम आदि) अथवा निस्वार्थ भक्ति भाव को अपनाना भी आवश्यक है।। 11 ।।

श्रेयो हि ज्ञानभ्यासाज्ज्ञानाद्ध्यानं विशिष्यते।
ध्यानात्कर्मफलत्यागस्त्यागाच्छान्तिरनन्तरम्।। 12 ।।

अर्थ– अभ्यास से ज्ञान श्रेष्ठ है, ज्ञान से ध्यान श्रेष्ठ हैं ध्यान से कर्म फल का त्याग श्रेष्ठ हैं कर्मफल के त्याग करने से अविलम्ब शान्ति प्राप्त होती है।। 12 ।।

व्याख्या– इस श्लोक में कर्म फल के त्याग की महिमा अथवा श्रेष्ठता बताई गई है। वास्तविकता तो यह है कि ये सब साधनायें :– अभ्यास, ज्ञान, ध्यान श्रेष्ठ है परन्तु कर्मफल त्याग की श्रेष्ठता इसलिए कहते हैं कि उससे मोह,

ममता, कामना आदि नष्ट हो जाते हैं। मन की निर्मलता होने पर चित्त शुद्धि हो जाती है। शुद्ध चित्त में प्रभु दर्शन हो जाते हैं। इसके अतिरिक्त अभ्यास, ज्ञान, ध्यान आदि साधनों की विशेष क्रियायें या प्रक्रियायें होती है। जिन्हें विशेष गुरु जन ही बता सकते हैं। इन सभी साधनाओं का शुभ अन्त विषयों के प्रति मोह और ममता से छुटकारा पाना है। कर्म–फल त्याग भी इसी लक्ष्य की प्राप्ति का सरल साधन है।

अभ्यास से अभिप्राय यहाँ अभ्यासयोग है और ज्ञान का तात्पर्य शास्त्र ज्ञान है। शास्त्र ज्ञान का फल शास्त्रों को पढ़कर ही नहीं अपितु विशेष शास्त्र की सिद्धि करके प्राप्त होता है। इसमें निधिध्यासन भी आवश्यक है। ध्यान से भी तात्पर्य योग क्रिया से अर्थात् प्राणायाम, ध्यान धारणा आदि जिसमें गहन अनुशासन और श्रवण–मनन आदि सिद्धियाँ आति हैं। भगवान् इन सब की तुलना में प्रभु प्राप्ति का सरल उपाय मानव कल्याण के लिए कर्म फल त्याग बता रहे हैं अर्थात् लालच और मोह तथा कामवासनाओं को नियन्त्रित करके भगवान् या दूसरों की भलाई के लिए कर्म करते रहना। यह कर्मफल त्याग ही महान् यज्ञ है। कर्म योगी की व्याख्या भगवान् ने दूसरे अध्याय के सैंतालिसवें और अढ़तालिसवें श्लोकों में पहले ही कर दी है। श्रेष्ठ योगियों के अनुसार वास्तव में यह सारी गड़बड़ी या संसार चक्र प्राण का ही खेल है प्राण, भगवान् अथवा आत्मा की संसार को रचने की शक्ति की मूल उर्जा है। यह शरीर तथा संसार की सारी क्रीड़ा भगवान् प्रकृति द्वारा प्राण शक्ति इस अर्थात् मूल उर्जा से ही रचते हैं। वास्तव में जिसका आधार प्रणव (ॐ) मूल उर्जा है। तब ही प्राण संसार का बीज है। प्राण स्पन्दन ही विषयों में मनुष्य की आकांक्षा करवाता है। इस प्राण शक्ति का प्रवाह आत्मा से बाहर होने पर ही संसार को भासित करता है। मन के स्पन्दन का कारण प्राण ही है। जब प्राण नियन्त्रित हो जाता है, तो मन स्थिर होता है। इसलिए प्राण के प्रवाह को बाहर से अन्दर की ओर मोड़ना आवश्यक है। यह कर्म योगी प्राणायाम द्वारा करते हैं, ज्ञानी ज्ञान द्वारा, अर्थात् जगत् को मिथ्या जानकर यह समझते हैं, कि जगत् नाशवान् होने के कारण सत्य नहीं है, ध्यान और

विचार शक्ति से वे इस तथ्य को जानने पर तथा आत्मा के स्वरूप को पहचान कर संसार से ऊपर उठ जाते हैं। भक्तजन भगवान् की भक्ति के नशे में मस्त रहने से प्रभु परायण होकर भगवान् को सब प्राणियों, पदार्थों में देखते हैं। ज्ञानी उसी एक आत्मा को सब में देखता है। और भक्त उस भगवान् को सब में देखता है। और पहचानता है।। 12।।

अद्वेष्टा सर्वभूतानां मैत्रः करुण एव च।
निर्ममो निरहंकारः समदुःखसुखः क्षमी।। 13 ।।
संतुष्टः सततं योगी यतात्मा दृढनिश्चयः।
मय्यर्पितमनोबुद्धिर्यो मद्भक्तः स मे प्रियः।। 14 ।।

अर्थ– सब जीवों के प्रति द्वेष रहित, सब के प्रति मैत्री भाव, दयावान्, ममता रहित, अहंकार शून्य, सुख और दुःख में समान, क्षमाशील सदा प्रसन्न चित्त, योगी, नियतात्मा, जिसका मन बुद्धि मुझ में अर्पित है दृढ़ निश्चय वाला मेरा भक्त जो इन गुणों से सम्पन्न है वही मुझे प्रिय है।। 13–14 ।।

व्याख्या– यहाँ जो भी लक्षण या भाव बताये हैं वे गुणातीत पुरुष के ही हो सकते हैं। गुणातीत पुरुष अहंकार रहित होता है। अहंकार ही इस संसार में कर्म बन्धन या संसार की पकड़ का सार या जड़ है। अहंकार का अर्थ है मैं कर्त्ता हूँ अपने को सभी चीचों का करने वाला मानना है। यह अज्ञान वश होता है। जब मनुष्य का अहंकार अभ्यास योग, मत्कर्म अथवा बुद्धि योग द्वारा भगवान् में स्थिर होकर, नष्ट हो जाता है फिर वह निर्वैर, सबके प्रति मैत्री भाव वाला, दयावान् ममता रहित, समबुद्धि, क्षमाशील, सदा प्रसन्न चित्त योगी, प्रभु में ही मन और बुद्धि को स्थिर करके भगवान् का हो जाता है। तथा भगवान् का होने के कारण भगवान् को अति प्रिय हो जाता है। जब साधक सम बुद्धि हो जाता है तो उसे अपने–पराये का मोह नहीं होता। जब द्वेष, ममता, आसक्ति जैसी कमजोरियां, मनुष्य के अन्दर नहीं रहती तब वह प्रसन्न चित्त संयमी, समता में स्थिर रहता है (गीता 6–32) तब ही मन व चित्त की स्थिरता प्राप्त होती है। शुद्धचित्त में सांसारिक वृत्तियाँ नहीं रहती निर्मलता के कारण साधक मन चैतन्य से ऊपर उठकर (संसार के पदार्थों की

ममता नहीं होती) आत्मा चैतन्य को प्राप्त होता है जो प्रभु प्राप्ति से अभिन्न है।। 13-14 ।।

यस्मान्नोद्विजते लोको लोकान्नोद्विजते च यः।
हर्षामर्षभयोद्वेगैर्मुक्तो यः स च मे प्रियः।। 15 ।।

अर्थ– जिससे कोई मनुष्य उद्विग्न नहीं होता और स्वयं भी किसी प्राणी द्वारा उद्विग्न नहीं होता, जो हर्ष–अमर्ष, उद्वेग और भय से रहित है, वही मुझे प्रिय है।। 15 ।।

व्याख्या– भगवान् ने पहले आठ से ग्यारहवें श्लोक तक सगुण भक्ति के चार साधन बताये। तेरहवें श्लोक से आगे प्रभु भगवान् युक्त भक्त के लक्षण बता रहे हैं। भगवान् कह रहें हैं कि अनन्य भक्त कैसा होता है? और भगवान् को वह क्यों प्यारा है? भगवान् के प्रेमी भक्त किसी को कष्ट या दुःख तो क्या दुःख या भय की किसी के प्रति भावना ही नहीं रखते और सिद्ध भक्त किसी से उद्विग्न नहीं होता अर्थात् जब कोई गलत आदमी भगवद्भक्त को दुःख देता है, अथवा कष्ट देता है, तब भी भक्त उद्विग्न नहीं होता। वह फिर भी उनके प्रति बूरे भाव नहीं रखता। क्योंकि वह सच्चा भक्त जिसने प्रभु को पा लिया है वह सबमें प्रभु को देखता है। क्योकिं भगवान् के बिना कोई भी प्राणी नहीं होता। परन्तु अज्ञानी यह नहीं जानते। किन्तु भक्त इस तथ्य को मानता भी है जानता भी है और देखता भी है। तब वह हर्ष, अमर्ष, इर्षा, द्वेष आदि से दूर रहता है। ऐसे भक्त को भय छू तक नहीं सकता। क्योंकि वह जन्म–मृत्यु के रहस्य को जानता है। वह मृत्यु को एक अनिवार्य–परिवर्तन समझता है। उसे भगवान् में पूरा विश्वास होता है। वह किसी से भयभीत हो ही नहीं सकता।

वह दूसरों से उद्विग्न इसलिए नहीं होता क्योंकि वह किसी से कोई आशा ही नहीं रखता, वह मोह, ममता, तथा कामना से ऊपर होता है। वह समझता है कि सब कुछ भगवान् के अधीन हैं। वही संसार के कर्ता भर्ता भरण पोषण कर्त्ता है और सब दृष्य अदृष्यमान् जगत् उसकी सत्ता के कारण है। अतः वह प्रभु के अतिरिक्त किसी पर आश्रित ही नही तभी वह प्रभु प्यार का पात्र बनता है।। 15 ।।

अनपेक्षः शुचिर्दक्ष उदासीनो गतव्यथः।
सर्वारम्भपरित्यागी यो मद्भक्तः स मे प्रियः॥ 16 ॥

अर्थ— जो अनपेक्षित है भीतर बाहर से पवित्र है, दक्ष है। पक्षपात रहित है। जो सर्वारम्भ परित्यागी है वह मेरा प्रिय है॥ 16 ॥

व्याख्या— ऐसे ही भक्त भीतर और बाहर से शुद्ध होते हैं जो मन और इन्द्रियों के वश में नहीं होते। उनका अन्तःकरण स्वच्छ होता है। उनको आवश्यकता से अधिक किसी भी सांसारिक पदार्थों से कोई लगाव नहीं होता। क्योंकि भगवान् का प्रेमी भक्त अहंता ममता कामना से निःस्पृह होता है। उसको राग, द्वेष, काम क्रोधादि विकार स्पर्श नहीं कर सकते।

भगवान् का प्रेमी भक्त दक्ष और उदासीन इसलिए होता क्योंकि उसकी सर्वोत्तम उपलब्धि प्रभु प्राप्ति होती है। उसको किसी से कोई सरोकार नहीं, वह अपने में मस्त और हमेशा प्रसन्न चित्त होता है। पक्षपात वह फिर क्यों किसी से करेगा?

भगवान् का भक्त सर्वारम्भ त्यागी इसलिए होता है, कि उसको संसार से लगाव नहीं होता। संसार के लगाव से उसने सम्बन्ध तोड़ा हुआ होता है। वह भगवान् युक्त होता है। नई वस्तुओं, नये पदार्थों तथा नये सम्बन्धों की आवश्यकता तो सांसारिक प्राणियों की होती है। उन्हें ही संसार की आवश्यकता होती हैं भक्तों को नहीं, संसारी मनुष्य सुविधा, आरक्षण संसार के सुख के लिए, नये काम नये सम्बन्ध और इरादे बनाता है। परन्तु प्रभुभक्त इस क्षण भंगुर संसार से पहले ही जागृत होता है, वह इस तथ्य को जानता है, कि यह संसार नाशवान है। तथा वह जीव भगवान् का अंश होने के कारण उसकी प्राप्ति के बिना अधूरा है। वेगाना है। और जब वह उसे प्राप्त कर लेता है तो उसे किसी भी पदार्थ या वस्तु की आवश्यकता नहीं वह सम्पूर्ण हो जाता है, और वही प्रभु का प्यारा होता है॥ 16 ॥

यो न हृष्यति न द्वेष्टि न शोचति न काङ्क्षति।
शुभाशुभपरित्यागी भक्तिमान्यः स मे प्रियः॥ 17 ॥

अर्थ— जो न हर्षित होता है, न द्वेष करता है, न शोक करता है, न आकांक्षा

करता है जो शुभाशुभ का परित्यागी है इस प्रकार का भक्त पुरुष मुझे प्रिय है।। 17 ।।

व्याख्या— यहाँ पर सम बुद्धि में बल दिया गया है। जो मनुष्य समता में रहता है जिसकी समता को अच्छी बुरी घटनायें, अनुभव आदि परिवर्तित नहीं कर सकते। अच्छी या बुरी घटनायें उसे प्रसन्न या दुःखी नहीं करती, शारीरिक पीड़ा कष्ट नहीं देती, सम्बन्धी की मृत्यु पर जो शोक नहीं करता क्योंकि उसे ज्ञान है कि यह नश्वर शरीर नष्ट अवश्य होता है जगत् का नियम ही परिवर्तन हैं सच्चा प्रभु प्रेमी कामना या आकांक्षा इसलिए नहीं रखता, क्योंकि प्रभु प्राप्ति के पश्चात् वह सर्व समपन्न हो जाता हैं प्रेमी भक्त शुभाशुभ का परित्यागी इसलिए होता है, क्योंकि उसको स्वर्ग—नरक, पाप—पुण्य, यज्ञ—हवन, कर्म—काण्ड आदि से कोई आकर्षण नहीं होता ये सब तो साधक की आवश्यकता है श्रेष्ठ सिद्ध भक्त की नहीं। वह काम्य कर्म नहीं करता, क्योंकि उसे कामना ही नहीं होती। प्रेमी भक्त की स्थिति तो उन्मत नशेवाज की भान्ति होती है। वह कभी न उतरने वाले भगवद्भक्त के पवित्र नशे में उन्मत (मस्त) रहता हैं वह सबसे प्यार करता है। क्योंकि वह सभी में भगवान् को देखता है।। 17 ।।

सम: शत्रौ च मित्रे च तथा मानापमानयो:।
शीतोष्णसुखदुःखेषु सम: सङ्गविवर्जित:।। 18 ।।

अर्थ— जो शत्रु और मित्र में मान—अपमान में सदा एक रूप है। शीत—उष्ण, सुख—दुख में समभाव है और जो आसक्ति शून्य है। (वह भक्त मुझे प्रिय है)।। 18 ।।

व्याख्या— इस श्लोक में भगवान् प्रेमी भक्त की उस वृत्ति का वर्णन कर रहे हैं जिसको दूसरे लोग साधारण रूप में प्रभावित नहीं कर सकते। सिद्ध भक्त, जिसने भगवान् को पा लिया है, उसका कोई मित्र या शत्रु नहीं होता। मान—अपमान से उसका कोई सम्बन्ध नहीं होता। क्योंकि शत्रु—मित्र, मान—अपमान ये सभी भौतिक अनुभव हैं सिद्धभक्त तो आत्मावान् होता है। वह मानसिक भावनाओं से ऊपर उठा होता है या जागृत होता है। वह आत्मा चैतन्य वासी है। वह सर्वदा प्रसन्न चित्त, सर्वसम्पन्न है। क्योंकि आत्मा चैतन्य में शान्ति-सुख और

परम—आनन्द के सिवाय और कुछ भी भाव नहीं होता। शीत—उष्ण, सुख—दुःख, मोह—आसक्ति ये सभी मानसिक स्थितियाँ हैं। किन्तु आत्मवान् को ये स्पर्श भी नहीं कर पाते। सिद्धभक्त संसार से बिल्कुल अलग रहता है। वह संसार में रहते हुए भी इससे निर्लिप्त रहता है। इस संसार में वह संसारी नहीं अपितु संतुष्ट सेवक और प्रेरक है।। 18 ।।

तुल्यनिन्दास्तुतिमौनी संतुष्टो येन केनचित्।
अनिकेतः स्थिरमतिर्भक्तिमान्मे प्रियो नरः।। 19 ।।

अर्थ— निन्दा स्तुति में समान रहने वाला, मननशील जो भी उपलब्ध हो उसी में सन्तुष्ट, वास आदि में आसक्ति शून्य, स्थिर बुद्धि, ऐसा भक्ति—युक्त पुरुष मुझे प्रिय है।। 19 ।।

व्याख्या— प्रवृत्ति और निवृत्ति, अर्थात् आसक्ति और अनुरक्ति ये प्रवृत्तियाँ नित्य है। मनुष्य का इन दोनों से संसार में संबंध नित्य है। प्रवृत्ति के कारण मनुष्य धन—वैभव, मान—यश, पद—सत्ता तथा स्वर्ग आदि की चेष्टा करता है इन सब प्रयासों से उसका बन्धन प्रकृति और प्रखर करती है। जब वह जन्म जन्मान्तरों के उपरान्त इन प्रयासों से थक जाता है, तभी वह निवृत्ति के मार्ग पर अग्रसर होता हैं क्योंकि प्रभुप्राप्ति ही सिद्ध भक्ति का ध्येय है। विरक्ति और निवृत्ति के मार्ग पर चलने से तथा सद्गुरु, सच्छास्त्र और सत्सङ्ग के माध्यम से, मनुष्य जब मत्परायण हो कर मत्कर्म में डट जाता है तभी वह समता को प्राप्त होता है और वही योग सिद्धि हैं भगवान् ने यही तथ्य दूसरे अध्याय के अठतालिसवें श्लोक में स्वयं कहा है। इस स्थिति में भक्त निन्दा स्तुति में समान सदा सन्तुष्ट और स्थिर बुद्धि होता है। उस अवस्था में व भगवान् का अपना हो जाता है।। 19 ।।

ये तु धर्म्यामृतमिदं यथोक्तं पर्युपासते।
श्रद्दधाना मत्परमा भक्तास्तेऽतीव मे प्रियाः।। 20 ।।

अर्थ— जो लोग पूवोक्त धर्मरूपी अमृत का पान करते हैं तथा उक्त निर्देशों का अनुसरण करते हैं, वह श्रद्धावान्, मत्परायण भक्त गण मुझे अत्यन्त प्रिय हैं।। 20 ।।

व्याख्या– तेरहवें से उन्नीसवें श्लोक में धर्म रूपी अमृत का सेवन करने वाले भक्त के लक्षण बताये हैं। अर्थात् पूर्णत: श्रेष्ठ भक्त के लक्षण बताये हैं। वे लक्षण तभी होते हैं, जब भक्त भक्ति में सिद्ध हो जाये। भगवान् हर जगह, हर समय, सभी प्राणी में है किन्तु वे नज़र नहीं आते। भगवान् भक्ति से ही प्राप्त होते हैं, भक्तिभाव कर्म योग, ज्ञान योग आदि सब में जरुरी है। योगीलोग योग प्रभु प्राप्ति प्राणायाम द्वारा प्राप्त करते हैं। वे प्राण शक्ति को प्राण वायु के नियन्त्रण से स्थिर करके मन की चञ्चलता को रोक लेते हैं। प्राण के वाह्य प्रवाह के कारण मन की चञ्चलता और विषयों में आसक्ति होती है। प्राण स्पन्दन जब रुक जाता है तभी मन स्थिर हो जाता है। और आन्तरिक सौन्दर्य में रवो जाता है। क्योंकि योगियों के अनुसार आन्तरिक सौन्दर्य बाहरी आकर्षण से सुन्दर, सुखी, और शान्ति प्रद होता है और इसी मार्ग द्वारा योगी प्राण कर्म के माध्यम से (सात चक्रों मूलाधार, मणिपुर स्वधीष्ठान, अनहद, विशुद्ध, यज्ञ तथा सहस्रार) सुषम्ना मार्ग से उसी सिद्धी को प्राप्त करते हैं जिसे प्रेमी भक्त श्रद्धा और भक्ति प्रेम से प्राप्त करते हैं। ज्ञान योगी विवेक से प्राप्त करते हैं। वास्तव में विवेक (ज्ञान योग) श्रद्धा और निष्काम कर्म ये तीनों भगवत्प्राप्ति के मार्ग हैं। ये ही भगवान् के प्रेम रूपी अमृत वास को पहुँचाते हैं।

इस अध्याय में भगवान् ने भक्तों के लाभ के लिए अनेक सद्‌गुणों तथा सिद्ध भक्तों के लक्षणों का वर्णन किया है। परन्तु इसे यह नहीं समझना चाहिए कि सगुण भक्ति, निर्गुण भक्ति से भगवान् को अधिक प्रिय है। निर्गुण–निराकार भक्ति कठिन साधना है। यह साधना तो भगवान् का कर्मठ भक्त कर सकता है, और वह सगुण (साकार) भक्ति के मार्ग से ही गुजरा हुआ सिद्ध प्रभु–प्राप्त महापुरुष होता है। क्योंकि निर्गुण भक्ति सगुण के उपरान्त ही की जा सकती है वह निर्विकल्प तथा निर्जीव समाधि का विषय है। निगुर्ण का कोई नाम रूप नहीं। यहाँ तो केवल परम–अनुभव का विषय है। जहाँ बिरला ही महापुरुष पहुँचता हैं यही पातञ्जल योग दर्शन के कैवल्यवाद का विषय है। सगुण और निर्गुण ये दोनों ब्रह्म के रूप हैं। सगुण की ही भक्ति और साधना हो सकती है। निर्गुण का कोई अन्त आदि नहीं होता। वह तो परम सिद्ध का ही परम पावन प्रयास

और पथ है। निर्गुण या निराकार पर ब्रह्म ही है और सगुण साकार भगवान् का ईश्वर रूप है। जो सम्पूर्ण जगत् का कर्ता–धर्ता एवं पोषक है। ब्रह्मा, विष्णु, महेश भी इन्ही के रूप या दैवी शक्तियाँ है।। 20 ।।

ॐ तत्सदिति श्रीमद्भगवद्गीतासूपनिषत्सु ब्रह्मविद्यायां योगशास्त्रे श्रीकृष्णार्जुनसंवादे भक्तियोगो नाम द्वादशोऽध्याय:।। 12 ।।

प्रकृति, पुरुष विवेचन योगः

श्रीभगवानुवाच

इदं शरीरं कौन्तेय क्षेत्रामित्यभिधीयते।
एतद्यो वेत्ति तं प्राहुः क्षेत्रज्ञ इति तद्विदः।। 1 ।।

अर्थ– श्री भगवान् बोले– हे कुन्ती पुत्र। यह शरीर, जो रूपवाला है, इसको क्षेत्र नाम से जाना जाता है और जो इसको जानता है, उसे तत्वज्ञ “क्षेत्रज्ञ” के नाम से पुकारते हैं।। 1 ।।

व्याख्या– ये क्षेत्र–क्षेत्रज्ञ, प्रकृति–पुरुष, शरीर–आत्मा का प्रकरण है। स्पष्टतः इस शरीर को तत्व वेत्ता क्षेत्र कहते हैं और देही (शरीरी) को क्षेत्रज्ञ। शरीर से यहाँ सूक्ष्म, स्थूल और कारण शरीर से तात्पर्य हैं। स्थूल शरीर का अनुभव जागृत अवस्था में होता है। स्थूल शरीर जागृत अवस्था का विषय है। इस अवस्था में मनुष्य को, जैसे हम जानते हैं, स्वप्न और सुषुप्ति अवस्थाओं का बोध भी होता है। सूक्ष्म शरीर स्वप्न अवस्था का विषय है। इस स्थिति में मनुष्य को जागृत अवस्था का बोध नहीं रहता। सुषुप्ति कारण शरीर की अवस्था है। इसमें मनुष्य को जागृत तथा स्वप्न अवस्थाओं का बोध नहीं रहता। क्योंकि यह मन और शरीर से परे की अवस्था है, ये तीनों शरीर बन्धन के ही कारण है। इन तीनों अवस्थाओं से परे एक और परम अवस्था है जो तुर्या अवस्था है, यह परमानन्द की अवस्था तत्व ज्ञानी ही प्राप्त करते हैं, यह निर्गुण तत्व अवस्था है इसका वर्णन माण्डूक्य उपनिषद् में विस्तार पूर्वक मिलता है। परन्तु शरीर

बन्धन भी है और बन्धन से मुक्ति (मोक्ष) का माध्यम भी है। यह शरीर और जगत्, परा अपरा प्रकृति से बना है। भगवान् ने सातवें अध्याय में भी यही कहा है। परन्तु ईश्वर (आत्मा) जिसको मोक्ष कहते हैं, उसकी प्राप्ति के लिए इस क्षेत्र को जानना, पहचानना, तथा शरीर से इसकी भिन्नता पहचानना ही तत्व वेत्ता का मुख्य लक्ष्य है। वास्तव में यह शरीर ही मनुष्यों का कुरुक्षेत्र है। इसमें सुमति और कुमति नामक दो दल प्रतिदिन आपस में युद्ध करते हैं। सुमति को विजयी बनाने के लिए, कर्म दक्षता, संयम, साधना, और सत्सङ्ग का प्रयोग आवश्यक है। नाना प्रकार के कुमति भावों को अनुशासन द्वारा नियन्त्रित किया जा सकता है। अर्थात् तत्ववेत्ता क्षेत्र और क्षेत्रज्ञ को पहचानने वाले को कहते हैं। इस ज्ञान के लिए केवल शास्त्र, गोष्ठियाँ, सभायें साधन नहीं। यह ज्ञान तो देह—बद्ध या विदेह दोनों भावों के अवगत होने पर ही प्राप्य हैं अर्थात् जीवित अवस्था में शरीर से बाहर आना, पुनः शरीर में इच्छानुरूप प्रवेश करना ही विदेह और देह बद्ध ज्ञान है। स्थूल शरीर से सूक्ष्म में प्रवेश तथा सूक्ष्म शरीर से स्थूल शरीर में प्रवेश ही विदेह और देह बद्ध प्रक्रिया हैं यह ज्ञान आत्म बोध या आत्मा में स्थित होने से पहले नहीं आता। संसार में आत्मा से सूक्ष्म और कोई वस्तु नहीं, मन और बुद्धि से आत्मा का ज्ञान नहीं होता। क्योंकि ये दोनों आत्मा से स्थूल हैं, अतः मन और बुद्धि को सतत् साधना द्वारा संयत करके क्षेत्र और क्षेत्रज्ञ का ज्ञान प्राप्त कर सकता है।। 1 ।।

क्षेत्रज्ञं चापि मां विद्धि सर्वक्षेत्रेषु भारत।

क्षेत्रक्षेत्रज्ञयोर्ज्ञानं यत्तज्ज्ञानं मतं मम।। 2 ।।

अर्थ— हे अर्जुन। तू सब क्षेत्रों में क्षेत्रज्ञ अर्थात् जीवात्मा मुझे ही जान, और क्षेत्र तथा क्षेत्रज्ञ— (अर्थात् विकार सहित प्रकृति तथा तत्व से पुरुष) का जो ज्ञान है वही वास्तविक ज्ञान है, यही मेरा मत है।। 2 ।।

व्याख्या— सच्चा ज्ञान वही है, जिससे पारमार्थिक सत्य प्राप्त हो जाता है। सत्य पारमार्थिक और व्यवहारिक दो प्रकार के हैं। एक सत्य स्थूल और परिवर्तनशील तथा नाशवान् है। दूसरा (पारमार्थिक ज्ञान) अविनाशी परम सत्य शाश्वत् और निरन्तर है। जो इस ज्ञान को जानता है वही सब क्षेत्रों में भगवान् (आत्मा)

को क्षेत्रज्ञ के रूप में देख पाता है। उस अवस्था को पारमार्थिक ज्ञान के बिना नहीं पाया जा सकता। (अद्वैत् को द्वैत्) एकता को अनेकता में देखना योगी अथवा सिद्ध का सामर्थ्य है। योगियों का अनुभव है, कि इस शरीर में इड़ा, पिङ्गला, सुषुम्ना तीन नाड़ियाँ मेरु दण्ड के भीतर रहती है। प्रथम दो नाड़ियाँ (ईड़, पिङ्गल) मनुष्य का श्वास प्रश्वास चलाती हैं। श्वास जब तक इन दो निड़ियों में चलता हैं तब तक जगत् बोध अथवा–मन–इन्द्रियों के प्रभाव में रहता हैं यह क्रम कई जन्मों तक चलता है। परन्तु योगिक क्रिया द्वारा जब मनुष्य सुषुम्ना नाड़ी को जगा लेता है, तथा उसमें प्राण का प्रवाह होता है तो प्रथम दो नाड़ियों (इड़ा, पिङ्गला) का कार्य समाप्त सा हो जाता है और साधक का जगत् से नाता टूट सा जाता है। साधक को प्रभु दर्शन हो जाते हैं। इस आवस्था को कुम्भक कहते हैं तथा इसमें सांस स्वयं प्राण क्रिया करते करते रुक जाता है और उस कुम्भक की अवस्था पारमार्थिक में सत्य का ज्ञान हो जाता है। तभी क्षेत्र और क्षेत्रज्ञ (शरीर और आत्मा) की भिन्नता का ज्ञान होता है। इस श्लोक में यह समझने की बात है, कि शरीर और जीवात्मा दो हैं। शरीर जड़ तत्व है, और शरीरी (जीव) चेतन आत्मा है। आत्मा तत्व का ज्ञान तभी होता है जब प्राणी अपने आपको शरीर से अलग जान लेगा। यह ज्ञान आध्यात्मिक क्रिया द्वारा ही प्राप्त होता है। इसके लिए श्रद्धा और विवेक की आवश्यकता है। जब साधक स्वयं को आत्मा के रूप में जान लेता है तब वह यह भी जान लेता है, कि वह वास्तव में शरीर नहीं आत्मा है। तभी क्षेत्रज्ञ और क्षेत्र का ज्ञान होता है।। 2 ।।

तत्क्षेत्रं यच्च यादृक्च यद्विकारि यतश्च यत्।
स च यो सत्प्रभावश्च तत्समासेन मे शृणु।। 3 ।।

अर्थ– वह क्षेत्र जो है जैसा है जिन विकारों से युक्त है और जिनसे जो पैदा हुआ है। वह क्षेत्रज्ञ भी जो और जिस प्रभाव वाला है वह सब संक्षेप में मुझ से सुनो।। 3 ।।

व्याख्या– यहाँ क्षेत्र से इस शरीर से अभिप्राय है। यह पुरुष और प्रकृति के संयोग से उत्पन्न होता है। यह मांस रक्त, अस्थि का शरीर प्राण शक्ति की रचना

है। प्राण (आत्मा ईश्वर से उत्पन्न होता है) यह समस्त जगत् उसी शक्तिके ईश्वरीय विधान की अद्भूत रचना है। सम्पूर्ण जगत् का खेल प्राण ऊर्जा का है। आत्मा तो अव्यक्त और अकर्त्ता है। सारी सृष्टि प्राण और चञ्चल मन के कारण है। चौबीस तत्वों से बने इस शरीर को प्रकृति या माया कहते हैं। इस शरीर (मन) का इन्द्रियों के विषयों से स्वभाविक बन्धन है। इसी शरीर में इच्छाओं कामनाओं वासनाओं का डेरा है। परन्तु क्षेत्रज्ञ (आत्मा या ईश्वर जो इस शरीर में वास करता है।) स्थूल शरीर से भिन्न है। वह किसी के संयोग अथवा कारण से उत्पन्न नहीं होता। क्योंकि वह अनादि, अजन्मा और अनन्त है। उसको कोई इच्छा नहीं और न ही कोई आवश्यकता। वह अचिन्त्य और प्रभाव मुक्त है। इसी परम तत्व आत्मा से दिव्य प्राण शक्ति उत्पन्न होती है। जो इस शरीर तथा जगत् के कारण, सूक्ष्म तथा स्थूल की रचना व संचालन का कारण है। अब भगवान् इन दोनों के बारे में अर्जुन के माध्यम से सारे संसार के लाभ के लिए इस गूढ़ तथ्य का विस्तार से वर्णन करेंगें।। 3 ।।

ऋषिभिर्बहुधा गीतं छन्दोभिर्विविधैः पृथक।
ब्रह्मसूत्रपदैश्चैव हेतुद्भिर्विनिश्चितैः।। 4 ।।

अर्थ– ऋषियों के द्वारा नाना प्रकार से बताया गया, वेद छन्दों की वाणियों से विभिन्न युक्तियों से वर्णित और निश्चय रूप से ब्रह्म सूत्र में व्याख्यात है।। 4 ।।

व्याख्या– इस क्षेत्र क्षेत्रज्ञ (शरीर और आत्मा) का विषय ऋषियों ने तथा महापुरुषों ने वेदों, शास्त्रों, पुराणों, स्मृतियों तथा बेदान्त और तन्त्रों में अच्छी तरह से वर्णन किया है। यहाँ तक कि ब्रह्म सूत्र में भी इस गहन विषय का उचित वर्णन किया गया है। ब्रह्म सूत्र से ब्रह्म ज्ञान संबंधी शास्त्रों से तात्पर्य है। वास्तव में क्षेत्र–क्षेत्रज्ञ का विषय पुरुष–प्रकृति के रूप में शास्त्रों में चर्चित है अथवा शरीर और आत्मा के रूप में भी। ऋषि मुनियों और ज्ञानियों के समाधान का विषय इसलिए रहा है, क्योंकि यह क्षेत्रज्ञ का ज्ञान गहन रहस्य है, यह ब्रह्म विद्या का विषय है साधारण विद्या से इसका बोद्ध नहीं होता। इसे जानकर परम ज्ञान की प्राप्ति होती है और शेष कुछ जानने को नहीं रह जाता।। 4 ।।

महाभूतान्यहंकारो बुद्धिरव्यक्तमेव च।
इन्द्रियाणि दशैकं च पञ्च चेन्द्रियगोचराः।। 5 ।।

अर्थ– पांच महाभूत, अहंकार, बुद्धि, मूल प्रकृति (अव्यक्त), मन, पांच ज्ञानेन्द्रियाँ, पांच कर्मन्द्रियाँ, और पांच तन्मात्रायें हैं।। 5 ।।

व्याख्या– इस श्लोक में– 24 तत्वों का वर्णन किया गया है। और यह शरीर इन्हीं तत्वों से बना हैं जिसे क्षेत्र नाम से बताया गया है। पहले अव्यक्त अथवा मूल प्रकृति हैं। (अव्यक्त) से बुद्धि, बुद्धि से अहंकार अहंकार से मन फिर पांच ज्ञानेद्रियाँ, पांच कर्मेन्द्रियाँ पांच तन्मात्राएं पांच भूत कुल 24 तत्व हैं। पांच प्राण (प्राण, अपान, व्यान, समान, उदान) चित्त तत्व जो यहाँ चर्चित नहीं वह भी यहाँ अव्यक्त में ही हैं। क्योंकि दिव्य रूप में प्राण अथवा चित्त ही पहले आत्मा से उदित होते हैं। प्राण के माध्यम से ही कर्म इन्द्रियाँ ज्ञान इन्द्रियाँ और तन्मात्राओं का संयोग होता है, जिसके कारण पंचभूत अथवा सृष्टि विकसित होती है।। 5 ।।

इच्छा द्वेषः सुखं दुःखं सङ्घातश्चेतना धृतिः।
एतत्क्षेत्रं समासेन सविकारमुदाहृतम्।। 6 ।।

अर्थ– इच्छा, द्वेष, सुख–दुःख, चेतना–संघात, धृति इन विकारों सहित इस क्षेत्र का परिचय है।। 6 ।।

व्याख्याः– उपरोक्त चौबीस तत्वों के साथ इस श्लोक में वर्णित, शरीर सम्बन्धी भाव या वृत्तियों के सूचक, इच्छा–द्वेष, सुख–दुःख, चेतना–संघात और धृति भी शामिल है। इन सब के मेल से यह क्षेत्र (शरीर) बना है। इस श्लोक में बताये गये ये विकार हैं, जो शरीर जीव आत्मा को शरीर (क्षेत्र) से बन्धा रखता हैं। इच्छा ही मूल विकार है। शेष सभी विकारों को इच्छा ही कामना या वासना के रूप में जन्म देती है। द्वेष भी इच्छा की पूर्ति न होने पर उत्पन्न होता है। सुख और दुःख मन की अनुकूलता और प्रतिकूलता का परिणाम है तथा निरन्तर परिवर्तन शील हैं। चेतना से यहाँ तात्पर्य मन अथवा प्राण चैतन्य है। जिस कारण मनुष्य अपने आप को शरीर ही समझता है। मन और इन्द्रियाँ प्राण प्रवाह के कारण ही कार्य करते हैं। प्राण शक्ति इन्हें चेतना

प्रदान करती है। जब यह चेतना, शरीर अथवा मन बुद्धि से ऊपर उठ जाती है, और आत्मा की ओर प्रवाहित होती है तो शरीर (क्षेत्र) की चेतना नहीं रहती।

संघता— शरीर, मन, इनिद्रयां, प्राण शक्ति आदि सबके संघ का सूचक है।

धृति— नितान्त दृढ़ता है जो चेतना मन और प्राण में स्थित रहकर कर्म करने का सूचक है।

सारांश यह है, कि जब तक चेतना शरीर मन तथा बुद्धि के अन्दर है तब तक क्षेत्र है। क्योंकि इच्छा ही प्रवल विकार है। जब चैतन्य मन में समा जाता है तो वह क्षेत्रज्ञ नहीं रहता है। चैतन्य को मन से हटाकर आत्मा में ले जाना कठिन प्रक्रिया है। कई जन्मों से जीव इस शरीर से अभ्यस्त और विषय वासनाओं का भोगी होने के कारण यह जगत् उसकी नस—नस में समाया होता है। सारा स्नायु तन्त्र इच्छा वासना, द्वेष द्वन्द के इस संसार रूपी पिंजरे में बन्ध हो जाता है। इस संसार की वेड़ियाँ काटने के लिए गहरे आध्यात्मिक संघर्ष की जरुरत है। विशेष संघर्ष आध्यात्मिक संघर्ष के लिए उचित और श्रेष्ठ गुरुदेव की आवश्यकता हैं उसके बाद गुरु द्वारा दी गई दीक्षा पर अटूट श्रद्धा से साधना में रत रहना होता है। शास्त्रों का अध्ययन और सत्सङ्ग आवश्यक है और एकान्त एवं वैराग्य भाव लाभदायक है। प्रतिहार (मन, इन्द्रियों, प्राण, प्रवाह को पूरी तरह भीतर की ओर मोड़ना) का प्रयोग अनिवार्य है। चेतना और धृति भ्रान्त मन को आत्म—मार्ग में ले जाने के लिए बहुत सहायक है। अत: मन की लग्न और गहरी पकड़ को शरीर से हटाने के लिए और आत्म ज्ञान की प्राप्ति के लिए भगवान् अगले पांच श्लोकों में उपाय बता रहे हैं।। 6 ।।

अमानित्वमदम्भित्वमहिंसा क्षान्तिरार्जवम्।
आचार्योपासनं शौचं स्थैर्यमात्मविनिग्रह:।। 7 ।।

अर्थ— मानित्व (अपने को बड़ा समझना) का भी भाव न होना, दम्भ (वाह्य आडम्बर न होना) अहिंसा (किसी प्राणी को पीड़ा न पहुंचना) क्षमा, सरलता, गुरु सेवा, शौच मन, वचन की पवित्रता, स्थिरता और मन का नियन्त्रण।। 7 ।।

व्याख्या— मानित्व से अभिप्राय है अपने को बड़े होने का भाव न रखना तथा अपनी प्रशंसा न करना और प्रशंसा सुन कर प्रसन्न न होना ही तात्पर्य है।

दम्भ– वाह्य आडम्बर दिखावा तथा वनावटीपन से मन और मलीन हो जाता है। दम्भ एक प्रकार की ठगी है। क्योंकि उसमें यह बनावटी भाव रहता है, कि मेरे अच्छे गुण और आचरण को देखकर लोग मुझ से खुश होकर मेरी इज्जत और प्रशंसा करेंगे। इस आडम्बर एवं दिखावे से मन की शुद्धि नहीं होती।

अहिंसा– अहिंसा से तात्पर्य है, कि किसी प्राणी को मन, वचन और शरीर से पीड़ा न पहुंचाना, यहां तक कि मन में भी किसी प्रकार की पीड़ा का भाव भी न हो।

क्षमा– क्षमा से अभिप्राय बदले की भावना न रखना यदि कोई हानि पहुंचाता है तो सबल या प्रबल होते हुए भी बदला तो क्या बदले का भाव भी न रखना। क्षमा से ही शान्ति उत्पन्न होती है।

आर्जवम्– से तात्पर्य छल या कपट से दूर रहना अर्थात् जो भाव मन में हो वही वचन और कर्म में भी होना चाहिए अर्थात् पूर्ण सरलता।

गुरु सेवा– इसका तात्पर्य यह नहीं कि गुरु के शरीर की सेवा ही करें अपितु गुरु की आज्ञा का पालन करना तथा गुरु द्वारा निर्दिष्ट मार्ग पर चलना है तथा उस मार्ग पर पूरी तरह श्रद्धा से खरा उतरना तभी ज्ञान की प्राप्ति हो सकती है।

स्थैर्य– स्थिरता अर्थात् दृढ़ निश्चय। अध्यात्म विद्या में स्थैर्य अत्यावश्यक है। क्योंकि यह विषय शुरु में कठिन और नीरस लगता है।

आत्म विनिग्रह– यहाँ अभिप्राय मन, इन्द्रियों तथा बुद्धि को पूरी तरह से वश में करना और ईश्वर परायण होना है। तभी परम ज्ञान की प्राप्ति हो सकती है।। 7 ।।

इन्द्रियार्थेषु वैराग्यमनहंकार एव च।
जन्ममृत्युजराव्याधिदुःखदोषानुदर्शनम्।। 8 ।।

अर्थ– इन्द्रियों के भोग विलास से वैराग्य, निरहंकारिता जन्म मृत्यु; बुढ़ापा, तथा व्याधियों को बार–बार देखना। ।। 8 ।।

व्याख्या– इन्द्रियों के भोग विलास से वैराग्य का तात्पर्य है, कि भोग विषयों को जरुरत के अनुसार जीवन निर्वाह के लिए आवश्यक प्रयोग में लाये परन्तु मन में यह भाव न रहे, कि यह केवल शरीर भोग की जरुरत है, किन्तु इन

विषयों में मन को लिप्त न करें। जैसे हम किसी को भिक्षा देते हैं। उसमें भिक्षु के प्रति दया और दान के प्रति श्रद्धा होनी चाहिए। इसलिए शरीर को भी आत्म–ज्ञान पाने अथवा दूसरों के कल्याण के लिए, स्वस्थ रखना जरुरी है, इन्द्रियों के विषयों को त्याग रूप भाव से भोगने का प्रकरण भगवान् ने दूसरे अध्याय के पच्चास, इकावन तथा पांचवें अध्याय के दसवें तथा बाइसवें श्लोकों में पहले ही समझा दिया है। इसी सन्दर्भ में ईशावास्योपनिषद के दूसरे श्लोक में शास्त्र नियत कर्मो का वर्णन वर्णित है। जीवन में अहंकार कई दोषों का कारण है। अहंकार का मतलब है। मैं कर्ता हूँ। स्वयं को (कर्ता) सब कुछ का करने वाला मानना और इसी ध्येय को लेकर चलना बड़ी भूल है। वास्तव में मनुष्य कर्ता है ही नहीं। कर्ता प्रकृति के तीन गुण हैं। अत: ये तीन गुण चौबीस तत्वों सहित यह शरीर हैं इस प्रकार कर्ता मनुष्य नहीं प्रकृति है। मनुष्य आत्मा है। शरीर नहीं है। अहंकार देवता तथा मनुष्यों के पतन का ही कारण है यह प्रसंग केनोपनिषद् में भली प्रकार वर्णित है।

जन्म, मृत्यु, बुढ़ापा तथा व्याधियों को बार–बार देखने से तात्पर्य है कि ऐसा विचार या अनुसंधान करना कि बिमारी और मृत्यु इस शरीर का अन्त है। अत: किसी सीमा तक ही इससे लगाव रखना है। क्योंकि शरीर केवल माध्यम है, लक्ष्य नहीं। लक्ष्य तो आत्मा और मुक्ति हैं शीरीर को लक्ष्य बनाना आध्यात्म मार्ग से भ्रष्ट होना है। अत: इसका उचित माध्यम के रूप में ही प्रयोग करना है।। 8 ।।

असक्तिरनभिष्वङ्ग: पुत्रदारगृहादिषु ।

नित्यं च समचित्तत्वमिष्टानिष्टोपपत्तिषु।। 9 ।।

अर्थ– आसक्ति रहित होना, पुत्र स्त्री घर आदि से घनिष्ठ सम्बन्ध न रखना। तथा इष्ट अनिष्ट में समभाव होना।। 9 ।।

व्याख्या– शास्त्रों के अनुसार आसक्ति ही सांसारिक दु:खों का कारण है। वास्तव में संसार में रहते हुए सांसारिक सम्बन्धों का वर्ताव जरुरी है। परन्तु इन सम्बन्धों और विषयों को सुखों का माध्यम समझना भूल है। क्योंकि दु:ख विषयों के संयोग में छिपा हुआ है। विषयों से जितना अधिक लगाव होगा उतना दु:ख

अधिक होगा। निवृत्ति में ही सुख है। पहले विषयों का भोग आनन्द–दायक लगता है किन्तु इसका अन्त कष्ट कारी होता है। पुत्र, स्त्री सम्बन्धी आदि की सेवा सहयता तो आवश्यक करनी चाहिए किन्तु विना किसी लगाव और आशा से किसी की सहायता, सेवा करने से ही सुख की प्राप्ति होती है। किन्तु लगाव और मोह से दुःख प्राप्त होता है। दुःख और मोह बन्धन है। संसार जरुरी है। किन्तु संसार में लिप्त न होना। जो संसार को त्याग भाव से भोगता है, अर्थात् मात्र कर्तव्य समझकर वही सुख है। अच्छे कार्य जैसेः– खोज, अनुसंधान, चिंतन, सेवा, सहायता, ये सभी तप के विषय हैं, जो बन्धन का कारण नहीं बनते। इष्ट, अनिष्ट, से मनुष्य को ऊपर उठकर त्याग सेवा और सहायता का अनुसरण करके समाज में रहना चाहिए। संसार में कर्म आवश्यक हैं किन्तु मोह और लगाव के विना ही अर्थात् संसार को कर्तव्य परायणता के रूप में ही बरतना है, लोभ और मोह को दूर रख कर उसी में सफलता तथा आनन्द है।। 9 ।।

मयि चानन्ययोगेन भक्तिरव्यभिचारिणी।

विविक्तदेशसेवित्वमरतिर्जनसंसदि।। 10 ।।

अर्थ– मुझ में अनन्य योग द्वारा अव्यभिचारिणी भक्ति का होना, एकान्त में रहना। तथा जन समूह में विराग।। 10 ।।

व्याख्या– भगवान् कहते हैं, कि परम ज्ञान अर्थात् ब्रह्म ज्ञान पाने के लिए मुझ में अनन्य योग तथा अव्यभिचारिणी भक्ति आवश्यक है। अव्यभिचारिणी भक्ति से तात्पर्य केवल भगवान् की भक्ति, भगवान् ही आश्रय, वही लक्ष्य, वही जीवन, भगवान् ही सब कुछ है इसके अलावा न कोई अन्य आवश्यकता, न सरोकार, अनन्य योग भी यही है। केवल भगवान् से युक्त होना या रहना। इसी निश्चय–आत्मिक बुद्धि का वर्णन भगवान् ने गीता के दूसरे अध्याय के चालिस से चौवालिस श्लोकों में सविस्तार से वर्णन किया है। अनन्य योग और अव्यभिचारिणी भक्ति के लिए मानसिक एकाग्रता और श्रद्धा आवश्यक है। इसके लिए एकान्त का होना आवश्यक है। क्योंकि ध्यान एकान्त में अच्छा लगता है। जन समूह से वैराग्य भी जरुरी है, क्योंकि जन समूह का सर्म्पक

एवं संयोग भक्ति में बाधा का कारण होता है। क्योंकि मनुष्य की प्रवृत्ति इष्ट अनिष्ट से आकर्षित हो ही जाती है। इसलिए एकान्त और दृढ़ संकल्प की अव्यभिचारिणी भक्ति में अत्यन्त आवश्यकता है।। 10 ।।

अध्यात्मज्ञाननित्यत्वं तत्त्वज्ञानार्थदर्शनम्।

एतज्ज्ञानमिति प्रोक्तमज्ञानं यदतोऽन्यथा।। 11 ।।

अर्थ– आध्यात्म ज्ञान में सदा निष्ठा, तत्व ज्ञान के उद्देश्य से परमात्मा को सर्वत्र देखना, यह सब ज्ञान हैं तथा जो इसके विपरीत है वह अज्ञान है।। 11 ।।

व्याख्या– भगवान् कहते हैं, कि जो साधन पिछले चार श्लोकों में चर्चित और वर्णित हैं यही ज्ञान है। तथा इससे इतर (विपरीत) अज्ञान है। मनुष्य वास्तव में आत्मा है, शरीर नहीं। वह आत्मा भगवान् का अंश है। गीता में पन्द्रहवें अध्याय के सातवें श्लोक में अपने अस्तित्व या स्वरूप को पहचानने के लिए साधक को साधनों का उचित प्रयोग करने का वर्णन किया है। अध्यात्म–ज्ञान, आत्म–ज्ञान या तत्व ज्ञान एक ही बात है। आत्मा और परमात्मा भी एक ही हैं। साधक को यह ज्ञान, जिसका वर्णन इस अध्याय के सातवें श्लोक से ग्यारहवें श्लोक में आया है, उसकी साधना ही सच्ची साधना हैं तभी परमात्मा की प्राप्ति हो सकती है। यह ज्ञान स्रोत हर देह के भीतर विद्यमान है। जैसे भगवान् ने गीता 10/10,10/11 में स्वयं कहा है। किन्तु इसको बाहर प्रकाश में लाने की आवश्यकता है। ऐसा भी नहीं कि यह बाहर नहीं परन्तु अन्दर बहुत निकट है केवल इधर उधर झांककर ढूंढने की आवश्यकता नहीं है। यहां ध्यान में रखने की विशेष बात यह है कि जिन तथ्यों का वर्णन यहाँ है वह प्रभु प्राप्ति के ज्ञान के विशेष माध्यम है। इसीलिये यह तत्व ज्ञान है– अज्ञान महज वह है जो इन तथ्यों के विरुद्ध अथवा विपरीत है क्योंकि साधारण ज्ञान के तो अन्य लक्ष्य भी हो सकते हैं।। 11 ।।

ज्ञेयं यत्तत्प्रवक्ष्यामि यज्ज्ञात्वामृतमश्नुते।

अनादिमत्परं ब्रह्म न सत्तन्नासदुच्यते।। 12 ।।

अर्थ– जो ज्ञेय है, अब उसे कहूंगा। जिसको जानकर अमृत–मोक्ष प्राप्त होता है। वह अनादि परमब्रह्म है, वह न सत् है और न ही असत्। ऐसा कहा जाता है।। 12 ।।

व्याख्या— ज्ञेय का अर्थ केवल परमब्रह्म भगवान् हैं। शास्त्रों तथा गीता के अनुसार केवल परमब्रह्म ही ज्ञेय है। क्योंकि भगवान् को जानकर शेष जानने को कुछ रह नहीं जाता। फिर व्यक्त—अव्यक्त, गुह्य, प्रत्यक्ष—परोक्ष सब का ज्ञान उचित ढंग से हो जाता है। सभी सन्देह, भय और जिज्ञासा समाप्त हो जाते हैं। शेष कोई ऐसा ज्ञान या ज्ञेय नहीं, चाहे शास्त्र हो चाहे वेद, इस परब्रह्म को जानने पर सब ज्ञात हो जाता है तथा मोक्ष की प्राप्ति होती है ज्ञाता, ज्ञान और ज्ञेय का अद्वैत भाव हो जाता है। अर्थात् साधक परब्रह्म में लीन हो जाते हैं। इस स्थिति में दो नहीं रहते। यहीं वास्तविक अद्वैत है। यह न सत् है और न ही असत्। क्योंकि सांसारिक सन्दर्भ में सत् उसी को कहते हैं जो प्रमाण द्वारा सिद्ध हो जाए परन्तु परब्रह्म मन—इन्द्रियों से अगोचर है। उसका प्रमाण कहाँ से दे सकते हैं। ब्रह्म तो अचिन्त्य तथा कल्पना से बाहर की परम शक्ति अथवा परमानन्द है। वह असत् इसलिए नहीं क्योंकि वह अजर—अमर है नित्य है अर्थात् ब्रह्म को सांसारिक माप दण्ड से नहीं मापा जाता। ब्रह्म व्यवहारिक नहीं पारमार्थित सत्य है। सूर्य—चांद, दिन या रात नहीं उससे भिन्न और श्रेष्ठ है। व्यवहारिक सत् व्यावहारिक बुद्धि से प्रमाणित हो जाता है किन्तु असत् व्यावहारिक बुद्धि तथा मन के प्रमाण से झूठ लगता है परब्रह्म सत् और बुद्धि और मन से ऊपर है। बुद्धि मन का विषय ही नहीं है।। 12 ।।

सर्वतःपाणिपादं तत्सर्वतोऽक्षिशिरोमुखम्।
सर्वतः श्रुतिमल्लोकेसर्वमावृत्य तिष्ठति।। 13 ।।

अर्थ— वह परमब्रह्म सब जगह हाथों पैरों वाले, सर्वत्र आंखों, सिरों, तथा मूंहों सब जगह कानों वाले, वह सब को व्याप्त करके स्थित है।। 13 ।।

व्याख्या— इस श्लोक में भगवान् में (परमब्रह्म) सगुण निर्गुण दोनों रूप बताये हैं। सगुण रूप, सर्वत्र, सर्वदा उपस्थित होने का वर्णन हैं। सभी ज्ञानेन्द्रियों एवं कर्मेन्द्रियों के द्वारा और उनके अभाव में प्रत्यक्ष तथा परोक्ष रूप में सर्वत्र विद्यमान है, जो पदार्थ भक्ति पूर्वक श्रद्धा से उसे अर्पण करता है वह उसे ग्रहण करते हैं। ऐसा कोई पदार्थ या प्राणी इस जगत् में नहीं जहां वह विद्यमान न हो। गीता में दसवें अध्याय के उन्तालिसवें श्लोक में इस प्रकरण का वर्णन आया

है, कि सभी प्राणियों के आंख कान, पैर, मुख, मन, बुद्धि तभी कार्य करते हैं जब ब्रह्म उसमें अवस्थित है ब्रह्म सत्–असत् दोनों से परे होने पर विलक्षण रूप से सर्व ज्ञाता है। सारांश यह है कि जीव की सारी व्यक्त इन्द्रियां ईश्वर की अव्यक्त शक्ति से ही कार्य करती है।। 13 ।।

सर्वेन्द्रियगुणाभासं सर्वेन्द्रियविवर्जितम्।
असक्तं सर्वभृच्चैव निर्गुणं गुणभोक्तृ च।। 14 ।।

अर्थ– वे परमब्रह्म सब इन्द्रियों के न होने पर भी सब इन्द्रियों को प्रकाशित करते हैं। वे आसक्ति रहित है, तथा सारे जगत् का भरण–पोषण करते हैं। निर्गुण होने पर भी सभी गुणों के भोक्ता है।। 14 ।।

व्याख्या– परमब्रह्म भगवान् की इन्द्रियां नहीं होती अर्थात् वह शरीर धारी नहीं, किन्तु मनुष्य की सभी ज्ञानेन्द्रियाँ औ कर्मेन्द्रियाँ प्रभु विलक्षणता से कार्य शील है। वे बिना आँख से सब कुछ देखते हैं। बिना कान से सब कुछ सुनते हैं। बिना पैर से सर्वत्र चलते हैं। अर्थात् प्राण तथा इन्द्रियों मे वे सर्वत्र स्वयं ही उपस्थित हैं। उनके बिना और कुछ नहीं। न ही कोई शक्ति है। प्राण और इन्द्रियाँ केवल माध्यम हैं। "श्वेताश्वतर–उपनिषद्" में भी सोलहवें श्लोक में यह प्रसङ्ग आया है, कि भगवान् के हाथ, पैर, सिर, आँख कान, मुख, हर स्थान पर है। किन्तु आँखों के सामने दृष्टि गोचर नहीं होते। अर्थात् भगवान् सर्व व्यापक है। तथा सर्वज्ञ हैं। वही सभी प्राणियों का भरण पोषण करते हैं। किन्तु स्वयं इन सभी गुणों से ऊपर हैं। वे सबका ध्यान उसी प्रकार रखते हैं, जैसे माँ बच्चों का रखती है अन्तर केवल इतना है कि वे आसक्ति रहित होकर प्राणियों से प्रेम करते हैं तथा पापी से भी निर्लिप्त होकर प्रेम करते है। पापी स्वयं अपने पापों के द्वारा दण्ड प्राप्त करता है। किन्तु भगवान् तो उससे भी प्यार करते हैं। सारांश यह है कि आत्मा, जो भगवान् का अमर शुद्ध अंश शरीर में है उसकी उपस्थिति के कारण ही शरीर कार्यरत है। परन्तु आत्मा स्वयं गुणातीत है। स्वयं कुछ नहीं करता, आत्मा की उपस्थिति मात्र से ही बुद्धि और इन्द्रियों की क्रिया चलाती है निर्गुण होते हुए भी सारे गुणों के भोक्ता का अर्थ है कि हर जीव में चैतन्य ही भोक्ता है जो भगवान् का

ही अपना अंश पर प्रकृति है जैसे 7/4-5 में वर्णित है। क्योंकि चैतन्य के बिना तो जीव जड़ है।। 14 ।।

बहिरन्तश्च भूतानामचरं चरमेव च।
सूक्ष्मत्वात्तदविज्ञेयं दूरस्थं चान्तिके च तत्।। 15 ।।

अर्थ— वह परमब्रह्म सभी प्राणियों के बाहर-भीतर है। चर-अचर, जड़-चेतन स्थावर जङ्गम भी वही हैं दूर-से दूर और निकट से निकट भी वही है। किन्तु अति सूक्ष्म होने के कारण जाना नहीं जाता।। 15 ।।

व्याख्या— ब्रह्म अगोचर है। अत: मन, बुद्धि इन्द्रियों तथा प्राण आदि से अज्ञेय है। जब कि वह स्वयं इन सभी प्रकरणों में सर्वत्र ही विद्यमान हैं। यह ब्रह्म सबके बाहर और भीतर भी विद्यमान हैं। यही नहीं सभी प्राणी स्थावर-जङ्गम जड़ चेतन सभी उसी से बनें हैं। अर्थात् ब्रह्म परमात्मा ही जगत् के निमित्त और उपादान कारण हैं। जिस प्रकार मकड़ी स्वयं अपना जाल बनाती है वैसे ही परमात्मा भी स्वयं इस जगत् की रचना करते हैं। यह तथ्य मुण्डक उपनिषद के प्रथम खण्ड के सातवें मंत्र में वर्णित है। परमात्मा इस संसार की रचना प्राण शक्ति से करते हैं जिसका मूल आधार प्रणव (ॐ) है। यह हमारा शरीर तथा जगत् इस प्राण शक्ति के धनीभूत रूप है। प्राण शक्ति भगवान् से उत्पन्न होती है और धनीभूत होकर इसी प्राण शक्ति का ईश्वरीय विधान द्वारा इस शरीर में संचार करती है तथा संसार की रचना होती है जैसे वायु से जल, जल से वर्फ। भगवान् अति निकट इसलिए हैं कि हम उन्हीं से बने हैं। सारे प्राणी उनसे उनके द्वारा हैं और दूर इसलिए हैं कि जो उन्हें नहीं जानते, जो उनका स्मरण नहीं करते भगवान् उनके लिए अत्यन्त दूर हैं। अर्थात् जिनके पास दिव्य दृष्टि है उनके लिए भगवान् निकट हैं, और जिनके पास भौतिक दृष्टि (स्थूल दृष्टि) है उनके लिए भगवान् अत्यन्त दूर हैं।। 15 ।।

अविभक्तं च भूतेषु विभक्तमिव च स्थितम्।
भूतभर्तृ च तज्ज्ञेयं ग्रसिष्णु प्रभविष्णु च।। 16 ।।

अर्थ— वे परमात्मा अविभक्त होते हुए भी सभी जीवों में विभक्त हैं। सभी प्राणियों को उत्पन्न करने वाला पालन पोषण करने वाला तथा संहारक होने से जानने योग्य है।। 16 ।।

व्याख्या– इस श्लोक में भगवान् के कारण रूप तथा कर्ता रूप का वर्णन है। भगवान् ही सभी प्राणियों की रचना करते हैं तथा स्वयं उनके अन्तर में विद्यमान् हैं गीता के दसवें अध्याय के बीसवें तथा चौंतीसवें श्लोकों और अठारहवें अध्याय के इकसठवें श्लोक में उन्हीं के कारण यह जगत् हैं, यह वर्णन आया है। उन्हीं के कारण जगत् है तथा वह इन्द्रियों से अगोचर होने के कारण कर्ता रूप में प्राणी ही नज़र आता हैं वह भगवान् नहीं, केवल मात्र प्रतीति है। जो वास्तविकता नहीं है। यह विभाग रूप ही माया है, जिसके द्वारा अविभक्त भगवान् विभक्त नज़र आते है। यही दृष्टि अगोचर ज्ञेय "शक्ति" परमात्मा है। जिनको जानने के साधन इसी अध्याय में पहले बताये गये है। यही ब्रह्मा रूप में सृष्टि की रचना करते हैं। विष्णु रूप में भरण–पोषण करते हैं और रुद्र रूप में संहार अर्थात् नव उत्पत्ति करते हैं। यह परमात्मा सभी पदार्थों प्राणियों तथा अवस्थाओं में उसी प्रकार हैं जैसे दूध में घी, लकड़ी या पत्थर में अग्नि विद्यमान है। दूध से घी लकड़ी या पत्थर से आग विशेष क्रिया करने से उत्पन्न होती है। उसी प्रकार पदार्थ या प्राणियों में भी भगवान् क्रिया विशेष (भजन–योग) द्वारा ही देखा जा सकता है। योग–वासिष्ठ में (3–5) में लिखा है कि जब तक वह ब्रह्म अपने आप सम नहीं रहता तब तक वह मृत्यु रूप में हनन करता है, पालक रूप में रक्षा करता है और वास्तविक रूप में स्तवन करता है तथा फल प्राप्ति की इच्छा वाले को वांछित फल भी प्रदान करता है। परन्तु आत्म सिद्धि अथवा परावस्था में यह भेद और भिन्नता मिट जाते हैं और विभक्त के पीछे अविभक्त दिखता है।। 16 ।।

ज्योमिषामपि तज्ज्योतिस्तमसः परमुच्यते ।
ज्ञानं ज्ञेयं ज्ञानगम्यं हृदि सर्वस्य विष्ठितम्।। 17 ।।

अर्थ– वह परमात्मा सम्पूर्ण ज्योतियों (सूर्य चन्द्रादि) की भी ज्योति अज्ञान से अति दूर है वह ज्ञान, ज्ञेय और ज्ञान गम्य सबके हृदयों में अवस्थित है।। 17 ।।

व्याख्या– सूर्य, चन्द्रमा, अग्नि आदि प्रकाश के सारे साधन अथवा माध्यम भगवान् की ज्योति से ही प्रकाशित होते हैं और सारे ज्ञानों का कारण भी वे ही हैं। वास्तव में ब्रह्म लोक के आगे जहाँ परमात्मा का परमधाम है और जहाँ

सूर्य चन्द्र आदि नही होते जो इस जगत् को ही प्रकाशित करते हैं, वह भी भगवान् के प्रकाश से ही प्रकाशित है। भगवान् का तात्पर्य परम ज्ञान है। फिर वहाँ अज्ञान के रहने का प्रश्न ही नहीं होता जिस प्रकार प्रकाश और अन्धकार दो में से एक ही एक स्थान पर रह सकता है उसी प्रकार ज्ञान के साथ अज्ञान भी नहीं रह सकता। यही परमात्मा जो अमानित्व से प्राप्य है (गीता (13-7) ज्ञान द्वारा ज्ञेय है। वहीं प्रभु परोक्ष में भी सभी प्राणियों में विद्यमान है, वही प्रभु अविभक्त होते हुए भी अज्ञान वश विभक्त प्रतीत होते है और यही अविभक्त प्रभु ज्ञान (ब्रह्म ज्ञान द्वारा) जानने योग्य है। वास्तव में शरीर और शरीर की भिन्नता साधारण रूप में भी देखी जा सकती है। शरीर में बचपन से बुढ़ापे तक विभिन्न परिवर्तन होते हैं। किन्तु देही (आत्मा) वही रहता है और स्वयं अनुभव करता है, कि यह वही मनुष्य हैं जब कि मनुष्य शरीर में परिवर्तन के कारण कई बार समय बीतने पर मिलने वाले व्यक्ति की पहचान तक भूल जाता हैं तात्पर्य यह कि यह शरीर और संसार परिवर्तनशील और असत् हैं भगवान् (आत्मा) ही अनादि सनातन अविभाज्य और सर्वत्र है अर्थात् सबके अन्दर सारे अज्ञान को दूर करने वाली पराशक्ति स्थिर रूप से अवस्थित है अतः इसी को जान कर अमरता प्राप्य है।। 17 ।।

इति क्षेत्रं तथा ज्ञानं ज्ञेयं चोक्तं समासतः।
मद्भक्त एतद्विज्ञाय मद्भावायोपपद्यते।। 18 ।।

अर्थ– इस प्रकार क्षेत्र, ज्ञान तथा ज्ञेय को संक्षेप से कहा है। मेरा भक्त इसको जानकर मेरे भाव को प्राप्त हो जाता है।। 18 ।।

व्याख्या– इस अध्याय के पांचवे श्लोक से सतरहवें श्लोक तक क्षेत्र (शरीर) ज्ञान जानने का माध्यम और ज्ञेय (परमात्मा परम ब्रह्म) का वर्णन भगवान् ने किया है। इन्हीं साधनों को सिद्ध करने से (जिसका साधन गुरु बताते हैं) अहंकार नष्ट होता है और विवेक उदय होता है। विवेक के उदित होने पर ज्ञेय (परमात्मा) के दर्शन हो जाते हैं।। 18 ।।

प्रकृतिं पुरुषं चैव विद्ध्यनादी उभावपि ।
विकारांगुणांश्चैव विद्धि प्रकृतिसंभवान्।। 19 ।।

अर्थ– प्रकृति और पुरुष दोनों अनादि हैं रागन्द्वेषादि विकारो और गुणों को सारे पदार्थो को भी प्रकृति से ही उत्पन्न समझो।। 19 ।।

व्याख्या– प्रकृति और पुरुष अर्थात् जगत् और आत्मा दोनों ही परमात्मा के दो रूप हैं। एक कच्चा जो बदलता रहता है। दूसरा पक्का जो सदा सनातन, पुरातन अविनाशी है। प्रकृति साधारण इन्द्रियों, मन तथा बुद्धि से दीखती है। पुरुष को देखने और पाने के लिए दिव्य दृष्टि की जरुरत होती है। परमात्मा परम–ब्रह्म अनादि हैं पुरुष (आत्मा) परमात्मा का ही शुद्ध अंश है। गीता के 7/5–6,13/6,7/3 श्लोकों में प्रकृति के गुण और विकारों को स्पष्ट किया गया है। अत: अनादि है क्योंकि प्रकृति भी परमात्मा की ही शक्ति है। उनकी यह क्षेत्र रूपा शक्ति (अपरा प्रकृति) (7/4) ही ईश्वर की शक्ति है। यह ईश्वरीय विधान है कि प्रकृति विकार तथा गुण मय है। ईश्वर विकार और गुण हीन है, विकार से तात्पर्य इच्छा, द्वेष, सुख–दु:ख आदि से है। जो विशेष रूप से गीता के (13/6) श्लोक में वर्णित है। गुणों का तात्पर्य सतो गुण, रजो गुण, तमो गुण हैं अच्छा, बुरा, भला, सुख–दु:ख आदि विकार और गुणों के कारण ही होते हैं। जो प्रकृति में ही है, पुरुष में नहीं वास्तव में ईश्वर ने प्रकृति को संसार को चलाने के लिए बनाया है क्योंकि भगवान् स्वयं अकर्त्ता है अत: भगवान् की अपनी शक्ति होने के कारण प्रकृति भी अनादि है।। 19 ।।

कार्यकरणकर्तृत्वे हेतुः प्रकृतिरुच्यते।
पुरुषः सुखदुःखानां भोक्तृत्वे हेतुरुच्यते।। 20 ।।

अर्थ– कार्य और करण की क्रियाओं का कारण प्रकृति है और पुरुष सुख दु:खों के भोग के बारे में कारण कहा जाता है।। 20 ।।

व्याख्या– यहाँ प्रकृति (शरीर और इन्द्रियां) और पुरुष (आत्मा) के निजी क्षेत्रों का विभाग दिखाया लगता है। परन्तु इस सन्दर्भ को ध्यान से सोचना है। यहाँ कहा गया है कि जो भी कर्म मन–बुद्धि इन्द्रियों द्वारा किया जाता है वह प्रकृति करती है अर्थात् उनका कारण प्रकृति है। और जो सुख दु:ख का अनुभव होता

है वह पुरुष को होता हैं अर्थात् कर्तृत्व प्रकृति का और भोक्तृत्व पुरुष (आत्मा) का क्षेत्र है। परन्तु सोचने की बात है प्रकृति जो जड़ है वह कर्म कैसे करती है और पुरुष अकर्ता तथा सुख दुःख से परे होने पर, उनका भोक्ता कैसे है। इसका उत्तर है, कि पुरुष के सानिध्य के कारण ही प्रकृति कर्म कर सकती है। (गीता—9/10) और पुरुष (आत्मा) का सानिध्य ही जीवात्मा से सुख दुःख का भोग करवाता है। सूर्य के प्रकाश तथा गर्मी से पृथ्वी के कई कार्य स्वयं ही सम्पन्न होते हैं। जैसे फसल का उगना, पकना आदि वैसे ही निर्लिप्त आत्मा के सानिध्य से प्रकृति कर्म करती है तथा सुख और दुःख का कारण बनती है। पुरुष सुख दुःख का हेतु कहने का अर्थ है, कि लिप्त नहीं होता, लिप्त होने वाला तो अहंकार ग्रस्त जीवन है अर्थात् जब मनुष्य की चेतना शरीर में होती है (जब वह अपने आपको शरीर जानता है) तभी वह सुख दुःख का भोक्ता होता है आत्म चैतन्य प्राप्त करने पर नहीं। मन, बुद्धि चित्त अहंकार इन्द्रियों का नाम ही विकृत प्रकृति हैं जीव जब तक स्वयं को इस तन्त्र से अपनाता है, वह ज्ञेय को प्राप्त नहीं हो सकता। सारांश यह है, कि चेतना (परा प्रकृति) आत्मा के कारण है। जब मनुष्य की चेतना मन में है अर्थात् जब मनुष्य स्वयं को शरीर समझता और जानता है तब वह सुख दुःख को भोगता हैं जब उसकी चेतना आत्मा में स्थिर होती है तब वह सुख दुःख से ऊपर उठ जाता है।। 20।।

पुरुषः प्रकृतिस्थो हि भुङ्क्ते प्रकृतिजान्गुणान्।
कारणं गुणसङ्गोऽस्य सदसद्योनिजन्मसु।। 21 ।।

अर्थ— प्रकृति में स्थित पुरुष प्रकृति से उत्पन्न (तीन) गुणों का भोक्ता बनता है और गुणों का सङ्ग ही उसका ऊँच नीच योनियों में जन्म लेने के कारण होता है।। 21 ।।

व्याख्या— शास्त्रों के अनुसार इस प्रकृति का ईश्वर द्वारा बनाया गया एक विशेष रहस्य हैं, जो मनुष्य अपने प्रयास से इस प्रकृति के चलायमान आकर्षणों से मोहित न होता हुआ प्रभु पर अपना ध्यान केन्द्रित करता हैं वहीं प्रभु परायण होकर मत्कर्म करता है। वही भगवान् को पा सकता है। वही मनुष्य अपने घर भगवान् के पास वापिस जा सकता है। क्योंकि प्रकृति के तीन गुणों से छुटकारा

पाना मुश्किल है। कारण मनुष्य की इन्द्रियाँ मन तथा बुद्धि सब ही विकृति प्रकृति है। इनसे ऊपर उठने का उपाय केवल प्रभु परायणता है। प्रश्न यह है कि निर्मल पुरुष आत्मा इस प्रकृति के गुणों का भोक्ता क्यों है। उत्तर भगवान् की ऐसी रचना या माया है कि पुरुष (आत्मा) जब जीव आत्मा होता है अर्थात् जब अपने को शरीर समझता है तब वह अपनी वास्तविकता माया वश अज्ञान के कारण भूल जाता है। जब मनुष्य प्रकृति का नाशवान् तथा परिवर्तन शील माया को पहचान कर उसको झूठ जान लेता है तब वह अपने स्वरूप को जान पाता है। वास्तव में (आत्मा) सदा पवित्र निर्मल, परमानन्द स्वरूप है। शरीर में वह पुरुष (जीव आत्मा) कहलाता है अर्थात् जीव हो जाता है और मन, बुद्धि शरीर को ही अपना समझता हैं यही अज्ञान तथा अहंकार उसका बन्धन और जन्म—मरण तथा पुनर्जन्म का कारण है। जब मनुष्य अपने को आत्मा जान लेता है तब गुणातीत हो जाता है और वह उसी समय स्वतन्त्र हो जाता हैं इसी अज्ञान के कारण पुरुष अपने आपको शरीर मान कर प्रकृति के गुणों का भोक्ता बनता है और प्रकृति के तीन गुणों के प्रभाव से सात्विक, राजसिक और तामसिक कर्म करता रहता है। अपने कर्म फल के अनुसार संसार में ऊँच—नीच के घर जन्म लेता हैं यह तांता तब तक चलता है जब तक वह अपनी, साधना द्वारा उचित पहचान नहीं कर लेता, कि वह शरीर नहीं आत्मा है।। 21 ।।

उपद्रष्टानुमन्ता च भर्ता भोक्ता महेश्वर:।

परमात्मेति चाप्युक्तो देहेऽस्मिन्पुरुष: पर:।। 22 ।।

अर्थ— यह पुरुष शरीर के साथ तादात्म्य रखने के कारण उपद्रष्टा, अनुमन्ता, भर्ता, भोक्ता तथा महेश्वर हैं वास्तव में यह आत्मा परमात्मा है और शरीर में रहता हुआ भी शरीर से भिन्न है।। 22 ।।

व्याख्या— जैसे पहले श्लोक में बताया गया है यह सृष्टि, शरीर प्रकृति सब भगवान् की माया हैं उसी का अंश शरीर में आत्मा रूप में है। जो शरीर में स्थित होने पर जीव भाव को प्राप्त होता है। परन्तु लिप्त नहीं होता नि:संदेह शरीर कर्म आत्मा के सनिधिभाव से ही होते है। उपद्रष्टा के होने पर भी भोक्ता बनता है अर्थात् अपने आप को शरीर ही समझता है। और शरीर का भरण पोषण करने वाला

सारे भोगों को भोगने वाला समझता है। परन्तु वास्तव में स्वरूप से वह निर्मल, परमानन्द प्राप्त ही है। यह अवस्था योग साधन, श्रद्धा, विवेक उदय होने पर युक्त योग विधि विधान द्वारा प्राप्य है। सारांश यह है, कि इस देह में आत्मा शरीर से भिन्न है। तथा परमेश्वर और परमात्मा स्वरूप हैं वह पुरुष है, प्रकृति नहीं, वह शरीर में द्रष्टा मात्र है। परन्तु अज्ञान तथा अविवेक वश शरीर में रहने के कारण स्वयं को शरीर मानता है। ऐसा प्रकृति की माया के कारण हैं जब जीव साधना द्वारा प्रकृति से अपना सम्बन्ध तोड़ लेता हैं तब वह जीव नहीं आत्मा हो जाता है। जो वह सदा है– जब मनुष्य अपने आपको अज्ञानवश शरीर समझता है तब भी वह निर्मल आत्मा, निस्तर निर्लिप्त और द्रष्टा तथा अकर्ता ही रहता है।। 22 ।।

य एवं वेत्ति पुरुषं प्रकृतिं च गुणैः सह।
सर्वथा वर्तमानोऽपि न स भूयोऽभिजायते।। 23 ।।

अर्थ– जो मनुष्य इस प्रकार पुरुष को तथा गुणों सहित प्रकृति को जानता है। वह सदा वर्तमान होते हुए भी पुनः जन्म नहीं लेता।। 23 ।।

व्याख्या– जब सिद्ध पुरुष यह जान लेता है जैसा ऊपर वर्णन किया गया है कि वह प्रकृति नहीं अर्थात् मन, बुद्धि शरीर नहीं, परन्तु आत्मा है तब वह सदा वर्तमान होते हुए भी पुनर्जन्म नहीं लेता अर्थात् मोक्ष को प्राप्त हो जाता है। सदा वर्तमान होने का तात्पर्य है कि सिद्ध पुरुष संसार के सारे कर्म भी करता है परन्तु उसकी शरीर दृष्टि नहीं रहती, वह आत्मा की सर्वव्यापकता जान लेता है जो समाधि प्राप्त करने पर ही सम्भव है। शास्त्रों के अनुसार ऐसा इस लिए होता है क्योंकि साधना करते–करते साधक पवित्र, निर्लिप्त हो कर सुक्ष्म दृष्टि पाने पर ब्रह्म अणु को देखता है। जो अति सूक्ष्म है और ब्रह्म अणु के देखने पर योगी का अपनापन खत्म हो जाता है वह मोह और अहंकार मुक्त हो जाता है और आत्मा में लीन हो जाता है। उसके चित्त में वृत्ति नहीं होती, अतः आत्मा में स्थिर रहने के कारण आनन्द में रहता है। सभी कर्म करते हुए भगवान् के साथ रहता है। ऐसा इसलिए होता है। क्योंकि साधक जब आत्मा को जान लेता है तो उसे ज्ञान हो जाता है, कि आत्मा, सनातन अनादि है

जिसमें कोई परिवर्तन नहीं अर्थात् अखण्ड और सर्वव्यापक है, अर्थात् काल प्रवाह से पृथक् है। काल का तात्पर्य लगातार परिवर्तन है यही प्रकृति है, जब वह आत्मा हो जाता है तो काल प्रभाव से ऊपर उठता है वह सनातन परिवर्तन रहित वर्तमान हो जाता है। प्रकृति के तीन गुणों से ऊपर है, तभी पुनर्जन्म नहीं लेता है।। 23 ।।

ध्यानेनात्मनि पश्यन्ति केचिदात्मानमात्मना।
अन्ये सांख्येन योगेन कर्मयोगेन चापरे।। 24 ।।

अर्थ— कई लोग ध्यान योग द्वारा, कई लोग सांख्य योग द्वारा और कई कर्म योग द्वारा स्वयं में परमात्मा का अनुभव करते हैं।। 24 ।।

व्याख्या— भगवान् ने उपरोक्त श्लोक में विशेषत: दूसरे और वाइसवें श्लोकों में बताया कि प्रकृति तथा पुरुष भिन्न है। जो इस भिन्नता के तत्व को जानता और समझता है वही ज्ञानी ब्रह्म ज्ञानी होता है। अब इस श्लोक में तीन माध्यम प्रभु प्राप्ति अथवा आत्मा को जानने के बता रहे हैं। ध्यान योग से तात्पर्य अष्टाङ्ग योग अर्थात् राजयोग है। जिसमें यम, नियम, आसन, प्राणायाम, प्रत्यहार, धारणा, ध्यान और समाधि का प्रयोग करने से आत्म तत्त्व लक्षित हो जाता है योगीराज लाहिड़ी महाशय तथा परमहंस स्वामी योगानन्द की अपार कृपा से अब संसार को राजयोग में सिद्धि प्राप्त करने का सरल तरीका क्रिया योग के रूप में उपलब्ध है क्रिया योग ही राजयोग है। दूसरा तरीका सांख्य योग है। सांख्य योग का तात्पर्य ज्ञान योग है। सांख्य योगी ही विवेक उदय का दूसरा नाम है। क्योंकि ज्ञान योग विचार विश्लेषण और निधिध्यासन से आत्म तत्व को जान लेता है कि यह आत्मा (पुरुष) प्रकृति से भिन्न है और सब में स्थित है। सांख्य योगी पुरुष प्रकृति की भिन्नता, गुण कर्म विभाग के तथ्य से जानता है। तीसरा ढंग कर्म—योग अर्थात् निष्काम कर्म है। जिसमें योगी सेवा सहायता तथा बलिदान से प्रभु प्राप्ति करता है। परन्तु यह निरन्तर ध्यान में रखने योग्य है, कि श्रद्धा अथवा भगवद्भक्ति के अतिरिक्त आत्मज्ञान (परमात्मा) लभ्य नहीं है।। 24 ।।

अन्ये त्वेवमजानन्तः श्रुत्वान्येभ्य उपासते।
तेऽपि चातितरन्त्येव मृत्युं श्रुतिपरायणाः।। 25 ।।

अर्थ– परन्तु कोई मनुष्य इन्हें न जानने में समर्थ (ऊपर–वर्णित ध्यान, योग, सांख्य यो, कर्म योग) दूसरों से (महापुरुषों से) सुनकर उपासना करते हैं। वैसे सुनने पर उपासना करके वह भी मृत्यु को अति क्रमण कर जाते हैं।। 25 ।।

व्याख्या– चौबीसवें श्लोक में जो तीन उपाय प्रभु प्राप्ति के भगवान् ने बताये हैं। उनके अतिरिक्त एक अन्य उपाय भी हैं जो लोग किसी कारण वश ध्यान योग, सांख्य योग, कर्म योग, को नहीं जानते परन्तु मुमुक्षु हैं, तथा श्रद्धालु हैं। उन्हें प्रभु प्राप्ति की तड़प है। ऐसे श्रद्धालुओं को शुद्ध प्रवचन धार्मिक शिक्षा, तथा अन्य धर्म के उपायों को सुनकर एवं महापुरुषों की सेवा शुश्रुषा, उचित सुक्तियों और सुभाषितों, पूर्ण श्रद्धा से भगवान् की उपासना करने से भी आत्म ज्ञान हो जाता है।। 25 ।।

यावत्संजायते किंचित्सत्त्वं स्थावरजङ्गमम्।
क्षेत्रक्षेत्रज्ञसंयोगात्तद्विद्धि भरतर्षभ।। 26 ।।

अर्थ– हे भरत श्रेष्ठ अर्जुन! स्थावर और जङ्गम जितने भी प्राणी पैदा होते हैं वे सब क्षेत्र और क्षेत्रज्ञ के संयोग से ही पैदा होते है।। 26 ।।

व्याख्या– जीव चेतन है और शरीर जड़ है दोनों जड़ तथा चेतन तत्वों के संयोग से ही सारा जगत् उत्पन्न होता है कीट पतङ्ग से देवता एवं ऋषियों तक, कण से ब्रह्माण्ड तक। यही ब्रह्म है और यह लगातार फैलता है। असीम ब्रह्माण्ड और उसके अन्दर अदृष्ट कई गुणा विस्तृत चेतन सम्राट्। किन्तु भ्रम वश हर प्राणी अपने को शरीर ही समझता है, चेतन तत्व नहीं समझता। परन्तु वास्तव में वह आत्मा ही हैं यह भ्रम अत्यधिक प्रभावी है। यह भ्रम मात्र पढ़ाई लिखाई अथवा अध्ययन से नही मिटता यह तो गूढ़ साधना के द्वारा ही मिट सकता है। मनुष्य जीवन स्पप्न मात्र है जो जागने पर भूल जाता है। क्योंकि जागृत और स्वप्नावस्थायें परस्पर भिन्न हैं। ये एक साथ नहीं होती। दोनों भाव केवल समाधि अवस्था में नष्ट होते हैं। समाधि अवस्था में ही क्षेत्र–क्षेत्रज्ञ के संगम और संयोग की प्रतीति होती है तथा इसी को प्रकृत ज्ञान कहते हैं। तभी

जगत् के मिथ्या होने का ज्ञान होता है समाधि अवस्था में आत्म स्वरूप का बोध हो जाता है। जो कभी बदलता नहीं। जगत् बदलता है। वह परिवर्तनशील है। यहां हम दोनों अवस्थाओं को देखते हैं। स्वप्न अवस्था जो जागृत अवस्था में नही तथा जागृत अवस्था जो स्वप्न में जो नहीं रहती। अत: सर्वदा न रहने के कारण वह असत् है। समाधि भाव में कोई परिवर्तन नहीं वही परम सत् है।। 26 ।।

समं सर्वेषु भूतेषु तिष्ठन्तं परमेश्वरम्।
विनश्यत्स्वविनश्यन्तं य: पश्यति स पश्यति।। 27 ।।

अर्थ– जो सब भूतों में समान रूप से स्थित, तथा सब वस्तुओं के नष्ट होने पर भी, अविनाशी परमत्मा को देखता है। वही वास्तव में सत्य देखता है।। 27 ।।

व्याख्या– भगवान् सभी स्थावर और जङ्गम प्राणियों में समान रूप से अवस्थित हैं अर्थात् प्राणी शरीर बदलते रहते हैं भगवान् सर्वदा उपस्थित हैं। वे नहीं बदलते। भगवान् मनुष्यों के बुरे कर्मों के कारण इन्हें छोड़ते नहीं। क्योंकि वे सदा सम भाव में उनमें रहते है किन्तु उन्हें बूरे कर्म नहीं छूते। भगवान् गुणातीत निर्मल और कर्मातीत हैं। प्राणी और पदार्थ नष्ट होते हैं। भगवान् अविनाशी है। जो तत्वदर्शी परमात्मा को समभाव से सब में देखता है यहाँ तक कि मरने और नष्ट होने वाले जीवों में भी अविनाशी रूप से देखता है वह दिव्य दृष्टि रखता है और आत्मावान् है। क्योंकि उसका बोध त्रिकाल में समान ही है वह सदा वर्तमान है। स्वप्न तथा जागृत अवस्थायें दोनों साथ नही रह सकती। सर्व काल न होने के कारण असत् है। सर्वकाल में सत् ही है अर्थात् यह आत्मा (अविनाशी परमात्मा) मरने पर भी नहीं मरता और स्वप्न और जागृत अवस्था से भिन्न है।। 27।।

समं पश्यन्हि सर्वत्र समवस्थितमीश्वरम्।
न हिनस्त्यात्मनात्मानं ततो याति परां गतिम्।। 28 ।।

अर्थ– क्योंकि जो पुरुष सब में सम भाव से स्थित परमेश्वर को समान देखता हुआ अपने आप को अपने द्वारा नष्ट नहीं करता इससे वह परम गति को प्राप्त होता है।। 28 ।।

व्याख्या– भगवान् ही सत्य है, जो जगत् दिखाई देता है वह सत्य नहीं। क्योंकि भगवान् हमेशा, हर जगह, अविनाशी अजन्मा और अप्रमेय है। केवल दिव्य दृष्टि से देखा जा सकता है, क्योंकि वह इन्द्रिय अगोचर है। इस संसार में अणु परमाणु, काल–अवस्था स्थिति–क्रिया–अनुभव, परमात्मा के बिना न है, और न ही हो सकते हैं। जिस प्रकार यह जगत् नज़र आता है, ऐसा नहीं है। यह स्थिर नहीं, यह हर क्षण बदलता रहता है। इसका आधार केवल भ्रम है। जैसे तेज चलता हुआ पंखा एक ही गोल चक्र दिखाई देता है, जो वास्तव में नही, वैसे ही निरन्तर परिवर्तन शील जगत् दिखता है। भगवान् सब जगह, सर्वत्र सम रूप में अविनाशी तथा गुप्त रूप से रहते हैं, किन्तु निर्लिप्त हो कर। अत: भगवानू को नाशवान् जगत् में जो सदा और सम रूप में देख पाता है, वही परम प्रभु परमात्मा को प्राप्त करता है अर्थात् साधना में जिसकी दृष्टि इतनी सूक्ष्म हो गई है, कि उसको मन, बुद्धि–तत्व सभी स्थूल लगते हैं वही योग या महात्मा भगवान् को पा सकता है। "अपने से अपने आप को नष्ट नहीं करता" का अर्थ है, अपने आपको शरीर न समझ कर आत्मा समझता है। क्योंकि उसने अविद्या या माया पर विजय कर ली है।। 28 ।।

प्रकृत्यैव च कर्माणि क्रियमाणानि सर्वशः।
यः पश्यति तथात्मानमकर्तारं स पश्यति।। 29 ।।

अर्थ– जो सभी कर्मों को प्रकृति द्वारा किए जाते हुए देखता है। स्वयं को अकर्ता समझता है वही यथार्थ देखता है।। 29 ।।

व्याख्या– गीता में गुण और कर्म का विभाग विशेषत: बताया गया है अर्थात् सभी कर्म प्रकृति (शरीर) करती है मन, बुद्धि इन्द्रियाँ भी शरीर है यही कर्म करते है आत्मा चेतन तत्व, अकर्ता हैं शरीर स्थूल, सूक्ष्म तथा कारण रूप में हमेशा कार्य शील होता है तथा सदा आत्मा निर्मल है, वह कोई कर्म नहीं करता, इस आधार पर (निर्लिप्त होकर) जो संसार में वर्तता है वही शुभ है। यह प्रकृति भगवान् की ही शक्ति है तथा इसकी रचना भगवान् ने कर्म करने के लिए ही की हैं यह जगत् प्राण शक्ति से ही बना है। कर्म भी प्राण शक्ति करती हैं। कर्म को अकर्म रूप में करके ही छुटकारा होता है। योग, ज्ञान, भक्ति

द्वारा सिद्धि प्राप्त करके ही मनुष्य प्रकृति को कर्ता रूप में, तथा आत्मा को अकर्ता रूप में देख सकता हैं निगुर्ण आत्मा प्रकृति युक्त होकर (शरीर) सगुण प्रतीत होता है। इसी भ्रम का उपचार तत्व ज्ञान है।। 29 ।।

यदा भूतपृथग्भावमेकस्थमनुपश्यति।
तत एव च विस्तारं ब्रह्म संपद्यते तदा।। 30 ।।

अर्थ– जब मनुष्य प्राणियों के पृथक–पृथक भावों को (नानात्व) एक आत्मा में स्थित देखता है, और उसी आत्मा से सारे भूतों को विस्तार देखता है तभी ब्रह्म को प्राप्त होता है।। 30 ।।

व्याख्या– अविभक्त परमात्मा से विभक्त तथा पृथक्–पृथक् प्रकृति की उत्पत्ति है, तथा यह अनेकत्व (भिन्नता) ही प्रकृति है। परमात्मा तो अविभक्त, सनातन स्थिर सत्य ही है और यह पृथक्–पृथक् भाव वाली प्रकृति ईश्वर के संकल्प (एकोऽहं वहुस्याम) के कारण है। पुरुष एक (आत्मा) अदृष्ट ही है विकृति का यह जगत् अनेक अथवा नाना प्रकार का है। जब सिद्ध पुरुष की दृष्टि सारी सृष्टि को ब्रह्म से उत्पन्न देख लेती है, तथा ब्रह्म में प्रलय काल में लीन समझ लेती है तभी वह सिद्ध पुरुष होता है। जगत् का अनेकत्व मानसिक दृष्टि से भी भासित होता है। जो निरन्तर चञ्चल है। प्राण कर्म द्वारा तथा आध्यात्मिक साधना से जब साधक दिव्य दृष्टि प्राप्त करता है, तभी उसे वास्विकता के दर्शन होते हैं कि सब कुछ पर ब्रह्म स्वयं ही हैं संसार उसकी लीलामात्र है। पारमार्थिक सत्य स्वयं ब्रह्म ही हैं। उसी से सब उत्पन्न होते है, और अन्त में उसी में लीन भी हो जाते है सारांश प्रकृति का मानव भ्रम है और एकत्व प्रभु।। 30 ।।

अनादित्वान्निर्गुणत्वात्परमात्मायमव्यय।।
शरीरस्थोऽपि कौन्तेय न करोति न लिप्यते।। 31 ।।

अर्थ– हे कौन्तेय! यह (अविनाशी) परमात्मा अनादि, और गुणातीत होने के कारण शरीर में रहते हुए भी न कुछ करता है और न ही लिप्त होता हैं।। 31 ।।

व्याख्या– परमात्मा अनादि है वह कभी जन्म नहीं लेता, इसलिए अव्यय है, अविनाशी है, क्योंकि वह परिवर्तन शील तथा मरण शील नहीं है। जन्म लेना

और मरण प्रकृति का नियम है। जन्म लेने वाला कर्म करता है। क्योंकि जो भी जन्म लेता है वह प्रकृति के गुणों के कारण जन्मता है। प्रकृति तीन गुणों से बनी है अतः कर्म करती है। परन्तु आत्मा गुणातीत अतः कर्म नही करता, लिप्त इसलिए नहीं होता, क्योंकि उसे आवश्यकता ही नहीं होती। कर्म कर्ता और कर्म में लिप्त होने वाले तो मनुष्य के सूक्ष्म, स्थूल और कारण शरीर हैं। आत्मा लिप्त नहीं होता, क्योंकि वह निर्मल है। आत्मा मनुष्य शरीर में रहते हुए भी कुछ कर्म इसलिए नहीं करता क्योंकि कर्म तो जीव शारीरिक–सांसारिक आवश्यकताओं की पूर्ति के लिए करता है। परन्तु पुरुष (आत्मा) तो शरीर नहीं वह तो निर्मल और गुणातीत, परमानन्द हैं उसमें न परिवर्तन है और न ही आवश्यकता है। वहाँ तो परमानन्द ही है।। 31 ।।

यथा सर्वगतं सौक्ष्म्यादाकाशं नोपलिप्यते।
सर्वत्रावस्थितो देहे तथात्मा नोपलिप्यते।। 32 ।।

अर्थ– जैसे सर्वगत् अतिसूक्ष्म आकाश लिप्त नहीं होता वैसे आत्मा सारे शरीर में विद्यमान रहते हुए भी निर्गुण होने के कारण लिप्त नहीं होता।। 32 ।।

व्याख्या– आकाश अति सूक्षम है, वह सब जगह सब में व्याप्त है परन्तु आकाश को अपनी वास्तविकता के लिए शेष चार भूतों की आवश्यकता नहीं होती, किन्तु इन चार भूतों को आकाश की आवश्यकता होती हैं आकाश अति सूक्ष्म होने के कारण अपने आप ही परिपूर्ण है। आत्मा तो परमात्मा का ही अंश है, तथा वह आकाश से भी अति सूक्ष्म है। निर्मल, पावन, प्रभु अंश होने के कारण उसे किसी की आवश्यकता नहीं। सदा और सर्वत्र व्याप्त है। क्योंकि आत्मा की अनुपस्थिति में कुछ न हो सकता है और न किसी का अस्तित्व ही है। वह सदा सब में व्याप्त है। परिपूर्ण होने के कारण उसे किसी की आवश्यकता नहीं क्योंकि वह गुणातीत है अर्थात् संसार में मनुष्य विषयों और कामनाओं में लिप्त रहता है, आत्मा निर्लिप्त होने के कारण उन वासनाओं के फल का भागी नहीं होता, मनुष्य ही अज्ञान वश लिप्त होता है।। 32 ।।

यथा प्रकाशयत्येकः कृत्स्नं लोकमिमं रविः।
क्षेत्रं क्षेत्री तथा कृत्स्नं प्रकाशयति भारत।। 33 ।।

अर्थ– हे भारत! जैसे रवि सारे जगत् को प्रकाशित करता है, वैसे ही क्षेत्री (क्षेत्रज्ञ आत्मा) शरीर को प्रकाशित करता है।। 33 ।।

व्याख्या– सारे जगत् के प्रकाश का कारण सूर्य ही है तथा बहुत सारी जगत् की क्रियायें भी सूर्य के प्रकाश और उर्जा से निष्पन्न होती है। चाहे वह प्रत्यक्ष में हो या परोक्ष में उसी प्रकार यह शरीर भी आत्मा से प्रकाशित होता है। आत्मा स्वयं कुछ भी नहीं करती। केवल आत्मा का सानिध्य ही शरीर की सारी क्रियाओं का इच्छा रहित कारण है। प्राण–शक्ति आत्मा से आती है। जो सारे शरीर का सञ्चालन करती है। प्राणी के सूक्ष्म, स्थूल और कारण शरीर आत्मा के सानिध्य से ही चलते है तथा अनेक क्रियाओं का स्रोत भी प्राण के कारण आत्मा ही है। ज्ञान और चेतना का स्रोत आत्मा है, और कोई स्रोत नहीं।। 33 ।।

क्षेत्रक्षेत्रज्ञयोरेवमन्तरं ज्ञानचक्षुषा ।
भूतप्रकृतिमोक्षं च ये विदुर्यान्ति ते परम्।। 34 ।।

अर्थ– इस प्रकार क्षेत्र और क्षेत्रज्ञ का "भेद" तथा भूतों की प्रकृति से मोक्ष की प्राप्ति जो ज्ञान चक्षुओं द्वारा जानते हैं वे परम ब्रह्म परमात्मा को प्राप्त होते हैं।। 34 ।।

व्याख्या– क्षेत्र और क्षेत्रज्ञ के भेद को जानना कठिन कार्य है। जो लम्बी साधना से प्राप्त होता है। क्योंकि इससे अधिक कोई अन्य ज्ञान नहीं वही मोक्ष दायक भी है। उस स्थिति में साधक को प्रभु दर्शन पदार्थ या अपने में ही दिखाई देते हैं। पर ध्यान में रखने की यह बात है, कि यह क्षेत्र शरीर, सूक्ष्म, स्थूल और कारण तीन भागों में विभक्त हैं जब आत्मा स्थूल शरीर में दिखाई देती है, तो दो शरीर स्वयं लुप्त हो जाते हैं अर्थात् जन्म–मरण का चक्कर छूट जाता है। क्योंकि पुनर्जन्म का तांता लम्बा है। लाखों जन्मों के उपरान्त भी नहीं मिटता। यहां तक कि प्रलय काल में भी कारण शरीर के रूप में विद्यमान रहता है तथा कर्मानुसार सर्ग अथवा सृष्टि के आरम्भ में पुनः स्थूल शरीर में जन्मता है। इसलिए यह ध्यान देने योग्य बात है कि यह जीवन कभी नहीं मरता कभी नष्ट नहीं होता स्थूल और सूक्ष्म शरीर जीवन के ही भाग हैं। प्राणी इनको लगातार बदलता रहता है। इस संसार अर्थात् मृत्यु लोक, स्वर्ग लोक, तथा अन्य दिव्य लोकों में जाता है, इससे छुटकारा नहीं मिलता। तभी

तो भगवान् ने अर्जुन से कहा है, कि मेरे और तुम्हारे कई जन्म हो चुके हैं। मृत्यु से छुटकारा तो मोक्ष प्राप्ति पर ही होता है, जहाँ देर सबेर सबको जाना है। हजारों में एक कोई विरला ही इस जन्म में परम धाम में पहुंचता है। मृत्यु को हम यदि नाश माने तो ऐसा नही, केवल सूक्ष्म में स्थूल से परिवर्तन है तथा सूक्ष्म से कारण में, जीवन नष्ट ही नहीं होता।

वास्तव में पदार्थ भी नष्ट नहीं होता तो जीवन कैसे नष्ट होगा। परन्तु आत्मा तो ईश्वर का शुद्ध सनातन और नित्य अमर अशं है वह सनातन सत्य हैं क्षेत्र–क्षेत्रज्ञ के भेद को जानने का तात्पर्य दोनों की भिन्नता का ज्ञान है। क्षेत्र नित्य परिवर्तन शील जड़, क्षणिक और नाशवान् है और क्षेत्रज्ञ अविनाशी नित्य अजन्मा और सर्वत्र है। सांख्य शास्त्रानुसार क्षेत्र और क्षेत्रज्ञ की भिन्नता ऐसी नहीं है जैसी गीता बताती है। सांख्य प्रकृति और पुरुष दोनों को अनादि मानता है। किन्तु गीता प्रकृति को परमात्मा की रचना कहती है जो (पुरुष) आत्मा से भिन्न है, पहला चेतन और दूसरा जड़/मन, बुद्धि और इन्द्रियों को गीता में प्रकृति का भाग माना है। अत: यह भी जड़ ही है, तथा आत्मज्ञान पर ही मुक्ति मिल सकती है। इस अध्याय के अध्ययन से स्पष्ट हो जाता है, कि प्रकृति पुरुष जीव–आत्मा–जगत् सब ब्रह्म हैं। आत्मा में स्थिति और स्थूल जगत् में गति है। दोनों ही अनादि तथा दोनों सत्य तथा ईश्वर के रूप हैं। एक पारमार्थिक और दूसरा व्यावहारिक। ईश्वर और जगत् ब्रह्म के ही दो रूप इस कारण हैं, कि जब चेतना मन में हो तो जगत् शरीर होता है। और जब चेतना कूटस्थ में तो ब्रह्म होता है। गति तथा अनेकता शारीरिक दृष्टि में है। अर्थात् जगत् में ही, तथा एकत्व तथा स्थिति ब्रह्म (आत्मा) में हैं आत्मा का बोध होने पर ही जीव कर्म और प्रकृति से मुक्त हाकर भगवान् में युक्त हो जाता है।। 34 ।।

ॐ तत्सदिति श्रीमद्भगवद्गीतासूपनिषत्सु ब्रह्मविद्यायां योगशास्त्रे श्रीकृष्णार्जुनसंवादे क्षेत्रक्षेत्रज्ञविभागयोगो नाम त्रयोदशोऽध्याय:।। 13 ।।

त्रिगुणमयी प्रकृति विभाग योगः

श्री भगवानुवाच

परं भूयः प्रवक्ष्यामि ज्ञानानां ज्ञानमुत्तमम्।
यज्ज्ञात्वा मुनयः सर्वे परां सिद्धिमितो गताः।। 1 ।।

अर्थ— श्रीकृष्ण भगवान् जी बोले:— सब ज्ञानों में उत्तम और श्रेष्ठ ज्ञान को मैं फिर कहूंगा, जिसको जानकर सभी मुनि इस शरीर बन्धन से छूटकर परम सिद्धि को प्राप्त हो गये हैं।। 1 ।।

व्याख्या— तेरहवें अध्याय में भगवान् ने क्षेत्र और क्षेत्रज्ञ के भेद को जानने का ज्ञान बताया है, जिसको जानकर साधक परम ज्ञान को प्राप्त होता हैं यह ज्ञान सभी ज्ञानों में श्रेष्ठ इसलिए कहा गया है, कि इसकी प्राप्ति पर मोक्ष प्राप्त होता है अर्थात् भगवान् मिल जाते हैं, अर्थात् उनके दर्शन हो जाते हैं, और अमरता प्राप्त होती है। यह प्रकृति और पुरुष के भेद और भिन्नता को बताने वाला परम ज्ञान ही ब्रह्म ज्ञान है। इसी से प्रभु पदार्थ, जीव और वस्तु में नज़र आते हैं। इसी ज्ञान के माध्यम से भगवान् कह रहे हैं कि "सभी मुनि लोग प्रभु को प्राप्त हो गये हैं। तात्पर्य यह है कि इस ज्ञान को प्राप्त कर किसी—किसी को प्रभु प्राप्ति होती है, ऐसा नहीं बल्कि सबकों ही प्रभु प्राप्ति होती है। भगवान् इस ज्ञान को इसलिए बताते हैं कि इस ज्ञान के अतिरिक्त भगवान् को पाने का और कोई साधन या माध्यम नहीं है। यह ध्यान देने योग्य बात है कि भगवान् ने गीता में कई ज्ञान भगवान् की प्राप्ति के उपाय बताये हैं, वे सभी ब्रह्म ज्ञान

के अन्तर्गत हैं। ब्रह्म ज्ञान का तात्पर्य भगवान् को पाने से हैं इस ज्ञान की ऐसी महति विशेषता है कि मुनिजन भी इसी ज्ञान के माध्यम से मोक्ष प्राप्त कर पाते हैं। यह ज्ञान पुस्तक पढ़कर या किसी से सुनकर नहीं आता, यह सिद्धि और साधना का विषय है, दुनिया में शेष अनेक ज्ञान हैं। जिससे भौतिक और सांसारिक ज्ञान प्राप्त होता है। अन्य देवों की अराधना करने से कर्म फल प्राप्त होते हैं। परन्तु उन सब विद्याओं से प्रभु प्राप्ति नहीं होती "उस परम ज्ञान को मैं फिर कहूंगा" से तात्पर्य है कि परम ज्ञान आसानी से प्राप्य नही यह बार बार तत्व ज्ञानी से सीखने सुनने पर ही समझ लगता है।। 1 ।।

इदं ज्ञानमुपाश्रित्य मम साधर्म्यमागताः।
सर्गेऽपि नोपजायन्ते प्रलये न व्यथन्ति च।। 2 ।।

अर्थ– इस ज्ञान का आश्रय लेकर मेरे तत्व को जानने वाले पुरुष सर्ग के आदि में उत्पन्न नहीं होते हैं, और प्रलय में भी व्यथित नहीं होते।। 2 ।।

व्याख्या– ब्रह्मा की रात्रि जो लाखों वर्षों की होती है उसे प्रलय कहते हैं और ब्रह्मा जी के एक दिन को जो लाखों वर्षों का होता है उसे सर्ग कहते हैं, सर्ग के उदय होने पर सृष्टि की रचना होती है। जो साधक इस ज्ञान अर्थात् पुरुष और प्रकृति के भेद और भिन्नता को जानता है वह पुनः जन्म नहीं लेता वह भगवान् को प्राप्त होता है और उसे मोक्ष मिलता है। वह जन्म, मरण सर्ग और प्रलय के फंदे से मुक्त हो जाता हैं। पुनर्जन्म नहीं लेता, अमरता को प्राप्त होता है। भगवान् के तत्व को जानने का अर्थ है, कि सर्वव्यापि भगवान् न लिप्त है न कर्ता है, किन्तु सब के भरण–पोषण करने वाला होने पर भी अनासक्त रहते हैं। इस संसार और विषय भोगों से मुक्त हैं जो इनकी तरह हो जाता है वही भगवान् को तत्व से जानता है।। 2 ।।

मम योनिर्महद्ब्रह्म तस्मिन्गर्भं दधाम्यहम् ।
सम्भवः सर्वभूतानां ततो भवति भारत।। 3 ।।

अर्थ– हे भरतवंशी अर्जुन! महत् ब्रह्म रूप (मेरी प्रकृति) "मम योनिः" मेरा गर्भाधान है, मैं उसमें गर्भ की स्थापना करता हूँ सभी भूतों का जन्म इसी से होता है।। 3 ।।

व्याख्या— महत् ब्रह्म का अर्थ मूल प्रकृति है। परन्तु ऐसा भी नहीं कि यह प्रकृति पूर्णत: जड़ हैं यह भी ईश्वर की अपनी अपार शक्ति प्राण रूपा है। प्रकृति (महत् ब्रह्म) पूर्णतया जड़ ही नहीं, इसमें चेतना है परन्तु प्रकृति की चेतना मन, बुद्धि तक ही रहती है। इसलिए जड़ कहते हैं, यह आत्म बुद्धि नहीं मन बुद्धि ही है, और जीव रूपी बीज चेतन तत्व हैं और यह जीव चेतन तत्व ही भगवान् का अपना अंश है। इस चेतन तत्व का महत् ब्रह्म में प्रवेश से ही गर्भाधान होता है अर्थात् जड़ और चेतन का मेल होने पर जीव जन्म लेता है। जड़ और चेतन दोनां का सम्मिश्रण जीव के जन्म के लिए अपेक्षित है। क्योंकि जीव जड़ और चेतन दोनों ही है। उसका शरीर जड़ और जीव आत्मा चेतन है। आत्मा अमर है। शरीर परिवर्तन शील है, परन्तु शरीर जन्म लेने पर सूक्ष्म, स्थूल और कारण शरीर को प्राप्त करता है। तात्पर्य यह कि महत् ब्रह्म (भगवान् की मूल प्रकृति) और गर्भ जीवन रूपी बीज दोनों ही भगवान् के हैं। इसलिए जीव तथा जगत् दोनों का हेतु ईश्वर ही हैं प्रकृति उनकी ही शक्ति है।। 3 ।।

सर्वयोनिषु कौन्तेय मूर्तय: सम्भवन्ति या:।

तासां ब्रह्म महद्योनिरहं बीजप्रद: पिता।। 4 ।।

अर्थ— हे अर्जुन! सारी योनियों में जितने भी शरीर जन्म लेते हैं, उन सब की माता प्रकृति ही है। और मैं बीज प्रदान करने वाला पिता हूँ।। 14 ।।

व्याख्या— इस संसार में अरबों मातायें हैं, जो असंख्यबच्चों को जन्म देती हैं, वह मूल प्रकृति के विचित्र रहस्य का ही भाग है। सभी मातायें प्रकृति हैं, और बच्चे अर्थात् जीव चेतन तत्व पुरुष भगवान् का बीज रूप है। जड़ और चेतन, प्रकृति और पुरुष के मेल से जीव की उत्पत्ति होती है। ब्रह्म ही महत्ब्रह्म और बीज है। क्योंकि हर बीज का एक ही बीज ईश्वर परम पिता है। इसलिए तो शास्त्र कहते हैं कि जीव वर्ग एक ही है। भिन्नता केवल शरीर की ही है, जो जड़ तत्व है। वास्तव में ये जीव (मनुष्य) जब तक अज्ञानी है वह सब प्रकृति है। जब वह साधना अथवा ज्ञान द्वारा ज्ञानी हो जाते हैं तो वह पुरुष अर्थात् आत्मा हो जाते हैं।। 4 ।।

सत्त्वं रजस्तम इति गुणाः प्रकृतिसम्भवाः।
निबध्नन्ति महाबाहो देहे देहिनमव्ययम्।। 5 ।।

अर्थ– हे महाबाहो! यह प्रकृति से उत्पन्न सत्त्व, रजस्, तमस, तीनों गुण अविनाशी आत्मा को शरीर से बांधते हैं।। 5 ।।

व्याख्या– प्रकृति तीन गुणों से बनी है, और शरीर भी इन्ही तीन गुणों का ही बना हुआ है। इस कारण इसे भी प्रकृति कहते है सारांश कि अज्ञानी मनुष्य प्रकृति है और ज्ञानी आत्मा है। अज्ञान वश मनुष्य अपने आपको शरीर (मन, बुद्धि इन्द्रियों) वाला स्थूल शरीर समझता है। इसलिए प्रकृति के तीन गुण मनुष्य को आत्मा के प्रति अन्धा बना देते हैं, क्योंकि प्रकृति के तीनों गुणों का प्रयास ही जीव को प्रकृति से बांधे रखना है, मनुष्य यह तो सोच तक नहीं सकता कि उसका शरीर तो परिवर्तनशील है, और अन्त में नाशवान् है, आत्मा अविनाशी अजर–अमर है। अत: ये दोनों पृथक् है। यहां यह भी ध्यान देने योग्य है, कि दोनों परा (जीव) अपरा (प्रकृति) मन, बुद्धि अहङ्कार पञ्चभूत सहित भगवान् की ही प्रकृतियां हैं। परन्तु आत्मा से अनभिज्ञ, और शरीर ज्ञाता हैं अर्थात् इनका चैतन्य मन बुद्धि है, आत्म बुद्धि नहीं।। 5 ।।

तत्र सत्त्वं निर्मलत्वात्प्रकाशकमनामयम्।
सुखसङ्गेन बध्नाति ज्ञानसङ्गेन चानघ।। 6 ।।

अर्थ– हे निष्पाप अर्जुन! (तीन गुणों में) सत्व गुण निर्मल होने के कारण निर्विकार तथा प्रकाशक है। अत: वह सुख और ज्ञान के बन्धन से बांधता है।। 6 ।।

व्याख्या– प्रकृति के तीन गुणों में सत्व गुण निर्मल, उज्ज्वल तथा पवित्र हैं, इस गुण की विशेषता सुख तथा ज्ञान है। यह सुख तथा ज्ञान मात्र मन, बुद्धि का अनुभव होने के कारण परिवर्तनशील हैं और आत्मा परमानन्द प्रदान करता है। पहला प्राकृत और दूसरा अप्राकृत अर्थात् पहला सत्व गुण सांसारिक सुख और ज्ञान को प्रदान करता है, जिसके कारण मनुष्य को अहङ्कार हो जाता है यही अभिमान (अहङ्कार) मनुष्य का बन्धन का कारण बनता है। सात्विक भाव के कारण मनुष्य अभिमान करता है, कि मैं सुखी तथा ज्ञानी हूँ। और इसी एक प्रकार के भ्रम के कारण बन्धन में रहता है।। 6 ।।

रजो रागात्मकं विद्धि तृष्णासङ्गसमुद्भवम्।
तन्निबध्नाति कौन्तेय कर्मसङ्गेन देहिनम्।। 7।।

अर्थ– हे कौन्तेय! रजोगुणं को राग रूपी कामना तथा आसक्ति उत्पन्न करता है, वह इस जीव आत्मा को कर्मों और उनके फल से बांधता है।। 7 ।।

व्याख्या– रजोगुण की जीव को प्रकृति में बांधने की शक्ति, कर्म करने और कर्म के फल की आसक्ति में छूपी हैं रजोगुण की प्रधानता के कारण मनुष्य स्वार्थ और लालच से कर्म करता रहता है। वह न थकने का नाम लेता है और न ही रुकने का। अधिक से अधिक जोड़–तोड़ में लगा रहता है। वास्तव में कर्म करने में बन्धन नहीं है। कर्म करने का आदेश तो विशेषकर गीता में भी दिया है, परन्तु कामना और आसक्ति में बन्धन है जो निष्काम भाव से कर्म करता है, वह नहीं बन्धता, परन्तु रजोगुण की प्रधानता तो लोभ और मोह जनित प्रयास और परिश्रम है। रजोगुण अघाता ही नही, जितना करो वही इसको कम लगता है।। 7 ।।

तमस्त्वज्ञानजं विद्धि मोहनं सर्वदेहिनाम् ।
प्रमादालस्यनिद्राभिस्तन्निबध्नाति भारत।। 8 ।।

अर्थ– हे अर्जुन! तमोगुण, सभी शरीरधारियों तथा अभिमानियों का मोहित करने वाला है, यह अज्ञान से ही उत्पन्न होता है और वह जीवात्मा को प्रमाद, आलस्य, निद्रा के द्वारा बांधता है।। 8 ।।

व्याख्या– तमो गुण मनुष्य को अभिमान तथा मोह द्वारा गुमराह करने वाला प्रकृति का गुण है यह मनुष्य को प्रमाद आलस्य तथा निद्रा से प्रकृति में बांधता है, प्रमाद का तात्पर्य व्यर्थ चेष्टायें हैं, अर्थात् मन और इन्द्रियों को ऐसे कार्य में लगाना जिससे कोई लाभ न हो, इसके विपरीत हानि होती हो, विना उचित ढंग से विना विचारे कार्य करना है, अथवा मूर्खता का प्रदर्शन करना ही तमों गुण हैं सुस्ती या आलस्य से तमोगुण जीव को पुरुषार्थ से अलग कर देता है।। 8 ।।

सत्त्वं सुखे सञ्जयति रजः कर्मणि भारत।
ज्ञानमावृत्य तु तमः प्रमादे सञ्जयत्युत।। 9 ।।

अर्थ– हे अर्जुन! सत्वगुण मनुष्य को सुख में लगाकर रजोगुण मनुष्य को कर्म में लगाकर और तमो गुण मनुष्य को प्रमाद में लगाकर, तथा ज्ञान को आवरण करके मनुष्य पर विजय पाता है।। 9 ।।

व्याख्या– वास्तव में जब साधक सिद्धि में एकाग्र भाव से लग जाता है, तो कुछ समय के बाद उसको सुख और आनन्द का अनुभव होने लगता है। अक्सर ऐसा होता है कि साधक सुख में मोहित हो जाता है। इस कारण यह रुकावट साधक को आध्यात्म मार्ग की चोटी पर उर्ध्व मार्ग में जाने के लिए बाधक बन जाता है, और प्रभु प्राप्ति नहीं होती, यही सत्व गुण का तरीका है। रजो गुण मनुष्य को लालच–समृद्धि, पद, सत्ता तथा श्रीमान् बनने के बन्धन से ही संसार में पक्की तरह बांध देता है। तमो गुण तो सत्त्व तथा रजो गुण इन दोनों वृत्तियों का विरोधी होने के कारण अज्ञान, प्रमाद का घर होने के कारण मनुष्य को उठने ही नहीं देता।। 9 ।।

रजस्तमश्चाभिभूय सत्त्वं भवति भारत।
रज: सत्त्वं तमश्चैव तम: सत्त्वं रजस्तथा।। 10 ।।

अर्थ– हे भरतवंशी अर्जुन। रजो गुण तथा तमो गुण को दबाकर सतो गुण, सत्त्व गुण और तमो गुण को दबाकर रजो गुण और सत्त्व गुण और रजो गुण को दबाकर तमो गुण उभरता है।। 10 ।।

व्याख्या– सारांश यह है कि यह तीनों प्रकृति के गुण एक साथ एक ही समय में इकठ्ठा होकर मनुष्य अथवा साधक को नहीं बांधते, अपितु हर मनुष्य में जिस एक गुण की अधिक प्रवृत्ति होती है वह गुण ही उस पर प्रभावी रहता है। अत: यही इस प्रगति शील जगत् में हर साधक को एक–एक करके तीनों गुणों पर अवश्य ही विजय प्राप्त करनी है, क्योंकि देर–सबेर सबने ही भगवान् के पास पहुंचना है कोई एक जन्म में तथा कोई लाखों जन्मों में पहुंचता है परन्तु मन का राजा बनने के लिए तीनों गुणों को विजय करना आवश्यक है बिना गुणातीत अवस्था के प्रभु प्राप्ति सम्भव ही नहीं है।। 10 ।।

सर्वद्वारेषु देहेऽस्मिन्प्रकाश उपजायते।
ज्ञानं यदा तदा विद्याद्विवृद्धं सत्त्वमित्युत।। 11 ।।

अर्थ– जिस समय इस देह के सारे द्वारों में प्रकाश और ज्ञान प्रकट होता है, उस समय जानना चाहिए कि सत्व गुण बढ़ा हुआ है।। 11 ।।

व्याख्या:– इन तीन श्लोकों में भगवान् अर्जुन से कह रहें हैं कि साधक को यह कैसे ज्ञान होगा कि उसके अन्त: करण में विशेष समय में कौन सा गुण प्रभावी है, क्योंकि मनुष्य की मानसिक वृत्तियां बदलती रहती है, तथा यह मानसिक परिवर्तन गुणों के कारण ही होता है, जो भी गुण जिस विशेष काल में साधक को प्रभावित करता रहता है उसके अनुकूल तथा प्रतिकूल साधक का बरताव जरूरी है। क्योंकि उसको मन, बुद्धि, इन्द्रियां, शरीर, अन्तकरण आदि के प्रभाव का लाभ उठाना चाहिए। साधक को स्वयं ही उसके अनुरूप सचेत होना चाहिए। सत्तो गुण की प्रधानता में साधक की प्रवृत्ति साधना में अधिक होगी, तथा वह निवृत्ति के मार्ग पर अग्रसर होगा। प्रवृत्ति मार्ग से उसका मन स्वत: हट जायेगा। अत: ऐसे समय में साधक को सुख में खोकर साधना में ढील नहीं रखनी है।। 11 ।।

लोभ: प्रवृत्तिरारम्भ: कर्मणामशम: स्पृहा।

रजस्येतानि जायन्ते विवृद्धे भरतर्षभ।। 12 ।।

अर्थ– हे अर्जुन! रजो गुण के बढ़ने पर लोभ प्रवृत्ति–स्वार्थ–सकाम–भाव का आरम्भ, अशान्ति एवं ईर्ष्या उत्पन्न होती है।। 12 ।।

व्याख्या– मनुष्य के शरीर तथा अन्तकरण में जब लोभ, सकाम भाव की प्रवृत्ति जागृत होती है, तब वह नये–नये कार्यों को करने में प्रवृत्त होता है। प्रतिस्पर्धा या इर्ष्या उसमें घर कर जाती है। आवश्यकता के न होने पर भी मनुष्य सांसारिक पदार्थों के प्रति चिन्तित रहने के कारण अशान्त हो जाता है। रजो गुण के आसार जब मनुष्य में दिखाई देते हैं तब वह खिन्न ईर्ष्या भावना में रहता है। उस स्थिति में उदासीनता का भाव मन में लाना जरुरी है।। 12 ।।

अप्रकाशोऽप्रवृत्तिश्च प्रमादो मोह एव च।

तमस्येतानि जायन्ते विवृद्धे कुरुनन्दन।। 13 ।।

अर्थ– हे कुरुनन्दन! तमो गुण के बढ़ने पर अप्रकाश, कर्तव्य कर्मों में अप्रवृत्ति, प्रमोद तथा मोह ऐसी प्रवृत्तियां उत्पन्न होती हैं।। 13 ।।

व्याख्या— साधक के मन अथवा अन्त: करण में अज्ञान आलस्य, कर्तव्य कर्म में ढील, मूर्खता, क्रोध आदि के भाव उत्पन्न होते हैं। जब ऐसा अनुभव होने लगे तो साधक को तमो—गुण भाव से हटाकर मन रजोगुण में लगाकर, तथा तदनन्तर सत्व गुण की ओर लगाना चाहिए। क्योंकि तमो गुण साधक को साधना में बहुत हानिकारक है, क्योंकि तामसिक भाव में आलस, थकान, अज्ञान आदि के कारण क्रोध की भावना भी उत्पन्न होती है। जो साधना में विशेष हानि कारक होता हैं सारांश यह है कि ये तीन गुण मनुष्य में किसी न किसी रूप में सब के अन्दर विद्यमान रहते हैं, और अपना प्रभाव दिखाते रहते है। अत: मनुष्य को राजसिक और तामसिक भावों से दूर रहने के लिए सर्वदा प्रयास करना चाहिए।। 13 ।।

यदा सत्त्वे प्रवृद्धे तु प्रलयं याति देहभृत्।

तदोत्तमविदां लोकानमलान्प्रतिपद्यते।। 14 ।।

रजसि प्रलयं गत्वा कर्मसङ्गिषु जायते।

तथा प्रलीनस्तमसि मूढयोनिषु जायते।। 15 ।।

अर्थ— मनुष्य के इस जीवन के कर्म ही उसके मरने के पश्चात की दशा के निर्धारक हैं। जब मनुष्य सत्व गुण की वृद्धि में मरता है तो वह उत्तम वेत्ताओं के निर्मल लोक में जाता है, रजोगुण की वृद्धि में मरने पर वह कर्म आसक्ति—वाले मनुष्य के रूप में जन्म लेता है। तमो गुण की वृद्धि में मरने वाला मनुष्य मूढ़ योनि में जन्म लेता है।। 14-15 ।।

व्याख्या— इन दो श्लोकों से यह स्पष्ट है कि उत्तम वेत्ताओं के निर्मल लोकों में हिरण्यगर्भ आदि उच्च स्वर्ग लोक में आते हैं। जहां उत्तम लोग ज्ञान प्राप्त कर प्रकाश और आनन्द अनुभव करते हैं। मनुष्य को मरते समय कुछ—कुछ यह ज्ञात हो जाता है, या उसे आभास हो जाता है कि वह किस योनि में जन्म लेने जा रहा है। क्योंकि उसके विशेष गुण के प्रभाव ही वैसे हो जाते हैं। अत: प्रत्येक मनुष्य मरने के उपरान्त जिस प्रकार का जन्म चाहता है उसे वैसे ही कर्म इस जीवन में करते रहना चाहिए अर्थात् मनुष्य अपने भाग्य का निर्माता स्वयं ही है।। 14-15 ।।

कर्मणः सुकृतस्याहुः सात्त्विकं निर्मलं फलम्।
रजसस्तु फलं दुःखमज्ञानं तमसः फलम्।। 16 ।।

अर्थ– शुभ कर्म का फल सात्विक तथा निर्मल कहा है। राजस कर्म का फल दु:ख और तामस कर्म का फल अज्ञान है।। 16 ।।

व्याख्या– सुख और शान्ति सात्विक कर्म से इस कारण होती हैं कि वह कर्म फल की इच्छा के विना परार्थ अथवा दूसरों के लाभ तथा भगवान् के प्रति मन को शुद्ध करने के लिए होता है। इस प्रकार की वृत्ति से ही वैराग्य भाव उत्पन्न होता है।

रजो गुण वाले कर्म दु:ख के कारण इसलिए बनते हैं कि इन कर्मों में लोभ तथा कर्म के फल–इच्छा तथा फल के प्रति लगाव हमेशा रहता है। गीता के पञ्चम अध्याय के बाइसवें श्लोक में भी बताया गया हैं राजसिक कर्मों से अन्त: करण का मनोमालिन्य नहीं मिटता फिर शान्ति कैसे प्राप्त हो सकती है। तामसिक कर्म में तो अज्ञान तथा बन्धन के अतिरिक्त और कुछ भी छिपा नहीं रहता, तामसिक कर्म करने वाले अधोगति को ही प्राप्त होते हैं।। 16 ।।

सत्त्वात्सञ्जायते ज्ञानं रजसो लोभ एव च।
प्रमादमोहौ तमसो भवतोऽज्ञानमेव च।। 17 ।।

अर्थ– सत्व गुण ज्ञान उत्पन्न करता है, रजोगुण लोभ को जन्म देता है, और तमो गुण से प्रमाद–मोह और अज्ञान उत्पन्न होते हैं।। 17 ।।

व्याख्या– संसार में सब लोग शुभ, निर्मल तथा उत्तम कर्म नहीं कर सकते, बहुत से लोग नीच कर्म तथा घिनौने कर्म क्यों करते हैं। कारण यह कि प्रकृति बनी हुई ही अच्छे और बूरे कर्म करवाने वाले तीनों गुणों की है। अत: जिस मनुष्य पर जिस गुण की वृद्धि है वह वैसे ही कर्म करेगा। परन्तु शास्त्र अध्ययन, सत्सङ्ग परिश्रम से सब शुभ तथा सात्विक कर्म कर सकते हैं। क्योंकि हर मनुष्य परमात्मा के अपने अंश से ही उत्पन्न है इसका गीता के पन्द्रहवें अध्याय के सातवें श्लोक में और गीता 10/20 तथा 18/61 स्पष्टत: उल्लेख है।। 17 ।।

ऊर्ध्वं गच्छन्ति सत्त्वस्था मध्ये तिष्ठन्ति राजसाः।
जघन्यगुणवृत्तिस्था अधो गच्छन्ति तामसाः।। 18 ।।

अर्थ– सत्व गुण में स्थित मनुष्य उर्ध्वलोक (ऊंचेलोक) में जन्म लेते हैं, रजोगुण में स्थित लोग मृत्यु लोक में जन्म लेते हैं, तथा तमो गुण में स्थित लोग अधोगति में गिरते हैं।। 18 ।।

व्याख्या– इस जीवन तथा जन्म में सत्व गुण की स्थिति प्राप्त करने के लिए मनुष्य को सत्कर्म करने आवश्यक है, सात्विक कर्म मन–वचन तथा स्थूल कर्म रूप में होने चाहिए। विचार वचन तथा कर्म सब श्रेष्ठ होने जरूरी है। तभी सत्व गुण में मनुष्य स्थित हो सकता है। इस स्थिति को प्राप्त कर मनुष्य अगले जन्म में उच्च लोक (स्वर्ग) को प्राप्त करता हैं। स्वर्ग भी शास्त्रों के अनुसार कई प्रकार के है। उच्च से उच्च कर्म करने वाले पुरुष ही सर्वोच्च स्वर्ग में जाते हैं।

रजो गुण वाले लोग संसार में पुनः जन्म लेते हैं। रजो गुण वाले लोग भी कई प्रकार के होते हैं, रजोगुण के बहुत कर्म शास्त्र की मर्यादा के अन्तर्गत आते हैं जो मनुष्य ऐसे कर्म करते हैं वे पुनः अच्छे घरों में जन्म लेकर उच्च रजोगुण प्रभावित कर्म करते हैं।

तमो गुण से प्रभावित लोग अधोगति को प्राप्त करते हैं। अर्थात् जिन लोगों ने झूठ कर्म अर्थात् निषिद्ध कर्म किए है। वे नरक ही कमाते हैं।। 18 ।।

नान्यं गुणेभ्यः कर्तारं यदा द्रष्टानुपश्यति।
गुणेभ्यश्च परं वेत्ति मद्भावं सोऽधिगच्छति।। 19 ।।

अर्थ– जब द्रष्टा तीनों गुणों के अतिरिक्त किसी और को कर्ता कहीं नहीं देखता, तथा स्वयं को गुणों से ऊपर देखता है, तब वह मुझे प्राप्त होता है।। 19 ।।

व्याख्या– वास्तव में सभी कर्म प्रकृति के अन्तर्गत हैं। अर्थात् सभी कर्म प्रकृति ही करती है और सभी गुण भी प्रकृति में ही होते हैं, इन तीनों गुणों के अतिरिक्त यदि किसी को अन्य गुण दिखाई देते है, तो वे भी इन्हीं गुणों के कारण होते हैं। भगवान् सर्वदा निर्मल शुद्ध तथा गुणातीत हैं। वे कोई कर्म नहीं करते, जब साधक इस तथ्य को जान लेता है कि त्रिगुणमयी प्रकृति ही सभी कर्म करती है, अर्थात् पुरुष (आत्मा) नहीं और न ही परमात्मा कर्ता है क्योंकि मुनष्य आत्मा है और वह परमात्मा का अंश है अतः वह कर्म नहीं करता, मनुष्य में कर्म करनेवाला शरीर (मन, बुद्धि, इन्द्रियां हैं) जो प्रकृति का भाग

है। अज्ञानवश मनुष्य अपने आपको अहंकार के कारण कर्ता मानता है। इसी कारण सांसारिक सुख–दु:ख आदि माया के जाल में फंस जाता है। जब मनुष्य तीनों गुणों से ऊपर उठकर गुणातीत हो जाता है, तभी भगवान् के रहस्य एवं तत्व को जानकर भगवान् को प्राप्त हो जाता है। वह जानलेता है कि प्रकृति के गुण ही सारे कर्म के हैं जीव (आत्मा) नहीं।। 19 ।।

गुणानेतानतीत्य त्रीन्देही देहसमुद्भवान्।
जन्ममृत्युजरादु:खैर्विमुक्तोऽमृतमश्नुते।। 20 ।।

अर्थ– ऐसा विवेकी पुरुष शरीर को उत्पन्न करने वाले इन तीनों गुणों को लांघकर जन्म, मृत्यु और वृद्धावस्था आदि दु:खों से मुक्ति पाकर अमरत्व को प्राप्त होता है।। 20 ।।

व्याख्या– गुणातीत साधक–जिसने साधना द्वारा विवेक प्राप्त कर लिया है अर्थात् जिसने देह और देही की भिन्नता जान ली हैं अर्थात् आत्मा और शरीर के दो होने के रहस्य को जान लिया है कि शरीर गुणों के कारण है और शरीरी आत्मा उससे भिन्न हैं आत्मा परमात्मा का शुद्ध अमर अंश है, वह न मरता है और न जन्मता है और जो जन्म नहीं लेता वह न रोगग्रस्त होता है और न बूढ़ा होता है और न ही मरता है। सुख और दु:ख प्रकृति में हैं आत्मा में नहीं। इस विवेक की प्राप्ति के पश्चात् साधक परमात्मा को प्राप्त करता है। वास्तविक ज्ञान आत्मा का बोध ही है। शरीर से अपनत्व का सम्बन्ध समाप्त होने पर ही परम बोध का उदय होता है।। 20 ।।

अर्जुन उवाच कैर्लिङ्गैस्त्रीन्गुणानेतानतीतो भवति प्रभो।
किमाचार: कथं चैतांस्त्रीन्गुणानतिवर्तते।। 21 ।।

अर्थ– अर्जुन बाले– हे प्रभो! इन तीन गुणों से मुक्त हुआ मनुष्य किन लक्षणों से युक्त होता है, उसके आचरण कैसे होते हैं, तथा इन तीन गुणों से अतीत कैसे हो सकते हैं।। 21 ।।

व्याख्या– अर्जुन यह जानना चाहते थे, कि साधक और साधारण मनुष्य गुणातीत पुरुष को कैसे पहचान सकते हैं। भगवान् अर्जुन के गुरु होने तथा सर्वज्ञ होने के कारण अर्जुन को जानते है, कि वे उसे गुणातीत पुरुष की पहचान का उचित

ढंग बता देंगें। क्योंकि गुणातीत पुरुष को पहचानना साधारण विषय नहीं। उसके लिए भी उचित ज्ञान की आवश्यकता है। भगवान् श्री कृष्ण को बहुत से लोग अर्थात् कौरव आदि मायावी कहते थे। केवल कुछ ही पुरुष भीष्म, द्रोण, आदि ही भगवान् को अंशत: पहचान पाये थे। क्योंकि ये भी महा–पुरुष थे।। 21 ।।

श्रीभगवानुवाच

प्रकाशं च प्रवृत्तिं च मोहमेव च पाण्डव।

न द्वेष्टि सम्प्रवृत्तानि न निवृत्तानि काङ्क्षति।। 22 ।।

अर्थ– श्री भगवान् बोले : हे अर्जुन! प्रकाश प्रवृति और मोह के प्रवृत हो जाने पर गुणातीत मनुष्य इनसे द्वेष नहीं करता, तथा इनके निवृत्त होने पर इनकी आकांक्षा नहीं करता।। 22 ।।

व्याख्या– गुणातीत पुरुष को न प्रकाश (ज्ञान) न प्रवृत्ति (कर्म करने की लगन या कौशल) और न मोह (लालच–लोभ अज्ञान आदि) प्रभावित कर सकते हैं अर्थात् गुणातीत पुरुष को इनके आने और जाने से कोई भी अन्तर नहीं होता, यह तो साधारण सांसारिक प्राणियों पर (असर) प्रभाव करती है, ज्ञान, कर्म प्रवृत्ति और लोभ तो संसारी की विशेषताएँ हैं। वह संसार में रहते हुए भी संसार का नहीं होता वह संसार भोगने के लिए नहीं परन्तु दूसरों की भलाई तथा सुख के लिए कर्म करता हैं यहां प्रकाश से तात्पर्य सत्वगुण, प्रवृत्ति का रजो गुण, और मोह का तमो गुण हैं यही बात भगवान् ने गीता के दूसरे अध्याय के 55/71, श्लोक में भी कही है।। 22 ।।

उदासीनवदासीनो गुणैर्यो न विचाल्यते।

गुणा वर्तन्त इत्येव योऽवतिष्ठति नेङ्गते।। 23 ।।

अर्थ– जो उदासीन की भान्ति स्थित हैं, गुणों के द्वारा विचलित नहीं हैं। गुण ही गुणों में व्यवहार करते हैं– ऐसा समझता हुआ अपने में ही स्थित हैं और अपने लिए कोई चेष्टा नहीं करता।। 23 ।।

व्याख्या– उदासीन से तात्पर्य जो बिल्कुल लिप्त नहीं होता, पूरी तरह साक्षी रूप है। शरीर और शारीरिक संस्कार जब तक हैं तब तक अन्तकरण में सत्व, राजस तथा तामस भाव आते जाते रहते हैं। परन्तु साक्षी रूप होने के कारण

गुणातीत पुरुष विचलित नहीं होता, क्योंकि वह जानता है कि गुण ही गुणों में वरतते हैं। तात्पर्य यह कि इन्द्रियों का वर्ताव इन्द्रियों के विषयों से होता हैं। क्योंकि ये दोनों ही प्रकृति हैं। गुणातीत की कोई चेष्टा ही नहीं होती, वह मन से ऊपर उठा हुआ आत्मा में स्थित होता है। उसका चैतन्य मन नहीं आत्मा होता है। तीसरे अध्याय के अठाइसवें श्लोक में गुणातीत के बारे में गीता में स्पष्ट उल्लेख है। पूर्ण समता ही गुणातीत भाव हैं।। 23 ।।

समदु:खसुख: स्वस्थ: समलोष्टाश्मकाञ्चन:।
तुल्यप्रियाप्रियो धीरस्तुल्यनिन्दात्मसंस्तुति:।। 24 ।।
मानापमानयोस्तुल्यस्तुल्यो मित्रारिपक्षयो:।
सर्वारम्भपरित्यागी गुणातीत: स उच्यते।। 25 ।।

अर्थ– जो धीर पुरुष सुख दु:ख में, मान–अपमान में मित्र तथा शत्रु के पक्ष में सदा सम है। मिट्टी, पत्थर तथा सोने को समान ही देखता है। जो ज्ञानी प्रिय तथा अप्रिय के प्रति निन्दा तथा स्तुति में सम है आरम्भों में कर्तापन के अभिमान से रहित है। वह पुरुष गुणातीत कहा जाता है।। 24-25 ।।

व्याख्या– इन श्लोकों में जो गुणातीत के लक्षण बताये गये हैं, वे जीवन मुक्त पुरुष इसी जीवन में (मृत्यु से पूर्व) आत्मा को अर्थात् प्रभु को पा लेता है, उनके दर्शन कर लेता है, ऐसा तभी होता है, जब साधक प्रकृति के तीनों गुणों के ऊपर उठ जाता है। अर्थात् सत्व–गुण (ज्ञान और सुख) का आकर्षण भी उसको छू नहीं पाता, ऐसे गुणातीत तथा जीवन्मुक्त पुरुष का केवल अपने जीवन तथा मृत्यु पर ही नियन्त्रण नहीं होता, वह आगे किस प्रकार का (जन्म) जीवन प्राप्त करेगा, अथवा स्वर्ग या मोक्ष को भी जानता है और अन्दर केन्द्रित होता है। अत: उसको सुख–दु:ख मान–अपमान क्रोध–भय निन्दा–स्तुति, प्रभावित नहीं करते, परन्तु साधारण मनुष्य गुणातीत को उचित ढंग से पहचान नहीं पाते। गुणातीत मनुष्य बाहर से साधरण सभ्य लोगों की तरह ही होते हैं तथा उनकी तरह ही आचरण करते हैं। उनकी दिव्य दृष्टि केवल ज्ञानी को ही ज्ञात हो पाती है। इसलिए तो अर्जुन ने गीता के चौदहवें अध्याय के इक्कीसवें श्लोक में गुणातीत के बारे में प्रश्न किया है।। 24-25 ।।

मां च योऽव्यभिचारेण भक्तियोगेन सेवते।

स गुणान्समतीत्यैतान्ब्रह्मभूयाय कल्पते।। 26 ।।

अर्थ– जो मनुष्य अव्यभिचारी भक्ति योग द्वारा मुझे भजता हैं वह भी इन तीनों गुणों को लांघकर ब्रह्म को प्राप्त होता है।। 26 ।।

व्याख्या– इस पद्य में भगवान् अव्यभिचारी भक्ति की महिमा और विशेषता का वर्णन कर रहे हैं, अव्यभिचारी भक्ति ही श्रेष्ठ भक्ति है तथा इसके द्वारा ही साधक प्रभु प्राप्ति करता है। अव्यभिचारी भक्ति से तात्पर्य है कि जब भक्त को भगवान् का नशा हो जाता है। उसका सांसारिक पदार्थों में कुछ भी भाता नहीं है। केवल भगवान् के नशे में ही उसकी मस्ती होती है। वह इस नशे के आनन्द से बाहर ही नहीं आना चाहता है, इसमें पढ़ा लिखा होना आवश्यक नहीं, यह तो संस्कार आधारित प्रारब्ध है। यह अव्यभिचारी भक्ति ही अनन्य भक्ति, राजविद्या तथा ब्रह्म विद्या है। इसी से प्रभु प्राप्ति होती है। परन्तु ऐसी आध्यात्मिक परम अवस्था प्रकृति के तीनों गुणों को लांघे बिना संभव नहीं क्योंकि साधक की चिनौति प्रकृति के ये तीन गुण ही हैं क्योंकि भगवान् ने गीता 7–14 में भी इस अपनी प्रकृति को अति दुस्तारा कहा है अत: इसका अतिक्रमण मोक्ष के लिए आवश्यक है।। 26 ।।

ब्रह्मणो हि प्रतिष्ठाहममृतस्याव्ययस्य च।

शाश्वतस्य च धर्मस्य सुखस्यैकान्तिकस्य च।। 27 ।।

अर्थ– क्योंकि उस अविनाशी परब्रह्म का, अमृत का तथा शाश्वत् धर्म तथा परम आनन्द का आश्रय मैं ही हूं।। 27 ।।

व्याख्या– भगवान् कृष्ण ही ब्रह्म, अमृत, शाश्वत, धर्म तथा परमानन्द है। यह सब उन्हीं के सामर्थ्य की विशेषताएं हैं। जो ओउम् तत् सत् भी हैं। श्री कृष्ण वासुदेव जी सगुण रूप में ईश्वर हैं। निराकार रूप से ब्रह्म हैं। वह निराकार और साकार दोनों हैं। ये दोनों रूप एक ही परम सत्य के हैं। निराकार ज्ञान योगी के लिए वह ब्रह्म है और साकार भक्त के लिए सगुण ईश्वर है। इसी एक परम प्रभु सत्य को अव्यभिचारी भक्त, योगी, ज्ञानी, कर्मी अपनी–अपनी चेष्टा तथा प्रवृत्ति के अनुसार प्राप्त करते हैं। यही एक परम आश्रय तथा परम सत्य है,

यही ब्रह्म साधारण मनुष्य को जगत् रूप में भासता है तथा गुणातीत को ब्रह्म अनुभव होता है, क्योंकि साधारण मनुष्य की दृष्टि शरीर में उलझी रहती है, और चेतना चञ्चल मन में, परन्तु ब्रह्म निष्ठ की चेतना जिसका वर्णन पहले 26 वें श्लोक में है, आत्मा में रहती है। इसी कारण वह ब्रह्मवेत्ता अखण्ड परमानन्द आनन्द मुझ परमब्रह्म को प्राप्त हो जाता है।। 27 ।।

ॐ तत्सदिति श्रीमद्भगवद्गीतासूपनिषत्सु ब्रह्मविद्यायां योगशास्त्रे श्रीकृष्णार्जुनसंवादे गुणत्रयविभागयोगो नाम चतुर्दशोऽध्याय:।। 14 ।।

अथ पञ्चदशोऽध्याय:

पुरुषोत्तम योग:

श्री भगवानुवाच

उर्ध्वमूलमध: शाखमश्वत्थं प्राहुख्ययम् ।
छन्दांसि यस्य पर्णानि यस्तं वेद स वेदवित्।। 1 ।।

अर्थ– श्री भगवान् बोलें उर्ध्व में जिसका मूल है, शाखाऐं जिसकी नीचे की ओर हैं, उस अवयवरूपी और अश्वत्थ उस संसार, जो कल तक नहीं रहेगा, (अनित्य होने के कारण) सारे वेद जिसके पत्ते हैं, उसको जो जानता है वही वेद वेत्ता होता है।। 1 ।।

व्याख्या– भगवान् ने चौदहवें अध्याय के अन्त में कहा है कि इस दुस्तरा त्रिगुणमयी प्रकृति का अतिक्रमण करने का साधन अनन्य भक्ति ही है। जब तक इस प्रकृति का अतिक्रमण नहीं किया जाता है भगवान् के दर्शन हो ही नहीं सकते, क्योंकि ज्ञान तथा विवेक का उदय अपरा प्रकृति को विजय करके ही प्राप्य है। इसके लिये सर्वोत्तम शस्त्र शास्त्रों में वैराग्य और ज्ञान ही कहा गया है। अत: इस पन्द्रहवें अध्याय का आधार ज्ञान और वैराग्य ही है।

इस श्लोक में त्रिगुणमयी संसार की तुलना पीपल वृक्ष से की गई है अर्थात् इस मनुष्य रूप को ही तनु के रूप में व्याख्यायित किया गया है, परन्तु यह मनुष्य तनु साधारण तनु से भिन्न है, क्योंकि इसकी जड़ें (मूल) ऊपर की ओर है और शाखाऐं नीचे की ओर हैं। मनुष्य का मूलाधार यानि उसकी जड़ें उर्ध्व ही है जो ऊपर की ओर है। जहाँ कूटस्थ वास करता है और कूटस्थ

तो ब्रह्म ही है अत: मनुष्य का मूल ब्रहा ही है। ये संसार (मनुष्य तनु) अश्वत्थ और अवयव दोनों ही है अर्थात् ये अनित्य भी है एवं निरन्तर भी है। अश्वत्थ इसलिये है क्योंकि इसका कोई भरोसा नहीं है कि कल तक रहेगा या नहीं एवं लगातार परिवर्तनशील भी है। अवयव इसलिये है क्योंकि ये अनादिकाल से लगातार चला आ रहा है और कभी समाप्त नहीं होता। जब एक शरीर खत्म होता है तो दूसरा उत्पन्न होता है। बाप के बाद बेटा, पोता, परपोता चलते रहते हैं और एक ही शरीर के कई रूप है जैसे—स्थूल, सूक्ष्म और कारण इस अश्वत्थ और अवयव का तांता करोड़ों वर्षों तक यानि सृष्टि से प्रलय तक और फिर दुबारा सर्ग और फिर प्रलय तक वास्तव में प्रलय में भी ये समाप्त नहीं होता, अर्थात् उस समय भी ये कारण अवस्था में रहता है। इस संसार रूपी वृक्ष के पत्तों की तुलना (छन्द) अर्थात् वेदों से की गई है।

जैसे साधारण वृक्ष अपनी खुराक पत्तों से लेता है उसी प्रकार ये मनुष्य समूह भी इस संसार में ज्ञानरूपी खुराक के लिये वेदों पर ही निर्भर है। सारांश यह है कि यदि इस मनुष्यरूपी तरु (संसार) को समझना है तो उसके वास्तविक मूल अर्थात् उर्ध्व (कूटस्थ) को जानना होगा। जो उर्ध्व को जानता है, वही असली ज्ञानी है।। 1 ।।

अधश्चोर्ध्वं प्रसृतास्तस्य शाखा गुणप्रवृद्धा विषयप्रवाला:।
अधश्च मूलान्यनुसन्ततानिकर्मानुबन्धीनि मनुष्यलोके।। 2 ।।

अर्थ– इस संसार रूपी वृक्ष की गुणों के द्वारा पौष्टिक हुई विषय रूपयुक्त शाखाऐं, जडें और पत्ते इस संसार में नीचे मध्य और ऊपर कर्मानुसार चारों ओर फैली हुई हैं।। 2 ।।

व्याख्या– इस संसार रूपी वृक्ष की नाना प्रकार की शाखाओं की तुलना नाना प्रकार के जीवों से की गई है। जैसे– वृक्ष की शाखाऐं ऊपर, मध्य एवं नीचे की ओर फैली हुई होती है, उसी प्रकार कर्मानुसार इस संसार में मनुष्य और अन्य जीव भी उच्च श्रेणी मध्य श्रेणी और निम्न श्रेणी के विभिन्न जीव हर जगह फैले हुए हैं। इन सबका कारण प्रकृति के तीन गुण है। सात्विक कर्म

ऊपर की ओर ले जाते हैं, राजसी कर्म संसार में बन्धे रहते हैं और तामसिक कर्म करने वाले अधोगति को प्राप्त होते हैं।। 2 ।।

न रूपमस्येह तथोपलभ्यते नान्तो च चादिर्न च संप्रतिष्ठा।

अश्वत्थमेनं सुविरूढ़कमूलमसङ्गशस्त्रेण दृढेन छित्वा।। 3 ।।

अर्थ— इस संसार रूपी वृक्ष के आकार का पत्ता नहीं लगता और न ही इसके आदि और अन्त तथा स्थिति का। इस सुदृढ़ मूलवाले अश्वत्थ वृक्ष को दृढ़ वैराग्यरूपी शस्त्र द्वारा काट कर ही जाना जा सकता है।। 3 ।।

व्याख्या— इस संसार को जानना इसलिये कठिन है क्योंकि न इसके रूप का पता न इसके आदि अन्त तथा स्थिति का पता है क्योंकि ये संसार रूपी वृक्ष प्रकृति के तीन गुणों का बना हुआ है और मनुष्य भी जो इसको जानना चाहता है वह भी प्रकृति के तीन गुणों का बना हुआ है, अर्थात् इसी संसाररूपी तरु का भाग है। योगियों के अनुसार परम ज्ञान की प्राप्ति पर इस झूठे संसार की वास्तविकता का पता लगता है क्योंकि जैसा साधारण मनुष्य को नजर आता है इसका रूप वैसा नहीं है। मनुष्य के पास जानने के साधन उसकी इन्द्रियां मन और बुद्धि ही है। जो की प्रकृति के तीन गुणों में वर्तते हैं, अत: मन बुद्धि इन्द्रीय आधारित मनुष्य इसको नहीं जान सकता। वास्तव में ईश्वरीय विधान के अनुसार बुद्धि, मन और इन्द्रियों का निर्माण संसार को जानने के लिये ही किया गया है। इनके द्वारा प्रयत्नशील मनुष्य संसार को ही जान सकता है, परन्तु संसार के निर्माता को नहीं। शास्त्रों के अनुसार संसार को जानने के लिये संसार से ऊपर उठना जरुरी है और उस स्थिति में पहुँचकर गुरु द्वारा दीक्षित उन दिव्य साधनों का प्रयोग करना है जिनके बिना इस संसार की वास्तविकता जानी नहीं जा सकती। इन साधनों में सबसे पहले वैराग्य आता है। वैराग्य को अपनाने पर मनुष्य सांसारिक वासनाओं में लिप्त नहीं रहता। इसीलिये भगवान् ने छठे अध्याय के श्लोक संख्या 35 में कहा है कि वैराग्य और अभ्यास से ही मन (संसार) को वश में किया जा सकता है अर्थात् जाना जा सकता है। सारांश यह है कि इस संसार रूपी वृक्ष का जबतक छेदन न किया जा सके तबतक इसको समझना और इसका अतिक्रमण करना कठिन है। इस उपलब्धि

के लिये सशक्त हथियार भगवान् वैराग्य ही बता रहे हैं। वैराग्य ही एक ऐसा सुदृढ़ शस्त्र है जिससे यह सुदृढ़ संसार रूपी वृक्ष काटा जा सकता है और उसके बाद प्रभु प्राप्ति का प्रयास निश्चय रूप से आरम्भ किया जा सकता है।। 3 ।।

ततः पदं तत्परिमार्गितव्यं यास्मिन्गता न निवर्तन्ति भूयः।
तमेव चाद्यं पुरुषं प्रपद्ये यतः प्रकृति प्रसृता पुराणी।। 4 ।।

अर्थ– उसके बाद इस संसार के मूल–भूत परमेश्वर की खोज करनी होगी, जिसको प्राप्त करने के बाद इस संसार में दोबारा लौटकर नहीं आना पड़ता। क्योंकि इसी सता से इस संसार रूपी वृक्ष की विस्तृति हुई है। "उस परमपुरुष की मैंने शरण ले ली है" अर्थात् निश्चय करके उस परमेश्वर की भक्ति करनी है।। 4 ।।

व्याख्या– इस श्लोक में वैराग्य अपनाकर उस परमप्रभु परमेश्वर के अन्वेषण की बात कह रहे हैं जिनसे यह संसार पैदा होकर लगातार विस्तृत होता जा रहा है। यह शुभारम्भ प्रभु के शरणागत होकर ही किया जा सकता है। यह ध्यान में रखने की बात है कि इस दिव्य अन्वेषण के लिये शास्त्रों का अध्ययन और सत्‌गुरु को पाना जरुरी है, क्योंकि प्रभु को पाने के लिये चित्त शुद्धि जरुरी है, जिसके लिये यम और नियम का पालन ही काफी नहीं है परन्तु साधन विशेष की आवश्यकता रहती है, जिसको सत्‌गुरु ही बता सकते हैं। जैसा कि भगवान् ने स्वयं चौथे अध्याय के 34वें श्लोक में कहा है "तत्वज्ञान को तत्वदर्शी ज्ञानियों के पास जाकर समझो" इस परमज्ञान की प्राप्ति के बाद साधक को दोबारा लौटकर नहीं आना पड़ता अर्थात् उसका पुनर्जन्म नहीं होता क्योंकि वह तत्ववेत्ता हो जाता है, परन्तु इस पद की प्राप्ति के लिये गहन मनन तथा निधिध्यासन की आवश्यकता अनिवार्य है, इसका साधन भी गुरु ही बताते हैं।। 4।।

निर्मानमोहा जितसङ्गदोषा अध्यात्मनित्या विनिवृतकामाः।
द्वन्द्वैर्विमुक्ताः सुखदुखसंज्ञैगच्छन्त्यमूढाः पदमव्ययं तत्।। 5 ।।

अर्थ– जिस (साधक) का मन और मोह नष्ट हो गया है, जिसने सङ्गदोष स्त्रिसम्मोह को संयत कर लिया है, जो अध्यात्म नित्या हो गया है जिसकी काम वासनाऐं नष्ट हो चुकी हैं सुख–दुख रूप द्वन्द्वों से मुक्त है ऐसा विवेकी पुरूष उस परम पद को प्राप्त करता है।। 5।।

व्याख्या– परमपद परमेश्वर को प्राप्त करने के लिये उच्च कोटी की साधना जरुरी है क्योंकि इस जगत् में मोह कामना तथा द्वन्द्व बन्धन के मजबूत फन्दे हैं। मोह का विशेष कारण अज्ञान ही है। अज्ञानवश मनुष्य आध्यात्मिक सत्य को नहीं देख पाता। विषय आसाक्ति के कारण गहन चिन्तन की साधना में वह जुट ही नहीं पाता मन की चंचलता के कारण विषयों के आकर्षण का बन्दी बना रहता है। कामना, महत्ता, ममता, सम्मोह आकांक्षा मनुष्य के अन्तःकरण को मोहित करते रहते हैं अगर प्रयास के बाद प्रभु चिन्तन में मन लग भी जाये तो थोड़ी देर में बिखर जाता है। सुख और दुःख की कड़ियां उसकी बेड़ियां बन जाती हैं क्योंकि द्वन्द्व ही संसार का सार है। सुख के साथ दुःख ऐसा जमा रहता है जैसे दिन के साथ रात साधक के लाभ के लिये इस श्लोक में परम पद की प्रगति के लिये मान अपमान से ऊपर उठना, जितेन्द्रीय होना आत्मज्ञान में परिनिष्ठ होना, निस्पृह होना और द्वन्द्व मुक्ति प्राप्त करने पर विशेष जोर दिया है। इस उपलब्धि के बगैर चंचल मन को नियन्त्रित करना कठिन है। मन की स्थिरता के बाद ही चित्त शुद्ध होता है और शुद्धचित्त में ही प्रभु दर्शन होते हैं।। 5 ।।

न तद्भासयते सूर्यो न शशाङ्को न पावकः।
यद् गत्वा न निवर्तन्ते तद्धाम परमं मम।। 6 ।।

अर्थ– जिसको प्राप्त होकर योगी लोग वापस नहीं लौटते वही मेरा परमधाम है उस परम पद को सूर्य प्रकाशित नहीं करता और न ही चंद्रमा और अग्नि करते।। 6 ।।

व्याख्या– भगवान् का परमधाम सातों लोकों से ऊपर है अर्थात् ब्रह्मलोक से भी ऊपर है। परमधाम बहुत आश्चर्यजनक तथा अद्भुत परमस्थान है। भगवान् ने आठवें अध्याय में भी इसका वर्णन किया है। इसकी परम विशेषता की कल्पना मन और बुद्धि नहीं कर सकते क्योंकि यह परम विषय उनकी परिधि से बाहर है। ऐसा उज्ज्वल सदा प्रकाशित परमधाम है जिसको प्रकृति सूर्य, चन्द्रमा तथा अग्नि का प्रकाश प्रकाशित नहीं करता। परमधाम का प्रकाश बिलकुल अलौकिक और अविलक्षण है। वह प्रकाश ही नहीं परन्तु परमानन्द और अमृतमय भी है।

जो महापुरुष योग भक्ति यज्ञादि की साधना द्वारा इस परम पद को प्राप्त करता है वह अमर हो जाता है। इसलिये उसका जन्म दोबारा नहीं होता। वह भगवान् का अपना ही हो जाता है अर्थात् भगवान् से अभिन्न हो जाता है।। 6 ।।

ममैवांशो जीवलोके जीवभूत: सनातन:।
मन: षष्ठानीन्द्रियाणि प्रकृतिस्थानि कर्षति।। 7 ।।

अर्थ– इस शरीर में यह सनातन जीव आत्मा मेरा ही अंश है और यही प्रकृति में स्थित मन और पांचों इन्द्रियों को संसार में आकर्षण करता है।। 7 ।।

व्याख्या– भगवान् ने सातवें अध्याय में विस्तार से बताया है कि उनकी दो प्रकार की प्रकृति है (1) परा (जीवरूपा) (2) अपरा (संसार जगद्रूपा) यह जीव आत्मा जो भगवान् का अपना अंश है परा प्रकृति है। मनुष्य अज्ञानवश अपने आपको शरीर (इन्द्रीयाँ, मन, बुद्धि) समझने के कारण ही संसार में लिप्त होता है और कई जन्मों तक जन्म मरण के चक्करों में घूमता रहता है परन्तु उसका अपना भ्रम और भूल ही उसको शरीर तथा जगत् से बान्धते हैं। जबतक मनुष्य का विवेक उदय नहीं होता, वह स्वतंत्र नहीं हो सकता।

यह कैसी पहेली है भगवान् का अपना अंश आत्मजीव (जीवात्मा) बनने पर (शरीर में जन्म लेने पर) स्वयं को भूल जाता है और इस मूलभूल के कारण अपने आपको वो समझ बैठता है (शरीर) जो वह वास्तव में है नहीं। प्रभु स्वयं ही इस प्रसंग के रचयिता है यह उन्हीं का सृजन है। छान्दोग्योपनिषद् का यही कथन है "एकोऽहम् बहुस्याम्"। अर्थात् भगवान् ही समस्त शरीरों में उतरते हैं कितना महान् त्याग है। "यही गीता के आठवें अध्याय में बताया गया अधियज्ञय है। यह जीवात्मा ही शरीर में ईश्वर का अपना अंश ॐ रूप में विद्यमान है यही प्रकृति में स्थित मन और इन्द्रियों को आकर्षण करता है अर्थात् इसी के कारण समस्त शरीर मन इन्द्रियाँ बुद्धि आदि कार्य करती है और जीवात्मा अपने आपको शरीर समझने के भ्रम में ही खोया रहता है। अपने घर वापिस ईश्वर में जाने के लिये वह उचित उपाय और मार्ग नहीं जानता। कोई विरला प्रयास करने वाला पुरुष जब सत्गुरु को प्राप्त कर लेता है तो वह चित्त को शुद्ध करने के पश्चात् श्रद्धा युक्त साधना से प्रभु प्राप्ति के प्रयास में सफल हो जाता है।। 7 ।।

शरीरं यदवाप्नोति यच्चाप्युत्क्रामतीश्वरः।
गृहीत्वैतानि संयाति वायुर्गन्धानिवाशयात्॥ 8 ॥

अर्थ– जैसे वायु गन्ध के स्थान से (फूल आदि) गन्ध को अपने में मिलाकर उड़ाती है वैसे ही जीवात्मा भी शरीर को छोड़ने पर मन इन्द्रियों आदि को साथ लेकर दूसरे शरीर में प्रवेश करता है॥ 8 ॥

व्याख्या– वास्तव में आत्मा विभाग रहित, अच्छेद्य, अभिन्न और सनातन है। वह सब में ही एक है ऐसा नहीं कि (अ) जीव में एक आत्मा तथा (ब) जीव में दूसरा आत्मा है। यहाँ ये उल्लेख करना उचित है कि अन्य शास्त्र आत्मा की भिन्नता में विश्वास करते हैं कि आत्माएँ कई हैं परन्तु वेदान्त और गीता एक ही अखण्ड, अभिन्न, सनातन तथा अनादि आत्मा को मानता है। यह अविनाशी आत्मा सब में है चाहे वह मच्छर है, पशु है, अथवा मनुष्य, मूर्ख अथवा ज्ञानी ये आत्मा सर्वत्र और सदा है। अब प्रश्न उठता है कि जब वही एक आत्मा सभी में और सब जगह है तो फिर वह जीव के मरने पर उसको छोड़कर दूसरे नये शरीर में कैसे प्रवेश करता है। इस सन्दर्भ को समझने के लिये हम मोटे तौर पर थोड़ी देर के लिये आत्मा की तुलना वायु से कर लेते हैं जैसे वायु सदा सब जगह है परन्तु वही वायु जब साँस के रूप में प्राणी के भीतर है तो श्वास कहलाता है और जब बाहर होता है तो वायु कहलाता है। जब प्राणी मरता है तो श्वास नहीं लेता और वही वायु में मिल जाता है और जब प्राणी दोबारा जन्मने पर श्वास लेता है तो वही वायु श्वास कहलाता है।

सारांश यह है कि आत्मा नहीं बदलता और न ही मरता मात्र हमारा जब स्थूल शरीर मरता है तो सूक्ष्म शरीर जो 19 तत्वों का बना है (चित्त, बुद्धि, अहंकार, मन दश इन्द्रीयाँ और पाँच प्राण) मरे हुए स्थूल शरीर को छोड़कर बाहर निकलता है और कर्मानुसार नये शरीर को धारण करता है क्योंकि आत्मा सर्वत्र है तो इसलिये उस नये शरीर में भी रहता है। आत्मा के बिना तो कोई भी शरीर न रह सकता, न हो सकता। सूक्ष्म, स्थूल अथवा कारण शरीर जो भी हो। कठोपनिषद् की दूसरी बली और चौथे मन्त्र में तो ये भी उल्लेख है कि मृत्यु के बाद जब मरा हुआ शरीर पीछे रहता है तो परमात्मा उसमें भी विद्यमान

रहता है क्योंकि परमात्मा के बगैर न तो कोई वस्तु न कोई स्थिति है।। 8 ।।

श्रोत्रं चक्षु स्पर्शनं च रसनं घ्राणमेव च।
अधिष्ठाय मनश्चायं विषयानुपसेवते।। 9 ।।

अर्थ– जीवात्मा मन के आश्रय से श्रोत्र, चक्षु, स्पर्श रसना और घ्राण द्वारा विषयों का सेवन करता है।। 9 ।।

व्याख्या– ध्यान में रखने की विशेष बात यह है कि इस श्लोक में जीवात्मा शब्द का प्रयोग है आत्मा का नहीं। आत्मा और जीवात्मा में मात्र इतनी ही भिन्नता है कि आत्मा परमात्मा का निर्मल रूप है और जीव आत्मा परमात्मा का अंश जीव के अन्दर है अर्थात् भ्रम के कारण मनुष्य का अपने आप को शरीर मानना ही जीवात्मा है अर्थात् आत्मा निर्मल चैतन्य है और जीवात्मा शरीर चैतन्य है। वास्तव में मन और इन्द्रियों में अपना निजी चैतन्य कोई है ही नहीं। इनमें चैतन्य और कर्तापन आत्मा के सानिध्य के कारण है। निर्मल आत्मा तो मन का आश्रित हो ही नहीं सकता वह तो अकर्ता रूप है। मन का आश्रित तो भ्रम के कारण जीवात्मा है और इसी कारण वह श्रोत्र, चक्षु, स्पर्श, रसना और घ्राण के द्वारा विषयों का सेवन करता है। वास्तव में शरीर के तीनों रूप स्थूल, सूक्ष्म और कारण में चैतन्य और कर्तापन आत्मा के सकाश से ही है क्योंकि ये पुरुष तथा प्रकृति के पारस्परिक संबंध का मूल सिद्धान्त है, जैसे कि भगवान् ने गीता के नौवें अध्याय के दसवें श्लोक में स्वयं कहा है–

"मयाध्यक्षेण प्रकृतिः सूयते सचारचरम्"।

यदि शरीर में आत्मा का सकाश न हो तो जीवात्मा मन के आश्रय से श्रोत्र, चक्षु, स्पर्श, रसना और घ्राण द्वारा विषयों को सेवन कर ही नहीं सकता। अपने आप को मात्र शरीर समझने के भ्रम के कारण ही विषयों के सेवन में लिप्त रहता है, परन्तु बुद्धिमान पुरुष मन और इन्द्रियों के प्रभाव को त्यागकर आत्मा के अन्वेषण का प्रयास करता है और श्रद्धा तथा अभ्यास से भगवान् का आर्शीवाद प्राप्त कर लेता है।। 9 ।।

उत्क्रामन्तं स्थितं वापि भुञ्जानं वा गुणान्वितम्।
विमूढा नानुपश्यन्ति पश्यन्ति ज्ञानचक्षुषः।। 10 ।।

अर्थ– एक शरीर दूसरे शरीर में जाते हुए और देह में ही स्थित तथा विषय भोग इन्द्रियों में युक्त जीव को मूर्ख लोग नहीं देख पाते, परन्तु विवेकी लोग देखते हैं।। 10 ।।

व्याख्या– यहाँ प्रश्न यह है कि मनुष्य इस शरीर में आत्मा को क्यों नहीं देख पाता। आत्मा तो जब विषयों का सेवन करता है अर्थात् जो भी कर्म करता है तब भी उसमें है और जब मरता भी है तब भी जीवात्मा सूक्ष्म शरीर में ही रहता है, परन्तु मनुष्य इस आत्मज्ञान से अवगत नहीं होता। इसका कारण ये है कि आत्मतत्व इन्द्रियों का विषय नहीं है। वह मन बुद्धि और इन्द्रियों से नहीं जाना जा सकता और न समझा जा सकता। आत्मातत्व को जानने के लिए तो ज्ञान चक्षु की आवश्यकता होती है। आध्यात्मिक प्रयास से जिसने अपना ज्ञानचक्षु खोल दिया है, वही आत्मदर्शन कर सकता है। इस प्रयास के लिये वैराग्य, अभ्यास और श्रद्धा की साधना जरुरी होती है।। 10 ।।

यतन्तो योगिनश्चैनं पश्यन्त्यात्मन्यवस्थितम्।
यतन्तोऽप्यकृतात्मानो नैनं पश्यन्त्यचेतसः।। 11 ।।

अर्थ– अपने हृदय में स्थित इस आत्मा को योगी लोग प्रयास करके जान लेते हैं, परन्तु अज्ञानी लोग जिन्होंने अपने अन्तःकरण को शुद्ध नहीं किया प्रयास करने पर भी आत्मा को नहीं जानते।। 11 ।।

व्याख्या– भगवान् ने गीता में बार–बार कहा है कि वह सबके हृदय में बसते हैं। कठोपनिषद् में भी उल्लेख है कि भगवान् अंगुष्ठरूप में हृदय गुफा में विद्यमान है। गीता में तो 9/25/, 10/20/, 13/02/13/22/, 8/61 आदि में विशेष रूप से भगवान ने अपनी उपस्थिति हर मनुष्य के हृदय में कही है, परन्तु भगवान् मनुष्य को अपने ही हृदय में रहते हुए भी नजर नहीं आते क्योंकि भगवान् अपनी योग माया से छूपे रहते हैं। हर मनुष्य के लिये सबसे बड़ी चुनौति तथा परम उपलब्धि यही है कि अपने हृदय में छूपे इस परमप्रभु परमात्मा को देख लें। हृदय में स्थित प्रभु (आत्मतत्व) को योगी लोग प्रयास करके जान लेते हैं, ये भगवान् द्वारा इस श्लोक में स्वयं कहे हुए शब्द हैं। इससे साफ प्रकट है कि हर पुरुष यथार्थ प्रयास करके आत्मा को जान

सकता है परन्तु बिना विशेष प्रयत्न के उनको जाना नहीं जा सकता क्योंकि इसके लिये शुद्ध अन्त:करण की आवश्यकता है अर्थात् भगवान् का बोध निर्मल चित्त के बिना हो ही नहीं सकता। तात्पर्य यह है कि साधक के मन में (अन्त:करण में) संसार और परमात्मा दोनों एक साथ नहीं रह सकते। संसारी का मन लिप्त होता है उसको निर्मल भगवान् नहीं दिखते क्योंकि संसार की चेष्टा और प्रकृति के गुण ही चित्त की शुद्धि में बाधक है। कोई भी योगी पुरुष विशेष प्रयास और विशेष आध्यात्मिक साधना के बिना योगी नहीं बन पाता। इस परम पद को पाने का कोई और मार्ग नहीं है। महर्षि पतञ्जली ने जो योग सिद्धि के लिये अष्टांग योग का मार्ग बताया है उस साधना के लिये भी विशेष प्रयास निर्दिष्ट किया गया है। इसके अतिरिक्त पतञ्जली ऋषि ने परमपद को पाने के लिए योग दर्शन के साधन पाद और विभूति पाद में कई सिद्धियाँ बताई हैं, जो समाधि के बिना सिद्ध नहीं हो सकती। इन सब प्रयासों का सर्वप्रथम ध्येय चित्त की शुद्धि है जिसके पश्चात् चंचल मन स्थिर हो जाता है, और प्रभुदर्शन के मार्ग से साधक के लिये एक बड़ी रुकावट हट जाती है। इस चित्त की शुद्धि प्राप्त करने पर ही आध्यात्मिक प्रयास में सफलता मिल सकती है और इसके बिना आध्यात्मिक प्रयास एक निरर्थक यात्रा बनी रहती है।। 11 ।।

यदादित्यगतं तेजो जगद्भास्यतेऽखिलम्।
यच्चन्द्रमसि यच्चाग्नौ तत्तेजो विद्धि मामकम्।। 12 ।।

अर्थ– सूर्य का तेज जो सारे जगत् को प्रकाशित करता है तथा जो तेज चन्द्रमा में है और जो अग्नि में है वह मेरा ही तेज जानो।। 12 ।।

व्याख्या– इसी अध्याय के छठे श्लोक में भगवान् ने कहा है कि सूर्य, चन्द्रमा और अग्नि का प्रकाश उनके परमधाम को प्रकाशित नहीं करता और इस श्लोक में कह रहे हैं कि सूर्य का तेज जो सारे जगत् को प्रकाशित करता है चन्द्रमा का तेज तथा अग्नि का तेज भगवान् का तेज (प्रकाश) है। इससे यह साफ प्रकट है कि सारे प्रकाशों का स्रोत परमपद परमात्मा स्वयं ही है। सूर्य, चन्द्रमा तथा अग्नि जिनमें अपना प्रकाश है ही नहीं वह परमात्मा के परम पद को कैसे

प्रकाशित कर सकते हैं। परमप्रभु परमात्मा अपना प्रकाश स्वयं ही हैं क्योंकि उनका प्रकाश दिव्य प्रकाश है जो सारे ब्रह्माण्ड को प्रकाशित करता है, ऐसा दिव्य प्रकाश और किसी सत्ता में है ही नहीं। परमात्मा रूप दिव्य प्रकाश सारे ब्रह्माण्ड को समष्टि रूप में प्रकाशित करता है और व्यष्टि रूप में हर जीव की देह को प्रकाशित करता है।

दसवें अध्याय में कुछ एक विभूतियों एवं शक्तियों का संक्षिप्त वर्णन करते हुए भगवान् ने इस रहस्य का प्रसंग पहले भी प्रकट किया है।। 12 ।।

गामाविश्य च भूतानि धारयाम्यहमोजसा।

पुष्णामि चौषधी: सर्वा: सोमो भूत्वा रसात्मक:।। 13 ।।

अर्थ— मैं पृथ्वी में प्रवेश करके सारे भूतों को अपने बल से धारण करता हूँ और रसात्मक चन्द्रमा के रूप में सब औषधियों को (वनस्पतियों को) पुष्ट करता हूँ।। 13 ।।

व्याख्या— यहाँ भगवान् अपने दिव्य बल तथा रस तत्वों का वर्णन कर रहे हैं। परमात्मा की धारण शक्ति ही धरती माता की धारण शक्ति है अर्थात् धरती सारे स्थावर, जंगम भूतों सहित परमात्मा के बल पर ही टिकी हुई है। सारी आकर्षण तथा धारण शक्ति भगवान् से ही उत्पन्न है, भगवान् की यही महाशक्ति महाकर्षण रूप में सारे ब्रह्माण्ड की असंख्य धरतियों को बड़े सुरक्षित ढंग से नियन्त्रित और धारण करके रखती है। इस ब्रह्माण्ड में कितनी अनगिनत आकाश गंगाएं हैं। उनमें से हरएक के अनगिनत चाँद, सितारे नक्षत्रादि चारों तरफ अपने—अपने कक्षों में असीम गति के साथ निरन्तर घूम कर रहे हैं। ये सब परमप्रभु परमात्मा के ही दिव्य बल के कारण हो रहा है।

चन्द्रमा सारे वनस्पति जगत् को जिस प्रकाश और उर्जा से पुष्ट करता है वह भी भगवान् से ही उत्पन्न है। जो अन्न, फल, सब्जी, घास, पत्ते आदि विभिन्न जीव खाते हैं उस पौष्टिक आहार में भी भगवान् की शक्ति ही उर्जा रूप में पोषण का काम करती है।। 13 ।।

अहं वैश्वानरो भूत्वा प्राणिनां देहमाश्रित:।

प्राणापानसमायुक्त: पचाम्यन्नं चतुर्विधम्।। 14 ।।

अर्थ– मैं ही सारे जीवों के शरीरों में रहने वाला प्राण, अपान रूपी वैश्वानर चार प्रकार के आहार पचाता हूँ।। 14 ।।

व्याख्या– चार प्रकार के आहार भक्ष्य, जो खाना, दातों से चबाकर खाया जाता है। पेय– जो आहार निगला जाता है जैसे–जल, दूध, दही। चोष्य–जिसका रस दातों द्वारा दबाकर चुसते हैं जैसे–गन्ना आदि। लेह्य–जो आहार चाटा जाता है। इन चारो प्रकार के आहारों को तथा अन्य आहार भी जो सूई आदि से शरीर में प्रवेश किये जाते है, उनको भी परमात्मा की शक्ति ही वैश्वानर रूप में पचाती है। यह वैश्वानर शक्ति ही जठराग्नि है, जो भगवान् की शक्ति से शरीर में उर्जा का रूप धारण करके शरीर के आन्तरिक कर्म करती है।। 14 ।।

सर्वस्य चाहं हृदि संनिविष्टो मत्तः स्मृतिर्ज्ञानमपोहनं च।
वेदैश्च सर्वैरहमेव वेद्यो वेदान्तकृद्वेदविदेव चाहम्।। 15 ।।

अर्थ– मैं ही सारे प्राणियों के हृदय में स्थित हूँ। मेरे से ही स्मृति, ज्ञान और अपोहन उत्पन्न है सारे वेदों द्वारा मैं ही जानने योग्य हूँ और वेदों का निर्णायिक और जानने वाला भी मैं ही हूँ।। 15 ।।

व्याख्या– भगवान् ने सातवें, नौवें तथा दसवें अध्यायों में अपनी अनेक शक्तियों और विभूतियों का वर्णन किया है। कारण की साधक इन विभूतियों के अपने रूप तथा चमत्कार में ही भ्रमित न हो जाऐं अपितु उनके पीछे जो दिव्य–परमार्थिक सामर्थ्य है उसको जाने और उस परमात्मा की सत्ता को माने तथा प्रेरित होकर आध्यात्मिक खोज को दृढ़ता पूर्वक करते हुए भगवान् के आशीर्वाद को प्राप्त करने के पात्र बने। इस अध्याय के भी इन चार श्लोकों में (12 से 15) इसी प्रसंग विशेष का वर्णन किया है–यह वही "ज्ञान सहित विज्ञान" का प्रसंग है जो सातवें अध्याय से आरम्भ हुआ है इस प्रसंग की विशेष महानता है क्योंकि मात्र सैद्धान्तिक ज्ञान ही नहीं परन्तु विज्ञान से ही वास्तविक आध्यात्मिक लाभ होता है। आध्यात्मिक विज्ञान से हि तो भगवान् तत्व का अनुभव होता है और मोक्ष की प्राप्ति होती है।

भगवान् का कहना है कि स्वयं ही स्मृति ज्ञान और अपोहन वेदों के निर्णायक तथा जानने वाले वह स्वयं ही है। भगवान् का यह कथन स्पष्ट करता है कि

स्मृति का अर्थ आत्मा का अनुभव होता है। जैसा अर्जुन ने 18/73 में कहा है कि उन्हें स्मृति आ गई है अर्थात् अपने आप को आत्मा जान लिया है। ज्ञान भी भगवान् से उत्पन्न है क्योंकि असली ज्ञान ब्रह्मज्ञान ही है ब्रह्मज्ञान पाने पर अपोहन का अनुभव स्वयं ही हो जाता है क्योंकि ब्रह्मज्ञानी के मन में सारे शक और संशय का नाश हो जाता है। ब्रह्मज्ञान होने पर साधक भी भगवान् की तरह वेदों का निर्णायक तथा जानने वाला स्वयं हो जाता है।। 15 ।।

द्वाविमौ पुरुषौ लोके क्षरश्चाक्षर एव च।
क्षरः सर्वाणि भूतानि कूटस्थोऽक्षर उच्यते।। 16 ।।

अर्थ– इस संसार में क्षर और अक्षर दो प्रकार के पुरुष हैं। सारे प्राणिक्षर हैं और कूटस्थ ही अक्षर है।। 16 ।।

व्याख्या– इस संसार में जो भी जन्मता एवं मरता है तथा जो भी पदार्थ पञ्चभूतों से बना है वह स्थावर हो अथवा जङ्गम स्थूल हो चाहे सूक्ष्म वह सब क्षर वर्ग में आते हैं क्योंकि वे नाशवान हैं। कूटस्थ केवल (जीवात्मा) ही अक्षर अर्थात् अविनाशी है। यह कूटस्थ ही चेतन तत्व है, यही भगवान् की दिव्य अविनाशी सत्ता है। आत्मा ही अक्षर–अविनाशी तत्व है, कुठस्थ ही कभी न बदलने और मिटने वाली चेतन शक्ति है। वास्तव में यही ब्रह्म चैतन्य है जो आत्मबोध प्राप्त करने पर ही उपलब्ध होता है।

मनुष्य की बुद्धि, मन, प्राण, इन्द्रियाँ आदि इस कूटस्थ से भिन्न है और नाशवान् होने के कारण क्षर वर्ग में आती है।

उत्तमः पुरुषस्त्वन्यः परमात्मेत्युदाहृतः।
यो लोकत्रयमाविश्य विभर्त्यव्यय ईश्वरः।। 17 ।।

अर्थ– उत्तम पुरुष तो और ही है जो परमात्मा के नाम से प्रसिद्ध हैं वही (उत्तम पुरुष) अविनाशी ईश्वर तीनों लोकों में प्रवेश करके सबका भरण–पोषण करता है।। 17 ।।

व्याख्या– उपरोक्त श्लोक में कूटस्थ तत्व को अक्षर कहा गया है, यहाँ इस श्लोक में भगवान् कह रहें हैं कि वह कूटस्थ से और यानि ऊपर है। कूटस्थ आत्मा अथवा ईश्वर है और वह परमात्मा अर्थात् ईश्वर से भी श्रेष्ठ परमब्रह्म

है। अत: आत्मा से श्रेष्ठ है परन्तु भिन्न नहीं, क्योंकि आत्मा भी परमात्मा का अपना ही अविनाशी शुद्ध अंश जीव वर्ग के अन्दर है। यहाँ तीन प्रकार के पुरुषों का वर्णन है (1) शरीर जो जन्मता तथा मरता है। (2) जो पुरुष (आत्मा) है अजर–अमर है (3) जो उत्तम पुरुष परमात्मा है जो इन दोनों से श्रेष्ठ है तथा तीनों लोकों में प्रवेश करके सारे प्राणियों का भरण–पोषण करता है। परमात्मा केवल प्राणि वर्ग का ही पोषण नहीं करते परन्तु सारी सृष्टि का सृजन और नियन्त्रण भी वही करते हैं। यह भी स्पष्ट है कि शेष दोनों पुरुष आत्मा एवं शरीर का आश्रय भी पुरुषोत्तम परमात्मा ही है। सरल शब्दों में यह तीन पुरुष इस प्रकार वर्णित किये जा सकते हैं। पहला क्षर जो जन्मता और मरता है, मनुष्य का शरीर मन इन्द्रिय तथा बुद्धि सब इसके अंतर्गत है। दूसरा अक्षर जो जीव के अन्दर कूटस्थ है जिसको आत्मा (आत्मचैतन्य) कहते हैं, तीसरा पुरुष पुरुषोत्तम स्वयं परमात्मा है।

यस्मात्क्षरमतीतोऽहमक्षरादपि चोत्तमः।
अतोऽस्मि लोके वेदे च प्रथितः पुरुषोत्तमः।। 18 ।।

अर्थ– मैं नाशवान् प्रकृति से अतीत हूँ। अक्षर से भी उत्तम हूँ, इसलिये (ही) लोक में तथा वेदों में पुरुषोत्तम नाम से प्रसिद्ध हूँ।। 18 ।।

व्याख्या– भगवान् क्षर अर्थात् नाशवान् प्रकृति से अलग और श्रेष्ठ इसलिये है क्योंकि वह निर्लिप्त और निर्मल है भगवान् ने ही क्षर वर्ग को अर्थात् प्रकृति का अतिक्रमण किया है और पूर्णत: नित्य मुक्त है।

चेतन सता अर्थात् अक्षर से उत्तम और श्रेष्ठ इसलिये है क्योंकि यह इसके नियन्ता स्वयं ही है। आत्मा अथवा कूटस्थ का आश्रय वह स्वयं ही है पर ऐसा नहीं है कि वह अक्षर से क्षर वर्ग की भाँति बिलकुल भिन्न है क्योंकि आत्मा उनका ही अमर अंश है। क्षर वर्ग अर्थात् प्रकृति उनका अपना अंश नहीं परन्तु उनका सृजन है। परमात्मा पुरूषोत्तम नाम से वेदों में इसलिये प्रसिद्ध है क्योंकि तत्ववेत्ता ने इस वास्तविकता को अपने दिव्य चक्षुओं से देख और जान लिया है। (गीता 2/16) वेदों में भी इस सत्य का इसीलिये वर्णन है।। 18 ।।

यो मामेवमसंमूढो जानाति पुरुषोत्तमम्।
स सर्वविद्भजति मां सर्वभावेन भारत।। 19 ।।

अर्थ– हे अर्जुन! इसलिये इस प्रकार जो मोहरहित मनुष्य मुझे तत्व से पुरुषोत्तम जानता है, वह सब कुछ जानने वाला हर प्रकार से मेरा भजन करता है।। 19 ।।

व्याख्या– इस श्लोक में "मोह रहित" शब्दों का विशेष अर्थ है–तात्पर्य यह है कि साधक जब साधना के प्रयोग और अभ्यास से गुणातीत हो जाता है यानि विषयों से और संसार से अपना नाता तोड़ लेता है तभी वह मोहरहित हो सकता है। इस स्थिति में वह निःस्पृह हो जाता है और उसको कर्म नहीं बाँध सकते। मोह ही संसार की पकड़ तथा जकड़ है। जब संसार (मोह) नहीं तभी भगवान् है जब साधक संसार को तत्वों से जान लेता है, तो उसको इसके बनावटीपन को भाँप लेता है और भगवान् की वास्तविकता को जान लेता है। इस बोध की प्राप्ति पर वह भगवान् की वास्तविकता को जान लेता है और यहीं की भक्ति के प्रसाद से सर्ववित् अर्थात् सर्वज्ञ हो जाता है। सारांश यह है कि भगवान् को तत्व से जानने का अभिप्राय उन्हें पुरुषोत्तम रूप में जानना है, क्योंकि पुरुषोत्तम अवस्था ही अन्य दो अवस्थाओं, सांसारिक अवस्था और ईश्वरीय अवस्था से सर्वोत्तम है। सर्वज्ञ होने पर जो कुछ भी महापुरुष करता है वह भगवान् का ही भजन रूप है क्योंकि वह जानता है "जगत् मिथ्या प्रभु सत्य"।। 19 ।।

इति गुह्यतमं शास्त्रमिदमुक्तं मयानघ।
एतद्बुदध्वा बुद्धिमान्स्यात्कृतकृत्यश्च भारत।। 20 ।।

अर्थ– हे निष्पाप अर्जुन! इस प्रकार यह अत्यन्त गोपनीय शास्त्र है, जो मैंने कहा है इसको जानकर मनुष्य ज्ञानी तथा कृतकृत्य हो जाता है।। 20 ।।

व्याख्या– श्रीकृष्ण भगवान् ने इस पुरुषोत्तम योग के पहले श्लोक में ही कहा है कि इस संसार रूपी वृक्ष को वैराग्य रूपी दृढ़ शस्त्र से काटकर परमपद पुरुषोत्तम का ज्ञान प्राप्त किया जा सकता है। भगवान् ने आठवें अध्याय के 20वें श्लोक में भी अपने परमपद की बात कही है जो अक्षर तथा अनाक्षर

से भी परे तथा ऊपर है। यहाँ भी इसी परम धाम को पुरुषोत्तम नाम से कह रहे हैं। यह परमविषम अतिरहस्यमय है तथा गोपनीय है। यह विषय रहस्यमय इसलिये है क्योंकि इस संसार का रूप आदि अन्त और स्थिति समझ में नहीं आते, क्योंकि यह संसार निरन्तर परिवर्तनशील है और जैसा नज़र आता है वैसा है नहीं। तत्ववेत्ताओं का कहना है कि आँख खोलने पर जैसे स्वप्न झूठा होता है, उसी प्रकार तत्वज्ञान की प्राप्ति पर यह संसार भी मिथ्या लगता है। यह गोपनीय इसलिये है क्योंकि इसको जानने का साधन तत्ववेत्ता ही बता सकते हैं, क्योंकि यह तर्क या साधारण ज्ञान का विषय नहीं है और इस पुरुषोत्तम ज्ञान को जानने के लिये दम, शम आदि का पालन अति आवश्यक है, क्योंकि यह चित्त की शुद्धि करने पर ही समझा जा सकता है और यह अज्ञानी तथा पापियों को बताना भी नहीं पड़ता क्योंकि ये उनकी समझ से बाहर का विषय होता है। यह ऐसा सर्वोच्च ज्ञान है जिसको जानकर साधक सर्वज्ञ हो जाता है तत्त्ववेता के अनुसार इस अध्याय में गीता का सारांश तथा वेद और शास्त्रों का संक्षेप है, परन्तु यह पुरुषोत्तम योग बिना गहन साधना और बिना चित्त शुद्धि के प्राप्त नहीं है।। 20 ।।

ॐ तत्सदिति श्रीमद्भगवद्गीतासूपनिषत्सु ब्रह्मविद्यायां
श्रीकृष्णार्जुनसंवादे पुरुषोत्तमयोगो
नाम पञ्चदशोऽध्याय:।। 15 ।।

✤ ✤ ✤

अथ षोडशोऽध्यायः

सुरासुर सम्पद् विभाग योगः

भगवानुवाच

अभयं सत्त्वसंशुद्धिर्ज्ञानयोगव्यवस्थितिः।
दानं दमश्च यज्ञश्च स्वाध्यायस्तप आर्जवम्।। 1 ।।

अर्थ– श्रीकृष्ण भगवान् बोले–अभय शुद्ध अन्तःकरण, ज्ञानयोग में स्थिति, दान इन्द्रियों का दमन, यज्ञ, स्वाध्याय, तप तथा आर्जवम्।। 1 ।।

व्याख्या– पन्द्रहवें अध्याय के अन्तिम (19वें, 20वें) श्लोकों में भगवान् ने कहा है कि जो निष्पाप मनुष्य मुझे पुरुषोत्तम रूप में जानता है वह सबकुछ जान लेता है ज्ञाता ज्ञेय को पाकर कृत–कृत्य हो जाता है। ध्यान में रखने वाली बात यह कि भगवान् को जानने के लिये निष्पाप होना आवश्यक है। निष्पाप मात्र (दैवी) सुर सम्पदा के साधक ही हो सकते हैं। अतः भगवान् इस श्लोक से स्वयं ही दैवी सम्पदा के आचरण, विशेषताओं और गुणों का वर्णन आरम्भ करते हैं।

दैवी अथवा सुर प्रवृत्ति के लोग अभय होते हैं, क्योंकि उन्हें मोह नहीं होता। उनका अन्तःकरण भी मोह रहित होने के कारण शुद्ध होता हैं इन्द्रियों का दमन, सात्विक यज्ञ, ज्ञान तथा तप अन्तःकरण को शुद्ध करने में विशेष रूप से सहायक होते हैं। तप का अर्थ शरीर को कष्ट देकर साधना करना ही नहीं अपितु उच्च तथा उत्तम कर्म और कर्त्तव्य कर्म को ठीक तरह से निभाना चाहे कितना ही कष्ट सहना पड़े। स्वाध्याय अर्थात् धार्मिक ग्रन्थों को पढ़ना, समझना

तथा उनपर अनुसरण करना तथा अपने आपको जानना (selfanalysis) जरुरी होता है—आर्जवम मन, वाणी तथा कर्म में सरलता होती है।

ज्ञान तथा योग में मन, बुद्धि को स्थित रखे बगैर साधक को आध्यात्मिक लाभ हो ही नहीं सकता क्योंकि इन दोनों को वश में करके ही (ध्येय) परमात्मा की प्राप्ति हो सकती है।। 1 ।।

अहिंसा सत्यमक्रोधस्त्यागः शान्तिरपैशुनम्।
दया भूतेष्वलोलुप्त्वं मार्दवं ह्रीरचापलम्।। 2 ।।

अर्थ— अहिंसा, सत्य, क्रोध का अभाव, कामना का त्याग तथा शान्ति, अपैशुन, सब भूतों के प्रति दया, अलोलुप्ता, मृदुता, लज्जा, अचापल्य आदि का सेवन मन, वाणी और शरीर द्वारा करना।। 2 ।।

व्याख्या— धार्मिक सन्दर्भ में अहिंसा का अर्थ है पर पीड़ा का पूर्णवर्जन अर्थात् उत्तेजना के बावजूद और सामर्थ्य होने पर भी किसी को पीड़ित न करना क्योंकि पीड़ित करना आसुरी भाव होने के कारण साधना में बाधक होता है। क्रोध और भी अधिक हानिकारक होता है, क्योंकि क्रोध का मूल सांसारिक इच्छा की आपूर्त्ति में होता है। अतः चित्तशुद्धि में बाधक होता है और बिना चित्तशुद्धि के आध्यात्मिक लाभ हो ही नहीं सकता।

सत्य से भी यहाँ गहरा अर्थ है प्राकृतिक सत्य जो एक गहन विषय है जिसके अनुसार भगवान् ही मात्र एक सत्य है जगत् तो मिथ्या होने के कारण साधक को भ्रमित करता है क्योंकि सांसारिक सत्य तो मात्र व्यावहारिक (Relative) ही होता है जो परिवर्तनशील है। त्याग से अर्थ कर्मफल को ईश्वर को अर्पित करना है यही चित्तशुद्धि में सहायक है। इस प्रवृत्ति से ही शान्ति का उदय होता है, क्योंकि चित्त की उपरति के बगैर शान्ति की आशा व्यर्थ है।

अपैशुन का अर्थ परनिन्दा का त्याग होता है, अलोलुप्ता का अर्थ मन की चंचलता ही है, यानि कोई भी विषय मन को वासनारूप में आकर्षित न कर सकें। अलोलुपभाव लोभ के त्याग का भाव होता है, दया तो धर्म का मूल ही होता है, इसीलिये साधक हर व्यक्ति तथा पीड़ित, जीव की वेदना अपनी ही वेदना समझता है। साधक को सरल तथा मृदुल होना भी जरुरी है तथा कुकर्मों

से ही नहीं परन्तु कुकर्म के भावमात्र से भी लज्जास्पद अनुभव करना होता है। अचापल्य से अभिप्राय अचाञ्चलय है अर्थात् अपने आपको दृढ़ अनुशासन में रखना आवश्यक है।। 2 ।।

तेजः क्षमा धृतिः शौचमद्रोहोनातिमानिता।
भवन्ति सम्पदं दैवीमभिजातस्य भारत।। 3 ।।

अर्थ– तेज, क्षमा, धृति, शौच, अद्रोह, नातिमानिता हे अर्जुन! यह सब दैवी प्रवृति से उत्पन्न गुण है।। 3 ।।

व्याख्या– तेज अन्तःकरण की विशेष सम्पदा है जिससे दूसरों पर तेजस्वी का प्रभाव स्वयं ही हो जाता है। यह एक व्यक्तित्व का आन्तरिक बल है, जिसके मूल में आन्तरिक ज्ञान और आचरण वास करते हैं।

अद्रोह= दूसरों के प्रति विरोध या अनिष्ट न करना।

नातिमानिता= अपने बारे में पूज्य अथवा बड़े समझने या होने का अभाव, कोई अभिमान न होना।

धृति= धैर्य तथा आन्तरिक संयत शक्ति होती है। साधना में धृति की विशेष जरुरत रहती है क्योंकि योग सिद्धि में अन्दर की दृढ़ता आवश्यक है।

शौच= शरीर और अन्तःकरण दोनों की पवित्रता का नाम है, क्योंकि अन्तःकरण की निर्मलता के बिना आध्यात्मिक मार्ग में विकास हो ही नहीं सकता। इन तीन श्लोकों में, ऊपर वर्णित 26 गुणों में भगवान् ने दैवी प्रकृति का वर्णन किया है।। 3 ।।

दम्भो दर्पोऽभिमानश्च क्रोधः पारुष्यमेव च।
अज्ञानं चाभिजातस्य पार्थ सम्पदमासुरीम्।। 4 ।।

अर्थ– हे पार्थ! दम्भ, दर्प, अभिमान, क्रोध, पारुष्य और अज्ञान यह सब आसुरी सम्पदा वाले पुरुष से उत्पन्न हुआ करते हैं या आसुरी सम्पदा वाले पुरुष से उत्पन्न हुए का लक्षण हैं।। 4 ।।

व्याख्या– दम्भ–झूठा दिखावा होता है–(माला तो कर में फिरे मनुआ फिरे चहूँ दिशी) पाखण्ड और मखोटा ही दम्भ के आधार होते हैं। दम्भी का आचरण हमेशा बाहर से कुछ और अन्दर से कुछ और होता है।

दर्प– आपने बराबर किसी को न समझना चाहे बुद्धि, धन, बल कुछ भी हो तथा दूसरे की अच्छाई तथा बड़ाई सुनकर भी दुखी होना ये दर्प के लक्षण होते हैं।

अभिमान= जाति, धन, पद, परिवार आदि का घमण्ड ही अभिमान के रूप में आध्यात्म में बाधक होता है।

क्रोध= इच्छा के विरुद्ध घटना तथा प्रतिक्रिया पर कुपित तथा उत्तेजित होना क्रोध होता है। क्रोध ऐसी दोधारी तलवार है जो क्रोधी का स्वयं का ही अधिक नुकसान करती है।

पारुष्य= दूसरों को कठोर वचन का प्रयोग कर कष्ट पहुँचाना ही पारुष्य है।

अज्ञान= आध्यात्मिक सन्दर्भ में अज्ञान का अर्थ अविवेक है यानि बुद्धि की कमी के कारण उचित अनुचित का बोध या आभास न हो पाना, ठीक गलत को पहचानने की क्षमता न होना मन और इन्द्रियों के सुखों पर ही आश्रित रहना वास्तव में मनुष्य की आसुरी प्रवृति का विशेष कारण अपने आप को मन और इन्द्रियों के सुखों पर केन्द्रित करना ही है–जैसे मात्र शरीर को पुष्ट करने पर ही जोर रखना आदि और श्रेष्ठ तथा उत्कृष्ट मूल्यों तथा आध्यात्म सम्बन्धि विषयों से अनभिज्ञ रहना।। 4 ।।

दैवी सम्पद्विमोक्षाय निबन्धायासुरी मता।
मा शुचः सम्पदं दैवीमभिजातोऽसि पाण्डव।। 5 ।।

अर्थ– दैवी सम्पदा मुक्ति के लिये है और आसुरी बन्धन के लिये– परन्तु हे पाण्डव! तुम शोक मत करो तुम दैवी सम्पदा से उत्पन्न हुए हो।। 5।।

व्याख्या– इस संसार में दो प्रकार की सम्पदाऐं अथवा वृतियाँ हैं एक आसुरी दूसरी दैवी। यही दो मार्ग प्रवृति तथा निवृति है। ऐसा नही है कि दैवी सम्पदा और आसुरी सम्पदाऐं बिना किसी कारण के हैं–यह दोनों प्रवृतियाँ कर्मानुसार हैं–दैवी सम्पदा में जो उत्पन्न होते हैं उसमें हर मनुष्य का अपने पिछले कर्मों का ही योगदान होता है।

इसमें कोई सन्देह नहीं जो भी मनुष्य इस जगत् में जन्मता है वह प्रकृति के वश में होता है, क्योंकि जो भी जन्मता है उसका मन, शरीर तथा इन्द्रियाँ

प्रकृति के ही तीन गुणों से बने होते हैं। प्रकृति के तीन गुण ही हर शरीरधारी जीव में व्याप्त रहते हैं।

इस प्रकृति से ऊपर उठना एक बहुत बड़ी चुनौति है—यह सांस जो हम लेते हैं और जिसके बिना जिवित रह ही नहीं सकते यहि प्रकृति का सबसे बड़ा फंदा है।

साधारण तौर पर जो भी हमारे विचार हैं वे भी संसार (त्रिगुणमयी) प्रकृति पर ही केन्द्रित रहते हैं। अतः प्रकृति का मायाजाल एक मजबूत घेरा है। इसको तोड़ने का साधन मात्र प्रभु साधना ही है। चाहे वह योग द्वारा या भक्ति अथवा ज्ञानमार्ग द्वारा अथवा कर्त्तव्य परायणता के माध्यम से दैवी सम्पदा का पावन पात्र बन पाना एक कठिन साधना है। इसमें धैर्य, धृति आत्मबल तथा उचित गुरु की आवश्यकता निश्चित है, अर्जुन इस सम्पदा के स्वभाविक पात्र है तभी तो भगवान् उन्हें कह रहे हैं कि चिन्ता मत करो तुम दैवी सम्पदा से उत्पन्न हुए हो, क्योंकि भगवान् किसी पर यों ही बिना उचित तथा यथेष्ट पात्रता के कृपा नहीं करते, क्योंकि वह सदा निष्पक्ष और उदासीन तथा निर्मल है। अतः मनुष्य अपने विचार, वचन तथा कर्म को शास्त्रानुसार अथवा गुरु के दिये ज्ञान के अनुसार ढालकर और लगातार पूरी मेहनत से डट कर ही दैवी सम्पदा प्राप्त कर सकता है।। 5 ।।

द्वौ भूत सर्गौ लोकेऽस्मिन्दैव आसुर एव च।
दैवो विस्तरशः प्रोक्त आसुरं पार्थ मे शृणु।। 6 ।।

अर्थ– हे अर्जुन! इस लोक में दो प्रकार के प्राणियों की सृष्टि है। दैवी (सम्पदा) का तो मैंने वर्णन कर दिया। अब तुम मेरे द्वारा आसुरी सम्पदा का विस्तारपुर्वक वर्णन सुनो।। 6 ।।

व्याख्या– इस जगत् में जो मनुष्य है वह दो में से एक प्रकार की सृष्टि का ही जीव है। दैवी अथवा आसुरी यह मात्र मनुष्य वर्ग को ही लागू नहीं। यहाँ भगवान् ने भूत सर्ग शब्द का प्रयोग किया है। अतः जो भी जीवमात्र हैं जिस भी शरीर में अर्थात् स्थूल, सूक्ष्म अथवा कारण वह इन दो प्रकार की सृष्टि में रहता है। ऐसा नहीं है कि जो मनुष्य आसुरी प्रवृति का है, उसमें दैवी प्रवृति

नहीं हो सकती। ऐसा कदापि नहीं है, क्योंकि आत्मा सभी प्राणियों के अन्दर है, परन्तु कर्म वश और प्रकृति (त्रिगुणात्मक) के बन्धन के कारण और स्वकर्म वश आसुरी प्रकृति के मनुष्य में रजोगुण तथा तमोगुण की प्रधानता रहने के कारण वह इस सम्पदा का शिकार बन बैठता है। अत: ऐसे लोगों को अपने अन्दर विचार तथा कर्म सुधार कर दैवी प्रवृति को जागृत करना जरुरी है। बिना विचार और कर्म सुधार के कोई शक्ति मनुष्य की मदद नहीं कर सकती। गुरु भी मार्ग ही बता सकते हैं, उस पर चलना साधक का काम है।। 6 ।।

प्रवृत्तिं च निवृत्तिं च जना न विदुरासुरा:।
न शौचं नापि चाचारो न सत्यं तेषु विद्यते।। 7 ।।

अर्थ– आसुरी प्रकृति वाले लोग प्रवृति और निवृति दोनों को ही नहीं जानते, इसलिये उनमें बाहर अथवा भीतर की शुद्धि नहीं होती न वे (चित्त) आचरण का पालन करते न उनमें सत्य भाषण ही होता है।। 7 ।।

व्याख्या– इस जगत् में निवृति और प्रवृति दो मार्ग है। निवृति मार्ग आध्यात्म साधना और प्रभु प्राप्ति का मार्ग है। यह मार्ग दैवी प्रवृति के लोग ग्रहण करते हैं प्रवृति मार्ग सांसारिक सफलता मार्ग है जिसमें रजोगुण की प्रधानता रहती है। पाण्डव निवृति पथ के अनुयायि थे और कौरव प्रवृति पथ के धर्म पांडव का आधार था। अत: वे विजयी हुए, परन्तु कुछ ऐसे लोग हैं जो प्रवृति मार्ग से भी नीचे के स्थान के होते हैं, उनमें तमोगुण की प्रधानता रहती है। तभी वह न सत्य का पालन करते, न उनका आचरण उचित एवं शुद्ध होता, शुद्धि उनमें न शरीर की होती और न मन की, अर्थात् ऐसे लोग धरती पर बोझ ही बने रहते हैं, उनमें आध्यात्मिक और धार्मिक जिज्ञासा नहीं होती। सत्य के पालन का आध्यात्मिक लाभ तो उनकी समझ में आता ही नहीं।। 7 ।।

असत्यमप्रतिष्ठे ते जगदाहुरनीश्वरम्।
अपरस्परसम्भूतं किमन्यत्कामहैतुकम्।। 8 ।।

अर्थ– आसुरी संपदा वाले कहते हैं कि यह संसार असत्य, अप्रतिष्ठित और बिना ईश्वर के (इच्छा से उत्पन्न है) केवल स्त्री पुरूष के संभोग से उत्पन्न हुआ है। अत: काम ही इसका कारण है, दूसरा कारण नहीं है।। 8 ।।

व्याख्या– आसुरी प्रवृत्ति के अनुसार यह संसार असत्य है अर्थात् ईश्वर रहित है इसका नियन्ता है हि नही क्योंकि ऐसा कुछ साधारण जीवन में उन्हें नजर नहीं आता। साधे अर्थ में उनका मानना है कि इस संसार का आधार है "जिसकी लाठी उसकी भैंस", उनका सुख दुःख का आधार तथा कारण इन्द्रियाँ और मन ही है। वह अव्यक्त तथा ईश्वर जैसी दैवी शक्ति को नहीं मानते।

इस जगत् के पीछे भी वह किसी परमसत् तथा परमात्मा का हाथ नहीं मानते उनके अनुसार स्त्री पुरुष के शारीरिक संभोग से ही यह मनुष्य, जगत् और जीव उत्पन्न है। अतः वह काम ही इस जगत् और जीवन का आधार मानते हैं। मन की इच्छाओं की पूर्ति ही उनका ध्येय होता है। यह जगत् के निमित्त कारण को नहीं मानते न नियन्ता को वे नास्तिक लोग मन तथा इन्द्रियों को ही सत्य मानते हैं।। 8 ।।

एतां दृष्टिमवष्टभ्य नष्टात्मानोऽल्पबुद्धयः।
प्रभवन्त्युग्रकर्माणः क्षयाय जगतोऽहिताः।। 9।।

अर्थ– इस प्रकार की दृष्टि वाले नष्ट स्वभाव, अल्पबुद्धि, क्रूर कर्मवाले लोग जगत् के शत्रु जगत् को नष्ट करने के लिये जन्म लेते हैं।। 9 ।।

व्याख्या– इस प्रकार की दृष्टि वाले अर्थात् जो न सत्य को न ईश्वर को, न धर्म को, न पाप–पुण्य को, न शुद्धि तथा सदाचार के आचरण को मानते हैं, वे पापी स्वभाव के ही लोग होते हैं। वह क्रूर कर्मा और बुद्धिहीन होते हैं क्योंकि वे शास्त्रों में तो विश्वास ही नहीं करते ऐसे लोग ही इस संसार के विनाश तथा ध्वंस के कारण होते हैं। मानो वे जन्म ही जगत् नाश के लिये लेते हैं। ऐसे क्रूर कर्मा तथा अल्पबुद्धि लोगों में ही आसुरी प्रवृति पलती और पनपती है।। 9 ।।

काममाश्रित्य दुष्पूरं दम्भमानमदान्विताः।
मोहाद्गृहीत्वासद्ग्राहान्प्रवर्तन्तेऽशुचिव्रताः।। 10 ।।

अर्थ– कभी न पूरी होने वाली कामनाओं का आधार लेकर दम्भ, मान और मद से उन्मत अशुभ सिद्धान्त का अवलम्बन करके मोह के कारणवश दुष्ट भावों को ग्रहण करके संसार में विचरते रहते हैं।। 10 ।।

व्याख्या– सातवें श्लोक में पहले ही कहा गया है कि आसुरी भाव के लोगों का विश्वास निवृति तथा प्रवृति दोनों में ही नहीं होता। वे सांसारिक कामनाओं के वेग में ही धिरे रहते हैं। अहंता तथा महानता भाव उनमें घर कर गये होते हैं। दम्भ, दर्प, अभिमान तथा मद ऐसे आसुरी प्रवृति के लोगों का आश्रय बन गया होता है। जिन्हें झूठ, कपट, जालसाजी के व्यवहार में जरा भी संकोच नहीं रहता। उनका भोजन, व्यवहार और जीवन तामसिक होता है। सारांश यह है कि आसुरी प्रवृति वाले लोग सात्विक तथा परमार्थिक विषयों की ओर ध्यान तक नहीं देते (या दे पाते)। मांस, मदिरा, मैथुन ही उनके जीवन के आधार बने रहते हैं।। 10 ।।

चिन्तामपरिमेयां च प्रलयान्तामुपाश्रिताः।
कामोपभोगपरमा एतावदिति निश्चिताः।। 11 ।।

अर्थ– श्री भगवान् कहते हैं–वे मृत्यु पर्यन्त चिन्ताग्रस्त रहते हैं, उनकी प्रवृति उपभोक्ता सामग्री के संग्रह में रत रहती है तथा काम, भोग ही उनका आजीवन निश्चय होता है।। 11 ।।

व्याख्या– उच्च अर्थात् सात्विक जीवन की ओर उनका विचार होता ही नहीं। उनके ध्यान के केन्द्र भोग–विलास तथा मौज–मस्ति होते है, शरीर का पोषण और काम वासना की पूर्त्ति उनके जीवन का ध्येय बन जाता है। उनके मनोविज्ञान की प्रवृत्ति कुछ ऐसी बन जाती है कि सांसारिक जोड़–तोड़ की दौड़ खत्म होने में ही नहीं आती। उनकी सांसारिक चिन्ताओं की श्रृंखला की कड़ियाँ एक के बाद दूसरी उभरती जाती है। अपने लाभ की चिन्ता सम्बन्धियों के लाभ की चिन्ता ही उनके सांसारिक प्रयास का आजीवन पुरुषार्थ बन जाता है। यह विचार तक उन्हें नहीं छू पाता कि पदार्थ, वस्तु संग्रह तथा भौतिकता ही बन्धन का कारण और केन्द्र होते हैं। अत: परलोक पुर्नजन्म, पुण्य कर्म चित्तशुद्धि आदि श्रेष्ठ क्रियायें उनके विचार के दायरे में आती ही नहीं है उनके पुरुषार्थ का आजीवन केन्द्रविन्दु कामिनी तथा कांचन ही रहता है।। 11 ।।

आशापाशशतैर्बद्धाः कामक्रोधपरायणाः।
ईहन्ते कामभोगार्थमन्यायेनार्थसञ्चयान्।। 12 ।।

अर्थ— वे आशा की सैकड़ों शृंखलाओं में बन्धे हुए मनुष्य काम—क्रोध के परायण होकर विषय भोगों के लिये अन्यायपूर्वक धन आदि (पदार्थों का) संग्रह की चेष्टा करते रहते हैं।। 12 ।।

व्याख्या— आसुरी प्रवृति के मनुष्यों के जीवनकाल का ध्येय विषय भोग तथा भौतिक—विलास ही होता है। काम—वासना ही उनका धन्धा रहता है और इस लक्ष्य की पूर्ति के लिये ये लोग अन्याय द्वारा धन संग्रह करके इन कुख्यात वासनाओं की पूर्ति करते रहते हैं—अन्याय का मार्ग धन संग्रह के लिये उन्हें इसलिये अपनाना होता है, क्योंकि उचित ढंग से धन कमाने के लिये श्रेष्ठ रचनात्मक कर्म करने पड़ते हैं जो कठिन होते हैं। अत: वे अवैध (झूठे) धन्धों में पड़कर धन कमाते और उड़ाते रहते हैं।

क्रोध का प्रयोग वे सज्जनों को डराने धमकाने के लिये किया करते हैं और वे इसी को अपना तेजमान बैठते है। एक के बाद अनेकों कल्पनाओं में धन—संग्रह भोग—विलास तथा दूसरों को कष्ट देना उनकी दृढ़ जीवनशैली बन जाती है और काम—वासना के वेग की पूर्ति का नशा उनपर सवार रहता है।। 12 ।।

इदमद्य मया लब्धमिमं प्राप्स्ये मनोरथम्।
इदमस्तीदमपि मे भविष्यति पुनर्धनम्।। 13 ।।

अर्थ— वे सोचते रहते हैं कि मेरी आज इतनी प्राप्ति (संग्रह) हो गई अब इस मनोरथ को प्राप्त करुँगा। इतना धन जोड़ लिया और इतना और हो जाएगा।। 13 ।।

व्याख्या— आसुरी प्रवृति वाले लोगों के विभिन्न मनोरथ का कारण तथा केन्द्र, लोभ और लालसा ही होते हैं। कर (टैक्स) की चोरी वस्तुओं में मिलावट, जालसाजी, घूंस, चालाकी, बेईमानी इन सब माध्यमों का प्रयोग करके धन और वैभव के जोड़, वितरण तथा और अधिक संग्रह उनकी बेचैनी के निरन्तर कारण बने रहते हैं। इस प्रकार की आसुरी प्रवृति ही समाज के कलह, अशान्ति तथा विनाश का कारण बनी रहती है।। 13 ।।

असौ मया हत: शत्रुर्हनिष्ये चापरानपि।
ईश्वरोऽहमहं भोगी सिद्धोऽहं बलावान्सुखी।। 14 ।।

अर्थ– वह शत्रु मैंने मार दिया अब दूसरे शत्रुओं को मार डालूँगा, मैं ही ईश्वर हूँ। हमारे पास बहुत भौतिक संग्रह है, हम सिद्ध हैं, हम बहुत बलवान् अथवा सुखी हैं।। 14 ।।

व्याख्या– आसुरी सम्पत्ति के लोग लोभ, क्रोध अपराध तथा अभिमान की परिधि में डटे रहते हैं वह मूर्ख अपने को ईश्वर से कम नहीं समझते। दूसरों की तरक्की या बड़ाई उन्हें अखरती है। विरोधियों को बेकसूर मारने में अभिमान समझते हैं। ध्वंस और हिंसा मानो उनकी जीवन शैली बन जाती है। इनका जीवन द्वेष, जलन और डींग तथा व्यर्थ अभिमान में ही व्यतीत हो जाता है। यही आसुरी प्रवृत्ति समाज में अपराध, घृणा, तनाव और अशान्ति का विष घोलती है।। 14 ।।

आढ्योऽभिजनवानस्मि कोऽन्योऽस्ति सदृशो मया।
यक्ष्ये दास्यामि मोदिष्य इत्यज्ञानविमोहिता:।। 15 ।।
अनेकचित्तविभ्रान्ता मोहजालसमावृता:।
प्रसक्ता: काम भोगेषु पतन्ति नरकेऽशुचौ।। 16 ।।

अर्थ– मैं बहुत धनी हूँ, कुटुम्बी हूँ, कौन है दूसरा ऐसा जो मेरे बराबर हो? हम यज्ञ करेंगे, दान देंगे, मौज मस्ति करेंगे अज्ञान में इस तरह मोहित रहने वाले अज्ञ आसुरी लोग इसी तरह कई प्रकार से भ्रमित चित्तवाले मोह जाल में समावृत भौतिक भोगों में अति आसक्त मनुष्य भयंकर नरक में गिरते हैं।। 15–16 ।।

व्याख्या– आसुरी भाव वाले दम्भी लोगों के मोह, अभिमान, विषय आसक्ति आदि ही प्रधान आश्रय होते हैं। यदि वह यज्ञ अनुष्ठान आदि करते हैं, वे भी दिखावा ही होता है। लोग वाह–वाह करेंगे। हमें बड़ा इन्सान मानेंगे इस प्रकार की प्रसिद्धि की भावना ही उनके अन्दर रहती है वह अनम्र और मदयुक्त होने के कारण दूसरों को दबा और डराकर रखते हैं।

अनेक भौतिक मनोरथों में उनका चित्त भ्रान्त रहता है। चित्त की स्थिरता उन्हें छूती तक नहीं, व्यक्तिगत रूप में इन आसुरी लोगों की चाह और चिन्तन,

आहार, मौज—मस्ति, नशा, मैथुन तथा वैर भाव में ही केन्द्रित रहता है। यह मोह जाल उन्हें नरक में ले जाने का (इस जीते जी तथा मरणोपरान्त भी) स्वयं कृत अभियान ही होता है।। 15–16 ।।

आत्मसम्भाविता: स्तब्धा धनमानमदान्विता:।
यजन्ते नामयज्ञैस्ते दम्भेनाविधिपूर्वकम्।। 17 ।।

अर्थ— अपने को पूज्य मानने वाले (आत्म सम्भाविता) अनम्र, धन तथा मद के नशे में चूर रहने वाले (आसुरी लोग) दम्भ के कारण अविधिपूर्वक से यज्ञ करते हैं।। 17 ।।

व्याख्या— आसुरी लोगों की विशेषता आत्म सम्भाविता ही होती है अर्थात् वह अपने आपको दूसरों के मुकाबले में पूज्य तथा उच्च मानते हैं, इसी भ्रम में उनका जीवन बीत जाता है। इस दिखावे को जीवित रखने के लिये यह आसुरी लोग धन, क्रोध और अभिमान का प्रयोग करते हैं, यज्ञ या अनुष्ठान का सार वास्तव में सात्विक श्रद्धा ही होती है, परन्तु आसुरी लोगों में श्रद्धाभाव होता ही नहीं उनका जीवन तो पूर्ण आडम्बर ही होता है। अत: वह यज्ञ अनुष्ठान भी अपनी महिमा तथा प्रसिद्धि के प्रसार के लिये ही करते हैं।

साधारण जीवन में उनका आधार, अकड़, ऐंठ, अभिमान, मद और दम्भ ही रहता है। इस व्यवहार के द्वारा वे दूसरों को दबाने और अपने आपको उछालने का प्रयास करते हैं।। 17 ।।

अहंकारं बलं दर्पं कामं क्रोधं च संश्रिता:।
मामात्मपरदेहेषु प्रद्विषन्तोऽभ्यसूयका:।। 18 ।।

अर्थ— वे लोग अहंकार, बल, घमण्ड, काम तथा क्रोध का आश्रय करके अपने और दूसरों की देह में अवस्थित मुझसे द्वेष करते हैं।। 18 ।।

व्याख्या— भगवान् आत्मा रूप में सब जीवों के अन्दर वास करते हैं। भगवान् वास्तव में शुद्ध तथा सात्विक कर्मों से प्रसन्न होते हैं। इसलिये नहीं के मनुष्य के शुद्ध कर्मों से भगवान् को लाभ या बल मिलता है अपितु इसलिये कि शुद्ध तथा सात्विक कर्मों के कर्ता का अपना उद्धार शुद्ध कर्मों पर ही निर्भर करता है।

आसुरी लोगों का व्यवहार जिसका आधार अहंकार, बल, दर्प, दम्भ, काम

तथा क्रोध होता है परमात्मा को जो सबके अन्दर आत्मा रूप में स्थित है दु:खी करता है। इस सूक्ष्म मर्म की पहचान उन्हें नहीं होती। जबतक मनुष्य अपने अन्दर आत्मा को नहीं जानता और वह सात्विक तथा ज्ञानी नहीं बन सकता उसको लाभ नही हो सकता क्योंकि आसुरी कर्मों से तो उल्टा नरक की ओर ही अग्रसर होता है, उनका आत्मा में विश्वास ही नहीं होता यह आत्मबोद्ध श्रद्धा तथा विवेक का विषय होने के कारण उनकी तुच्छ बुद्धि के लिये अज्ञेय है।। 18 ।।

तानहं द्विषतः क्रूरान्संसारेषु नराधमान्।
क्षिपाम्यजस्रमशुभानासुरीष्वेव योनिषु।। 19 ।।

अर्थ– उन क्रूर और द्वेष करने वाले नराधम संसार में अशुभ कर्म करनेवाले को बार–बार मैं आसुरी योनियों में डालता रहता हूँ।। 19 ।।

व्याख्या– भगवान् तो हमेशा निष्पक्ष और उदासीन है। वे स्वयं न कुछ करते और न कराते, वे लिप्त ही नहीं होते। वे तो सदा साक्षीरूप ही है तो प्रश्न उठता है कि उन द्वेष करनेवाले नराधम अशुभ कर्मियों को संसार में आसुरी योनियों में क्यों डालते हैं।

वास्तव में भगवान् स्वयं किसी को न कोई सज़ा देते न कोई इनाम। वह तो निर्मल साक्षी ही है। यह सबकुछ तो प्रकृति के अटल नियमानुसार ही संसार चलता है। कर्म ही इसका आधार है कुकमियों के कुकर्म ही उन्हें आसुरी योनी में डालते हैं। भगवान् ने 4–11 में कहा है जो मुझे जैसे भजता है, मैं भी उसे उसी प्रकार भजता हूँ। नराधम मनुष्यों को भगवान् का भजन आता ही नहीं, परन्तु भगवान् फिर भी भला ही चाहते हैं, क्योंकि आखिर देर–सबेर सबने ही इस संसार से अपने घर यानि भगवान् की ओर जाना है। नराधम मनुष्यों के सुधार के लिये भी एक रास्ता बना हुआ है। हर मनुष्य अपने अनुभव से सीखता है। नरक में हर प्रकार की ठोकरे खाकर तथा कष्ट भोगकर सब पापियों को देर सबेर शुभकर्म करने की (जरुरत) आवश्यकता मसहूस हो जाती है, इसी से अन्त में अर्थात् शुभ मार्ग पर आने से सुधार होता है।। 19 ।।

आसुरी योनिमापन्ना मूढा जन्मनि जन्मनि।
मामप्राप्यैव कौन्तेय ततो यान्त्यधमां गतिम्।। 20 ।।

अर्थ— हे अर्जुन! मूढ़ लोग मेरे को न प्राप्त कर जन्म—जन्म में आसुरी योनि को प्राप्त होते हैं और फिर उससे भी अति नीच गति को प्राप्त होते हैं। घोर नरक में पड़ते हैं।। 20 ।।

व्याख्या— इस संसार में आसुरी प्रकृति का ऐसा स्वभाव है कि यदि मनुष्य भगवान् की ओर ध्यान न दे तो आसुरी प्रवृति उन्हें और नीचे की ओर खींचती जाती है। लालची का लालच बढ़ता ही जाता है। पापी कुकर्म—अहंता के कारण और भी कठोर हो जाते हैं मोह का खिंचाव आसुरी मनुष्य को पूरी जकड़ में ले लेता है। जब आसुरी प्रवृति का पापी मनुष्य घोर नरक में पड़ता है, तो अनेक कष्टों और मुसीबतों को भोगते—भोगते उससे ख्याल आता है कि शुद्ध कर्म ही एकमात्र जीवन का मार्ग है और हर पापी ने भी तो कभी न कभी पवित्र होना ही है, क्योंकि विधान ही ऐसा है कि सबको आखिर अपने घर भगवान् के पास वापिस जाना ही है कोई शीघ्र कोई देर से कोई शुभ कर्म करके और कोई पापकर्म से अपने पाप कर्मों का बुरा फल भोग कर बाद में, अन्तोगत्वा सभी मनुष्य को घर ही वापिस जाना होता है।। 20 ।।

त्रिविधं नरकस्येदं द्वारं नाशनमात्मनः।
कामः क्रोधस्तथा लोभस्तस्मादेतत्त्रयं त्यजेत्।। 21 ।।

अर्थ— काम, क्रोध और लोभ यह तीन प्रकार के नरक द्वार हैं जो आत्मा (जीव) को अधोगति में ले जाते हैं। अतएव इन तीनों को त्याग देना चाहिए।। 21 ।।

व्याख्या— यहाँ आत्मा शब्द से तात्पर्य जीव है—क्योंकि कोई मनुष्य या जीव आत्मा के बिना न हो सकता न रह सकता। आत्मा तो सदा पवित्र और निर्मल ही है उसको कोई शक्ति अपवित्र कर ही नहीं सकती। काम, क्रोध और लोभ ही तो जीव (मनुष्य) को अधोगति की ओर ले जाते है, कारण की मनुष्य जब जन्म लेता है तो वह प्रकृति ही होता है वह अपने आप को शरीर इन्द्रियाँ और मन ही समझता है। मन, शरीर और इन्द्रियों का सम्बन्ध हमेशा विषयों से ही होता है। विषयों से आकर्षण अज्ञानवश होता है काम, क्रोध तथा लोभ

का कारण भी अज्ञान ही होता है। काम और लोभ ऐसी कमजोरियाँ हैं जिनका वेग हर मनुष्य में खास तौर पर आसुरी प्रवृति वालों में बढ़ता ही रहता है। स्वभाविक है कि कामी तथा लोभी की हर वासना पूरी नहीं हो सकती। जब यह काम वासना पूरी नहीं हो सकती तो क्रोध उत्पन्न हो जाता है। इस तरह काम, लोभ और क्रोध का घेरा पूरा हो जाता है और मनुष्य पर आसुरी चक्र और भी गहरी पकड़ कर लेता है। अत: भगवान् कह रहे हैं कि मनुष्य साधक को सतर्क रहकर काम, क्रोध तथा लोभ से दूर रहना चाहिए, अर्थात् इन्द्रियों और मन को हमेशा अनुशासित करना चाहिए। अत: यम और नियम का प्रयोग जीवन में जरुरी है।। 21 ।।

एतैर्विमुक्त: कौन्तेय तमोद्वारैस्त्रिभिर्नर:।
आचरत्यात्मन: श्रेयस्ततो याति परां गतिम्।। 22 ।।

अर्थ– हे अर्जुन! इन तीनों नरकों के द्वारों से मुक्त पुरुष अपने कल्याण का आचरण करता है मुझको प्राप्त हो जाता है।। 22 ।।

व्याख्या– भगवान् की प्राप्ति के इच्छुक को यह अनिवार्य है कि काम, क्रोध तथा लोभ को मोक्ष मार्ग का भयंकर शत्रु समझकर इनसे लगाव ही न रखे। वास्तव में काम, क्रोध और मोह इस संसार में सफल जीवन बिताने में भी बाधक है।

भगवान् साधक को सावधान कर रहें हैं कि काम, क्रोध और लोभ ये तीनों मार्ग नर्क में सीधे पहुँचते हैं और फिर साधक को छूटने का कोई तरीका नहीं है। इन तीनों द्वारों से मुक्त होकर ही पुरुष अपना आचरण सुधार करता है अर्थात् इन तीनों द्वारों से दूर रह सकता है। यानी काम, क्रोध और लोभ में लिप्त रहते हुए भगवान् प्राप्ति का प्रयास एक असफल परिश्रम ही है। अत: पहले काम, क्रोध और लोभ का त्यागकर ही यम, नियम को बरतकर साधना अत्यावश्यक है।। 22 ।।

य: शास्त्रविधिमुत्सृज्य वर्तते कामकारत:।
न स सिद्धिमवाप्नोति न सुखं न परां गतिम्।। 23 ।।

अर्थ– जो मनुष्य शास्त्र विधि को त्यागकर मनमाना आचरण करता है वह न सुख को प्राप्त करता है और न ही सिद्धि को और न ही परम गति को प्राप्त करता है।। 23 ।।

व्याख्या– भगवान् की प्राप्ति के लिये दो आचरण अत्यावश्यक है। गुरु द्वारा दीक्षा और शास्त्रोक्त आचरण। सबको कई बार उत्तम गुरु नहीं मिलता, क्योंकि उत्तम गुरु द्वारा बताया गया मार्ग ही प्रभु प्राप्ति के लिये सच्चा, सुरक्षित और शीघ्र प्राप्ति वाला मार्ग है। यह ध्यान में रखना जरुरी है कि सच्चा गुरु वही है, जो भगवान् को जानता हो। स्पष्ट है कि ऐसा गुरु मात्र सच्चे साधक को ही मिल सकता है, परन्तु भगवान् को जानने वाले गुरु इस संसार में बिरले ही मिलते हैं अत: भगवान् कह रहे हैं कि साधक को साधना के लिये शास्त्र विधि का आचरण करना जरुरी है। आध्यात्म मार्ग में मनमानी के लिये कोई स्थान नहीं है, जो गुरु की दीक्षा के बिना और शास्त्र विधि के बगैर मनमानी करता है, उसको परमगति का तो प्रश्न ही नहीं परन्तु सांसारिक सुख भी नहीं मिल सकता।। 23 ।।

तस्माच्छास्त्रं प्रमाणं ते कार्याकार्यव्यवस्थितौ।
ज्ञात्वा शास्त्रविधानोक्तं कर्म कर्तुमिहार्हसि।। 24 ।।

अर्थ– अत: तेरे लिये कर्त्तव्य–अकर्त्तव्य की व्यवस्था में शास्त्र ही प्रमाण है ऐसा जानकर तुम शास्त्र विधि से नियत कर्म ही करने योग्य बनो।। 24 ।।

व्याख्या– वास्तव में नियत कर्म ही कर्त्तव्य है। शास्त्रों में चार आश्रमों का उल्लेख हर आश्रम के कर्त्तव्य सहित वर्णित है। क्षत्रिय कर्म और धर्म अपने अन्दर काम, क्रोध, मोह, लोभ, अहंकार तथा भय को जीतकर दूसरों की रक्षा करना और जब धर्मरूपी युद्ध सामने आ जाए जिसके आयोजन में उसका कोई षड्यंत्र मोह आदि रूप में हाथ न हो तो उसे युद्ध में धर्म की रक्षा के लिये समत्व रूप में भाग लेना है। अत: अर्जुन को भी अपने क्षत्रिय धर्म का पालन करना ही उचित है क्योंकि कर्तव्य प्रायणता ही लोक तथा परलोक में सफलता का सूत्र है।

भगवान् ने चौथे अध्याय में स्वयं कहा है कि कर्म (कर्त्तव्य) की गति अति गहन है। इसलिये कर्म अकर्म तथा विकर्म को उचित रूप से समझना अनिवार्य है क्योंकि संकट की घड़ी में बहुत लोग नियत कर्म भूल जाते हैं, अथवा बहाना बनाकर पीछे हट जाते हैं। अत: शास्त्र ही उचित कर्त्तव्य कर्म और अकर्त्तव्य कर्म का स्रोत है। गुरु शब्द तथा शास्त्रों का अनुसरण ही

काम, क्रोध लोभ के विष से मनुष्य को बचाकर साधन क्रिया अथवा कर्त्तव्य परायणता के मार्ग द्वारा संसार में कीर्ति और परलोक में प्रभु प्राप्ति की उपलब्धि प्रदान करवाते हैं।। 24 ।।

ॐ तत्सदिति श्रीमद्भगवद्गीतासूपनिषत्सु ब्रह्मविद्यायां
श्रीकृष्णार्जुनसम्वादे दैवासुरसम्पद्विभागयोगो
नाम षोडशोऽध्याय:।। 16 ।।

✤ ✤ ✤

अथ सप्तदशोऽध्यायः

श्रद्धा योगः

अर्जुन उवाच

ये शास्त्रविधिमुत्सृज्य यजन्ते श्रद्धयान्विताः।
तेषां निष्ठा तु का कृष्ण सत्त्वमाहो रजस्तमः।। 1 ।।

अर्थ– अर्जुन बोले–हे कृष्ण! जो लोग शास्त्र विधि को त्याग कर श्रद्धापूर्वक देवताओं का पूजन करते हैं, उनकी निष्ठा फिर कौन सी है सात्विक, राजसिक अथवा तामसिक।। 1 ।।

व्याख्या– संसार में धार्मिक पूजन अथवा अनुष्ठान करने वाले तीन प्रकार के लोग होते हैं, एक ऐसे लोग हैं जो शास्त्र विधि के अनुसार ही पूरी श्रद्धा के साथ पूजन यज्ञ करते हैं।

दूसरे ऐसे लोग हैं जो पूजन अथवा अनुष्ठान तो करते हैं, परन्तु शास्त्र विधि को जानने के बावजूद भी अश्रद्धापूर्वक अपनी इच्छा के अनुसार शास्त्र विधि की परवाह न करते हुए अनुष्ठान करते हैं। यह असुर प्रवृति के लोग होते हैं।

तीसरे संसार में ऐसे बहुत से मनुष्य हैं, जो आस्तिक और श्रद्धालु हैं, परन्तु शास्त्र विधि के पण्डित न होने के कारण अथवा जानकारी नहीं रखते किन्तु उनकी श्रद्धा में कमी नहीं होती, वे जैसे परम्परा चली आ रही है उसी के अनुसार श्रद्धा युक्त भाव से पूजन अनुष्ठान करते हैं, परन्तु वह शास्त्रविधि के अनुसार नहीं होता, यहाँ अर्जुन विशेषकर इस समुदाय के लोगों के बारे में भगवान् से प्रश्न कर रहे हैं। इस प्रश्न को अर्जुन इस लिये पूछ रहे हैं,

क्योंकि पिछले अध्याय के अन्त में 24वें श्लोक में भगवान् ने कहा है कि कर्त्तव्य–अकर्त्तव्य (उचित तथा अनुचित) कर्म का प्रमाण शास्त्र ही है, परन्तु तीसरे प्रकार के लोग जिनके बारे में यहाँ अर्जुन प्रश्न कर रहे हैं, उनका वर्णन पिछले श्लोक में नहीं आया।

श्रीभगवानुवाच

त्रिविधा भवति श्रद्धा देहिनां सा स्वभावजा।
सात्विकी राजसी चैव तामसी चेति तां शृणु।। 2 ।।

अर्थ– श्रीकृष्ण भगवान् बोले–मनुष्य की स्वभावजा, श्रद्धा, सात्विक, राजसिक और तामसिक तीन प्रकार की होती है उसको मुझसे सुनो।। 2 ।।

व्याख्या– स्वभाविक श्रद्धा वह श्रद्धा है जिसका आधार मनुष्य के संचित कर्म होते हैं, मात्र शास्त्र विधि या ज्ञान नहीं यह श्रद्धा पिछले कर्मों के प्रभाव से ही उत्पन्न होती है जो साधारण मनुष्य श्रद्धालु होते हैं, जिनको शास्त्रों का बोध नहीं होता उनकी श्रद्धा का आधार उनके अपने पूर्व कर्म ही होते हैं जो पिछले कई जन्मों से चले आते हैं क्योंकि संचित कर्म सात्विक, राजसिक तथा तामसिक तीनों प्रकार के होते हैं। अत: ऐसे मनुष्यों की श्रद्धा भी तीन प्रकार की होती है।

जो शास्त्र ज्ञानी पण्डित अथवा विवेकी लोग हैं उनकी श्रद्धा तो सात्विक ही होती है। यही तो भगवान् ने दूसरे अध्याय में कहा है कि निश्चयात्मिकता बुद्धि एक ही होती है, वह हमेशा सात्विक ही रहती है।

तीन प्रकार की श्रद्धा या बुद्धि तो स्वभाव अथवा संचित कर्म जनित है। यहाँ भगवान् शास्त्र रहित श्रद्धा (ज्ञान) अथवा स्वभाव से उत्पन्न श्रद्धा का उल्लेख कर रहे हैं, क्योंकि संसार में अधिकतर लोग संचित कर्म जनित स्वभाव के अनुसार व्यवहार करते हैं। उनके संस्कार ही उनकी श्रद्धा को प्रभावित करते हैं। शास्त्रीय ज्ञान नहीं क्योंकि वह तो उनके पास होता ही नहीं है, शास्त्र जानने वाले ज्ञानी लोग तो बिरले ही होते हैं।। 2 ।।

सत्त्वानुरूपा सर्वस्य श्रद्धा भवति भारत।
श्रद्धामयोऽयं पुरुषो यो यच्छ्रद्धः स एव सः।। 3 ।।

अर्थ– हे भारत! सबकी श्रद्धा अपने अन्त:करण के अनुरूप होती है। मनुष्य

श्रद्धामय होता है जिस प्रकार की मनुष्य की श्रद्धा होती है वह उसी प्रकार का होता है।। 3 ।।

व्याख्या– वास्तव में हर व्यक्ति की श्रद्धा ही उसके अस्तित्व तथा वास्तविकता का प्रतीक है जैसा जिस मनुष्य का व्यक्तित्व अथवा आचरण होता है वैसा ही मनुष्य स्वयं भी होता है।

भगवान् के यह कहने का भाव कि मनुष्य श्रद्धामय होता है, यह है कि हर मनुष्य में तीनों गुणों का होना स्वभाविक ही है। जब मनुष्य में राजस अथवा तामस गुणों की प्रधानता रहती है, तब भी सत्गुण कुछ तो रहेगा ही, क्योंकि सत्त्व गुण ही श्रद्धा है। अतः कम या अधिक जिस मात्रा में भी हो श्रद्धा हर एक में ही होती है। किसी में कम और किसी में ज्यादा। यह कर्म संस्कारों पर निर्भर करता है, परन्तु सत्त्व गुण की बृद्धि अथवा बुद्धि अन्तःकरण की शुद्धता पर निर्भर रहती है। अन्तःकरण की शुद्धता के लिये दम, शम, तितिक्षा अर्थात् यम, नियम आदि का आचरण और व्यवहार आवश्यक है। आध्यात्मिक विकास के लिये श्रद्धा ही अनिवार्य है। हर मनुष्य की प्रवृति का आधार उसकी श्रद्धा होती है और उसका आचरण और व्यवहार भी मनुष्य की श्रद्धा का आइना होता है।। 13 ।।

यजन्ते सात्विका देवान्यक्षरक्षांसि राजसाः।
प्रेतान्भूतगणांश्चान्ये यजन्ते तामसा जनाः।। 4 ।।

अर्थ– सात्विक लोग देवताओं को पूजते हैं। राजसिक लोग यक्षों तथा राक्षसों को अन्य तामसिक लोग प्रेत और भूतों की पूजा करते हैं।। 4 ।।

व्याख्या– अर्जुन ने पहले श्लोक में पूछा है कि जो लोग शास्त्र विधि को त्यागकर श्रद्धापूर्वक देवताओं का पूजन करते हैं उनकी क्या स्थिति होती है, अतः यहाँ भगवान् स्पष्ट कह रहें हैं कि जो जिस इष्ट को जिस प्रकार पूजता है, उसकी वैसी श्रद्धा होती है, सात्विक लोग देवताओं अथवा शिव, शक्ति, गणेश, विष्णु, सूर्य आदि को पूजते हैं अथवा निर्गुण भक्त भी होते हैं। इसके अतिरिक्त तैंतीस देवताओं में से (12 आदित्य 11 रूद्र 8 वसू 2 अश्विनी कुमार) किसी की पूजा भी देवताओं की पूजा है। राजसी लोग जो संसारी प्रवृति के

होते हैं। वह यक्ष तथा राक्षसों की पूजा करते हैं। यक्ष और राक्षस भी देवताओं की गिनती में आते हैं, क्योंकि उन्होंने संसार में धन इकट्ठा करने तथा शत्रुओं के संहार के विशेषरूप से कठिन तथा प्रशंसनीय कर्म किये हैं। जिस कारण वह ईश्वर कोटी के देवता (विष्णु, शंकर, शक्ति, सूर्य) तथा 33 अन्य उच्च कोटि के देवता की गिनती में तो नहीं आते, परन्तु देवताओं के एक अन्य समूह में आते हैं इन यक्ष तथा राक्षसों के पूजन से धन की समृद्धि तथा शत्रुओं का नाश होता है अर्थात् राजसी वृत्ति के लोगों का लक्ष्य सांसारिक उपलब्धि ही होती है, धन और यश कमाना तथा शत्रुओं को नष्ट करना। वास्तव में यक्ष और राक्षस जरूरी नहीं है कि वह देवतों की भान्ति होते हैं यक्ष तथा राक्षस मनुष्य वर्ग की एक विशेष प्रवृत्ति है अर्थात् इस मानसिकता के कारण राजसिक मनुष्य भगवान् अथवा देवतों की पूजा, अनुष्ठान आदि आपने भौतिक विकास और दूसरों की हानि के लिए करता है। यह वृत्ति तथा मानसिकता ही यक्ष तथा राक्षस की हैं। तामसिक वृत्ति की भी अधिकतर यही मानसिकता होती है।

तामसिक मनुष्य, भूत, प्रेत, पिशाच आदि का पूजन करते हैं जिनका ध्येय भलाई कम और दूसरों की हानी करना अधिक होता है।। 4 ।।

अशास्त्रविहितं घोरं तप्यन्ते ये तपो जनाः।
दम्भाहङ्कारसंयुक्ताः कामरागबलान्विताः।।
कर्शयन्तः शरीरस्थं भूतग्राममचेतसः।
मां चेवान्तः शरीरस्थं तान्विद्ध्यासुरनिश्चयान्।। 5-6 ।।

अर्थ– जो मनुष्य शास्त्र विधि रहित घोर तप को तपते हैं तथा दम्भ और अहंकार से युक्त तथा कामना, आसक्ति, बल के अहंकार से शरीर रूपी भूत समुदाय को और अन्तःकरण स्थित मुझ परमात्मा को भी कष्ट देने वाले हैं, उन अज्ञानियों को तुम असुर स्वभाव वाले जानों।। 5-6 ।।

व्याख्या– कहने का तात्पर्य यह है कि जबतक दम्भ और अहंकार अन्तःकरण से नष्ट नहीं होते, तबतक देवताओं के पूजन के सात्विक ढंग सूझ नहीं सकते तथा विवेक का उदय नहीं हो सकता। दम्भ और अहंकार युक्त लोग शास्त्र विधि को छोड़कर मनमानी से शास्त्र विरुद्ध अनुष्ठान करते हैं। कुछ लोग तो

काम, राग तथा बल के अभिमान से घोर तप करके शरीर और इन्द्रियों आदि को घोर कष्ट से सुखा देते हैं, ऐसे दम्भ तथा अज्ञान युक्त तामसिक तरीकों से विशेष आध्यात्मिक लाभ नहीं होता, अपितु भूत समुदाय शरीर का तथा शरीर में स्थित आत्मा को कष्ट ही देते हैं (भूत समुदाय शरीर, इन्द्रियाँ, मन) सारांश यह है कि सात्विक पूजन या अनुष्ठान के लाभ के लिये वैराग्यभाव तथा विवेक चेष्टा जरुरी है, जो अन्तःकरण की शुद्धता के बिना असंभव है। अतः शास्त्रविधि का प्रयोग अथवा गुरु द्वारा बताया गया मार्ग ही आध्यात्म विकास के लिये एक मात्र मार्ग है। दम्भ, अहंकार, बल, राग, अभिमान, आध्यात्म मार्ग के शत्रु हैं।। 5-6 ।।

आहारस्त्वपि सर्वस्य त्रिविधो भवति प्रियः।
यज्ञस्तपस्तथा दानं तेषां भेदामिमं शृणु।। 7 ।।

अर्थ– भोजन भी सबको अपनी–अपनी रुचि के अनुसार तीन प्रकार का प्रिय होता है। वैसे ही यज्ञ, तप और दान तीन प्रकार के होते हैं, उनके पृथक्–पृथक् भेद को मुझ से ध्यानपूर्वक सुनो।। 7 ।।

व्याख्या– ऐसी इस संसार में न कोई वस्तु है और न ही कोई जीव जो प्रकृति के तीन गुणों के प्रभाव से बाहर हो। अतः आहार जिस पर हर जीव निर्भर है वह भी तीन प्रकार के गुणों के बने होने के कारण त्रिविद्ध हैं और हर मनुष्य भी प्रकृति के तीन गुणों के बने होने के कारण त्रिविध ही है। अतः मनुष्य की प्रवृति और आहार एक दूसरे को निरंतर प्रभावित करते हैं। सात्विक प्रवृति का मनुष्य सात्विक आहार पसंद करता है और राजसिक मनुष्य राजसी आहार तामसिक आहार से प्रवृति तामसिक राजसिक से राजसिक और सात्विक भोजन से सात्विक हो जाती है क्योंकि मनुष्य के प्रवृति के आधार तीन गुण ही हैं। अतः मनुष्य तप, दान आदि भी इन तीन गुणों के प्रभाव अनुरूप ही करता है।। 7 ।।

आयुः सत्त्वबलारोग्यसुखप्रीतिविवर्धनाः।
रस्याः स्निग्धाः स्थिरा हृद्या आहाराः सात्विकप्रियाः।। 8 ।।

अर्थ– आयु वर्धक सत्त्व, बल, आरोग्य, सुख तथा प्रीति कर, रसयुक्त, चिकने और स्थिर तथा रुचिकर ऐसे आहार सात्विक मनुष्य को प्रिय होते हैं।

व्याख्या– सात्विक आहार ऐसे होते है जिनसे आयु, बुद्धि तथा शारीरिक, मानसिक बल में वृद्धि होती है जो आरोग्यदायक होते हैं, जिनसे रोग कट जाते है क्योंकि कुछ भोजन सामग्रियाँ औषधियों का काम भी करती हैं, सात्विक भोजन खाने में स्वादिष्ट एवं शरीर में उर्जा पैदाकर शारीरिक तथा मानसिक बल प्रदान करता है, सात्विक आहार से मन का संयम बना रहता है और साधना में लाभदायक होता है।। 8 ।।

कट्वम्ललवणतीक्ष्णरूक्षविदाहिन:।
आहारा राजसस्येष्टा दु:खशोकमयप्रदा:।। 9 ।।

अर्थ– कड़वे, खट्टे, अधिक नमकीन, बहुत ऊष्ण, तीखे, रूखे दाहकारक, दु:ख, शोक और रोगों को पैदा करने वाले आहार राजस मनुष्य को प्रिय होते हैं।। 9 ।।

व्याख्या– कड़वे, खट्टे, अतिउष्ण, तीखे आदि आहार न खाने में स्वाद होते हैं और न ही स्थिरता अथवा बुद्धि बल प्रदान करते हैं। उल्टा शरीर को रोग आदि पैदा करके हानिकारक होते हैं। राजस भोजन से मनुष्य गुस्सैल चिढ़चिढ़ा और अस्थिर भाव को प्राप्त होता है, जिससे दु:ख, शोक और अशान्ति उत्पन्न होते हैं।। 9 ।।

यातयामं गतरसं पूति पर्युषितं च यत्।
उच्छिष्टमपि चामेध्यं भोजनं तामसप्रियम्।। 10 ।।

अर्थ– अधपक्का, रसरहित, दुर्गन्धयुक्त, बासी, उच्छिष्ट तथा अपवित्र भी ऐसे आहार को तामसिक मनुष्य को प्रिय हुआ करती है।

व्याख्या– कच्चा, रुखा, बासी, झूठा आदि भोजन मानसिक अपवित्रता तथा शारीरिक व्याधि उत्पन्न करता है। अत: साधक को हमेशा आहार का विशेष ध्यान रखना चाहिए। साधना के लिये सात्विक आहार ही उपयुक्त होता है। शास्त्रों के अनुसार हमारा सूक्ष्म शरीर, मन बुद्धि, प्राण, इन्द्रियों की प्रवृति आहार पर भी निर्भर है। "जैसे अन्न वैसा ही मन" उक्ति यहाँ पर उचित है।। 10 ।।

अफलाकाङ्क्षिभिर्यज्ञो विधिदृष्टो य इज्यते।
यष्टव्यमेवेति मन: समाधाय स सात्त्विक:।। 11 ।।

अर्थ– जो यज्ञ शास्त्रविधि के अनुसार, बिना फल की इच्छा से यष्टव्य मन का समाधान करके फल न चाहने वाले पुरूषों द्वारा किया जाता है, वह सात्त्विक है।। 11 ।।

व्याख्या– तीन प्रकार के यज्ञों में (सात्त्विक, राजस, तामस) सात्विक यज्ञ कैसा होता है यहाँ वही वर्णन है।

आमतौर पर मनुष्य फल की इच्छा से ही यज्ञ, अनुष्ठान करते हैं, परन्तु सात्विक यज्ञ वही है जिसमें फल की इच्छा न हो, मन की शुद्धि के लिये ही किया जाए। जो यज्ञ "यष्टव्यमेव" भाव से अर्थात् यज्ञ करना एक आवश्यकता है जैसे भोजन करना भी आवश्यक है जो इस भाव से यज्ञ करता है। स्वार्थ आधारित फल की इच्छा कोई नहीं या पूरी तरह इच्छा रहित है तभी चित्तशुद्धि होगी। चित्तशुद्धि से तात्पर्य ही संसार से अलिप्त रहना और भगवान् से युक्त होना है। संसार को छोड़ना और मन को ईश्वर से जोड़ना है।। 11 ।।

अभिसन्धाय तु फलं दम्भार्थमपि चैव यत्।
इज्यते भरतश्रेष्ठ तं यज्ञं विद्धि राजसम्।। 12 ।।

अर्थ– परन्तु हे भरत श्रेष्ठ! जो यज्ञ दम्भाचरण के लिये और फल की इच्छ्ज्ञ की प्राप्ति के ध्येय से किया जाता है वह यज्ञ राजस है।। 12 ।।

व्याख्या– राजस यज्ञ में दो भावों की प्रधानता होती है। एक तो यह कि यज्ञ कर्त्ता जब इस भाव से यज्ञ करता है कि उसे लोग धार्मिक या श्रेष्ठ पुरुष माने यानि जो भक्तिभाव से नहीं अपितु अपनी बड़ाई के लिये किया जाए। दूसरा जब यज्ञ किसी स्वार्थ आधारित फल की प्राप्ति की इच्छा से किया जाए जैसे धन, मान, सत्ता आदि कि प्राप्ति के लिये।। 12 ।।

विधिहीनमसृष्टान्नं मन्त्रहीनमदक्षिणम्।
श्रद्धाविरहितं यज्ञं तामसं परिचक्षते।। 13 ।।

अर्थ– शास्त्रविधि से हीन अन्नदान से रहित, मन्त्रों के बिना, दक्षिणा हीन तथा श्रद्धा से रहित किये जाने वाले यज्ञ तामसिक जानो।

व्याख्या– जिस धार्मिक क्रिया अथवा यज्ञ अनुष्ठान आदि में श्रद्धा का आभाव

है। वह यज्ञ हमेशा तामसिक ही होता है। चाहे उसमें कितने अमूल्य द्रव्य तथा सामग्री का प्रयोग क्यों न हो।

दान, दक्षिणा और मन्त्र भी यज्ञ में आवश्यक है क्योंकि शास्त्रविधि में यह बताया गया है। शास्त्रों के अनुसार मन्त्र से मन का त्राण होता है। दान और दक्षिणा से यदि शास्त्र विधि के अनुसार हो तो शान्ति और सुख की प्राप्ति होती है।। 13 ।।

देवद्विजगुरुप्राज्ञ पूजनं शौचमार्जवम्।
ब्रह्मचर्यमहिंसा च शारीरं तप उच्यते।। 14 ।।

अर्थ— देवता, ब्राह्मण, गुरु और ज्ञानी जनों का पूजन पवित्रता, सरलता ब्रह्मचर्य और अहिंसा ये शरीर सम्बन्धी तप कहलाते है।। 14 ।।

व्याख्या— तपस्या तीन प्रकार की होती है अर्थात् शरीर वचन और मन से। भगवान् कह रहे हैं कि शरीर सम्बन्धी देवताओं का पूजन जरुरी है। वास्तव में पाँच देवता ईश्वर के रूप माने गये हैं (विष्णु, शिव, शक्ति, सूर्य एवं गणेश) 33 उच्च स्तर के देवता 12 आदित्य, 11 रूद्र, 8 वसु, 2 अश्विनी कुमार। ब्राह्मण (द्विज) उसको कहते हैं जिसके दो जन्म है पहला तो मां के पेट से और दूसरा संस्कार होने पर जब साधना द्वारा कूटस्थ दर्शन अर्थात् प्रभु दर्शन हो जाते हैं।

प्राज्ञ (ज्ञानी) जन जो भगवान् को जानते हैं उनकी पूजा तथा सत्कार जरूरी है। गुरु का अर्थ है जो प्रकाश प्रदान करता है (जो अंधेरा हटा देता है) अर्थात् जो प्रभु दर्शन करा देता है ऐसे गुरुदेव का पूजन अत्यावश्यक है।

शौच= पवित्रता आन्तरिक तथा बाह्य की आवश्यक है। आन्तरिक अन्तःकरण की पवित्रता शास्त्रीय ज्ञान साधना आदि से है और बाह्य पवित्रता शरीर वस्त्र घर आदि की सफाई से है।

सरलता= अर्थात् कोई छल कपट मन में न हो, जो मन में वही वचन और कर्म में भी प्रदर्शित हो उसे सरलता कहते हैं।। 14 ।।

अनुद्वेगकरं वाक्यं सत्यं प्रियहितं च यत्।
स्वाध्यायाभ्यसनं चैव वाङ्मयं तप उच्यते।। 15 ।।

अर्थ— ब्रह्मचर्यः अनुद्वेगकर प्रिय, हितकारक और यथार्थ भाषण स्वाध्याय तथा परमेश्वर के नाम जप का अभ्यास (ही) वाणी सम्बन्धी तप है।। 15 ।।

व्याख्या– वाणी (वचन) के तप में उद्वेग नहीं होता अर्थात् संयम और सरलता होती है। वचन में लावण्यता मिठास तथा भलाई और परमेश्वर भाव की प्रधानता होती है। अर्थात् भाषण में सरलता की प्रधानता रहती है। (जैसा मन में वैसा वचन में)। स्वाध्यायाभ्यास का अर्थ वेदशास्त्र आदि का पठन–पाठन करना तथा परमेश्वर के नाम जाप का अभ्यास भी जरुरी है, इसी को वाचिक तप कहते हैं सारांश यह है कि वचन में पूर्ण मिठास किसी तप से कम नहीं। याद रहे यह उपलब्धि ज्ञानी को ही प्राप्य है।। 15 ।।

मनः प्रसादः सौम्यत्वं मौनमात्मविनिग्रहः।
भावसंशुद्धिरित्येतत्तपो मानसमुच्यते।। 16 ।।

अर्थ– प्रसन्न मन, शान्त स्वभाव, भगवान् के चिन्तन का स्वभाव, मन का निग्रह और अन्त:करण के भावों की पवित्रता इसी को मानसिक तप कहते हैं।। 16 ।।

व्याख्या– मानसिक तप में विशेषकर मन को संयम में रखने की प्रधानता है। मन का अनुशासन अथवा निग्रह विषयों के प्रति मन के प्रवाह को रोकने से ही होता है। जिसके लिये प्रत्याहार का प्रयोग विशेष रूप से उपयोगी है। मन की प्रसन्नता सुख–शान्ति और अन्त:करण की पवित्रता चंचल मन के रहते हो नहीं सकती। प्रत्याहार क्रिया तथा प्रभु चिन्तन ही मन के प्रवाह को विषयों से हटाकर आन्तरिक सूक्ष्मता की ओर लगा सकते हैं, इसी से भाव में प्रतिष्ठा उत्पन्न होती है, मन के सरल होने पर छल, कपट का भाव मन से मिट जाता है और व्यवहार में शुद्धता आती है।। 16 ।।

श्रद्धया परया तप्तं तपस्तत्त्रिविधं नरैः।
अफलाकाङ्क्षिभिर्युक्तैः सात्विकं परिचक्षते।। 17 ।।

अर्थ– उपरोक्त तीन प्रकार के तप को जो बिना फल की इच्छा के योगी पुरुषों द्वारा पूरी श्रद्धा के साथ किया जाता है, उसी को सात्विक तप कहते हैं।। 17 ।।

व्याख्या– सारांश यह है कि शरीर मन तथा वचन से जो तप होता है, उसी त्रिविध तप को सात्विक तपस्या मानते हैं। तीन प्रकार के गुण ही संस्कारवश साधक की प्रवृति को प्रभावित करते हैं। सात्विकता की प्रधानता तभी उभरती

है, जब चित्तफल आकांक्षा से ऊपर उठ जाता है और मन अभ्यास द्वारा ईश्वर पर एकाग्र किया जा सके।। 17 ।।

सत्कारमानपूजार्थं तपो दम्भेन चैव यत्।
क्रियते तदिह प्रोक्तं राजसं चलमध्रुवम्।। 18 ।।

अर्थ– जो तप सत्कार, मान, पूजा के लिये, किसी स्वार्थ तथा पाखण्ड से किया जाता है, वह अनिश्चित एवं अल्पकालीन राजस तप कहा गया है।। 18 ।।

व्याख्या– जब तप कर्त्ता तप अपनी बड़ाई मान, नाम, कीर्ति, यश आदि को बढ़ाने के लिये करता है अर्थात् जिस तपस्या में सांसारिक लाभ का ध्येय है और इस विचार से किया जाए कि लोग प्रशंसा करें कि अमुक व्यक्ति वैसा महान् तप करता है तथा दानी पुरुष है, तब वह ऐसी तपस्या का आधार दम्भ होने के कारण वह तपस्या राजस होती है। राजस तपस्या का लाभ अनिश्चित ही होता है, यदि हो भी तो क्षणिक ही होता है, वह लम्बे समय तक नहीं रहता। ऐसे तप का प्रभाव यहीं शीघ्र समाप्त हो जाता है। आगे के लिये तो उसका लाभ है ही नहीं।। 18 ।।

मूढग्राहेणात्मनो मत्पीडया क्रियते तपः।
परस्योत्सादनार्थं वा तत्तामसमुदाहृतम्।। 19 ।।

अर्थ– जो तप मूर्खता सहित मन, वाणी और शरीर को पीड़ा देकर अथवा दूसरों के नाश के लिये किया जाता है, वह तप तामस कहा गया है।। 19 ।।

व्याख्या– तामस तप के आधार अविवेक और हट होने के कारण अपने शरीर मन तथा वाणी को तामसिक तपस्वी पीड़ा पहुँचाता है क्योंकि उसका ध्येय दूसरों का नाश भी होता है दूसरों को नष्ट करने वाला शान्त नहीं हो सकता। तात्पर्य यह है कि समता तथा समभाव का तामसिक तपस्वी में अंश तक नहीं होता। मूढ़ता, हठ और बदले की नीच भावना ही तामसिक का प्रयास होता है।। 19 ।।

दातव्यमिति यद्दानं दीयतेऽनुपकारिणे।
देशे काले च पात्रे च तद्दानं सात्त्विकं स्मृतम्।। 20 ।।

अर्थ– दान देना ही कर्त्तव्य है इस भाव से जो दान देशकाल और पात्र के

औचित्य, बिना उपकार प्राप्त करने की भावना से दिया जाता है, वह सात्विक होता है।। 20 ।।

व्याख्या– सात्विक दान की विशेषता यह है कि यह दान उचित समय में उचित स्थान पर तथा उचित पात्र को शुद्धभाव के साथ दिया जाता है, वह सात्विक होता है। उचित देशकाल का अभिप्राय है कि जिस समय जिस स्थान पर जिस वस्तु की आवश्यकता हो और जिस व्यक्ति को, यदि इन स्थितियों को ध्यान में रखकर दान दिया जाता है, तो वह दान सात्विक होता है। साथ में यह भी आवश्यक है कि दान इस भावना से न दिया जाए कि दान देने से देनेवाले को कुछ लाभ होगा। किसी भी फल की इच्छा या उपकार की भावना नहीं होनी चाहिए।

वास्तव में सात्विक दान वही है जिसमें देनेवाले का मन भी शुद्ध हो और लेनेवाले का मन भी शुद्ध हो।। 20 ।।

यत्तु प्रत्युपकारार्थं फलमुद्दिश्य वा पुनः।

दीयते च परिक्लिष्टम् तद्दानं राजसं स्मृतम्।। 21 ।।

अर्थ– परन्तु जो प्रत्युपकार के भाव से क्लेशपूर्वक मन से तथा फल को दृष्टि में रखकर दिया जाता है, वह राजसिक दान होता है।। 21 ।।

व्याख्या– क्लिष्ट मन अथवा क्लेशपूर्वक मन वही है जिस मन में दान देते समय यह संकल्प हो कि दान ऐसे व्यक्ति को दिया जाए जिससे कभी न कभी कुछ न कुछ लाभ (प्रत्युपकार रूप में) जरुर होगा। ऐसा दान राजस दान होता है। यदि दान देने के बाद भी ऐसा विचार हो जाए कि मुझसे गलती हो गई की दान अमुक व्यक्ति को दिया गया, यदि दान किसी और व्यक्ति को दिया जाता तो मुझे अमुक लाभ होता ऐसा दान भी हे अर्जुन। राजस ही है।। 21 ।।

अदेशकाले यद्दानमपात्रेभ्यश्च दीयते।

असत्कृतमवज्ञातम् तत्तामसमुदाहृतम्।। 22 ।।

अर्थ– जो दान अयोग्य देशकाल में अपात्र को असत्कार सहित दिया जाता है, वह दान तामस है।। 22 ।।

व्याख्या– आदेशकाल का अर्थ है जिसमें जिस जगह जिस चीज की आवश्यकता

न हो बिना सोचे समझे मूर्खतापूर्वक वहां दान देना, कुपात्र का अर्थ है जो व्यक्ति अशुद्ध चरित्र तथा व्यवहार का हो अर्थात् नशा करता हो दूराचारी, पापी आदि हो। वास्तव में दान देते समय दाता का मन प्रसन्न होना चाहिए और पात्र के मन में सत्कार की भावना होनी चाहिए। यदि पात्र के प्रति तिरस्कार अथवा असत्कार की भावना मन में हो तो दान तामस हो जाता है।। 22 ।।

ॐ तत्सदिति निर्देशो ब्रह्मणस्त्रिविधः स्मृतः।
ब्राह्मणास्तेन वेदाश्च यज्ञाश्च विहिताः पुरा।। 23 ।।

अर्थ— ओं, तत्, सत् यह तीन प्रकार का ब्रह्म का नाम स्मृतियों (शास्त्रों) में कहा गया है, उसी से सृष्टि के आदिकाल में ब्राह्मण और वेद तथा यज्ञ आदि रचे गये हैं।। 23 ।।

व्याख्या— ॐ, तत्, सत् यह तीन प्रकार का ब्रह्म का नाम शास्त्रों में बताया गया है अर्थात् यह ॐ तत् सत् तीनों भगवान् के ही नाम हैं। इन्हीं (भगवान्) द्वारा सृष्टि के बनने अथवा जन्मने पर (आदिकाल में) तीन वर्ण (ब्राह्मण, क्षत्रिय, वैश्य) सारे वेद शास्त्र आदि तथा यज्ञ समूह (विभिन्न प्रकार के उच्च तथा श्रेष्ठ यज्ञ) रचे गए हैं। सारांश यह है कि मनुष्य को भगवान् द्वारा रचित यज्ञ, वेद, शास्त्र, ब्राह्मण (ब्रह्मवेत्ता) आदि के प्रति पूर्ण श्रद्धाभाव रखना जरुरी है।

ॐ इस शरीर को सम्बोधित करता है। अर्थात् ब्रह्म इस शरीर में हैं साधना से जब साधक इस शरीर के भीतर सूक्ष्म शरीर को देख लेता है—उसको ॐ का ज्ञान हो जाता है अर्थात् साधक ओंकार ध्वनि साधना में सुन लेता है।

तत्—भगवान् के कूटस्थ ज्ञान का नाम है, अर्थात् आत्मा को जानना, तब साधक को पता चलता है कि ईश्वर रूप में ब्रह्म यह जगत् हैं और ईश्वर इसका संचालन करता है—परमब्रह्म सत् का अनुभव साधक को निर्गुण साधना में होता है, जो निर्मल अवस्था है यह गुणातीत अवस्था है। सारांश यह है कि परमब्रह्म सत्य को पाने के लिए ॐ इस शरीर का प्रयोग करके मन, बुद्धि, इन्द्रियों का साधन करना पड़ता है। दूसरा स्तर तत् है जिसका अर्थ कूटस्थ ज्ञान है, अर्थात् ईश्वर के दर्शन तीसरा स्तर सत् परमब्रह्म है जो तत् ईश्वर को जानने के पश्चात् ही प्राप्य है। सृष्टि के आरम्भ में (महासर्ग के

समय) ब्राह्मण और वेदों की रचना भी भगवान् के द्वारा ही की गई है और यज्ञ की भी रचना भगवान् द्वारा ही की गई है क्योंकि वेदों में ज्ञान है, ब्राह्मण उसको जानते हैं और यज्ञ द्वारा साधक ब्रह्म को ज्ञान पाते हैं। यज्ञ द्वारा ब्रह्म को जानने का अर्थ है जीवन को यज्ञ रूप में व्यतीत करना अर्थात् निष्काम कर्म, भक्ति अथवा ज्ञानयोग के मार्ग को अपनाना। संक्षेप में ॐ इस शरीर में ब्रह्म की उपस्थिति का सूचक है वास्तव में इस शरीर और सृष्टि समस्त प्रकृति की रचना इस ॐ प्रणव शक्ति से ही है– प्रणव (ॐ) ही मूल प्रकृति है, इसी से सृष्टि उत्पन्न होती है। तत्‌रूप में (ईश्वर रूप) परमब्रह्म सकल ब्रह्माण्ड में चैतन्य है जो ब्रह्माण्ड का संचालन करता है। यही परमशक्ति समष्टि अवस्था है–सत् परमब्रह्म की निर्मल–अकर्ता अवस्था है।। 23 ।।

तस्मादोमित्युदाहृत्य यज्ञपानतपः क्रियाः।
प्रवर्तन्ते विधानोक्ताः सततं ब्रह्मवादिनाम्।। 24 ।।

अर्थ– इसलिये ब्रह्मवादी ॐ शब्द का उच्चारण करके ही श्रेष्ठ पुरुष (शास्त्र विधि से नियत) यज्ञ, दान, तप क्रियाएँ, जो शास्त्रविधि विहित, आरम्भ करते हैं।। 24 ।।

व्याख्या– ॐ शब्द के उच्चारण से यह अर्थ नहीं की आध्यात्मिक अनुष्ठान के आरम्भ में ॐ शब्द का उच्चारण करने से आध्यात्मिक उपलब्धि प्राप्त हो जाती है। ॐ का अर्थ है कि शरीर ही ॐ है, केवल (मात्र) स्थूल शरीर नहीं समस्त त्रिविद्ध शरीर ॐ है। इस ॐ को त्रिविद्ध शरीर में सिद्ध करना है। इस प्रयास के लिये विशेष साधन तथा क्रिया होती है। जो श्रेष्ठ गुरु ही बता सकते हैं। इस साधन तथा क्रिया को जानने के लिये महापुरुष अथवा गुरुदेव के चरणों में आश्रय लेना पड़ता है, जैसा कि भगवान् ने चौथे अध्याय में (4/34) कहा है।। 24 ।।

तदित्यनभिसन्धाय फलं यज्ञतपः क्रियाः।
दानक्रियाश्चविविधाः क्रियन्ते मोक्षकाङ्क्षिभिः।। 25 ।।

अर्थ– फल की इच्छा न करके मोक्षाकांक्षी अनेक प्रकार की यज्ञ, दान, तप, क्रियाएँ तत् शब्द का ध्यान तथा उच्चारण करके करते हैं।। 25 ।।

व्याख्या– ऊपर कहा गया है कि तत् शब्द ईश्वर का सम्बोधन है, ईश्वर का अनुभव कूटस्थ में ही होता है। शरीर में जो ॐ शक्ति ईश्वर अथवा आत्मा रूप में है, उसको आध्यात्मिक क्रिया द्वारा, जिसको गुरु दीक्षित करते हैं सिद्ध किया जाता है यहि (भगवान् का अनुभव) तत् है। मोक्षाकांक्षी (जो मोक्ष प्राप्ति के इच्छुक है) अतः सब अनुष्ठान अथवा आध्यात्मिक क्रियाएँ तप, यज्ञ, दान आदि तत् (ईश्वर) का ध्यान और उच्चारण करके ही करते हैं। भावार्थ यह है कि मुमुक्षुगण कोई फल की इच्छा रखते ही नहीं वह कहते और जानते हैं कि सब कुछ ईश्वर (तत्) ही इस जगत् के कर्ता–धर्ता है सब उन्हीं का है, वही मोक्ष प्रदान करते हैं। ऐसा साधक अपने आपको केवल माध्यम मात्र मानता है।

सद्भावे साधु भावे च सदित्येतत्प्रयुज्यते।
प्रशस्ते कर्माणि तथा सच्छब्दः पार्थ युज्यते।। 26 ।।

अर्थ– हे पार्थ! भगवान् का नाम (सत्) सत्यभाव तथा श्रेष्ठभाव में प्रयोग किया जाता है तथा मांगलिक (श्रेष्ठ) कर्म में भी सत् (शब्द) उच्चारित होता है।। 26 ।।

व्याख्या– सत् शब्द परम ब्रह्म का सम्बोधन है। ॐ शरीर में ब्रह्म का वाचक, तत् कुटस्थ जगत् या ब्रह्माण्ड में ईश्वर का वाचक और सत् निर्मल परमब्रह्म का वाचक है। इसीलिये साधक अथवा ज्ञानी जन सत् शब्द का सत्यभाव से श्रेष्ठ तथा उत्तम कर्म करने से पहले उच्चारण श्रद्धा के साथ करते हैं, परन्तु ॐ तत् सत् में सत् स्थिति को निर्गुण निर्विकल्प समाधि में ही प्राप्त कर सकते हैं ऐसे महापुरूष संसार में रहते तथा बरताव करते हुए भी इसी सत् ब्रह्म में केन्द्रित रहते हैं।। 26 ।।

यज्ञे तपसि दाने च स्थितिः सदिति चोच्यते।
कर्म चैव तदर्थीयं सदित्येवाभिधीयते।। 27 ।।

अर्थ– और यज्ञ, तप तथा दान में जो निष्ठा है सत् नाम से कही जाती है और ईश्वर के प्रति किया गया कर्म में निष्ठा भी सत् है।। 27 ।।

व्याख्या– ॐ तत् सत् यह तीन परमात्मा के नाम है। सत् ही परम ब्रह्म गुणातीत–कर्म रहित निर्मल बह्म है। यह जगत् त्रैगुण्य है इससे ऊपर उठने के लिये ॐ ही या ॐ तत् सत् ही एक मात्र मार्ग है परन्तु इस मार्ग का

रहस्य तथा प्रयोग योगी तथा महापुरुष भी शरणागत हो कर ही करते हैं यह मात्र आचरण का विषय नहीं परन्तु गहन अभ्यास और वैराग्य का विषय है। साधक के वचन, विचार तथा कर्म में (यज्ञ, दान, तप आदि) पूरी भगवद् निष्ठा तथा सत्य भाव अत्यावश्यक है।। 27 ।।

अश्रद्धया हुतं दतं तपस्तप्तं कृतं च यत्।

असदित्युच्यते पार्थ न च तत्प्रेत्य नो इह।। 28 ।।

अर्थ— हे पार्थ! अश्रद्धासे होम, दान, तप और जो कुछ शुभ काम किया जाता है वह सब असत् कहा जाता है। वह कर्म न इस लोक में न परलोक में ही काम आता है।। 28 ।।

व्याख्या— सारांश यह है कि श्रद्धा ही आध्यात्मिक क्रिया अनुष्ठान (यज्ञ, दान, तपादि) की कुञ्जी है बिना श्रद्धा के कोई अनुष्ठान तपस्या या धार्मिक क्रिया में सफलता नही मिल सकती। जैसे पहले कहा गया है धार्मिक मार्ग में श्रद्धा भी सात्विक होनी चाहिए जिस श्रद्धा में न फल की इच्छा हो और न आसक्ति पूर्ण भक्ति भाव ही हो। बिना श्रद्धा के किया हुआ कोई भी शुभ कर्म न इस जन्म में और न हीं अगले जन्म में लाभदायक सिद्ध होता है।। 28 ।।

ॐ तत्सदिति श्रीमद्भगवद्गीतासूपनिषत्सु ब्रह्मविद्यायां योगशास्त्रे श्री कृष्णार्जुनसम्वादे श्रद्धात्रयविभागयोगो नाम सप्तदशोऽध्यायः।। 17 ।।

परमपद प्राप्ति—मोक्ष योगः

अर्जुन उवाच

सन्यासस्य महाबाहो तत्त्वमिच्छामि वेदितुम् ।
त्यागस्य च हृषीकेश पृथक्केशिनिषूदन।। 1 ।।

अर्थ— अर्जुन बोले—हे महाबाहो—हे (केशिनिषूदन) हे भगवान् मैं सन्यास और त्याग के तत्व को पृथक्—पृथक् रूप से जानना चाहता हूँ।। 1 ।।

व्याख्या— भगवान् वासुदेव को महाबाहो और केशिनिषूदन इसलिये कहते हैं कि इन्होंने केशि नामक अत्याचारी, राक्षस के गले मे बांह डाल—कर उस का बध कर दिया था। सन्यास और त्याग में सम्बन्ध तो है ही परन्तु कुछ पृथक्ता भी है। यहाँ अर्जुन इन दोनों के बीच की पृथक्ता जानना चाह रहे हैं क्योंकि मोक्ष के लिये त्याग प्रर्याप्त नहीं है सन्यास भी आवश्यक है वास्तव त्याग की प्रधानता कर्म योग में है और सन्यास की ज्ञान योग में हैं क्योंकि में त्याग और सन्यास साधारण मार्ग नहीं है। ये दोनों मार्ग योगियों तथ महापुरुषों के लिये परम आध्यात्म यानि प्रभु प्राप्ति के मार्ग हैं यहां इन शब्दों का प्रयोग उत्कृष्ट आध्यात्म सन्दर्भ में ही लेना अनिवार्य है क्योंकि यह मोक्ष के साधन है जिस साधक के मन में वैराग्य नहीं बस जाता उसके लिये यह मार्ग फल दायक नहीं है।। 1 ।।

श्रीभगवानुवाच

काम्यानां कर्मणां न्यासं संन्यासं कवयो विदुः।
सर्व कर्म फलत्यागं प्राहुस्त्यागं विचक्षणाः।। 2 ।।

अर्थ– कोई–कोई पण्डित जन काम्य कर्म के त्याग को सन्यास जानते (समझते) हैं और कोई–कोई पण्डित गण सब कार्मों के फल के त्याग को त्याग कहते हैं।। 2 ।।

व्याख्या– कुछ पण्डितजन काम्य कर्म के त्याग को सन्यास मानते हैं अर्थात् कर्म निर्मल होना जरूरी है जिसमें इच्छा लेश मात्र भी न हो, ऐसा उत्कृष्ट त्याग जनित सन्यास तो पूर्ण आत्म–बोध के पश्चात् ही आता है और यह ज्ञानयोग कहलाता है। त्याग में कर्मों के फलों का त्याग जरूरी है जो कर्म–कर्मयोगी करता है उसमें फल की इच्छा नहीं होती। इसलिए भगवान् ने तीसरे अध्याय में तो पूरे जोर से निष्काम कर्म करने पर जोर दिया है और यह भी कहा है कि बिना कर्म के तो जीवन निर्वाह भी नही हो सकता। इसके अतिरिक्त आध्यात्मिक तथा धार्मिक कर्म तो आवश्यक है। सरल शब्दों में गीता के अनुसार कर्म के फल का त्याग ही त्याग है कोई भी कर्म अपने लिए फल की इच्छा से नहीं करना है और सन्यास में इच्छा या वासना मात्र का ही जड़ से पूर्ण त्याग है अर्थात् इच्छा ही अन्तःकरण में न हो गीता के अनुसार सन्यास पूर्ण ज्ञान की अवस्था है अतः त्याग सन्यास में स्वभाविक है। जिस सन्यास में पूर्ण प्रभु ज्ञान उदय के कारण (प्रभुप्राप्ति) इच्छा स्वयं ही नष्ट है वह सन्यास तो पूर्णज्ञान योग है और समस्त कर्मफल त्याग का भी यही ध्येय होता है अर्थात् पूर्णसन्यास तथा पूर्णत्याग दो नहीं एक है।। 2 ।।

त्याज्यं दोषवदित्येके कर्म प्राहुमनीषिणः।
यज्ञदानतपः कर्म न त्याज्यमिति चापरे।। 3 ।।

अर्थ– कई विद्वान् ऐसा कहते हैं कि कर्म मात्र ही दोषयुक्त है अतः त्याज्य है और कुछ विद्वान् जन कहते हैं कि यज्ञ, दान और तप कर्म नहीं त्यागने चाहिए।। 3 ।।

व्याख्या– यह मत कि कर्म मात्र ही दोष पूर्ण है एक सुदूर (Extreme) मत लगता है इस मत वालों का ध्येय "कर्म मात्र ही दोष युक्त है" ऐसे कर्मो से

लगता है कि जिसमें अनुष्ठान पशु आदि की बली होती है और गीता में वर्णित कर्म योग तीसरे अध्याय के सिद्धान्त से मेल नही खाता गीता के अनुसार कर्म के बिना जीवन निर्वाह भी नही हो सकता यह सत्य भगवान् ने तीसरे अध्याय में कहा है परन्तु कर्म को यज्ञ अर्थात् अकर्म रूप में करने से ही बंधन कटता है और निर्वाण प्राप्त होता है। यज्ञ, दान और तप भी कर्त्तव्य है इसलिये इन्हें करना भी आवश्यक है परन्तु यज्ञ, दान और तप भी सात्विक श्रद्धा और निष्काम भाव से होने चाहिए तभी आध्यात्मिक लाभ प्राप्त होता है।। 3 ।।

निश्चयं शृणु मे तत्र त्यागे भरतसत्तम।
त्यागो हि पुरुषव्याघ्र त्रिविधः सम्प्रकीर्तितः।। 4 ।।

अर्थ– हे भरत श्रेष्ठ! उस त्याग के बारे में मेरा निश्चय सुनो–हे पुरुष श्रेष्ठ! त्याग तीन प्रकार का होता है।। 4 ।।

व्याख्या– ऊपर दो श्लोकों में विभिन्न पण्डितों के विचार सन्यास तथा त्याग के बारे में वर्णित हुए हैं और भगवान् त्याग और सन्यास के बारे में (उनकी पृथकता के बारे में) जैसे अर्जुन ने पहले श्लोक में पूछा है बताने जा रहे हैं। कि त्याग तीन प्रकार का होता है यह तीन प्रकार का इस लिये होता है क्योंकि हर व्यक्ति प्रकृति के तीन गुणों का बना होता है तात्पर्य यह है कि तामसिक का त्याग सात्विक नहीं होता और न ही सात्विक का राजसिक अथवा तामसिक हर व्यक्ति का त्याग उसके गुण की प्रधानता पर निर्भर रहता है।। 4 ।।

यज्ञदानतपः कर्म न त्याज्यं कार्यमेव तत्।
यज्ञो दानं तपश्चैव पावनानि मनीषिणाम्।। 5 ।।

अर्थ– यज्ञ, दान और तपस्या त्याज्य नहीं है वह निश्चित रूप से करना ही जरुरी हैं यज्ञ, दान और तपस्या (मुमुक्षु) साधकों के चित्त की शुद्धि करते हैं।। 5 ।।

व्याख्या– जो विवेकी लोग हैं जो आध्यात्मिक प्रवृति के पुरुष है उनको आध्यात्मिक लाभ के अर्थात् परमात्मा को पाने के लिये चित्त को शुद्ध करना अति आवश्यक है क्योंकि भगवान् कभी भी अशुद्ध चित्त में नजर नहीं आते। चित्त की निर्मलता के लिये शुद्ध कर्म अर्थात् शुद्धाचरण आवश्यक है। क्योंकि शुद्ध कर्म के बिना मन शुद्ध नहीं होता और अस्थिर मन चंचल होने के कारण

मैला रहता है मन की स्थिरता शुद्ध कर्म के द्वारा ही प्राप्य है। पोथी पढ़ कर अथवा जवानी जप सुनकर मन साफ नही होता मन की वासना, अहंकार और मोह शुद्ध कर्मो से ही धुलते हैं यज्ञ, दान और तपस्या रूपी कर्मो में ही चित्त शुद्धि का सामर्थ्य होता है। अतः इन कर्मो को सात्विक रूप से करना अनिवार्य है।। 5 ।।

एतान्यपि तु कर्माणि सङ्गं त्यक्त्वा फलानि च।
कर्तव्यानीति मे पार्थ निश्चितं मतमुत्तमम्।। 6 ।।

अर्थ– परन्तु हे पार्थ! यह कर्म भी (यज्ञ, दान, तप) आसक्ति और फल की इच्छा त्याग करके होते हैं, ऐसा मेरा निश्चित उत्तम मत है।। 6 ।।

व्याख्या– संसार के बन्धन का सूत्र सार आसक्ति और फलाङ्काक्षा ही है– बहुदा मनुष्य सारे कर्म आसक्ति के कारण और फलाकांक्षा की प्राप्ति के लिये ही करता है और ऐसे मनुष्य के प्रयास ही उसके बन्धन के कारण बनते हैं। विशेष प्रश्न चित्त् शुद्धि का है, चित्त शुद्धि तब ही सम्भव है जब यज्ञ, दान तप में अहंकार भाव न हो और यह कर्म ईश्वर अराधना रूप में किये जाऐ। तात्पर्य यह है कि फलाङ्काक्षा लेश मात्र भी न हो अर्थात् साधक यज्ञ, दान और तपस्या सकाम भाव से न करें परन्तु श्रद्धाभाव से चित्त शुद्धि के लिये औषिधि रूप में करें ताकि चित्त शुद्ध और निर्मल हो जाए और भगवान् उसमें दिख जाए क्योंकि भगवान् तो हमेशा सबके चित्त् में रहते हैं परन्तु मन की मलीनता के कारण वह नज़र नहीं आते।। 6 ।।

नियतस्य तु सन्यासः कर्मणो नोपपद्यते।
मोहात्तस्य परित्यागस्तामसः परिकीर्तितः।। 7 ।।

अर्थ– परन्तु नियत कर्म का त्याग उचित नहीं है मोह वश नित्य कर्म का त्याग तामसिक (त्याग) कहा गया है।। 7 ।।

व्याख्या– निर्मल कर्म वही है जो शास्त्रो में कहें गये है शास्त्रों में कर्मो के करने का हर वर्ण तथा आश्रम के लिये उचित वर्णन है– यज्ञ, दान, तप तो उत्तम कर्म है और इनको भी निष्काम भाव तथा श्रद्धा से करना होता है जैसा पाँचवे तथा छटे श्लोकों में कहा गया हैं नियत कर्म में कर्तव्य कर्म भी आता

है। कर्तव्य कर्म को भी पूर्ण कर्तव्य परायणता और निष्काम भाव से करना जरुरी है। यदि नियत कर्म अथवा कर्तव्य कर्म को कोई मोह (खतरा, कठिनाई, लोभ) के कारण त्यागता है तो वह तामसिक त्याग कहा गया है उसका कोई उपयोग अथवा लाभ नहीं होता क्योंकि तामसिक भाव चित्त शुद्धि के मार्ग में अवरोधक होता है और मोक्ष में विशेष रुकावट है।। 7 ।।

दु:खमित्येव यत्कर्म कायक्लेशभयात्त्यजेत्।
स कृत्वा राजसं त्यागं नैव त्यागफलं लभेत्।। 8 ।।

अर्थ– दु:ख दायक होने के कारण अथवा शारीरिक कष्ट के कारण जिस कर्म नियत या कर्तव्य कर्म का त्याग किया जाता है तो वह राजस त्याग है उस त्याग का फल नहीं मिलता।। 8 ।।

व्याख्या– यदि साधक किसी नियत अथवा कर्तव्य कर्म को इस लिये त्यागता है कि उसको करना कठिन, असम्भव मानसिक या शारीरिक कष्ट आदि देने वाला है तो ऐसा त्याग राजस त्याग है ऐसे त्याग में स्र्वाथ भाव रहता है। जो त्याग भाव को सकाम बना लेता है ऐसा त्याग का फल आध्यात्मिक मार्ग में रुकावट होता है और ऐसे त्याग से मोक्ष तो दूर रहा कोई नैतिक लाभ भी प्राप्त नहीं हो सकता।। 8 ।।

कार्यमित्येव यत्कर्म नियतं क्रियतेऽर्जुन।
सङ्गं त्यक्त्वा फलं चैव स त्यागः सात्विको मत:।। 9 ।।

अर्थ– हे अर्जुन! जो शास्त्र विहित कर्म अभिमान, आसक्ति और फल की इच्छा त्याग कर और ऐसा सोच कर करता है कि यह कर्तव्य है (अनुष्ठित है) वही सात्विक त्याग माना जाता है।। 9 ।।

व्याख्या– सात्विक त्याग में कर्म फल का त्याग होता है, कर्म फल की इच्छा तक नही होती– सात्विक त्याग में नियत कर्म और कर्तव्य कर्म पूर्ण रूप से हमेशा पूरी दृढता और परायणता के साथ किये जाते है परन्तु कर्म फल की इच्छा उनका ध्येय नहीं होता सात्विक कर्म हमेशा चित्त शुद्धि के लिये होते है। राजस त्याग में फल इच्छा की प्रधानता रहती है और तामस त्याग में कर्म का भी प्रमाद के कारण बहिष्कार होता है अत: राजस और तामस त्याग से

कोई आध्यात्मिक लाभ नहीं होता! सात्विक त्याग में निष्ठित कर्म करने पर, निष्काम कर्म भाव का पूरा जोर रहता है– गीता में कर्म त्याग है हि नहीं गीता में निष्काम कर्म पर निरन्तर जोर दिया गया है निष्पक्षता तथा समता ही गीता का आधार है।। 9 ।।

न द्वेष्ट्यकुशलं कर्म कुशले नानुषज्जते।
त्यागी सत्त्वसमाविष्टो मेधावी छिन्नसंशयः।। 10 ।।

अर्थ– स्थिर बुद्धि वाला– संशय रहित– सत्यसमाविष्ट त्यागी पुरुष अकुशल कार्यो से द्वेष नहीं करता तथा कुशल कर्म से राग नहीं करता।। 10 ।।

व्याख्या– जिस पुरुष की स्थिर बुद्धि होगी वही सत्वगुण संपन्न संशय रहित त्यागी पुरुष हो सकता है वही सात्विक त्यागी है उसको मानसिक तथा शारीरिक सुख दुःख सुखी या दुखी नहीं करते क्योंकि वह स्थिर बुद्धि होता है, स्थिर बुद्धि संशय नष्ट होने पर ही उदय होती है जिसको भय और संशय छू नही पाते, वही पुरुष सम बुद्धि वाला होता है। इस अवस्था को प्राप्त करने के लिये ज्ञान (तत्वज्ञान) की प्राप्ति आवश्यक है। जैसे भगवान् ने 4/42 में कहा है कि ज्ञान रूपी तलवार संशय को जड़ से नष्ट कर सकती है। ज्ञान द्वारा ही मनुष्य देह अभिमान से ऊपर उठता है और कूटस्थ में लीन हो जाता है यही वह स्थिति है जिसमें मनुष्य को अकुशल कार्य से द्वेष नहीं होता और कुशल कार्य द्वारा आकर्षित नहीं होता यही सात्विक त्याग के लक्षण है।। 10 ।।

न हि देहभृता शक्यं त्यक्तुं कर्माण्यशेषतः।
यस्तु कर्मफलत्यागी स त्यागीत्यभिधीयते।। 11 ।।

अर्थ– देह धारी (देह अभिमानी) मनुष्य सम्पूर्ण रूप से सब कर्म के त्याग करने में समर्थ नहीं होता परन्तु जो कर्म फल को त्यागता है वही त्यागी उत्तम है।। 11 ।।

व्याख्या– शरीर धारी सब देह अभिमानी होते हैं क्योंकि उनकी बुद्धि निश्चयात्मिका नहीं होती क्योंकि उन द्वारा संसार में रहते हुए सब कर्मो का त्याग हो ही नहीं सकता इस संसार में मनुष्य जन्म कर्म बन्धन के कारण ही लेता है जो मनुष्य कर्म मुक्त हो जाता है उसका जन्म ही नहीं होता जब जन्म

का कारण ही कर्म इच्क्श है तो सम्पूर्णरूप से कर्म त्याग कैसे हो सकता है। इसके लिये स्थिर बुद्धि होना जरुरी है जैसे 18/10 में पहले ही वर्णित है कर्म फल का त्याग अधिक सरल है। परन्तु कर्म फल का त्याग भी सम्पूर्ण रूप से जरुरी है मनुष्य कर्म के बिना रह नही सकता क्योंकि बचन, विचार और स्थूल कर्म सब कर्म ही है अत: मनुष्य जो प्रभु दर्शन का इच्छुक है उसको सारे कर्म सच्चे मन से या तो भगवान् के लिये अथवा सेवा के रूप में दूसरे जीवों के लिये करने जरुरी है तब ही फल की इच्छा नहीं रहती, ऐसा नहीं है कि कर्म फल पैदा नहीं करेंगे जो भी कर्म किया जाता है सकाम अथवा निष्काम उसका फल तो होगा ही परन्तु कर्म फल मात्र में बन्धन नही, बन्धन आसक्ति में होता है, और आसक्ति मोह को त्याग कर जब कर्म में मोह, ममता, इच्छा आदि नहीं कर्म मात्र कर्तव्य के रूप में दूसरों की सेवा या सहायता के लिये अथवा भगवान् के लिये श्रद्धा भाव से किया जाता है तभी कर्म फल की इच्छा तथा बन्धन मिटता है।। 11 ।।

अनिष्टिमिष्टं मिश्रं च त्रिविधं कर्मण: फलम्।
भवत्यत्यागिनां प्रेत्य न तु सन्न्यासिनां क्वचित्।। 12 ।।

अर्थ— अनिष्ट, इष्ट तथा मिश्रत तीन प्रकार का फल सकाम कर्म का (करने वाले को) मरणोपरान्त अवश्य होता है परन्तु कर्मा फल का त्याग करने वाले मनुष्यों के कर्मों का फल कभी नहीं होता।। 12 ।।

व्याख्या— कर्म करने पर कर्मो के फल आवश्यक होगे इसमें कोई दो राय नहीं है अच्छे कर्म के अच्छे फल बूरे के बूरे तथा मिश्रित (अच्छे व बूरे) कर्मों के फल भी मिश्रित ही होते हैं यहि त्रिविध कर्म फल है। अच्छे कर्मो का फल मरने पर स्वर्ग आदि की प्राप्ति, बूरे कर्मो पर अधोगति तथा मिश्रित कर्म भोगने के लिये संसार में जन्म दोबारा होता है। शास्त्रों के अनुसार सूक्ष्म लोक कई प्रकार के हैं इष्ट कर्म करने वाले उच्च स्वर्ग (सूक्ष्मलोक) में जाते हैं और अनिष्ट कर्म करने वाले बूरे सूक्ष्मलोक में दण्ड भोगते हैं मिश्रित कर्म वाले लोग ही संसार में जन्म लेते हैं, परन्तु जिस महान् मनुष्य ने जीवन में कर्म फल का त्याग किया है उसको त्रिविध कर्म फल नही छूते— वह मोक्ष प्राप्त कर लेता

है। परन्तु कर्म फल त्याग एक उच्च कोटि की तपस्या है जो मात्र कर्म त्याग से प्राप्त नहीं होती नही मात्र कर्म फल त्याग की प्रथा पूरी करने से ही यह एक पवित्र क्रिया है इसके लगातार अभ्यास से ही मोह, इच्छा के बीज भूने जा सकते हैं। अभ्यास से विवेक तथा विवेक से ज्ञान उदय होने पर ही मन की शुद्धि होती है।। 12 ।।

पञ्चैतानि महाबाहो कारणानि निबोध मे।

साङ्ख्ये कृतान्ते प्रोक्तानि सिद्धये सर्वकर्मणाम्।। 13 ।।

अर्थ– हे महाबाहो! सारे कर्मो की सम्पूर्ण समाप्ति (पवित्रता) के लिये सांख्य में वर्णित यह पाँच कारण मेरे द्वारा जान लो।। 13 ।।

व्याख्या– सांख्य से यहां तात्पर्य है तत्त्व ज्ञान अथवा सम्यक् ज्ञान। शास्त्र अथवा वेदान्त के अनुसार यह तत्त्व ज्ञान कर्म (कर्मफल) के बन्धन का नाशक है इसके पांच कारण जो बताए गये हैं उनका वर्णन आगे दिया गया है सांख्य शास्त्र (कपिल कृत) में भी प्रकृति तथा पुरुष का भेद (24 तत्व) जानने के उपाय हैं जिससे प्रकृत ज्ञान उदय होता है– गीता के तेहरवें अध्याय में भी क्षेत्र तथा क्षेत्रज्ञ की चर्चा में यहीं वर्णन है, शास्त्रों के अनुसार कर्म फल की इच्छा तथा अहंकार (अहंकृतोभाव) गीता 18/17 ही बन्धन का कारण बताया गया है, जब अहंकार नष्ट हो जाता है तभी साधक या मनुष्य निर्मल कर्म कर पाता है और निर्मल तथा इष्ट कर्म करने से ही बन्धन कटता है। यही कारण अगले श्लोक में वर्णित है।। 13 ।।

अधिष्ठानं तथ कर्ता करण च पृथग्विधम्।

विविधाश्च पृथकचेष्टा दैवं चैवात्र पञ्चमम्।। 14 ।।

अर्थ– शरीर (देह), अहंकार, विविध प्रकार के करण, विभिन्न चेष्टाएं तथा दैव (पांचवा) ये कर्मों के अन्त करने वाले उपाय कहे गये हैं।। 14 ।।

व्याख्या– सारे कर्मो के ये पांच कारण है (1) देह जो हमारा शरीर है इसमे मन, बुद्धि, चित् अहंकार अन्तःकरण इन्द्रियां कर्म इन्द्रियां और ज्ञानेन्द्रियां। प्राण पञ्चभूत तथा तन्मात्राऐं आते हैं, यह देह ही स्थूल कर्म करती है। (2) अहंकार (अहंकृताभाव) अर्थात् अपने को ही कर्त्ता मानना (3) विविध

प्रकार के करण करण 13 माने गये है मन, बुद्धि अहंकार तथा दस इन्द्रियां (4) विविध चेष्टाऐं–पांच प्राण– (प्राण, व्यान, समान उदान तथा अपान) (5) दैव– हर तन्मात्रा के अन्तरयामी देव हैं– जो कर्तृत्व भाव प्रेरित करते हैं। सारे संसार के कर्म चक्र का कारण यही पांच मूल कारण हैं। इन्हीं पांच हेतू द्वारा अन्त:करण में अहंकृतोभाव उदय होता है तथा कर्म की प्रेरणा भी, फिर विभिन्न चेष्टाऐं तथा पांच प्राण और इन्द्रियाँ इन कर्मो को करते हैं।। 14 ।।

शरीरवाङ्मनोभिर्यत्कर्म प्रारभते नर:।
न्याय्यं वा विपरीतं वा पञ्चैते तस्य हेतव:।। 15 ।।

अर्थ– मनुष्य मन, बचन तथा शरीर से जो भी उचित अनुचित कर्म आरम्भ करता है ये पांचों उसके कारण है।। 15 ।।

व्याख्या– मनुष्य मन बुद्धि चित् इन्द्रियों शरीर आदि से जो भी कर्म करता है उन सबके हेतु यह ऊपर वर्णित पाँच कारण ही है। इस श्लोक से यह स्पष्ट है कि कर्म मात्र स्थूल कर्म ही नहीं है कर्म में विचार और वचन भी शामिल है। परन्तु यह सोचना कि इन पांच हेतुओं में अपनी ही शक्ति है जिसके कारण कर्म की इच्छा या कर्म करने की क्षमता (विचार वचन कर्म रूप में) का उदय होता है उचित नहीं होगा– क्योंकि चेतन तत्व तो आत्मा के ही कारण है अत: यह कर्म के पांच हेतु भी आत्मा की शक्ति के कारण ही काम कर सकते हैं– क्योंकि असली मूल शक्ति तो आत्मा ही है जिसके सानिध्य मात्र से ही सारी शक्ति तथा क्षमता आती है। परन्तु आत्मा तो निशपक्ष साक्षी मात्र है जिससे जीवन तत्त्व चेतना का उदय होता है, बन्धन तो जीव के 'मैं करता हूँ' इस अहंकार भाव में है। वास्तव में आत्मा अकर्ता है इसमें कोई शक ही नहीं परन्तु आत्मा का अकर्ता पन अलग ही है– आत्मा की उपस्थिति मात्र से ही सारा संसार और संसारी अपना–अपना कर्म करते हैं– स्थावर अथवा जंगम, निर्मल आत्मा में स्वयं कर्म की इच्छा ही नहीं होती उसका तो सानिध्य तथा अधिष्ठाता मात्र से ही प्रकृति कर्म करती है आत्मा (ईश्वर) स्वयं पूर्णत: अकर्ता है– अर्थात् आत्मा में न इच्छा है न आसक्ति बन्धन आसक्ति में होता

है अतः आत्मा अकर्ता है— अर्थात् करने का मूल कारण (आधष्ठाता रूप) होते हुए भी आसक्ति रहित होने के कारण अकर्ता है, यह पाँच देव भी जो अन्तर्यामि रूप में कर्म प्रेरित करते हैं उनकी सता भी ईश्वर अर्थात् आत्मा ही है।। 15 ।।

तत्रैव सति कर्तारमात्मानं केवलं तु यः।
पश्यत्यकृतबुद्धित्वान्न स पश्यति दुर्मतिः।। 16 ।।

अर्थ— जो आदमी (मनुष्य) अशुद्ध बुद्धि के कारण कर्म के होने का कारण आत्मा को (देखता है) समझता है वह ठीक नहीं जानता (देखता)।। 16 ।।

व्याख्या— यह एक बारीकी का विषय है— गुरु और शास्त्र आत्मा को अकर्ता मानते और बताते हैं प्रकृति को जड़ (जो कुछ न करता न कर सकता क्योंकि उसमें चेतना नहीं) तो फिर कर्ता कौन हुआ? यह प्रश्न वेदान्त का एक अति मार्मिक प्रश्न है, वेदान्त के अनुसार तथा गीता के अनुसार भी आत्मा निर्मल और अकर्ता है कर्म केवल मात्र प्रकृति ही करती है अर्थात् पाँच हेतु जो ऊपर बताए गये है परन्तु प्रकृति जो जड़ है वह कर्म कैसे करेगी इसका उत्तर ऊपर पन्द्रहवें श्लोक की व्याख्या में आ गया है, यहां इतना कहना काफी है कि आत्मा अकर्ता इसलिये है कि उसमें कोई इच्छा और आसक्ति जरा भी नहीं—आत्मा की शक्ति ही ऐसी है कि उसके सानिध्य मात्र से ही देह में चेतना और बुद्धि का उदय हो जाता है और यह पाँच हेतु स्वयं ही कर्म करना शुरु कर देते हैं। इच्छा और आसक्ति मन में ही होती है (जो प्रकृति है) आत्मा तो प्रकृति से भिन्न है परन्तु प्रकृति आत्मा के सहवास और अलिप्त अधिष्ठान से ही कर्म करती है। (गीता 9/10)।। 16 ।।

यस्य नाहङ्कृतो भावो बुद्धिर्यस्य न लिप्यते।
हत्वापि स इमाँल्लोकान्न हन्ति न निबध्यते।। 17 ।।

अर्थ— मैं कर्ता हूँ जिसका ऐसा भाव नहीं है और जिसकी बुद्धि संसार के कर्मों और सम्बन्धों में लिप्त नहीं है वह इन सब लोकों को मार कर भी न मारता है और न मारने के पाप में बन्धता है।। 17 ।।

व्याख्या— मैं कर्ता हूँ, जिसको यह अभिमान नहीं और जिसकी बुद्धि लिप्त

नहीं है ऐसा मनुष्य इन सब लोकों को मार कर भी न मारता और न मारने के पाप का भागी बनता। यह समझने के लिये एक कठिन प्रश्न है इस तथ्य को समझने के लिये यह समझना जरुरी है कि चेतना के दो स्तर है एक सांसारिक और दूसरा आध्यात्मिक। सांसारिक स्तर मन तथा बुद्धि है जिसका आधार अहंकार है अर्थात् जो अहं कृत भाव में डुबा हुआ है इस चेतना स्तर पर मनुष्य अपने आपको शरीर, मन, बुद्धि तथा इन्द्रियां ही समझता और जानता है और इसी कारण वह सब कर्मो का कर्ता अपने आपको ही समझता है इससे आगे "आत्म–बुद्धि" (आत्म चेतना) स्तर का उसको ज्ञान नही होता, चाहे वह इसके बारे में कई ग्रन्थ पढ़ ले क्योंकि यह तो अभ्यास तथा सिद्धि का विषय है जब मनुष्य ब्रह्म विद्या द्वारा बुद्धि योग की प्राप्ति यानि ब्रह्म मयी बुद्धि के स्तर को प्राप्त कर लेता है तो उसका शिव नेत्र (ज्ञान चक्षु) खुल जाता है। उसे आत्मा का बोध हो जाता है उसका अहंकार जड़ से मिट जाता है क्योंकि तब वह अपने आप को कर्त्ता नहीं मानता। इस परम की चेतना प्राप्ति पर मनुष्य तथाकथित मृत्यु पर भी नही मरता और ज्ञान मार कर भी नहीं मरता क्योंकि मरता तो शरीर ही है आत्मा नहीं क्योंकि वह अमर ही है इस अवस्था में कर्ता और अकर्ता दोनों भाव नहीं रहते यह भाव तो मन में ही होते हैं आत्मा इस भाव से ऊपर का सत्य है। उसमें भाव ही नही तो जब भाव नहीं तो संसार नहीं तब लिप्त कैसे कोई होगा, फिर पाप, पुण्य का प्रश्न कहां? पाप भी मन करता है और पुण्य भी पाप से बचने के लिये मन ही यत्न करता है परन्तु आत्मा इन से ऊपर है इसी लिये तो आत्मावान् मार कर भी नहीं मरता नहीं मर कर मरता है क्योंकि उसमें इच्छा, लगाव, अहंकार कुछ नहीं उसके लिये मरना और मारना दोनों नहीं है अर्थात् वह इन दोनों से ऊपर है।। 17 ।।

ज्ञानं ज्ञेयं परिज्ञाता त्रिविधा कर्मचोदना।
करणं कर्म कर्तेति त्रिविधः कर्म सङ्ग्रहः।। 18 ।।

अर्थ– ज्ञान, ज्ञाता और ज्ञेय कर्म प्रबृति के तीन हेतु है कर्ता, करण तथा क्रिया (कर्म) ये तीन प्रकार के कर्म संग्रह है।। 18 ।।

व्याख्या– इस श्लोक में कर्म प्रवृति के कारण और संग्रह (आश्रय) का विश्लेषण

तथा वर्णन है आत्मा के न कर्म हेतु है न कर्म संग्रह इसी लिये आत्मावान् को कर्म बन्धन नहीं होता और इसी लिये वह न मरता न मारता न ही उसको मार कर मारने का पाप लगता। ज्ञाता जो ज्ञान (ब्रह्मज्ञान) पाने का इच्छुक है, ज्ञान भगवान् को जानने का साधन (ब्रह्मज्ञान) विशेष विधि सहित है जैसे कर्म योग, ज्ञान योग, भक्ति योग आदि। ज्ञेय जिसको ज्ञाता ज्ञान के माध्यम से पाना चाहता है और पाता है अर्थात् ब्रह्म, ईश्वर, आत्मा। ज्ञाता, ज्ञान, और ज्ञेय कर्म प्रवृति के तीन हेतु इसलिये हैं क्योंकि यह तीन कारण ही मनुष्य को आध्यात्मिक कर्म के लिये प्रेरित करते हैं। यहां कर्म से अभिप्राय आध्यात्मिक कर्म से है।

कर्ता जो आध्यात्मिक कर्म करता है अर्थात् मनुष्य का अन्त: करण—क्योंकि प्रकृति हमेशा मन, बुद्धि आदि में (अन्त: करण) उदय होती है। करण से अभिप्राय है आध्यात्मिक क्रिया करने के प्रकरण अर्थात् पांच प्राण (प्राण, व्यान, समान, उदान, अपान) पांच ज्ञान इन्द्रिया और पांच कर्म इन्द्रियां हैं। क्रिया या कर्म से अभिप्राय यहाँ आध्यात्मिक कर्म है जिसके द्वारा साधक ब्रह्म को प्राप्त करता है यह क्रिया सत् गुरु से ही सीखनी पड़ती है साधारण गुरु इस विद्या को नहीं बता सकते सत् गुरु से अभिप्राय है जो गुरु भगवान् को जानता है जिसने क्रिया विशेष द्वारा ईश्वर (ब्रह्म) को प्राप्त कर लिया है और जो दूसरों को इस क्रिया या विधि विशेष का ज्ञान देने के लिये सक्षम तथा अधिकृत है।। 18 ।।

ज्ञानं कर्म च कर्ता च त्रिधैव गुणभेदत:।
प्रोच्यते गुणसङ्ख्याने यथावच्छृणु तान्यपि।। 19 ।।

अर्थ– सांख्यशास्त्र के अनुसार (जिसका आधार प्रकृति के तीन गुण हैं) ज्ञान, कर्म और कर्ता तीन प्रकार के बताऐं गये है उनको भी अच्छी तरह से सुनो।। 19 ।।

व्याख्या– सांख्य शास्त्र में प्रकृति के चौबिस तत्वों और तीन गुणों (सात्विक, तामस, तथा राजस) का वर्णन है। ज्ञान, कर्म और कर्ता में भी यह प्रकृति के तीनों गुण हमेशा उपस्थित रहते है। ज्ञान में भी सत्, रासज तथा तामस तीनों गुण हैं और उसी प्रकार कर्म और कर्ता में भी कारण ये हैं क्योकि हर मनुष्य प्रकृति का ही भाग होता है जब तक वह सिद्ध पुरुष आत्मावान् नहीं बन जाता तब तक वह गुणों के अधीन रहता है यानि गुणातीत नहीं होता क्योंकि

गुण प्रकृति में हैं आत्मा में नहीं। ध्यान में रखने की विशेष बात यह है कि कर्ता और आत्मा दो हैं एक नहीं कर्ता हमेशा गुणाधीन है वह गुणातीत् होने पर ही आत्मा बनता है चेतन आत्मा ही है परन्तु कर्ता भासित चैतन्य है मात्र प्रकृति अधीन मनुष्य वर्ग सारे कर्म करता है। गुणातीत् होने पर मनुष्य में कर्म बन्धन नही रहता।। 19 ।।

सर्वभूतेषु येनैकं भावमव्ययमीक्षते।
अविभक्तं विभक्तेषु तज्ज्ञानं विद्धि सात्विकम्।। 20 ।।

अर्थ— जिस ज्ञान के द्वारा (मनुष्य) विभक्त (अलग—अलग) सब भूतों में एक उसी अविभक्त, अवव्यय नित्य स्वरूप आत्मा (परमात्मा) को सम भाव से देखता है वह सात्विक ज्ञान जानो।। 20 ।।

व्याख्या— साधारण मनुष्य को यह बोध नहीं होता कि एक वहीं विभाग रहित आत्मा या परमात्मा अविभक्त आनादि सब में सदा समभाव से वर्तमान है वह इस अपरिछिन्न सात्विक सत्य को देख ही नहीं पाता मालूम नहीं साधारण मनुष्य को यह अखण्ड, अवव्यय रूपी आत्मा जो अनादि है सदा सब में वही स्थित है। साधारण जन ऐसा समझते हैं कि हर अलग—अलग जीवों में अलग—अलग आत्मा है क्योंकि यह आत्म नज़र ही नहीं आता परन्तु जो पुरुष ब्रह्म ज्ञानी हो गया है उसको यह वही अखण्ड—सनातन—नित्य स्वरूप आत्मा सब में दिख जाता है— जिससे अलग—अलग भासित होता था वह भूत दृष्टि ब्रह्म ज्ञानी की समाप्त हो जाती है। वह सम द्रष्टा हो जाता है तब उसकी दृष्टि में वस्तु नही आत्मा का दृष्टिगोचर होता है— इसी ज्ञान को सात्विक ज्ञान कहते हैं क्योंकि मात्र यही ज्ञान एकात्म ज्ञान है।। 20 ।।

पृथक्त्वेन तु यज्ज्ञानं नानाभावान्पृथग्विधान्।
वेति सर्वेषु भूतेषु तज्ज्ञानं विद्धि राजसम्।। 21 ।।

अर्थ— परन्तु जिस ज्ञान के द्वारा मनुष्य पृथक्—पृथक् रूप में सब भूतों में सब प्रकार के विभिन्न भावों को अलग—अलग जानता है वह ज्ञान राजस है।। 21 ।।

व्याख्या— जैसे सात्विक ज्ञान आत्मा के एक अखण्ड स्वरूप का ज्ञान है उसके विपरित राजस ज्ञान आत्मा के अनेकता तथा पृथक्ता के भासित होने का ज्ञान

हैं जब मनुष्य यह जानता, देखता या सोचता है कि आत्मा हर जीव अथवा मनुष्य में अलग–अलग है वह ज्ञान राजस कहलाता है क्योंकि राजस ज्ञान सत्य को नहीं देख या जान पाता है, आत्म तत्व ईश्वर का अभिन्न अंग होने के कारण सदा एक वही सब में है– स्थूल तरीके से जैसे वही धूप सबको बराबर तपाती है यह नहीं की (अ) को अधिक तो (ब) को कम अथवा दूसरी धूप तपाती है और जैसे वही हवा सबके लिये सदा वही है जिसको सभी जीव श्वास के रूप में प्रयोग करते हैं। उसी प्रकार यह आत्मा भी सदैव वह अवव्यय ईश्वरीय सत्ता है जो अविभक्त सब जीवों में स्थित है जब तक मनुष्य को आत्मा का बोध नही होता वह राजस ज्ञान का ही शिकार बना रहता है। यह राजस ज्ञान ही विभिन्नता का ज्ञान है।। 21 ।।

यत्तु कृत्स्नवदेकस्मिन्कार्ये सक्तमहैतुकम्।
अतत्त्वार्थवदल्पं च तत्तामसमुदाहृतम्।। 22 ।।

अर्थ– परन्तु जो ज्ञान किसी एक विषय में सम्पूर्ण रूप से आसक्त होता है जो सात्विकता (तत्त्वज्ञान) प्रकट नहीं करता मुक्ति विरुद्ध है और अल्प (तुच्छ) व तामस कहा गया है।। 22 ।।

व्याख्या– तामस ज्ञान में आसक्ति की प्रधानता होने के कारण सात्विक ज्ञान का विरोध रहता है तामस ज्ञान का केन्द्र बिन्दु शरीर से आसक्ति ही है यह सात्विकता या युक्ति शून्य होता है– इसीलिये इसको तुच्छ ज्ञान कहा गया है। अतः यह तामस ज्ञान आत्मविरोधी ज्ञान है।। 22 ।।

नियतं सङ्गरहितमरागद्वेषतः कृतम्।
अफलप्रेप्सुना कर्म यत्तत्सात्विकमुच्यते।। 23 ।।

अर्थ– जो शास्त्र विहित नित्यकर्म अहंकार रहित भाव से तथा बिना रागद्वेषभाव से और बिना फल की इच्छा से किया गया हो वह सात्विक कर्म है।। 23 ।।

व्याख्या– सात्विक कर्म में निष्काम भाव आवश्यक है अर्थात् जिस कर्म का कारण या प्रेरणा ईश्वर परायणता तथा दूसरों की सेवा या सहायता हो वहीं निष्काम कर्म होता है सात्विक कर्म का उल्लेख शास्त्रों में विधि सहित वर्णित है और उसी ढंग से करने पर वह सात्विक कर्म कहलाता है। सात्विक कर्म की

विशेषताएं है कि इस कर्म में कर्तृपन का अभिमान नहीं रहना चाहिए "अहंकृतो भाव" सात्विक कर्म का शत्रु है दूसरे सात्विक कर्म में कर्म फल इच्छा भी नही होनी चाहिए– अनुकूलता प्रतिकूलता भाव तथा रागद्वेष भाव से कर्म जब तक शून्य नहीं तब तक कर्म सात्विक कर्म नहीं बन पाता। भावार्थ यह है कि सात्विक भाव अथवा सात्विक कर्म बिना साधना के होना कठिन है, क्योंकि मनुष्य सारे कर्म मन, बुद्धि इन्द्रियों शरीर आदि से ही करता है ऐसे सब कर्मो में कर्तृत्व पन का भाव सदैव रहता है अत: शुद्ध मन से ही सात्विक भाव और कर्म का उदय होता है।। 23 ।।

यत्तु कामेप्सुना कर्म साहङ्कारेण वा पुनः।
क्रियते बहुलायासं तद्राजसमुदाहृतम्।। 24 ।।

अर्थ– परन्तु जो कर्म अहङ्कार युक्त मनुष्य द्वारा क्लेश तथा संघर्ष सहित फल की इच्छा के साथ किया जाता है वह राजस कर्म कहलाता है।। 24 ।।

व्याख्या– राजस कर्म क्लेश युक्त इस लिये होता है क्योंकि इसमें कर्म फल इच्छा से जनित संघर्ष रहता है और अहंकार भाव भी रहता है– राजसकर्मी अपनी बड़ाई और लाभ के लिये ही संघर्ष और परिश्रम करता है ऐसे कर्म में सेवा भाव नहीं रहता उल्टा रागद्वेष ही राजस कर्मो का कारण होता है। अत: राजस कर्म बन्धन का कारण बनता है।। 24 ।।

अनुबन्धं क्षयं हिंसामनवेक्ष्य च पौरुषम्।
मोहादारभ्यते कर्म यत्तत्तामसमुच्यते।। 25 ।।

अर्थ– जो कर्म मोह वश अज्ञानता के कारण बिना सोचे समझे धन हानि, हिंसा, पौरुष का विचार किये बिना किया जाता है वह तामस कर्म कहलाता है।। 25 ।।

व्याख्या– तामस कर्म का आधार अज्ञान तथा प्रमाद होता है और उसका फल हानि तथा परेशानी होता है क्योंकि तामस कर्म हमेशा विवेक हीन होता है इसीलिए तामसिक दु:ख और बन्धन में फंसा रहता है। तामसिक कर्म में दूसरों के उत्पीड़न के भाव की प्रधानता और अपने सामर्थ्य का विचार किये बिना उलझने तथा झगड़े मोल लेने की प्रवृति होती है। तामसिक की यह प्रवृति मोहवश ही रहती है। अत: उसको दूसरों की प्रगति खलती है।। 25 ।।

मुक्तसङ्गोऽनहंवादी धृत्युत्साहसमन्वितः।
सिद्ध्यसिद्ध्योर्निर्विकारः कर्ता सात्विक उच्यते।। 26 ।।

अर्थ– जिसमें फल की इच्छा का भाव नही, कर्तृपन का अहंकार नहीं जिसमें उत्साह और धैर्य है, जो सिद्धि और असिद्धि में सम भाव है वह सात्विक कर्ता कहलाता है।। 26 ।।

व्याख्या– धैर्य और उत्साह युक्त, निरहंकार, इच्छा रहित, रागद्वेष शुन्य–सिद्धि असिद्धि में सम रहना साधारण संसारी के बस की बात नहीं होती साधारण संसारी मन तथा इन्द्रियों के द्वारा संसार में कर्म करता है जो अहंकार तथा आसक्ति में डूबा रहता हैं सम बुद्धि प्राप्त करना अर्थात्– इस विचार में स्थिर रह कर कर्म करना कि जो कुछ भी होता है प्रभु इच्छा से ही होता है इस के लिये गुणातीत अवस्था को प्राप्त करना आवश्यक है जो एक साधना विशेष की ही उपलब्धि है। क्योंकि सात्विक अवस्था बिना ज्ञान के प्राप्य नहीं जिसके लिये मन ही को स्थिर करना आवश्यक है तभी सम भाव की प्राप्ति होती है।। 26 ।।

रागीकर्मफल प्रेप्सुर्लुब्धो हिंसात्मकोऽशुचिः।
हर्षशोकान्वितः कर्ता राजसः परिकीर्तितः।। 27 ।।

अर्थ– जो रागी है (आसक्ति वाला) फल की इच्छा रखता है, लालची है, हिंसा करता है, जो अशुद्ध है तथा हर्ष और शोक से युक्त है ऐसा कर्ता राजासिक कहलाता है।। 27 ।।

व्याख्या– राजसिक कर्ता हमेशा संसार में लिप्त रहता है उसके सारे कर्म फल की इच्छा से प्रेरित होते हैं, राग द्वेष, हर्ष, शोक उसके जीवन का असंग अंग है लालच उसकी प्रेरणा और हिंसा उसकी आदत होती है– सांसारिक जीवन में आसक्ति की प्रवृति अपरिहार्य है– ध्यान में रखने की विशेष बात यह है कि संसारी या राजस कर्ता (मनुष्य) का आश्रय मन बुद्धि होता है और सात्त्विक कर्ता का आश्रय आत्मबुद्धि होता है, जिसकी प्राप्ति के लिये गुरु द्वारा दीक्षित साधना विशेष की आवश्यकता होती है परन्तु ऐसा भी नहीं कि संसार के सारे राजस कर्ता या कर्म मोह युक्त अथवा लालच या स्वार्थ से ही प्रेरित या

सम्पन्न होते हैं बहुत सारे सांसारीक कर्म लोक भलाई के लिये ही होते हैं यदि वह शास्त्रीय विधि द्वारा भी सम्पन्न न हो ऐसे कर्म को राजस कर्म नहीं कहा जा सकता जब तक उनमें मोह अथवा स्वार्थ लक्षित न हो।। 27 ।।

अयुक्तः प्राकृतः स्तब्धः शठोऽनैष्कृतिकोऽलसः।
विषादी दीर्घसूत्री च कर्ता तामस उच्यते।। 28 ।।

अर्थ– जो कर्ता अयुक्त, असंस्कृत, धूर्त, शठ, (घमण्डी) और दूसरों का अपमान करने वाला, प्रमादी, विषादी (शोक युक्त या दुःखी) दीर्घ सूत्री हो ऐसा कर्ता तामस कर्ता कहलाता है।। 29 ।।

व्याख्या– तामस मन अज्ञानी, प्रमादी, लालची, शठ तथा असंस्कृत होने के कारण ख्याली दुनिया के ख्याली पलाव पकाने में ही रत रहता है, काम नही करता दूसरों की हानि तथा अपमान ही उसके विचारों के केन्द्र बिन्दु होते है। प्रमाद (लापरवाही) तथा दीर्घ सूत्री, जो अभी या आज के काम करने में महिने बिता देता है, ऐसा होने के कारण तामस कर्ता विषाद (शोक तथा दुःख) में डुबा रहता है। हानि और अपमान उसकी दिन चर्या के अंग बने रहते हैं। क्योंकि ऐसा कर्ता आध्यात्मिक अथवा श्रेष्ठ कर्म सोच ही नही पाता इस लिये वह अधोगति की ओर ही अग्रसर रहता है।। 28 ।।

बुद्धेर्भेदं धृतेश्चैव गुणतस्त्रिविधं श्रृणु।
प्रोच्यमानमशेषेण पृथक्त्वेन धनञ्जय।। 29 ।।

अर्थ– हे धनञ्जय! बुद्धि और धृति के गुणानुसार अलग–अलग तीन प्रकार के भेद अलग–अलग रूप से और अशेष रूप से सुनो।। 29 ।।

व्याख्या– बुद्धि और धृति के भी अलग–अलग तीन प्रकार के भेद हैं जो सात्विक राजसिक और तामसिक है– ये प्रकृति के तीन गुण सारे जीव तथा जगत् में सम्पूर्ण रूप से फैले हुए है– ये तीनों शरीरों में (स्थूल–सूक्ष्म–कारण) प्राणी पर निरन्तर छाये रहते हैं। बुद्धि और धृतिभी इन गुणों के प्रभाव से बाहर नही है। मनुष्य जो भी अच्छे बुरे कर्म करता है वह बुद्धि के द्वारा ही करता है और उसमें स्थिरता के लिये धृति के प्रयोग की आवश्यकता होती है। हर मनुष्य अपनी–अपनी गुण प्रकृति के अनुसार ही बुद्धि तथा धृति का

अधिकरी होता है अर्थात् मनुष्य जिस गुण के प्रभाव में है वैसे ही उसकी बुद्धि और धृति भी होती है। क्योंकि बुद्धि में ही अच्छे और बूरे की पहचान होती है। हर व्यक्ति की स्थिरता का आधार धैर्य होता है। अत: धृति सात्त्विक और राजसिक सब कर्मों में जरूरी है।। 29 ।।

प्रवृतिं च निवृतिं च कार्याकार्ये भयाभये।

बन्धं मोक्षं च या वेत्ति बुद्धिः सा पार्थ सात्विकी।। 30 ।।

अर्थ– हे पार्थ! जो बुद्धि प्रवृति तथा निवृति कर्तव्य और अकर्तव्य को भय–अभय को बन्धन और मोक्ष को जानती है वह बुद्धि सात्विक होती है।। 30 ।।

व्याख्या– हर कर्म, कार्य, क्रिया में निश्चय हमेशा बुद्धि ही करती है– उचित–अनुचित क्या है यह बुद्धि ही जानती है। परन्तु संसार में प्रकृति–निवृति, कर्तव्य, अकर्तव्य, भय अभय बन्धन मोक्ष इन सब स्थितियों तथा परिस्थितियों में देश, काल तथा सामाजिक संदर्भ को हमेशा ध्यान में रखना आवश्यक है– क्योंकि इस त्रिगुणमय परिवर्तनशील संसार में कुछ भी स्थिर न होने के कारण कर्म करने का कोई ऐसा नुस्खा नहीं है जो हमेशा सब स्थितियों में उचित हो अत: बुद्धि का प्रयोग आवश्यक है शुद्ध तथा सात्विक बुद्धि ही प्रवृति मार्ग से हट कर निवृति मार्ग पर चलती है और अकर्त्तव्य (राग जनित विषय तथा आकर्षण) से हटाकर श्रेष्ठ कर्म में डालती है चाहे वह कठिन भी हो क्योंकि निवृति कार्य पहले कठिन लगते हैं परन्तु उनका फल मीठा होता है। मनुष्य का निवृति मार्ग का अनुसरण करने से ही अभय तथा मोक्ष प्रवृति का उदय होता है–यह सात्विक बुद्धि ही मनुष्य को निवृति मार्ग पर चला कर गुणातीत बनाती है।। 30 ।।

यया धर्ममधर्मं च कार्यं चाकार्यमेव च।

अयथावत्प्रजानाति बुद्धिः सा पार्थ राजसी।। 31 ।।

अर्थ– हे पार्थ! जिस बुद्धि के द्वारा मनुष्य धर्म और अधर्म तथा कर्तव्य और अकर्तव्य को भी यर्थाथ रूप से नही जानता वह राजस है।

व्याख्या– राजसी बुद्धि में हमेशा सांसारिक वृति तथा प्रवृति मार्ग के लगाव की प्रधानता रहती है और सात्विक बुद्धि में आध्यात्मिक लगाव और निवृति मार्ग

की प्रधानता रहती है। मनुष्य के लिये उत्तम कर्तव्य निवृति मार्ग का अनुसरण करना ही है। धर्म और अधर्म तथा कर्तव्य और अकर्तव्य को यथार्थ रूप से जानने का अर्थ है कि मनुष्य के विचार वचन और कर्म शास्त्र विहित निवृति मार्ग के अनुकूल होने चाहिए परन्तु राजसी बुद्धि में इसका अभाव रहता है। धर्म और कर्त्तव्य का आधार समता तथा निष्पक्षता होती है और राजसी बुद्धि में इनका अभाव रहता है।। 31 ।।

अधर्मं धर्ममिति या मन्यते तमसावृता।
सर्वार्थान्विपरीतांश्च बुद्धि: सा पार्थ तामसी।। 32 ।।

अर्थ— हे! पार्थ तमो गुण से आच्छादित बुद्धि अधर्म को धर्म मानती है और अज्ञान के कारण सब विषयों को विपरीत मानती है ऐसी बुद्धि तामसी है।। 32 ।।

व्याख्या— तामस गुण की विशेषता है ही अज्ञान और प्रमाद इस लिये तामसी बुद्धि में अच्छे बूरे की अवाञ्छित निश्चय का सामर्थ्य ही नहीं होता अज्ञान वश उसकी उल्टी प्रवृति होती है और प्रमाद वश तामस गुण में जिज्ञासा होती ही नहीं, देखने की बात यह है कि सात्विक बुद्धि में धर्म का पालन होता है राजसी बुद्धि में धर्म अधर्म की पहचान नही रहती और तामसी बुद्धि अधर्म को ही धर्म मानती है।। 32 ।।

धृत्या यया धारयते मन: प्राणेन्द्रियक्रिया:।
योगेनाव्यभिचारिण्या धृति: सा पार्थ सात्विकी।। 33 ।।

अर्थ— हे पार्थ! जिस अव्यभिचारणी धारण सत्ता से योग शक्ति सामर्थ्य द्वारा मन प्राण तथा इन्द्रियों के कर्म (क्रियाएँ) नियमित होते है वह धृति सात्विक है।। 33 ।।

व्याख्या— जिस युक्ति अथवा यत्न द्वारा मन प्राण और इन्द्रियों की क्रियाऐं (कर्म) नियमित होती है वह शक्ति धृति है परन्तु धृति के भी तीन अलग—अलग भेद, सात्विक, राजसी तथा तामसिक होने के लिये धृति अव्यभिचारणी धारण सत्ता युक्त होनी आवश्यक हैं। अव्यभिचारणी बुद्धि वही है जिसमें प्रभु परायणता के सिवाय और कुछ भी नहीं होता न और कोई चेष्टा न और कोई लगाव। इस प्रकार की धृति शक्ति योग साधना द्वारा मन, प्राण, और इन्द्रियों को नियन्त्रित

करके ही प्राप्य है। इस युक्ति तथा यत्न का साधन मन की एकाग्रता द्वारा मनशुद्धि प्राप्त करना है।। 33 ।।

यया तु धर्मकामार्थान्धृत्या धारयतेऽर्जुन।
प्रसङ्गेन फलाकाङ्क्षी धृतिः सा पार्थ राजसी।। 34 ।।

अर्थ– हे पार्थ! जिस धृति द्वारा मनुष्य (कर्म) फल की इच्छा से मोहित आसक्ति सहित धर्म, अर्थ, काम को धारण करता है वह धृति राजसी है।। 34 ।।

व्याख्या– सात्विक धृति में धर्म में आसक्ति तथा अर्थ व काम के प्रति त्याग भाव की प्रधानता रहती है और राजसी वृति में इनके प्रति फल इच्छा के मोह वश अत्यन्त आसक्ति रहती है फल स्वरूप निवृति मार्ग का त्याग हो जाता है और प्रवृति मार्ग का अनुसरण ही नहीं परन्तु इसमें आसक्ति की पकड़ हो जाती है। धर्म से राजसी मनुष्य स्वर्ग की इच्छा करता है अर्थ से संसार और काम से परिवार–नियोजन–प्रयोजन परन्तु मोक्ष की परवाह नहीं होती सात्विक धृति में मोक्ष का विशेष ध्यान रहता है परन्तु राजसी धृति में सांसारकि उपलब्धियों तथा सम्मान और स्वार्थ का विशेष ध्यान रहता है।। 34 ।।

यया स्वप्नं भयं शोकं विषादं मदमेव च।
न विमुञ्चति दुर्मेधा धृतिः सा पार्थ तामसी।। 35 ।।

अर्थ– हे पार्थ! वह धृति तामसी है जिसमें मूर्ख मनुष्य स्वप्न, निद्रा भय, शोक, विशाद और अभिमान का परित्याग नहीं करता (अपितु करता ही रहता है)।। 35 ।।

व्याख्या– तामसी धृति (धारणा) स्वप्न अथवा निंद्रा का उचित उदाहरण है क्योंकि निद्रा मन की एक ऐसी वृति है जिसमें मनुष्य विवशता के कारण कुछ कर नहीं सकता यानि यह प्रवृति प्रमाद से मिलती जुलती है, प्रमाद में भी गहरी सुस्ती का बन्धन रहता है पतञ्जली ऋषिने भी पातञ्जल योग में मन की पांच वृतियों का वर्णन करते हुए निद्रा को भी उन में से एक माना है (पांच वृतियां, प्रमाण, विपयर्य, विकल्प, निद्रा और स्मृति) तामसी धृति में कर्म या क्रिया न करने की शक्ति स्थिर रहती है, प्रमाद का प्रभाव गहराता जाता है। क्रिया शीलता मानो लुप्त ही रहती है और दूसरी ओर अभिमान तथा धूर्तपन

के कारण तामस वृति वाला मनुष्य ऊँचे–ऊँचे स्वप्नों के महल और विकल्प बनाता रहता है और कार्य रूप में कुछ करता नहीं फल स्वरूप, विषाद, शोक, क्रोध आदि द्वारा ग्रस्त रहता है।। 35 ।।

सुखं त्विदानींत्रिविधं श्रृणु मे भरतर्षभ।
अभ्यासाद्रमते यत्र दुःखान्तं च निगच्छति।। 36 ।।

अर्थ– हे भरत श्रेष्ठ! अब तीन प्रकार के सुखों के बारे में मुझसे सुनो। जिस सुख का अभ्यास द्वारा आनन्द आता है और दुःख की समाप्ति होती है।। 36 ।।

व्याख्या– यहाँ ऐसे सुख का वर्णन हो रहा है जिसमें आनन्द की प्राप्ति अभ्यास करने से होती है साथ ही दुःख का अन्त भी होता है। अभ्यास इस आनन्द की प्राप्ति के लिये विशेष क्रिया द्वारा ही बोध्य है जिसकी दीक्षा गुरु द्वारा दी गई हो और साथ ही इसमें वैराग्य का अपनाना भी आवश्यक होता है अभ्यास और वैराग्य अर्थात् त्याग भाव से ही सात्विक आनन्द की प्राप्ति और दुःख का अवसान होता है।। 36 ।।

यत्तदग्रे विषमिव परिणामेऽमृतोपमम्।
तत्सुखं सात्विकं प्रोक्तमात्मबुद्धिप्रसादजम्।। 37 ।।

अर्थ– जो कुछ पहले विष के समान और अन्त में अमृत के समान आत्मा बुद्धि की प्राप्ति के कारण से उत्पन्न हो वह सुख सात्विक कहलाता है।। 37 ।।

व्याख्या– सात्विक सुःख आध्यात्मिक अभ्यास से ही उत्पन्न होता है। आध्यात्मिक प्रयास या क्रियाऐं और इस प्रयास में सेवन करने वाले विषय पहले विष की तरह लगते हैं परन्तु बाद में उनका फल अमृत की तरह होता है– अमृत से तात्पर्य है सात्विक सुख। इस साधना से साधक समता को प्राप्त कर लेता है इसी को समबुद्धि कहते है यही बुद्धि योग है। ऐसा सुख कभी न कम होता न नष्ट होता क्योंकि अभ्यास और वैराग्य के प्रताप से साधक आत्मा का अनुभव कर लेता है जो मन से ऊपर की परम आनन्द की अवस्था है और यही अवस्था अमरता है। इसी अवस्था से साधक आगे बढ़ कर कैवल्य की प्राप्ति करता है जो परम ज्ञान तथा परम पद की प्राप्ति है।। 37 ।।

विषयेन्द्रियसंयोगाद्यत्तदग्रेऽमृतोपमम् ।
परिणामे विषमिव तत्सुखं राजसं स्मृतम्।। 38 ।।

अर्थ– विषय तथा इन्द्रियों के संयोग से जो सुख प्राप्त होता है वह पहले अमृत सम्मान लगता है और अन्त में विष की तरह, यह सुख राजस कहलाता है।। 38 ।।

व्याख्या– जो सुख विषय और इन्द्रियों के संयोगवश होता हैं उनका सेवन, प्रयोग और भोग पहले खुशी प्रदान करता है जो अमृत की तरह लगता है परन्तु बाद में वह विष की तरह लगने लगता है क्योंकि विषयों तथा इन्द्रियों के संयोग एवं वियोग का अन्त हमेशा ऐसा ही होता है, विषयों के भोग से मन भर जाता है इन्द्रियां क्षीण हो जाती है शरीर दुःख अनुभव करने लगता है। विषय भोग जो भी हो, स्त्री संभोग, नशावाजी, दम्भ तथा अभिमान इनका अन्त बूरा होता है। सब राजसिक तथा अन्य तामसिक कर्म चाहे धन जोड़ने के अथवा ऐश्वर्य के काम दुःख की ही खाइयां होती हैं, वास्तव में असली सुख ज्ञान में होता है राजस में ज्ञान होता ही नहीं राजस में मनो आधारित कर्म की प्रधानता होती है जिसमें न स्थिरता न आनन्द क्योंकि मन चंचल होने के कारण हमेशा बदलता रहता है कभी सुखी और कभी दुःखी।। 38 ।।

यदग्रे चानुबन्धे च सुखं मोहनमात्मनः।
निद्रालस्यप्रमादोत्थं तत्तामसमुदाहृतम्।। 39 ।।

अर्थ– जो सुख पहले तथा बाद में मोह से प्राप्त होता है और निद्रा, आलस्य और प्रमाद से पैदा होता है, वह सुख तामस कहलाता है।। 39 ।।

व्याख्या– सुख संसार में तीन गुणों से ही उत्पन्न होते हैं उत्तम सुख वह है जो ज्ञान या प्रकाश से उत्पन्न होता है दूसरे स्तर का सुख कर्म करने से जो राजस सुख कहलाता है, तीसरा तामस सुख आलस्य, निद्रा–प्रमाद ही से पैदा करता है यह तामस सुख है– तामसी सोता और सोचता रहता है कर्म और ज्ञान के प्रति प्रयास उसकी समझ से बाहर की चुनौतियां होती हैं वह अज्ञान वश भय अथवा क्रोध का शिकार स्वयं ही बन जाता है क्योंकि तामस सुख भोगते हुए भी और भोगने के बाद भी मोह से लिप्त होता है। तामसी के प्रयास ही मोह को बढ़ावा देनेवाले हाते हैं।। 39 ।।

न तदस्ति पृथिव्यां वा दिवि देवेषु वा पुनः।
सत्वं प्रकृतिजैर्मुक्तं यदेभिः स्यात्त्रिभिर्गुणैः।। 40 ।।

अर्थ– पृथ्वी में, देवताओं में और स्वर्ग में ऐसा कोई जीव अथवा वस्तु नहीं है जो प्रकृति के इन तीन गुणों से मुक्त है।

व्याख्या– यह सारा संसार प्रकृति का ही घर है। सारे जीव, मनुष्य तथा देवतागण कोई भी इस प्रकृति के प्रभाव तथा घेरे से बाहर नहीं क्योंकि प्रकृति स्वयं अव्यक्त कारण अवस्था है जो इस जगत् को अपने तीन गुणों (सत्त्व, राजस, तथा तामस) के अधीन रखती है। इस जगत् में तथा तीनों लोकों में जीव के सारे कर्म इन तीन गुणों के कारण ही है जैसे की ऊपर 19–39वें श्लोकों में वर्णित है यह त्रिविध कर्ता, कर्म, करण, ज्ञान, ज्ञाता, बुद्धि, धृति और सुख–दुःख प्रकृति के गुणो द्वारा प्रभावित है, इसीलिये कर्ता द्वारा ऐसे कर्म, ज्ञान, बुद्धि, धृति को अपनाने की जरुरत है जिससे आध्यात्मिक सुख की प्राप्ति हो– तथा प्रकृति के इन तीन गुणों से छुटकारा मिल जाये। सात्विक निष्काम कर्म अथवा ज्ञान द्वारा ही ब्रह्म प्राप्य है। यह ब्रह्म प्रकृति में ऐसे है जैसे दूध में घी, काष्ठ में अग्नि। अतः ब्रह्म को प्राप्त करने के लिये विशेष साधना, अभ्यास तथा वैराग्य की आवश्यकता है।। 40 ।।

ब्राह्मणक्षत्रियविशां शूद्राणां च परन्तप।
कर्माणि प्रविभक्तानि स्वभावप्रभवैर्गुणैः।। 41 ।।

अर्थ– हे परंतप (अर्जुन)! ब्राह्मण, क्षत्रिय वैश्य और शूद्रों के सब कर्म अपने स्वभाव से प्रकट हुए गुणों के द्वारा (ही) विभाजित है।। 41 ।।

व्याख्या– प्रकृति तथा परिणाम अर्थात् प्रकृति और सृष्टि दोनों भगवान् की लीला और क्रीड़ा है प्रकृति के तीन गुण हर मनुष्य को इस माया अथवा संसार से बांधे रखते है यह भगवान् की माया (प्रकृति) अति दुस्तरा है इसके तीनों गुण हर मनुष्य को उसके अपने स्वभाव से उत्पन्न हुए कर्म संस्कारों से जकड़े रखते हैं इसी लिये चारो वर्णों (ब्राह्मण, क्षत्रिय, वैश्य, शूद्र) का विभाजन इन तीन गुणों तथा मनुष्य के अपने कर्मो द्वारा प्रभावित है– अर्थात् गुण और कर्म ही वर्णो का आधार है मात्र जन्म ही नहीं, भावार्थ यह है कि

ऊपर वर्णित 19–39वें तक के श्लोकों में कर्ता जिस भी वर्ण या वर्ग का हो वह सात्विक सुख और मोक्ष सात्विक कर्म करके किसी वर्ण में रह कर भी प्राप्त कर सकता है क्योंकि जिस वर्ण में वह है वह अपने संस्कारवश है। मनुष्य जीवन के कर्मों का हेतु उसका अपना स्वभाव ही है शुद्ध सात्विक तथा आध्यात्मिक कर्म से ही स्वभाव बदल सकता है क्योंकि कर्ता सात्विक कर्म हर वर्ण में कर सकता है।। 41 ।।

शमो दमस्तपः शौचं क्षान्तिरार्जवमेव च।
ज्ञानं विज्ञानमास्तिक्यं ब्रह्मकर्म स्वभावजम्।। 42 ।।

अर्थ– शम, दम, तपस्या, शौच, क्षमा, सरलता, ज्ञान, विज्ञान और आस्तिक्ता ब्राह्मणों के स्वभावविक कर्म है।

व्याख्या– मन की शुद्धि, इन्द्रियों को नैतिक तथा आध्यात्मिक रूप से नियन्त्रित और पवित्र रखना, तपस्या अर्थात् धर्म पालन के लिये कष्ट सहना, मन में दूसरों के प्रति क्षमा भाव रखना यदि कोई अपराध करे तो उसमें भी दया का भाव रखना। शौच–अर्थात् आन्तिरिक पवित्रता, ईश्वर में विश्वास फल की इच्छा न रखना तथा भौतिक प्रभाव एवं विचारों से अलग रहना। व्यवहार में सरलता का बरताव अर्थात् मन की कुटिलता का परित्याग। ज्ञान, विज्ञान की प्राप्ति का अर्थ शास्त्रीय ज्ञान और आध्यात्मिक अनुभव प्राप्त करना और आस्तिक्ता में विश्वास का मतलब (अर्थ) है ईश्वर में विश्वास, शास्त्रों में भी विश्वास तथा पूर्व जन्म में विश्वास इन सब बातों को जीवन में ढालना ही ब्राह्मण के कर्म है! इन कर्मो के करने से मनुष्य ब्राह्मण होता है न कि मात्र जन्म लेने से ही।। 42 ।।

शौर्यं तेजो धृतिर्दाक्ष्यं युद्धे चाप्यपलायनम्।
दानमीश्वरभावश्च क्षात्रं कर्म स्वभावजम्।। 43 ।।

अर्थ– शौर्य, तेज, धैर्य, कार्य कुशलता, युद्ध में पीठ न दिखाना दान देने में उदारता, ईश्वर भाव में श्रद्धा, क्षत्रिय के स्वभाविक कर्म है।

व्याख्या– पराक्रमी तथा तेजस्वी होना दूसरों को प्रेरित करने के लिये भी आवश्यक है। युद्ध में कुशल नेतृत्व करना और कभी भी पलायन न करना–क्षत्रीय को

इस जीवन रूपी संग्राम में हमेशा कार्य कुशलता तथा दक्षता, धैर्य और सहास का व्यवहार विपरीत तथा प्रतिकूल स्थितियों में, निरन्तर रखना आवश्यक है। क्षत्रियों को दूसरों की सहायता, रक्षा तथा सेवा के लिये निरन्तर तत्परता और आदर्श चरित्र दिखाना, दान देना का ईश्वर मे पूरी श्रद्धा तथा आस्था रखना यही क्षत्रियों के स्वभाविक कर्म है। यह इस लिये आवश्यक है क्योंकि क्षत्रियों को दूसरों की सुरक्षा का संचालन करना जरुरी है। वास्तव में इस जीवनरूपी संग्राम में हर मनुष्य को विजयी रहने के लिये इन स्वभाविक कर्मों को बरतना बाह्य तथा आन्तरिक शत्रुओं को दमन करने के लिये आवश्यक है।। 43 ।।

कृषिगौरक्ष्यवाणिज्यं वैश्यकर्म स्वभावजम्।
परिचर्यात्मकं कर्म शुद्रस्यापि स्वभावजम्।। 44 ।।

अर्थ— खेती, गौ रक्षा एवं वाणिज्य वैश्य के स्वभाविक कर्म है तथा सब वर्णों की सेवा करना शूद्रों का भी स्वभाविक कर्म है।। 44 ।।

व्याख्या— धर्म का स्वरूप नही बदलता परन्तु समाजिक संदर्भ और समीकरण बदलते रहते हैं और इसी परिपेक्ष्य में धर्म की पवित्रता को निभाना होता है— ऊपर कहा जा चुका है कि साधक अथवा मनुष्य अपने—अपने आश्रम तथा वर्ण में रह कर भी सच्चे मन से तथा पूर्ण रूप में अपने निमित कर्म पूरे करके मोक्ष प्राप्त कर सकता है क्योंकि जो भी जिसका स्वभाविक कर्म है उसको सात्विक ढंग से करके साधक उर्तीण हो जाता हैं खेती, गौ रक्षा एवं वाणिज्य आज के समय में विशेषकर प्रजातांत्रिक देशों तथा समाजों में जरुरी एवं प्राथमिकता प्रधान क्षेत्र बन गये हैं क्योंकि इन लोगों का बहुमत होने के कारण देश का शासन तथा प्रबन्ध इनके प्रतिनिधियों के हाथों में आ गया है अत: वह व्यवहारिक रूप में भी क्षत्रिय है, इसलिये उन्हें अपना यह दायित्व त्याग तथा बलिदान की भावना से निभाना जरुरी हैं इसके अतिरिक्त वैश्य जाती का काम खेती, गौ रक्षा और वार्णिज्य (व्यापार) अति आवश्यक कार्य है समाज तथा पूर्ण संसार के मनुष्यों का गुजारा विकास, एव प्रगति इन्हीं क्षेत्रों पर आधारित है यदि यह सारे वर्ण तथा वर्ग अपना स्वभाविक कर्म उचित ढंग से करते हैं और शूद्र भी, तो उन्हें सात्विकता तथा मोक्ष के लिये अन्य कर्मो

की आवश्यकता नहीं रहती। इसमें तो संदेह नहीं कि वैश्य तथा शुद्र अपने विकास तथा उन्नति के लिये प्रयास तो निरंतर करते ही है।। 44 ।।

स्वे स्वे कर्मण्यभिरतः संसिद्धि लभते नरः।
स्वकर्मनिरतः सिद्धि यथा विन्दति तच्छृणु।। 45 ।।

अर्थ– अपने–अपने कर्म को तत्परता से करने पर अपने कर्म में निष्ठावान्, मनुष्य जिस प्रकार सिद्धि प्राप्त करता है उसको सुनो।। 45 ।।

व्याख्या– स्वभाविक कर्म की महिमा ही ऐसी है कि जो मनुष्य पूर्ण निष्ठा से अपना कर्म पूरी तत्परता से करता है उसको उसी प्रयास के मध्य ज्ञान प्राप्ति हो जाती है। अपने काम को निष्ठा तथा तत्परता से करते समय दूसरों के प्रति सेवा भाव तथा त्याग की भावना उत्पन्न हो जाती है परन्तु यह अधूरे मन अथवा मजबूरी का मार्ग नहीं निष्ठा और तत्परता पूर्ण रूप से जरुरी है तभी मन में सेवा तथा त्याग भाव का उदय होता है जिसमें चित्शुद्ध हो जाता है।। 45 ।।

यतः प्रवृत्तिर्भूतानां येन सर्वमिदं ततम्।
स्वकर्मणा तमभ्यर्च्य सिद्धिं विन्दति मानवः।। 46 ।।

अर्थ– जिसके कारण भूतों, सभी जीवों की कर्म प्रवृति होती है और जिसके द्वारा यह सारा विश्व व्याप्त रहता है उसकी अपने कर्तव्य कर्मो द्वारा अर्चना करके मनुष्य सिद्धि तथा लाभ प्राप्त करता है।। 46 ।।

व्याख्या– यह जगत् भगवान् की प्रकृति का परिणाम है और उनकी माया की लीला है तथा उनके द्वारा ही यह सारा चराचर विश्व व्याप्त है क्योंकि उनके द्वारा ही प्राणि की कर्म चेष्टा का सृजन हुआ है हर जीव या मनुष्य इस संसार में जन्म कर्म बन्धन के कारण ही लेता है और आजीवन उसकी कर्म चेष्टा ही रहती है गीता में कर्म विचार, वचन तथा स्थूल कर्म इन तीनों को ही कहते हैं। सभी मनुष्य इस कर्म के इन्द्र जाल के घेरे में ही रहते हैं– परन्तु यह कर्म दो धारी तलवार है, संसार से बन्धन का कारण भी है और मोक्ष का कारण भी है क्योंकि अदृष्ट भगवान् सब रूप और कर्म में तथा सारे विश्व में व्याप्त है अतः जो मनुष्य भगवान् को पदार्थ में देख लेता है वही ब्रह्म ज्ञानी है– भगवान् यहां बता रहें है कि जो निष्ठावान् मनुष्य तत्परता के साथ अपने स्वभाविक

कर्म को भगवान् की पूजा, अर्चना के रूप में दत्तचित्त रूप से पूर्ण करता है उसको अपनी कर्तव्य परायणता के माध्यम से सिद्धि लाभ अर्थात् ब्रह्मज्ञान की प्राप्ति हो जाती है उसको और कुछ करने की आवश्यकता नहीं रहती पूरी निष्ठा से निभाई गई इस कर्तव्य परायणता में पूरी शक्ति हैं कर्तव्य परायणता मनुष्य के लिये भगवान् द्वारा सरल मार्ग बताया गया है। यही कर्म निष्ठा तथा कर्त्तव्य परायणता प्रभु प्राप्ति का आध्यात्मिक मार्ग है।। 46 ।।

श्रेयान्स्वधर्मो विगुणः परधर्मात्स्वनुष्ठितात्।
स्वभावनियतं कर्म कुर्वन्नाप्नोति किल्बिषम्।। 47 ।।

अर्थ– अच्छी प्रकार अनुष्ठित किये हुए दूसरे धर्म से अपना गुण रहित धर्म भी श्रेष्ठ है क्योंकि स्वभाव से नियमित स्वधर्म रूपी कर्म करने से मनुष्य पाप को प्राप्त नही होता।। 47 ।।

व्याख्या– स्वधर्म स्वभाव से उत्पन्न आश्रम वर्ग पर आधारित धर्म है– क्योंकि हर मनुष्य अपने कर्म संस्कार अनुसार ही जन्म लेता है और धर्म का पालन भी करता है उसी धर्म और कर्म को निष्ठावान् भाव से करते रहने पर मनुष्य को ज्ञान प्राप्ति हो जाती है परन्तु कई बार मनुष्य का स्वभाव धर्म से मेल नही खाता क्योंकि मनुष्य का स्वभाव कभी–कभी अपने धर्म के अनुकूल नहीं होता, वास्तव में ऐसा भाव मन का ही भाव होता है। भावार्थ यह है कि अर्जुन को युद्ध न करके भिक्षा का अन्न खाना अनुचित था क्योंकि युद्ध न करने पर पाण्डवों के पास जीविका का कोई और साधन था ही नहीं दुर्योधन ने उन्हें सूई की नोक के बराबर जमीन या धन अथवा सम्पति देने से युद्ध के बिना इन्कार कर दिया था, इस में आध्यात्मिक व्याख्या के अनुसार मनुष्य का सात्विक स्वधर्म आत्मा का ही धर्म है अर्थात् आत्मा को– (भगवान् को) जानना है। दूसरा धर्म मन का धर्म है मन का धर्म तो अधूरा और कच्चा है क्योंकि मन स्वयं प्रकृति है इसका धर्म भी प्रकृति का धर्म होता है, जो हमेशा परिवर्तन शील है और कभी भी ईश्वर से मिला नहीं पाता।। 47 ।।

सहजं कर्म कौन्तेय सदोषमपि न त्यजेत्।
सर्वारम्भा ही दोषेण धूमेनाग्निरिवावृताः।। 48 ।।

अर्थ— हे कौन्तेय! सहज कर्म दोषयुक्त (पूर्ण) होने पर भी त्याज्य नहीं है क्योंकि सभी कर्म दोष द्वारा ऐसे आवृत है जैसे धूम द्वारा अग्नि आवृत (व्याप्त) है।। 48 ।।

व्याख्या— इस जगत् में दोष रहित कुछ भी नहीं है सब कुछ (मिश्रित) ही है चाहे कर्म है और चाहे पदार्थ क्योंकि सब प्रकृति के तीनों गुणों से ही बने हैं। शुद्ध अथवा निर्मल मात्र आत्मा ही है इसलिये सहज कर्म जो स्वभाव जनित कर्म है उसको करने से अध्यात्मिक लाभ भी पर धर्म आधारित कर्म करने की तुलना में जल्दी अधिक सरलता से प्राप्य है, दूसरे का कर्म दूर से भले ही अच्छा लगे परन्तु पास जाने पर ही उसके दोष का पता लगता है। शुद्ध और पवित्र कर्म करने के लिये तो गुणातीत होना आवश्यक है। इसका एक ही मार्ग है कि साधक इन्द्रियों के द्वारों को बन्द करके ध्यान और प्राण प्रवाह को बाहरी विषयों से हटाकर अन्दर की ओर करके आत्मा को खोजें अर्थात् प्रत्याहार ही साधन है। इन्द्रियों के द्वार मात्र बाहर को खुले रहते हैं तभी तो यह अज्ञानता है जिसके कारण मनुष्य विषयों के अतिरिक्त और कुछ देख ही नहीं सकता। अतः इन द्वारों को बन्द करके ध्यान और प्राण प्रवाह अपने अन्दर आज्ञा चक्र पर केन्द्रित करके साधना करना आवश्यक है इस ज्ञान को उचित ढंग से तत्व ज्ञानी ही बता सकते है अथवा गीता, उपनिषद् आदि शास्त्र।। 48 ।।

असक्तबुद्धि सर्वत्र जितात्मा विगतस्पृहः।

नैष्कर्म्यसिद्धिं परमां सन्यासेनाधिगच्छति।। 49 ।।

अर्थ— अन्तः करण को वश में करके सर्वदा आसक्ति शून्य तथा स्पृहाशून्य जितेन्द्रिय साधक सन्यास के द्वारा नैष्कर्म्य रूप परम सिद्धि को ही प्राप्त होता हैं।। 49 ।।

व्याख्या— यहां निष्कर्म्य रूप सर्वकर्म निवृति, परम सिद्धि का प्रकरण है। नैष्कर्म्य सिद्धि का अर्थ है कर्म फल की इच्छा से पूर्ण मुक्ति, आसक्ति से पूर्ण निवृति, अहंकार का अंश भी अन्तः करण में न रहे। इसका अर्थ यह नहीं की निहित, विहित अथवा स्वभाविक कर्म नहीं करना यह कर्म नैष्कर्म्य सिद्धि प्राप्त सन्यासी के स्वयं ही बिना आसक्ति फल की इच्छा और अहंकार शून्य भाव से होते

500

रहते हैं ऐसा सन्यासी कर्ता होते हुए भी अकर्ता होता है, उसके कर्म इच्छा न होने की इच्छा से ही होते हैं उसके कोई काम रुकते ही नहीं है नैष्कर्म्य सिद्धि की शक्ति और प्रभाव ही ऐसा होता है मानो कोई अज्ञात तत्व अथवा माध्यम उसके सारे कार्य स्वयं ही पूरे कर रहा हो। इस पथ के साधक को आत्म ज्ञान हो जाता है और वह सिद्ध पुरुष बन जाता है।। 49 ।।

सिद्धिं प्राप्तो यथा ब्रह्म तथाप्नोति निबोध मे।
समासेनैव कौन्तेय निष्ठा ज्ञानस्य या परा।। 50 ।।

अर्थ– हे कौन्तेय! सिद्धि को प्राप्त किया हुआ पुरुष जो ज्ञान की परानिष्ठा है, जिस प्रकार ब्रह्म को प्राप्त करता है मुझ से सुनो।

व्याख्या– यहां ऊपर वर्णित नैष्कर्म्य सिद्धि की प्राप्ति का प्रकरण ही चल रहा है। यह ऊपर वर्णन कर लिया गया है कि नैष्कर्म्य सिद्धि की प्राप्ति के लिये साधक को पूर्ण रूप से अहंकार शून्य, कर्म फल इच्छा रहित, स्पृहा–शून्य तथा जितेन्द्रिय सन्यासी होना पड़ता है। इस कठिन तथा अनिवार्य आध्यात्मिक प्रयास के बिना नैष्कर्म्य सिद्धि प्राप्त नही हो सकती अर्थात् इस सिद्धि की प्राप्ति से हर साधक परम ज्ञानी बन जाता है, वह ब्रह्म ज्ञानी हो जाता है। इससे यह स्पष्ट है कि ब्रह्म स्वत: सिद्ध परम शक्ति जो सदा निर्मल तथा सर्वत्र है वह तो हमारे अंदर बाहर हमेशा से है इस लिये प्रयास अनात्म (संसार रूपी) बन्धन को हटाने के लिये ही करना होता है। जब मन और बुद्धि– आध्यात्मिक क्रिया विशेष करके स्थिर हो जाते है तो ब्रह्म दर्शन स्वयं ही हो जाते हैं।। 50 ।।

बुद्ध्याविशुद्धया युक्तो धृत्यात्मानं नियम्य च।
शब्दादीन्विषयांस्त्यक्त्वा रागद्वेषौ व्युदस्य च।।
विविक्तसेवी लघ्वाशी यतवाक्कायमानस:।
ध्यानयोगपरो नित्यं वैराग्यं समुपाश्रित:।।
अहंकारं बलं दर्पं कामं क्रोधं परिग्रहम्।
विमुच्य निर्मम: शान्तो ब्रह्मभूयाय कल्पते।। 51–53 ।।

अर्थ– विशुद्ध बुद्धि से युक्त, धैर्य द्वारा मन को नियमित तथा आत्म संयम करके शब्द आदि विषयों को त्याग करके, रागद्वेष को त्याग करके, विविक्त

सेवन मे रत (एकान्तवासी), आहार में संयम बरतने वाला, बचन, मन, शरीर को पूर्णत: संयत करके, ध्यान योग में परायण, वैराग्य में लीन अहंकार, बल, दर्प, काम, क्रोध, से रहित लोगों से धन ग्रहण का त्याग, ममता (ममत्व) का त्यागी है और विक्षेप शून्य (शान्त) होने पर ही ब्रह्म में लीन होने का पात्र बनता है।। 51-53 ।।

व्याख्या– विशुद्ध बुद्धि से वही साधक युक्त होता है जिसमें कर्म भाव उत्पन्न ही नहीं होता और आत्मा में पूर्ण विश्वास होता है। मन को धैर्य से नियमित करने के लिये योगाभ्यास के अनुरूप क्रिया विशेष की साधना करके मन को स्थिर करना आवश्यक है क्योंकि मन की चंचलता थोड़े प्रयास से कभी नही मिट सकती। शब्द आदि विषयों का त्याग मात्र विविक्त सेवन अर्थात् निर्जन स्थान में रहने से ही नहीं हो जाता इसके लिये इन्द्रियों के बाहर खुले हुए द्वार बन्द करके मन तथा इन्द्रियों का ध्यान अंदर की और करना पड़ता है जो की गुरु (तत्वज्ञानी) द्वारा दिये गये ज्ञान को जीवन में साधना के साथ ढाल कर ही सम्भव है। राग—द्वेष हमेशा मन में चिपके रहते है इनको नियन्त्रित करना भी योग साधना के बिना सम्भव नहीं होता जिसके लिये विविक्त सेवी के अलावा योगाभ्यासी सतगुरु द्वारा दी हुई दिक्षा अनुसार नित अभ्यास जरुरी है। इन प्रयासों में संयत रहकर तथा लघु आहार आवश्यक है क्योंकि तामसिक अथवा राजसिक आहार का प्रयोग उचित नहीं है। वचन, शरीर मन के संयत से अभिप्राय है रूप, बल तथा धन को जीवन में कोई प्राथमिकता नहीं देनी है, क्योंकि यह सब झूठे अभिमान के स्त्रोत है जो साधना के मार्ग में बाधक बनते हैं इस लिये काम क्रोध, मोह, अहंकार से बचने का उपाय दृढ़ वैराग्य और प्रभु परायणता से गहन लगाव आवश्यक है। आध्यात्मिक प्रयासों की सफलता में वास्तव में यह मन और अहंकार ही बड़ी रूकावटे हैं। सबसे बड़ा अहंकार है अपने आपको यह मन, शरीर, इन्द्रियाँ आदि ही समझना और मात्र मन—बुद्धि के अनुसार कर्म करना ही अहंकार है इसी कारण मनुष्य धन बल रूप आदि का अभिमान करता है दर्प भाव हमेशा मनुष्य को धर्म परायणता से दूर ही कर लेता है अत: मनुष्य चित् शुद्धि के मार्ग का परित्यागी बन बैठता है। फल स्वरूप मोह ममता तथा धनी लोगों से शारीरिक आवश्यकताओं

के लिये भी ग्रहण में फंस जाता है इसी लिये इन सब आकांक्षाओं से पूरी तरह अलग तथा दूर रह कर सर्वदा आध्यात्मिक योग साधना करके ही साधक शांत हो सकता है तत्पश्चात् ही साधक ब्रह्म में लीन हो सकता है।। 51–53 ।।

ब्रह्मभूतः प्रसन्नात्मा न शोचति न काङ्क्षति।
समः सर्वेषु भूतेषु मद्भक्तिं लभते पराम्।। 54 ।।

अर्थ– ब्रह्म में स्थिर पुरुष प्रसन्न आत्मा होता है वह न शोक करता न ही आकांक्षा करता वह सब भूतों में समदर्शी हो कर (समभाव वाला) मुझ में पराभक्ति को प्राप्त हो जाता है।। 54 ।।

व्याख्या– ब्रह्म में स्थित पुरुष प्रसन्नचित इस लिये होता है क्योंकि उसको कोई चाह, इच्छा ममता नहीं होती। अप्रसन्नता का कारण ही इच्छा और ममता है और यह सब मन बुद्धि के लक्षण होते हैं परन्तु जो मनुष्य ब्रह्म में स्थित हो गया होता है उसकी मन बुद्धि नहीं रहती उसकी आत्मा चेतना हो जाती है। वह मन से ऊपर उठ जाता है संसार अर्थात् खुशी दुःख, शोक आदि तो मन में होते हैं आत्मा में तो परम आनन्द अमृत ही अमृत है। ब्रह्म निष्ठ साधक तो ऋषि होता है वह सदा सम भाव वाला होता हुआ सब जीवों से प्यार करता है यह नहीं कि एक से राग दूसरे से द्वेष, उसकी समता में कभी परिवर्तन ही नहीं आता, शोक तथा दुःख उसको प्रभावित नही करते, क्योंकि ये भाव तो मन और विषय युक्त इन्द्रियों के होते हैं, ब्रह्म निष्ठ के लिये तो मन और विषय युक्त इन्द्रियों का इतना ही प्रयोग हैं जितना नदी पार करने के पश्चात नाव का।। इसी प्राप्ति को परा भक्ति की प्राप्ति कहते हैं अर्थात् जब साधक परमब्रह्म, परम आनन्द में लीन हो जाता है।। 54 ।।

भक्त्या मामभिजानाति यावान्यश्चास्मि तत्त्वतः।
ततो मां तत्त्वतो ज्ञात्वा विशते तदनन्तरम्।। 55 ।।

अर्थ– परा भक्ति के द्वारा (साधक) मुझ को तत्व से जान लेता है, मेरे वास्तविक स्वरूप को जो मैं हूँ वैसे जानकर मुझमें प्रवेश कर लेता है।। 55 ।।

व्याख्या– यहां पराभक्ति का वर्णन है पराभक्ति परम प्रभु के पूर्ण ज्ञान की पराकाष्ठा है– तब कुछ और जानने को रह ही नहीं जाता, इस अवस्था में सब

संशय मिट जाते हैं। पराभक्ति से साधक भगवान् को पूरी तरह जान लेता है यही नहीं परन्तु भक्त भगवान् को पाने और जानने के पश्चात भगवान् मे ही प्रवेश कर लेता है यानी भगवान् में लीन हो जाता है। परा भक्ति में साधक को पूरा अनुभव हो जाता है कि यह नश्वर शरीर लगभग स्वप्न की तरह मिथ्या है जैसे मनुष्य स्वप्न टूटने पर स्वप्न की मिथ्यता को जानता है उसी प्रकार परा भक्ति में आत्म बोध हो जाने पर इस शरीर की मिथ्यता का पूर्ण अनुभव हो जाता है। साधक उचित रूप से जान लेता है कि वास्तव में उसका अपना स्वरूप आत्मा ही है जो वह इस शरीर से पहले (अर्थात् मन बुद्धि से पहले) और अब मन बुद्धि की प्राप्ति पर है। आत्म चेतना के पश्चात् ही भगवान् के अनुभव के पश्चात् साधक भगवान् में ही लीन हो जाता है– अमृतत्व– परमसत्ता को प्राप्त कर लेता है तथा परम आनन्द को प्राप्त हो जाता है। यह पराभक्ति तब सिद्ध होती है जब साधक इस संसार (शरीर) की मिथ्या को साधना के कारण तत्व से जान लेता है। इस संसार तथा शरीर का सूत्र और स्त्रोत प्राण शक्ति है। वासना तथा विषय इसी कारण है–इस प्राण को रोका नहीं जा सकता अपितु इसका प्रवाह अन्दर करके सहस्रार में ले जाना है तब ही मुक्ति है और प्रभु से युक्ति।। 55 ।।

सर्वकर्माण्यपि सदा कुर्वाणो मद्व्यपाश्रयः।
मत्प्रसादादवाप्नोति शाश्वतं पदमव्ययम्।। 56 ।।

अर्थ– मेरे परायण हुआ (मनुष्य) तो सारे कर्मो को सदा करता हुआ भी मेरी कृपा से नित्य मेरे अव्यय पद को प्राप्त होता है।। 56 ।।

व्याख्या– अपने सारे स्वकीय कर्म, कर्त्तव्य परायणता से पूर्ण श्रद्धासहित करने पर मनुष्य भगवान् को प्राप्त कर लेता है (perfoming duty with devotion) जो मनुष्य भगवत् आश्रित है– यानि जिस भक्त का मात्र आश्रय भगवान् ही है और किसी (देवता आदि) से न उमीद और सम्पर्क भगवान् के लिये ही जो जीता है और उन्हीं के लिये और उन्हीं के आश्रय सारे निहित तथा विहित कर्म करता है वह इन सब कर्मो के करते हुए भी भगवान् (परमपद) को प्राप्त हो जाता है। परन्तु ऐसा भगवान् की ही कृपा से होता है और भगवान् की कृपा

प्राप्त किए बिना अन्त:करण की शुद्धि प्राप्त नहीं होती। अन्त:करण का मैल धोने के लिये आध्यात्मिक, गहन प्रयास की आवश्यकता होती है प्राण को स्थिर करके मन को स्थिर करना होता है क्योंकि यह प्राण ही माया है, यही संसार रूपी जाल बुनता है। इस संसार (माया जाल) को काटना जरूरी होता है। कर्त्तव्य परायणता में भी इस मायाजाल पर विजयी होने का सामर्थ्य है।। 56 ।।

चेतसा सर्वकर्माणि मयि सन्यस्य मत्परः।
बुद्धियोगमुपाश्रित्य मच्चितः सततं भव।। 57 ।।

अर्थ— सब कर्मो को मन अथवा बुद्धि द्वारा मुझमे अर्पण करके मत्परायण हो करके बुद्धि योग का आश्रय करके पूरी तरह निरन्तर मुझ में चित् वाला हो जाओ।। 57 ।।

व्याख्या— संसार के सारे कर्म करते हुए मनुष्य सम्पूर्ण रूप से भगवान् में चित वाला तभी होता है जब वह व्यवसायात्मिका बुद्धि द्वारा मन बुद्धि से मुक्त हो कर बुद्धि योग में स्थित हो जाता है अर्थात् सांसारिक कर्म करते हुए कर्तृत्व के अहंकार से पूरी तरह उपर उठ कर कर्म करने का अभिमान न करें, भगवान् ही कर्ता है— मैं नही इसी निष्ठा और विश्वास में रह कर ही कर्म करता है। जब साधक सारे कर्म, अनुष्ठान, पूजा, साधना आदि रूप में दत्तचित हो कर एक मन से भगवान् को साक्षी मानकर करता है, मन को जरा भी मोह तथा अहंकार में भटकने नहीं देता वही भगवान् का आश्रय है। इसी प्रकार के भाव द्वारा जब मनुष्य साधारण कर्म करता है तो भगवान् का ही ध्यान होना चाहिए कि सारे कर्मो के कर्ता तथा सारे कर्मो के फल के पात्र भी भगवान् ही है साधक स्वयं कदापि नहीं। इस प्रकार की कर्म निष्ठा ही मत्पर—प्रभुपरायणता है।

मच्चितः सर्वदुर्गाणि मत्प्रसादात्तरिष्यसि।
अथ चेत्त्वमहङ्कारान्न श्रोष्यसि विनङ्क्षयसि।। 58 ।।

अर्थ— मुझमें चितपरायण हो कर मेरी कृपा द्वारा सब प्रकार के सम्पूर्ण दु:खों से पार हो जाओगे और यदि अहंकार वश नहीं सुनोंगे तो नष्ट हो जाओगे।। 58 ।।

व्याख्या— भगवान् में (पूर्ण रूपेण) चित वाला होने के अनेक लाभ है भगवान् ऐसे परम विश्वासी भक्त को इस संसार के दु:खों से ही मुक्त नहीं करते

परन्तु उस सच्चे भक्त को मोक्ष प्रदान करके अपने मे ही लीन कर लेते हैं। इस जीवन शृंखला का हजारों जन्मों तथा मृत्यु से छुटकारा पाना और मोक्ष द्वारा परमानन्द अमृतमय स्थिति प्राप्त करना करोड़ो मनुष्यों में किसी बिरले ही भगवान् परायण पुरुष को लभ्य है। इस संसार में यह एक अति कठिन–बिरले प्रयास की शिखर उपलब्धि है। इस उपलब्धि को प्राप्त करने के लिये अहंकार को मन से पूरी तरह हटाना आवश्यक है हर मनुष्य का सबसे बड़ा शत्रु ज्ञान मार्ग के रास्ते में अहंकार ही है। प्रभुपरायणता से ही अहंकार कटता है यही एक उत्तम रसायन है, इसको नष्ट किये बिना परम ज्ञान प्राप्ति नहीं हो सकती। मनुष्य अहंकार के कारण इस लिये नष्ट हो जाता है क्योंकि परम सत्य का ज्ञान उसको नहीं हो सकता। इस परम सत्य का ज्ञान तत्व ज्ञानी को ही होता है, और जब तक साधक तत्व ज्ञानी की बात का पूरा अनुसरण न करें तो वह संसारिक दुःखों को पार करके मोक्ष प्राप्त नहीं कर सकता। इस संसार में दैविक और आसुरी दो भाव अथवा संपदाऐं है मनुष्य यदि दैवि भाव का अनुयायि नहीं बनता तो आसुरी भाव का शिकार हो जाता है। इस भाव के कारण भौतिक प्रभाव का शिकार हो जाता है। इस भाव के कारण अभिमान ग्रस्त हो जाता है। अभिमानी का तो पतन ही होता इस सत्य का संकेत ईशा उपनिषद् में भी दिया गया है।। 58 ।।

यदहङ्कारमाश्रित्य न योत्स्य इति मन्यसे।
मिथ्यैष व्यवसायस्ते प्रकृतिस्त्वां नियोक्ष्यति।। 59 ।।

अर्थ– यदि तुम अहंकार वश यह सोचो कि युद्ध नहीं करोगे तो तुम्हारा निश्चय गलत (मिथ्या) है–अपनी प्रकृति वश तुम युद्ध अवश्य करोगे।। 59 ।।

व्याख्या– इस श्लोक में अहंकार और प्रकृति का परस्पर सम्बन्ध स्पष्ट दिखता है जब तक मनुष्य इस शरीर (मन बुद्धि) पर आश्रित है तब तक वह प्रकृति के गुणों के अधीन ही है और जो कर्म बन्धन से मुक्त नहीं हो सकता कारण यह है कि जो भी मनुष्य का निश्चय अथवा फैसला "मैं" पर आधारित है (मैं यह करुँगा मैं मारुंगा, मैं विजयी हो जाऊँगा, मैं युद्ध नहीं करुँगा आदि) वह सब अहंकार आधारित है और एक प्रकार का अपने आप से धोका है

क्योंकि अपने को कर्ता समझना ही भ्रम है, मनुष्य के संस्कार, आश्रम, तथा वर्ण कर्मो पर आश्रित होते हैं, अर्थात् मनुष्य का प्रालब्ध उसके कर्मो पर आधारित होता है यही संसार चक्र प्रकृति है और यही मनुष्य के व्यक्तिव का आधार है, जिसके प्रभाव वश मनुष्य अपने कर्म करता है—अर्जुन योद्धा है वह निरन्तर युद्ध की तैयारी कर रहा था और वर्षों से इस युद्ध के लिये तैयार ही नहीं बेचैन भी था। अब उसका अहंकार वश यह निश्चय कि वह युद्ध नहीं करेगा तो वह मात्र एक क्षणिक मानसिक भाव है जो उसके स्वरूप के विरुद्ध होने के कारण ठहर नहीं सकता— उसकी प्रकृति तो निपुण तथा आकृष्ट योधा की है जिसने युद्ध के लिये अर्जुन को विवश करना ही है— क्योंकि युद्ध तो प्रारम्भ हो गया है यह भावी विषय नही है यह तो शुरू है सैनाऐं खड़ी है इसी लिये भगवान् (अन्तर्यामि) कह रहें हैं कि तुम विजय पराजय का बिचार छोड़ कर निष्काम भाव से कर्म (युद्ध) करो नही तो अपनी क्षय प्रकृतिवश युद्ध भी करोगे और पाप पुण्य के फल से भी नही बचोगे और यदि निष्काम भाव से युद्ध करोगे तो हारो चाहे जीतो अथवा मरो या जीतो तो भी मुक्त हो जाओगे। सारांश यह है कि मायासे छूटने का रास्ता कर्म से हटना नहीं परन्तु निष्काम भाव से कर्म में डटना है।। 59 ।।

स्वभावजेन कौन्तेय निबद्धः स्वेन कर्मणा।
कर्तुं नेच्छसि यन्मोहात्करिष्यस्यवशोऽपि तत्।। 60 ।।

अर्थ— हे कौन्तेय! मोह वश जो कर्म तुम करना नहीं चाहते स्वजाति स्वभाव के कारण वह करने के लिये तुम आबद्ध हो (इस लिये) वह अवश्य ही करोगे।। 60 ।।

व्याख्या— मोह का अर्थ है संसार बन्धन जिसमें मनुष्य लाभ—हानि, अपने—बेगाने—पाप पुण्य, हार—जीत जीवन—मृत्यु आदि के झंझटों में बंधा रहता है, यह स्वजात भाव (कर्म जनित) हर मनुष्य का बहुत बलवान् होता है क्योंकि मनुष्य प्रकृति के अधीन होने के कारण स्वाधीन नहीं है— मैं युद्ध करुँगा अथवा नहीं यह कहने मात्र से सम्भव नहीं है क्योंकि कोई भी मनुष्य अपने कर्म संस्कार आधारित—प्रालब्ध से छूट नहीं सकता कर्म की गति अति

गहन है, अर्थात् कर्म करने वाला वैरागी नहीं बनसकता क्योंकि वैराग्य तो आन्तरिक वास्तविक्ता है यदि कोई मनुष्य भगुए कपड़े पहन कर घूमें तो वह वैरागी नही बन जाता उसके कर्म संस्कार उसको कैसे छोड़ेंगे, अर्जुन युद्ध से भगौड़ा या संसार में भीखारी भी कर्म संस्कार सिद्धान्त के अनुसार नहीं बन सकता क्योंकि स्वजाति भाव के कारण वह क्षत्रिय योद्धा है अत: अहंकार वश युद्ध न करने से निष्काम भाव से युद्ध करना ही उचित है जिसमें स्वजाति भाव का पालन और मुक्ति दोनों छूपे हैं। सारांश यह है कि जब तक मनुष्य तत्व ज्ञानी नहीं हो जाता वह प्रकृति के अधीन रहता है अर्थात् अहंकार ग्रस्त रहता है इस लिये उसका कल्याण तत्व ज्ञानी की बात मानने में ही है अर्थात् अर्जुन का कल्याण श्री कृष्ण की बात मानने में ही है।। 60 ।।

ईश्वर: सर्वभूतानां हृद्देशेऽर्जुन तिष्ठति।

भ्राम्यन्सर्वभूतानि यन्त्रारूढानि मायया।। 61 ।।

अर्थ– हे अर्जुन! (इस) शरीर रूपि यन्त्र पर चढ़कर सारे प्राणियों को ईश्वर अपनी माया से उनके कर्मो के अनुसार भ्रमण कराता हुआ सबके हृदय में स्थित है।। 61 ।।

व्याख्या– सभी जीव इस अपने शरीर रूपी यन्त्र पर आरुढ़ होकर नाना प्रकार के भ्रमण करते हैं और भोग भोगते हैं– अहंकार तथा अज्ञान वश सब मनुष्य अपने आपको ही सारे भोगों कर्मो तथा भ्रमणों का कर्ता समझाते हैं। क्योंकि वह अपने आपको शरीर ही जानता तथा मानता है! वास्तव में यह सारा नाच नाटक भगवान् की माया रूपी शक्ति–प्रकृति का ही है। अज्ञानवश जीव कभी इस माया को पार नहीं कर पाता। प्रकृति यह सारा खेल भगवान् की निष्पक्ष अधिष्ठता (गीता 9/10) तथा सानिध्य के कारण ही करती है भगवान् स्वयं अकर्ता रूप मे हर प्राणी के हृदय में मौन साक्षी रूप में बैठा है हर मनुष्य का शरीर यन्त्र उसकी अपनी स्वतन्त्र इच्छा शक्ति तथा कर्म संस्कार से चलता है अत: हर मनुष्य का शरीर दु:ख तथा विभिन्न भावों द्वारा आक्रान्त है जब तक मनुष्य शरीर रूपी यन्त्र को त्याग कर निश्चयात्मिका पूर्ण बुद्धि पर आरुरूढ़ नहीं होता तब तक उसकी मुक्ति नहीं है।। 61 ।।

तमेव शरणं गच्छ सर्वभावेन भारत।

तत्प्रसादात्परां शान्तिं स्थानं प्राप्स्यसि शाश्वतम्।। 62 ।।

अर्थ– हे भारत सारे भावों द्वारा उस परमेश्वर की शरण में आ जा उसके प्रसार से ही परम शान्ति तथा नित्य धाम को प्राप्त करोगे।। 62 ।।

व्याख्या– उस परमेश्वर की शरण से अभिप्राय है जो परमेश्वर अर्न्तयामि रूप में सबके हृदय के अन्दर ही द्रष्टा के रूप में स्थित है उसकों ढूँढने कहीं दूर नही जाना है वह सब मनुष्य के इतना पास क्या, अन्दर ही है कि उनके बिना मनुष्य, मनुष्य भी नही बन पाता और मनुष्य से देवता बनने के लिये और मोक्ष प्राप्ति के लिये भी प्रभु परायणता के अतिरिक्त और कोई मार्ग नहीं है, उन के शरणागत होने पर ही मायाजाल से छूटने का एक आसान रास्ता है, परन्तु भगवान् के शरणागत होने से तात्पर्य है कि उनकी तरह हो जाना अर्थात् साक्षी बनना अहंकार तथा अज्ञान से ऊपर उठना मान बढ़ाई तथा आसक्ति का परित्याग करना और पूरी श्रद्धा तथा भक्ति भाव से भगवान् में ध्यान मग्न हो जाना अर्थात् सारे कर्म पूरी कर्त्तव्य परायणता के साथ निष्काम भाव से समबुद्धि होकर पूरी निष्पक्षता से करने की आवश्यक है। यही मात्र एक मार्ग है परम धाम में पहूंचने का जो जन्म तथा मृत्यु से ऊपर परमानन्द का धाम है। वहाँ पहूंचने पर फिर पुनर्जन्म नहीं होता। वह परमानन्द का परमधाम है।। 62 ।।

इति ते ज्ञानमाख्यातं गुह्याद्‌गुह्यतरं मया।

विमृश्यैतदशेषेण यथेच्छसि तथा कुरु।। 63 ।।

अर्थ– यह (गुह्य) से भी अति (गुह्य) ज्ञान मैने तुम से कह दिया! अब तुम इस रहस्य युक्त ज्ञान को पूर्णतया भलिभाँति आलोचना तथा विचार कर जैसा चाहते हो वैसा ही करो।। 63 ।।

व्याख्या– गीता का ज्ञान भगवान् ने जो अर्जुन को इस 18वें अध्याय में बताया है वह गुह्य से गुह्यतर अर्थात् अति गोपनीय है। क्योंकि मात्र एक यही ज्ञान इस संसार (त्रिलोक) में है जिससे मनुष्य का मोह बन्धन कटता है और मोक्ष की प्राप्ति होती है बाकि कोई ज्ञान मोक्ष प्रदान नही कर सकता अन्य ज्ञानों से भौतिक सामाजिक तथा सांस्कृतिक लाभ एवं स्वर्ग आदि प्राप्त हो सकते

है परन्तु मोक्ष नहीं। इसका उदय समाधि अथवा परम विवेक अवस्था में होता है जो एक सत् गुरु द्वारा दीक्षित उत्कृष्ट साधना है– यह मात्र पढ़ाई–लिखाई का साधन नही है। यह मोक्ष प्राप्ति अथवा भगवान् को पाने का ज्ञान गोपनीय (गुह्य) इस लिये है क्योंकि आत्मा तथा परमात्मा, शरीर, इन्द्रिय, मन, बुद्धि, प्राण आदि कि पहुंच तथा जानकारी से बाहर का विषय है। अंग्रेजी में गुह्य शब्द का अर्थ शब्द secret नहीं परन्तु unique secret कह सकते हैं क्योंकि इस गुह्य तत्त्व को कोई भौतिक यत्न या तर्क नहीं जान पाता है। साधारण विचार, कल्पना, विज्ञान, आदि इसके पास नही पहुच पाते– यह आत्मा सब जगह सबके अन्दर बाहर होते हुए भी दृष्टिगोचर नही हो सकता! जिस ज्ञान से यह प्राप्य है जिसको भगवान् ने गीता में कहा है वह अनन्य प्रेम तथा श्रद्धा युक्त पूर्ण स्मर्पण का मार्ग है और इसका उत्तम मार्ग तत्व ज्ञानी ही बता सकते है अर्थात् जिस महा पुरुष ने स्वयं भगवान् को इसी जीवन में पा लिया है। गीता (4/34) में भी सतगुरु का संकेत है। अब इस ज्ञान को बताने के पश्चात् भगवान् अर्जुन को पूर्ण स्वतन्त्रता देते है कि वह अपनी बुद्धि से अच्छी तरह विश्लेषण और इस तथ्य की अशेष आलोचना करके जो जैसा करना चाहता है वैसा करें।। 63 ।।

सर्वगुह्यतमं भूयः श्रृणु में परमं वचः।
इष्टोऽसि में दृढमिति तते वक्ष्यामि ते हितम्।। 64 ।।

अर्थ– मेरे सर्वगुह्यतम (रहस्यमय) परमवचन को फिर सुनो तुम मेरे अति प्रिय इष्ट सखा (मित्र) हो इस कारण यह हित कारक वचन (तुम से) फिर कहूँगा।। 64 ।।

व्याख्या– अर्जुन भगवान् के सच्चे और परम भक्त है, परन्तु उन्हें मोह और विषाद् ग्रस्त देख कर भगवान् को कष्ट हो रहा है सत् गुरु का भाव सच्चे शिष्य के प्रति ऐसा ही होता है गीता का गोपनीय ज्ञान ही एक मात्र बचाव (मोक्ष) का माध्यम होने के कारण भगवान् उन्हें बार–बार यह गुह्य ज्ञान दे रहे हैं। आत्मा अति गुह्य तत्व होने के कारण उसके जानने का ज्ञान अति रहस्यमय है जो स्वयं भगवान् अथवा तत्व ज्ञानी ही बता सकते हैं (गीता 4/34) भगवान्

अपने भक्त के प्रति सर्वदा तत्पर सहायक है और अति तीव्रता और प्रेम से भक्त को चाहते हैं (गीता 4/11 तथा 3/23) इस लिये यह गोपनीयज्ञान अति गुह्यतम आत्मा तत्व को जानने का माध्यम अर्जुन को बताया है। इस गुह्यतम तथा अति रहस्यमय ज्ञान को भगवान् अर्जुन को बार–बार इस लिये कह रहे हैं कि वह उनका अति प्रिय सखा तथा शिष्य है दूसरे यह आत्मा का विषय है हि ऐसा कि इसको बार–बार और निरन्तर अभ्यास करना आवश्यक है, यह न आसानी से समझा जा सकता न ही आसानी से लभ्य ही है इसकी प्राप्ति के लिये उच्चतम कर्म संस्कार तथा उचित अभ्यास और वैराग्य की आवश्यकता है और वैराग्य भी ऐसा जिसमें कर्म सन्यास नहीं परन्तु पूर्ण कमर्णता में अकर्मणता (निष्कामभाव) जरुरी है, क्योंकि यह तात्विक गोपनियता पारमर्थिक रहस्य है जो परम शरणागति को ही प्राप्य है तथा श्रद्धा हीन को बिल्कुल नहीं।। 64 ।।

मन्मना भव मद्भक्तो मद्याजी मां नमस्कुरु।
मामेवैष्यसि सत्यं ते प्रतिजाने प्रियोऽसि मे।। 65 ।।

अर्थ– हे अर्जुन! तू मुझमें मन वाला हो जा मेरा भक्त हो जा मुझको पूजा कर मुझे ही नमस्कार कर मुझको ही प्राप्त होगा तु मेरा अति प्रिय है अत: मैं तुमसे सच्ची प्रतिज्ञा करता हूँ।

व्याख्या– वास्तव में मनुष्य जब तक ब्रह्म ज्ञान की प्राप्ति नहीं कर लेता वह मन पर ही आश्रित रहता है अर्थात् शरीर, प्राण, इन्द्रिय, मन तथा बुद्धि ही मनुष्य का आधार रहता है इस लिये जब तक मन आत्मा नही हो जाता तब तक ब्रह्म ज्ञान नहीं होता इसलिए भगवान् अर्जुन को, जो भगवान् का सच्चा भक्त है, उनमें ही मन लीन करने को कह रहे है। मन के संकल्प विकल्प ही तो मन का धर्म है, जब तक मन आत्मा नही हो जाता वह संकल्प विकल्प से हट नहीं सकता इस उपलब्धि का माध्यम भगवान् की अनन्य भक्ति के अतिरिक्त कुछ भी नहीं इसका उचित और उपयुक्त माध्यम सत् गुरु ही बता सकते हैं। भगवान् अर्जुन को यह करने के लिये इस लिये कह रहे हैं क्योंकि अनन्य भक्ति के बिना साधक को दिव्य दृष्टि प्राप्त नही होती जिसके बिना

भगवान् नजर नही आते। भगवान् साधरण मन बुद्धि आदि का विषय है हि नहीं। भगवान् निष्पक्ष होने के कारण किसी के साथ भेद भाव नहीं करते अर्जुन उनका सखा होने के कारण भी उनको बिना उचित पात्रता प्राप्त किये दर्शन देंगे। भगवान् को देखने के लिये आत्म बोध प्राप्त करना पड़ेगा, तभी वह नज़र आऐंगे साधारण मन एवं इन्द्रियों से तो संसार ही नज़र आता है। भगवान् दिव्य दृष्टि से ही नज़र आते है भगवान् का प्रतिज्ञा करने का अभिप्राय सभी भक्तों को विश्वास दिलाना है कि उनकी सच्ची भक्ति का फल (प्रभुदर्शन) उन्हें अवश्य प्राप्त होगा।। 65 ।।

सर्वधर्मान्परित्यज्य मामेकं शरणं व्रज।

अहं त्वा सर्वपापेभ्यो मोक्षयिष्यामि मा शुचः।। 66 ।।

अर्थ– तुम सभी धर्मो को छोड़ कर मेरी शरण में आ जाओं मैं तुम्हे सभी पापों से मुक्त कर दूँगा– शोक मत करो।। 66 ।।

व्याख्या– भगवान् सभी धर्मो (कर्मो) से ऊपर है क्योंकि वह निष्पक्ष, सर्वव्यापक और दया के स्रोत है अत: अर्जुन को कह रहें हैं कि पाप–पुण्य आधारित साधारण कर्म धर्म चक्र को त्याग मेरा अनुसरण सर्वोत्तम कर्म (Masterduty) निष्पक्षता से करके अपना कर्म कर। यह धर्म आधारित कर्तव्य का प्रकरण है जो एक क्षत्रिय योद्धा के नाते अर्जुन को धर्म युद्ध करना है यह युद्ध जिसमें गुरु जनों तथा सम्बन्धियों का वध साफ नजर आ रहा है अर्जुन के विशाद का कारण बना हुआ है। अर्जुन का परम लक्ष्य मोक्ष है, यह सब जानते हुए भगवान्, अर्जुन को कह रहे है कि तुम सब अनुष्ठान आधारित धर्मो की चिन्ता छोड़ कर निष्काम भाव से मेरे शरणागत होकर अपना कर्म करो। ऐसा करने से अर्थात् संसार तथा अहंकार से उठकर तुम जब मत्परायण हो जाओंगे तो मैं स्वयं ही तुम्हारी रक्षा करुँगा क्योंकि सच्ची मत्परायणता का नियम ही ऐसा है। अर्थात् तुम्हे ऐसी स्थिति में कोई पाप लग ही नहीं सकता क्योंकि पाप तो मन में अर्थात् अहंकार में बसता है निष्काम भाव में कदापि नही। दूसरे शब्दों में यह भी समझने की बात है कि संसार के सारे धर्मो के पालन का लक्ष्य तो प्रभु प्राप्ति अथवा पाप का क्षय होता है और इन नाना धर्मो के नाना

प्रकार के साधन प्रक्रियाऐं भी शास्त्रों में वर्णित है इस प्रकार के सारे अनुष्ठान समय भी लेते है और शंकाओं का अन्त भी नहीं कर पाते, क्योंकि तर्कों और पाण्डित्यवाद का अन्त ही नहीं होता। अत: भगवान् सीधा, साफ और जल्दी का मार्ग भक्तों को बता रहे है। कि मेरी शरणागति और अनन्य भक्ति ही परम प्रभु प्राप्ति का उत्तम मार्ग है क्योंकि सच्चे शरणागत भक्त के शोक निवार्ण तथा मोक्ष का दायित्व भगवान् का ही हो जाता है। कारण यह है कि सच्चे अनन्य (प्रेमी) भक्त का निवार्ण करवाना ही भगवान् की कमजोरी है। उनका हृदय "मत्परायणता" भक्तों के लिये करुणता पूर्ण हो जाता है।। 66 ।।

इदं ते नातपस्काय नाभक्ताय कदाचन।

न चाशुश्रूषवे वाच्यं न च मां योऽभ्सूयति।। 67 ।।

अर्थ– तुम्हे यह (गीता ज्ञान) न किसी तप रहित व्यक्ति को कहना चाहिए न अभक्त (भक्ति हीन) को और न ही बिना सुनने की इच्छा वालों से और जो मुझ में दोष दृष्टि रखना है उसको कभी नहीं बताना है।। 67 ।।

व्याख्या– गीता शास्त्र का ज्ञान परम दिव्य ज्ञान है यह अति गोपनीय है तथा रहस्यमय है भगवान् ने बार–बार गीता में इस श्लोक के अतिरिक्त भी इस दिव्य ज्ञान की गोपनीयता तथा रहस्य पर बल देकर कहा है। इस श्लोक में तो साफ शब्दों में चार प्रकार के ऐसे मनुष्य का वर्णन किया है जिनको यह ज्ञान नही बताना है (1) तप रहित (2) भक्ति रहित और (3) इस ज्ञान को सुनने की इच्छा ही न रखता हो और (4) जो भगवान के प्रति दोष दृष्टि रखता है। वास्तव में गीता शास्त्र का ज्ञान ब्रह्म ज्ञान है यह ब्रह्म तथा आत्मा के बारे में है। परन्तु आत्मा जो भगवान् का अमर अंश सब के भीतर है अति गोपनीय है। आत्मा गुप्त है अर्थात् अति सुक्ष्म होने के कारण न दिखती है न अनुभव की जा सकती है। इसकी भाषा और भाव मनुष्य की साधारण समझ में नहीं आते क्योंकि मनुष्य के ज्ञान प्राप्ति के साधन इन्द्रियां, मन, तथा बुद्धि सब स्थूल है और आत्मा का मर्म अति सूक्ष्म है कोई सामान्य साधन अथवा उपकरण इसको नहीं देख पाता ईश्वर तथा आत्मा का ज्ञान केवल सतगुरु को ही होता है। ऐसा गुरु जो भगवान् को साक्षात जानता है,

वह एक भगवद् स्वरूप उच्च आत्मा होता है और उच्च कर्म करने वाले पुरुष को ही उसका संम्पर्क प्राप्त होता है। वही भगवान् के भाव और भाषा समझता है ऐसे गुरु की प्राप्ति ही गीता ज्ञान के रहस्य को बता पाती है। तब ही तप और भक्ति का उदय होता है। तप रहित तथा भक्ति रहित मनुष्य और ऐसे मनुष्य को जा दिव्य ज्ञान सुनने का इच्छुक न हो उल्टा इसको समय का क्षय समझता हो इस लिये बताना निषिद्ध है क्योंकि यह ज्ञान गहन तथा गूढ़ साधना के बिना प्राप्त नहीं किया जा सकता और इसके लिये भक्ति, तप, और श्रद्धा की बहुत आवश्यकता होती है, जब जिस मनुष्य के पास यह तीनों भाव नहीं उसको गीता ज्ञान बताने अथवा सुनाने का कोई लाभ नहीं है। यह भाव श्वेताश्वतर उपनिषद् के छठें अध्याय के 22वें मन्त्र में भी है कि प्रभु प्राप्ति का ज्ञान वासनाओं से युक्त मनवाले मनुष्य को नहीं बताना चाहिए। गीता ज्ञान ईश्वर विरोधी को बताना निषिद्ध है। यह ध्यान में रखना जरूरी है।। 67 ।।

य इमं परमं गुह्यं मद्भक्तेष्वभिधास्यति।

भक्तिं मयि परां कृत्वा मामेवैष्यत्यसंशयः।। 68 ।।

अर्थ– जो मनुष्य मेरे भक्तों को यह गीता का परम गुह्य उपदेश व्याख्यायित करेगा वह परा भक्ति करके मुझको ही प्राप्त होगा इस में कोई सन्देह नहीं है।। 68 ।।

व्याख्या– भगवान् के भक्त कई प्रकार के होते हैं कोई पढ़े लिखे कोई कम पढ़े तथा कम शैक्षित तथा अशीक्षित भी होते हैं परन्तु उन में श्रद्धा की कमी नहीं होती और भक्ति की कसौटी श्रद्धा ही है। यह भी एक उत्तम रहस्य की बात है भक्त जितना भी भक्ति के रहस्य के बारे में जानने वालों से सुनता है भगवान् भक्ति में उसकी लग्न और श्रद्धा उतनी ही अधिक गहराई और दृढ़ता पकड़ती है और उतना ही उन्हें भगवान् के नजदीक जाने का अवसर मिलता है। आध्यात्मिक सत्संग से भक्त की समझ की सुगमता तथा क्षमता बढ़ती है। गीता ज्ञान मात्र गीता के पढ़ने से ही सबको नहीं आ जाता क्योंकि गीता रहस्य सांकेतिक उपमा तथा अलङ्कार रूप में वर्णित है इस दिव्य ज्ञान की गोपनीयता और रहस्य मात्र ज्ञानी ही जानते हैं। भगवान् ऐसे जानने वालों

अथवा ज्ञानियों के बारे में बता रहें हैं कि यदि वह इस गीता शास्त्र के ज्ञान को उनके भक्तो को समझाकर बताऐंगे तो वह भी भगवान् को प्राप्त हो जाऐंगे। इस प्रकार व्याख्या कर्ताओं की बार—बार गीता रहस्यों की व्याख्या करने से, (यदि वह पूरी श्रद्धा के साथ तप और भक्ति रूप में है) उनके अपने ज्ञान चक्षु भी खुल जाते है। क्योंकि गीता ज्ञान तथा गीता रहस्य प्रवचन तथा प्रचार उन ज्ञानी भक्त जनो का एक प्रकार का नशा हो जाता है। वह श्रद्धालुओं तथा धर्म प्रवृति के लोगों की तलाश में रहते हैं तथा उनको यह ज्ञान प्रदान करने में ही आनन्द पाते हैं। सारांश यह है कि गीता ज्ञान प्रचारक के लिये गीता रहस्य का ज्ञान दूसरे भक्तों को बताने की आवश्यकता है तभी उसका पूरा प्रयास भक्ति में गिना जा सकता है और तभी वह प्रचारक प्रभु प्राप्ति का पात्र बन सकता है।। 68 ।।

न च तस्मान्मनुष्येषु कश्चिन्मे प्रियकृत्तम:।
भविता न च मे तस्मादन्य: प्रियतरो भुवि।। 69 ।।

अर्थ— उससे बढ़कर मेरा प्रिय कार्य करने वाला मनुष्यों में और कोई नहीं होगा और उससे बढ़कर मेरा प्रिय भी पृथ्वी पर कोई नही होगा।। 69 ।।

व्याख्या— भगवान् कह रहे है कि मेरा गीता ज्ञान मुझे बड़ा प्रिय है अत: जो इस उत्तम तथा शुद्ध ज्ञान के प्रसार को करेगा उससे बढ़कर इस संसार में भगवान् का प्रिय और कोई नहीं होगा। अब गीता शास्त्र के ज्ञान का प्रसारण भगवान् के भक्तों में करने की महिमा सच—मुच ही बहुत महान है क्योंकि ऐसा भक्त भगवान् के अपने शब्दों में उनको अति प्रिय है परन्तु यह पात्रता आसान नहीं है गीताशास्त्र का बोध मात्र गीता को पढ़कर ही नहीं प्राप्त हो जाता है इसके लिये ब्रह्म ज्ञान की जरुरत है, दिव्य चक्षु की प्राप्ति करना आवश्यक है यह एक उच्च तथा गहन, गूढ़ साधना का विषय है जिसके लिये सतगुरु की आवश्यकता होती है सद्गुरु द्वारा दिये हुए गुरु मन्त्र को सिद्ध करके ही गीता के रहस्य समझ में आते हैं तभी इसकी गोपनीयता प्रचारक द्वारा सच्चे भक्तों को समझाई जा सकती है तब ही प्रचारक मोक्ष का पात्र बनता है।। 69 ।।

अध्येष्यते च य इमं धर्म्यं संवादमावयोः।
ज्ञानयज्ञेन तेनाहमिष्टः स्यामिति मे मतिः।। 70 ।।

अर्थ— जो पुरुष हम दोनों के इस धर्म संवाद रूप गीता शास्त्र को पढ़ेगा उसके द्वारा भी मैं ज्ञान यज्ञ से पूजित हो जाऊँगा मेरा ऐसा मत है।। 70 ।।

व्याख्या— ज्ञान यज्ञ की गीता में विशेष महिमा है, गीता के चौथे अध्याय में ज्ञान यज्ञ को ही सर्व श्रेष्ठ कहा है इस संवाद को जो पढने के पश्चात् समझलेता है वह ज्ञानी अर्थात् ब्रह्म ज्ञानी ही है क्योंकि इस संवाद का सारांश ब्रह्म ज्ञान ही है अर्थात् उसको कर्म निष्काम भाव से करके प्रभु प्राप्ति हो जाती है परन्तु यह निरंतर ध्यान में रखने की बात है कि निष्काम कर्म को प्रतिदिन जीवन में अपनाना, ढालना और निष्पक्षता से बरतना एक कठिन तथा श्रेष्ठ तप है यह एक लम्बा सफर है अर्थात् एक प्रकार का आजीवन बलिदान है।। 70 ।।

श्रद्धावाननसूयश्च शृणुयादपि यो नरः।
सोऽपि मुक्तः शुभाँल्लोकान्प्राप्नुयात्पुण्यकर्मणाम्।। 71 ।।

अर्थ— जो मनुष्य श्रद्धा युक्त भाव से (गीता शास्त्र ज्ञान को) सुनता है, वह भी सारे पापों से मुक्त होकर पुण्य आत्माओं के शुभ लोकों को प्राप्त होता है।। 71 ।।

व्याख्या— उपर्युक्त श्लोकों में गीता की व्याख्या और गीता के पावन पाठ करने आदि के फल बताये गये हैं अब इस श्लोक में गीता के ज्ञान को सुनने का फल बताते हैं। पुण्य आत्माऐं जिन शुभ लोकों में जाते हैं तथा रहते हैं वहां पहुंचना अति दुर्लभ कार्य है। इन शुद्ध लोकों में कर्म योगी, प्रभु परायण भक्त और ज्ञानी पुरुष ही पहुंच पाते है जिनका अर्थ है कि गीता ज्ञान श्रद्धा युक्त भाव से श्रवण करने पर श्रद्धा युक्त श्रवण करने वाले श्रद्धालु भी उच्च स्वर्गों में पहुंच जाते है तो अवश्यमेव यह गीता ज्ञान एक सादा (साधारण) सुनने का ही विषय नहीं हो सकता। इस लाभ का उचित पात्र होने के लिए कुछ योग्यताएं आवश्यक है। श्रवण करनें वाला श्रद्धालु भक्त होना चाहिए। उसके जीवन में यह ज्ञान सुन कर वैराग्य भाव उत्पन्न होना चाहिए जिसका अर्थ कर्म त्याग नहीं परन्तु उल्टा कर्म में तेजी परन्तु कर्म फल में पूर्व त्याग

तभी संसार आकर्षण की गहरी गांठ खुलेगी और उच्च स्वर्ग लोक में जाने की पात्रता उपलब्ध होगी। गीता ज्ञान सुनकर जीवन में सेवा, सहायता तथा बलिदान की वृति लानी होगी श्रद्धा भाव उदित करना आवश्यक है।। 71 ।।

कच्चिदेतच्छ्रुतं पार्थ त्वयैकाग्रेण चेतसा।

कच्चिदज्ञानासम्मोहः प्रनष्टस्ते धनञ्जय।। 72 ।।

अर्थ— हे पार्थ! क्या तुमने (इस गीता ज्ञान को) एकाग्र चित होकर सुना है? हे धनञ्जय क्या तुम्हारा अज्ञान जनित सम्मोह नष्ट हो गया है।। 72 ।।

व्याख्या— भगवान् अर्जुन से यहां दो प्रश्न पूछ रहे है। जो चित की एकाग्रता और सम्मोह नष्ट होने के वारे में है। इस समय इस शंका का उदय स्वभाविक ही लगता है कि जो भगवान् अन्तर्यामी है, वह अर्जुन के चित की एकाग्रता तथा समोह के नाश को क्यों नहीं जानते? उत्तर है कि भगवान् यह दोनो चीजें अच्छी तरह से जानते है। इन दोनों प्रश्नों का उत्तर अर्जुन के अपने मुंह से बुलवाने का अभिप्राय मात्र सांसारी मनुष्यों की अध्यात्मिक प्रेरणा के लाभ के लिए ही है। भगवान् ने इच्छा शक्ति सब मनुष्यों (प्राणियों) को दी है। जो इस शक्ति का उचित प्रयोग करके आध्यात्मिक प्रयास में उतीर्ण होता है, वहीं प्रभु को प्रिय है।। 73 ।।

अर्जुन उवाच

नष्टो मोहः स्मृतिर्लब्धा त्वत्प्रसादान्मयाच्युत।

स्थितोऽस्मि गतसन्देहः करिष्ये वचनं तव।। 73 ।।

अर्थ— अर्जुन बोले—"हे अच्युत! आप की कृपा से मेरा मोह नष्ट हो गया है! मुझे स्मृति प्राप्त हो गई है। संदेह से मुक्त होकर अब मैं स्थिर हो गया हूँ। आपके कहने के अनुसार कार्य करुंगा।। 73 ।।

व्याख्या— अर्जुन का मोह यही था जो हम सारे मनुष्यों का मोह इस जगत् में है और जो हम सबकों इस शरीर तथा संसार से अज्ञान वश बांधे रखता है। यह मोह ही अज्ञान तथा बन्धन की जड़ और पकड़ है। अर्जुन का मोह इसलिए नष्ट हो गया क्योंकि उन्हें ज्ञात हो गया कि वह यह शरीर (मन, बुद्धि, प्राण और शरीर) ही नहीं है, परन्तु स्वतन्त्र, आनन्दमय, सर्वव्यापक, सम्पूर्ण ज्ञान युक्त, न मारने न मरने और न जन्म लेने वाला आत्मा ही है।

इस ज्ञानोदय के साथ मनुष्य का (कतृत्व भाव) अहंकृत भाव अर्थात् अहंकार खत्म हो जाता है। मनुष्य के स्वजात शत्रु भय और संशय भी मिट जाते है। जिस प्रकार जागने पर मनुष्य का स्वप्न टूट जाता है, उसी प्रकार आत्म ज्ञान (स्मृति आनें पर कि मैं वास्तव में आत्मा ही था हूं और रहूंगा) होने पर मनुष्य का शरीर बन्धन भाव (अपने आप को शरीर समझना जो जन्म लेता है और मरता है तथा सुख–दुःख अनुभव करता है) टूट जाता है। स्मृति लाभ अर्थात्, आत्मावान् होना कालातीत होना है।

अर्जुन का कहना है कि, "अब मैं स्थिर हो गया हूँ" का अर्थ है आत्म ज्ञानी हो जाना। आत्मज्ञानी ही स्थिर होता है! अस्थिरता तो मन का भाव है आत्मा हमेश वहीं एक भाव है! अर्जुन का यह कहना कि "अब मैं आप के आदेश के अनुसार कार्य करुंगा" यह है कि आत्म ज्ञान होने पर पुरुष को सत् का बोध हो जाता है अर्थात् भगवान को जान लेता है जो सब पर दयालु, सबको प्यार करने वाले, जो सब कुछ जानते है, सदा सबके अचूक शुभ चिन्तक होनें के कारण अर्जुन का भला हित उनसे अधिक और कोई नहीं सोच सकता अर्जुन स्वयं भी नहीं क्योंक भगवान् ही सवके वारे में सब कुछ जानते है।। 73 ।।

सञ्जय उवाच

इत्यहं वासुदेवस्य पार्थस्य च महात्मनः।
संवादमिममश्रौषमद्भुतं रोमहर्षणम्।। 74 ।।

अर्थ– संजय बोले! मैने इस प्रकार महान आत्मा वासुदेव का और अर्जुन का यह रोमांचकारी संवाद सुना।। 74 ।।

व्याख्या– यह महान् आत्मा वासुदेव और महात्मा अर्जुन का संवाद वास्तव में संजय के लिये अति अद्‌भुत अनुभव था इसमें सञ्जय ने भगवान् के स्वरूप के रोमहर्षण करने वाले दर्शन किये और विषाद ग्रस्त महान् योद्धा अर्जुन को आत्म ज्ञानी रूप में देखा। यह अद्‌भुत संवाद आश्चर्य, विस्मय तथा आनन्द का अगाध सागर संजय को रोमाञ्चित कर रहा है। इस संवाद का तथ्य है कि सच्चे भक्त इसी जन्म में भगवान् के दर्शन को कर सकते हैं और तत्व ज्ञानी भी हो सकते हैं अर्थात् इस संवाद में मन को आत्मा बनाने का सामर्थ्य छूपा है।। 74 ।।

व्यासप्रसादाच्छ्रुतवानेतद्गुह्यमहं परम्।
योगं योगेश्वरात्कृष्णात्साक्षात्कथयतः स्वयम्।। 75 ।।

अर्थ– मैंने व्यास जी के प्रसाद से इस परम गुह्य (गोपनीय) योग को अर्जुन के प्रति कहते हुए स्वयं योगेश्वर श्री कृष्ण को प्रत्यक्ष (साक्षात्) सुना है।। 75 ।।

व्याख्या– संसार में सारे मनुष्यों तथा भक्तो को सञ्जय बता रहे हैं कि महान् ऋषि परम ज्ञानी व्यास जी की कृपा से उन्हें दिव्य दृष्टि तथा दिव्य श्रवण की पात्रता प्राप्त हुई। जिसके कारण उन्होंने इस गीता शास्त्र के अठारह अध्यायों में वर्णित पावन ज्ञान को स्वयं सुना और इस दिव्य संवाद को भगवान् कृष्ण और भक्त अर्जुन के मध्य होते साक्षात् देखा भी। यह भी कह रहे हैं कि यह वचन साक्षात् भगवान् कृष्ण और अर्जुन के हैं। इस श्लोक में सञ्जय का धृतराष्ट्र के प्रति यह संकेत भी साफ नज़र आ रहा है कि महाराज कौरवों का ही सर्वनाश होने वाला है। अतः समझाने का आखरी प्रयास कर हरे है कि महाराज राज हठ त्याग कर इस युद्ध रूपी महान नर संहार, जिसमें पाण्डवों की विजय नज़र आ रही है को टाल दें।। 76 ।।

राजन्संस्मृत्य संस्मृत्य संवादमिममद्भुतम्।
केशवार्जुनयो पुण्यं हृष्यामि च मुहुर्मुहुः।। 76 ।।

अर्थ– हे राजन! केशव और अर्जुन का यह पुण्य संवाद बार–बार स्मरण कर क्षण–क्षण रोमाञ्चित हो रहा हूँ।

व्याख्या– इस श्री कृष्ण तथा अर्जुन के पुण्य संवाद को सुनकर संञ्जय का बार–बार हर्षित होना स्वभाविक ही है। भगवान् द्वारा भक्त अर्जुन को गीता रहस्य का दिव्य ज्ञान प्रदान करना और उसको सुनने का सुवसर तथा अनुभव इस त्रिलोक में अतुल्य अवसर है। जिस महान् आत्मा को इस दिव्य ज्ञान को सुनने का महान अवसर मिलता है तो वह निरन्तर उस महान् पुण्य अनुभव से बाहर निकलना ही नहीं चाहता, बार–बार उसी की याद करके धन्य होता रहता है।। 76 ।।

तच्च संस्मृत्य संस्मृत्य रूपमत्यद्भुतं हरेः।
विस्मयो मे महान्राजन्हृष्यामि च पुनः पुनः।। 77 ।।

अर्थ– हे राजन्! हरि (कृष्ण) के उस अत्यन्त अद्भुत रूप को बार–बार स्मरण करके मुझको महान् विस्मय हो रहा है और बार–बार हर्षित हो रहा हूँ।। 77 ।।

व्याख्या– ऊपर वर्णित श्लोकों में भगवान् कृष्ण और अर्जुन के पुण्य संवाद के रोमाञ्चित अनुभव का वर्णन है और इस श्लोक में भगवान् वासुदेव श्री कृष्ण के अत्यन्त अद्भुत स्वरूप तथा रूप के प्रभाव का वर्णन है– ऐसा स्वरूप और ऐसा रूप जो हर प्रकार से अतुल्य और असीम होने के कारण वर्णन से बाहर है और हर्ष के सागर में खोए रहने का अद्भुत अनुभव है। स्पष्ट है कि इस पुण्य तथा रोमाञ्चकारक विलक्षण दृष्य की कल्पना तथा अनुभव मन की क्षमता से बाहर होने के कारण आत्मा के अनुभव का ही विषय है। ऐसी अद्भुत स्मृति में कौन हमेशा खोया हुआ नहीं रहना चाहेगा।। 77 ।।

यत्र योगेश्वरः कृष्णो यत्र पार्थो धुनर्धरः।
तत्र श्रीर्विजयो भूतिर्ध्रुवा नीतिर्मतिर्मम।। 78 ।।

अर्थ– जहाँ योगेश्वर श्री कृष्ण हैं जहां धर्नुधर अर्जुन हैं वहीं श्री, विजय, ध्रुवा नीति (अचल न्याय) है ऐसा मेरा निश्चय है।। 78 ।।

व्याख्या– पचहतरवें श्लोक में संजय का संकेत है परन्तु इस अन्तिम श्लोक में तो संजय धृतराष्ट्र को मानो स्पष्ट कह रहे हैं कि जिस पक्ष में योगेश्वर भगवान् श्रीकृष्ण तथा धर्नुधर अर्जुन है वहां श्री (राजलक्ष्मी) और विजय भी है। यह एक अटल नीति अर्थात् अटल न्याय है। अत: महाराज जाग जाओ, मोह को त्यागो पाण्डवों के साथ न्याय करो और अपने पुत्रों की जीवन रक्षा के लिये इस नर संहार रूपी युद्ध को रोको, परन्तु धर्मान्ध महाराज धृतराष्ट्र पर प्रभाव कहां हुआ।। 78 ।।

ॐ तत्सदिति श्रीमद्‌भगवद्‌गीतासूपनिषत्सु ब्रह्मविद्यायां
योगेशास्त्रे श्री कृष्णार्जुनसंवादे मोक्षसन्नयासयोगो
नामाष्टादशोऽध्याय:।। 18 ।।

✤ ✤ ✤